上海学术报告

（2017-2018）

上海学术报告

（2017-2018）

上海市社会科学界联合会　主办

许明　主编

上海人民出版社

目 录

一、年度优秀成果推介

一、年度优秀成果推介

上海市第十四届哲学社会科学中国特色社会主义理论优秀成果
(2016—2017)

一等奖

著作类(10 项)

1. 马克思主义哲学中国化的历程

作者:金邦秋,复旦大学哲学学院教授,研究方向为马克思主义、毛泽东思想、中国现当代哲学。

出版社:复旦大学出版社

出版时间:2017 年 11 月

【成果提要】

本书以马克思主义哲学内容的逐步中国化为线索,对马克思主义哲学在中国传播、应用与发展的历史进行了较为细致的梳理与深入的研究,展现出马克思主义哲学在中国各个时期的沿革、应用、发展、变化与风貌。

马克思主义基本理论和时代的具体实践相结合,就其本质来说,是一个重大哲学问题,是需要从哲学理论和方法上加以解决的问题。本书认为马克思主义哲学仍然是当今时代精神的精华,是人类理性的主旋律;然而,它在历史新时期确实又遇到许多新问题和障碍,需要在实践中向前发展。在这种情况下,了解掌握马克思主义哲学在当代的发展,使人们全面地、完整地掌握它的科学的世界观和方法论,对于积极投身于建设中国特色社会主义伟大实践,具有特别重要的意义。本书在充分反映毛泽东思想和中国特色社会主义理论成果的同时,也重视对中国现代其他马克思主义革命家、思想家、政治家,如李大钊、陈独秀、瞿秋白、蔡和森、李达、周恩来、刘少奇、朱德、陈云等人的哲学思想及其在传播、运用和发展马克思主义哲学方面的理论贡献进行综合研究。

党的十八大以来,习近平总书记对中国特色社会主义理论作了系统论述,既有理论上的引领,又有实践上的指导,对治国理政根本问题作了最新阐释,丰富和发展了中国特色社会主义理论体系,这是对马克思主义理论的深化与拓展。对于新时代这一思想创新成果,本书均作了比较深入的阐述。

2. 中国道路为世界贡献了什么?

作者:陈学明,复旦大学哲学学院教授,研究方向为国外马克思主义、当代中国马克思主义、现代中国社会。

出版社:天津人民出版社

出版时间:2017 年 4 月

【成果提要】

本书较早比较全面地论述了中国特色社会主义道路对整个世界的贡献。党的十九大提出中国道路"为解决人类问题贡献了中国智慧和中国方案",即提出了中国道路对人类的贡献。本书在党的十九大之前就探讨了这一问题。本书认为,中国特色社会主义道路的开创是一个具有世界历史意义的事件,既具有中国性,也具有世界性。本书从以下四个方面阐述了中国道路的世界性贡献:(1)为人类文明探索出了一种新的发展模式;(2)为广大发展中国家摆脱贫穷落后作出了积极的示范;(3)为世界社会主义的发展带来了新的活力和希望;(4)为马克思主义展示其现实性和向前发展开辟了途径。本书这样做实际上是进一步给中国特色社会主义道路"定位"与"定性",在世界历史的大坐标系上找准中国特色社会主义道路的历史方位。本书强调,只要真正看到了中国特色社会主义道路的历史方位,真正了解了这一道路对人类社会的深远意义,我们就一定会增强坚持和丰富中国特色社会主义理论体系的自觉性,增强坚定不移走这一道路的历史担当意识。

本书每一部分在阐述中国道路对世界的贡献时,力争做到"发乎情,止于礼",不空喊口号,对当代中国马克思主义,对中国特色社会主义发自内心地认可与信奉,并有理论的支撑,尽可能地用"彻底的理论"说服人。例如,在阐述中国道路对人类文明的贡献时,本书提出中国道路带来的不仅是 GDP 的高速增长,而且还探索出了一种新的发展方式,而在这种新的发展方式的背后,中国人民正在创造一种新的存在方式,两者结合起来造就了一种新的文明样态,而这种文明样态是对于正处于危机之中的西方文明支配下的人类存在方式的革命。

3. 再造文明：马克思主义与中国

作者：吴新文，复旦大学中国研究院研究员，研究方向为马克思主义中国化、中国特色社会主义理论体系、意识形态建设。

出版社：上海人民出版社

出版时间：2017 年 8 月

【成果提要】

本书从理论和实践相结合、马克思主义与中华文明不断融合、相互激发和提升的角度把握马克思主义中国化的历程，揭示马克思主义中国化是文明论意义上的综合创新，中国特色社会主义是马克思主义中国化的文明成果，并以此为立足点阐发中国共产党人创新理论、建设国家、再造文明的伟业，理解中国特色社会主义道路的丰富性、复杂性、正当性及其世界历史意义。

本书包括九章。第一章提出当代中国的马克思主义研究要跳出“西天取经”思维，基于鲜明的中国立场和中国关怀，推动发展当代中国马克思主义和 21 世纪马克思主义。第二章提出马克思主义脱胎于西方文明，发展于东西方文明的结合部俄国，大成于东方文明的代表者中国并充分彰显其世界历史意义。第三章阐明了中国化马克思主义既是致力于打碎旧世界的“马上打天下”的理论，也是旨在创造新世界的“马下治天下”的理论。第四章分析了马克思主义与中华传统文化的差异性与亲和性，使二者在中国大地上相互激发，互补共融，最终形成了具有生机和活力的中国化马克思主义。第五章分析了毛泽东为实现马克思主义与中国社会主义建设的“第二次结合”所进行的艰难探索、取得的巨大成就和付出的代价。第六章提出邓小平在改革开放新时期较好地处理了“常”与“变”、“一”与“多”、“合”与“分”、“内”与“外”的关系，开创了中国特色社会主义道路。第七章提出改革开放姓“社”不姓“资”，中国特色社会主义是社会主义，而不是其他任何主义，中国特色社会主义是中国共产党领导中国人民走出的一条“人间正道”。第八章提出三个历史时期“建国立制”，即建立新中国，确立社会主义基本制度；“兴国改制”，即通过改革开放增强国家的生机和活力，发展和完善中国特色社会主义制度；“强国定制”，即实现国家富强、民族振兴和人民幸福的中国梦，中国特色社会主义制度基本定型。第九章提出在中国崛起和世界格局重组的大时代，马克思主义中国化将实现“第三次飞跃”，推动现代中华文明成为真正世界性的文明,推动构建人类命运共同体,为人类提供新的文明样式,引领当代世界创造一种新的文明秩序。

4. 中国特色社会主义理论体系论纲

作者:刘靖北,中国浦东干部学院教授,研究方向为中国特色社会主义、党的建设理论。

冯俊,中央党史和文献研究院研究员。

刘献,中国浦东干部学院教授,研究方向为马克思主义、科学社会主义与党的建设。

出版社:人民出版社

出版时间:2017 年 4 月

【成果提要】

本书是上海市社会科学创新研究基地(中国特色社会主义理论体系方向)的集体研究成果。该成果在认真吸收学术研究成果的基础上,围绕“什么是社会主义、怎样建设社会主义”“建设什么样的党、怎样建设党”“实现什么样的发展、怎样发展”和“一个社会主义大国怎样治党治国治军、推进国家治理体系和治理能力现代化,实现中华民族伟大复兴”的基本问题,全面系统地阐释中国特色社会主义理论的逻辑体系、历史发展、基本内容和重大意义。

全书由导论、正文十六章和结束语构成,分为五个板块。第一板块是中国特色社会主义的时代特征和理论基础,包括第一章、第二章、第三章、第四章、第五章、第六章、第七章,分别阐释了中国特色社会主义理论体系的思想渊源、历史发展、时代特征、道路、制度、发展战略和发展动力。

第二板块是中国特色社会主义的总体布局的具体展开,包括第八章、第九章、第十章、第十一章、第十二章,分别阐释了中国特色社会主义经济建设、政治建设、文化建设、社会建设和生态文明建设。

第三板块是中国特色社会主义的外部条件,包括第十三章、第十四章、第十五章,分别阐释了“一国两制”理论、国防建设、外交工作的理论和实践。

第四板块是中国特色社会主义的政治保障,即第十六章,主要阐释中国特色社会主义的领导核心和党的建设新的伟大工程,对于中国特色社会主义的决定性意义。

第五板块由导论和结束语构成,主要阐述了中国特色社会主义理论体系在马克思主义中国化中的历史地位和对于中华民族伟大复兴的重大意义。

5. 现代政治经济学的前沿理论与中国特色研究

作者:马艳,上海财经大学教授,研究方向为数理政治经济学、社会主义市场经济理论。

出版社:学习出版社

出版时间:2017 年 4 月

【成果提要】

自经典马克思主义经济学创立以来,现代政治经济学体系中的若干重大理论问题都遭受到来自内部的质疑与外部的挑战。联合生产的“负价值”、商品价值量变动规律、价值转型、平均利润率下降规律、国际不平等交换、经济长波、机会公平和虚拟经济八大问题不仅在社会实践中举足轻重,更是关乎马克思主义经济学整个理论体系是否成立的关键,然国内外学界围绕着这些问题已经进行百余年和跨世纪的辩护性与批判性争论,至今仍难达共识。

基于此,本书以马克思主义经济学方法论为指导,综合运用理论创新与实证检验相统一、数理逻辑与文字逻辑相结合、经济学与其他学科研究方法相交叉的研究方法,围绕这八大前沿问题,进行了新的理论探索,作出了符合现实的新解释。

(1) 针对“斯蒂德曼诘难”,建立资源环境领域“负价值”理论,解决了污染物定价、绿色经济核算等方面的劳动价值论困境,并进行了实证分析与政策研究。同时,基于“负价值”理论分析市场经济生态逻辑,阐明了市场经济的五大支点和四大生态悖论,构建了“可持续资本积累的社会结构理论(SSSA)”,并提出生态文明制度建设。

(2) 为回应“世纪之谜”,探析了市场由竞争转向垄断、同类但不同种商品以及联合生产条件三种情况下的商品价值量变动新规律,并进行了实证检验。

(3) 为应对价值转型问题的“百年之争”,系统阐述了动态价值转型的内在逻辑机理,构建了价值转型动态模型,并通过中国和全球产业数据进行了实证检验。

(4) 为批判“置盐定理”,提出资本的技术与制度有机构成(TICC)的新概念,并将其引入马克思平均利润率模型之中,探讨平均利润率变动的新规律,且进行了验证。

(5) 基于当前国际分工新格局,在对国际经济三大领域中的不平等性进行了理论和实证分析的基础上构建了国际不平等交融理论框架,并验证了不平等交融的存在性。

(6) 在对三大长波理论进行充分梳理的基础上,提出了技术力、制度力以及耦合力的概念,构建了引入技术力、制度力及耦合力的经济长波理论模型,并进行了实证检验。

(7) 针对我国收入分配的"倒逆"现象,将机会不平等纳入马克思主义收入分配理论框架之内,构建了符合我国经济发展现实的收入分配函数模型及机会不平等度量方法,并进行了实证检验和政策探讨。

(8) 面对虚拟经济对经典劳动价值论的挑战,提出了虚拟价值理论,探究虚拟价值在质和量上的规定性,并将其应用到"互联网空间"等若干虚拟经济新领域,且针对互联网对实体经济的影响进行了实证检验。

6. 大国崛起的新政治经济学

作者:聂永有,上海大学教授,研究方向为产业经济、资源与环境经济。

出版社:四川人民出版社

出版时间:2016 年 9 月

【成果提要】

在世界历史的演进过程中,大国兴衰成败为人类留下了各具特色的经验教训和启示。当前,中国正行进在中华民族伟大复兴的道路上,这一进程关乎未来的发展方向,同时也深刻地影响着世界格局。今日中国所面临的发展矛盾和崛起难度不容低估,我们应该实施何种战略,走出自主开放的大国崛起之路,形成中国特色的科学发展模式? 这是摆在中国人面前亟须解决的重大课题。本书就是在这一重大历史使命驱动下完成的。

党的十八届五中全会提出了"创新、协调、绿色、开放、共享"五大发展理念,为中国未来的发展指明了方向和目标。本书以"五大理念"为指导思想,围绕着"赶超与引领:大国崛起之路如何走?""供给与需求:哪一侧决定增长?""市场与政府:用什么配置资源?""创新与发展:什么是未来的第一驱动力?""转型与升级:如何协调经济发展的量和质?""资源与环境:怎样实现绿色经济转型?""开放与共赢:中国如何走向世界?""增长与福祉:民众如何共享崛起成果?""权威与制衡:如何看待中国政治制度的优势?"九个问题展开系统的研究,从制度和历史的视角,借鉴传统政治经济学与现代西方经济学的理论体系和科学方法,分析中国的政治与经济、国家与市场、社会与个人之间的关系,阐述转型升级、政策选择、资源环境以及开放战略等问题,力图寻求合乎逻辑的大国崛起之路,构建具有中国特色的政治、经济相融合的新政治经济学分析框架。

本书是深刻总结中国三十多年改革开放实践经验上的构建理论创新和中国话语体系的一部大格局作品。它基于大国兴亡盛衰、成败得失的经验教训,提炼、解读我国改革开放、经济转型和社会主义现代化建设的实践经验。本书不仅结合了中国国情和实际,回溯了中国独特的发展历程,彰显中国独特的发展经验,而且在此基础上借鉴西方经济学理论,用中国特色的政治经济学理论阐释"中国道路""中国模式",以期树立"创新、协调、绿色、开放、共享"五大发展理念,为构建中国特色的,具有时代性、特殊性的社会主义政治经济理论体系进行了初步探索,是一本极具可读性的经济学著作。

7. 社会主义初级阶段市场模式研究
——中国国家发展导向型市场经济理论与实践探索

作者:石良平,上海社会科学院教授,研究方向为经济学。

沈开艳,上海社会科学院研究员,研究方向为宏观经济、经济改革与发展。

张晓娣,上海社会科学院副研究员,研究方向为经济学。

沈桂龙,上海社会科学院研究员,研究方向为国际投资与国际贸易。

权衡,上海社会科学院研究员,研究方向为发展经济学、宏观经济学。

张申,上海社会科学院助理研究员,研究方向为经济学。

出版社:上海社会科学院出版社

出版时间:2016 年 6 月

【成果提要】

改革开放以来,中国理论界一直在不懈地探索中国特色的社会主义市场经济理论。但对于什么是中国特色的市场经济,众说纷纭。本书认为,世界各国的市场经济有着不同的模式,首先要探索的是:中国的市场经济到底是一种什么模式?本书对这个问题的研究是建立在以下四个认识基础之上的:第一是社会主义的市场经济,第二是社会主义初级阶段的市场经济,第三是在第四次工业革命冲击下的市场经济,第四是本书所讨论的市场经济模式,其关键要素就是政府与市场的关系。把握了以上四点,本书认为接下来展开的关于社会主义初级阶段市场经济模式的研究是能够解释中国特色社会主义经济理论的,而其中研究的核心就是如何把握各种市场类型中的政府与市场的关系。

本专著的内容包括理论分析篇、实证分析篇和案例分析篇三部分。

理论部分共分六章,首先从经济史学的视角探讨了市场经济中的政府与市场关系的演变,然后比较了欧美主要国家政府和市场互动关系中的增长和波动,并在产业组织理论和规制经济学的基础上,探讨了政府对市场干预和规制的理论与实践,并且讨论了中国混合所有制经济理论与实践问题。最后讨论了近年来颇具争议的互联网经济中的政府与市场关系的变化。

实证分析部分共分五章,分别就价格机制、商品市场、劳动力市场、土地市场和金融市场等产品要素的具体市场展开政府与市场的关系,以求证在社会主义初级阶段政府与市场关系的特殊性。

案例分析部分共分三章,分别就政府放松管制的充分竞争类市场模式(小商品市场、拍卖市场、快市场、二手车市场),引入竞争机制的垄断竞争类市场(电信市场、铁路经营市场、城市出租车市场)和规制类的自然垄断类市场(水电煤市场、文化专业市场、农产品市场、大宗商品市场)三大类完全不同类型的市场展开政府与市场关系的讨论与研究。案例分析的宗旨就是以不同类型市场的关系来求证第一篇理论研究模型的可行性。

最后,本书在总结了研究中国特色市场模式的理论意义基础上,归纳了中国特色市场模式的八大特征。本书在这方面的研究是有创新意义的,这种探索也为理论界进一步研究中国市场经济理论指明了方向。

8. 寻找网络民意:网络社会心态研究(第一辑)

作者:郑雯,复旦大学副教授,研究方向为媒介社会学、网络社会学、传播与国家治理。

桂勇,复旦大学社会学系教授,研究方向为经济社会学、城市基层社会变迁。

黄荣贵,复旦大学社会学系副教授,研究方向为数码社会学、社会运动、城市研究。

出版社:华夏出版社

出版时间:2017 年 10 月

【成果提要】

中国社会正步入经济新常态的新阶段,研究这一历史阶段的社会心态演进,构成了分析新常态背景下可能出现的社会政治问题的一个重要框架,有助于我们在精神层面赋予中国发展道路以完整的价值和意义,加深对中国的把握和理解。从现实层面看,民心向背直接关系国家稳定,社会心态研究可以为国家有效地处理可能出现的社会失衡局面提供基础信息和预判机制,已成为中国特色社会主义理论研究的重要时代课题。

本书认为,网络社会心态与现实社会心态既有联系又不等同,二者不是简单的并列或延伸关系,而是相互嵌入、相互建构,共同构成整体社会心态的重要组成部分。在某种程度上,网络社会心态蕴涵着超出现实社会心态的社会能量,成为社会变迁的重要动力源。基于此,全书首次创新性地以现实社会群体为切入口,以互联网上不同群体的"人"为研究对象,更加真实地还原"网络民意",是近年来国内少有的将网络社会与现实社会有机结合并扎实深入研究网民群体的研究成果,系统地从理论、数据、结构、机制、影响等多个方面研究中国网络社会心态的演进过程及其对社会进程的潜在影响。相关研究不仅在研究方法上有全新的尝试,更在社会议题、社会情绪、社会思潮、网络行动、网络社群、网络极端行为、风险感知等研究领域产生了一大批创新成果,为党和国家决策提供了重要参考,为中国特色社会主义和谐文化建设、和谐社会治理提供了有效依据。

9. 打铁还需自身硬：今天如何做一名共产党员

作者:曾峻,中共上海市委党校教授,研究方向为政治学。

朱亮高,中共上海市委党校第三分校教授,研究方向为党建。

周建勇,中共上海市委党校副教授,研究方向为党史党建。

刘泾,中共上海市委党校副教授,研究方向为科学社会主义。

李鹏,中国浦东干部学院,研究方向为中国特色社会主义。

刘菲菲,中共上海市委党校第三分校。

出版社:上海人民出版社

出版时间:2016 年 6 月

【成果提要】

党的十八大以来,在全面从严治党进程中,习近平总书记提出了"打铁还需自身硬"的重要命题,揭示中国特色社会主义各项事业与执政党自身建设的内在联系。

2016年2月,中央出台文件,决定在全体党员中开展“学党章党规、学系列讲话,做合格党员”学习教育。撰写本书的目的在于深入阐发党建新要求,帮助广大党员提高思想认识,更好发挥党员先锋模范作用。

本书的前言从准备进行具有许多新的历史特点的伟大斗争切入,分析全面建成小康社会、实现中华民族伟大复兴中国梦对党员提出的时代要求。在剖析党员队伍存在主要问题的基础上,指出新形势下做合格共产党员必须解决的基本问题,同时提出全书的框架结构和主要论点。第一章“时刻牢记共产党员的第一身份”,阐释党员身份意识的重要性,概括身份意识淡薄及其危害,提出强化身份意识的方式方法。第二章“严格遵守党员的根本行为规范”,分析党章的性质、地位与作用、核心内容及其蕴涵的党员标准,提出强化党章意识的对策。第三章“自觉肩负实现中国梦的神圣使命”,梳理党的十八大后党中央治国理政的新理念新思想新战略,提出强化使命意识的目标要求与具体方法。第四章“始终守住党纪党规的基本底线”,分析纪律与规矩对于党员队伍建设的重要意义,结合全面从严治党实践,提出强化底线意识的现实途径。第五章“不断追求共产党人的崇高境界”,指出合格党员在守住底线的同时必须提高思想和工作境界,提出强化高线意识需要克服的认识误区。第六章“迈开践行党员标准的整齐步伐”,分析知行合一优良传统及其当下具体内涵,提出强化行动意识的实际举措。

本书坚持以习近平总书记系列重要讲话和党的十八大以来党的建设、党员队伍建设最新政策为依据,紧密结合正反两方面典型案例,努力把抽象的理论转化为普通党员喜闻乐见的话语,概括提炼精当、语言朴实鲜活,较好体现出通俗理论读物的定位。

10. 虚无主义研究

作者:邹诗鹏,复旦大学哲学学院教授,研究方向为马克思主义哲学、国外马克思主义、现代性社会与文化理论。

出版社:人民出版社

出版时间:2016年7月

【成果提要】

本书从存在论、时代精神、社会文化思潮、大众观念及情绪、文化病理等方面,对虚无主义作了迄今为止最为详尽的梳理与考察，对价值虚无主义展开了较为深入扎实的批判，且为相关研究及批判提供了丰富而充实的资源。

本书共分导论、正文八章及结语。第一章“虚无的存在论分析”，区分了存在的虚无与价值的虚无，以海德格尔为例证，分析了西方“无”的传统及其超验论何以本质地导致虚无主义，通过发掘中国传统有关虚无、空灵与天道，揭示中国虚无传统何以并没有导向价值虚无主义。第二章“当代虚无主义的处境”，具体分析从异化到物化、从匮乏到多余、世俗化及其信仰处境、公共精神危机，通过四重处境的分析，揭示虚无主义何以显示现时代精神生活的贫乏及其“亚健康”现象。第三章“现代思想中的虚无主义话语”，探讨19世纪中叶以来至20世纪50年代的哲学虚无主义运动，并梳理相关话语谱系。第四章“当代思想转变与虚无主义”，专题探讨当代思想“四大运动”及其虚无主义话语，研究生存主义及后现代主义中的虚无主义，研究空间、身体转向与虚无主义的关联。第五章“价值虚无主义的主要症型及其表现”，展开人类虚无主义、历史虚无主义、民族虚无主义、集体虚无主义的分析批判，历史虚无主义及民族虚无主义是本书批判的重点。本书还分析了网络民粹主义以及犬儒主义与虚无主义的关系。第六章“虚无主义的病理机制”，提出文明防御虚无的六个原则，即理性精神、社会文明、文化传统、历史意识、生活逻辑、超越性，揭示虚无主义的病理机制，特别探讨何以利己主义巩固了现代性虚无主义。第七章“虚无主义的历史哲学批判”。解释学历史观乃是前承历史相对主义、后启历史虚无主义及后现代主义历史观的理论硬结，后现代性式的解释学史学更是抛弃了历史的未来向度，因此，必须为历史总体性进行辩护，重理历史客观性，并为进而开放唯物史观。第八章“马克思主义的虚无主义批判”，研究马克思对虚无主义的批判与扬弃；作为内在信念的新唯物主义；挖掘唯物史观及马克思新唯物主义的精神文化内涵，深化对马克思有关人类解放及历史进步的理念。结语提出虚无主义的病理学与诊疗学，成果将虚无主义分为大众情绪、社会文化思潮以及哲学三个层次，将症型分析及其批判集中于价值虚无主义，强调从规范社会风气、习性培养、通识教育、社会建设以及心理疏导等方法应对虚无主义，修复传统与现代的关系乃遏制虚无主义的根本方法，此外还分析了哲学虚无主义对于虚无主义诊疗的病理学价值。

论文类(25 项)

1. 加强习近平治国理政思想的整体性研究

作者:章忠民,上海财经大学教授,研究方向为马克思主义中国化。

《马克思主义研究》2016 年第 10 期

【成果提要】

本文从整体性视角对习近平治国理政思想的历史脉络、内涵意指、实践特征进行了全面阐述,从历史整体性、空间整体性、实践整体性与理论整体性四个维度对习近平治国理政思想,以整体性把握,由此作出了富有建设性的系统分析和高度概括。

第一,整体性原则既是习近平治国理政思想的显著特征,同样也是研究习近平治国理政思想的关键切入点和重要的研究原则。坚持将习近平治国理政思想作为一个整体梳理其内在的有机组成部分,并与其生发的具体的历史发展与现实作用联系起来加以考察。既要注重习近平治国理政思想的每个组成部分所特有的地位作用、与其各个部分的有效协同、对于整体的支撑关系,更要注重充分发挥整体大于部分之和的综合功能与效应。

第二,要从中国化马克思主义的历史进程中把握习近平治国理政思想的历史整体性,把习近平治国理政思想作为对毛泽东思想、邓小平理论的进一步总结与拓展。习近平从江泽民、胡锦涛手中接过接力棒要完成中国共产党人未竟的事业,进一步推进中国化马克思主义的发展。

第三,要从国内外两个大局的均衡把握习近平治国理政思想的空间整体性,既以"不谋全局者,不足谋一域"的胸怀下好国内大局这盘棋,又积极参与全球治理以营造良好的国际生存与发展空间,面对国际与国内两个大环境两者相互作用相互影响,我们不仅应对和化解各种挑战危机,而且还变挑战危机为机遇,始终保持了国际国内关系的良好均衡。

第四,要从中国化马克思主义的理论创新与实践发展中把握习近平治国理政思想的理论整体性与实践整体性。以习近平同志为核心的党中央从"五位一体"总体布局出发,以"四个全面"伟大战略布局为引领,以"四个伟大"为着力点,以目标导向、问题意识为抓手,将中国特色社会主义的理论与实践紧密结合并指导实际,在经济建设、政治建设、文化建设、社会建设和生态文明建设等方方面面,一张图纸干到底,抓铁有痕、踏石留印,取得了重要的实践成果与重大的理论发展。

2. 马克思晚年学术转向的思想史意义

作者:谌中和,复旦大学教授,研究方向为马克思主义哲学。

《中国社会科学》2016 年第 5 期

【成果提要】

马克思晚年有一次重大的学术思想转向。由于这次转向的发生与摩尔根等人的人类学研究成果的问世密切相关,所以通常被称为马克思晚年的“人类学转向”。一个世纪以来,诸多中外理论家对马克思晚年学术思想转向的实质和意义展开了深入讨论。魏特夫率先将马克思晚年学术转向认定为从“普遍主义的历史概念”或“单线的社会发展概念”到“谴责普遍主义历史概念”的转变。受魏特夫的启示,国内学术界主要把马克思晚年思想转向解读为“从普遍史观到特殊史观的转变”——“从单线到多线”是其另外的表达。这种研究虽然意识到马克思晚年的东方社会论断已经蕴含着某种对世界历史发展道路的新理解,但仍然缺乏对马克思晚年学术转向实质的深刻洞察。

通过对马克思东方社会思想转变的系统再梳理,以及对以魏特夫为源头的关于马克思东方社会思想转变阐释路径的理论检讨,本文认为,只要我们放弃那种认为马克思已经终结了关于“世界历史”真理的固执信念,把马克思的所有思考置于人类思想史之“中”而不是之“终”,把马克思思想看作是人类文明从分散孤立、缺乏紧密联系的农业时代的“民族历史意识”向日益而且必然以全球一体化为趋向的工业时代的“世界历史意识”迈进的一个重要节点,那么,我们就能够把马克思晚年的思想转向视为“世界历史意识”觉醒过程中的一次通过马克思自身而实现的理论升华与超越,即从主要基于欧洲近代历史演变、具有强烈西方“民族历史意识”烙印的欧洲史观,向建基于包括东、西方文明在内的全部人类文明基础上的新历史观即真正的“世界历史意识”转变的一次伟大尝试。

虽然马克思的世界历史思考一直都不缺乏东方文明的维度,但在马克思生活的时代,由于人们对早期农业社会的状况还只具有极有限的认识,因而难以形成关于农业文明发展道路的正确观念,所以马克思在早年把东方社会简单认定为即将步欧洲工业文明后尘的文明后进。由于人类学的新进展,马克思晚年获得了一种更加宽阔的世界历史视野,对东方社会(在马克思晚年的语境中,“东方社会”等同于“古代社会”)形成了一系列迥异于早期的理论判断,尤其是直觉到东方社会的历史经验对人类文明的共同未来将具有重要意义,即“现代社会所趋向的新制度将是古代类型社会在一种高级形式下的复活”。尽管马克思没有来得及充分展开其晚年思想的世界历史意义,却为我们当下进一步思考中国道路与世界历史的未来提供了重要启示。

3. 国家治理、全球治理与世界秩序建构

作者:陈志敏,复旦大学教授,研究方向为外交学、欧盟研究、中国外交、全球治理。

《中国社会科学》2016 年第 6 期

【成果提要】

本文提出,国家治理和全球治理是构建世界秩序的两个相辅相成的方面。一个和平、繁荣和正义的世界秩序由主权国家的国内秩序和国际体系的国际秩序共同组成。国家治理是世界秩序构建的基石。与此同时,有效的全球治理构建国际秩序,并协助主权国家建构国内秩序。改革开放以来,中国通过推进负责任的国家治理和伙伴型的全球治理,为世界秩序的构建作出了有中国特色的贡献。以此,本文试图对中国特色大国外交的世界秩序观和世界秩序建构的中国路径提供一个系统的阐述。

本文分为四个部分。

(1) 治理的世界秩序导向。本文认为,当前的世界秩序就是主权国家合作与霸权治理的混合体,前者以联合国体系为中心,奉行主权国家独立、平等和合作的原则;后者则以个别大国为核心,凭借其压倒性力量优势来实现对世界的主导。当霸权治理演变为秩序的主导特征时,世界秩序的缺陷也日益暴露出来。因此,要建构一个更加进步的世界秩序,国际社会需要实现更为有效的国家治理和全球治理。

(2) 国家治理与世界秩序的建构。国家治理应该包括国家对内部事务的有效治理,并以此来建构国内秩序,防止因内部失序或弱序而对外部世界呈现出负外部性;同时,有效的国家治理也包括采取负责任的对外政策,避免一国的对外政策和行动对外部世界产生负秩序效应。

(3) 全球治理与世界秩序的构建。全球治理是国际体系中以主权国家为核心的各个行为体的共同合作,通过正式的制度和非正式的安排,协调各自利益和政策,以应对全球化时代人类社会所面对的各种跨国和国际挑战,并支持各个国家实现国家

治理水平提升的活动。全球治理将建构国际秩序,并协助建构各个国家的国内秩序,进而建构世界秩序。

(4) 中国式治理的世界秩序意义。改革开放以来,中国已经走出了一条具有本国特色的治理道路:负责任的国家治理和伙伴型的全球治理。负责任的国家治理要求把本国的事情做好并防止内外政策向外输出负外部性。为推进伙伴型的全球治理,中国着力发挥了四方面的全球治理伙伴角色:全球合作治理的伙伴、全球增量治理的伙伴、区域合作治理的伙伴、全球治理改革的伙伴。

总之,作为体系中的一个新的核心大国,中国式的治理实践将日益具有体系性的影响。特别是通过政府的积极进取外交举措,如"一带一路"倡议、新型大国关系建设、人类命运共同体建设的理念,中国的治理方式和理念将在塑造世界秩序方面发挥更为有力的积极作用。

4. 论党内法规的概念与属性
——兼论党内法规为什么不宜上升为国家法

作者:刘长秋,上海社会科学院研究院研究员,研究方向为党内法规学。

《马克思主义研究》2017 年第 10 期

【成果提要】

从党内法规发展的历史来看,党内法规作为指代党内具有法律约束力的规章制度的总称,并不是最近几年才出现的一个概念,而是在经历了一个自身概念演进的过程之后,最终由党的文件确立下来的一个科学的范畴,其自身有着特定的意涵。这一概念适应了中国共产党管党治党的需要且很好地解决了党规与国家法之间的关系问题。

党内法规作为一种管党治党的规矩,是中国共产党制定和实施的、有关中国共产党自身建设的规范,是应当能够调整党内关系且一般只能用以调整党内关系的规范,是对于党员及各级党组织而言具有法律性质的约束力但又不同于国家法的规范。党内法规姓"党"不姓"国",党内法规是党规而非国法。党内法规的"党姓",决定了其作为我国社会主义法治体系的重要组成部分,是管党治党的基本依据,是从严治党的制度保障。而党内法规是党规而非国法的意涵则表明,党内法规对于我国法治的保障是通过其发挥管党治党的作用来加以实现的,党内法规通过管党治党,能够使党的活动始终被控制在宪法和法律允许的范围之内,确保其依法执政,可以进一步提高运用法治思维和法治方式的能力,增强党在处理各种事务中的效率和应变力,提高其依法治理的能力。法律属性与政治属性共同构成党内法规的基本属性,使党内法规成为一种既具有法律性质而能够对党员及各级党组织发挥法律的作用,又不同于国家法律,既能够适应管党治党实际需要,又可以被纳入我国社会主义法治体系,从而能够与党领导制定的国家法律保持协调一致的重要规范。基于管党治党的需要,党内法规的政治属性应当优先于其法律属性。党内法规法律属性与政治属性之间的关系决定了党内法规不宜被上升为国家法,而更宜固守其与国家法的边界。原因在于,党内法规姓“党”,必须始终坚持党的宗旨,并具有能够以其自身更高的行为标准与更严的内容要求帮助党保持工人阶级先锋队并同时也是中华民族与中国人民先锋队的党性。而一旦上升为国家法,它就会很容易失去其“党”姓,使党内法规开始姓“国”而不再姓“党”,令其在规矩的标准上同于国家法的标准,在对党员及各级党组织的要求上降格至国家法对于一般公民与社会组织要求的层面上,从而最终失去其作为党内法规所应当具有的党性,不利于体现党的先进性和保持党的纯洁性,使其丧失自身在管党治党方面相较于国家法而言所具有的制度优势。

5. 邓小平关于中国特色社会主义基本原则思想探析

作者:张远新,上海政法学院教授,研究方向为马克思主义中国化研究。

吴素霞,上海政法学院副教授,研究方向为马克思主义中国化研究。

《马克思主义研究》2016 年第 3 期

【成果提要】

本文认为:中国特色社会主义基本原则是中国特色社会主义的核心问题,是指导中国特色社会主义建设的基本准则,它极大地坚持和丰富了科学社会主义基本原则。然而,其一,目前学界对这一重要问题的研究还十分薄弱,作者尚未见到直接研究中国特色社会主义基本原则的成果;其二,改革开放以来,国内外一直有人企图否定中国特色社会主义的社会主义性质和方向。事实上,我们党的第二代中央领导集体的核心、改革开放的总设计师、中国特色社会主义的开创者邓小平早就对中国特色社会主义基本原则有过较系统、较深入的概括,这是他成功开创中国特色社会主义的重要理论基础,也大大坚持和发展了科学社会主义。

本文主要观点包括三个方面：

（1）马克思恩格斯等经典作家对科学社会主义基本原则的概括是中国特色社会主义基本原则的理论渊源和理论基础。马克思恩格斯等革命导师从经济、政治、思想文化和终极目标等七个最主要的方面概括了科学社会主义基本原则：生产资料归社会占有的公有制原则；生产力高度发展的原则；对消费资料实行按劳分配的原则；实现全体社会成员共同富裕的原则；坚持以无产阶级政党为领导的原则；坚持以马克思主义为指导的原则；人的自由而全面发展的原则。这些原则是中国特色社会主义基本原则的理论源泉和理论圭臬。

（2）邓小平系统地创造性地揭示了中国特色社会主义基本原则。马克思主义与中国实际相结合原则；四项基本原则；公有制经济占主体原则；生产力发展原则；按劳分配原则；共同富裕原则。这六条基本原则既坚持了科学社会主义基本原则，又紧密结合了中国实际和中国特色社会主义建设的实践，具有非常强的针对性、目的性和创新性，是保证中国特色社会主义伟大事业健康顺利发展的基本准则。

（3）邓小平对中国特色社会主义基本原则的概括具有重大意义。第一，极大地丰富和发展了科学社会主义基本原则。第二，有力地指导了中国特色社会主义建设。第三，为世界上其他国家的社会主义建设提供了借鉴。

6. 新型农村合作医疗制度、土地流转与农地滞留

作者：张锦华，上海财经大学研究员，研究方向为农村劳动力、农村教育与人力资本粮食安全。

刘进，上海财经大学博士，研究方向为农业经济。

许庆，上海财经大学研究员，研究方向为农业经济、土地经济、社会保障、农村社会学。

《管理世界》2016 年第 1 期

【成果提要】

在农户的农业生产退出决策模型中，健康状况既是重要的影响因素又经常被研究者忽略。为增加医疗可及性、提高医疗服务品质等方式改善农民的健康状况，降低疾病冲击对农户收入的影响，缓解农户因病致贫返贫问题，中国政府实施了新型农村合作医疗制度（即新农合）。经验研究表明，新农合具有明显的健康绩效，即改善农村

居民健康福利。那么,在新农合使健康状况逐渐改善从而使劳动供给增加的条件下,作为“理性经济人”的农户的农业生产退出决策(在本文中表现为农地流转决策)将会发生何种变化?新农合与现阶段农地政策特别是农地流转政策之间存在何种关系?进一步地,新农合对农户特别是不同健康状况者的农地流转是否产生影响及具有何种作用?

本文利用2011年“中国健康与养老追踪调查数据”(CHARLS),实证分析新型农村合作医疗制度对农户农地流转行为的影响及作用机理,为进一步促进新农合制度发展、推动农地有效流转和集中提供参考。主要有如下结论:从农户流转决策行为看,现行新农合住院补偿政策有利于改善参合农户的自评健康状况;新农合住院补偿结构显著地增加了参合农户的农地流转倾向,但需要注意的是,该制度并没有显著地影响流转农户的农地流转量,这表明,在农业兼业化和被副业化的现实条件下,农户仅仅希望保持原有农地量,从而滞留于农地。

7. 经济学研究中“数学滥用”现象及反思

作者:陆蓉,上海财经大学教授,研究方向为金融学。

邓鸣茂,上海对外经贸大学博士,研究方向为公司金融。

《管理世界》2017年第11期

【成果提要】

近十多年来伴随“海归”学者的引入,中国经济学研究开始广泛使用数学方法,为促进经济学科学化起到支撑作用,值得尊重。然而,“数学滥用”现象也同样存在。经济学研究越来越技术化,思想性却被淹没,这对于需要重大思想创新的中国特色经济学研究框架的建立是比较重大的障碍,需要反思。

本文首先回顾“数学滥用”的国际争议,然后从经济学研究中引入数学的历史和积极作用、“数学滥用”的表现(理论模型假设不符合现实或根据结论修改假设、数学模型过度运用、实证研究与经济理论相脱节、实证过程不规范)、“数学滥用”的负面影响等方面,阐述对经济学研究、教学和未来发展的反思。主要观点为:(1)“数学滥用”在我国的经济学研究中有愈演愈烈趋势,当前经济学术界和期刊界必须反思和纠正。(2)“数学滥用”会阻碍经济学思想的创新,学术期刊的同行评议制度会自我强化“数学滥用”,必须通过外力主动纠正。(3)“数学滥用”还会通过教学活动产生代际影响。中国的经济学教学尤其需要注意过度数学化的负面影响。“西方经济学”渐已成为经济学教学的主流模式，良好的数学基础强化了中国学生在国际学习竞争中对于数理模型的偏好。经济学直觉训练不足、发现问题的能力不够，今后研究的影响力就不够，这对于经济学科的“双一流”建设构成重大障碍。(4)当前需要对经济学研究和教学进行改革。坚持定性与定量研究相结合；坚持问题导向；坚持方法的简单和适度原则。扭转“西方笼子里跳舞”的倾向，摒弃形式主义的学术评价标准。坚持经济学研究的思想性，立足中国现实，提炼中国问题，正确总结“中国理念”，科学概括“中国经验”，才能建立中国特色的经济学学术体系和话语体系。只有这样才能逐步实现“双一流”建设的目标，作出真正有创新的经济理论，使中国的经济学研究走向国际、引领世界。

8. 城市、区域和国家发展——空间政治经济学的现在和未来

作者：陆铭，上海交通大学安泰经济与管理学院教授，研究方向为劳动经济学、城乡和区域发展。

《经济学》2017年第4期

【成果提要】

本文主要在“空间政治经济学”视角下总结城市、区域与国家发展的相关研究，并对中国的一些相关政策及其影响进行评论。

在城市发展方面，由于人力资本外部性和技能互补性，大城市可以更好地实现人力资本积累并且提高人力资本的回报，推动经济增长。与城市人口增长伴随的拥堵和污染等城市病实际上也可以通过技术和管理的方式加以改善，这些治理手段本身也具有规模经济性。当前中国大城市的规模不经济在多个维度上是基础设施和公共服务供给不足与管理低效的结果。

在区域发展方面，经济地理和集聚效应仍然是经济发展的决定性因素。但是在中国，由于对经济和人口空间均匀分布的偏好，以及地方政府对本地经济规模、投资和税收最大化的追求，资源跨区配置受到行政干预，产业同构现象加剧，使得地区之间形成市场分割，跨区分工水平下降，中国的大国规模经济效应无法得到发挥。此外，地区间文化差异等非制度因素也会影响跨地区贸易和市场整合，应当引起重视。

在国家发展方面,由于政治经济学的因素,中国经济在2003年之后出现地区间“均匀发展”的政策倾向,如更多地关闭沿海地区的经济开发区,财政转移支付和建设用地指标向中西部地区倾斜,等等。以上政策并未带来可持续的经济增长,相反,中西部地区过度依赖投资,建造大量低效率的新城和工业园,给地方政府带来了沉重的债务负担。与此同时,在东部地区,收紧的土地供应加快了房价上涨,对实体经济产生了不利的影响。从整个国家的角度看,全要素生产率的增长速度放缓,中国经济增长速率下滑。

事实上,地区间经济发展的公平性体现的应当是人均意义上的“平衡”,而非总量上的“均匀”。人口的自由流动有助于实现区域经济“在集聚中走向平衡”,即经济集聚带来的规模经济效应和人均GDP(或收入)均等化两者兼顾。劳动力跨地区自由流动有利于地区间人均GDP的收敛,实现资源最优配置,在公平和效率上都有积极意义。此外,对地方政府而言,劳动力跨地区自由流动能使民众对公共服务提供的数量和效率形成用脚投票机制,制约地方政府过度借债或卸责行为。

因此,国家需要科学地认识城市和区域经济发展的客观规律,在资源的配置上应当遵循规模经济和比较优势原则,推进劳动力自由流动和国内市场的统一,加强城乡间和地区间的分工协作,兼顾平衡与效率,实现国家经济高质量发展。

9. 新目标、新理念、新路径开创“三农”工作新局面
——以习近平同志为核心的党中央领导“三农”新发展述论

作者:余信,中国浦东干部学院教授,研究方向为发展经济学、城镇化与乡村振兴、公共政策。

《中共党史研究》2017年第9期

【成果提要】

本文撰写于党的十九大召开前夕,旨在深入研究习近平“三农”思想体系的理论与实践。

党的十八大以来,习近平总书记在深刻洞察世情、国情、社情、农情基础上,指出我国农业农村发展已进入新的历史阶段,农业的主要矛盾由总量不足转变为结构性矛盾、矛盾的主要方面在供给侧。立足于“两个一百年”奋斗目标和实现中华

民族伟大复兴中国梦的历史高度，习近平总书记提出“拉长农业短腿，补齐农村短板”，解决全面脱贫的小康任务和实现“农业强、农村美、农民富”的“三农”发展目标，要求坚持创新、协调、绿色、开放、共享的新发展理念，把推进农业供给侧结构性改革作为当前和今后一个时期农业农村工作主线，强调以人民为中心的发展思想，不断加强和改善党的领导，从而形成了从目标到理念和路径的“三农”领域系统的顶层设计。

在理论层面，这些新理念新思想新战略体现了新形势下我们党对“三农”发展阶段的新认识，目标任务的新定位，发展理念的新转向，改革思路的新变革。在实践层面，既是对新的历史条件下攻坚克难激发“三农”动能、补齐发展短板、转变发展方式、拓展发展空间、增进农民福祉、厚植发展优势的现实指导，更是指引我国“三农”未来发展的重要遵循和行动指南。

10. 建设中国特色社会主义政治经济学理论体系的构想

作者：沈开艳，上海社会科学院经济研究所研究员，研究方向为政治经济学、宏观经济理论、中国经济改革与实践、经济发展。

《毛泽东邓小平理论研究》2017 年第 1 期

【成果提要】

本文认为，中国特色社会主义政治经济学理论依据有两大来源，一是马克思主义政治经济学在我国社会主义市场经济发展中的创新发展和运用；二是近 70 年来特别是改革开放 40 年来我国社会主义建设历史与实践的总结、归纳和提炼。在此基础上，本文对中国特色社会主义政治经济学理论体系必须遵循的指导思想和基本原则、研究目的和主线、研究对象、研究方法和手段、基本内容和框架等进行了系统性的辨析。

中国特色社会主义政治经济学的研究目的是认识和遵循经济发展规律，提高经济发展质量与效益、提高治国理政的能力与水平。基于此，应当以坚持中国特色社会主义基本经济制度的任务、市场经济改革的目标与方向，以及马克思主义政治经济学立场观点方法为基本原则，在明确“何为中国”“何为特色”的前提下，以高度的理论自信和理论自觉，对中国特色社会主义政治经济学迂回曲折、不断创新的演化特征进行归纳与提炼。

就研究对象而言,必须聚焦生产力与生产关系之间的对立统一关系而拓展深化资源配置关系,即中国特色社会主义经济运行中的生产资料占有公有制(或共同占有)与资源配置的市场化(市场性)之间的对立统一关系。这一基本辩证关系是中国特色社会主义政治经济学理论体系的逻辑主线,映射在现实经济运行的各个领域和方面,形成了一系列实践性的辩证关系,构成中国社会主义市场经济理论的基本架构和研究范畴。具体讲,就是对改革开放以来我国经济建设中一系列二元对立关系的研究,重点关系有所有制关系、分配关系、劳资关系、央地关系、政府与市场关系等。本文着重对以上各对经济关系作了展开分析。

最后,本文还提出了一些开放性的有待深化研究的理论问题。一是中国特色社会主义政治经济学与西方经济学的分异。例如,对于部分西方经济学解释和解决不了中国经济问题,中国特色社会主义政治经济学如何跳出传统主流经济范式与框架,提供全新的视角和解答?二是中国特色社会主义政治经济学对传统马克思主义政治经济学的传承、创新与扬弃。三是如何从实践考察中提升出结论性的、普遍性的、规律性的理论。为避免使政治经济学沦为“政策解释学”和“改革历史考据学”,如何在实践研究深入的基础上为形成系统理论作准备,在研究对象、研究方法、框架构建等方面提出具体可行的方案。四是厘清中国特色社会主义经济运行中的政府与市场的边界。五是中国特色社会主义政治经济学话语体系的建设。

11. 世界经济的结构性困境与发展新周期及中国的新贡献

作者:权衡,上海社会科学院世界经济研究所研究员,研究方向为发展经济学、宏观经济学。

《世界经济研究》2016 年第 12 期

【成果提要】

本文围绕后危机时期世界经济增长悖论及结构性困境和出路等作了分析。主要内容如下:第一,世界经济发展正在陷入五大“悖论”:一是量宽的货币政策与持续低增长的悖论;二是全球高债务与低消费的悖论;三是科技、自动化创新与充分就业悖论;四是实体经济“冷”与虚拟经济“热”的悖论;五是全球化与逆全球化思潮的悖论。第二,世界经济增长“悖论之谜”分析。本文立足全球化发展新阶段的世界经济,提出结构性困境是导致上述悖论并影响和制约全球经济复苏增长的根本性问题。表现在:一是全球产能过剩困境和总量失衡制约了复苏与增长;二是新兴市场经济体供需结构不匹配加剧了世界经济结构性困境;三是全球发展结构不平衡与收入不平等的困境制约了增长和复苏;四是全球经济面临人口结构转变与老龄化困境;五是全球经济治理结构陷入困境。正是因为这些结构性困境,从根本上制约了世界经济复苏与增长,导致世界经济增长中出现了所谓的种种“悖论”。从长期增长来说,世界经济走出悖论之关键在于推动结构性改革,以新的结构性改革与创新发展促进世界经济走向新的增长周期。第三,世界经济新周期与新出路:必须实现从斯密型增长迈向熊彼特式增长。世界经济增长有周期。从长周期发展来说,当下的世界经济正处在一个新旧周期的转换期,即由于世界经济正处在从旧周期衰退新周期孕育阶段,正处在一个新的发展十字路口,且不确定性日益增多,甚至全球化发展的方向也出现了动摇:一是世界经济从危机初期的再平衡需要向新周期和新常态的转型与调整;二是世界经济增长需要从单一的总量平衡到结构性平衡的转型与调整;三是世界经济需要从要素驱动增长到创新驱动发展的调整和转型;四是世界经济需要从传统的国际分工体系到全球价值链重构的转型和调整;五是世界经济需要从传统治理规则到新的投资贸易规则重构的转型和调整。世界经济的上述转型与深度调整,也意味着世界经济发展正在面临一个新的发展长周期的孕育,即世界经济将告别上一轮发展周期,即将进入一个新的周期。在这个周期性转换过程中,世界经济需要跨越传统的斯密型增长模式走向熊彼特式增长新模式,即从分工决定的旧增长模式走向创新驱动的新增长模式。第四,中国新发展理念引领世界经济走向新发展周期。中国在新一轮发展中,提出创新发展、协调发展、绿色发展、开放发展和共享发展的新理念,既有助于引领中国经济实现结构性改革,更有助于推动世界经济转型调整和复苏增长,有助于推动世界经济走向新的长周期的复苏和稳定增长的新阶段。中国方案为世界经济迈向长周期提供了重要参考。

12. 中国法治模式建构中的政治逻辑

作者:程竹汝,中共上海市委党校教授,研究方向为政治制度。

《中共中央党校学报》2016 年第 4 期

【成果提要】

在中国国家治理现代化的语境中,关于政治与法治关系的论述所形成的一个基本特征是:法治对于政治现代化的关联及意义得到了较充分的论证。而反过来,政治对于法治建设的关联及意义则有认识不足之虑,集中表现为人们有意或无意地脱离中国政治实际讨论法治建设问题。其实,当我们形成法治不外是现代政治的基本特征和表现形式的理论认识时,也应对其中包含着的“法治当中有政治,没有脱离政治的法治”规律保持同样的清醒。正如习近平总书记指出的那样:“每一种法治模式当中都有一种政治逻辑。”当代中国法治模式应属于政府推进型法治模式中的特殊形式即党政推进型法治。选择这一法治模式,是由中国基本国情及随之而来的政党建设国家的模式所决定的。法治模式的形态特征与其中的政治逻辑在实践中是同构的。党政推进型法治建构中的政治逻辑有:第一,中国共产党的领导构成法治建设的政治保障。所谓政治保障一是指法治建设所需的组织、政策、意识形态等资源供给主要是由执政党提供的;二是指党领导法治建设是中国社会增强法治自觉性的一个必要条件。法治在根本上是指理性法律的高度社会化状态,这种状态绝不会自发实现,因而以一种与法治兼容的组织力来促成此状态就是必然选择。第二,领导干部这一“关键少数”构成中国法治建设的主体支撑。对党政推进型法治而言,其有效性的直接逻辑有二:承载着具体党政权力的领导干部群体必须优先尊重法治的要求。这是因为领导干部直接或间接掌握着公权力,而公权力则是推进法治的“根据地”;法治建设的“关键少数”是一个社会法律信仰和法律权威形成的不可缺少的主导性环节。第三,政治体制的适应性改革构成法治建设的动力基础。党政推进型法治有效性的基本条件是:推进法治的党政系统本身必须是“法治”的。法治与政治体制关联密切,它在很大程度上不过是政治体制适应性改革的功能性结果。其要解决的核心问题是:将谁来掌握权力、权力的范围和限度、如何行使权力等政治问题转化为权由法定、权依法使等法律问题,并从体制上保证这一转换的稳定性和可持续性。

就中国法治所处的历史和现实环境而言,它特别受到来自三方面因素的影响。一是社会主义市场经济和民主政治现实发展及内在要求;二是新中国成立以来形成的政治体制以及与此相关的意识形态,三是中国传统上形成的以“人治”为基本特征的政治文化。中国法治发展的逻辑就存在于这三种因素的博弈之中。而在此三个因素的互动过程中,如何使有利于法治进步的因素形成有效结合和放大,同时,将不利于法治的因素能够不断降低和剔除,取决于业已形成的中国法治模式之中的政治逻辑。

13. “中国方案”开启全球治理的新文明类型

作者：吴晓明，复旦大学哲学学院教授，研究方向为马克思主义哲学，中西哲学比较。

《中国社会科学》2017 年第 10 期

【成果提要】

随着中国在综合国力上的稳步提升和日益广泛参与到国际事务中，特别是党的十八大以来中国对于重大全球问题及其治理的积极姿态，“中国方案”开始登上历史舞台。需要深入研究和把握的是：(1)迄今为止全球治理的实质与限度；(2)“中国方案”的根本性质和基础定向；(3)“中国方案”在变革全球治理的整体理念时所具有的“世界历史意义”。

全球问题和世界秩序真正说来乃是现代世界的产物，它在现代性中有其本质的来历和根据。现代性在特定阶段上的“绝对权力”一方面开创出现代文明，另一方面则建立起一种支配与从属的关系。特定的“权利”(right)体系或法的体系事实上是以这种支配与从属的“权力”(power)关系为现实基础的。因此，在一般的权利或法权观念的表象背后，真正活动着的乃是实际的权力关系。现代世界秩序意味着以资本为枢轴的综合权力——较大权力对于较小权力——的支配和统治。特别能够表明这一点的不仅有“落后就要挨打”这个短语，而且还有“威斯特伐利亚体系”。这个体系表现出现代世界秩序的隐秘核心即“丛林法则”，它把秩序建立在“均势”概念即权力平均化的基础之上。

从表象上看，全球治理的“中国方案”似乎仍然采用了威斯特伐利亚原则。然而，从实质上看，“新型大国关系”“人类命运共同体”等绝不停留于现代性的范围之内，也就是说，绝不是以“丛林法则”中的均势概念为基础的。由于现代世界的国际关系是在霸权法则的逻辑中生存的，所以在这种逻辑的框架中无法真正理解和把握全球治理的“中国方案”。事情的关键并不在于“中国方案”在主观上具有“善良意志”，而是在于：这样的方案是以超越现代性及其逻辑为前提的，是以一种新文明类型的客观前景为基础定向的中华民族的伟大复兴。不仅在于它将成为一个现代化强国，而且在于它在占有现代文明成果的同时，开启出一种新文明类型的可能性。这种新文明的客观前景一方面来自现代化进程的中国道路采取社会主义的基础定向，另一方面取决于这一道路将复活并重建其和平主义的伟大传统。全球治理的“中国方案”正是在这种新文明类型的可能性中有其起源,并由之而获得基本规定的。因此,当今中国关于世界秩序的倡言,正在开启出全球治理的新文明类型;当“中国方案”在历史行程中不断丰富和充实而成为主流与共识时,这种方案就将在超越现代性的过程中获得新的“世界历史意义”。

14. 重新激活“群众路线”的两个关键问题:为什么和如何

作者:吴冠军,华东师范大学政治学系教授,研究方向为政治哲学。

《政治学研究》2016 年第 6 期

【成果提要】

本文以晚近汪晖对“群众路线”的当代追问为契机,从政治学层面立论,着重探讨以下两个核心问题:为什么重提群众路线,以及如何在制度—实践层面上重启、在理念—价值层面上重述群众路线。这个原创性的研究从当代欧陆激进左翼政治哲学中汲取思想养料,提出以重建“共同表面”来应对当代中国的政治—社会问题,以取代汪晖所重启的“阶级政治”(呼唤“阶级重组与阶级政治”)方案。本文通过系统性地重新检视群众路线的规范性理念、制度性实践及其伦理—政治姿态,提出作为政治理念的群众路线具有一种规范性力量,以应治现代社会所普遍面对的正当化危机,并能弥补法条主义与官僚政治的结构性困境。因此,从政治学层面审视重新激活“群众路线”的两个关键问题在当下中国具有理论与实践意义。

15. 协商民主、国家建设和国家治理

作者:易承志,华东政法大学教授,研究方向为国家治理。

《学术月刊》2016 年第 3 期

【成果提要】

建立现代国家是近代以来中国政治的主要线索,也是中国国家建设的基本目标。一个多世纪以来中国国家建设风雨兼程,取得了显著的成绩,但这一过程仍未完成。其中的原因不仅与国家建设的多维内涵有关,也与国家建设的动态目标有关。国家建设内涵包括民族—国家、民主—国家和民生—国家建设三个维度。在民族—国家的维度,国家建设要建立一个主权巩固的共同体;在民主—国家的维度,国家要建立

一套保障公民权利的民主制度;在民生—国家的维度,国家则力图维护社会的公平正义和群众的切身利益。国家建设中民族—国家、民主—国家和民生—国家三个维度实际展开的先后顺序会因不同国家的具体情境而有所不同。对于中国而言,走向现代国家的国家建设是在近代国内外重重危机的背景下启动的,这就决定了国家建设的首要任务就是争取主权独立的民族—国家建设,然后在国家权力的保障和主导下开展民主—国家与民生—国家建设。

现代国家的建立并不意味着国家建设的终结,而国家一旦建立,就面临着国家治理的需要。良好的国家治理既是国家建设的内在要求,也是国家建设继续推进的重要前提。民族、民主、民生三个维度的国家建设在国家治理过程中有着不同的侧重点,对应着单中心治理、多中心治理和互动式治理三种形态的国家治理。中国国家建设以建立现代国家为基本目标,遵循从民族—国家走向民主—国家建设的逻辑,而中国国家治理以创造现代治理为主要取向,体现从单中心治理走向多中心治理的理路。

无论是从民族—国家走向民主—国家建设还是从单中心治理走向多中心治理,均需要一条具体的实现路径。中国协商民主兼具民主与治理的功能,作为治理型民主和民主型治理的统一,协商民主既为转型期中国从民族走向民主—国家建设提供了重要途径,又为转型期中国从单中心走向多中心治理提供了现实选择。为此,应以协商民主有效运行推进国家建设与国家治理,实现国家建设与国家治理的共进。要推进协商民主的有效运行,需要从制度建设、主体成长、组织平台和文化支撑多个层面予以系统推进。

16. 协商治理的中国逻辑

作者:王岩,上海交通大学教授,研究方向为马克思主义理论与当代中国政治建设。

魏崇辉,南京航空航天大学副教授,研究方向为当代中国政治与公共治理、马克思主义与当代社会思想。

《中国社会科学》2016 年第 7 期

【成果提要】

习近平总书记对我国哲学社会科学发展提出明确要求,打造具有中国特色的哲学社会科学话语体系。党的十八届三中全会明确把“完善和发展中国特色社会主义制度,推进国家治理体系与治理能力现代化”作为全面深化改革的总目标。在此背景下,“治理”(governance)成为当代中国社会建设的关键词,成为学界高度关注的对象——但却在一定程度上停留在西方语境下,中国化的话语转换不够。在构建“治理”的中国话语体系的过程中,我们必须将马克思主义政治观、国家观所蕴含的一般的、共性的世界观和方法论转换为时代性和实践性的话语体系,将散在、隐性的话语方式转化为显性、主流的话语体系。为此,比照实践差异、批判理论陷阱、探寻创新方法,对西方治理理论的发展理路及其本质进行科学明辨,实现治理话语从西方到中国的转换,探索中国协商治理的话语与逻辑,这是推进中国治理理论与实践发展的基本理路。

立足于当代中国社会治理实践,坚持唯物史观的基本立场观点,正确把握“国家治理体系与治理能力现代化”的中国内涵,在此基础上融通治理理论,着力构建具有中国特色、中国风格和中国气派的社会治理话语体系和实践理路——协商治理,从而形成协商治理的中国逻辑。这深刻体现在:马克思主义国家观是当代中国协商治理的理论前提,中国传统治理思想及其实践是当代中国协商治理的生存土壤,中国特色社会主义是当代中国协商治理的存在场域,党领导的人民群众是当代中国协商治理的必然主体,当代中国协商治理的客体是多层次多样化的存在,通过协商民主实现国家治理是当代中国协商治理的基本形式,实现公共利益、集体利益与个人利益的均衡发展,是当代中国协商治理的基本目标,当代中国协商治理的基本原则是平等、宽容与贵和,当代中国协商治理的评价尺度包括权威、共识、制度与法治。因此,在马克思主义国家观指导下,根植于中国优秀政治文化传统,立足于中国特色社会主义实践诉求,具有中国特色的社会主义协商治理构成了当代治理理论的中国形态。这是建构中国哲学社会科学学术体系、话语体系的一次尝试。这是本成果的最大学术价值和创新之处。

新时代中国特色社会主义必然坚持“五位一体”总体布局,理应着力推进国家治理体系和治理能力现代化。国家治理居于统领全局的高度,表明治理已经进入党的路线、方针的战略视界,更突出了党对多元主体共同治理国家的科学认知与责任担当。协商治理所秉承的理念、所遵循的原则、所运用的理论、所形成的制度、所坚持的路径以及所追求的目标等,必然构成实现国家治理体系和治理能力现代化的重要方略。

17. 郡县国家：中国国家治理体系的传统及其当代挑战

作者：曹锦清，华东理工大学教授，研究方向为社会学理论与城乡社会学。

刘炳辉，浙江大学宁波理工学院副教授，研究方向为社会治理、组织社会学、现代科层制。

《东南学术》2016 年第 7 期

【成果提要】

党的十八届三中全会通过的《中共中央关于全面深化改革若干重大问题的决定》中指出："全面深化改革的总目标是完善和发展中国特色社会主义制度，推进国家治理体系和治理能力现代化。"这一表述的重大理论和现实意义，目前还未被学术界所充分意识到。首先，在中国现代化转型历程中，围绕政治问题的思考与争论长期被西方的"政体问题意识"牵制大量精力和智慧。但我们首先要意识到"政体问题"意识是西方的特殊传统和经验，并不具有普适性，中国的传统政治问题意识更集中在"政道问题"和"治道问题"，注重的是实质，而非形式。其次，即使从学术上讨论"政体问题"，也应该意识到西方自冷战中出于意识形态对抗需要将政体问题简化为"民主/专制"两分法，是缺乏严肃和严谨的。因为"政体问题"是一个历史问题、具体问题，需要探讨其历史传统、客观条件、时代问题等诸多背景，而绝非一个抽象的形而上学问题，抽象地大量讨论政体问题，弊多利少，尤其是对于我们这样一个还处于战略追赶和民族复兴前夜的大国而言。再次，治理问题才是当代中国的真问题。具体在文件表述的就是治理体系现代化和治理能力现代化两个方面，这就将我们的问题意识从西方设置的议题中拉回到中国的时代真问题上来，这是执政党睿智和理性的表现。

同时，中国国家治理体系和治理能力现代化是一个动态过程，即隐含着从传统的治理体系向现代转型之意。中国在传统社会基础上逐渐形成了"郡县国家"为核心特征的国家治理体系，其以中原农耕乡土社会的"郡县制度"为主导和针对边疆游牧流动社会的"盟旗制度"为补充。"郡县国家"有四大支柱，中央集权为核心导向、文官制度为中层支撑、乡土自治为基层设计、行政区划为技术保障。"郡县国家"的静态社会治理经验至今依然有强大的历史惯性和影响力，但其在面对"流动社会"时出现了严重不适应，尤其体现在中央集权和地方自主、科层僵化与有效治理之间的矛盾。中国从传统社会向现代社会转型过程中,就国家治理的社会基础而言,是由一个“静态社会”向“流动社会”转变,这构成了以“郡县国家”为传统的中国国家治理体系和治理能力现代化的长期与根本挑战。“郡县国家”遭遇“流动社会”会是当下以及未来相当长历史时期内,中国国家治理体系变革所必须回应的深层次根本问题。其核心要害在于:第一,是中央集权与地方自主之间的平衡,或者说“中央和地方两个积极性”问题。第二,是科层制的僵化呆板与大变革时代有效治理的灵活性的矛盾,或者可以说“政治”对“行政”的短板的克服。

18. 灾区重建过程中的社会记忆修复与重构——以云南鲁甸地震灾区社会工作增能服务为例

作者:文军,华东师范大学社会发展学院教授,研究方向为社会学、社会工作。

何威,华东师范大学助理研究员,研究方向为社会学。

《社会学研究》2016 年第 2 期

【成果提要】

记忆是一个可塑性的动态系统,灾害的发生对灾区居民个体的心理状态、人际沟通方式、灾区社会组织架构、风俗文化四个方面的内容和运行机制都有着决定性的改变,而因这种改变影响所形成的集体记忆的形式和内容便构成了灾区社会记忆。然而在实际操作层面上,灾后救援者往往容易忽略社会记忆缺损对社区共同体和社会文化的影响。灾区社会记忆修复和重构具有的特殊意义在于,它能够在很大程度上帮助受灾民众尽早走出灾害阴影,使其能够更长久地回归到正常的社会生活状态中。

本文以作者在鲁甸地震灾后社工服务的实地调研为基础,尝试在理论上对灾害所建构的社会记忆空间进行建构,并以专业社会工作的方法修复和重构灾区社会记忆。在具体的研究脉络上,作者通过实地调查发现,灾区居民无论在个体心理、人际关系,还是区域内的组织关系和社会文化现状等方面均存在不同程度的受损问题。主要表现在:(1)灾区居民精神生活与心灵世界中的“双匮乏”;(2)居民原有的社会交往方式与秩序被打破;(3)村落记忆重要的物理载体无法发挥作用;(4)外来文化和记忆的植入侵占了原有的社会记忆空间。基于这些问题,笔者以灾害社会记忆构成影响的四个维度为基本框架,以专业社会工作增能的理论和方法为视角,从民众的个体心理、人际关系以及灾区的社区组织和社会文化四个方面对此次社会工作救援服务的项目化运作进行考察，并分析其对灾区社会记忆修复与重构的影响。研究尝试从四个路径将专业的社会工作增能服务介入到灾区社会记忆修复和重构当中：(1)个体层面的增能：以优秀个体典型带动记忆框架的构建；(2)人际关系层面的增能：打造“新社区，旧体验”的人际关系新模式；(3)组织和社区层面的增能：在修复和重构社会记忆的基础上重建社区新秩序；(4)社会文化层面的增能：以传统手工艺为记忆符号引导记忆创伤的弥合。

本文的突出贡献在于，通过对专业社工服务介入灾区社会记忆修复和重构过程的剖析，发现专业服务的核心理念在于并不是要改变原有的习惯和记忆，而是要在“情境中”让“人”达到灾后的最佳状态。为此，本文在充分论证的基础上，提出了通过灾害创伤记忆的结构、对破损社会记忆的修复和重构以及灾后重建过程中的社会记忆建构三个步骤来达成这一目标。同时，从社会工作本土性发展的角度，本文认为专业社会工作在介入到灾后重建工作中时，需要摆脱其传统的叙事方式，将社会工作的理念、方法与社会记忆的建构过程相结合，通过专业方法的整合来改变灾害记忆带来的创伤。

19. 政府治理机制转型与社会组织发展

作者：黄晓春，上海大学副教授，研究方向为组织社会学、基层治理研究。

周黎安，北京大学光华管理学院教授，研究方向为政治经济学。

《中国社会科学》2017年第11期

【成果提要】

既有研究在讨论当代中国政府与社会组织关系时普遍忽略了行政体系内部运作逻辑对社会组织发展的作用。本文通过聚焦不同层级政府治理机制间的互动及其对社会组织的影响，发现当上下级行政部门以“层层发包”模式运行时，基层政府更多在权衡社会组织的公共服务功能与潜在治理风险后设计相应制度安排，并形成鼓励发展或风险控制型的制度环境。但在上下级治理模式出现张力，下级灵活性与弹性不足时，基层政府会更注重通过发展社会组织来解决自身遇到的灵活性不足难题，进而形成“借道社会的机制”。由此在一个新的研究视角下重新考察转型期政府与社会组织关系，揭示社会组织制度环境多样性之深层机理。

本文分三个层次展开论述：首先，回到具体的治理转型情境，用多层级行政体系取代对抽象政府的简单想象,探讨社会组织发展对于行政体系改革的复杂作用。文章通过借鉴和拓展“行政发包制”理论强调多层级行政发包体系在不同改革阶段会遇到不同难题,导致基层政府对社会组织形成不同的功能定位,即行政部门灵活性与弹性的来源、公共服务的帮助之手或治理风险的不确定来源,并据此调整与社会组织间的关系。其次,运用这一视角深入分析处于治理转型前沿的S市T街道近三十年来政府与社会组织关系的变迁,从中探求基层政府发展社会组织时从更注重“吸纳”机制到转而强化“借道”机制背后的转变机理。最后,本文对多层级行政发包理论和新公共管理理论、“国家与社会”理论等经典理论视角之间的差异进行了系统梳理,指出本文理论视角的分析优势与发展潜力。

总体而言,本文的研究有助于理论界对当前中国政府与社会组织关系的多样性及其背后的决定因素形成总体分析。这将为新时期进一步推动政府治理与社会自我调节良性互动提供重要的理论和政策依据,也为国家相关政策部门“精准发力”的政策优化提供了更具针对性的分析框架,从而超越“一刀切”式的传统治理模式。此外,本文也注意到,在治理转型的时代背景下,基层政府行政“借道”社会机制的微妙之处在于其双重功能:一方面能解决行政体制面临的改革难题;另一方面又为新型组织的出现和发展提供了可能——因为一旦行政体系内改革的不协调问题得以解决,基层政府就可能减少对这些“借道”组织的隐蔽控制,此时后者已经具备一定规模,并有可能在新的起点上发展自主性,进而促成新的经济社会空间成长。从长周期看,基层治理中的行政“借道”社会机制也是一种特定情境下的政府与社会组织互动机制。

20. 努力走出一条符合特大城市特点和规律的社会治理新路子

作者:杨雄,上海社会科学院社会学研究所研究员,研究方向为应用社会学。

《求是》2016 年第 11 期

【成果提要】

本文是对上海区域化党建引领下构建社会治理新格局实践的经验总结。

全文结构与内容安排如下:

(1) 创新社会治理理念、全面深化基层体制改革。坚持“五大原则”(党的领导、核心是人、依法治理、改革创新、重心下移)和“两大目标”(完善基层社会治理体系;

提高基层社会治理能力)。实践创新亮点:完善街道职能定位,理顺条块关系;完善乡镇治理体制。

(2) 以“区域化党建”引领社会治理创新。治理体系现代化要与党的执政方式现代化结合起来。要求理念上新突破。实践创新亮点:区域化党建,引领社区基层治理;实现基层党的建设、政府职能转变与社会发育相互协调匹配。

(3) 构建城市精细化管理、提高社区公共服务体系。以顽症和突出问题为重点,创新完善城市管理机制,提升城区精细化管理与公共服务水平。实践创新亮点:合理设置管理网格和职能边界;将网格化管理助推社会治理从条块分治转向整体联动。

(4) 激活活力,引导社会力量参与社区治理。将激活基层活力作为落实党的十八届五中全会深化体制改革的抓手。实践创新亮点:加强三支社区基层队伍建设;向社会组织开放公共资源和社会空间。

(5) 探索、构建共治、自治、法治相结合社会治理新格局。创新社会治理体制应把握好政府善治、合作共治、基层自治、社会法治、全民德治五个环节。实践创新亮点:完善居民区治理体系,推进减负增能;完善并强化村级组织体系建设;推进美丽乡村和农村社区建设。

21. 价值正义:国家社会治理的原则、原理和路径——兼论“核心价值观”规范国家社会治理的伦理路径

作者:杨俊一,上海政法学院教授,研究方向为马克思主义与中国特色社会主义。

《上海大学学报》(社会科学版)2017 年第 1 期

【成果提要】

党的十八届三中全会提出了推进国家治理体系和治理能力现代化的时代课题。对这一课题的理论探讨,大致形成了法治和德治两种相关的理论范式。从学理层次上看,还未实现规制治理和价值观治理内在逻辑的“有机统一”。原因之一,是缺乏把二者统一起来的“价值正义”理论的支撑。这一理论缺憾直接导致法治与德治“两层皮”的逻辑范式。鉴于此,中央明确提出核心价值观入法入规的立法要求。它表明,法治与德治统一发力,已是国家社会治理实践的迫切需要。但目前学界,关于法治与德治统一发力的治理逻辑、内在原理及其实现路径的讨论,还较为鲜见。

为回答这一问题,作者在概括前人学术贡献的基础上,运用价值正义理论,探讨

法治与德治内在统一的学理逻辑,即国家社会治理的原则、原理与路径,并结合“核心价值观”规范治理的结构,阐释国家、社会以及个人(公德)规范治理的伦理路径。

第一部分,从“斯密悖论”入手,讨论亚当·斯密价值正义原则。(1)市场正义是市场道德评价的合法性前提。市场正义“对伤害的报复”原则与市场道德“戒律”原则,在内涵逻辑上是统一的。(2)市场正义既规制市场交易行为,也规范市场诚信行为。这是“道德何以正义优先”的学理依据。由此引发(3)市场正义两条原则:“败德报复”和“善德回报”的对等原则。

第二部分,解读黑格尔《法哲学原理》,阐释其“伦理正义模型”,概括其国家治理原理的基本内涵:个体人格正义—社会伦理正义—国家制度正义。(1)“伦理至善”,即国家作为伦理共同体的内在目的原理:个人利益与公共利益的统一;(2)“权利法治”,即国家作为法治国的正义调解原理:权利与义务的统一;(3)“目的和谐”,即国家社会治理的目的性原理:对个人利益的调节是承认与节制的统一。

第三部分,首先澄清核心价值观 12 个范畴不仅仅是个人修为的目标,而是内含着与法治正义相统一的道德正义的价值逻辑。所谓“法律是道德的底线”,就是二者统一逻辑的法哲学论断。(1)“富强民主文明和谐”,是国家作为伦理共同体的“至善”规范;(2)“自由平等公正法治”,是社会作为利益矛盾体的制度规范;(3)“爱国敬业诚信友善”,是个人作为身心调和体的德行规范。

总之,价值正义即国家“良法善治”之伦理基础。

22. 老龄化背景下子女对父母的多样化支持:观念与行为

作者:胡安宁,复旦大学教授,研究方向为文化社会学。

《中国社会科学》2017 年第 3 期

【成果提要】

中国社会过去几十年的变革虽然带来居民家庭生活方式的巨大变化,但家庭仍然是社会的基本单元,关乎社会的稳定与和谐。因此,家庭建设一直以来都是社会建设的重要组成部分。正如习近平总书记在十八届中央纪委六次全会中讲到的,“要加强家庭建设,教育引导人们自觉承担家庭责任、树立良好家风巩固家庭养老基础地位。”家庭建设的开展需要全社会注重家庭、注重家教、注重家风。自古以来,中国文化中家教的核心内容之一便是孝道,而家庭成员身体力行地践行孝道,便能够形成良好的家风。可见在代际关系方面，家庭、家教与家风的建设是家庭结构、孝道与赡养行为三者之间的有机统一。进入 21 世纪，中国社会家庭结构的一个重要变化是老龄化程度日益加剧。庞大的老龄人口规模带来了巨大的家庭养老压力，也对子女的孝道与孝行提出新的要求。

本文第一次利用全国性的经验资料，在考察与梳理国内外关于中国社会孝文化的研究的基础上，展示孝道与孝行之间的复杂联系，以此论证孝道的不同维度如何带来子女对父母不同类型的支持。通过研究发现，当代转型期中国社会，孝道已经逐渐从传统意义上强调子女和父母之间的辈分关系和子女的顺从义务，转向平等亲情与辈分权威并存的二元模型。基于此二元模型，本文发现，强调权威关系和子女角色义务的权威性孝道更能促进子女对父母的经济支持，而强调亲情、代际对等地位的相互性孝道则主要促进子女对父母的情感性支持。相比较而言，孝道的双元维度都无法显著地提升子女对父母的劳动力支持。本文的研究发现对于应对社会老龄化的冲击具有重要的启示价值。由于当前社会化养老模式仍处在摸索过程之中，对于大多数老人而言，来自家庭成员的支持便成为直接决定其生活质量的重要因素之一。在此社会背景下，鼓励子女对父母的支持与赡养，弘扬孝行便具有重要的社会现实意义。本研究通过社会科学的经验分析展示了个体孝行与其主观的孝道之间的多样化关联，有助于人们对当代中国孝道及其与孝行之间关系的理解，并展示出孝文化的积极价值，弘扬多样化的懂孝、行孝风尚。

23. 文化自信的内涵及其在“四个自信”中的地位

作者：陈锡喜，上海交通大学教授，研究方向为马克思主义基本理论及意识形态。

桑建泉，上海交通大学博士，研究方向为马克思主义。

《高校马克思主义理论研究》2017 年第 3 期

【成果提要】

“四个自信”研究中存在着“形式主义”的“标签化、空泛化”现象：如对文化自信思想形成的叙述，没有重要论断的权威出处，有的甚至以讹传讹；对文化自信内涵的阐述，大多界定为传统文化的自信；对文化自信同“三个自信”关系的论证，贬低“三个自信”的价值，等等。为切实把握“文化自信”乃至“四个自信”的思想真谛，需要厘清几个问题：

(1)“文化自信”形成过程,从而准确把握“四个自信”的逻辑演进:习近平总书记在党的十八大后多次强调“三个自信”。2014年2月政治局第十三次集体学习会,他正式提出“文化自信”命题;此后,多次强调文化自信重要性,认为是“更基本、更深沉、更持久的力量”;2016年政治局第三十三次集体学习会,他提出并强调了“四个自信”。这一过程的思想逻辑是:基于对坚持和发展中国特色社会主义的理论自觉,为了巩固共产党执政的精神基础,而不是因面对挑战困境缺乏自信而从传统文化中寻找出路;为“三个自信”奠定更深厚、更广泛基础,而不是对“三个自信”否定。

(2)“文化自信”的内涵,从而更准确把握文化自信同文化自觉关系;必须区分“文化传统”和“传统文化”。习近平总书记讲“文化传统”并非止于“传统文化”,而是包括“优秀传统文化”“革命文化”和“社会主义先进文化”,即使“优秀传统文化”也要与现代社会相协调。须把文化自信奠定在文化自觉基础上,即要对自身文化精华的体认传承以及创造性转化,并立足于我国和世界发展经验作创新性发展。文化作为上层建筑,其发展变化及其价值实现的根基是经济基础。文化传统是文化自信之源,而道路的正确和力量的强大,才是文化自信之本。

(3)厘清文化自信在“四个自信”中的地位,从而更准确把握其同发展21世纪马克思主义的关系:可区分狭义和广义的“文化自信”,所谓狭义的“文化自信”,是指与“三个自信”相并列的、特指作为狭义文化的自信,它是对“三个自信”的拓展;所谓广义的“文化自信”,是包含“三个自信”在内的作为广义文化的自信,是对“三个自信”的提升。因为中国特色社会主义道路中蕴涵的科学社会主义的理论逻辑,就体现了人类文明的进步,而中国社会发展的历史逻辑,则包含着中国优秀文化的成分;中国特色社会主义理论体系作为意识形态,本身是观念形态的文化;而中国特色社会主义制度,亦包含了制度文化。

24. 党内政治生活的时代意蕴及实践路径

作者:刘宗洪,中共上海市委党校教授,研究方向为国内外政治理论。

《中共中央党校学报》2017年第4期

【成果提要】

本文认为,党内政治生活的核心要义是讲政治,而“政治”在不同的历史阶段总有其特有的时代意蕴。党的十八届六中全会提出增强党内政治生活时代性的课题，是基于党在新形势下面临的新任务、遇到的新矛盾和出现的新情况。

增强党内政治生活的时代性，要从党的信念中把握政治方向，把崇高理想与重大决策结合起来；从社会思潮中增强政治辨别力，把道路自信与抵制错误结合起来。从本职岗位中彰显政治忠诚，把历史担当与工作实绩结合起来。

要以严明政治纪律为关键，不断增强"团结统一"的政治意识。加强政治建设是严明政治纪律的基础。树立核心意识与维护中央权威是严明政治纪律的重点。规范党内关系是严明政治纪律的紧迫任务。要以加强党员修养为重点，不断营造"风清气正"的政治生态。

执政伦理上赋予时代的内涵和实践的新要求。坚持人民至上的观念，筑牢党在群众中的政治根基。坚守执政伦理的规范，发扬勤政廉洁的工作作风。培育高尚的道德情操，以良好形象赢得人民拥戴。

加强和规范党内政治生活，需要依据时代的变化对党内教育和管理的方式方法进行改革和创新，既要继承党的优良传统，又要遵循科学精神。

在实践路径上，党内教育要有"内化于心"的实际成效，党内政治生活的重要任务是加强思想理论教育，保证全党在思想上政治上的统一。一些党的组织虽然花了很大精力开展党内政治学习，但收效往往甚微。究其原因，既有教育形式上的枯燥乏味，更有教育内容"高大空"的问题。增强党内政治生活的时代性，既要抓制度化日常化的学习，更要把握理论教育的真理性原则。

党内问责要配置"利益激励"的关怀机制。增强党内政治生活的时代性，既要加强理想信念的教育，也要不断传导制度的压力，更要有利益的激励。在党的历史上，对党员干部精神上的激励与组织上的关怀从来就是相辅相成的。增强党内问责的传导压力而忽视党员干部的利益驱动，不是马克思主义的科学态度。

党内规矩要实现"政治文化"的转化。加强和规范党内政治生活，一个重要任务就是把党的规矩和纪律转化为党员干部的内心要求。人的内心需求是由自身所接受的文化决定的，而文化可以把特定的规矩变成人的日常生活习惯。因此，把党内制度转化为党员内心追求的唯一方法是建设党内政治文化。

党内责任要开创"全党动手"的局面。一方面，认识党内的突出问题，需要全党的参与来发现。另一方面，解决党内的突出问题，也需要全党参与来解决。

25. 努力把社会主义核心价值观融入法治建设

作者:王贤卿,复旦大学马克思主义学院教授,研究方向为思想政治教育研究、舆论宣传与教育研究、价值观教育研究。

《求是》2017 年第 7 期

【成果提要】

2016 年 12 月,中共中央办公厅、国务院办公厅印发的《关于进一步把社会主义核心价值观融入法治建设的指导意见》,提出了将社会主义核心价值观融入法治建设的顶层设计,确立了运用法治推动社会主义核心价值观建设的基本方略,体现了党和国家治国理政的价值自信和法治自觉。

本文认为,社会主义核心价值观是社会主义法治建设的灵魂,彰显了当代中国法治建设的基本内涵和价值。任何社会的存在和发展都需要核心价值观来体现共识、凝聚力量。党的十八大确立了社会主义核心价值观的主要内容:“富强、民主、文明、和谐”是国家层面的价值目标;“自由、平等、公正、法治”是社会层面的价值取向;“爱国、敬业、诚信、友善”是公民层面的价值准则。体现了社会主义意识形态的本质要求,具有价值引领、社会整合、主体建构等意识形态功能。法治既是一种治国方略,也是社会主体的一种价值目标选择。法治的核心要义是立良法推善治,实现法治与德治的良性互动。

融入法治建设是培育社会主义核心价值观的有力保障。培育社会主义核心价值观的动力来自国家的价值目标与个人的价值目标的有效对接。法治建设实际上是这种对接的一种实践取向和制度保障。运用法律法规和公共政策向社会传导正确价值取向,切实发挥法治的规范和保障作用,促进社会主义核心价值观由“软性要求向“硬性规范”转变,有利于推动社会主义核心价值观内化于心、外化于行。

社会主义核心价值观建设和法治建设相辅相成、相得益彰,应一体推进。社会主义核心价值观建设是提升国家价值引导力、文化凝聚力和精神推动力的有效途径,依靠的是价值引领的力量。法治建设是推进国家治理体系和治理能力现代化的有力抓手,依靠的是制度约束的力量。

将社会主义核心价值观贯穿于立法、执法、司法、守法各环节,既可以保障社会主义核心价值观落地生根,又可以把握法治建设的正确方向。全民守法,是法治中国建设的基础,是社会主义法治文化建设的核心。守法的前提是信法,而信法的关键是法律本身蕴含道德基础,执法充满人性关怀,司法维护公平正义,如此才能引导公民形成自觉守法、遇事找法、解决问题靠法的法治意识,才能使社会主义法治精神深入人心,才能使社会主义核心价值观成为日用而不觉的行为准则。

上海市第十四届哲学社会科学学科学术优秀成果(2016—2017)

特等奖

著作类(1 项)

中国行政区划通史

作者:周振鹤,复旦大学历史地理研究中心教授,研究方向为历史地理、中国史、近代中外文化交流。

李晓杰,复旦大学历史地理研究中心教授,研究方向为历史地理学、边疆史地。

胡阿祥,南京大学历史系教授,研究方向为中国中古历史与文学、中国历史人文地理。

郭声波,暨南大学历史地理研究中心教授,研究方向为历史地理学、历史文献学。

余蔚,复旦大学历史系教授,研究方向为宋史,中国政治制度史。

傅林祥,复旦大学历史地理研究中心教授,研究方向为历史政区地理、上海史地、古籍整理。

出版社:复旦大学出版社

出版时间:2016 年 12 月

【成果提要】

本书研究自先秦至民国时期的中国行政区划变迁史。在全面掌握相关传世文献与出土历史文献资料的基础上,本书充分积极吸收前人的研究成果,力求经过严谨邃密的考订,重建政区变迁序列、复原政区变迁面貌,以求最大可能地还原历史的真实。这一研究既有传统的关于历时政区沿革的考证(纵向),同时也包括对同一年代各政区并存的面貌作出的复原(横向),而且在条件许可的情况下,相关的政区复原以详细至逐年为尺度。

全书在总论外,分为十三卷,依次是先秦卷、秦汉卷、三国两晋南朝卷、十六国北朝卷、隋代卷、唐代卷、五代十国卷、宋西夏卷、辽金卷、元代卷、明代卷、清代卷及中华民国卷。在编撰体例上,由于历史时期中国行政区划的变化很大,在正式政区以外又有准政区的形式存在,加之政区层级、幅员及边界在不同时期的变迁程度不一,因此各卷又独立成书，其考证过程和编写结构有各自的侧重点。

本书的撰写前后历经二十年，主编与各卷作者都倾注了大量心血。本书不仅是中华人民共和国第一部大型行政区划变迁通史，也是继谭其骧先生主编《中国历史地图集》之后在政区地理研究方面最为重要的学术研究成果，将历史地理学的研究推向了一个新的高度，必将对相关领域的研究产生积极而深远的影响。

一等奖

著作类(40 项)

1. 法官的道德理性论

作者:王申,华东政法大学研究员,研究方向为法理学。

出版社:法律出版社

出版时间:2017 年 10 月

【成果提要】

法官职业开端于这样一个理念:法官为公正而存在;对此,我们也可以反过来印证:失去公正的法官就是一种“法治”的摆设。公正不仅是法官必备的品质,也是法官的本质属性,还是法官的职业本色。法官有着特殊的道德地位,这种特殊性来源于法官在宪法中的地位。

在一个高度复杂的法治社会中,法官道德作为一种特殊的伦理类型,是以法官美德、法官责任和义务为核心内容而构建的。司法职业伦理是以法官道德律为基础,而这种道德律则被认为是一种人为的规范与命令,是法官职业共同体根据司法的专业知识,经过历史演化而过渡形成的司法伦理规范。

建构法官的司法世界必定要依靠于法官职业共同体的共同意志。司法伦理规范是理性的法官们为了他们职业共同体自身的利益而共同同意建构的一套行为规范体系。这种行为规范体系由法官在长期的司法实践中总结出,并被职业共同体视为是一种实践智慧,能够恰当地影响法官的意志和能力,进而也被法官所普遍接纳。

在司法伦理规范中,法官的道德力量更多地表现为自律。法官在审判自律性活动中担负着最重要的职责,事关审判的公平、正义。如果法官缺少了自律,那么他将案件办成错案就是意料中事。法官职业伦理连接着法官的伦理感与道德感,并在相当程度上构成它们的基础。

我们对司法公正的理念的思考,为的是达到对“善的理念”的认识。因此,“善的理念”作为最高的存在,就是一个道德(规范)前提。我们通过“善的理念”来推定出法官道德(规范)原理,让法官尽量地模仿和分有这种“善”,以“善”来教育和指导法官的行为。

司法职业的规范价值和意义值得我们重视。在法官的职业实践中是“先有伦理，后有认识”，法官的认识规律是从司法伦理规范中分化演变出来的。现代法官的基本道德共识为司法伦理道德领域核心价值观的建构提供了可能。我们研究法官职业伦理的核心价值观等问题，绝不能忽视对法官道德理性问题的探讨。因为，司法道德理性的提升将关涉司法伦理中法官的道德完美和品格完美。

对司法伦理和法官道德问题的研究只是近几十年才开始引起我国学者的关注。司法伦理与法官道德是否能够截然分开？或者说，一种只讲法律而不讲道德的司法是否可行？这种问题似乎不用多作思考就会有确切的答案。在通往司法伦理和法官的道路方面，为维护法官职业的伦理实体性和司法聚合力，制定完善的法官道德行为规范标准是非常重要的。

2. 现代权利理论研究

作者：彭诚信，上海交通大学法学院教授，研究方向为理论法学、民商法学。

出版社：法律出版社

出版时间：2017 年 3 月

【成果提要】

本书通过系统梳理并评析传统权利理论、当代权利理论，联结理性商谈程序国家立法程序、法律论证程序和司法审判程序，建构了现代权利的“程序理论”。权利是法治建设和法学研究的基石范畴，权利的“程序理论”不仅为我国法治实践中的重大权利疑难问题提供了正当性解释基础与制度化解决路径，更为我国法学理论研究构建立足中国现实和突出时代特色的权利研究范式与权利话语体系作出了突出贡献，提升了我国权利研究的国际话语影响力。

现代实践中的重大权利疑难问题对既有权利理论提出了严峻的挑战。诸如新兴权利如何认定、特定主体的权利如何保护、权利冲突如何化解、法律术语混乱如何厘清等困扰我国法治建设的实践难题，无法从既有权利理论中找到答案，亟须新的权利理论予以回应。权利理论研究史上尚未出现关于权利概念与本质的支配性理论，这一权利研究的基础性问题也需要借助新的权利理论提供更具解释力的证立基础。

本书从权利本质、逻辑结构和规范功能等层面剖析了既有的代表性权利理论的缺陷。“意志理论”认为权利是基于主体自由选择的结果,但对于不能放弃的基本权利及特殊主体的权利不能给予充分的解释。“利益理论”主张权利是对主体利益的评价与保护,但对于第三人利益合同的第三人以及特定社会角色享有的权利不能提供令人信服的论证。“混合理论”把有关权利本质的阐述集中在权利人对他人义务支配手段的证成,但忽略了义务正当性的基础,从而使得其权利理论并未克服父权主义的弊病。“多功能理论”提出权利是具有特定规范功能的某一权利成分或数个权利成分的联合,却回避了享有权利的正当性基础这一核心争论要点。

紧紧围绕我国权利实践和研究的困境,本书在既有权利理论贡献的基础上,从权利主体、权利创设、权利证成、权利适用等整个动态过程与运行程序中理解权利,构筑了现代权利的“程序理论”。权利的“程序理论”根基于主体的平等参与、着眼于主体的利益评价、取决于主体参与评价意志或利益而形成的规则与原则。权利的“程序理论”展现了权利的实然维度与应然维度,为权利实践困境的破解提供了理论支撑,为权利本质的分析赋予了新的研究范式,为权利话语体系的构建奠定了坚实的基础。

3. 马克思主义法学理论在当代中国的新发展

作者:蒋传光,上海师范大学哲学与法政学院教授,研究方向为法理学、法社会学、法治文化、中国特色社会主义法治理论。

出版社:译林出版社

出版时间:2017 年 10 月

【成果提要】

本书考察了马克思主义法学理论中国化的理论成果——中国特色社会主义法学理论产生的过程、发展阶段和形成路径,从不同方面对中国特色社会主义法学理论体系的内容进行了概括和归纳。党的十一届三中全会以来,在探索建设中国特色社会主义法治国家的过程中,形成了较为系统的中国特色社会主义法学理论体系,为依法治国,建设社会主义法治国家提供了理论指导。本书有助于全面、系统地把握中国特色社会主义法学理论体系的框架体系、基本观点及理论贡献。

本书包括导论和上、下两编十九章内容。导论探讨了马克思主义法学理论中国化的几个问题，包括马克思主义法学理论中国化命题的共识问题，马克思主义法学理论中国化命题的名称、概念辨析，马克思主义法学理论中国化的理论成果，研究马克思主义法学理论中国化及其理论成果的意义。

上编为马克思主义法学理论中国化的发展阶段。该编包括七章内容，概括介绍了马克思主义法学理论中国化的发展阶段，每个阶段法学理论产生的过程和成果，对马克思主义法学理论的贡献等；阐述了马克思主义法学理论中国化的路径及中国特色社会主义法学理论与中国法治建设的里程碑。第一章，毛泽东法律思想。第二章，邓小平法制思想。第三章，依法治国基本方略的提出。第四章，科学发展观理念下的新时代法治观。第五章，十八大以来依法治国理论的创新和发展。第六章，马克思主义法学理论中国化的路径。第七章，中国特色社会主义法学理论与中国法治建设的里程碑。

下编为当代中国马克思主义法学理论的内容体系。该编包括十二章内容，主要研究当代中国马克思主义法学理论的内容体系。党的十一届三中全会以来，在探索建设社会主义法治国家的过程中，形成了较为系统的社会主义法治理论，为依法治国，建设社会主义法治国家提供了理论指导。第八章，依法治国，建设社会主义法治国家。第九章，坚持走中国特色社会主义法治之路。第十章，确立社会主义法治理念。第十一章，建立完善的社会主义法律体系，促进法律实现。第十二章，中国特色社会主义宪法理论与实践的探索。第十三章，发挥法律手段在维护社会秩序中的功能。第十四章，依法行政，完善权力约束机制。第十五章，建立完善的司法体制，促进社会公正实现。第十六章，维护公民权利，依法保障人权。第十七章，提高公民法律意识，夯实依法治国的基础。第十八章，“一国两制”与国家结构理论的创新。第十九章，繁荣法学研究，为法治建设提供理论指导。

4. 中日战争历史遗留问题的国际法研究

作者：管建强，华东政法大学教授，研究方向为国际法学、军事法学。

出版社：法律出版社

出版时间：2016 年 12 月

【成果提要】

本书围绕中日战争历史遗留的关键问题，直面日本右翼学者谬误观点，在国际法的层面上展开了针锋相对的学术研究和批判。与众不同的国际法视角和实证研究在揭露、驳斥日本右翼势力的谎言方面有着不可或缺的学术意义。

本书分为五章。

第一章对于虚构第二次世界大战前只存在对战争罪的制裁而不存在对侵略罪的惩治的学说,进行了开创性的实证分析。阐述了法律不能溯及既往不具有强行法的地位。论证了东京审判对侵略罪的管辖权的基础来自国家之间的同意。东京审判的管辖权完全合法有效。同时,论证了日本尚未成为一个真正的"正常国家",废弃日本宪法第九条的修宪权并不属于日本国内政。

第二章论证了中日两国领导人曾两次口头约定"搁置争议",并在中日两次《渔业协定》中贯彻了"搁置争议"的原则,揭露了日本政府所谓的"尖阁诸岛是日本固有领土,不存在争议"的谎言。就20世纪70年代日本学者奥原敏雄歪曲《筹海图编》中钓鱼岛法律地位问题,作者依据独立查阅的史实对其进行了首创性的驳斥。

针对日本所谓的:"1895年1月14日,在内阁会议(阁议)上决定在'尖阁诸岛'(即中国的钓鱼岛)上建立标桩,以正式编入我国领土之内。该岛并不包含在根据1895年5月生效的《马关条约》。"作者首创性地论证了,如果《马关条约》不包含割让的钓鱼岛,日本就绝无可能不对钓鱼岛的"先占"或"时效"取得行为公布于世。由于日本政府深信公之于世的《马关条约》具有已经涵盖钓鱼岛被割让给日本的法律效力,因此,就再也没有考虑过是否有必要将"先占"或"时效"取得钓鱼岛事项公之于世。因此,马关条约的故意吸收了此前的故意。

第三章作者论述了"旧金山和约"的缔约国并不重视国际人道主义法,在《日内瓦第四公约》生效前急迫地通过"旧金山和约",将包含个人请求权在内的,以及所有的在战争状态中对于相对国及其国民行为导致的赔偿请求权全部放弃。这一举措对于国际人道主义法的发展有着非常负面的影响。本章也揭示和批判日本政府恶意地解释中日协定关于战后处分的事项,企图将丧失个人的请求权的责任移植给中国政府。

第四章论证了对于本国国民遭遇严重违反国际人道法的加害行为,行使外交保护被逐渐扩展成为国家的义务。在人类历史的演进轨道上,民间战争受害者的索赔斗争、跨国市民运动正引领着国际人道法的不断发展。

第五章阐述了《波兹坦公告》《日本投降书》具有国际协定的效力,论证《中日联合声明》不受“旧金山和约”等的约束，并澄清了台湾在法律上归属中国的时间点问题。

5. 中国对外贸易的隐含碳测度

作者：杨来科，华东师范大学教授，研究方向为国际经济、国际贸易。

廖春，上海立信会计金融学院教授。

闫云凤，华东师范大学/首都经济贸易大学博士生。

张云，华东师范大学博士生。

钱志权，华东师范大学博士生。

林基，华东师范大学/浙江工商大学博士生。

出版社：上海人民出版社

出版时间：2017 年 8 月

【成果提要】

国际贸易可以使生产者和消费者分离开来，也可以使一国二氧化碳排放转移到其他国家。发达国家通过大量进口能源密集型产品可以减少本国的碳排放，同时把排放责任转嫁给其他国家。由于中国的出口结构和技术特点，我国出口隐含碳比进口隐含碳要高很多，从而中国在享有贸易顺差的同时在贸易隐含碳方面形成了巨大的“顺差”。中国在对外出口迅速增长的同时也为其他国家的消费者排放了大量的二氧化碳。但是，在联合国气候变化框架公约中，划分排放责任的原则是“谁生产谁负责”。这导致我国面临国际社会巨大的减排压力。如何消除这种碳排放方面的不平衡，是中国政府面临的一个重大问题。

长期以来，我国在国际贸易及多边气候谈判中一直坚持三个论点：不仅要看排放总量，还要看人均排放量；不仅看当前的排放量，还要看历史的排放量；不仅看排放的数量，还要看国家发展的阶段。近年来国家发改委提出了第四个观点，即不仅要看本土的排放量，还要看转移排放量。但是，这一观点还需要更多的理论依据和数据支撑。因此，深入研究中国对外贸易的隐含碳，尤其是从产业和国别层次测算中国的贸易隐含碳的数量，对于我国未来产业结构及贸易结构的调整，对于气候变化国际谈判中中国责任的确定都有重要的意义。

本书的主要内容包括五个模块。模块一：中国对外贸易中的整体隐含碳测算。

基于世界投入产出数据库(WIOD),作者构建了一个涵盖全球41个国家和地区35个部门的多区域投入产出(MRIO)模型来测算中国及世界主要国家的贸易隐含碳。模块二:对中国出口贸易中的二氧化碳排放量进行结构分解,研究中国出口“隐含碳”的部门结构。模块三:对出口贸易中的“隐含碳”进行国别分析,研究中国与不同国家贸易中的隐含碳平衡。模块四:分析FDI的流入、布局及外资企业的进出口对中国贸易隐含碳的影响。模块五:分析边际减排成本、国际碳市场定价机制对中国隐含碳排放的影响。

本书的研究结论主要有三:第一,从总量趋势来看,20世纪90年代以来,中国的对外贸易隐含碳在快速的增长的同时,还呈现出明显的阶段性特征。第二,中国的贸易隐含碳存在明显的不平衡,出口隐含碳远远高于进口隐含碳。同时,中国对外贸易隐含碳的排放存在行业间的不平衡,出口隐含碳远远高于进口隐含碳。中国对外贸易隐含碳的排放存在行业间的非对称、非均衡的特点。第三,从来源与流向看,中国对外贸易隐含碳也呈明显的国别和地区特征,全球贸易隐含碳失衡也有加剧的趋势。贸易的不平衡与碳排放的不平衡形成了明显而有趣的对比。

6. 网络空间治理与多利益攸关方理论

作者:鲁传颖,上海国际问题研究院副研究员,研究方向为网络空间治理与网络安全。

出版社:时事出版社

出版时间:2016年6月

【成果提要】

网络空间是由互联网的不断演进形成的新空间,传统治理理论和分析模式的解释力正在下降,应当在新的网络空间基础之上构建新的治理理论和分析模式。在治理的早期,互联网作为一种工具对传统社会的政治、经济、文化、社会结构进行了大刀阔斧的革命和解构,这一时期的互联网治理主要是由互联网社群所主导,国家和国际组织属于被“革命”的对象,相应的规则、法律主要是由社群来定义。随着网络的渗透度的加深,传统社会的观念、文化、认知与互联网和网络空间的融合也在加深,传统社会与网络社会的界限在模糊,甚至开始融为一体。这使得网络空间进入了一种新的状态,它的治理范畴不再是小部分互联网社群精英在共识基础之上的治理方式能够胜任。网络与传统社会之间出现新的均衡，国家的权力在网络空间开始延伸和扩张，但同时互联网的架构和文化制约着国家权力的过度伸展，传统社会与网络空间在自由与秩序之间不断地进行互动，产生了许多新的问题，现有治理机制的落后导致了网络空间全球治理的困境。

本书的核心理论假设按照以下逻辑展开，网络空间全球治理包含多个不同层级的治理议题，议题的属性决定了政府、私营部门、市民社会等行为体在网络空间全球治理进程中的合法性、能力、利益和资源四个维度的值，从而确定该治理议题中占据主导地位的行为体；主导行为体的特征决定了在相应的议题之下会采取共识、对话、主权还是权威的互动模式；再由不同的互动模式来决定相应的是采取国际组织、建立信任措施、国际法、条约，还是国内的法律、法规等形式的治理机制。最后本书通过互联网治理、数据治理和行为规范治理等三个层面的多个治理机制对多利益攸关方治理理论进行了验证。

7. 集装箱港口运作管理优化问题研究

作者：镇璐，上海大学教授，研究方向为港口运作管理、物流与供应链管理。

出版社：科学出版社

出版时间：2017 年 12 月

【成果提要】

集装箱港口是全球贸易的枢纽，自 20 世纪 60 年代以来全球集装箱运输一直保持着较快的发展势头。

目前，世界排名前十的特大型集装箱港口年吞吐量基本都在 1000 万标箱以上，如此大的吞吐量，使得传统港口设施、运营方式正经受严峻的考验。我国目前已成为世界港口大国，世界前十港口中有七个在我国，在应对当前日益激烈的国际港口竞争中，如何提高这些大型集装箱港口的运作效率，是我国港口管理者迫切关心和亟须解决的核心问题。

本书针对集装箱港口运作管理中各类资源分配与调度优化问题，从港口岸线侧、港口堆场侧、岸线侧与堆场侧的集成优化、港口新技术、港口集疏运系统等角度，介绍了作者在上述领域的一些系统化的研究成果。这些研究主要是借助管理科学、运筹优化领域中一些数学建模理论和计算机领域中算法设计与实现工具，具体研究了泊位、岸桥、堆存区域、港口新型设备、港区拖船等港口核心资源的分配与调度优化问题。这些问题也分别从"随机性"、"周期性"、"精细化"等不同视角进行定义与分析,针对每个具体研究问题,作者都建立了相应的决策优化数学模型(混合整数规划、动态规划、随机规划、鲁棒优化、排队论等),并且设计了相应的高效求解算法(列生成、分支定价、局部分支、离子群等),部分算法还是精确解算法;同时,本研究还开展了大量基于实际港口数据的数值实验,通过一系列详细严谨的对比实验,验证了所提出模型的有效性和所设计算法的求解效率,另外对算法所涉及参数的灵敏度以及其估计偏差对结果准确率影响的鲁棒性也进行了详细分析。最后,本书还对集装箱港口运作管理优化领域未来可能的研究方向进行了展望。

本书研究成果对于集装箱港口运作管理效率提升具有较强的理论价值和现实意义。本书中每章的研究成果主要来源于作者在过去十年发表在著名国际期刊(*TS*、*TR Part B*、*NRL*、*EJOR*、*TR Part E* 等)上的十余篇学术论文,这些研究成果得到了国际学术界的广泛认可。另外,本书研究成果也得到了业界权威的认可,振华重工创始人——管彤贤教授(上海科技功臣、国家科技进步一等奖获得者、教授级高工)为本书作序。本书中提出的数学模型和求解算法可以嵌入港口运作管理领域中一些决策支持系统,进一步提升港口运作管理软件的智能化程度,对当前正在开展的"智慧港口"建设具有较强的支撑作用。

8. 企业绿色管理及其效应——基于环境信息披露视角

作者:曾赛星,上海交通大学教授,研究方向为环境创新与战略管理、技术创新管理。

孟晓华,苏州大学副教授,研究方向为环境创新与战略、地方政府环境治理与信息公开、企业社会责任及披露、数理统计与管理。

邹海亮,上海大学讲师,研究方向为企业战略管理、社会责任。

出版社:科学出版社

出版时间:2016 年 12 月

【成果提要】

在新时代的历史背景下,推进绿色管理是加快生态文明建设、建设美丽中国的重要战略选择。加强企业环境治理和企业环境信息披露已成为推进绿色管理、促进企业履行环境责任的重要内容。本书针对2008年我国《环境信息公开办法》颁布后，企业环境信息披露水平、驱动企业披露环境信息机制以及企业发生环境违法事件后市场响应等问题，率先开展了系统深入研究。

本书基于一个多层次框架展开研究，分析企业特征、管理者特质、行业竞争环境以及利益相关者压力对企业环境信息披露的影响，集成合法性理论、利益相关者理论以及印象管理理论等多个理论视角，通过理论分析和实证研究，致力于探寻一个对中国企业环境信息披露现状的理论解释。此外，企业环境违法事件对生态环境造成极大的危害，也给企业带来负面影响，如声誉受损、市场价值降低以及融资困难等，本书以我国政府主管部门近年来所披露的企业环境违法事件为主要研究对象，对环境违法事件发生后，企业声誉所遭受的影响及资本市场的反应进行深入的理论分析与实证研究。

密切结合中国企业管理实践，作者充分吸收国内外学者的研究成果，对企业环境信息披露的驱动机制和环境违法事件的市场效应开展系统深入的研究，取得很有价值的成果，突出表现在以下几个方面：

第一，创新地运用高阶理论将企业环境信息披露的驱动因素拓展到高管个体的责任意识。发掘环境信息披露中涉及高管的微观机理。突破合法性理论和自愿披露理论的传统认知，揭示环境信息披露和环境绩效的非线性关系，发现中国企业披露环境信息具有高度选择性。

第二，研究产品市场竞争对环境信息披露的效应。从理论上阐述了竞争对企业环境信息披露的作用机理，对传统经济理论与竞争优势理论在环境管理领域做了很好的融合与推进。分析利益相关者交织的复杂驱动力随着环境事件的变迁，透视利益相关者的利益诉求、驱动路径和企业压力响应，丰富利益相关者理论在中国企业环境信息披露实践中的应用。

第三，克服了企业声誉难以测度的研究瓶颈，揭示企业过往环境行为的声誉效应，同时发现环境违法事件股票市场反应的异质性，为理解资本市场对于企业环境事件的反应开辟了新的途径。

第四，将企业环境不法行为市场惩罚机制的认识向信贷市场进行有益的拓展，揭示环境违法事件的传染效应，全方位地考察市场对企业环境违法事件的认知及行为变迁。

9. 谣言传播规律与突发事件应对策略研究

作者:赵来军,上海交通大学教授,研究方向为公共安全与环境管理。

王筱莉,上海工程技术大学讲师。

王佳佳,上海交通大学讲师。

王芹,上海海事大学讲师。

邱小燕,上海应用技术大学讲师。

黄荣兵,加拿大约克大学副教授,研究方向为供应链管理。

出版社:科学出版社

出版时间:2016 年 3 月

【成果提要】

新媒体时代背景下谣言可借助微博、微信等新媒体快速传播,不再仅仅局限于特定人群、特定时空、特定传播手段、特定传播范围,并且谣言传播的内容越来越多样化,传播速度越来越快、影响范围越来越广,由谣言传播引起的突发事件越来越多,危害也越来越大。因此,研究和掌握新媒体环境下的谣言传播规律、特征和应对策略对预防和控制谣言传播至关重要。本书主要研究内容如下:

第一章基于谣言频发及引起的突发事件日益严峻的背景,介绍了谣言的定义和特点,并对谣言传播及社会突发事件应对的国内外研究现状进行了详细评述。

第二章研究了谣言在不同类型社会网络中的传播规律。分别研究了均匀网络、无标度网络和加权网络中的谣言传播规律,分析了不同网络拓扑结构对谣言传播规律的影响。

第三章研究了传播参数对谣言传播规律的影响。首先根据实际情况确定了变化的遗忘率、传播率和遗传率在谣言传播中的函数表达形式,然后分别研究了时变的遗忘率、传播率和遗传率对均匀网络和无标度网络中谣言传播的影响,最后进行了数值模拟分析。

第四章研究了人群分类对谣言传播的影响。从心理学、社会学的角度对谣言传播中的人群进行了重新分类,并建立了相应的谣言传播模型,研究了各类人群对谣言传播规律的影响,并提出了应对谣言传播的政策建议。

第五章研究了新媒体环境下的谣言传播规律。分别研究了考虑遗忘机制的 SIR

谣言传播模型和同时存在两个谣言的双谣言传播模型，进行了相应的模型稳定性分析和数值模拟分析，提出了政府应对谣言传播的策略建议。

第六章开展了谣言传播与免疫策略研究。构建了考虑遗忘机制和免疫策略的谣言传播模型，研究了均匀网络中谣言传播规律，并给出了人群随机免疫的最优免疫比例，同时研究了非均匀网络中谣言传播机理及随机免疫和目标免疫对谣言传播效果的影响。

第七章开展了谣言传播、突发事件演化和政府应对策略研究。首先，定量研究了谣言传播、突发事件演化和政府应对策略三者之间相互影响的动力学机制。然后，应用三分子反应模型建立了政府应对策略有效性模型。接着，应用稳定性理论分析了政府应对谣言传播策略的延迟效应和有效性。最后，通过对日本核泄漏引发中国碘盐抢购事件的案例分析，提出了应对谣言传播和突发事件的策略建议。

第八章总结了本书的研究成果和未来的研究重点和热点。

本书是作者主持完成多项国家自然科学基金项目和省部级项目取得的研究成果。本书的主要内容以论文形式已在国内外重要期刊上发表，被大量引用，获得国际同行好评，并作为公共安全应急管理丛书，入选“十二五”国家重点图书出版规划项目。

10. 经济学范式的演变

作者：马涛，复旦大学教授，研究方向为经济思想史。

出版社：高等教育出版社

出版时间：2017 年 4 月

【成果提要】

本书主要内容是借鉴西方科学哲学中的范式理论，从经济思想史专题研究的角度试图对经济学范式与经济思想史发展内在逻辑的规律性特征进行系统而相对深入的分析。

本书的主要结论：(1)经济思想史中经济学的革命常常表现为新旧范式间的转换。经济学范式结构有三个层次：第一层次是经济学的观念范式，它由经济学价值观念的基本判断或基础假设所构成；第二层次是经济学规则范式，反映经济学理论的逻辑空间；第三层次是经济学操作范式，是一般分析理论，是第二层次在实践中的运用所组成，包含要素关系分析和特例的“混合体”。经济学范式的结构层次中观念范式决定着规则范式和操作范式的逻辑空间,不仅为范式中的“科学共同体”——经济学家普遍接受,而且默默地规定着特定的经济学思想体系历史发展的逻辑空间。(2)经济学范式结构包括“硬核”和“防护带”:“硬核”是不可动摇的部分;辅助假设的“保护带”则表示当理论假说被经验验证时可以向外延伸、当遭到反驳时可以向内收缩进行调整的部分,它承受着经验检验的压力,进行调整和再调整,来保护硬核,主流经济学的发展就经历了一个坚守“硬核”、不断调整“保护带”的发展历程。(3)在某一特定历史时期可以产生许多不同的经济学流派,主要是因为经济学流派既可由观念范式的不同而产生,也可以由规则范式和操作范式的不同而产生。(4)经济学范式的运动可以归结为以下几种形式:一是以学派竞争为表现形式的经济学批判与继承的扬弃运动,在同一历史时期同时存在的几个研究范式的经济学理论体系之间的竞争往往是推动经济学进步的动力;二是表现为经济学的综合运动,即对经济学内部不同学派之间的分歧采取兼收并蓄的办法,使各学派的观点融入统一的经济学框架体系中。三是学科交叉的经济学开放运动,这种扩张是经济学范式“自我拓展疆域”的表现,也是半个世纪以来经济学发展史上最显著的特征之一。(5)特定的经济学范式是特定的历史时期和历史条件的产物,不同经济学流派所依据的不同的经济学范式应被视为是现实实践及时空差异的客观反映。(6)一种新的范式形成并取代旧的范式需要符合以下条件:第一,新范式蕴含的逻辑空间比原来的旧范式宽阔;第二,新分析范式必须同经济学知识系统之外的其他知识形态和思想形态的主流相吻合;第三,同范式转换时期的社会经济发展水平和社会既得利益格局相适应。如此才能使新范式的理论观点获得大多数人的拥护。(7)实践的广泛性、复杂性以及理论的开放性、创新性使学科交叉的经济学开放运动可能成为今后经济学范式运动的方向。(8)讨论了马克思经济学对西方经济学范式的超越。

11. 中国经济发展史(1840—1949)

作者:丛树海,上海财经大学教授,研究方向为财政学,财政史。

郭庠林,上海财经大学教授,研究方向为经济学。

刘志远,上海财经大学教授,研究方向为贸易经济学。

应望江,上海财经大学教授,研究方向为投资经济理论与政策、国际直接投资、项目评估、战略管理。

曹均伟，上海财经大学教授，研究方向为经济史。

王永长，上海财经大学副教授，研究方向为经济学。

出版社：上海财经大学出版社

出版时间：2016 年 3 月

【成果提要】

《中国经济发展史(1840—1949)》(三卷本)是“十二五”国家重点图书，是在“十一五”国家重点图书《中国经济发展史(1949—2005)》和“十二五”国家重点图书《中国经济发展史(1949—2010)》的基础上向前(近代)拓展而成的多卷本的经济史学著作。全书分为三卷，共 203.9 万字，分为综述、近代农业、近代制造业、近代采掘业、近代轻工业、近代运输业、近代邮电业、近代商业、近代外贸业、近代金融业十编，是一部国内目前最为全面、完整的近代中国经济发展的多卷本经济史学著作。

本书既有近代国民经济发展总体情况的概述，又有近代国民经济各个行业发展的阐述；既有详实的史料数据和文献记载，又有深入的分析和综合研究；既有历史发展脉络的梳理，又有历史经验教训的总结。全书保持和强化了原创性的宗旨，以及以行业为体例和以发展为线索的编写特色，拓宽和深化了研究的视域，丰富和完善了研究的内容，从而进一步反映了中国经济发展的历史性、整体性和延续性。

本书坚持以马克思主义历史观为指导，弘扬马克思主义史学理论。它吸收与传承了中国近代经济史的研究成果，突出了中国近代经济史研究的民族性和原创性，体现了中国近代经济史研究的系统性和专业性，也是贯彻“以史为鉴”“古为今用”史学研究的本质要求。具体来说，本书从三个方面做了创新探索：一是形成了中国近代经济发展历程研究的新体系，即以“横、纵”两条线索建立了中国近代经济研究的研究体系。二是以“发展”的眼光研究中国近代经济史，提出了中国近代经济发展历程研究的新视角。以经济理论和经济范畴来研究一段时期的经济发展概况和发展规律，透过经济现象，揭示经济发展的本质规律。中国经济近代化实质就是自然经济的解体—商品经济—市场经济发展这一经济形式的发展过程。近代资本主义市场经济与民族资本主义的发展造就了一大批产业工人，为工人阶级队伍的壮大奠定了基础，同时，也为中国共产党领导的中国革命奠定了经济基础和人才基础。这是我们研究中国近代经济发展历程所暗含的内在逻辑。三是对中国近代经济史研究提出了一些全新的研究观点。(1)人民群众和企业家群体是推动中国近代经济发展的主要力量。(2)市场经济的发育在中国近代经济发展历程中起了重要作用。(3)从《天朝田亩制度》和《资政新篇》探索了太平天国时期的经济发展。(4)论述了新民主主义经济形态、特征和地位。

12. 化学教科书学习难度评估及国际比较研究

作者:王祖浩,华东师范大学教授,研究方向为课程与教学论、化学课程研制及评价、科学教育。

陈燕,福建师范大学副教授,研究方向为化学教育。

罗玛,华东师范大学。

迟少辉,华东师范大学讲师。

丁伟,华东师范大学副教授,研究方向为科学教育。

出版社:广西教育出版社

出版时间:2016 年 10 月

【成果提要】

《国家中长期教育改革和发展规划纲要》(2010)指出,要"调整教材内容,科学设计课程难度"。教科书难度直接关系到课程实施质量、未来人才培养等重大问题。本书为教科书难度研究及评估奠定了方法论基础,实现了教科书难度理论框架创新和评估方法的重大突破。

首次提出教科书"学习难度"概念。鉴于教科书难度研究的复杂性,本研究对因素进行控制,将"学习难度"定义为学生在自主学习状态下由教科书文本特点导致的学习困难程度。限定在没有教师和同伴影响的独立学习情境,由教科书内在特质决定难度(第一章)。

首次研制了教科书学习难度的评估模型和工具。通过文献提取(第二章)、影响因素调查(第二章),从学习目标、内容组织、过程引导、学科特征等视角建构了教科书学习难度评估模型,通过评分者信度内容效度指数对指标的信效度进行检验,通过专家咨询获得指标的难度权重,建立不同指标的分析评估单位和赋分标准,以及难度合成路径。最后建立了化学教科书难度影响因素的三级指标体系,首次开发出化学教科书"学习难度"评估工具(第三章)和难度计算标准,形成了一套完整的、可操作的难度评估体系。第十章拓展了化学教科书难度指标研究的方法论,提出了本团队后续开发的 COR 难度指标体系,通过师生对"物质的量"教科书专题难度的实测和采用评估工具所得数据之间的高相关（第十章第三节），证实了评估工具的可靠性。

对各国高中化学教科书实施难度评估和比较研究。以美、俄、日、英、澳五个国家的六套主流的高中化学教科书（美国两套）为研究对象，在难度评估基础上，与我国现行的北京、江苏、上海的三个高中化学版本进行比较，得到了"物质结构"等五个专题上不同维度、不同指标的分难度和总难度值的国别分布（第四至九章）。

研究得出在九个版本中，中国三套高中化学教科书学习难度分别位居第三、第四、第五，难度最大的是俄罗斯。通过难度框架和所得数据，可从不同主题、不同维度和指标入手对教科书难度差异原因进行检索和分析，为化学教科书的进一步优化提供明确指向。

本书从理论上建构了教科书学习难度框架，创建了教科书难度评估工具，为教科书难度定量研究提供了方法论。探明了我国化学教科书在发达国家中的难度水平，为内容优化、学业减负提供了具体指向，其研究思路和框架可迁移至其他学科教科书难度的研究，具有普适性。通过国际比较所获的化学教科书学习难度的大量信息，能在国际视野中如实评价我国教科书的难度，为借鉴发达国家教科书编写中难度控制和优化提供具体思路和案例。

13. 最后的天子门生——晚清进士馆及其进士群体研究

作者：李林，华东师范大学副教授，研究方向为中国教育史、清代及近代的政治与文化、跨文化教育交流。

出版社：商务印书馆

出版时间：2017 年 12 月

【成果提要】

清季以降，中国文化与政治经历深层巨变，置身其中的传统文化精英也面临因应、调适与转型问题。本书的切入对象，为晚清集教育培训、考核选拔于一体的官员再教育机构——进士馆，以及与之关联的进士群体。循此主题，本书之研究关怀聚焦于制度与人物两个方面。

制度方面，先辨析晚清革废科举、改试西学的制度设计与运作得失，以为铺垫；而后厘清进士馆筹设、过渡、建立、运作、停办、改组、善后及其影响诸细节；再及于进士留学、归国考选及授职迁转的制度鼎革及其意涵。

人物方面,通过详考癸卯(1903年)、甲辰(1904年)两科进士清末民国期间的活动与经历,探讨近代中国巨变对传统文化精英群体的冲击,以及该群体如何因应并影响此种变革。其间,末代进士所经历的从天子门生、清廷职官,到留洋学生、新知群体,再到民国精英、清室遗民的身份地位变迁,以及此种变迁背后的成因与影响,尤其加意详察。

要之,该书以晚清进士馆及所涉进士群体为切入点,尝试将制度研究与人物研究稍作结合;制度研究考其设计、运作及流变,人物研究则兼顾群体及个体。并从细处入手解析,大处着眼观照,尝试突破新政十年及清廷成败的视域限制,将其置诸近代中国剧烈的文化、政治与社会转型中进行考察,以期在制度变迁与社会变革中,观照末代天子门生独特而曲折的生命与心路历程。

14. 职业教育国家专业教学标准开发理论与方法

作者:徐国庆,华东师范大学职业教育与成人教育研究所教授,研究方向为职业教育课程与教学、职业教育原理。

李政,华东师范大学博士。

常光萍,上海市医药学校副教授。

张宇,华东师范大学博士。

马亿前,杭州职业技术学院讲师。

李添甜,上海市振华外经职业学校讲师。

出版社:华东师范大学出版社

出版时间:2017年12月

【成果提要】

本书的核心任务是为我国职业教育国家专业教学标准开发提供概念体系、基础理论、技术方案和完整案例。开发专业教学标准是20世纪90年代以来西方发达国家整体提升职业教育人才培养质量的关键策略,这些国家至21世纪初,均建立起了完善的职业教育专业教学标准体系。由于理论与开发技术研究薄弱的原因,专业教学标准在我国长期处于缺失状态;职业教育课程更多地关注的是院校层面的建设,却忽视了国家层面的基础性建设。这种状况使得职业院校人才培养质量整体提升长期难以取得根本性突破。

全书共六部分,18章,并附一份完整案例(医药类专业)。第一部分为引论,主要阐述了职业教育国家专业教学标准的基本概念及其开发的重大意义,并报告了职业教育国家专业教学标准开发需求的全国调研结果。第二部分为基础理论,主要阐述我国职业教育国家专业教学标准开发的产业基础、教育基础和方法论基础。过去十多年中,智能制造发展迅速、新职业主义广泛传播,我国职业教育专业教学标准开发虽然在时间上落后了西方发达国家十多年,但如能充分抓住这些产业与教育革新的重大背景,并建立与之对应的国家专业教学标准开发技术,就能在这一领域发挥后发优势。第三部分为比较研究,对英国、美国、澳大利亚专业教学标准的呈现形式与开发方法进行了深入描述和比较。这些国家专业教学标准的共性是参与主体非常广泛、以设定内容标准为基本功能定位、以工作任务与职业能力分析为基本开发技术。第四部分为技术方案,即设计我国职业教育国家专业教学标准的基本形式、内容结构和技术要求。国家专业教学标准开发在研究者中存在争议,有的研究者担心国家专业教学标准会与职业院校专业定位的多样性和区域差异性相冲突。本书的研究结论是:冲突是否会形成,关键取决于国家专业教学标准的功能定位与内容结构,即要区分国家专业教学标准与人才培养方案,明确课程建设中国家、省市和职业院校之间的任务关系。国家专业教学标准应超越专业、课程两个要素,以行业为开发范围,以模块为开发单位。第五部分为专业问题,研究主要行业在国家专业教学标准建设中要解决的具体技术问题。该部分的研究推动了职业教育专业课程论的发展。第六部分为实施策略,研究职业教育国家专业教学标准开发整体推进的工程问题。职业教育国家专业教学标准这一概念于2012年由本研究申请课题时首次提出,目前已成为职业教育界广泛关注的概念,教育部职成司已把专业教学标准开发纳入职业教育现代化建设的核心内容,并已组织各行指委系统开展开发工作。本著作的课题成果鉴定结论为优秀。

15. 中国财政制度史

作者:黄天华,上海财经大学教授,研究方向为中国财政史、中国赋税史、中国专卖史、中国关税史。

出版社:上海人民出版社

出版时间:2017年10月

【成果提要】

《中国财政制度史》是一本研究中国财政起源、发展和演变规律的专业性财经史著。《中国财政制度史》以财政历史发展为经线,以财政制度的演变为纬线,以土地制度和人口及户籍制度为切入点,结合当时的财政活动,突出各历史时期财政制度发展的特征及其承上启下的历史端点,力图将内容和范围扩展到各历史时期的政治经济、财政税收和文化习俗各个方面,以求揭示财政发展的内在规律和外部条件,给予中国财政制度(包括税收政策和税收法令)发展的历史以简洁的概括和精炼的归纳。

著名的华裔历史学家黄仁宇先生认为:楔入历史,财政经济正是一把钥匙。对财政制度史的研究,无疑是经济历史中最为重要的一环。本书在广阔的政治经济背景下,对财政制度进行了缜密而详尽的梳理和论述,全书涵盖了从原始社会后期到国民政府时期上下五千年的财政制度发展变革史。

本书力求运用翔实的史料、丰富的典籍以及经济史学、历史学、考古学、民族学的最新研究成果,对中国财政制度史进行了多层次的、全面的、系统的分析和研究,努力勾勒出中国财政制度发展的基本轮廓,从财政起源、税种萌芽、税系形成到财税法令演变,探讨了中国财政制度沿革的全部历史过程,揭示了财政基本职能及其发展的规律性等基本问题,基本展示了中国五千年的财政制度演变、发展和改革的历史。

本书坚持在可能的条件下,力求穷尽各王朝的每一项财政收入,收入不仅史籍要有记载,还要找出旁证,包括交叉学科的佐证,以确保记载的准确性,由此建立起各王朝完整的财政收入制度。同时,本著作确立了重点研究国家财政支出的九大项目,这些支出基本涵盖了各王朝经济运行的方方面面,能够反映各王朝财政制度的发展演变的概略状况。

本书采取实证分析与逻辑论证相结合的研究方法,并辅以交叉学科的最新成果予以佐证,以确立各历史时期的财政制度的各种基本观点,同时也使本著作能够经受不同观点的质疑和时间的检验。

16. 分税制、地方财政自主权和经济发展绩效研究

作者:高琳,上海财经大学公共经济与管理学院讲师,研究方向为政府间财政关系。

出版社:上海人民出版社

出版时间:2016 年 12 月

【成果提要】

在多级政府体系下,处理好中央地方的财政关系是实现国家长治久安的重要基

础。本书立足于地方财政自主权视角,研究分税制背景下的央地财政关系如何影响中国的经济发展绩效。具体探讨了以下三方面问题:

第一,基于对分税制改革基本事实及此后地方财政收支运行特征的分析,本书论证了分税制是一种兼容了集权因素与分权因素的财政体制。集权因素表现为预算内财政体系的集权化,分权因素表现为预算外财政体系的高度分权化。进一步研究发现,在 1994 年改革之后,预算内财政的集权化倾向得以强化,由此也引致了预算外财政的分权力量进一步扩张。由于预算内财政集权化和预算外财政分权化的直接后果是对地方政府财政自主权带来差异化影响,因此,本书提出,测量分税制背景下的央地财政关系,地方财政自主权是一个适宜的指标。并且,该指标也能够用于评估分税制对中国经济发展绩效的影响。

第二,实证分析了地方财政自主权对经济增长的影响及其传导渠道。分别检验了财政自主权对公共资本投资、私人资本投资、人力资本积累以及全要素生产率(TFP)等多个经济增长传导渠道的影响。结果显示,预算内财政自主权的提升在短期内不利于公共资本积累,但对人力资本积累具有持久的正面作用。长期来看,对营商环境(用 FDI 实际税率衡量)和 TFP 也具有积极的改善作用。与此不同,预算外财政自主权的增强在短期有利于公共资本积累,但对人力资本积累无论是在短期还是长期都没有显著促进作用。长期而言,对营商环境和 TFP 也没有促进作用。本书的研究表明,预算内财政自主权的提升尽管在短期对经济增长不利,但由于能够改善经济效率,因而对经济的持续增长具有积极作用,而预算外自主权的增强只是强化了投资驱动的短期增长,并不有助于改善经济效率和促进人力资本积累,因而无助于长期增长。

第三,实证分析了地方财政自主权对公共服务提供绩效的影响及其机理。书中使用公众对公共服务的满意度评价来度量公共服务的提供绩效。依托于中国综合社会调查(CGSS)的大样本微观调查数据,实证检验了县级政府预算内财政自主权对基础教育和医疗服务的满意度影响。结果显示,得益于公共服务资金使用效率的改善,县级财政自主权的增强既提升了居民满意公共服务的概率,也降低了居民不满意的概率。

本书从地方财政自主权视角,提供了一个不同于已有文献解释中国经济发展特征的论证思路。根据实证分析结论,增强地方政府纳入预算管理财政资金的收入财政自主权有助于促成中国经济的高质量发展。

17. 鲜活的资本论——从《资本论》到中国道路

作者:鲁品越,上海财经大学教授,研究方向为《资本论》的哲学思想、中国特色社会主义理论。

出版社:上海人民出版社

出版时间:2016 年 8 月

【成果提要】

本书展示的《资本论》的深刻内涵及其与中国特色社会主义思想的内在联系,在各种讲座、会议、讲坛(如文汇讲堂)部分发布后引起热烈的社会反响与高度评价。

第一篇讨论《资本论》的哲学基础——唯物史观以物质生产为基础的社会关系思想与社会总体性思想。这是对西方个人主义文化传统的伟大突破,开辟了人类思想史的新纪元。

第二篇"劳动价值——市场力量本体论"揭示了劳动二重性的哲学本质:劳动既是生产使用价值的自然过程,也是生产作为社会关系的价值的社会过程,劳动价值既是对他人的价值,同时也是支配社会劳动的市场权力,其表现为货币权力、资本权力,形成市场权力体系。科学回应了各种对劳动价值论的诘难,展示了其他经济学理论所无法达到的理论境界。

第三篇"资本逻辑——资本本质论"分析了资本动力作用,以及资本积累与贫困积累的矛盾。资本通过吸收人、自然界与社会劳动的"自然力"并将其转化为"生产力",成为推动生产力发展的强大动力,同时开拓新的经济空间。但资本积累必然造成经济贫困、生态贫困和社会关系上的贫困("单维人")而产生三种危机。而资本主义框架内拯救危机的全球化、福利主义、国家干预和金融自由化等,只能使危机改变其表现形态,如国际矛盾、滞胀、账务危机、金融危机等等,导致资本主义生产方式不可持续。

第四篇"从资本逻辑到剩余价值形态——资本现象学"分析各种资源的所有权瓜分全社会剩余价值的对立统一运动而形成利息、地租等现象。国际垄断资本通过实体经济的国际产业链和虚拟经济的国际金融链吸纳全球剩余价值。

第五篇"中国道路——《资本论》的伟大续篇"指出,作为发展中大国的中国现代化历史进程面临着深层困境:既必须融入世界经济体系,又可能被国际垄断资本边缘化而陷入低水平发展陷阱。因此,中国现代化道路必然分为两阶段:第一步通过公有制计划经济建立社会主义的立国之本;第二步通过以我为主的开放融入全球经济发展体系,以公有制为主体的前提下包容各种所有制的资本共同发展。由此形成了中国独特的资本结构,而且在社会主义力量占据主导地位下能够不断克服资本扩张危机,开拓新的经济发展空间,由此逐渐生成具有历史必然性的社会主义制度,体现了《资本论》所论证的历史规律,解释了中国奇迹的发生的真正原因,证明了中国特色社会主义理论是《资本论》的伟大续篇。

18. 马克思恩格斯现代性思想体系及其影响研究

作者:杜艳华,复旦大学马克思主义学院教授,研究方向为中国共产党与现代化、毛泽东与中国文化。

贺永泰,延安大学政法学院副教授,研究方向为当代中国政府与政治、民主理论与制度。

出版社:上海人民出版社

出版时间:2017 年 8 月

【成果提要】

本书依据对国内外相关研究现状和特点的分析,确定两大研究重点:一是构建马克思、恩格斯现代性思想的体系;二是通过他们的思想与世界主要现代性、现代化理论流派之间的关联性研究,揭示其现代性思想的影响。全书分上篇和下篇共计 13 章。

上篇为马克思、恩格斯现代性思想体系的构建,包括五个部分。第一部分重点论证了马克思、恩格斯作为伟大的现代性思想家的突出特征,以及本书的研究方法、研究思路等。第二部分从研究的整体性出发,对什么是现代性,现代性与现代化的关系等相关概念进行了梳理、辨析和阐释。第三部分是本书的核心内容之一。将马克思、恩格斯的现代性思想体系划分为六个组成部分:(1)马克思、恩格斯对现代性内涵的揭示和对现代化起源的回答;(2)马克思、恩格斯对现代性进步意义的阐述;(3)以历史唯物主义和辩证的方法,分析资本主义现代性病态的根源,形成了现代性的批判理论;(4)以人的自由解放为根本目标的新现代性的构建——共产主义社会形态;(5)对超越资本主义现代性以及构建新的现代性途径的探索;(6)对于现代性的具体叙事,包括社会主义建设、人与自然和谐关系的构建等思想。第四部分研究马克思、恩格斯的现代性思想体系形成的历史条件、理论渊源、形成过程等。第五部分分析论证马克思、恩格斯对现代性内涵的揭示和对于现代化起源的回答。

下篇梳理了13位现代化或现代性理论家的思想与马克思、恩格斯现代性思想的关联,以此揭示马克思、恩格斯现代性思想的影响力。第一部分以卢森堡和布哈林为研究对象,研究他们对马克思主义理论的批判性继承、发展或超越,证明其与马克思、恩格斯现代性思想的关系。第二部分以哈贝马斯、吉登斯、詹姆逊为研究对象。论述了他们对马克思现代性思想的批判与反思,揭示马克思现代性批判思想的奠基性意义及其限度。第三部分以福柯、鲍德里亚、利奥塔为研究对象。通过他们对马克思的颠覆或"漂离",揭示其与马克思现代性思想的关联性。第四部分以弗兰克和阿明这两位"依附理论"代表人物为研究对象。通过他们的理论与马克思思想关联性的分析,揭示马克思、恩格斯现代性思想的影响力。第五部分以沃勒斯坦、伊格尔顿、赫勒为研究对象。根据其在批判和反对资本主义这一点上与传统的马克思主义学说的相通性,论证其对于马克思、恩格斯现代性思想的吸收。第六部分研究马克思现代性思想对于中国的现代性构建的意义。

19. 城市白领新移民研究

作者:张文宏,上海大学教授,研究方向为社会网络、社会资本、社会流动。

雷开春,上海社会科学院研究员,研究方向为社会网络、社会分层和社会心理学。

出版社:社会科学文献出版社

出版时间:2017年6月

【成果提要】

与以往国内外移民研究的视角不同,本书所关注的城市新移民是指移居城市的中高层新移民或白领新移民,具体包括私营企业主、管理人员、技术人员、普通白领4个职业阶层。本书运用600份城市新移民的问卷调查数据,重点对城市白领新移民的社会流动、社会融合、社会信任、社会交往及主观生活质量的现状和影响因素进行了量化分析,不仅与西方的"同化论""族群文化论""族群聚居区社会经济论""社会资本论"等经典移民理论进行对话,还与国内学者的"二元社区""虚拟社区"等理论范式进行了比较，探索了全球化背景下中国超大城市白领新移民社会流动和社会融合的独特模式，对于推动中国的移民社会学和社会分层与社会流动、社会网络与社会资本等领域研究作出了具有创新价值的贡献。

本书研究视角的创新点如下：(1)国内的相关研究并没有从社会分层与社会资本相结合的视角分析不同阶层的城市白领新移民的社会资本对其社会流动、社会融合、生活质量、社会交往、社会信任的影响，该专著弥补了该领域的中高层白领新移民研究的缺位。(2)将移民社会学的多元社会融合理论和社会分层研究中社会地位与社会认同关系的理论结合起来，提出了社会融合包括心理融合、身份融合、文化融合和经济融合4种社会融合因子。本研究结论丰富和发展了新移民社会融合的理论。(3)以往的研究带有过重的客体关怀情结和“他者话语身份”，本研究试图倾听研究对象的声音，通过他们对主观生活质量的评价来描述其移民后的经济与社会生活状况。

本书的主要研究发现如下：(1)社会资本的总体规模和本地社会网络密度对求职效率产生了积极的影响。女性、年龄和人力资本会显著降低求职效率。从国有单位获得职业的效率显著低于其他单位。(2)城市白领新移民的社会融合因子由心理、文化、身份、经济四个因子构成，总体社会融合程度偏低。地位资源、社会网络规模和社会网络密度是影响新移民社会融合的关键因素。(3)男性新移民更可能与亲属、朋友、同乡、同事发生工具型交往。居住时间、户籍身份、职业是影响社会交往的主要因素。(4)白领新移民的社会信任结构从内到外依次为典型特殊信任、非典型特殊信任、非典型普遍信任、典型普遍信任。(5)白领新移民的生活满意度与实际状况相背离，工作满意度、住房满意度、社会资本、参照标准等是影响白领新移民生活满意度的关键变量。

20．新时期加强社会组织建设研究

作者：李友梅，上海大学教授，研究方向为组织社会学。

肖瑛，上海大学社会学院研究员，研究方向为社会学、政治哲学。

张虎祥，上海市社会科学院副研究员，研究方向为社会学。

黄晓春，上海大学社会学院副研究员，研究方向为当代中国治理变革。

汪丹，上海大学社会学院讲师，研究方向为社会学。

梁波,南昌大学公共管理学院副教授,研究方向为经济社会学、产业社会学。

出版社:经济科学出版社

出版时间:2016 年 12 月

【成果提要】

本书系李友梅教授领衔研究团队从事教育部哲学社会科学研究重大课题攻关项目“新时期加强社会组织建设研究”(11JZD027)的优秀结项成果。该书被纳入“十三五”国家重点出版物出版规划项目,由经济科学出版社出版发行。

党的十八大以来,从社会管理新格局到社会管理体制再到创新社会治理体制的建设进程中,可以看到,我国基层社会治理模式的全面改革在加快推进,我国社会建设的理论和实践也将得到进一步丰富,相关者的功能定位、分工合作与规范机制也开始清晰起来。改革实践的不断推进和不断深入意味着我国政府正从战略视野考虑以怎样的新制度安排来实现新历史阶段的社会再组织的问题。因此,我们要积极地研究如何建设和发展社会组织的自我服务、自我协调和自我管理的能力,并使之能够充满公共精神积极参与到民生改善的社会建设中去。同时也要积极研究,如何建设社会组织发展的良好制度环境,从深层次上为社会组织克服其发展过程中碰到的瓶颈问题提供智力支持。

现实的紧迫性与问题的复杂性,已然超出我们的固有认识,我们的思考也必须聚焦在“如何才能正确处理政府与社会的关系”,并超越“如何发展社会组织并使其成为结构性的主体”的预设之上。因此,本书从社会、政治、经济等体制间协调匹配关系的角度,将社会组织发展、公共服务体系建设、政府职能转变和社会治理体制创新等重大问题纳入整合性分析视域,进一步拓展了对新时期我国社会建设持续深化、创新社会治理背景下的社会组织有序发展的深入认识。本书首先从理论上或者理想意义上阐释了社会组织的本体性价值及其复杂的不同层次。从“公共性”视角出发探究了我国社会建设尤其是社会组织发展面临的公共性发育不足的问题及其根源。其次,运用更贴近中国本土实践的“制度与生活”分析范式,诠释了中国特定制度情境下的社会发展、社会组织发展的实践逻辑,并在展现各利益主体对社会发展的意图基础上,考察了新时期我国社会组织发展的具体面向及重要转向。同时,基于对不同国家及地区社会组织发展经验与教训的梳理,为改善我国社会组织的功能结构和健康发展的支持系统,推动政府职能转型和现代社会组织体制建设等方面提供了借鉴。更为重要的是,本书围绕我国社会组织发展所依赖的具体制度条件及其在当前中国的实际状态，分析了我国社会组织建设的政策改革空间，提出兼顾当前与长期，扎根中国国情与经济社会基础的社会组织建设管理的政策建议，以求持续推进我国社会组织体制的现代化建设并由此不断生发出与国家治理能力现代化相适应的运行能力。

21．上海地区馆藏未刊中医钞本提要（全四册）

作者：段逸山，上海中医药大学教授，研究方向为中医医史文献学。

招萼华，上海市中医文献馆研究员，研究方向为中医医史文献学。

张如青，上海中医药大学教授，研究方向为中医医史文献学。

张苇航，上海中医药大学副教授，研究方向为中医医史文献学。

程盘基，上海中医药大学教授，研究方向为中医医史文献学。

出版社：上海科学技术文献出版社

出版时间：2017 年 6 月

【成果提要】

中医药抄本是中医古籍文献的重要组成部分，也是中国传统文化遗产，既保存着诸多已经亡佚的资料，又蕴含着历代医家的学术理论与临证经验，具有重要的文献价值和临床价值。但长期以来，中医药抄本的研究未能得到业内人士的足够重视，一方面由于中医药抄本往往存在数量庞杂而考证资料缺乏、难以辨识等问题；另一方面，以往的中医药文献研究多侧重于实用性开发，抄本的学术价值和文化价值被远远低估。

上海地区在清中叶之后，作为人文荟萃和学术交流的中心，在中医学术发展史上具有重要的地位，出现了大量中医药抄本，其中有相当部分由于某种因素而未能刻印流传。无论从数量上还是从质量上看，上海地区馆藏的中医药抄本都具有代表性和进一步研究的价值。因此，对上海地区馆藏的清末前未刊中医药抄本进行了全面调研和系统整理，共确定 823 种抄本医书，进行全本阅读分析，详细记录其形式和内容，对其序、跋、作者信息做仔细考证，并将其内容与相关医书比对，判别其源流和价值。在此基础上，撰写每部抄本医书的提要，内容包括：(1)抄本的作者与抄写者简介，卷、册数，所据写本，成书年代及收藏处等。对作者生平需进行考证；如有钤印等信息，必须完整记录。(2)篇章体例与内容。需对抄本的形式、纲目及内容要旨进行描述，较为完整地反映全书面貌。(3)学术评价。若能指出对前人之发挥甚至新见，对后世的理论启迪与临床指导意义尤好。同时根据抄本篇幅，采集书影，每本抄本至少 2 幅，共采录书影2000余帧。将抄本提要根据学科内容进行分类编排,共分医经与基础理论、伤寒金匮、诊法、本草、方书、针灸推拿、临证综合、内科、女科、幼科、外伤科、五官科、医案、医话医论、其他(养生、医史、丛书等)15个大类,每一类中按笔画笔顺排序,后附有书名笔画索引。最终编撰成《上海地区馆藏未刊中医钞本提要》一书。

本书通过书录提要的形式,较为完整而系统地反映了上海地区馆藏清末前未刊中医药抄本的全貌,并且对以往工具书及馆藏目录中记载的问题和错讹进行了修订和补充。不仅起到了考证版本源流、评价内容得失的传统作用,而且可为中医药学、文献学、目录学、历史学、图书版本学的研究和教学提供丰富的资料,有着抢救文化遗产的重要价值,也为未来整理传统文化资料、发掘传统医学精华、厘清学术发展脉络、开展中医实证研究打下了坚实的基础。该书作为中医文献学领域的重要工具书,对于中医古籍文献研究产生了典范性的意义。

22. 从长安到雅典——丝绸之路古代体育文化

作者:孙麒麟,上海交通大学教授,研究方向为体育文化。

毛丽娟,上海体育学院教授,研究方向为体育学。

李重申,兰州理工大学教授,研究方向为体育文史、体育教育。

出版社:读者出版传媒股份有限公司

出版时间:2016年6月

【成果提要】

本书是一部全面展现古代丝绸之路体育的文化史、传播史、交流史。以古代丝绸之路体育为研究对象,以东西文化比较融合为演绎路线,既有宏大叙事,亦有微观表述,既有史象展现,亦有文化阐绎,是一部兼具史学特征和现代表述、全面反映丝路体育的大型综合图录式学术著作。

丝绸之路是古代中西交流的重要通道,连接着古代中西文化和当今中外文明,具有重要的历史意义和当代价值。在古代丝绸之路上,体育是重要的历史遗存和文化遗迹,贯通着整个丝绸之路沿线。古战场、古建筑、角斗场、竞技场、马球场、百戏场、角抵场、驿道、古墓群、岩画、彩陶、石器、青铜器、兵器、战车、金银器、玉器、瓷器、简牍、砖画、石刻、壁画、绘画、木版画、帛画、瓦当、铜镜、陶俑等中,均有丰富的古代体育形态,它们用生动的形象述说着丝绸之路上连通中外的体育故事。

本书综合运用人类学、文化学、身体学、社会学、历史学、考古学、图像学等学科，从多视角探索古代体育的发生、形成与发展，将文献、文物、田野调查相互参证的“三重证据法”广泛应用于著作研究。并运用图史互证进行深入剖析，从客观材料到史学研究，从文献表象到专题著作，实现了考古、历史与体育研究三位一体的融合论证，在研究方法和研究设计上均有新突破和新创造。

从研究跨度来看，本书从古都长安，到波斯、印度、埃及、美索不达米亚、希腊、罗马、丝绸之路，其包容的深厚内涵、所承载的文化精神，其实已经远远超出了“路”的概念，如一条体育的历史长河，汇聚着东西方不同地域和不同民族文明成果，其深远影响延续至今，这正是本书所着力展现和论清的问题。充分说明在古代这条贸易之路、曾经被战争铁骑践踏过的险途，曾经有过辉煌和落寞，有过繁荣和苍凉，但在此中，古代中西体育担当过重要角色，它们是把古代丝绸之路连接起来的、东西文明的特色纽带。

本书由丝绸之路体育概述，长安、雅典、罗马原始体育的萌发，长安至雅典、罗马的体育文化，长安至雅典、罗马的古代游戏与娱乐，长安至雅典、罗马的古代体育，丝绸之路东西方体育文化的传播、交流与融合六篇组成，附有丝绸之路主要地名中英古今对照表，以图像和文字叙述了“一带一路”沿线国家悠久的体育文化和历史。同时，述论并重，以历史故事和学术研究，深入浅出地给读者和研究者展现了一部从长安到雅典的体育历史画卷，表现了古代中西体育文化的交流和融合景象，为新时代中外体育文化交流提供了历史借鉴和复兴之路。

23. 中国外国文学研究的学术历程

作者：陈建华，华东师范大学教授，研究方向为外国文学。

周启超，浙江大学文学院教授，研究方向为世界文学、比较文学、文艺学。

江宁康，南京大学外语学院教授，研究方向为英美文学、美国研究、文学理论、比较文化。

葛桂录，福建师范大学文学院教授，研究方向为中外文学与文化关系。

袁筱一，华东师范大学外语学院教授，研究方向为法语语言文学专业翻译理论。

王向远，北京师范大学文学院教授，研究方向为东方文学及日本文学、中国现代文学。

出版社:重庆出版社

出版时间:2016 年 9 月

【成果提要】

本书是一个以中国的外国文学研究为切入点的大型学术史工程,其基础是 2009 年华东师大首个立项的国家社科基金重大招标项目的结项成果,成果获得国家出版基金资助出版,共 12 卷,500 余万字。全书规模宏大,架构严整。国内外国文学研究界相关领域的一批卓有成就的优秀专家参与了本成果的写作。本成果主要内容包括:(1)梳理外国文学研究的学术历程,(2)探讨外国文学研究的方法论问题,(3)考察重要的外国文学现象的研究状况,(4)勾勒本学科学人群体的面貌,(5)整理归纳重要的文献资料。本成果的研究时段从中国的外国文学研究初创时期开始直至当下,涉及时段长,范围广,内容复杂,几易其稿,历时六年完成。

本书前三卷为"总论"和"文论"卷,卷一讨论了外国文学研究的方法论问题,以及外国文学研究话语转型的问题。卷二从宗教学、社会学、译介学、叙事学等角度考察中国的外国文学研究。卷三考察了中国几代学人在马克思主义文论、俄苏文论,英美文论与欧陆文论研究等重要领域耕耘的足迹。后九卷为国别卷。卷四"美国文学研究"梳理了中国的美国文学研究的脉络和重要成果,对研究的学术机制进行了阐释。卷五"英国文学研究"在全面梳理英国文学研究文献的基础上,展示了国内英国文学研究的主要特征,对有待开拓的领域作了前瞻性概括。卷六"法国文学研究"考察了在历史维度、读者期待与研究个体三重作用下的法国文学研究的成果与特点。卷七"俄苏文学研究"以学术转型为理论框架,梳理了俄苏文学研究(特别是新时期以来)的状况,并探讨了俄苏文学学人队伍的构成。卷八"德语文学研究"以史实梳理和线索勾勒为主,考察了中国德语文学研究的学科史状况,并对研究成果和学术史本身有较为透彻的反思。卷九"日本文学研究"展现了中国几代研究群体在日本文学研究的各个领域所取得的成果,并做了深入的分析和评价。卷十"印度文学研究"对中国的印度文学研究进行了考察,对学科史作了全面回顾。卷十一"欧美诸国文学研究"涉及了除英美德法俄以外的欧美诸国的文学研究,关注上述国家的文学研究在中国发生和发展的情况,以及学术史上的意义。卷十二"亚非诸国文学研究"考察了中国对日本印度之外的亚非重要国家的文学进行的研究,评价了研究中所取得的成果与存在的不足。

本书在学术史研究的理念和研究方法等方面均有所探索和创新,作者力图超越简单的梳理概括的格局而构筑起自己的学术逻辑。本书直面当前学界存在的诸多问题,就如何推动新世纪外国文学研究更为健康的发展,进行了有深度的思考。

24. 比较神话学在中国

作者:叶舒宪,上海交通大学人文学院教授,研究方向为比较文学。

谭佳,中国社会科学院文学研究所副研究员,研究方向为比较神话学、文学人类学。

出版社:社会科学文献出版社

出版时间:2016 年 3 月

【成果提要】

本书研究比较神话学这门新学科引入中国的学术史,侧重论述新时期以来的中国比较神话学的开拓性贡献。本书结构分两部分:反思部分和开拓创新部分。反思视角延伸到新时期之前的历史阶段,从 20 世纪初比较神话学的引入开始,将其发展分为前奏期、过渡期和新时期以来的繁荣期。通过勾勒不同阶段的研究情况,反思其观念、方法和可比性问题,全面呈现新时期比较神话学的学术渊源、现状与特点。开拓创新部分,从文化符号学、女神文明、儒家神话、神话历史、神话学与艺术史、神话学与物质文化、文化传播、新神话主义共八个方面,论述改革开放以来近四十年中国学者的研究新领域,重在总结其跨学科研究的方法与经验。

本书创新点:(1)从学术史角度勾勒中国比较神话学的发展主线,弥补目前我国没有系统梳理新时期比较神话学发展史的空缺。(2)突出论述新时期比较神话学的开拓,以跨学科范式的现代神话学知识,引导传统的文史哲方向进行打通式的整合研究,以及和考古、文化传播、艺术史研究的交叉和互动。进而,对认识中华文明大传统、中国文化特色提供必要的神话学专业参照角度与诠释成果。

本书学术价值和应用价值:首次系统回顾和总结中国比较神话学发展的百年历史,勾勒出西学新学科与国学古老传统接榫和融合的轨迹和研究谱系,将局限在民间文学专业内的神话研究引向文化史和思想史的综合研究方向。突出比较神话学对中华文明起源研究的意义,发挥出跨学科的多角度整合优势,为解决中国文明发生若干重要疑点和难点提示突破口。根据本土神话思想的深厚传统,提炼出中国比较神话学的理论创新和研究特色。如第四章的文化文本 N 级编码理论,将研究中国神话的视野拓展到甲骨文之前史前图像符号等;对自古以来无解的疑难问题做出独到的专业性阐释,如根据青铜冶炼的晚出性判定黄帝铸鼎说为虚构;根据玉文化先于冶金文化数千年的考古发现,论证“黄帝时代以玉为兵”的说法有史前史依据。将文学文本细读技术和民族志“厚描”技术,应用在考古发掘对象物上,归纳和总结出人文研究的一套可推广的新方法论——四重证据法。末章“新神话主义”,从国际文化创意产业充分发掘利用神话资源的情况,对中国文化产业发展的学术基础和本土神话内容方面给出实际的引领作用。

25. 中国新生代农民工研究:信息获取与传播的角度

作者:陶建杰,上海大学教授,研究方向为发展传播学。

出版社:上海交通大学出版社

出版时间:2016 年 1 月

【成果提要】

本书采用定量为主的实证研究方法,基于 28 万多个一手数据,动用十多年的数据积累,对新生代农民工的信息需求及信息传播机制进行系统分析。在描述、总结新生代农民工的群体特征并与老一代农民工进行比较的基础上,以“需求层次理论”为依据,验证新生代农民工信息需求分层状况及特点;并以衣食住行、医疗保健、维权社保、子女教育四类信息为例,分析新生代农民工的信息获取渠道特点及影响因素,比较四类信息获取渠道的差异,从而总结出农民工的信息渠道选择模型;最后,分别从“人际传播”“组织传播”“大众传播”三个层面,剖析新生代农民工的信息传播行为与传播机制,紧紧围绕信息传播现状、传播结构、不同传播方式对农民工信息生活的影响等方面,对新生代农民工的信息传播机制进行总结。从宏观制度、中观意识、微观操作三个层面提出一系列政策建议,对进一步改进新生代农民工信息传播工作、提升新生代农民工信息获取能力,从而促进社会融合,具有较大的意义。

本书的重要观点包括:新生代农民工呈现年轻化、知识化、多样化、迷茫化的群体特征;新生代农民工的信息需求是有层次的;新生代农民工信息获取普遍存在较大障碍,高层次信息尤为突出;新生代农民工对信息满意度评价较为积极,信息满意度低于老一代;新生代农民工的信息获取渠道,呈现多元化、均衡化、差异化、逐新(媒体)弃旧(媒体)化等特点;新生代农民工的人际传播网有较强内聚性;从整体网对人际传播进行考察,农民工的人际传播机制和结构复杂多样;组织传播各方往往从各自利益出发,"囚徒困境"现象明显;新媒体在新生代农民工中已有相当高的普及率和使用率,并在未来有强烈的使用意愿等。

在学术价值方面,本书拓展了新的研究视角,把对农民工这一特殊群体的研究引向深入。本书体现了农民工研究视角的两个转换:首先是分化视角,关注新生代农民工在信息需求层次上的分化,多维度比较不同信息在新生代农民工群体中的传播特点和传播规律。其次是"我者"视角,深入群体内部,聚焦新生代农民工的信息选择、接受、采纳、传播过程,并揭示影响该过程的个体、团体、组织因素。

在应用价值方面,本书可以给各级政府提供关于新生代农民工信息需求状况、不同层次信息传播路径、传播规律等方面的宝贵一手资料,有助于管理部门根据新生代农民工特点,制定针对农民工的传播策略,实现有效引导和管理,促进社会和谐。

26. 作曲与分析——音乐结构:形态、构态、对位以及二元性

作者:贾达群,上海音乐学院教授,研究方向为作曲与作曲技术理论。

出版社:上海音乐出版社

出版时间:2016 年 12 月

【成果提要】

本书以结构学理论为经,以不同分析方法为纬,立足于作曲实践,将音乐结构的认知范围扩大到数学、物理学、生物学、历史学、哲学以及美学等多个领域和多重层面;用多元的方式和视角层层透视音乐结构形态的诸种问题,以形成并构建对音乐结构和形式之逻辑构态的认知基础;在此基础上,以逆向的作曲思维方式对音乐作品进行观察,力图还原作曲家创作时的状态及其过程,并通过对该状态和过程在作品中显露出来的形式化内容的分析和解读,找到深入作品内核更为便捷与合理的路径,由表及里地论证音乐作品的深层结构——天然结构态;再通过多视角、立体化地揭示音乐结构的对位关系,进一步探求音乐结构的静态文本与动态音响之间的二元性特点及关系并试图寻找两者同一的合理路径,最终对作品的内涵作出有说服力的学术及人文阐释,从而为音乐创作、表演、研究和审美提供有价值的参考。

本书实现了作者最初的目标:一方面,其研究理路清楚地呈现出一条带有音乐结构学元理论特征的逻辑线索;另一方面,行文顺序与体例以及大量的分析谱例(其中

超过80%的谱例为大多数曲式与作品分析论著和教材所未涉及,以及近50%的谱例为20世纪以后的世界经典音乐创作),不仅为本研究所探求的音乐结构元理论提供了实证范例,同时也为而后的相关教学提供了循序渐进和充足的内容。可以说,由于本书注重了科研与教学的一体化功效,因此本书既是独立的研究型学术成果,亦可作为完整且体系化的教学材料。

本书的重要贡献有二:其一,打通了作曲与分析的围栏,不仅深入地讨论了作曲的诸多技术和方法问题,同时也体系化地对音乐分析的理论和方法进行了构建并给予大量的实践;其二,通过对音乐结构的深入探讨,提出了音乐艺术呈现方式的独特性——不确定性带来的多意多解性以及必然导致的,在音乐活动进程中所有环节都必须具有想象和创造——这就从观念到方法、从理论到实践对音乐艺术进行了全新认知。作者相信这一研究结果一定会对音乐艺术的发展,对音乐艺术教育的发展产生重大影响,其学术价值和社会价值将在其发挥的影响中不断显现出来。本书因其较高的原创性,已经获得了国内学界顶尖专家、学者的高度赞誉和一致好评。本书出版三个月后便已经再版。本书已经作为上海音乐学院、武汉音乐学院等众多专业音乐艺术大学相关专业本科和研究生课程的教材及学术讲座的主要内容,其部分成果也为本领域研究者经常引用或借用。其主要观点在国内外相关学术交流中,获得了广泛的认同。

27. 中国傩戏剧本集成(1—20卷)

作者:朱恒夫,上海师范大学教授,研究方向为戏曲历史与理论。

陈玉平,贵州民族大学教授,研究方向为民间故事、傩文化、象征人类学。

章军华,江西师范大学教授,研究方向为戏曲历史与理论。

黄文虎,中国傩戏学会教授,研究方向为傩文化。

刘冰清,三峡大学教授,研究方向为民族文化遗产与文化产业。

出版社:上海大学出版社

出版时间:2016年1月

【成果提要】

傩戏被今日之学界称为戏剧的“活化石”,视为原始戏剧的遗存。作为一个曾经遍及各地至今仍活跃在许多地方的宗教与戏剧相结合的艺术形式,对于认识民族的过去尤其是旧时底层社会的生活状态，了解戏剧发生的条件、环境，透视草根阶层的信仰与人生观、价值观，无疑是一个重要的窗口。而它的剧本，因蕴藏着丰富的民间艺术、原始宗教、伦理道德、宗法制度、社会组织、地理经济、风土人情等信息，有着巨大的历史认识价值、艺术审美价值和学术价值，而且，这些价值随着时间的推移会越来越大。然而，人们对它的这些价值并没有充分的认识，至《中国傩戏剧本集成》问世之前，学术界连对傩戏的一个种类的剧本都没有进行过全面的搜集、整理，更遑论对全国诸种类的傩戏剧本进行搜集、整理了。

20卷的《中国傩戏剧本集成》，从收集到整理、出版，历时近30年，倾注了课题组专家大量的心血。因原本大都珍藏在偏僻山区、乡村的巫师手中，搜集极为困难；又文本多是由文化水平不高的巫师编、抄而成，整理的难度很大，剧本中的方言土语、专业术语、生僻字词与自造字，比比皆是。课题组一共收集了约1600万字的剧本，剔除其内容相同和破损不堪的剧本，从中遴选出具有代表性的剧目400多个，约800万字。

所整理出版的剧本具有三个特点：一是完整。许多傩戏剧目的内容反映了从傩祭开始一直到整个演出活动结束的全部过程。二是原始。保持了文献的原始性质，明显的讹错之处也只是以校注的形式来说明。三是完备。全国现存的傩戏种类的剧目都被收录了进来，能够反映各地傩戏的面貌。

其第1—20卷，分别是：《贵州地戏》《贵州傩堂戏》《江淮神书/六合香火戏》《江淮神书/金湖香火戏》《江淮神书/南通僮子戏》《贵池傩戏》《贵州阳戏》《川渝阳戏》《恩施鹤峰傩愿戏》《广昌孟戏》《湘西傩戏/杠菩萨》《上梅山傩戏》《辰州傩戏》《绍兴孟姜女》《救母记》《新昌目连戏总纲》，等等。

28. 江淮方言泰如片与吴语的语法比较研究

作者：汪如东，国际文化交流学院副教授，研究方向为汉语方言学、修辞学、汉语作为第二语言教学。

出版社：中国社会科学出版社

出版时间：2017年12月

【成果提要】

吴语在历史上曾北抵淮河，永嘉之乱后，北来的移民将吴语逐退至武进、常熟一线，泰如地区由于僻处东南一隅，保留了较多吴语的特点。本书重点描述泰如方言在构词法(包括复合、附加、重叠)、指代词、数量词、问句、体貌类型、语序、连词、副词、介词、助词等方面的语法特点,重点是通过跟吴语的比较,显示在语法上的相同点和不同点。

第一章绪论。论述泰如片方言和吴语的关系,回顾两地方言在语音、词汇,特别是语法的研究方面所取得的成绩,就研究内容、研究方法和语料来源一一作出了交代和说明。第二章构词法。本书重点研究对象之一,对泰如片方言复合词的构词情形进行了较为详细的描述,就其在结构层次、虚化程度、音节韵律、表义功能等方面与吴语的差异进行了比较。第三章代词。泰如方言与吴语的代词系统总体差别较大,呈现出南北方言过渡性的特点。第四章数量词。泰如方言的定指式或量词独用式,存在着丰富的变调现象,以变读 213 调为最常见。量词表示定指时对语境有着高度的依赖性,特别在处于同一句法位置时常据此与数量式相区别。“个名”结构具有詈骂、责备等语用功能,多消极义,具有较强的主观评价性。第五章问句。泰如方言的主流问句为表是非问的“可 VP”型,与“VP 啊”型问句有疑信程度的不同。“可、共、可是、可作兴、可见得、可为叫、可说的”等在泰如方言的口头频繁出现,与吴语之间存在着种种联系。第六章体貌类型。较为全面地描写泰如方言的完成体、持续体、进行体等体貌结构的特点。第七章语序。比较泰如方言和吴语在话题句、双宾语、结果补语、处路式、兼语式等结构中的语序差异。第八章连词及相应复句。比较泰如方言和吴语在表示并列、因果、假设、条件等复句关系时连接词方面的主要差异,并以海安话的“说的”个案为例分析其由言说动词虚化为表示传闻、传情、标句词、话语标记的语法化过程及担任前后句子的连接功能。第九章副词。比较全面地描写泰如方言的副词。第十章介词。比较泰如方言与吴语介词类型的异同,首次对泰如方言的后置类介词进行了描写,吴语有着更多虚化彻底的后置类介词。第十一章助词,重点比较在泰如方言和吴语中使用频繁而又差别较大的结构助词。第十二章总论,探讨两地方言演变发展的共同趋势。

本书借鉴既有的方言研究成果,结合实际的方言田野调查,通过与吴语全面细致的比较,揭示了蕴藏于泰如方言体系内部的语法规律。

29. 简帛古书通假字大系

作者:白于蓝,华东师范大学中国文字研究与应用中心教授,研究方向为出土文献学、中国古文字学。

出版社:福建人民出版社

出版时间:2017 年 12 月

【成果提要】

战国秦汉简帛古书是当前学术研究的焦点,相关研究成果异常丰硕。战国秦汉简帛古书中通假现象十分普遍,随着研究工作的不断深入,学术界迫切需要一部能够全面反映简帛古书通假现象的工具书。《简帛古书通假字大系》一书正可弥补这一空白。

本书共分七个部分,即前言、凡例、篇名对照表、正文、主要参考文献、条目索引、笔画索引。

本书所取材的资料来自战国楚简帛古书和秦汉简帛古书。战国楚简帛古书资料来自楚帛书、信阳简、郭店简、九店简、上博简和清华简。秦汉简帛古书资料来自青川木牍、睡虎地秦简、关沮秦汉简牍、龙岗秦简、天水放马滩秦简、岳麓书院藏秦简、张家山汉简、马王堆帛书、阜阳汉简、北京大学藏汉简、虎溪山汉简、银雀山汉简、孔家坡汉简、大通汉简、汉长安城未央宫汉简、敦煌悬泉月令诏条、尹湾汉简和武威汉简。本书就是对以上二十四种战国秦汉简帛古书中的通假字材料所做的全面整理,共收集通假字头 9655 个,字头单字总数 7747 个,所涉声系 985 个,总字数为 254.6 万字。本书是目前所见有关战国秦汉简帛古书通假字的最完善最详尽最系统的资料汇总,同时也是一部从事古文字、古汉语研究工作的必备工具书。

在广泛吸收学界研究成果的基础上,本书博考前训,广作参证,在不同的条目下共加注“按语”4000 余处。“按语”部分有些是对学界当前已有成果的择优录用,有些是对原整理者观点的补充说明,还有大量观点是作者首次提出的,代表了作者在编撰是书过程中的最新研究心得和独立见解。

本书的创新之处和突出特色体现为三个特性:完整性、准确性和便利性。完整性是指本书要尽可能全面地、详尽地将现已公布的战国秦汉简帛中的通假字例汇集在一起,真实地反映战国秦汉简帛通假字的全貌。准确性是指在吸收学术界最新研究成果的基础上,尽可能使所收通假字在释读上准确无误。便利性是指对所收通假字例依照王力古韵三十部的次序编排,再附以条目索引和笔画索引,以方便读者快速检索。这三个特性是以往研究成果中所没有的。

本书不仅能够使读者对战国秦汉简帛文字中的通假现象有更加深入、细致的了解和把握,为今后进一步探讨文字通假这一复杂的语言现象提供可资利用和参考的原始资料,而且亦必将会对文字学、音韵学、训诂学以及古汉语的研究有所促进、有所帮助,为学习者、研究者带来很多便利。

30. 金泽:江南民间祭祀探源

作者:李天纲,复旦大学哲学学院教授,研究方向为宗教学、历史学。

出版社:生活·读书·新知三联书店

出版时间:2017 年 12 月

【成果提要】

本书采用文化人类学研究方法,选取上海青浦金泽镇作为最主要的研究个案,作者经过多年的田野调查,并查阅大量相关的府、州、县、乡、镇等地方志,探究了江南地区官方儒学经典、祭典和民间地方祭祀系统的密切关联。本书主要观察、关注和研究江南地区祭祀及民间信仰的共性,由此提出:“从儒教祠祀系统演变出来的民间宗教,才是中国现代宗教的信仰之源。”书中还着重考察了中国民间祭祀和信仰系统的当代转型和改造过程,并探讨了这一转型与改造与现代化、现代性的关系等问题。另外,在全书的结尾处,作者简要地探讨了研究民间祭祀、神祇和信仰的新方法与新路径等问题。全书对中国民间信仰、民间宗教与现代宗教的关系提出了独到的看法,并提出民间宗教研究中的“江南学派”的可能性。由于本书对江南民间宗教的历史、环境和文化地理做出了比较详细的解释,因而对“江南文化”也作出了自己的解释。还由于本书采取了与其他宗教的特征进行对比的方式说明江南民间信仰,因而对于比较宗教、比较文化等跨中西文化的诸多学科也有启发作用。

31. 高邮二王著作集(共 14 册)

作者:虞万里,上海交通大学教授,研究方向为经学、历史文献、传统语言学。

徐炜君,上海交通大学人文学院博士生。

虞思征,复旦大学出土文献与古文字专业博士生。

张靖伟,上海古籍出版社编辑。

马涛,上海交通大学人文学院博士生。

黄曙辉,归藏文化公司。

出版社:上海古籍出版社

出版时间:2017 年 12 月

【成果提要】

署名王念孙的《广雅疏证》《读书杂志》和署名王引之的《经义述闻》《经传释词》系高邮王氏父子合著的著作,合称王氏四种,是乾嘉学术名著,也是清代校勘、考据学的代表性著作。二百年来,四种著作先后被重刷、影印数十次,除《经传释词》被整理点校外,一直没有将四种著作合在一起点校整理出版。《高邮二王著作集》四种十四册 400 万字,是二百年来第一次整理本。

王氏四种校勘考证解释先秦两汉魏晋经典性名著数十种,征引古籍无虑数百种,内容涉及天文、地理、历法、典章、制度、职官、人名、史实之辨证,以及文字形音义讹误、虚词实词之意义和字句颠倒错乱,可谓包罗万象。此次整理用严格的整理条例,清晰的层次分段标点,为古文献学、历史学、语言学界提供了一个清晰而实用的标准文本。

本次整理,不仅仅在于文本的校勘和标点,更重要的是由主编以二三十年阅读、研究王氏四种之积淀,为四种著作撰写了十余万字的研究文章,分别弁于书前,俾读者全面了解高邮王氏撰著过程及王氏四种之精华所在,使读者更好地利用此书。

自清末民初以来,研究王氏四种的著作层出不穷,尤其是现代学制下,硕博士论文和一般研究论文数百篇,但对王氏四种之成因却多因孤立的研究,泛泛而谈,不甚了了。此次整理,全面观照王氏数十种著作,深入联系王氏四种互相关联、参见之条目文字,揭示二王之撰著过程。

王念孙在撰《广雅疏证》前,曾对《说文》《尔雅》《方言》都下过功夫,由于段玉裁、邵晋涵和乃师戴震分别对三种著作有专论,所以弃而别疏《广雅》。此原本为无奈之举,却成为王念孙一生学术之起点与支点。何以言之? 因王念孙在疏证《广雅》过程中,发现张揖此书保存了毛传郑笺、何休杜预之外秦汉魏晋经师的很多散佚的古训。很多古训要比现存的经解更确切,所谓“周、秦、两汉古义之存者,可据以证其得失;其散逸不传者,可借以窥其端绪”。于是想到,如果将这些古训推广到先秦汉魏经典中去,重作解释,可以纠正许多不确切的经解。所以与儿子王引之分工合作,自己主持《读书杂志》而让儿子引之主持《经义述闻》,经过二三十年之努力,合作撰成数百万字的大著作。王氏四种内在撰著过程的理路被揭示和梳理清楚,则其四种著作之关联才可以为学术界所正确认识,其价值也更加凸显。所以,可以说整理本是伴随着学术研究的一次整理,而并非简单地为古籍施加标点。

32. 中国近代经济地理

作者:吴松弟,复旦大学教授,研究方向为中国近代经济地理。

戴鞍钢,复旦大学教授,研究方向为中国近现代史。

樊如森,复旦大学教授,研究方向为中国历史经济地理、中外经济交流。

张萍,首都师范大学教授,研究方向为历史经济地理学。

杨伟兵,复旦大学教授,研究方向为中国历史环境与社会变迁。

姚永超,上海海关学院副教授,研究方向为历史地理学。

出版社:华东师范大学出版社

出版时间:2016 年 5 月

【成果提要】

本书的宗旨是“描述中国在近代(1840—1949 年)所发生的从传统经济向近代经济变迁的空间过程及其形成的经济地理格局”。第一卷《绪论和全国概况》,首先阐述近代经济地理研究的基本框架、理论方法及学术史,然后简述全国通商口岸、产业部门、人口、城市等的变迁和分布。在此基础上,对全国经济变迁的整体面貌和各区域经济变迁的共性进行总结,全面阐述了近代经济地理的主要特点及其空间演进方向。第二卷至第九卷每卷平均 50 余万字,分别探讨苏浙沪、华中、华南、闽台、华北和内蒙古高原、东北、西南、西北八大区域近代经济变迁的状况,包括背景、空间过程,产业、人口、城市分布、区域经济特点和国内外的影响因素。深描了各区域的近代经济地理面貌,刻画了经济变迁多样化的区域图景。

本书标志着我国历史地理学的重要分支历史经济地理学的初步建立,并推动了历史地理学科的研究重心从古代转移到近代。

本书的学术贡献和研究特点,体现在如下方面:

第一,填补空白。是目前唯一的一套从空间角度描述中国近代经济演进的整体图景的大型著作,即使研究一向较为薄弱的西北、西南等地区也进行了全面、深入的探讨。

第二,理论鲜明。以“港口—腹地与中国现代化空间进程”为理论框架和独特的切入点,较好地解释了中国近代经济变迁的动力、方向、区域差异及其成因等,这些观点得到学术界的共鸣和广泛认可。

第三,视角独特。在建立近代经济地理学研究范式方面率先进行了有益的尝试,努力将近代史、地理环境、经济活动三方面融合,形成自己的观察视角。

第四,在史料的广博和数据的相对准确、统一和系统方面超过以往的研究。尤其重视较可靠、系统的旧海关报告,在寻找、整理和使用上走在学界的前面。

33. 江南环境史研究

作者:王建革,复旦大学历史地理研究中心教授,研究方向为农业史与历史地理。

出版社:科学出版社

出版时间:2016 年 3 月

【成果提要】

《江南环境史研究》一书入选 2015 年国家哲学社会科学成果文库。本书以水环境为主体,围绕湖泊河道、农田地貌、生态景观和环境认知等主题,论述了江南环境演变和生态文明的推进。宋代以降,江南地区,一直就是中国经济与文化的重心。本书的研究涉及地理学、气候学、植物学、农学、生态学等多种自然科学的知识,也涉及美学、文学、山水画和园艺学等知识体系和分析方法。既有传统的考证,也有前沿性的环境史和艺术史的描述。在前工业化时代,江南水环境的变化速度仍然是较慢的,太湖的形成是随着太湖东部的农业程度加强而汇水成湖的,到东汉时期,太湖形成。宋时吴江长桥引发吴江陆淤,东太湖不断淤浅成陆,这一水环境大变的时间也长达千年,鉴湖的形成到消失,长达千年。

吴淞江中部从漫流沼泽状态到束堤是一种水环境的变化,这种变化中有塘浦圩田系统的形成,有吴江长桥陆淤和湖田的形成,发展到一定程度,吴淞江中下游河道出水主干改道黄浦江。在这一水环境的变化中,圩田系统也发生着改变。从东汉太湖形成期到唐末塘浦圩田形成时期,水环境所决定的农田与河道的变化,这种圩田的变化最终形成地表与微地貌的变化,太湖东部地区的碟形洼地地貌就是太湖与三江以及河网地带在农业开垦下长期发展出来的结果,从早期的沼泽地,到后期的塘浦圩田,再到后期的小圩以及小塘浦的分割,碟形洼地的过程是一步一步逐步形成的。自六朝以后开始有较大的改变,随着一波又一波的移民进入江南,水利和稻作集约化加强,城市兴起。农田杂草和作物种类都有减少,但水稻的品种在增多。唐代有红莲稻,明清时期的品种更多。早期有野桑,后期推广了田间种植的矮桑。

江南人的心灵与思想也受这个自然环境的影响,不单产生空间感,产生时间感,水生植物和鱼类的生态处于次核心的外层。从东汉到六朝,江南有大量的水生植物,芦苇与菰草旺盛,有葑田产生。唐宋时期,水生植物中荷花种群增长,明清时期,野外荷花变小,菱变多。松江鲈鱼在汉代被称为美食,明代中后期消失。华亭鹤早期长期存在,宋代转盛,人口增加后,华亭不再有名鹤。早期的鸟类众多,苏松等地应是鸟类迁飞的重要中转地,随着苏松的开发,鸟类减少,崇明岛的形成让鸟类的迁飞的中转地得以东移。六朝时期,人口较少,江南豪族占据广阔的大范围的山水景观。唐代江南开发,环境优美,士人置业增多,人们开始大规模地占有山水,且有大规模园林的兴起。明清时期,大规模的园林在人口与城市增长的同时基本上消失,小规模的园林兴起。

34. 上海城市地图集成

作者:孙逊,上海师范大学教授,研究方向为中国古代小说。

钟翀,上海师范大学教授,研究方向为历史人文地理。

出版社:上海书画出版社

出版时间:2017 年 8 月

【成果提要】

本书一函三册,汇集 217 种与上海相关的古舆图与近现代地图(包含再版图录等合计近 400 件),时间上起于明弘治十七年(1504 年),迄于 1949 年,跨越明、清及民国三个时代,大体展现了传世上海城市古旧地图的全貌。

本书的编纂历时五年,其间通过对海内外现存上海地图较为系统的专门调查与收集,获取上海本地文博机构与中国国家图书馆等多家国内知名图书馆,海内外的古地图私藏家,以及英、法、日、美等国 40 余家相关机构所藏 400 多种上海城市古旧地图。在此基础上,通过对这些地图的整理、甄选、考订与编排,最终形成这一图集。

本书遴选具有如下特征的上海城市地图入编:(1)绘制年代早;(2)测绘质量较高;(3)具有地图学史研究价值、能够展现该时代地图文化特色的官方或民间地图;(4)在上海乃至中国的城市史与城市史地、城市规划建设等研究方面具有重要意义;(5)尚未公开或传存稀少且具文物价值。

本书以成图年代为脉络、分十个图组加以编排,每种地图的文字介绍一般由著录与提要组成。著录部分主要包括图名、绘制者、刊印或出版者、绘制或刊行年代、印刷形式、图幅尺寸、比例尺、收藏地及传存状况等;提要部分则主要介绍地图的图式与制图工艺、表现内容与覆盖范围、再版与重版、错讹等,有时也简要分析测绘情况与创作背景、创作底图、制图者与制图团体、学术价值等,并介绍地图的传存史、所表现的城市形态与景观变迁,或者与之相关的重大历史事件等,以凸显其所描绘的时代背景以及其所承载的学术研究价值。

35. 权力的文化逻辑:布迪厄的社会学诗学

作者:朱国华,华东师范大学教授,研究方向为西方文论。

出版社:上海人民出版社

出版时间:2017 年 1 月

【成果提要】

本书是对法国著名社会学家布迪厄文化理论的介绍与研究。在结构上,全书共分七部分。导论"文化与权力"勾勒了布迪厄社会学诗学的主要特征,认为可分为文化研究视野中的、旨在考察艺术消费的社会学美学;以及文学现代性视野中的、旨在考察文学生产的文学社会学两部分。第一编"实践与反思:布迪厄社会学要旨",侧重于从宏观层次描述布迪厄思想大系,主要是讨论哲学和社会学层面的布迪厄。第二编"文化再生产与符号暴力",简述了布迪厄若干重要社会理论,包括他的教育社会学、语言理论、性别支配理论、知识分子理论和阶级理论。第三编"趣味:区隔的逻辑"和第四编"文学现代性的别种解读:文化生产场理论"均为本书重点,前者探讨了布迪厄的社会学美学,后者论述了布迪厄文学场理论。结论部分批判性质疑了布迪厄社会学诗学的有效性限度。附录部分收录了一篇布迪厄社会学诗学的代表性译文。在内容上,本书意欲表明的是布迪厄社会学文化学理论的精髓在于反对一切形式的符号控制,反对普遍存在的不平等。为了实现这一实践目的,他一方面借助于独特的概念工具和研究方法考察了人类行动的逻辑,从而获得了他作为一个人类学家、社会学家甚至哲学家的崇高声誉;另一方面,他又在此基础上,分析了统治阶层是如何在获得被统治者共识的条件下,利用各种社会资源,进行合法性治理的。

36. 从启蒙到唯物史观

作者:邹诗鹏,复旦大学哲学学院教授,研究方向为马克思主义哲学、国外马克思主义。

出版社:上海人民出版社

出版时间:2016 年 10 月

【成果提要】

本书所涉是一个虽不陌生,但并没有得到系统梳理和反思的马克思主义哲学基本理论问题。唯物史观是出离和超越欧洲思想传统的结果,这一传统主要说来就是欧洲近代启蒙传统,既包括人们熟知的英法两大启蒙传统,还包括启蒙传统的德国版,即德国古典哲学。英国经验主义及其古典政治经济学、法国唯物主义及其空想社会主义乃英法启蒙传统的实质,列宁所概括的马克思主义的三个来源,实际上已经提示了从启蒙到唯物史观的转变。但是,其一,在已有的研究传统中,从旧唯物主义以及观念论传统到唯物史观的现代转变,并没有足够地纳入启蒙思想传统中展开,一些时代性因素并没有得到足够思考,唯物史观变革的思想史意义没有得到深入挖掘,对唯物史观的丰富内容及其理论张力的把握也不甚到位;其二,从启蒙到唯物史观的转变直接关涉唯物史观与三大基础性的现代社会科学(即政治经济学、法权哲学以及社会理论)的内在关联,但是,唯物史观对现代社会科学的奠基性意义,对于中外学界而言,都还缺乏深入讨论。基于上述两个考虑,笔者近些年致力于本课题的研究,并形成了本成果。

本书除引言外,共分六章。引言集中阐述课题的理论意义。第一章讨论启蒙的意义与限度。讨论英法启蒙传统,且在分析并反思德国启蒙及其浪漫主义传统的基础上,将德国古典哲学把握为启蒙的德国版;分析启蒙思想敞开的理、情、利与力的矛盾。第二章讨论唯物史观超越启蒙的基本进路。探讨青年马克思对启蒙思想的追随;何以出离启蒙传统;从自然逻辑到历史逻辑的转变;唯物史观超越启蒙的理论效应。第三章探讨政治解放与政治批判,研究马克思“政治解放”的内涵;民主与激进民主;市民社会批判、法权批判与激进政治;政治批判与政治经济学批判;启蒙逻辑与革命逻辑的界分;近代政治理论与古典政治经济学的批判性分析。第四章“宗教批判与意识形态批判”,宗教批判的唯物主义原则;观念学与意识形态批判;资本主义文化病理学。第五章“自由主义批判”，包括政治经济学批判与古典自由主义批判；利己主义与无政府主义批判；资本主义私有制及其矛盾；古典自由主义批判的效应史分析；古典政治经济学传统的批判性分析。第六章讨论马克思批判的社会观及其古典社会理论论域，其中包括：马克思批判的社会理论对古典社会理论的奠基；古典社会理论传统与启蒙的关系；唯物史观与马克思相关古典社会理论的对话。结语结合当代理论视域，集中讨论唯物史观对于启蒙思想的对话与回应，包括重思和反思启蒙问题。

37. 近思录专辑

作者：严佐之，华东师范大学古籍所教授，研究方向为目录版本学、儒学文献整理研究。

戴扬本，华东师范大学古籍所教授，研究方向为中国古代史、古代文献史。

刘永翔，华东师范大学古籍所教授，研究方向为宋代文史、古代文论。

出版社：华东师范大学出版社

出版时间：2016 年 2 月

【成果提要】

朱子是继孔子之后最卓越的儒家学者和思想家，不仅在儒学发展史上具有划时代意义，而且对其身后长达七百余年的中国，乃至日本、朝鲜等东亚诸国都产生了深远影响。按照陈来先生的说法，朱子留下的丰厚著述与精致学说，以及七百余年来，他的同道学友、门人弟子与后世尊朱宗朱学者，对朱子著述、学说的阐发与研究，即整体地构成了现如今我们所研究的“朱子学”。以执行国家社科基金重大项目，“朱子学文献整理与研究”为契机，我们规划设计了一部开放性的大型丛书《朱子学文献大系》，旨在凸显文献整理和研究并重的特色，从理论和实践两个方面构建整体通贯的朱子学文献体系，从浩如烟海的历代典籍文献中梳理出属于“朱子学”学科范畴的基本文献资料，打造一个集“朱子学”文献大成的信息大平台。基于对《近思录》后续著述及其思想学术史意义的深入认识，首先选择代表性著述整理汇集为《近思录专辑》，作为《朱子学文献大系》的重要组成部分。

编纂于公元 1175 年的《近思录》，原本只是朱熹、吕祖谦为僻居穷乡的读书人提供的一部理学入门读本，却被后世学者一步步发掘出潜藏的巨大学术价值，并最终成为最能代表中国古代主流学术思想的经典之一。与《近思录》经典化的历史进程同步,产生了一大批续补仿编、注释集解、阅读札记等《近思录》后续著述,总数多达百种以上,此外还有古朝鲜、日本学者的注释讲说著述百余种。作为古代学术思想经典,《近思录》固然有其可以古今转换、历久弥新的思想意义和学术价值,而七八百年来广泛流布于中土、东亚的众多《近思录》后续著述,同样是一大笔值得后世珍视的思想学术史宝贵资源。这批理学文献的编纂者,无不遵循朱子为《近思录》架构的理学体系,针对《近思录》提出的理学话语、议题和思想,与时俱进地阐发各自的理解和见解,从而映画出一幅七百年理学思想史的学术长卷。

本书共有11册,约五百多万字,2016年已由华东师大出版社出齐,共收入《近思录》后续著述凡21种,依次为:宋杨伯岩《泳斋近思录衍注》、宋叶采《近思录集解》、宋陈埴《近思杂问》、宋蔡模《近思续录》、宋蔡模《近思别录》、宋佚名《近思后录》、明江起鹏《近思录补》、清张习孔《近思录传》、清李文照《近思录集解》、清张伯行《近思录集解》、清张伯行《续近思录》、清张伯行《广近思录》、清黄叔璥《近思录集朱》、清茅星来《近思录集注》、清施璜《五子近思录发明》、清江永《近思录集注》、清汪绂《读近思录》、清刘源渌《近思续录》、清陈沆《近思录补注》、清郭嵩焘《近思录注》、清吕永辉《国朝近思录》。

38. 春秋公羊学史

作者:曾亦,同济大学教授,研究方向为先秦儒学、宋明理学、清代经学。

郭晓东,复旦大学哲学学院教授,研究方向为经学、宋明理学。

出版社:华东师范大学出版社

出版时间:2017年3月

【成果提要】

《春秋》相传为孔子所作,为"六经"之冠冕。自汉以后,解释《春秋》的经典唯存《公羊》、《穀梁》与《左氏》此三传,其中,《公羊》在汉代最为显学,随着五经博士的设立,《公羊》中之严、颜二家长期立于学官,对于中国后世之政治与思想,影响亦最为深远。董仲舒、何休为汉代最重要的《公羊》学代表人物,其著作俱存于今。

魏晋以降,《左氏》之研究转盛,与《公羊》并立于学官,更在初唐取得了独尊于学官的地位。唐初,孔颖达奉诏作《五经正义》,《春秋》唯有《左传正义》而已,可见《左传》地位之崇高。至中唐，以啖助、赵匡、陆淳为代表的新《春秋》学，以“会通三传”为宗旨，直启宋元明之《春秋》学。此时《公羊》与《左氏》并重，宋人颇尚《春秋》学，不偏主一传，乃至“舍传求经”，其学风对当时的心性之学颇有影响。其时，有胡安国《春秋传》，后成为科举考试之教科书。下迄元、明及清初，俱承唐、宋之《春秋》学脉络。清代本尚朴学，以训诂考据相高，此为乾嘉汉学。此时治《春秋》之学者，多以研究《左传》及攻驳杜预注为主。然至中叶以后，以庄存与、刘逢禄、宋翔凤为代表的常州学者，开始重视《公羊传》的研究，并将其对《公羊》义理的阐发，扩展到对其余经典的研究，形成晚清最具影响的今文学思潮。清道光、咸丰以后，由于内忧外患之逼迫，《公羊》学对现实政治的关怀开始彰显出来，其中，以龚自珍、魏源、康有为等人最具代表性，通过对《公羊传》的重新阐释，并结合对西方学说的了解，从而形成一套极具现实意味的维新变法理论，深深地影响到晚清的中国思想，乃至20世纪以来中国社会之转型。

本书之撰写，按照《公羊》学的时间顺序，主要包括如下几方面内容：(1)《公羊传》本身的研究。除《公羊传》外，还包括何休注与徐彦疏，此为《公羊》核心内容。主要着眼于三个方面，即义理、凡例与制度的研究。(2)三传关系的研究。欲深入研究《公羊传》，必须兼顾三传关系的维度，包括部分重要《左氏》《穀梁》学者的研究，如杜预、范宁等。(3)重要人物的深入研究。《公羊》学在其整个发展过程中，产生了许多重要人物，不过，现代学者由于学科局限性，仅关注董仲舒、龚自珍、魏源、康有为等人的研究，即便如此，其经学方面的成果亦较少措意；至于《公羊》学的其他重要人物，如何休、徐彦、孔广森、庄存与、刘逢禄、陈立等，其在《公羊》学史上的重要性，丝毫不亚于前者，却颇乏应有研究。(4)基本问题的剖析。如经史关系、三科九旨、孔子改制、文质关系、夏时冠周月等。

39. 重大决策事项的社会稳定风险评估研究

作者：朱德米，同济大学经济与管理学院教授，研究方向为公共决策、环境治理。

出版社：科学出版社

出版时间：2016年4月

【成果提要】

重大风险防范是当前我国进入新时代关注的战略议题之一。社会稳定风险评估是应对重大风险防范的一项制度安排。2006年,我国的四川、江苏、浙江等地开始进行在大型工程和项目审批过程中引入社会稳定风险评估的尝试,把类似于环境影响评价、安全评估、社会影响评价等做法引入社会治理层面。自此以后,作为一项制度安排的社会稳定风险评估得到迅速发展,成为党和政府新时期推进决策程序建设的一个新措施。社会稳定风险评估是指在重大决策事项时,需要预先对社会稳定带来的影响进行分析、评价,并制定相应的措施和应急方案,以实现源头治理、动态化解的目的,减少、降低或缓解社会矛盾和冲突。其实质是对社会不稳定进行预测与化解。本书具有三个特色:第一,大量翔实的社会调查和案例分析,让公共管理理论扎根中国大地上。作者以参与性对话为基本研究方法,对上海、南京、淮安、无锡、常州、温州、武汉、广州、兰州、深圳等地社会稳定风险评估实践进行细致入微的访谈。更难能可贵的是在研究过程中,本书的部分成果及时转化为这些地区制度安排设计的内容。

第二,以制度安排理论为基础,聚焦风险治理主题。社会稳定风险评估的实践经验文献日益增多,但是如何建构出理论话语体系,增进知识增长,这是本领域研究的一个挑战。本书进行了学术研究的探索,以制度安排的学理基础、制度安排成长与绩效、制度安排的运行、制度安排的路径选择以及理论化为框架,进行了理论建构。在制度安排框架下,研究社会稳定风险评估来龙去脉,发展趋势以及在当代中国地方治理中的功能与作用,这些方面得到清晰的描绘与解释。本书把社会稳定风险评估纳入风险治理范畴,关注到风险源、风险点、风险测量、风险演化、风险应对等。这些为社会稳定风险评估提供坚实的科学知识基础。这项研究推动了本领域的知识增长。

第三,社会稳定风险评估不仅仅是简单的决策预评估,而且还带有显著的制度变革意义。本书关注到社会稳定风险评估实质上是对决策引发的社会各个阶层利益重大调整,社会利益均衡系统发生了变化的评估。社会稳定风险评估开发了公民参与、谈判、协商的新路径。通过政策议程改变、决策权制约、社情民意导入到决策过程,从而使社会稳定风险评估具有民主性功能。本书建构了民主性与有效性的评估标准来分析社会稳定风险评估的制度安排创新价值。尽管这是相对微观的制度安排研究,但是对于整个国家转型的大规模制度变革具有战略意义。这些对中国未来战略性制度变革提供了思考路径,努力在民主性和有效性之间寻找到平衡点。

40. 政治学研究方法的权衡与发展

作者:左才,复旦大学国际关系与公共事务学院副教授,研究方向为比较政治学、政治制度、政治经济学。

出版社:复旦大学出版社

出版时间:2017 年 9 月

【成果提要】

本书探讨政治科学研究方法的主要争论、共识以及最新发展。将方法的权衡观贯穿于对每一种方法的讨论中,并试图回答:不同研究方法的优势及局限性何在?研究目的如何影响研究设计?研究问题的因果类型如何影响案例选择。从研究设计的视角出发,本书涉及如下议题与方法:因果关系类型、概念化与操作化、案例分析与案例选择、过程追踪、人类学方法、社会调查法、实验与类实验方法。

本书的主要观点是在方法的运用和研究上应该坚持权衡观,把不同研究方法(包括概念构建不同方法)的优势和局限性与研究问题的因果类型和研究目的紧密结合起来考虑,然后做出方法上的选择。对方法的讨论其实就是对方法选择中各种权衡的明晰与合理性的分析。无论是中文著作还是英文研究,鲜少对方法中的权衡进行系统的阐述。本书将权衡的分析贯穿到每一章节对方法的具体讨论当中,不仅探讨选择不同方法时的权衡,也将分析具体方法下不同策略选择时的权衡,比如在下定义和测量概念的时候是选择二分法还是使用区间连续变量,在案例分析时有偏选择解释变量是否合理和可接受,在社会调查中选择什么样的调查类型和田野执行策略,都取决于研究对象、目的以及探求因果关系的类型。

自 20 世纪五六十年代行为主义革命以来,在实证主义的大背景下,每个方法都在不同程度受到了政治研究科学化以及方法严谨化的影响甚至“冲击”。对人类学方法中信息收集过程的建模与分析,过程追踪贝叶斯数学化表达,以及对案例选择策略的解释,包括对案例属性的辨识与不同比较策略的混合使用等,这些都反映出定性方法科学化严谨化的尝试。这些变化注定充满争议,根源在于学者在社会现象的本体论和认识论方面存在差异,包括什么是因果关系,什么类型的因果关系研究更合适、可行和让人信服等。这种本体论、认识论和方法论层面的多元主义是健康有益的,也是推动研究方法进步的原动力。定性与定量之争早已过时,大家都赞同这两类方法各有优劣,研究中应混合使用取长补短。另一个趋势是对因果推断内部效度的优先和强调,其他评价标准,包括外部效度逐渐被视为次重要的。对因果机制的重视为定性研究注入了生命力,极大地拓宽了其发展潜力。令人欣喜的是,已经开始有学者对机制研究严谨化这一挑战进行有益的尝试。而实验方法和类实验方法在过去十年的迅速崛起则是对定量统计在因果推断中局限性的回应,反映了对因果推断内部效度的终极关怀。

对方法的研究最终在于优化对方法的运用,因此在展示方法上的权衡观以及发展趋势时,本书各章也紧密结合方法的具体运用和研究实例展开讨论。

论文类(76 项)

1. 当代英国政党治理模式变迁
——从“政党自治”到“法律择要规范”

作者:刘红凛,中共上海市委党校教授,研究方向为执政党建设与政党政治比较。

《政治学研究》2017 年第 4 期

【成果提要】

如何对政党进行有效治理乃各国治国理政的问题;对中外政党治理模式比较分析有助于深化对党的建设的认识。本文以英国政党治理模式变迁为例,深刻分析政党治理的基本理论、模式变迁及其影响因素,主要内容有三部分:

第一部分为政党组织属性定位与政党治理模式选择,这是本文研究的理论基础。根本上看,一个国家的政党治理模式是两个层面的有机组合,一是国家法律对政党的“法治状况”,二是政党内部“规治状况”。从世界范围看对政党组织属性定位可分为三类,即“社会团体说”“国家机关说”“国家—社会中介说”。若视政党为一般性社会团体,理应在“法不禁止皆自由”原则下实行“政党自治”;若视政党为国家机关一部分,理应奉行“权由法定”实行“政党法制”;若视政党为国家—社会中介组织,则既要依法规范政党公共政治行为,也要依党内规章进行党内管理。

第二部分为当代英国法律对政党的态度变化与政党治理模式变迁。就国家法律对政党态度看,世界各国情况可归为四类,即 2000 年以前英国为代表的“法律默认型”,法国为代表的“抽象规范型”,美国为代表的“择要规范型”,德国为代表的“全面规范型”。在 2000 年前英国视政党为私人组织、国家法律条款中很难找到“政党”一词、维持政党政治的主要元素是政治惯例与宪政习惯,故视英国为“法律默认型”。但 2000 年英国《政党、选举及全民公投法》的颁布实施,对政党的成立条件、法律地位、功能定位、组织原则与党内关系、选举提名、政党经费、议席分配与议会活动等作出明确规定,充分昭示了英国政党理念与政党治理模式的重大变化,开始对政党进行“择要规范”、推行政党公共选举行为法制化,同时保留党内自治传统。

第三部分为当代英国两大政党内部治理模式之显著差异。通过对党内组织原则与选举原则、最高权力机关及上下级组织关系、政党领袖与政党关系、党内提名与选拔、党内民主与党员参与度、党内纪律等比较分析,可以发现:英国工党内部治理奉行党内多元民主基础上的中央集权,重视党的民主性、整体性、代表性与社会性,依章依规治党;保守党内部治理犹如"公司治理",奉行"寡头统治"与"领袖集权",主要按政治惯例与政治伦理行事。英国政党治理基本模式变迁与党内自治差异说明:政党治理模式受政党—国家—社会关系、政治与法治传统、政党类型、技术发展与社会发展等诸多因素影响,世界上没有统一或固定不变的政党治理模式,即使一国之内不同政党的内部治理模式也存在明显差异;但有效规范政党权力与公共政治行为、防止政党权力膨胀与腐败乃当今世界政党治理的基本趋势。

2. 以古代中国和日本为中心的中华法系之律家考

作者:何勤华,华东政法大学法律文明史研究院教授,研究方向为法制史。

《中国法学》2017 年第 5 期

【成果提要】

本文分为五个部分。

一、律家的兴起与发展

本文所说的律家,在中国是指隋唐(中华法系诞生)以后的律、令、格、式、例等的制定、阐释与实施者,在日本是指公元645 年"大化革新"以后从事律、令(包括格、式)编纂、解释、执行、实施的法律工作者(明法博士等)。隋唐是中华法系之形成时期,也是我国古代律学发展到极盛的时期。至宋代,由于各代皇帝重视法律,宋代的士大夫阶层,也都是具有极高法律素养之人,因而涌现出了一批杰出的对法律有研究的律家。到了明清时期,由于统治者对私家注律的重视,律家的人数与创造力达到了历史上的最高水平。至清末,当中华法系在西法东渐的浪潮冲击之下解体时,由于律家群体的努力,最终把律学与西方法学结合起来,律学中的成果融入了近代法学之中,律家也蜕变转化成为中国近代法学家。在日本,自藤原不比等(659—720 年)开创了律令制建设与注释传授并行的律学(8 世纪后改为明法道)传统之后,也是律家(8 世纪后称明法博士)人才辈出,绵延不绝。

二、律家的地位和社会作用

律家在古代立法和司法中负有重要使命。他们除了研究律文,传授律学,还要直接参与修订法律、从事司法实践。具体而言有以下几个方面:(1)参与立法活动,起草修订律令;(2)注释阐述律令,解答法律疑难;(3)传授律令知识,培养法律专门人才。

三、律家的主要学说与思想观点

从史书记载来看，律家的著述可谓汗牛充栋。通过官方和私人撰写的律学作品中的论述，可以大体把握，并从中分析他们思想的基本倾向。比如，提倡法律之平等与司法之公正；又如，阐释罪名、刑种及定罪量刑的具体含义，做“律义之较名”；再如，强调立法之简约、便民利民；最后，律学研究中比较法的运用。

四、律家活动的特征

中华法系律家的活动，具有群体成分多元化；人数多、持续时间长；法律世家众多等特征。把握这些特征，可以更加深刻地认识和理解中华法系为何能达到辉煌的境界，并在世界法律文明史上占据独特的地位。

五、律家的贡献与中华法系的传承

中华法系能够传承1300多年，离不开律家的贡献。他们不仅为中华法系的法律学术塑造了一个灵魂，也为中华法系锻造了一个法律躯体，建筑了一座法律大厦。此外，律家对完美人格、法的公平和司法正义的追求，以及为此前赴后继的传统，也使中华法系中一些要素的传承得以实现。正是由于律家的上述理想和追求，从而使中华法系中的一些精华元素融入近现代法律体系之中，为当代亚洲各国法和法学的发展提供了丰厚的历史资源。

3. 行政法治视阈下的民生立法

作者：张淑芳，上海财经大学教授，研究方向为宪法与行政法、政治学理论。

《中国社会科学》2016年第8期

【成果提要】

尽管我国早在2010年就已建成社会主义法律体系，但我国法律体系还存在着诸多需要完善和充实的内容，与小康社会相对应的民生立法作为我国法律体系的重要构成部分，目前仍显得非常不足，导致民生问题迄今在我国还没有得到彻底解决，民生保障制度还有诸多的缺陷和不足。同时，我国已经形成的法律体系处在一个动态上不断发展和内容上不断更新的过程，随着国民经济和社会发展水平的提升，随着民生问题在党和国家执政理念中的权重日益凸显，已有民生立法在价值体系、规范构成、调控方式等方面都应当有新的取向。

民生问题涉及的领域广泛而复杂，如教育、就业、收入分配、社会保障等等，这些都与行政法治的时代精神和政府职能转变有着密不可分的关系,是行政法无法回避的问题。我国民生立法从传统上讲,具有行政高权主导的特性,这种以行政系统为主体和主导的模式有自身的优势,但同时也存在明显不足,它制约了民生立法的法治化。因此,如何挖掘行政法中的民生立法资源,如何通过行政法拓展民生立法的内容、范畴和技术等,需要给出立法回答。总体上讲,应当沿着这样的思路展开,一是从理论上有一个认知,必须意识到我国目前的民生立法没有很好地从行政法吸取相关的资源和养分。二是形成一个方案,通过行政法的相关原理、相关制度、相关技术,拓展民生立法。该方案可以作为民生立法的行动计划,其所涉及的内容不能仅限于民生立法相关法典的制定,而应当与民生立法中的各个层面上的制度结合起来予以考虑。三是确定相应的义务主体,由该义务主体综合考虑民生立法吸收行政法资源的问题。通过对我国民生立法及其技术进行深层次的调整,将现今民生立法体系整合的零散性、部类分布的非均衡性、典则构型的不完整性以及覆盖事域的模糊性一揽子予以解决。

本文的研究重在构架一个我国民生立法的价值体系,这一价值体系建立在给付行政和服务行政的大背景之下,以转变政府职能作为前提和基础。应当说民生立法与政府行政系统的职能是相辅相成的,在管制政府的职能下,民生立法有着相对的狭隘性和局限性;而在服务职能的理念下民生立法对公众提供的利益则有无限的空间。这一价值体系对我国民生立法未来的发展趋向具有一定的导向性作用。同时重在构建一个民生立法的制度框架和实施路径,围绕民生立法需要解决的相关民生问题作一个较为全面的板块设计,这一设计对我国目前的民生立法而言具有较为现实的操作技术探索价值。

4. 甲午战争后中国区域法制的变化

作者:王立民,华东政法大学教授,研究方向为法律史。

《中外法学》2016 年第 1 期

【成果提要】

甲午战争以后,中国大地上的区域法制发生了较大变化。这种变化从一个侧面反映了中国法制、社会的变迁。而这种变迁与重要战争紧密相关,特别是甲午战争对这种区域法制变迁产生重大影响。那时,租界、租借地区域法制的变化最为突出,主要体现在地域和内容两大领域。

地域的主要变化体现在三个方面:一是原有租界区域法制的地域扩大。这种情况在甲午战争以前就已存在的租界城市里,几乎都曾发生,尤其在中国最大的3个有租界的城市中,即上海、天津、汉口。二是新的租界区域法制的地域出现。其主要体现为增加了租界区域法制的数量、增加了租界区域法制的租界国、增加了租界区域法制涵盖的地方三个方面。三是租借地区域法制的地域从无到有。此前,中国曾短暂出现过租借地区域,那是在1860年第二次鸦片战争期间,英国强迫清政府把靠近香港的九龙半岛南端及石匠岛租给英国,但半年后英国通过《北京条约》迫使清政府将其割让给了英国。在短暂的租借期间,那里的租借地区域法制没有建立发展起来。甲午战争后,租借地区域法制才得以建立并充分发展起来。

内容的主要变化体现在更加殖民化、日本化和多样化。就更加殖民化而言:首先,甲午战争前租界区域法制的内容在甲午战争后变得更加殖民化了;其次,甲午战争后新建租界区域法制的内容比以往租界区域法制的内容更加殖民化了;最后,甲午战争后建立的租借地区域法制的内容非常殖民化。就更加日本化而言:首先,在甲午战争以后新建日租界的区域法制中,日本化很明显;其次,在日本控制了租借地以后的区域法制中,日本化也很快凸显;最后,在有的非日租界区域法制中,也出现了一些日本化因素。就更加多样化而言:首先,租界与租借地区域法制有差异;其次,同一城市区域中不同租界的区域法制也有差异;最后,不同城市同一租界国的区域法制同样有差异。

发生变化的原因主要有三个,即中国主权的进一步受损、日本的扩张和侵略、西方国家传统的影响等。区域法制的变化带来了一些不良后果,主要是中国法制的统一性进一步遭到破坏、华人的人权进一步遭到侵犯、中国经济进一步遭到掠夺和丑恶现象进一步泛滥等。这种状态一直持续到1945年抗日战争胜利,中国近代的区域法制也最终画上了句号。甲午战争以后中国区域法制的变化虽已成为历史,但仍有值得反思、借鉴之处,并为中国今天的区域法制建设提供一些启示,如一定要坚持维护自己的主权、维护国家法治的统一性等。

5. 论民事司法成本的分担

作者:王福华,上海财经大学法学院教授,研究方向为民事诉讼法。

《中国社会科学》2016年第4期

【成果提要】

在以人民为中心的社会经济发展过程中,作为人民接近司法的经济性因素,司法成本问题构成了司法改革的当然内容。在整体上对民事司法成本解构,而非将其限缩为诉讼费用而进行局部的观察分析,能为审判成本和诉讼成本的分担找到正当化根据,并厘清公共成本与私人成本的界限。在制度经济学角度,司法成本的分担关系到如何在一个人口大国合理分配司法资源,这是让人民群众在每一个司法案件中感受到公平正义的基础条件。基于此,作者力图通过司法成本及其分散机制的研究,为我国民事司法成本及其分担机制提供合理化对策建议。

在民事司法成本的基本构成及合理分担上,本文取得以下几方面突破性进展:(1)从诉讼法理层面,厘清司法成本分担上的国家责任与个人责任。在整体上对民事司法成本进行观察解析的基础上,致力于在国家司法公共资源投入和当事人诉讼负担之间建立平衡关系。(2)从价值层面,调整当事人之间的诉讼成本分担。将民事司法成本的价值分解为公正性价值与工具性价值,由败诉者负担诉讼成本体现了实体正义,而工具性价值则为当事人提供了诉讼的刺激性动机。(3)探索司法成本负担的市场与社会路径。社会与市场通过多种成本分散技术,为消除人们接近司法的经济障碍提供了新的选择。本文阐释了新型成本分担机制的运作机理(如法律援助、诉讼保险、胜诉取酬与第三方投资诉讼),归纳出诉讼成本分散规律及其法律界限。

本成果的意义:(1)在于探索合理制定诉讼费用收费制度的可能性。本文反思了现行《诉讼费用交纳办法》成本类别不科学、收费项目不合理、司法资源调节作用不明显、司法趋利性现象严重等弊端,提出系统性完善的必要性,建议出台综合性法律规制司法成本及其分配,改变碎片化的制度现状。(2)从司法成本的角度解析了民事司法制度运转的结构性条件。在宏观层面,司法成本及其分散机制是民事诉讼制度运作的结构性条件,也是司法管理的必要手段,承载社会正义价值;在微观层面,司法成本及其分散机制决定当事人的诉讼策略,诉讼如何进行,投入多少资源,成本不可预测会挫败人们利用司法的信心。(3)提升了国内司法成本的研究水平。现代司法成本制度与司法制度可持续运作、律师职业的健康发展,乃至社会保险事业相联系。改变了法学界对司法成本及其分担机制的研究的碎片化倾向,在诉讼费用、诉讼信托、司法救助、法律援助和律师收费等相关制度之间架设了理论桥梁。因此,本文对民事司法成本的研究对于解决现实问题有较好的推动作用。

本文发表后,《中国社会科学》(英文版)2018 年第 1 期推出英文版,提高了本成果的国际传播力。

6. 论指导性案例的内容构成

作者:朱芒,上海交通大学教授,研究方向为行政法学、判例研究、都市法学。

《中国社会科学》2017 年第 4 期

【成果提要】

2010 年开始实施的案例指导制度,是新时代中国特色社会主义司法制度的重要组成部分。由于指导性案例是由最高人民法院以实际案例("母本"裁判文书)为基础编写,因此如何把握指导案例的内容与"母本"裁判文书的关系,这既是保障指导性案例在整个法律体系中具有事实上的规范效力的重要之处,同时,也是归纳这种具有中国特色司法制度的学术需要,值得法学界的充分关注。本文以指导案例与实践案例内容中逻辑框架的不同会对后续同类判决产生不同的规范作用为基本认识,提出应当区分指导性案例编写过程中所涉及的纠纷解决与政策形成这两种不同的司法判断方式,并应将研究视野往返流转于微观逻辑内容层面和宏观制度层面:一方面探讨"母本"到指导案例的"剪辑"过程,解析指导性案例的表现形式及其作用,凸显其与规范性之间的逻辑关系;另一方面着意于指导案例应兼顾司法原本解决既有案件纠纷的职责与政策形成作用这两方面的制度需要,提出最高人民法院制作指导案例的行动准则:一则须遵守判例效力的规律,以裁判文书理由的逻辑论证性来展现对法律规范的理解。二则须面向未来具体设置解决问题的共同法律手段,推动"总结审判经验,统一法律适用,提高审判质量,维护司法公正"宗旨的实现。具体而言,本文以最高人民法院第 21 号指导案例为考察对象,对比其与最高人民法院行政审判庭公布且源自同一"母本"裁判文书的内容上的异同及其对规范性的影响和作用,认为在开展立法目的的解释、推导出成文法规范之时,除了建立理所当然的结论之外,更为重要的是在考虑了什么因素,以什么样的逻辑框架进行推导立法目的或立法意图。最后,本文从判例形成和作用的应然角度,提出案例编写应自主接受"母本"裁判文书中事实内容和裁判理由中主干逻辑框架的拘束,补强理由中的论证理由的规则,由此以个案产生对同类案件应适用的一般意义的法律规范内容,推动法治国家的建设。

本文的创新性在于:一则,文章以我国案例指导制度为研究对象,对中国问题、中国制度、中国经验开展了充分探讨,属于挖掘本土法治资源的新近理论作品。二则,文章与既有的案例研究学术成果不同,立足于功能分析的角度提出应当区分指导性案例编写过程中所涉及的纠纷解决与政策形成两种不同的司法判断方式的观点,既是将我国基于功能视角对法律作用进行研究的框架延展至对我国案例指导制度精准、全面的认识,又为后续同类研究的跟进提供了研究框架和理论范式,以此推动我国在案例或判例研究方面的理论创新。

7. 行政组织法功能的行为法机制

作者:叶必丰,上海社会科学院法学研究所研究员,研究方向为行政法学。

《中国社会科学》2017 年第 7 期

【成果提要】

行政组织法的内容包括行政机关之间的横向关系规则,但我国行政组织法并未作出规定。这是各国普遍存在的必然现象,解决的路径是创设在实现规制目标的同时承担起相应组织法功能的行为法机制,可以由宪法加普通法、分散的实体法或者统一行政程序法加以创设。我国当前的行为法机制是由分散单行法规定的,在形式上表现为公文处理制度,在内容上表现为各种具体制度。其中,分别审批和审批要件机制加重了公民负担,联席会议、行政协议和"协商条款"等未加重公民负担且具有分权民主和平等协商的意义。行政组织法功能的行为法机制之所以存在,有职责—手段说、分权合作—民主自治说、信任—授权说以及制度—社会说。我国早期的行为法机制与计划经济具有密切关系,大多适用于部际关系;基于简政放权改革后的行为法机制从部际关系拓展到区际关系。我国包括行为法机制在内的行政审批已泛滥成灾,必须改革。大部制改革应进一步深化,行政权应退出市场资源配置,明确地方主体、赋予地方终局性处理权、按治理需要配置地方事权,减少和优化行政机关间的横向关系,通过统一的行政程序立法整合行为法机制。

8. 海洋法权论

作者:杨华,上海政法学院教授,研究方向为海洋法治、环境法治。

《中国社会科学》2017 年第 9 期

【成果提要】

马汉的海权论会催生海洋霸权,无法适应当前全球海洋治理趋势。面对诸如海盗、海上恐怖主义、海平面上升、海洋生态保护、海域划界、海洋信息安全等非传统安全因素时,依靠霸权并不能解决这些问题。国际社会需要海洋法权来规范全球海洋秩序,需要海洋法权论引领当前的海洋秩序理论。

一、海洋法权:理论溯源与构成

(一) 海洋法权的理论溯源。海洋法权经历了自发生成、教皇确权、法学家演绎与国际规范确认等历史发展阶段。海洋法权论是在批判海权论的过程中得以孕育和生长。

(二) 海洋法权的理论构成。(1)海洋法权的理论解读。海洋法权是国家海洋利益驱动下的意志协调,是海洋权利和义务关系的统一体,是一国依法所享有的开发、利用海洋的权利并承担保护海洋和尊重他国海洋权益的义务。(2)海洋法权的构成要素。主体主要是国家及相关国际组织。客体是海洋利益。内容是海洋法益。海洋法权的行使有明确的法律或惯例依据。(3)海洋法权的作用。海洋法权是实现海洋正义的保障,在避免战争、赢得和平方面发挥作用。

二、海洋法权的现代法律实践

(一) 海洋法权的立法实践。(1)三次联合国海洋法会议成果缔造了海洋新秩序。(2)国际海事组织、国际渔业组织以及区域性的国际组织都在践行海洋法权。(3)海洋法权的国内法实践会影响该国对国际法的态度。

(二) 海洋法权的国际司法实践。(1)国际法院审理海洋争端案件的实践证明了海洋法权的价值。(2)国际海洋法法庭在践行海洋法权方面发挥越来越重要的作用。

三、中国海洋法权理论体系的构建

(一) 中国海洋法权的实践。中国主张通过对话、谈判来解决海洋争议问题,尊重各方自主选择和平解决海洋争端方式的权利。

(二) 中国海洋法权理论体系的构建。中国应发挥海洋法权理论的前提、导向、纽带、基础、框架作用。(1)优化海洋争端处理模式。包括海洋争议解决的“双轨制”模式、海洋维权执法的“组合拳”模式、海洋合作的“双赢”模式。(2)充分发挥软法作用。充分利用国际立法中的非法律规范。(3)积极争取涉海国际组织支持。国际组织在很多情况下是重要的国际议题和议程的设定者、组织者和策划者。(4)完善中国海洋立法。要构建近海、远海、深海、海空、海水、海底纵横交错的立法体系。(5)深度参与国际海洋法律制度创建。加强我国在海洋治理领域中的话语权。

9. 应对全球治理危机与转型的中国方略

作者:门洪华,同济大学政治与国际关系学院教授,研究方向为国际战略、国际关系理论。

《中国社会科学》2017 年第 10 期

【成果提要】

每一次全球治理危机的爆发与应对,都是国际秩序变革的契机,也往往是构建新型国际关系的契机。全球治理危机应对与转型发展,为中国全面融入国际社会、参与全球治理提供了难得的战略机遇与重要条件。

本文剖析全球治理的历史,指出 2008 年欧美金融危机的爆发是全球治理史上的标志性事件,表明全球治理需要探索新思路、新路径、新方略。全球治理危机四伏的现状和新型治理模式的前景,给了我们反思既有理论解释、构建新理论模式的契机。

本文概述中国应对全球治理危机与变革的战略举措,指出中国是全球治理的积极参与者。改革开放以来,中国的快速发展与全球治理转型发展同步,20 世纪 90 年代亚洲治理危机和 2008 年以来全球治理危机的应对,为中国在地区和全球事务中发挥建设性作用提供了难得的战略空间,积极参与全球治理被视为中国走向世界大国的必由之路。党的十八大以来,以习近平同志为核心的党中央不仅仅着眼于中国自身的发展,更将中国发展放到全球视野中,就世界和平发展的诸多议题提出了一系列的"中国方案"。

中国高度重视全球治理议题,对新全球化的深刻认识是中国推动全球治理走出困境、转型发展的重要基础条件;提出并丰富人类命运共同体理论是中国推动全球治理走出困境、转型发展的理论创新和战略依托;塑造新型国际关系是中国推动全球治理走出困境、转型发展的重要路径和中国特色大国外交的重要标签;大力推进国家治理体系和治理能力的现代化建设是中国应对全球治理危机与变革的基础性举措。同时注重发达国家和发展中国家,积极担当发展中国家和发达国家的桥梁,在全球层面推动中国全球治理理念的落实,是中国应对治理危机与变革的全球方略。同时,中国深刻认识到所在地区的治理对全球治理转型发展的基础性作用和示范性意义,致力于促进周边国家关系的改善,推动东亚地区秩序建设。未来 5—10 年是全球治理转型发展的关键时期,也是中国实现全面崛起的关键时期,中国推动全球治理转型发展的主要战略取向是:(1)深化对新全球化的研究,丰富和完善全球治理的中国方案;(2)加强国家治理体系建设,夯实中国推动全球治理转型发展的基础;(3)确定中国推进全球治理转型发展的全球战略定位,进一步提升全球治理能力;(4)稳定东亚诉求,稳步推进东亚治理,提出并落实东亚治理的中国方案;(5)抓住重点,在中国熟悉、有优势的经济、金融领域深耕,以此为抓手推动全球治理变革。

10. 论亚太大变局

作者:吴心伯,复旦大学国际问题研究院教授,研究方向为美国问题、亚太问题。

《世界经济与政治》2017 年第 6 期

【成果提要】

当前亚太地区正在经历自二战结束以来最深刻的地缘政治和地缘经济大变局。这一变局主要体现在环境、力量、趋势和秩序四方面。

首先,环境变化指的是亚太地区地理范围扩大、行为体数量增加及行为体之间联系和互动方式的变化,使得亚太格局呈现“多元复合结构”特征,“多元”是指多个重要行为体发挥作用,“复合”意味着行为体之间联系和互动的多样性,即在不同领域之间甚至同一领域内具有合作与竞争并存的特点。

其次,力量变化指的是地区主要行为体之间力量对比的变化以及力量运用方式的变化。当前亚太地区最引人注目的力量变化当属中美两国实力差距的迅速缩小以及中日力量对比出现的根本性变化。此外,中、日的地区政策工具由倚重经济力量到更为重视安全力量、美国则从打安全牌到谋求发挥更大经济作用这一相互转换迹象,也将在很大程度上改变亚太地区格局。

再次,趋势变化指的是亚太地缘政治、地缘经济因素的演变及其互动正在重塑地区秩序。就地缘政治而言,以中国崛起、美国实施亚太再平衡战略及与此相关的地区部分国家奉行对华制衡为背景,亚太多重地缘政治博弈的图景已变为现实,而中美战略互动是其中的关键,但是两国走向战略妥协的可能性大于战略冲突。就地缘经济而言,虽然中美在亚太地区同样面临竞争,但地区国家并未选边站,亚太地缘经济走向部分整合的可能性较大。理论上,亚太地缘政治与地缘经济互动存在四种模式,但现实中亚太地区地缘政治与地缘经济会呈现正向互动,温和的地缘政治变化和强劲的地缘经济演变相互作用,后者会更多地影响前者,并对地区格局的塑造发挥更大的作用。

在秩序变化方面,秩序的变迁将主要由中国、美国、东盟三个行为者的偏好和政策行为驱动。由于中国力量和战略能动性的增长以及东盟共同体的建成,由于中国和东盟在地区秩序上存在相同或相近的观点,塑造亚太秩序的亚洲驱动力(中国和东盟)将大于太平洋驱动力(美国)。在地区安全局势不发生结构性重大变化的情况下,驱动亚太秩序演变的经济逻辑将进一步强化,霸权秩序的成分会进一步下降,亚太秩序将呈现为多元复合的地区共同体形态。

面对亚太大变局,中国要积极发挥引领和塑造作用,亚太政策要立足经济逻辑,注意力量优势的合理运用和平衡相关方的利益诉求,提升制度建构和规则制定的能力。

11. 从关系到共生:中国大国外交理论的文化和制度阐释

作者:苏长和,复旦大学教授,研究方向为国际政治理论、中国外交、国际组织。

《世界经济与政治》2016 年第 1 期

【成果提要】

中国的大国外交理论是当前学术界关注的一个重要话题。从“关系”和“共生”两个核心概念入手,有助于了解中国大国外交理论的文化和制度含义。本文首先探讨了中国大国外交理论的文化含义,分别从因果与关系、定域与离域、敌与友、合而治之与分而治之之间的关系,揭示了中国大国外交理论中的共生文化因素;在制度体系与大国外交理论部分,则从中国国内制度体系和外交之间的关系角度,分析了中国如何克服和减少内外政治矛盾对国际合作的影响,目的在于深化人们从制度层面认识中国大国外交的国内支持因素;结尾部分还对比分析了中国历史上尝试过的列国秩序/均势秩序、华夷秩序/朝贡体系和共生秩序,指出朝贡体系作为一个流行的概念,对外界关于中国崛起的认识具有误导效应,认为应该挖掘中国传统内外关系中共生的资源。当代中国大国外交在文化和制度上的共生含义,同古代中国尝试过的共生秩序具有连续性。本文最后指出,在关系的延伸中稳步扩大共生秩序的范围,形成对既有不共生现象更大的制约力量,最终接近和谐共生的命运共同体,是中国大国外交在国际秩序上的追求。

本文的主要学术贡献有以下几点:第一,利用“关系”和“共生”两个核心概念,从几种外交思维模式、国内制度体系和国际制度体系互动关系以及多种外交秩序的话语比较转换等，从学理上深入阐述了中国大国外交理论的文化和制度基础，并进一步推导出人类命运共同体秩序的文化和制度意义。第二，敢于质疑流行的西方秩序的制度基础，指出对抗式国内制度体系安排所造成的国际合作协议的频繁否决，不一定是更好国际秩序的国内基础，提出合作协商的国内制度体系对新型国际关系建设的意义。该观点对西方流行的“民主和评论”提出了学理质疑依据。第三，对流行的关于朝贡体系的观点提出疑问，指出古代中国内外秩序存在更多共生资源和因素，认为过多沿用朝贡体系表述不利于当今中国对外传播自身的外交理论体系。本文认为从中国传统文化中挖掘和汲取人类命运共同体学术资源，应该立足于继承优秀的传统文化，中国传统的内外秩序具有更多共生的含义，是一种共生体系，由此才可以进一步理解人类命运共同体的传统外交思想由来。

12. 大国市场开拓的国际政治经济学——模式比较及对“一带一路”的启示

作者：黄琪轩，上海交通大学国际与公共事务学院副教授，研究方向为国际政治经济学。

李晨阳，上海交通大学国际与公共事务学院硕士。

《世界经济与政治》2016 年第 5 期

【成果提要】

近几年来，中国政府提出了“一带一路”倡议，积极推动开拓周边国家市场。一般而言，大国在崛起过程中，产业逐步升级，资金更加充裕，对广阔市场的需求就会更为迫切。世界经济史上，德国、日本、英国和美国分别代表了四种大国市场开拓模式。这几种模式可以从不同角度为中国“一带一路”倡议提供经验参考。

19 世纪末期至 20 世纪初期德国“抢占守成大国的市场开拓模式”是危险的。德国通过抢占霸权国英国的既有市场进行市场开拓。德国的大量出口严重冲击了英国的产业利益，引发了英国国内集团的强烈不满，反德情绪日益高涨。德国抢占英国海外市场，在英国形成由内而外的反对者，推动英德从贸易战升级到军事竞争，并最终走向战争，因而是危险的。

20 世纪后半期的日本代表了“依赖霸权国家的市场开拓模式”，这一模式则是脆弱的。日本通过长期依靠霸权国美国的国内市场进行市场开拓，缺乏对市场开拓的主导权。随着日本产业升级以及对美出口的增加,日本的海外市场开拓冲击了美国的产业利益,引发了美国国内利益团体的反对。最终,美国政府用配额、自愿出口限制等措施以及贸易战对日本产品加以限制,阻断了日本脆弱的市场开拓之路。

18 世纪后期至 19 世纪后期英国"倚靠边缘国家的市场开拓模式"是摇摆的。英国避开了与欧洲中心国家的竞争,不断渗透殖民地与边缘国家的市场,进行海外市场开拓。但是,这一模式也存在着明显的缺陷:英国的市场开拓导致了边缘国家和地带的产业出现了"去工业化"的问题,损害了边缘国家的产业利益,在这些国家和地区形成由内而外的反对者。英国在获得市场后旋即丧失了市场,因而该模式是摇摆的。

自 19 世纪末开始,美国"基于国内开发的市场开拓模式"是稳固的。美国先是充分开发本国国内市场,随后开放本国市场吸引他国互换国内市场,成功实现了市场开拓。它让边缘国家国内出现日益依赖美国的产业集团,为美国撬动海外市场提供了强大的战略工具和更大的回旋余地。

中国的市场开拓需要避免前三类模式的困境。长远来看,中国在日益崛起过程中,要避免过度依靠美国市场。中国需要更多消化"一带一路"沿线国家日益增长的工业生产能力。当"一带一路"沿线国家需要乃至依赖中国市场的时候,中国才能更好地开发沿线国家市场。优先开发国内市场是中国"一带一路"倡议获得成功的重要基石。

13. 中国式融资融券制度安排与股价崩盘风险的恶化

作者:方军雄,复旦大学教授,研究方向为会计与资本市场、制度环境与资源配置效率、公司治理。

褚剑,复旦大学。

《经济研究》2016 年第 5 期

【成果提要】

2010 年开始实施的融资融券制度是中国资本市场重要的制度创新,旨在引入卖空机制以提高资本市场运行效率。自 2010 年融资融券制度推出之后,关于融资融券实施效果的研究成为国内研究的热点话题。现有的研究集中考察了融资融券对股票定价效率的影响(许红伟和陈欣,2012; Chang et al., 2014;李志生等,2015)、融资融券对公司盈余管理行为的约束作用(陈晖丽和刘峰,2014a; Chen et al., 2015)、融资融券对公司会计稳健性的影响(陈晖丽和刘峰,2014b)以及融资融券对公司投资行为的影响(靳庆鲁等,2015),目前鲜有研究直接考察融资融券对股价崩盘风险的影响。更为重要的是,早期的研究通常仅关注融资融券制度中的融券特征(卖空机制),近期的研究开始融合融资和融券特征研究中国融资融券制度的经济后果,发现融资和融券会对市场产生截然不同的作用(Wang, 2014; Chen et al., 2015)。此外,现有研究考察的时间窗口较短,通常仅考察2010年首次试点或者2011年第一次扩容,而融资融券实施的效果可能需要较长时间才能体现,研究样本数量和时间跨度的局限可能影响研究的可靠性(李志生等,2015)。因此,基于更长窗口期的稳健研究就成为必要。

本文从股价崩盘风险的角度采用双重差分法系统检验了该项政策对资本市场的影响。研究发现,与政策制定者的初衷相反,整体上,融资融券制度的实施不仅没有降低相关标的股票的股价崩盘风险,反而恶化了其崩盘风险。进一步的分析表明,这种负面效应,主要源自融资融券政策设计的两个特征:融资融券标的选择标准以及融资和融券两种机制的同时实施。标的选择标准使得标的股票本身股价崩盘风险较小,这导致卖空机制很难发挥作用,相反,对称性融资融券机制中的融资机制则为投资者提供了跟风追涨的渠道,最终,融资交易的杠杆效应和去杠杆效应加剧了崩盘风险的上升。

14. 产业政策、政府支持与公司投资效率研究

作者:王克敏,复旦大学管理学院教授,研究方向为公司财务与资本市场。

刘静,复旦大学管理学院博士。

李晓溪,复旦大学管理学院博士。

《管理世界》2017 年第 3 期

【成果提要】

本文研究产业政策、政府支持与公司投资效率的关系。研究发现,相对未受产业政策鼓励或未受产业政策重点支持的公司,受产业政策鼓励或重点支持公司的政府补助、长期负债较多,且该结果在省委书记或省长任期较长条件下更为显著;与此同时,公司政府补助、长期负债越多,其投资水平越高,投资效率越低,过度投资程度越高;进一步地,相对未受产业政策鼓励或未受产业政策重点支持阶段,受产业政策鼓励或重点支持阶段的公司政府补助、长期负债与投资水平(投资效率)的正(负)相关关系更强,过度投资也更为严重。研究表明,为促进地区经济发展,地方政府偏好基于国家产业政策,为本地区公司提供资金支持;然而,政府与公司间的信息不对称问

题可能降低资源配置效率,引发公司过度投资,影响产业政策实施效果。本成果不仅为产业政策实施的负面效应研究提供了证据,还拓展并丰富了政策不确定性与公司投资行为、产业政策与公司决策的相关研究。本文研究结论对产业政策实施的市场体系建设具有重要启示。

15. 金融资产配置动机:“蓄水池”或“替代”?——来自中国上市公司的证据

作者:胡奕明,上海交通大学教授,研究方向为财务、金融、会计。

王雪婷,上海交通大学博士。

张瑾,新加坡南洋理工大学博士。

《经济研究》2017 年第 1 期

【成果提要】

关于“金融”和“实体”经济的关系,是当前社会极为关注的问题。而一家实体企业是否大量从事金融业务或金融投资,则是这一关系在企业微观层面上的具体呈现。

笔者注意到,21 世纪以来,金融在 GDP 中所占比重越来越高,呈现出一种过度“金融化”的趋势。金融系统具有自己独特的运作规律,其内在的不稳定性会有损于经济的发展。当其发展成熟到一定程度时,会对实体经济产生“挤出效应”(crowding out effect),即更多的利润将从实体经济被“抽取”到金融部门,从而抑制对实体经济的投资。国外的一些研究表明,“金融化”造成了法国、英国等投资和资本积累的下降。1950—2000 年,在美国的公司利润占比中,制造业出现了不断下降,金融房地产却在上升的趋势。

中国目前是否也出现了过度的“金融化”? 这是本文所关心的问题。因为自 2011 年以来,A 股上市公司中,金融业净利润占全部上市公司净利润达 60%左右。显然,金融业对实体经济的利润在一定程度上形成了挤压。

为回答上述问题,本文选择 2002—2014 年非金融类上市公司为样本,运用多元回归方法进行分析。研究发现:

(1) 企业金融资产配置与 GDP 周期变量显著负相关,与广义货币 M2 周期变量和法定准备金率显著正相关,与股票指数增长率显著负相关,表明企业配置金融资产以“蓄水池”动机为主,即基于预防储备目的;

（2）企业对非现金的其他金融资产的配置与 GDP 周期变量显著正相关，而与 M2 周期变量显著负相关，表明企业对其他金融资产配置在一定程度上存在“替代”动机，即以减少实体经济投资为代价，追求金融资产上的收益；

（3）一些经营运作良好、财务状况较佳、托宾 Q 较高的企业，配置金融资产比较多。

上述发现对我国宏观经济政策制定者的意义是，必须关注宏观政策对企业微观投资行为的影响，特别是对金融资产和实体资产配置的影响，以避免金融对实体的过度“替代”。

16. Boomerang Effects of Low Price Discounts: How Low Price Discounts Affect Purchase Propensity

低价商品小额折扣的回旋镖效应：低价商品的小额折扣如何影响购买倾向

作者：才凤艳，上海交通大学安泰经济与管理学院副教授，研究方向为消费者行为与决策。

拉吉斯（Rajes），弗吉尼亚理工大学。

戴恩斯（Dines），雪城大学。

***Journal of Consumer Research* 2016 年 4 月**

【成果提要】

对于价格折扣，无论是企业还是消费者，都倾向于认为价格折扣是可以提升产品销售量的。本文以低价格折扣（小于 10% off 的折扣；或者说低于九折的折扣）为研究对象，研究低价格折扣在什么情况下会提升产品销量，什么情况下又会降低产品销量。

通过四个实验室实验和一个田野实验，本文发现，在产品对于消费者而言属于非必需品，同时消费者的购买量又比较低的情况下，与不提供任何价格折扣的情况相比，企业提供较低的价格折扣不但不能够提升产品的销售量，反而会降低产品的销售量。而这样的实验结论也在一个连锁超市提供的二手数据中得到了很好的验证。具体而言，本文发现，对于冰淇淋等非必需品而言，当该连锁超市提供小于 10% off 的价格折扣时，其整体的销量反而低于原价出售的时候；相反，对于牛奶等必需品而言，提供小于 10% off 的价格折扣是可以提升产品销量的。

本文利用交易价值理论（transaction value theory）解释了上述作用产生的原因。

本文认为,消费者在购买的过程中不仅仅考虑购买所带来的获得价值(acquisition value),而且会考虑购买本身所带来的交易价值,即"购买本身带给消费者的愉悦感受"。对于非必需品而言,消费者往往更依赖于交易价值做出购买决定,当购买的量比较小的情况下,较低的价格折扣使得消费者感觉自己并没有省下多少钱,所以感受到的交易价值就相对较低,从而就产生了较低的购买意愿。

目前对于价格促销的负面作用的研究主要集中在长期影响的角度,而对于价格促销的短期影响,学者们普遍认为价格促销在短期内会提升产品销售量。然而,本文的研究却证明了,即使是在短期内,提供较低的价格折扣也有可能会出现降低产品销量的作用。这样的研究角度和结论使得本文在一定程度上弥补了这方面研究的空白,从而丰富了价格感知领域的文献。

本文2016年发表在营销类四本UTD杂志之一的*Journal of Consumer Research*杂志上面,该杂志当时的主编Darren Dahl认为,本文结合了不同的研究方法(实验室实验,田野实验与二手数据),非常值得鼓励和借鉴。同时,本文发表后,很快被美国Neuro marketing Insights网站转载,该网站转载文章的一个标准是他们"只转载那5%有实际应用价值的科学实验")。能被这一网站转载,说明本文的应用价值得到了业界和其他学者的充分认可。

17. 服务还是监控:风险投资机构对创业企业的管理——行业专长与不确定性的视角

作者:董静,上海财经大学教授,研究方向为创新创业、风险投资。

汪江平,上海金浦产业投资基金管理公司。

翟海燕,上海立信会计金融学院讲师。

汪立,国泰君安证券股份有限责任公司。

《管理世界》2017年第6期

【成果提要】

本文立足中国特有的创新创业与风险投资环境,构建了风险投资机构对创业企业进行管理和监控的决策分析框架,并深入分析不同管理模式对创业企业发展的策略影响。主要研究内容与贡献包括:(1)在国内外开创性地构建了创业企业类型与风险投资管理模式之间的匹配模型;(2)首次采用严谨的方法对创业企业和风险投资管理模式进行测度和分类;(3)以实证结果揭示风险投资机构管理模式对创业企业成长的影响;(4)大大深化了对风险投资机构与创业企业之间互动关系的理解,丰富了创业企业管理理论和风险投资理论。

具体而言,本文以中国中小板和创业板上市公司为研究样本,探析并检验了风险投资机构的基本管理手段对创业企业绩效的影响,以及行业专长和不确定性对上述影响的调节机制。开创性地对创业企业和风险投资管理模式进行分类,探讨并验证了二者之间的匹配关系。

研究结果表明:(1)风险投资机构提供的增值服务对创业企业绩效有显著的正向影响,且风险投资机构的行业专长越高,越能增强这种影响;(2)风险投资机构实施的监督控制对创业企业绩效的影响不显著,但是当创业企业面临的不确定性越高时,越多的监督控制对企业绩效会产生负向影响;(3)风险投资管理模式与创业企业类型之间存在匹配关系:在风险投资机构具有高行业专长和创业企业面对低不确定性的情形下,教练型管理模式的效果最好;在风险投资机构具有高行业专长和创业企业面对高不确定性的情形下,服务加强型管理模式的效果最好;在风险投资机构具有低行业专长和创业企业面对低不确定性的情形下,控制加强型管理模式的效果最好;在风险投资机构具有低行业专长和创业企业面对高不确定性的情形下,与理论预期不同的是放养型管理模式在统计上不显著。

本文开创性地研究了风险投资机构介入创业企业进而创造价值的内在管理机制,对丰富风险投资理论和创业企业理论具有较高的学术和实践价值,为风险投资机构"合理"介入创业企业提供了实证参考。

18. 新投资者和泡沫:对宝钢认购权证泡沫的分析

作者:龚冰琳,华东师范大学研究员,研究方向为行为金融、行为经济学、实验经济学、产业组织、微观经济学。

攀登,厦门大学教授,研究方向为金融市场、金融泡沫、行为金融。

施东辉,上海证券交易所。

***Management Science* 2017 年 8 月**

【成果提要】

本文提供了新投资者在中国被禁九年后的第一支衍生品——宝钢权证的泡沫中

的影响分析。实证研究表明,新投资者在权证开始时的集合竞价中吹起了泡沫,并且是维持泡沫直到权证期满的关键驱动力。首个交易日的公开集合竞价中没有信息泄露,不存在互动,我们可以清楚比较新投资者和原始持有者的先验信念。新投资者的出价要比原来的权证持有人高得多,而且更加分散。所有等于上限价格的出价都来自新投资者,而且订单量已经超过了卖方所有价格的总量。这表明新投资者是最初价格上涨的主要推动力。

每日数据和5分钟数据回归结果表明新投资者对整个交易周期中持续存在的泡沫贡献是巨大的。新投资者每1个百分点的增长会导致泡沫规模同期增长0.005元。新投资者贡献了泡沫增长波动性的34%。此外,与其他因素如换手率、波动性和市场回报率等相比,新投资者的持续流入是泡沫背后最强大的驱动力。

之前的研究由于数据限制和基本价值的不可观测性无法为新投资者效应提供直接证据。本文选用宝钢权证这一衍生品,并进一步运用差分法解决了Black-Scholes公式由于卖空限制无法精确衡量权证基本价值的问题,且对其有效性给出了证明。同时,对于新投资者有可能被泡沫吸引的内生性问题,本文选用周一哑变量作为工具变量证明了外生造成的新投资者增加确实对维持泡沫有最显著的作用。主要回归中本文使用新投资者购买权证的百分比作为新投资者的衡量标准。作为稳健性检查,本文尝试了许多新投资者的替代测量方法,比如以人民币计的新投资者交易量百分比,新投资者在购买者中所占的比例,或权证持有者自首次购买到目前的平均时间,回归结果一致。

同时,本文也通过电话采访作为补充,发现投资者们普遍即使知道权证市场存在泡沫,仍在短期内选择投资权证而不是更值得长期投资的基础股票。交易数据表明,投资者们在极短的时间内跳进跳出权证市场并不再返回,而不是通常所说的驾驭泡沫。

这是第一篇完全由在中国本土工作的作者撰写,发表在经管类国际顶级期刊上的论文。金融泡沫问题最著名的研究者、普林斯顿大学教授熊伟在他2011年发表在经济学顶级期刊*AER*上的论文中指出,该文首次用账户级数据构建了一个新资金流入的测度,并认为,该文发现的新投资者效应有助于解释为什么最近泡沫频繁发生,而投资者的学习和经验都不起作用这一难题。新投资者流入可以作为金融泡沫理论中缺乏解释的维持泡沫所需的投资者持续的异质性的来源。新投资者测度还可以作为早期泡沫识别工具。这对我们认识泡沫、识别泡沫、推动金融市场的健康发展都有重要意义。

19. 城镇住房、农地依赖与农户承包权退出

作者：王常伟，上海财经大学副教授，研究方向为农业经济、土地制度。

顾海英，上海交通大学教授，研究方向为农村经济理论与政策。

《管理世界》2016 年第 9 期

【成果提要】

当前，中国农村户户务农的农地经营格局已被打破，人地分离比例越来越高，为优化农地资源配置推进现代农业发展、促进有序城镇化，同时进一步激活农地权属价值，农地承包经营权的退出问题已提上政策层面。如 2015 年出台的《国务院办公厅关于加快转变农业发展方式的意见》明确提出了探索承包经营权退出的政策诉求。由于农民还是我国社会的主要构成，农地又是农民生活的重要依赖，因此，政府对农地承包经营权的退出十分谨慎，试点的导向不仅强调了尊重农户意愿，而且强调了要面向有条件的农户，其中，城镇住房与农地依赖便是农户承包权退出，进而离地进城条件的重要体现。

政策推进的谨慎性对前期的研究提出了要求。本文在分析了我国农户承包经营权退出的宏观背景以及城镇住房、农地依赖两个核心变量的选择依据后，首先基于农户决策模型与 Todaro 人口转移分析框架从理论上分析了城镇住房、农地依赖对农户承包权退出的影响机理；其次利用对上海、浙江、江苏长三角地区 1208 户农户的微观调查数据，考察了农户承包经营权的退出意愿；然后利用计量经济模型具体测度了城镇住房以及农地依赖对农户承包权退出意愿的影响；最后，研究进一步分析了不同城镇住房拥有状况及农地流转状况对农户承包权退出补偿诉求的差异。

研究表明，34.85%的样本农户具有农地承包权退出意愿，对农地依赖弱的农户更倾向退出承包权。但拥有城镇住房却由于财富效应的存在，在一定程度上抑制了农户承包权的退出意愿。这一研究结论揭示，现有农地退出政策或是一种次优选择，即最有条件退出农地承包权的农户反而倾向选择持有农地承包权。另外，研究还进一步发现，农地依赖型的农户更倾向选择保障性补偿。

从创新点来看，本文不仅利用微观调查数据考察了城镇化水平相对较高的长三角地区农户承包经营权的退出意愿，还进一步研究发现，尽管拥有城镇住房的农户更

具有农地承包经营权退出条件,退地的风险相对较小,也是中央承包经营权退出试点政策指向的主要对象,但实际上却更不愿退出承包经营权这一结论对于理解农户的决策机理、现实政策的推进与效果评估都有着重要的意义。

本文具有重要的政策含义。一方面,我国发达地区的部分农户已存在退出承包经营权的需求,政策上应予以正视;另一方面,由于存在逆向退出选择的现象,在推进承包经营权退出的过程中,要建立相应的甄别机制,使真正有条件、有意愿的农户可以退出承包经营权,在保障承包经营权退出政策发挥预期积极作用的同时,防控相应的潜在风险。

20. 农业劳动力流动对中国经济增长的贡献

作者:伍山林,上海财经大学经济学院教授,研究方向为农村经济学、制度经济学。

《经济研究》2016 年第 2 期

【成果提要】

农业劳动力流动对中国经济增长究竟作出了多大的贡献?这种贡献具有怎样的动态特征?对于这样的问题,经济学家此前讨论较多,但并没有给出满意的回答,以至于政策建议缺乏坚实的理论和经验支撑。造成这种局面的原因之一是缺乏适合中国的测算方法。

本文在二元经济结构、劳动的制度异质性和 Massell 型增长源核算框架下给出新的测算方法和测算结果。

第一,首次证明采用世界银行推荐的方法,即根据劳动再配置效应经典公式评估农业劳动力流动对经济增长的贡献,在(农村劳动力提供的)总劳动可变情形下会产生漏测或过测。为了弥补这个重大缺陷。作者在 Massell 型增长源分解模式的基础上嵌入劳动的制度异质性(这是中国非农部门的一个显著特征),得到了一个具有比较优势的近似测算公式。

第二,采用多个来源的微、宏观数据,对农业部门的劳动收入份额进行计量估计,对非农部门中农民工和非农户籍劳动力的劳动收入份额进行直接计算。在此基础上,根据相关数据和近似测算公式进行分析发现:1985 年至 2011 年农业劳动力流动对中国经济增长的贡献小于劳动再配置效应,它具有递减的趋势,与经济增长具有相似的波动特征。

第三，进一步分析发现，中国市场化改革以来至2011年，非农部门的劳动的制度异质性很大程度上被固化了，农村劳动力的受教育程度的增长速度变慢了（由此引出了农村教育增长失速这个重大现实问题），以至于农业劳动力流动促进中国经济增长的潜力没有得到应有的开发。但是，本文分析表明，实施相应制度创新之后，农业劳动力流动仍然可以为延续“中国奇迹”作出贡献。

21．软预算约束与中国地方政府债务违约风险：来自金融市场的证据

作者：王永钦，复旦大学教授，研究方向为经济理论、金融经济学。

陈映辉，中南财经政法大学讲师，研究方向为公司金融与治理。

杜巨澜，香港中文大学副教授，研究方向为公司金融学、金融经济学。

《经济研究》2016年第11期

【成果提要】

债务市场的违约是近年来各类金融危机的根源，因而中国地方政府债务的违约风险近来也成为国内外关注的重要问题，识别中国地方政府债务的违约风险具有重要的学术和政策意义。在中国的体制背景下，由于机制的复杂性和地方债数据的不透明性，直接估算地方政府债务的违约风险会有很强的主观性。本文选取了一个独特的视角，即从交易城投债的金融市场的角度，将城投债的收益率价差分解成流动性风险价差部分和违约风险价差部分，以此来识别中国地方政府债务的违约风险。本文还利用（对于地方政府而言）外生的冲击（如全球性金融危机、货币政策变动、实际有效汇率变动），通过双重差分的方法来进一步识别中国地方政府债务的违约风险。本文的研究发现，中国地方政府债务的异质性违约风险并没有在城投债的收益率价差中得到反映，而地方政府债务的整体违约风险则在其中得到了有效的定价，从时间趋势上来看，中国地方债的整体违约价差在2012年后飙升。这表明，中国的地方政府债务存在普遍的和严重的软预算约束。本文的发现为评估中国地方债的违约风险和未来进一步发展地方政府债券以及进行相关的制度设计提供了参考；本文发展的方法也适用于研究其他中央—地方关系复杂、制度还不完善的新兴市场经济体。

22. 期望效用函数的资产需求检测实际在检测什么?

作者:韦潇,复旦大学经济学院研究员,研究方向为西方经济学微观理论。

Economic J. 2017 年 5 月

【成果提要】

基于经典的或有权益商品模型,一系列的资产需求检测方法被应用于经济实验中。但是在这些检测方法所应用的环境中,偏好的定义域有别于传统的基于冯诺伊曼—摩根斯坦期望效用函数理论所定义的关于分布函数的混合空间。本文提供一组新的公理体系讨论定义在或有权益商品上的期望效用函数偏好。本文也讨论了将期望效用函数拓展到更加广泛的风险对象空间所需要补充的公理。

需求的检测是建立在传统的艾罗—德布鲁或有权益框架下,假设有限个风险状态,而消费者的偏好也是建立于或有消费之上。在这样的理论框架下,概率通常是被假设为固定值而资产回报可以变化。一个重要的拓展时假设每一组被观测到的需求对应一组不同的概率和价格。由于在这些或有权益框架下,消费者从来没有通过比较不同的风险概率下的商品消费进行选择,本文希望避免消费者在全分布函数空间具有相同偏好的过强假设。事实上,冯诺伊曼—摩根斯坦(1953)和 Aumann(1962)指出基于风险彩票模型的完备性公理是不必要的。因此,讨论直接对应于资产需求模型检验选择空间的期望效用函数的公理化体系是非常自然的。不同的资产需求检测方法不仅在对风险概率是否固定的假设上有所区别,而且在风险概率是客观还是主观的,以及冯诺伊曼—摩根斯坦指数是全局凹的还是局部凸的有所不同。因此,本文的一大关键动机就是给出不同的公理化体系,而让不同的实验环境决定哪组公理化体系和观察到的资产需求最为兼容,因而具有较强的实证含义。

23. 管治方式转变与经济发展
——基于清代西南地区“改土归流”历史经验的考察

作者:李楠,上海财经大学教授,研究方向为发展经济学、经济史、制度经济学。

林友宏,广东外语外贸大学讲师,研究方向为经济学。

《经济研究》2016 年第 7 期

【成果提要】

多民族国家如何实现对文化异质性边疆地区进行有效管理一直是社会科学家与政策制定者思考的重要问题。该问题不仅是多数多民族发展中国家经济与制度发展的障碍,也是这些国家内战冲突、国家分裂与恐怖主义滋生的温床。然而,现有文献对此问题的考察略显不足。然而在人类历史进程中,中国的历史经验似乎是一个特例。虽然中国是一个多民族国家,但面对这些边疆文化异质性地区,中国历代王朝都力图采用有效政策加以管理。特别是自明代以来,中央政府通过对边疆民族地区管治方式变革,即从之前的羁縻、土司制度向郡县制转变,使这些地区得到有效的管理。本文正是基于我国西南边疆民族地区管治方式演化的历史经验,考察这一政策变化对边疆民族地区经济绩效的影响。

为揭示西南边疆地区管治方式变迁对经济发展的影响,根据历史文献与当代经济数据构建了唯一的反映"改土归流"时空变化与经济发展的数据库以检验其影响。研究发现:清初土司制度的确对当地经济社会发展具有负向影响,清初土司控制区人口密度和进士密度都要显著地低于清初流官控制地区。然而,随着"改土归流"的进行,已改流的土司区域要比未改流的土司区域获得更快的经济发展。特别在晚清时期,一个在清初完全由土司控制的府,若其改流比例提高 1%,将使得人口密度上升 0.86%,而衡量传统社会人力资本的进士密度将增加 1.55%。此外,研究还发现,"改土归流"不仅在清朝对西南边疆地区经济发展具有短期显著影响,而且该影响还延续到民国时期,即使在当前这一影响依然部分存在。清代改流时间越长的地区不仅在当代拥有着更高的人口密度、平均受教育年限、农村居民纯收入水平,而反映贫困程度的婴儿死亡率指标则显著更低。

本文的主要贡献有:首先,本文以清代西南边疆地区"改土归流"政策实施为例,揭示了从土司间接管治向流官直接管治转变对当地政治整合及经济发展的影响。这进一步丰富了 Machiavelli(1532)关于边疆民族管治问题的实证证据。其次,本文丰富了制度与经济发展的相关文献。尽管恶劣的地理自然条件和较大的文化差异成为阻碍西南边疆地区经济发展的重要障碍,但在改流后,流官制度通过促进移民与公共物品提供,有效地促进了当地的经济发展。再次,本文也丰富了关于民族多样性与经济发展的研究。尽管西南地区民族众多,但是管治政策的变革通过公共物品的提供潜在地削弱了民族多样性对于经济发展的负面影响。最后,本文发现了"改土归流"对于西南社会经济发展的长期影响,部分揭示了中国当前东西部经济发展不平衡的历史成因。

24. 中国资源配置效率动态演化——纳入能源要素的新视角

作者:陈诗一,复旦大学经济学院教授,研究方向为经济增长与转型。

陈登科,复旦大学经济学院博士,研究方向为经济学。

《中国社会科学》2017 年第 4 期

【成果提要】

资源配置效率、要素配置扭曲或要素重置一直是国内外学术界研究的热点,也广受政策制定者的青睐。目前,中国经济已从高速增长迈入了高质量发展的新时代,要推动供给侧结构性改革,其核心要旨也在于矫正既有的要素配置扭曲,不断优化配置效率。这就需要我们进一步研究了解中国经济增长进程中资源配置效率的动态演化特征,需要了解经济增长进程中资源配置扭曲程度到底有多大,哪些因素导致了这样的扭曲,这样才能有针对性地执行提高要素配置效率的合理经济政策。这是本研究需要回答的主要问题。

然而,目前文献中对资源配置效率的研究基本上只局限于传统的资本和劳动两个要素,鲜有将能源这一重要投入要素纳入研究分析的。众所周知,中国经济长期以来的高增长伴随着能源消耗的持续飙升,能源要素对产出的影响巨大。自 2003 年以来,中国能源消耗迅猛增长,已于 2010 年超越美国成为全球第一大能源消费国,高能耗又带来了高污染排放,使得中国的高增长呈现出明显的粗放式特征,这反过来又影响到经济增长的可持续性。比较主要投入要素的趋势性特征发现,尽管能源要素的增长势头并不比资本投入更高,但却显著高于劳动要素,而且相较于资本与劳动,能源要素消耗对诸如 2008 年金融危机的冲击并不敏感,我国经济发展的能源需求显现出较强的刚性。因此,能源要素已然成为考察我国资源配置效率不可或缺的因素。如果忽略能源要素,中国资源配置效率的测算结果将会有偏,进而与之相应的经济政策也必然有偏,不利于甚或抑制经济增长。因此,把能源要素纳入中国资源配置效率的全面分析是本文的主要任务,也是最大的研究难点和研究创新。

本文的理论和实证研究发现:(1)与多数文献发现中国资源配置效率有所改善不同,考虑能源投入要素后,中国资源配置效率并未展现出显著改善迹象,资源配置扭曲导致 1998—2013 年研究期间中国资源配置效率平均下降了 42.6%;(2)2003 年后重工业再膨胀与2008年国际金融危机进一步加剧了资源配置的扭曲程度,危机期间资源扭曲程度比其他时期高12%,2012年后资源配置效率有所提升;(3)基于"反事实"策略对资源配置总扭曲的分解显示,地区间与部门间的扭曲可以分别解释资源配置总扭曲的52.2%与47.8%,而资本、劳动以及能源要素扭曲对资源配置总扭曲的贡献率分别为47.7%、17.4%与35.8%,特别是,近两年能源要素已超越资本要素成为中国资源配置总扭曲的首要贡献者,矫正能源要素配置扭曲已经成为当前和今后"矫正要素配置扭曲,提高全要素生产率"的重中之重。

25. 当代教育研究的视频与图像转向
——兼论视频图像时代的教育理论生产

作者:李政涛,华东师范大学教育学部教授,研究方向教育基本理论。

《华东师范大学学报》2017年第5期

【成果提要】

核心问题:有了视频与图像之后的教育研究与教育理论,有何重大变化? 教育理论教育视频图像分析,有何教育理论创生价值? 对于教育理论生产有何独特意义?

已有视频图像在教育领域的运用,存在三种视角和路径:将视频作为教育教学媒介、课堂互动的研究工具、促进教师专业发展的重要途径。传统之于视频图像分析的理解,定位于教育实践、教育研究方法与教育者,停留于媒介、工具、应用、方法的层面上,与"教育理论"无直接关联,较少探寻教育视频图像分析的"理论基础",更少将其与"理论生产"建立关联,低估了教育视频图像分析的理论创生价值及对教育理论生产的独特价值,包括它带来的新理论知识来源及表现形式、研究视角、研究范式和新的理论世界。

带来新理论知识来源及表现形式。视频与图像成为教育研究新的理论发动机和思想源泉,成为教育理论知识新的表达方式。教育理论知识,不只是口头、文字表达的知识,也是通过视频与图像表达的知识,它更适合挖掘展现"内隐知识"和"缄默知识",成为显性知识向隐性知识的"转译"媒介,更朝向于元理论知识的生产,超越了传统对教育视频与图像分析指向于"实践知识"的层次。

带来新的研究视角。从"关于教育视频图像的理解"转向"通过视频图像来理解教育",前者只是解释视频图像的内涵,后者表明,视频与图像是人类的一种思考视角和理解方式。教育视频与图像的理论意义,是"在视频与图像的层面上"考察世界,不仅发现、还原、显现和解释世界,更是建构和创造世界。

带来新的研究范式。为多元研究方法和理论背景的关联与交融,创造新平台,形成不同方法之间综合运用的新范式,建构基于视频与图像的研究方法论。

带来新的理论世界。即"教育视频与图像分析理论",它拥有自己的理论逻辑、实践逻辑和转化逻辑。它既可为其他理论提供基于"视频与图像"的"证据""依据",也可基于视频与图像分析,创制新教育理论,还有可能成为"教育视频与图像学",更可成为其他理论的"理论基础"。这隐含教育视频与图像分析的三大转向:从验证已有教育理论到建构新教育理论,从服务于他者理论生产到自我"理论创生",从寻找"他者"作为理论基础到成为"他者"的理论基础。

教育研究的"视频图像转向",意味着"视频图像"从"工具取向"转向"理论取向";教育学理解方式、研究方式、创制方式,将从"通过视频与图像分析"转向"视频与图像层面上的分析",教育学表达方式、修辞方式或写作方式,将从基于文字语言的表达,转向基于文字语言、视频图像语言交融式的表达。

26. 实证研究是教育学走向科学的必要途径

作者:袁振国,华东师范大学教授,研究方向为教育学原理。

《华东师范大学学报》2017 年第 3 期

【成果提要】

本文系统分析了实证研究的历史,清晰界定了实证研究的涵义和要素,阐明了实证研究对于教育学走向科学的深刻意义。文章第一次鲜明提出,实证研究首先是一种精神,一种研究规则,一套方法体系,是精神、规则和方法的有机结合;深入分析了实证研究对于自然科学和包括教育科学在内的社会科学的普遍适用性,强调了量化之于实证研究的特别重要作用,并对教育学界普遍存在的对于实证研究的若干误解给予了简明扼要的回答和澄清。本文对教育实证研究及对教育研究科学化作出了新的系统分析和概括,认识达到了全新的高度。本文讨论的是教育研究的范式问题,蕴含的是对教育学命运和走向的思考。本文主要针对研究人员而作,但对教育成果评价标准、教育研究杂志质量、教育研究政策、教育研究人员素质都提出了无法回避的挑战。

27. 自信·自省·自觉——PISA2012 数学测试与上海数学教育特点

作者：张民选，上海师范大学国际与比较教育研究院研究员，研究方向为比较教育、课程与教学论、教师教育、教育政策研究等。

黄华，上海市教研室副教授。

陆璟，上海市教育科学研究院教授，研究方向为教育科学。

朱小虎，上海师范大学讲师，研究方向为教育学。

《教育研究》2016 年第 1 期

【成果提要】

PISA（国际学生测评项目）是经济合作与发展组织开发的一个国际教育测试项目，始于 2000 年，分为教育测试（阅读、数学与科学）和问卷调查（学生与校长）两部分。上海从 2009 年开始参加（阅读为主测），2012 年以数学为主测领域，测评对象为 15 岁学生。上海连续两届获得全球三大学科第一，数学成绩尤为突出。国际平均值为 494 分，上海平均值高达 613 分；优秀生比例最高（55%），差生比例最低（3.8%），引起了全球性震惊，各国都希望了解“上海的秘密”。笔者认为必须率先研究，撰写此文。

本文分为绪言和四个主要部分。绪言简介了 PISA 项目和各国参测的参测结果。

第一部分研究解构 PISA 数学测评的框架。PISA 数学测试独特，测评学生“数学素养”。测评重点三方结合，一是各国“共同内容”：包括代数、几何、数量与概率统计；二是学生应有“思维过程”，包括数学表达、方法运用和问题诠释；三是学生应习得“基本技能”，包括交流、数学化、表达、推理、论证、设计、运用数学语言和工具七个方面。本文还分析了 PISA 测试的评分标准与方法。

第二部分系统分析上海学生 PISA 数学测试结果。一是从总体成绩、数学内容、思维过程和基本技能诸方面，依据国际比较数据，证明了上海学生的成绩与优势。二是从学生问卷调查数据中，分析上海学生接触“形式数学”“数学文字题”“数学应用”指数，研究上海学生学习动机以及男女学生差异。

第三部分：实证比较上海数学教育的特点优势。从 65 国的国际比较中，实证发现上海数学教育四个方面九大优势：包括坚持开放、推进课程改革、坚持信任学生基本学习能力、促进每位学生发展、小步前进教学方法、善于运用丰富变式、强调教师在职进修发展、组织校本教研活动、重视同侪课堂观察、组织教师在职培训等。

第四部分 PISA 折射出的弱点盲点。研究团队认为,PISA 成绩并不能代表我们基础教育、教育整体和全国教育的高质量。研究团队发现,我们学生的学习负担过重的实际证据和合理配置时间。即便在上海学生的数学优势中,我们仍然发现四大弱点和问题。我们的结论是:对上海基础教育的发展应该自信自豪,同时也应自省改革,为建设一个教育强国,我们还任重道远。

28. 学术生命周期与年龄作为政策的工具

作者:阎光才,华东师范大学高等教育研究所教授,研究方向为高等教育。

《北京大学教育评论》2016 年第 4 期

【成果提要】

本文探讨了年龄的社会与文化内涵,否认了实足年龄与学者学术活力间的因果关联。基于截面和纵向数据分析发现:第一,至少到退休为止,我国研究型高校不同学者的学术生命周期特征虽然存在差异,但总体上并没有出现明显的随年龄变化而活力衰减趋势;第二,不同学者学术生命周期特征存在差异,群体内部存在学术活力分化特征,而且该分化往往发生在职业生涯的早期,学术生涯早期成就对中后期职业发展具有可预测性;第三,导致分化的重要因素来自早期求学、个人研究兴趣、工作喜好程度、成就感,等等,最为关键的因素是职业生涯过程中能不能获得持续的认可和奖赏;第四,持续获得认可和奖赏包括发表、资助、奖励、晋升以及各种人才计划等。它们作为学者学术生命周期的关键性事件,对不同学者具有不同的效应,它可能具有激励性与保护性功能,也可能引起职业倦怠的抑制效应,需要谨慎对待。

本文针对目前与年龄相关政策提出如下建议:第一,与年龄相关的资助、奖励等特惠政策,对学术新人具有保护与激励效应。建议无论是在政府还是学校层面,需要设计有关带有普惠性针对年龄在 40 岁以下(博士毕业大概 6—10 年内)年轻学者的支持政策,为其早期入职适应创造条件。在学术生涯早期,应该强调普惠性的支持,适当淡化竞争性,并尽可能消除赞助性因素影响,目的在于为每个人创造职业发展与学术成长的公平环境,建立一种基于能力和努力至上的自然分化机制。

第二,进入学术职业中后期,持续认可与奖赏是维持和激发学术活力的关键性因素。如果在有关认可环节历经挫折与磨难,学术人的激情与抱负就难免会受到影响,且极易产生职业倦怠。因此对于职业中后期的人力资源管理,研究更主张基于学者分工或分类基础上的政策设计路线,尽可能放宽甚至取消年龄限制,给予做不同选择的人群以职业生涯全程都可预期的目标。

第三,年龄不宜成为处于职业中后期学者发展的天花板,它尤其不适合于那些产出周期漫长、需要沉静心态的基础研究学者。因为目前学术训练周期(博士生、博士后)越来越长,且人均预期寿命不断提高,人的生命历程越来越具有高度的弹性,许多刚性的年龄限制政策将越来越不利于人力资源潜力的挖掘。因此,我们不仅要在公平层面上反思现实中司空见惯的年龄歧视问题,而且更需要从效率层面上考虑基于年龄友好倾向的弹性制度重建与政策调整。

29. Justifying Decisions——Making Choices for Others Enhances Preferences for Impoverished Options

为他人做决策与对中庸选项的偏好

作者:陆静怡,华东师范大学副教授,研究方向为决策心理学。

梁一鸣,中国科学院心理研究所,研究方向为心理学。

段贺兵,华东师范大学。

《社会心理学》2017 年 3 月

【成果提要】

当今社会正在经历新一轮的社会分工。在此过程中,管理咨询、代理投资等新兴行业蓬勃发展。事实上这些行业的从业者都在履行为他人做决策的职责。随着这些行业的兴起,研究者急需了解为他人决策者的决策规律。然而,经典的决策理论却没有跟上时代发展的步伐。无论是由 2002 年诺贝尔奖得主卡尼曼(Kahneman)与同事阿莫斯·特沃斯基(Tversky)提出的前景理论,还是由 2017 年诺贝尔奖得主 Thaler 的心理账户理论,都只描述了人们在为自己做决策时的心理特点与行为表现。考虑到现实的诉求,一个亟待研究者回答的问题是:人们在为他人做选择时的心理特点与行为规律是什么?是否与为自己做选择时的不同?

近几年的心理学研究开始探讨上述问题,即"自己—他人决策差异"。它们发现,人们在为自己与为他人做决策时具有不同的认知方式、情绪体验和动机特点。然而,这些研究都把决策者视作一个孤立的个体,没有将他们放置在社会背景中。事实上,与为自己做决策不同,为他人做决策是一个人际过程,它不仅涉及决策者,还涉及决策结果的承担者(即他人)。因此,为他人做决策这一任务具有人际方面的收益与代价。但现有研究却忽视了对为他人做决策者的人际心理机制的探究。

本文探讨人际心理机制如何影响为他人决策者的选择。本文提出,为了减少他人对自己的责怪,为他人决策者非常重视如何向他人解释自己的决策是合理的,该心理机制促使为他人决策者选择更加容易合理化决策理由的选项。通常而言,相比极端选项,人们认为向他人解释为什么选择中庸选项更为容易。因此,本文假设并通过实证数据发现:相比为自己选择,人们在为他人做决策时更倾向于选择中庸选项,表现出中庸偏好,而不倾向于选择极端选项;该效应是由合理化决策理由这一心理机制所导致。

本文具有以下贡献。第一,提出为他人做决策是一个人际过程,研究者不仅要探讨为他人决策者的个人机制(认知、情绪、动机特点),还必须考察人际机制,并构建更加完整的行为决策理论。第二,人际机制使得人们在为自己和为他人做决策时做出不同的选择,违背了经济理性的不变性原则,由此挑战了经济学的理性人假设,并说明人类是有限理性的。第三,促进对现实生活中为他人决策者的心理与行为的理解。

30. 信息处理成本会影响公司特质信息的获取吗?来自 XBRL 的证据

作者:董毅,上海财经大学副教授,研究方向为行为金融学、市场有效性。

李真,新加坡国立大学教授,研究方向为国际金融会计。

林宇鹏,香港城市大学副教授,研究方向为会计学。

倪晨凯,中国人民大学副教授,研究方向为会计学。

***Journal of Financial and Quantitative Analysis* 2016 年 6 月**

【成果提要】

财务信息报告的标准化(2009 年开始的美国公司对于可拓展商业语言 XBRL 的采纳)要求同一笔交易在不同公司的年度报表中必须用同样的标签来显示。这使得电脑大批量处理多个公司的年报成为可能,并显著降低了投资者的信息处理成本。本文通过研究发现,信息标准化之后,股票价格中体现出了更多公司层面的信息。投资者对这项新语言的理解呈现出了一条学习曲线,但最终得到了显著的益处并改善了市场的有效性。

具体而言,未实行XBRL之前,美国的上市公司虽然按照SEC的规定披露公司信息,然而财务信息的使用语言和条目都存在着个体差异,使得公司之间的可比性降低,同时,数据从PDF导入成标准化的格式的成本也很高。XBRL在一定程度上显著地降低了信息处理成本,公司层面的信息得到了进一步的挖掘,公司股价中公司层面的信息提高,股价的同步性下降,市场的有效性也得到提升。

本文发表在国际顶级期刊《定量分析》(*Journal of Financial and Quantitative Analysis*)上,并获得2013 IEFA经济金融会计国际研讨会暨2013 CSBF两岸金融研讨会最佳论文奖。且本文被《商业金融与会计》(*Journal of Business Finance & Accounting*)、《会计与公共政策》(*Journal of Accounting and Public Policy*)、《应用经济学》(*Applied Economics*)等多个期刊的论文引用。

本文克服了对于投资者信息处理能力的理论研究中一直存在的一个问题,即无法客观衡量投资者的信息处理能力。本文的发现对于格鲁斯曼和斯蒂格利茨(Grossman and Stiglitz)(1980)关于股价信息有效性以及诺贝尔奖得主克里斯托弗·西姆斯(Christopher Sims)对投资者信息处理能力的理论预期首次给出了实证方面的支持(Sims, 2003, 2006)。同时,本文的发现对于我国资本市场有着实际意义。由于信息处理和解读能力较低的中小投资者大量存在,以标准化财务信息的方式来降低投资者的信息处理成本将可以提高投资者对于信息的反应速度,提高市场有效性,并促进价格发现(Price Discovery)机制的形成。

31. 财产流动性与分布不均等:源于技术进步方向的解释

作者:董直庆,华东师范大学教授,研究方向为技术经济学。

蔡啸,东北师范大学经济学院讲师。

王林辉,华东师范大学经济学院教授,研究方向为经济计量与分析。

《中国社会科学》2016年第10期

【成果提要】

当前我国财产分布不均等现象日益严重,财产流动日趋僵化,与此同时,技术进步愈加表现出资本偏向性,正非对称地改变着要素的生产率和要素报酬。将劳动者能力细分为学习能力和社交能力，构建世代交替模型，考察技术进步方向对财产流动性和分布不均等的影响，结果发现：技术进步方向对财产流动性和分布状况存在显著影响。其中，资本增进型技术水平提升将有助于学习能力占优的家庭财产位次向上跃迁，而使社交能力占优的家庭财产位次下降，并且通过影响劳动者能力，改变财产分布的不均等状况。为此，政府应该大力发展与机器软件设备相融合的资本偏向性技术，鼓励企业加快机器设备更新换代和技术升级，通过技术进步方式提高社会财产流动性；大力发展各层次的国民教育，提升教育的普及度和入学率，缩小不同阶层劳动者的能力差异；完善收入税和转移支付等收入分配制度，提高财产分配的监管力度，破除不同财产阶层自由流动的障碍，提高社会平等性。

32. 中国雾霾污染治理的经济政策选择——基于空间溢出效应的视角

作者：邵帅，上海财经大学研究员，研究方向为能源与环境经济学。

李欣，上海财经大学博士。

曹建华，上海财经大学教授，研究方向为能源经济与环境政策、林业管理经济。

杨莉莉，上海立信会计金融学院副教授。

《经济研究》2016 年第 9 期

【成果提要】

中国工业化和城镇化高歌猛进的同时，雾霾污染却呈现发生频率高、影响范围广、治理难度大、出现常态化等特点，成为了阻碍生态文明建设的“拦路虎”。频发的雾霾污染是根植于产业结构、能源结构、技术创新、生产效率及制度环境等经济结构长期失衡基础之上的，其涉及的因素众多而复杂。对雾霾污染空间演化特征及经济根源的准确识别，是合理制定和有效实施治霾政策的必要前提。然而，囿于统计数据的可得性，经济学界尚缺乏对中国雾霾污染发生根源与治理机制的系统考察，而少数相关研究对雾霾污染本身固有的空间关联效应未予重视。

针对现有研究不足和中国现实背景，本文首先对来源于卫星监测的相关栅格数据进行解析，首次得到了 1998—2012 年中国省域 PM2.5 年均浓度，解决了官方统计数据不可得的问题；进而，基于考虑地理和经济距离的 4 种空间权重矩阵，利用探索性空间数据分析方法对雾霾污染的区域分布特征和空间相关性进行了考察和检验，发现高雾霾污染"俱乐部"成员集中于京津冀、长三角及二者之间的连接地带，中国的雾霾污染具有明显的空间溢出效应和高排放"俱乐部"集聚特征。

继而，本文基于空间溢出效应和局部调整模型的思想构建了普适于空气污染来源的理论模型，据此结合 STIRPAT 模型和 EKC 假说构建了动态空间面板模型，利用夜间灯光数据对经济增长进行替代度量并采用系统广义矩估计，在同时考虑多种空间权重矩阵，以及雾霾污染的时间和空间滞后效应及时空滞后效应的多维条件下，对雾霾污染的关键因素进行了严谨全面的经验识别，在检验雾霾污染是否符合 EKC 假说的同时，也对其各决定因素的直接和间接效应进行了测算比较，从而为治霾政策的合理制定和策略选择提供了必要的经验支持。结果表明，雾霾污染与经济增长存在显著 U 形曲线关系，大部分东部省份处于雾霾污染随经济增长水平提高而加剧的阶段；二产畸高的产业结构、以煤为主的能源结构、人口的快速集聚及公路交通运输强度的提升共同促使雾霾污染加剧，而源于技术进步偏向和能源回弹效应的困扰，研发强度和能源效率的提高并未发挥出应有的减霾效果。因此，促增因素未得到有效抑制、促降因素未得到有效发挥，是导致中国雾霾污染频发的根本原因。雾霾污染在时间单维度、空间单维度和时空双维度上分别表现出雪球效应、泄漏效应和警示效应，因而治霾政策必须坚持常抓不懈、联防联控和惩一儆百的实施策略。

最后，本文基于主要结论和我国国情提出了有效治霾的政策思路。

33. Bilateral Market Structures and Regulatory Policies in International Telephone Markets

国际电话市场的双边结构与管制政策

作者：居恒，上海财经大学副教授，研究方向为产业组织学、竞争政策与反垄断、规制。

谭国富(Guofu Tan)，美国南加州大学。

***International Economic Review* 2016 年 5 月**

【成果提要】

We develop models of bilateral oligopoly with traffic exchanges to study the competition and regulatory policies in the international telephone markets. Under the requirement of uniform settlement rates, the proportional return rule (PRR) inflates the rates and hence neutralizes PRR's effect on calling prices. Retail competition and PRR increase net settlement payments. Market efficiency is improved when there are multiple channels for traffic exchanges. Using a panel of 47 countries that exchanged traffic with the United States between 1992 and 2004, we test the effects of bilateral market structures and the U.S. policies. The empirical results support our theoretical findings.

笔者提出带有税务交换的双边寡头垄断模型,来研究国际电话市场的竞争情况和管制政策。在统一的结算利率要求下,比例回归法则(PPR)提高了结算利率,也因此中和了 PPR 在拨号价格上的影响。电话零售的竞争和比例回归法则增加了净结算支出。当税务交换的渠道多样化,市场效率就提高了。在 1992—2004 年间,通过 47 个国家与美国交换税务的一组数据,笔者测试了双边市场结构和美国政策的影响。实证结果支持该理论发现。

34. 市场化、政治身份及其收入效应——来自中国农户的证据

作者:程名望,同济大学教授,研究方向为农户收入与增长、农村劳动力转移、公共政策分析。

史清华,上海交通大学教授,研究方向为农业政策、农户行为。

Jin Y,美国罗格斯大学副教授。

盖庆恩,上海财经大学副教授,研究方向为发展经济学与“三农”问题。

《管理世界》2016 年第 3 期

【成果提要】

农户收入是作者近 5 年的研究重点,系列研究发表在《经济研究》(2 篇)、《管理世界》(2 篇)、《经济学季刊》《数量经济技术经济研究》和 *China Economics Review*,本文是该研究的代表作之一。本次报奖,不仅仅是为本文申请,更是为这组文章构成的系列研究和多年的汗水申请。本文采用 2003—2010 年全国农村固定观察点微观住户数据,以党员和干部身份作为衡量指标,运用双差法建立计量模型,研究了政治身份对农户收入的影响及其变化趋势。研究发现:政治身份户比非政治身份户的人均收入高 19.38%,其中有 5.84 个百分点来自政治身份的贡献(收入效应)。乡村干部户的收入效应最高(7.73%),其次是国家干部户(6.05%),最弱的是党员户(3.94%)。政治身份对农户总体收入不平等的贡献率为 0.48%,并不是造成中国农村收入不

平等的主要原因。政治身份的收入效应主要来源于国家职工工资，以及财产性收入和转移性支付收入等非劳动性收入。市场化水平的提升，仅仅改变了政治身份在各结构性收入上的收入效应，对总收入的收入效应没有显著影响。构建和培育更完善的农村市场经济体系，规范和改革农村的政治治理结构和模式，抑制政治身份户、特别是乡村干部户的权力寻租及其收入效应，是中国乡村治理乃至农村稳定所面临的重要课题。该研究难度较大：(1)问题十分复杂：农户收入的影响因素十分复杂。本文选择 27 个变量，替代变量的选取，变量之间相关性和内生性处理均难度较大。(2)数据量庞大，处理难度大。涉及数据多达亿条，仅就样本量看，就有家庭 163305 个、家庭成员 660286 个。作者用了近 1 年时间才完成数据对接，汗水自知。创新和贡献包括：(1)采用中国目前已有最完整的微观农户数据，具有极强代表性。(2)构建更完备性的计量模型，使得回归结果更加科学和精确。(3)从家庭收入结构角度，揭示政治身份对农户收入增长的作用机理和影响途径。(4)创新性地区分了回报率和贡献率，采用 MS 回归分解方法，克服了计量回归的缺陷，回答了“政治身份在农户收入中到底有多大贡献”这一重要问题。研究价值在于：(1)社会价值上，从政治结构和市场体系构建的双重视角，提出了规范和改革农村政治治理结构和模式。基于该结论的部分观点写入评论性文章《攻坚精准扶贫》发表在《中国社会科学报》。(2)学术价值上，把回归分解引入农户收入问题，对该领域采用更前沿的研究方法具有推动作用。被中国人民大学书报资料中心《农业经济问题》全文转载。

35. 房地产税的纳税能力、税负分布及再分配效应

作者：张平，复旦大学副教授，研究方向为公共财政。

侯一麟，美国锡拉丘兹大学教授，研究方向为公共财政和预算制度。

《经济研究》2016 年第 12 期

【成果提要】

《经济研究》为经济学研究领域公认最好的中文期刊，本文为《经济研究》近 5 年来唯一关于房地产税的文章，并被列为 2016 年第 12 期的四篇封面文章之一。房地产税讨论经年，其税制要素设计的理论基础及开征后的社会经济效应，严谨的实证分析仍然相对较少。本文以纳税能力理论为基础，构建衡量房地产税缴纳能力的指标，

回答了房地产税改革亟须解决的几个重要问题(纳税能力、税负分布、再分配效应),为房地产税的政策方向提供了一定的理论依据。

本文以纳税能力理论为基础,构建衡量房地产税缴纳能力的指标;用"中国家庭金融调查"数据,测算不同地区家庭的房地产税缴纳能力、可行的地区间差异化有效税率及几种减免方案下税负在不同收入家庭间的分布,继而模拟把该税收入用于基本公共服务的再分配效应。结果表明:不同的衡量指标对我国城镇居民房地产税的缴纳能力指数测度基本一致,而不同省份和家庭对房地产税的支付能力存在很大差异,因此在进行房地产税设计时需要相应的社会政策。针对不同省份进行相应的差异化税率设计,可以有效降低不同地区和家庭对房地产税的纳税能力差异。在一定的减免方案下,居民的房地产税纳税能力指数变得更加平缓,变异系数衡量的差异进一步缩小。在不同的税率设计和减免方案下,富裕群体均承担了大部分的房地产税税负。在人均价值减免方案下,房地产税的收入调节作用明显提高。从再分配效应的角度看,净福利为正和为负的家庭呈现明显不同的特征。净福利为正的家庭一般收入偏低、家庭成员较多,而拥有的住房套数和面积均较少;净福利为负的家庭的相关特征与此相反。

本文的结论具有重要的政策意义。首先,不同家庭和区域的纳税能力差异进一步突出了房地产税的地方税特征,推进房地产税改革的实践与其他税种有所不同,需要积极调动地方政府的自主性进行充分地方化的制度设计。其次,房地产税的税负分布和再分配效应的测算均表明,房地产税调节收入/财富差距的效应较强,在不同的税制要素设计方案下,富裕家庭都承担一半以上的房地产税负担。最后,比较几个典型的减免方案,从对不同收入群体的公平性考虑,对调节收入分配的作用以及简化政策实施的难度等方面来看,按人均价值减免要优于首套减免和按人均面积减免的方案。

36. 我国企业债务的结构性问题

作者:钟宁桦,同济大学经济与管理学院教授,研究方向为发展经济学和公司金融学的交叉领域、中国经济改革与发展。

刘志阔,上海财经大学公共管理学院助理教授,研究方向为公共经济学和国际税收。

何嘉鑫，清华大学经济与管理学院研究生。

苏楚林，中山大学岭南学院研究生。

《经济研究》2016 年第 7 期

【成果提要】

至 2015 年底，我国债务总额达到 168 万亿元，债务与 GDP 的比值达到 249%。中国经济去杠杆成为了全球关注的问题。近期我国杠杆率的上升主要是由非金融企业导致的。本文进一步详细分析了 1998—2013 年期间近 400 万个规模以上工业企业的资产负债率，并提供三方面的证据以回答“如何去杠杆”。

首先，分行业分地区分企业所有制，杠杆率到底高在哪里？本文对全样本按不同的口径做分类后给出详细的统计描述，发现：样本企业呈现出了显著的、整体性的去杠杆趋势，平均负债率从 1998 年的 65%持续下降到 2013 年的 51%；同时显著加杠杆的只是数千家企业，其中大部分是大型国有上市的公司。2013 年我国共有 34.5 万家规模以上工企。这些企业的负债总额为 49 万亿元，其中负债最多的 500 个企业的总负债就超过 1/4，负债最多的 2000 个企业的总负债接近一半。这说明我国企业债务是惊人地集中，又是高度结构化的。是少数企业在迅速积累大量负债，而同时大部分企业的负债率在不断下降。

第二，本文仔细考察了一些重要的企业特征的变化，以回答“杠杆率的变化是否有着企业基本面的支持”。笔者发现，私企的企业特征与其负债率之间的关系与西方企业高度一致；但企业层面的因素却不能解释国企的负债率，即缺乏经济基本面的支持。本文也发现，国企作为一个整体，其利润率在不断降低，而负债率却在不断升高。到近期，我国总债务中的一半是国企借的。

最后，本文初步探讨了供给面的因素并发现：2009 年后，仅仅是因为一个企业是国有的，它的负债率就要比私企平均高 6%，到 2013 年更是达到了 8%。此外，给“僵尸国企”贷款的现象在 2008 年之前就存在，而 2008 年之后更加显著。这些结果说明，我国银行体系配置信贷的倾斜性和偏向性越来越强，且资金的供给方并不是完全按利润原则来配置资金的。

2008 年国际金融危机后，我国的信贷密集度显著上升，说明金融资源的配置效率显著下降。本文的分析解释了上述这一现象：虽然我国信贷总量在迅速增加，八年里广义货币（M2）增加了 100 万亿元，但大部分资金通过金融体系最终都配置到了几千家企业上；而大量真正高效的、有现实生产力的企业和项目却得不到资金支持。因此,在宏观上就同时出现了整体杠杆率的骤升、中小民营企业融资越来越难和金融不支持实体的现象。基于上述分析本文提出:我国经济高杠杆是一个结构性的问题,需要结构性政策来解决。首先必须果断在低效的地方去杠杆,尤其是尽快停止给僵尸企业输血,其次要在高效的地方加杠杆,让有基本面支持的企业能借到钱,为我国经济激发出新的活力。

37. 论新时期中国学界理解马克思主义哲学的三种路向

作者:陈学明,复旦大学教授,研究方向为马克思主义哲学、国外马克思主义。
马拥军,复旦大学马克思主义学院教授,研究方向为马克思主义发展史。
罗骞,中国人民大学教授,研究方向为马克思主义哲学、国外马克思主义。
姜国敏,上海财经大学讲师,研究方向为马克思主义哲学。
《学术月刊》2017 年第 3 期

【成果提要】

本文提出,环顾改革开放以来中国学界对马克思主义哲学的各种研究以及通过这种研究所积累的各种理论成果,不无遗憾地意识到要让马克思主义哲学在当今中国真正展现自己的现实意义、履行自己的历史使命是勉为其难的。问题不是出在马克思主义哲学本身,而关键在于我们的研究在某种意义上走入了一条歧途。在当今中国所流传的许多马克思主义哲学的成果不属于马克思主义哲学的"真精神"。本着探索马克思主义哲学"真精神"的强烈愿望,更出于对马克思主义哲学为中华民族的伟大复兴提供有力理论支持的强烈渴求,需要梳理一下新时期我国学界理解马克思主义哲学的研究路向。

本文强调,在改革开放新时期开放多元的社会和学术环境下,援"西学"入"马",以"西学"来解"马",寻求出"新",成为马克思主义哲学阐释的重要路径。"以西解马"可以分为两种:一种是以西方近代哲学为资源,对马克思主义哲学作一种"启蒙主义"式的解读,这一路向同启蒙运动以来西方近代哲学的基本立场一样,主张一种人本主义观念,推崇"人性"和"人"的地位。另一种是以西方现当代哲学为资源,对马克思主义哲学作一种"后现代主义"式的解读,在很大程度上,这一路向追随后现代主义反对西方哲学史上的理性主义传统,消解关于主体性、普遍性、历史进步等启蒙以来的主导性理念。与此同时,中国学界还存在着致力于吸收前两种解释路向的成果,又不断与它们抗衡的第三种解释路向。把马克思主义哲学启蒙主义化和后现代主义化的解释的缺陷,不仅在于启蒙主义与后现代主义理论本身具有不足、不符合马克思主义经典的结论,还在于这些思潮的立脚点在马克思本身的思想发展历程中,实际上都已被超越了,只有当马克思在其成熟时期完整提出其两大发现,马克思理论才显露出完整意义。

本文详细考察了马克思的思想的发展历程,强调要根据这一"原本"来理解马克思,在这一基础上借鉴西方各个时期的优秀的理论成果,再生发出马克思主义创新成果,形成具有独创性和时代性的当代中国马克思主义。

38. 为社会主义意识形态教育"正名"——基于人的主体性发展的视角

作者:李国娟,上海应用技术大学教授,研究方向为马克思主义基本原理、传统文化与思政教育。

张朋光,上海应用技术大学讲师,研究方向为马克思经济哲学思想。

《思想理论教育导刊》2016 年第 8 期

【成果提要】

任何一个政权都需要相应的意识形态为之服务,意识形态教育是实现政治统治和社会整合的重要手段。意识形态教育具有鲜明的阶级性,社会主义的意识形态教育和阶级社会的意识形态教育具有本质区别。但目前,不仅许多西方政客和学者别有用心地把社会主义意识形态教育斥之为"洗脑"和"奴化"教育,甚至冠之以"邪恶"之名,而且连国内也在一定程度上存在着把社会主义的意识形态教育混同于阶级社会的意识形态控制的误区。为此,有必要从理论上对这一问题进行正本清源,为社会主义意识形态教育"正名"。

阶级社会的意识形态本质上是对社会存在的颠倒的、歪曲的和虚幻的反映,其意识形态教育完全从属于阶级统治的需要,它通过对人的主体性即自主性、反思性和批判性等的消解来实现阶级统治的政治目标。因此,阶级社会的意识形态教育,实质上是意识形态的欺骗和控制,马克思深刻揭示了其"虚假性""欺骗性"和"控制性"等基本特征。

社会主义的意识形态从根本上跳出了"虚假性""欺骗性"和"反动性"的"魔

咒”,成为一种全新的意识形态;社会主义的意识形态教育从根本上超脱了阶级社会意识形态控制的那种“消解人”“控制人”“奴化人”的狭隘视野,成为一种全新的意识形态教育,真正实现了意识形态教育和人的发展之间的有机统一,意识形态教育才真正担负起“教化育人”的功能和使命。这主要表现在:其一,从性质上看,社会主义意识形态教育实现了阶级性和科学性的有机统一;其二,从功能上看,社会主义意识形态教育不是消解人,而是建构人;其三,从目标上看,社会主义意识形态教育不是控制人,而是培育人。实现意识形态教育与人的发展的统一,是社会主义意识形态教育的本质特征,也是其正当性的重要根基。马克思主义作为社会主义的意识形态,既无知识的虚妄,也无利益的偏私。它一方面以追求真理为前提,作为关于人类社会发展一般规律的科学,其本身就具有真理性,是“科学的意识形态”;另一方面,它又具有“毫无顾忌和大公无私”的品格,以服务天下和人类为己任。因此,以这样的意识形态来教育人,不是对人的“奴化”,而是对人的启蒙,其结果是人的心智的不断成长和主体性的不断发育,必将促进“人人都实现自由而全面发展”之“自由王国”的早日到来。这不仅是“个体之善”的最大实现,而且是“群体之善”的最大实现。社会主义意识形态教育的这一正当性也决定了它理应在世界范围内获得更大的话语权。

39. 论马克思主义与当下中国的契合关系问题

作者:黄力之,中共上海市委党校教授,研究方向为马克思主义研究。

《思想理论教育》2016 年第 6 期

【成果提要】

本文分为三大部分:第一部分对马克思主义在当下中国的存在状态考察;第二部分是“经济增长是硬道理”背景下的契合与差异;第三部分解决马克思主义与当下中国之差异的两条路径。在某种意义上说,中国共产党的历史就是一部解决马克思主义与中国现实的契合关系之历史,毛泽东和邓小平分别引领了两个重要历史阶段的解决。

在实行市场经济体制和机制,追求经济高速增长的过程中,马克思主义与中国现实之间的差异已经出现。当我们自己认为在马克思主义指导下发展经济并取得成就时,新的现实情况的大量发生会使“是否符合马克思主义”这个问题再一次浮出水面,无可避讳。

本文提出两大解决路径:(1)树立辩证的马克思主义文本观,研究马克思主义经典作家文本与中国现实之间的契合度问题。历史上已经注意到并获得解决的是,马克思主义文本缺少对中国问题的说明,如中国这样的农民国家如何进行无产阶级社会主义革命的问题,如社会主义时期能否运用和实行市场经济机制的问题,办法就是"说老祖宗没有说过的话"。但是,在"说老祖宗没有说过的话"而获得成功时,可能会出现忽略马克思主义的文本,甚至以这种成功去急功近利地否定马克思文本中的某些原理。这样形成的逻辑是,既然离开马克思主义也能成功实践,那就意味着不再需要马克思主义,也就谈不上与马克思主义相契合了,必须在"老祖宗的话"与"老祖宗没有说过的话"之间维持必要的平衡。

(2) 重建政治经济关系的辩证观。从"政治问题经济解决"回到"经济问题政治解决"。人们一度忘记了马克思主义唯物史观的另一条原则,即上层建筑(国家机器)是能够调节和干预经济生活的。科学发展观的提出,以及强力反腐、群众路线教育,都体现了上层建筑对经济的反作用。听任经济机制发生消极作用,放弃政治领导,既不符合马克思主义原理,也不符合中国现实的要求。

40. 中国公众的收入公平感:一种新制度主义社会学的解释

作者:刘欣,复旦大学社会发展与公共政策学院社会学系教授,研究方向为社会分层与流动、政治社会学、社会资本。

胡安宁,复旦大学社会学系教授,研究方向为社会不平等、教育社会学、健康社会学、文化、宗教社会学。

《社会》2016 年第 4 期

【成果提要】

借助新制度主义社会学的嵌入性和合法性概念,将关于分配公平感形成的基本共识理论与自我评价理论整合起来,本文提出了一种关于当前中国公众分配公平感的新解释:社会成员对自己所得社会资源是否公平的感受,取决于个体自我认知与社会共识的期望之间达成一致的程度。当个体自我认知的地位低于社会评价的地位时,更有可能认为自己所得资源是不公平的;相反,个体自我认知的地位与社会评价的地位相一致时,则更有可能认为自己所得资源是公平的。基于这一理论命题,本文进一步提出关于当前中国公众收入公平感的假设,相对于主观阶层地位低于职业声望者,主观阶层地位与社会评价的职业声望相一致者,更倾向于认为自己的收入是公平的。对 CGSS2006 资料的统计结果支持了这一假设。个人的主观阶层地位与职业声望之间的一致性程度对其公平感的影响具有高度的统计显著性。主观阶层地位与职业声望一致者认为自己的收入是公平的概率显著高于主观阶层地位低于职业声望者。这一发现在不同性别、城镇级别以及收入群体之间都具稳健性。统计分析还显示,一个人的职业声望越高,其主观阶层地位越有可能低于职业声望,而使之更倾向于认为自己的收入不公平;相反,一个人的职业声望越低,其主观阶层地位越有可能达到甚至超过职业声望。这些发现解释了为什么社会经济地位较低者依然会认为自己的收入是公平的。

本文提出的分配公平感的新制度主义解释,既超越了个体心理过程,也避免了从宏观社会文化层面做解释的不足。作者把宏观层次的社会建构(作为社会共识的职业声望)与微观层次的个体能动性(个人的主观阶层地位)有机结合起来,形成了具有一定抽象程度的社会学的理论命题。它所陈述的是关于社会成员对所得资源公平感的判断,不但对收入公平感有解释力,对其他社会资源分配公平感也具适用性。

研究结果具政策启示性。使社会成员的自我期望与社会共识性评价相一致,是提升个人收入公平感的重要途径。同样,社会成员对收入不平等的容忍度,也不仅仅取决于收入差距大小,还受制于具有共识性的社会评价。仅据收入差距就认为中国存在一触即发的“火山”的断言,忽视了制度性期望对社会成员的强大约束力。因此,无论媒体还是管理者,都不应脱离社会共识的合理期望而对收入差距可能带来的不公平感进行过分渲染;或超越社会经济发展水平,对均等化社会成员间的收入作过多承诺。这些渲染或承诺有可能导致社会成员的自我评价偏差,打破社会共识与社会成员自我认知之间的一致性,增强其不公平感。

41. 家国之间:柏拉图与亚里士多德的家邦关系论述及其启示

作者:肖瑛,上海大学教授,研究方向为社会学理论。

《中国社会科学》2017 年第 10 期

【成果提要】

个人同社会的关系是人类思想和实践的基本母题,而家庭和国家是“社会”的主要表现形式,因此,个人同社会的关系,一定程度上即个人在家庭和国家这两种不同社会形式之间的位置的问题。家的核心是血缘,国家则按地区统治其成员,构成逻辑的不同客观上造就了家国之间的复杂关系。家国矛盾在传统中国被遮蔽在儒家文化的“修齐治平”的理想中,但自20世纪20年代以来,家国关系在中国学者的思考中逐渐占据核心位置,家庭存废之争,以及西方社会的“团体格局”,中国社会的“差序格局”的主流观点都表征了这一点。但是,学者们在厘清中国的家国关系的过程中对西方家国关系思想的源点着墨不多。

有鉴于此,有必要回到作为西方思想主要起点之一的柏拉图和亚里士多德的著述中,全面把握他们关于家国关系的论述。与《理想国》的观点不同,柏拉图在《法律篇》中把家庭作为城邦的基本单位,不仅把父慈子孝、抵御犯罪作为家庭的基本功能,而且规定应根据同父亲血缘的亲疏远近逻辑来分配家庭权利和权力。虽然柏拉图通过立法保证了家庭在城邦中的合法性,但是,家庭只有被放置在城邦背景下,其地位才能确立,家庭一方面是城邦的原始起点和城邦目标实现的工具,另一方面其诉求同城邦目标又有错位甚至对立,因此不能独立于城邦而自存,而必须接受城邦的限制和改造。相比于柏拉图,亚里士多德基于对亲属友爱的尊重而更为重视家庭的正当性和必要性,承认家庭是城邦的自然单位,以家庭为单位的私有制是保证血缘这一自然情感的必要方式。但是,亚里士多德同样认识到家庭的不自足性和血缘关系必然的亲疏远近逻辑对城邦友爱的伤害,因此也要求划清家庭活动的边界。柏拉图和亚里士多德之所以重视家庭但又把家庭置于城邦的目标之下,一是由当时希腊诸城邦出现的家庭威胁城邦的现实决定的,二是源于“双重自然”假设,既把血缘视为“友爱”这一人类普遍自然情感的根源,需要延伸到城邦政治中,又关注到这一情感内在的亲疏远近之区分会对城邦善这一更高自然构成威胁。“双重自然”的人性预设是柏拉图和亚里士多德思想的墙角石,既限制了源于血缘的差序格局的存续空间,厘清了家邦关系,为费孝通所说的西方社会的“团体格局”的涌现做好了部分准备,又通过引入和改造“友爱”这一自然情感,为城邦团结和追求至善创建一个核心机制。由此可见,中西之间“差序格局”与“团体格局”之别、家国关系处理之不同,源于对各自后世的思想和实践产生深刻影响的早期经典理论在人性预设和观念体系建构上的分化。

42. 全球城市的流动性与社会治理

作者:何雪松,华东理工大学社会与公共管理学院教授,研究方向为社会治理、社会工作。

袁园,华东理工大学社会与公共管理学院博士研究生。

《华东师范大学学报》2017 年第 6 期

【成果提要】

讨论城市治理,不可忽视城市本身是具有多元形态的。这是因为,城市的规模不同,社会架构不同,面对的社会、政治、经济与文化议题就各异,治理的方式势必需要据此调整。尤其是像上海这样的全球城市,面临的治理挑战更是与一般城市不可同日而语。本文从全球城市的流动性这一显著特征出发讨论城市社会治理这一核心议题。

我们需要认识到社会的流动性增强和社会科学的“流动”转向这一发展态势。随着全球化的深入推进和互联网的广泛使用,人类社会的流动性大大增强,人、信息、资本、物体溢出了传统的时间和空间的限定。这意味着,以往立足于稳定的研究范式可能需要予以重新考察,社会科学的研究不再局限于探索流动的方向、模式、规律、结果或效益,相反,更加关注流动的过程、体验、实践、变异和复杂的社会关系。

而全球城市的兴起正是一个要素流动与聚集过程,特别是人才、知识、资本、技术、制度、信息与创新的全球流动与汇聚。全球城的流动性特征对治理框架提出了全新的挑战,涉及开放与封闭、融合与对立、平等与极化这三个核心议题。因此,良好的治理架构和强大的治理能力是必要的,因为面对的是一个具有高度复杂性的超大型人口共同体,要在如此人口规模下建立秩序是不容易的。特别是,如果不能有效地包容不同文化群体、不能有效地促进族群融合、不能控制犯罪率、不能有效地减少环境污染、不能组织高效的公共交通、不能快速反应突发事件、不能有效化解群体性事件、不能均衡地提供公共产品、不能有效地防范经济风险,就可能严重冲击城市治理能力,危害城市安全和宜居,从而出现失范危机。

上海正在迈向卓越的全球城市,这一目标的实行是一个社会流动性不断增强的过程,也要面临开放抑或封闭、平等抑或极化、融合抑或对立的治理挑战。为此,上海需要立足国情、市情,学习纽约、伦敦、东京等全球城市的经验,建构一个具有中国特色的适应流动性的社会治理体系，这涉及治理观、价值观、机会结构和治理技术诸方面的变革。首先，要建构新的基于流动性的治理观与社会想象，才可能真正回应全球城市的治理难题。其次，倡导“仁、和、美”的全球城市价值观，才能真正实现共建共享，建设一个开放与融合的扩大的共同体。第三，要拓展参与和发展的多元与开放的机会结构，让不同群体有实现梦想的可能性。最后，充分利用互联网与大数据，优化治理技术以提升全球城市的治理效能。

43. 世界政体理论与民族国家兴起：基于面板数据分析

作者：李雪，复旦大学讲师，研究方向为全球化后果、全球化与不平等、福利国家。

希克斯，埃默里大学社会学系教授，研究方向为社会学。

《美国社会学评论》2016 年 6 月

【成果提要】

本文对“民族国家的兴起”这一重要的理论问题做了显著推进，并发表在社会学国际权威期刊《美国社会学评论》（排名世界第一）上，受到美国社会学学会的高度赞赏和推介。这也是中国大陆的学者第一次在该杂志上以第一作者的身份发表论文。

民族国家（nation-state）是现代国家的普遍组织方式，它以宪法来协调国家与社会的关系，且规定全体公民地位平等，并具有同样的公民权利。已有的研究多从国家之间的权力关系、国家的内部需求来解释民族国家的兴起。本文则从制度主义出发，指出二战以来，民族国家作为一种制度，已经在全球范围内获得普遍的合法性。目前国家之间的交往都是基于民族国家的框架进行。如果一个政体不采取民族国家这一国家组织形式，不但难以获得国际社会的承认，也很难与其他兄弟国家进行地位平等的往来。总之，民族国家制度的合法性对个体国家产生了同步压力，促使其纷纷采用民族国家的样式。

本文对 1816—2001 年世界所有国家的面板数据进行了回归分析，结果验证了上述论点。

本文的贡献在于揭示了民族国家兴起的新的动力。即除了学者们强调的国家之间的权力关系、国家的内部需要外，制度合法性和制度同构也是民族国家的动力。这是国家理论的显著推进，具有重要的理论和现实意义。

44. 中国社会组织成长条件的再思考——一个总体性理论视角

作者:黄晓春,上海大学社会学院副教授,研究方向为组织社会学、基层治理研究。

《社会学研究》2017 年第 1 期

【成果提要】

近几年来,中国社会组织进入了快速发展期。这不仅表现为规模总量的快速增长,也表现为传统的"宏观鼓励,微观约束"的制度环境正朝向更为宽松的方向转变。身处这个具有分水岭意义的历史时刻,更有必要深刻思考当代中国社会组织健康发展的条件与政策选择。

本文试图在已有研究基础上构建中国社会组织功能与成长条件的总体性理论视角。本文首先通过梳理经典研究,从理想类型意义上建立起社会组织功能与条件间的关联图谱。已有的反思性研究更多在较为抽象和一般化的意义上理解社会组织发展的条件,如"公共性的构建""政社间的组织边界"等。本文则进一步挖掘这些抽象条件背后具体和中观维度的制度要素,从而延长制度分析的解释链条。其次,本文以案例分析的方式从制度实践的层次讨论当前中国社会组织发展中前述制度要素的配置现状。最后基于"理想条件"和"制度要素配置现状"间的张力,进一步探讨了中国社会组织健康发展的一些理论思考。

本文指出,社会组织要充分发挥社会治理主体的功能需要一些深层制度要素作为保障,主要涉及两点:一是联结个体与公共生活、个人与他人之间的公共性;二是结社活动紧密嵌入于制度化的治理网络中。此外,社会组织能否充分发挥公共服务主体的功能也高度依赖于一系列制度安排,主要包括:适度竞争的公共服务市场、高度协同的"整体治理结构"以及公众导向的外包设计。上述梳理把我们对现代社会组织发展条件的理解带到了一种更为多维的宽广视域之中。与传统研究不同,本文认为理解当代中国社会组织健康发展的条件不能仅局限于登记、年检等表层管理制度和资源供给结构,更要涉及当代中国治理转型多个领域的协同性改革。尤其需要注意到社会组织发展与基层民主改革、公共资源配置机制、政府转型之间的复杂关联,以及它们之间的协同机制。这些多线程改革在同一时空结构中既有可能会形成相互增生与促进的关系,但也有可能会发生抵触——后一种情况恰恰是当前社会组织发展频遇瓶颈的重要根源所在。

本文以深度案例分析的方式聚焦政府购买社会组织服务的制度实践,发现当前购买服务呈现出以体制内需求为导向、就近圈内购买以及悬浮于社区治理网络等特征,致使社会组织赖以发展的重要制度条件处于缺位状态。案例研究表明,当前地方政府和职能部门更多是在技术治理的范畴推动政府购买社会组织服务制度建设,这取代了整体性的改革逻辑。这种技术治理的后果是社会组织发展与治理转型其他领域间难以形成相互促进的有机联系。文章进而提出要高水平发展社会组织必须超越技术治理的既有惯性。

45. 流失“村民”的村落:传统村落的转型及其乡村性反思——基于15个典型村

作者:文军,华东师范大学社会发展学院教授,研究方向为社会学、社会工作。

吴越菲,华东师范大学讲师,研究方向为城乡社会学、社会发展与社区治理。

《社会学研究》2017 年第 4 期

【成果提要】

长期以来,关于中国村落转型的讨论伴随着改革开放以来的城市化进程而展开。概括起来,学界大体存在两种较为不同的判断:一种可被称为“村落终结论”,另一种可被称为“村落再生论”。社会学视域中的“村落”研究主要落脚于共同体属性,并将乡村社会共同体视为理论建构上的“参照体”和方法论上的“浓缩体”。然而,共同体取向的村落研究忽视了村民与村落之间关系的动态变化,并且使乡村转型框定在一个以城市为归宿的单线条发展路径之中。本文尝试走出共同体取向的研究束缚,从村民行动与村落结构的关系维度重新确立了考察村落转型的核心线索,并在多元趋势中寻找和反思“乡村性”及其演变的内在机理。

本文从村落的“整体论分析”转向“要素论分析”,以“村民”与“村落”两大维度的转型(有/无)为基础,对中国传统村落展开了类型学的分析,并划分出了四种转型村落的“理想类型”来总体把脉村落转型的多元性和复杂性。本文主要聚焦于“无村民—有村落型”这一村落形态,集中于探讨为什么在当代中国的村落转型现实中出现了流失“村民”的村落形态。村民与村落之间形成了何种新关系形式从而使传统乡村性呈现出了一些新的特征。为了避免单一个案以“散点论述”的方式展开村落转型研究的方法局限,本文在问卷调查的基础上主要采取了多案例研究的方法,在全国范围内依据不同类型选取了15个具有典型意义的调查点,对流失村民的村落展开经验考察。

流失“村民”的村落具有三种现实形态:村民外移型村落(空心村)、都市村民型村落(城中村)以及乡村市民型村落(就地市民化、城市化的新市村)。通过对这三种子类型的比较发现:一方面,村落的政治社会、文化空间基于不同的原因得到了存留;另一方面,村民在行动层面不同程度地实现了市民化的转型即村民的城市性、现代性与村落的乡村性、传统性等共融于村落转型之中。“村民”的市民化转型和“村落”的结构转型之间在转型向度上的异步性给当代中国乡村带来了一种特殊的面貌,也构成了中国乡村性流变的内在机理。流失“村民”的村落提示我们村民与村落之间有一种特殊的共生关系,村民的市民化并没有带来乡村性的崩溃,村落的结构性存续反而成为村民获取城市性和现代性的重要载体。可以说,村落转型并不意味着村落向城市形态的单向度演进以及乡村性的快速崩溃。乡村反而因“村民—村落”的关系变迁使当代村落呈现出“新乡村性”,这种“新乡村性”的出现将大大有助于乡村振兴战略的实施和城乡融合的发展,并为最终解决“三农”问题提供发展思路和实现路径。

46. 全球化时代的中心城市转型及其路径

作者:陈恒,上海师范大学教授,研究方向为西方史学史与史学理论、西方城市史。

李文硕,上海师范大学副教授,研究方向为美国城市史、社会史。

《中国社会科学》2017年第12期

【成果提要】

中心城市转型是20世纪城市发展与变迁的世界性现象,主要表现为,城市化发展重心从中心城市转向郊区,城市布局从高度集中转为相对分散;城市空间结构从单中心向多中心过渡;城市与郊区的关系从分离走向统一,在景观上趋于统一、在功能上部分置换,从而形成新的一体化地域。

这一转型首先从发达经济体开始。20世纪中期以后,发达经济体的中心城市普遍经历了经济结构和空间结构的双重转型:经济结构的去工业化即服务业取代制造业成为城市经济的支柱,以及空间结构的大都市区即涵括中心城市与郊区的大都市区取代城市成为城市化的主要形式。在这一过程中,中心城市在经济、社会等多方面陷入困境,大量人口离开城市、迁往郊区,商业活动和就业岗位随之离开,城市人口下降、收入减少、公共服务水平降低、社会矛盾激化,城市危机深刻而严峻,一度被学术界认为难以挽回;然而,中心城市在大都市区内的核心地位并未丧失,其集聚效应依然有效,因此从20世纪80年代中期开始呈现复兴势头,在经济、社会、文化等多个领域形成新的特征。实际上在这一转型过程中中心城市和郊区的功能发生变化,前者从制造业中心转型为信息中心、管理中心和高技术中心,后者从居住型"卧城"转型为集居住、商业与制造业为一体的多功能中心。同时,中心城市在转型中形成了新的文化风格和生活方式,由此构成了与郊区不同的独特的文化生态。但中心城市的复兴并非一帆风顺,其负面效应也日益显现,主要表现为经济领域的不均衡发展和收入差异、社会领域的阶层分化和政治领域的大都市区协同治理困境。

值得注意的是,中心城市转型并非发达经济体所独有,20世纪八九十年代以来,发展中国家的部分地区和城市也出现了这一现象,其根源在于全球化所带来的资源在世界范围内的重新配置。此外,并非所有中心城市都走上了转型和复兴道路,其地理位置、基础设施、政策扶持、商业氛围、公共文化、社会构成乃至历史传统共同影响着资源的流动和走向,决定了中心城市在全球资源争夺战中的成败得失。对过去进行发掘、重构和反思,以观察其成败得失、总结其经验教训,是历史学的基本功能。本文从历史学的角度出发,在对过去进行发掘、重构和反思的基础上,梳理第二次世界大战至今中心城市从衰落到复兴的发展变迁,着重探求其动力机制、表征和影响,了解其所面临的挑战和应对措施,从中总结城市化的规律性认识。

47. Global Pattern of Science Funding in Economics

经济学中科学基金资助的全球格局研究

作者:赵星,华东师范大学经济与管理学部信息管理系研究员,研究方向为信息分析、信息计量。

于霜,华东师范大学研究生。

谭旻,上海交通大学图书馆馆员。

许鑫,华东师范大学教授,研究方向为信息分析。

蔚海燕,华东师范大学副教授,研究方向为知识转移商业分析、图书馆学科服务。

***Scientometrics* 2016年6月**

【成果提要】

核心要点:本文首次系统性地研究了全球经济学领域的科学基金资助格局这一

问题。本文以超过10万篇经济学领域SSCI论文的大样本数据,综合并改进了课题团队近十年逐渐发展出的科学基金计量和信息网络分析方法,完成了对全球经济学领域科学基金资助的状况、影响及合作格局之理论与实证梳理。最意外的结论是:经济学作为社会科学中的"强势学科",在基金资助上反而处于"弱势地位"。

成果:类似物理学在自然科学中的基础性地位,经济学之于社会科学,无论在研究范式还是实践影响上都具有引领性。从而,当今社会科学中,经济学一直被认为是学术资源投入的重点领域之一。

然而,科学基金资助的状况、效果与实际格局的分析,都有赖于实际数据、特有方法的涌现和发展本研究使用并改进了申请人及团队过去十年中不断完善的科学基金计量和信息网络分析方法,采用WOS平台的权威数据,对全球主要国家/地区的经济学论文的基金资助率、影响力、测度关联与合作格局进行了较系统的研究。

结果显示,国际经济学研究的基金资助率虽在逐年增高,却依旧明显低于自然科学、社会科学总体的基金资助水平。尽管如此,基金资助对于推动经济学高影响力研究、减少零引论文仍发挥了相当重要的作用。在基金论文及被引用方面,美国和英国的总论文数、基金论文数和高被引论文数都远超于其他国家,但基金资助率却低于世界平均水平。而与之形成鲜明对比的是:中国的基金资助率虽排名第一,但基金论文的学术影响力还有待提高,资助效果及结构值得管理部门深思。

本文进一步研究了基金论文的基础测度指标间的理论关系,发现基金论文的总被引次数与基金论文数、基金论文h指数之间存在近似的幂律关系。此外,科学基金对加强国际间的沟通与合作也发挥着重要的作用,在当今经济学合作研究中构成了"以美国为中心,亚太地区和欧洲双子群"的网络结构,而美国与欧洲的经济学合作研究关系极为密切,引领着世界经济学研究的合作创新。

48. 从大众传媒到社交媒体:美国借助现代传媒开展健康促进的发展动向与启示

作者:李有强,上海体育学院副教授,研究方向为体育学。

《体育科学》2017年第6期

【成果提要】

在18世纪初,美国便开始运用现代传媒开展健康促进。美国实践经验表明,大众传媒对健康促进具有一定积极作用,但其作用效果却并没有如同人们预期的那么显著。为了充分发挥多种影响因素的综合作用,当前,美国基于大众传媒的健康促进已经发展出社会营销、公共关系和媒体倡导3种不同的着力方向。20世纪初,社交媒体开始成为美国健康促进的主要传媒手段。信息时代背景下,社交媒体与健康促进的相互融合机遇和挑战并存,关键绩效评估指标可以作为对社交媒体进行过程性评估的主要参照。我国借助现代传媒开展健康促进需注意三个方面:提高传播学的介入程度,综合运用大众传媒与社交媒体改善健康传播的信息环境和注重持久的行为改变。

49. Memories and Their Literary Representations: A Comparative Reading of Red Sorghum and True History of the Kelly Gang

记忆及其文学表征:《红高粱》与《“凯利帮”真史》的比较研究

作者:彭青龙,上海交通大学教授,研究方向为澳大利亚文学、比较文学。

***Comparative Literature Studies* 2017年3月**

【成果提要】

本文是国内首次将“诺贝尔文学奖”获得者莫言的作品《红高粱》与两获“布克奖”的澳大利亚作家彼得·凯里的小说《“凯利帮”真史》进行比较研究的原创性成果,对于进一步深刻理解两位文学大师的作品及中澳历史文化有重要学术价值,对于促进中国当代文学的海外传播有重要现实意义。

本文深刻地论述了“民间记忆”在文学表征中的丰富内涵及艺术形式。通过对《红高粱》中的“土匪”余占鳌和《“凯利帮”真史》中的“丛林汉”内德·凯利两个“反英雄”人物形象的比较分析,及第一人称“回忆性”叙事艺术的对比映照,表现了中澳两国人民分别在抗日战争时期和殖民时期抗击侵略和强权的勇气和精神,揭示了文本中所蕴含的解构官方叙事、建构新叙事的政治隐喻内涵。虽然民间记忆表征的内容和形式不同,但具有普遍意义的人性关怀和人类抗争精神正是两位作家所极力张扬的。

本文认为,余占鳌的抗日精神和凯利的反殖民统治精神正是人类抗争精神的共同写照。尽管两位作家来自东西方两个文化谱系,但在记忆表征、塑造民间“英雄”及精神方面异曲同工,充满着对“老百姓”和“边缘人物”饱满的情感。因此,在莫言笔下,余占鳌既是杀人劫色、暗养情人的恶棍,又是富有爱心和责任心的汉子,既是阴险狡诈的土匪头子,又是拒绝被八路军整编、不受规约的抗日英雄。凯里描写的“丛林汉”内德·凯利也如此。在官方档案中,他被称为“爱尔兰疯子”或“杀人恶魔”,但在凯里的小说里,他是孝顺的儿子、有责任心的丈夫和充满兄弟情谊的伙伴,一个敢于反权威、反压迫的自由斗士和民族英雄。两部作品都散发着熠熠生辉的人性光芒、荡气回肠的铁骨柔情和不畏强权的抗争精神,体现了莫言“作为老百姓写作者”和凯里“作为边缘人物写作者”的文学态度和立场。

高超的记忆叙事艺术增添了文学艺术的真实性和独特魅力。莫言以“我爷爷,我奶奶”的倒叙方式,将中国民间英雄、普通百姓反抗侵略波澜壮阔的历史和丈夫、妻子、儿子、情人爱恨情仇的家庭生活交织在一起,展现了中国人独特的家国情怀。凯里用“亲爱的女儿”的叙述声音,以亡命父亲给未出生女儿写信的口吻和博物馆档案的形式,描写了内德·凯利二十六年的坎坷人生,将“瑰丽的色彩、耀眼的光芒,赋予一个早已褪色的故事;将滚烫的血、温暖的肉赋予了一个久远的神话”,展示了融亲情、爱情和友情为一体的多维动人画面。这种源于历史又超越历史的文学叙事艺术创新正是两位作家匠心独运之处。

50. 文化原创期与中西之源发性差异的形成
——“视域歧分”视角下的中西文化比较

作者:刘耘华,上海师范大学人文与传播学院教授,研究方向为中西比较诗学、儒家诗学研究、基督教与中国文学文化关系。

《学术月刊》2016 年第 6 期

【成果提要】

本文从“天”“人”二要素入手,对中西文化原创期的思想内涵与特点分别进行了阐析,指出中西文化的鲜明差异首先表现在对于“天(宇宙世界)”之本质的认识及其表象系统截然不同。西方文化之最主要的源头——希腊文化的主流思想家把“天”的本质理解为某种不变、静止、无形且单独存在(摆脱具体时空或形质)的东西(“原子”“元素”“太一”以及“形式”“本质”等),认为这种“可以理知”而“不可触摸(感觉)”的“无形世界”才是超越性的“真实界”“真理界”;中国的文化,自先秦以来,其在不同阶段产生的最高原理——道、气、心、理乃至于佛教家的空等,都不是如此,相反,中国一向主张道器不离、体用相即、通变相贯、本末一体,张载所言“太虚即气”(按:“即”的意思是“不离”),朱熹所言“人人一太极”“物物一太极”,最能代表传统中国的体用关系论，即，“不变”的“最高原理”总是寓于“变化”之中，从不单独存在。

其次，西方基于对宇宙本质的思考进而建构的“原子式、精神性自我”（不可渗透进入），在中国找不到对应的表现，相反，正如有的学者所认识到的，中国建构的是“关系性自我”。这种“自我”，一方面各自都强调身心合一，另一方面又是一种以宗族血缘关系为核心与纽带，却又有内外亲疏贵贱上下之别的“差序格局”，每一个“小自我”在宗族“大自我”中占据一个既独一无二又相互牵制、彼此倚赖的位置。这是一种“角色关系”——“大自我”是“所有社会角色的总和”，这样，“大小自我”的定位及其显现永远都系于共时性的“角色情境”之中，因而是现实的、具体的、经验性的。

再次，从根本上说，西方的“天”与人是彼此独立、相互对立的二元关系，理性之“思”作为人的本质，其主要的任务是通过“灵智”掌握“天”的“本质”，从而获得真实的知识；由于“灵魂”的认知能力有高低区别，与“天”（对象世界）接触之后而相应达成的“知识”也有高下差异，故长期以来西方文化借助几何学、三段论、辩证法等基本的方法论建立起了一整套层次复杂而区分鲜明的认识论、知识论体系。总体而言，在这个大的体系里，更重视各要素间的因果联系（历时的先后相继关系）；而我国文化始终没有建立基于实体论之真理观和原子论之自我观的天人二元关系，主张万有皆“气”，气化流行鸢飞鱼跃，将天人联结为息息相通的生命整体。又，“气”是具有生命力的，故天人感应的观念在我国也是根深蒂固的。构成天、人的诸多因素之间，常常是通过类比的方式而建构其关系（共时的空间并列关系）。

51．报纸革命：1903 年的《苏报》——媒介化政治的视角

作者：黄旦，复旦大学新闻学院教授，研究方向为新闻与传播研究。

《新闻与传播研究》2016 年第 6 期

【成果提要】

本文试图改变原有对于《苏报》和“苏报案”的讨论，从媒介化政治视角，即从媒介的操作实践，即如何规定了内容的组织和呈现，规定了接收和体验的方式，重组了人们之间以及与现实的关系，来探究《苏报》如何卷入政治改变了政治，同时也改变了报纸自身。本文分为四个部分：

第一部分为增入“学界风潮”一栏，“大为阅者之所为注目”：报纸“学界风潮”栏目的开辟，意在报道学堂的动态，突出报纸特色。但由于报纸定期报道和广泛传播的

特性,使得书院向新式学堂的转变这一事关中国变革图强未来的大事,具有了前所未有的“可见性”。通过报纸,“新学界”被集中凸显在人们面前,并引发“互勘优劣”的社会评价,遂使报纸的“学界风潮”延伸为全社会的“学界风潮”。

第二部分为“教育会之附属机关”显示出集体的轮廓:为解决稿荒,报纸开始与具有政治性质的中国教育会合作并成为其附属机关,原本的家族报纸开始成为激进派乃至革命派的工具。教育会和爱国学社一方面定期为报纸供稿,另一方面又将学生活动和张园的演讲,借助报纸详细刊载。文字、口头、纸张和实体空间仪式的交织,共同促成会交“革命”的观念,汇聚起激进的革命情绪,强化了群体的革命意识,各地学生纷纷投奔爱国学社。

第三部分为“供吾徒恣意挥发”,内在于书写空间运动的革命自我:章士钊在被聘为主笔后,立即着手大改革,以“调字号”,增设“舆论商榷”,减少新闻,增加言论等做法,达到“务以单纯之议论,作时局之机关”。“学界风潮”栏目的重点也转向揭露、控诉学堂腐败和专制,并且针对当时的晚清危局,“鼓吹罢学与革命”并进,大力抨击保皇立宪的言行,率先打出了革命党旗号,革命与保皇从此鲜明划界,造就了革命思潮和运动。

第四部分为结语,《苏报》革命“收得风起云涌”。《苏报》并不是通常认为的反映革命,而是实际参与并推动革命,革命实践也改变了报纸自身,创造出一种新型的报纸革命文化。第一,以动员为风格,以组织行动为旨归;第二,直接发表政见,形塑政治;第三,以不容置疑的革命主体出场,形成“训示型”的传受关系。总之,1903 年的《苏报》革命,在推动政治运动的同时,以自己的现场表演,首次为中国社会生产了一种新的媒介文化——知识,并通过后来报纸的参与性体验和经验,一次次地予以证实和修订,固化为“真实”的集体知识之实在。

52. “新媒体事件”传统媒体报道的多元性:基于中国大陆 12 份报纸内容的比较研究

作者:周葆华,复旦大学教授,研究方向为传播学、新媒体。

吕舒宁,美国得克萨斯大学博士。

《传播与社会学刊》2017 年第 40 期

【成果提要】

“新媒体事件”在很大程度上仍然必须借由传统媒体进入公共议程。本文通过对中国12家报纸的内容分析(样本量=2534),以“议程多元性”为核心概念,实证地考察传统媒体对“新媒体事件”的报道情况。总体上,新媒体事件已经成为中国报纸新闻报道的重要内容,不过具体的渗入程度因地区发达程度、新闻范式不同而异。报纸所在地区越发达,其报道的新媒体事件数量就越多;相对于党报,都市报在吸纳新媒体事件时明显更积极。都市报在议题、类型、地域分布上的内部多元性都要高于党报。新媒体事件本身的整体外部多元性较高,而越是内陆,当地党报和都市报在报道新媒体事件时越离散,东部发达地区党报和都市报的新媒体事件报道融合度则更高。相比于党报,各都市报之间的趋同性更强。本文并对如何进行更深入的“新媒体事件”比较研究进行了讨论。

理论创新:(1)本文是国内第一篇运用“议程多元性”(agenda diversity)概念深入探讨“新媒体事件”中新旧媒体关系的实证研究论文,对发展“新媒体事件”研究这一新兴学术领域具有突破意义;(2)对“议程多元性”及其核心维度(内部多元性与外部多元性)进行系统的概念化、操作化与实证分析,集中丰富和发展了这一在中文语境中缺乏研究的学术概念;(3)超越简单比较党报与都市报的传统模式,创造性地运用新闻范式和地区两个变量对媒体的“新媒体事件”报道进行比较,对中国媒体生态作出新的系统分析和概括(如“身在曹营心在汉,一片丹心照范式”等)。

方法创新:打破传统的“单一事件”与“大事件”取向,首次基于跨地区、跨事件大样本内容分析(12份报纸、2534篇报道、1488个事件),呈现传统媒体对“新媒体事件”报道的整体特征,是迄今为止关于该问题最规范系统的实证研究,也是对“新媒体事件”比较研究的一次重要贡献。

53. 城市音乐研究的语境、内容与视角及“中国经验”的方法论思考

作者:洛秦,上海音乐学院教授,研究方向为中国音乐史学、音乐人类学。

《中国音乐学》2017年第3期

【成果提要】

音乐城市研究与城市音乐研究。西方音乐城市的内容属于传记写作,而非整体进程研究。“城市音乐是音乐存在的一种文化空间范围,在特定地域、社会和经济范围内,人们将精神、思想和感情物化为声音载体,并体现为教化的、审美的、商业的功能作为手段,通过组织、职业、经营的方式,来实现对人类文明的继承和发展的文化现象。”

城市音乐研究的内容。城市音乐研究的类型和范畴分为两方面的纬度:以某一特定城市为单位,或作为文化形态之一的城市音乐。城市音乐作为新兴的研究领域,其关注的主要不是音乐类型,而是音乐活动中所产生的现象或问题。

音乐人类学视角的城市音乐研究。现代城市如何作用于世界音乐文化现象开始被关注及进行思考,内容主要涉及非西方国家和发展中国家城市及其音乐文化,而且在很大程度上运用了音乐人类学领域的方法和理论,"城市音乐人类学"由此诞生。

城市音乐研究的"中国经验"及其方法论思考。对于中国学者而言,城市音乐研究在此面临的问题更为复杂。本文提出"中国经验"的城市音乐研究的定位和方法论如下:(1)"近我经验"和"近我反思"是音乐人类学的城市研究的核心定位。(2)城市音乐研究的"田野工作"场域范畴涉及国际空间、开放空间、流动空间、历史空间、虚拟空间、近我空间、复合空间的特征。(3)"音乐上海学"作为"中国经验"的城市音乐研究典型案例。上海具有的"地方性知识"的内容和特点是世界上任何大城市都不具有的。它具有所有大城市的现代性功能,同时其还带有以往政治、经济中心及租界文化的痕迹,也是吴越传统的集散地,脱离不了的意识形态影响更是增加了它的多元色彩。"音乐上海学"又体现了地方性知识超越,是中国近代音乐发展转向现代性的重要阶段。作者主持"音乐上海学"研究十余年,包括 2 项国家社科基金项目、1 项上海哲社基金项目,主编 16 卷"音乐上海学丛书",指导硕博论文 50 余项,涉及传统音乐在城市化中的变迁、媒体与大众音乐、音乐产业与消费、音乐教育与传播、音乐场所的社会功能、城市"飞地"音乐现象、社会性别及亚文化类研究,它们反映了"音乐上海学"在一定程度上体现了城市音乐研究的"中国经验"的典型案例的意义。(4)音乐人事与文化的研究模式运用。以"历史意识"在更大范畴中来结构性地阐述音乐的人事与文化关系是如何受特定历史场域作用下的音乐社会环境中形成的特定机制影响、促成和支撑的。

54. 泛娱乐时代的影游产业互动融合

作者:聂伟,上海大学上海电影学院教授,研究方向为电影产业与新媒体批评。

杜梁,上海社会科学院文学所助理研究员,研究方向为文化产业。

《中国文艺评论》2016 年第 11 期

【成果提要】

在媒介融合语境中,传统媒体与新媒体的关系从异业竞争转向共融竞合。面对新的媒介生态格局，电影产业积极面向新媒体寻找智力技术支撑，“影游联动”就是一次基于供给侧改革的结构重组。这一新型业态的崛起，既是互联网巨头打造泛娱乐工业的必然选择，又迎合了当下青年群体文化消费的基本诉求。当前，多数产业巨头受到资本市场驱动，将影游联动视作短期逐利的工具、手段、策略，严重忽视其渐生渐长的新型主体价值，而后者恰恰是业界实操和学术研究不可或缺的逻辑基点。

本文梳理近年发生在影游联动领域的重要事件和典型案例，将这一新业态与媒介融合发展态势、互联网时代中国电影产业转型升级、电游/电竞工业的崛起等产业命题相结合，从历史演进、模式归纳、现实困境、未来走向等方面进行分析，在相关基础研究领域取得了一些导论性的成果。

本文分四个部分展开论述。

第一，作为资本概念的“影游联动”。在媒介融合语境中，作为近年来产值增速较快的两大文化产业电影与电子游戏正借助互联网资本加速接轨。随着二者在技术共享、文本改编和产业协作等方面的互动愈发频繁，影游联动被业界乐观想象为文创产业发展的新风口。传媒巨头高举“泛娱乐”大旗在文化市场“跑马圈地”，致使影游联动模式尚未成熟便已面临被过度消费的困境。

第二，“‘双行道’：电影与游戏的跨媒介互动”。历史地看，三十余年前，电影产业已基于市场拓展和产业革新需求，有针对性地嫁接电子游戏，以期降低运营成本与市场风险，最大限度地挖掘文化资源的经济价值。然而，部分传媒巨头以粗放手段野蛮收割文化资源的营销与资本价值，忽略了跨媒介影像内容的二次创作，致使多数搭售性的改编案例陷入口碑与票房双输局面。

第三，“影游联动：襁褓中的跨界生命体”。打造影游联动模式升级版的当务之急是，跳脱出作为营销手段的市场定位，借助两大文化产业的优势叠加与资源集聚，升级为可资复制的文化产业策略。这就需要化解如下难点：资本权力斗争掣肘、粉丝转化率较低以及迎合青年文化消费需求等。其中任一环节阻塞，都可能导致文化商品质量下降甚至整个产业链的系统紊乱。

第四，“影游共生，寻求新的可能性”。成熟的影游联动模式需要新的影像形态与内容产品给予支撑。游戏与电影有望在新一代计算平台上实现艺术形态的融合共生，进而推动新型文创产业的主体升级。例如增强现实技术配合独特的操作系统和符码体系，构建起视觉沉浸的奇观效应，使得从“影游联动”走向“影游共生”初步具备了在技术层面实现的可能。

55. 中国城市文化指标体系的构建与实践

作者:黄昌勇,上海戏剧学院教授,研究方向为文学、城市文化、文化创意产业、艺术管理等。

解学芳,同济大学副教授,研究方向为文化产业。

《学术月刊》2017 年第 5 期

【成果提要】

本文认为,随着中国城市化进程的加速和城市转型的发展,文化在城市建设中的重要地位不断提升,城市文化研究也逐渐引起关注。关注城市文化指标体系的研究虽然现有的国内外研究侧重点各有不同,但大都着眼于世界城市文化、城市创意、创意产业/文化产业竞争力等方面,提供了一个关于城市文化发展研究的基本框架。目前的研究还存在提升空间,已有的指标体系不是过于强调经济发展指标就是过于关注城市排名、城市竞争力,还需要从更加系统、更加客观与比较的视角看待城市文化发展,关注特殊文化因子的宽泛性、生态性与跨界融合性的特点给现代城市文化发展带来的变革。

基于与世界城市文化研究建立对话的目的,将已有的世界城市文化指标体系作为参照系,有的放矢地对我国城市文化发展实践进行系统的研究。城市文化发展体系中有三大关键要素(简称"三生",PLC 理论模型),这是实现指标设计科学合理的内在逻辑,即城市文化生产(Production),是指一个城市文化产品和服务的供给能力,是城市文化健康发展的动力,驱动城市的社会进步和居民生活水平的提升;城市文化生活(Life)是指一个城市居民享受到的文化生活,改善城市文化生活是城市文化健康发展所追求的目标;城市文化生态(Ecology),指一个城市文化发展的基础条件、环境氛围、多样性及生存状态,城市文化生态是土壤,反映了一个城市适合发展什么类型的文化生产,能够供养何种类型的文化生活。

城市文化生产、文化生活、文化生态构成了一个城市的文化发展大系统。三大要素之间形成了互相影响协调发展的关系,共同构成了一个完整的城市文明文化体系。城市文化发展大系统是一个包容、开放的体系,城市文化生产、城市文化生活、城市文化生态之间彼此关联、相互作用,共同塑造了一个城市的文化体。

在遵循文化生产、文化生活、文化生态内在机理的前提下，按照文化生产、文化生活、文化生态构成的 PLC 理论模型，根据中国城市文化发展的具体特点，中国城市文化发展指标体系主要包括文化生产（生产与服务），文化生活（消费与参与），文化生态（资源与环境）等三大一级指标、8 个二级指标与 102 个三级指标。

中国城市文化指标体系放置于实践中时，必然存在差异性与动态性特征。通过对北京、上海、天津、重庆、广州、深圳、南京、杭州、香港、台湾等十大城市的数据的比较发现：一方面，三大维度 102 个指标可以考察出一个城市文化发展的普适性规律与城市文化发展的常态；另一方面，部分指标显示出不同城市文化间存在的落差。既反映出各个城市文化发展状况，也为城市未来文化建设提供重要参考。

56. The Complex Dynamic Development of L2 Lexical Use: A Longitudinal Study on Chinese Learners of English

中国英语学习者词汇使用的复杂动态发展历时研究

作者：郑咏滟，复旦大学教授，研究方向为应用语言学、第二语言习得。

***System* 2016 年 1 月**

【成果提要】

本文 2016 年发表于国际应用语言学一流期刊 *System: An International Journal of Educational Technology and Applied Linguistics*（SSCI 索引一区期刊），是中国学者率先使用复杂动态系统理论和相应研究方法发表的国际高水平论文。

本文聚焦中国英语学习者的词汇使用。基于复杂动态系统理论框架，使用多重词汇指标探究词汇知识的多维特征，突破以往仅考察单个单词的局限，关注单个单词与多词词束的共同发展。本研究历时 10 个月，采用 15 名学习者在 8 个不同时间段完成的不计时作文作为语料，建立 6 万字的小型历时语料库。数据分析融合语料库与语言计量分析，单个词汇与多词词束使用的四个指标，探究指标间的联动模式。

本文对中国学习者词汇使用的“词汇高原”现象做出新的解读。“词汇高原”标志词汇知识的“停滞”，并非僵化不动，而是系统内组成要素协同发展的外向型表现。当学习者某个词汇指标趋于停滞的时候，其他各个指标都处于一种协同发展的正相关联系。

中国学习者的词束使用呈U形曲线路径,且与单个单词发展并不同步,这与以往研究并不一致。研究发现单个单词的丰富度与词束使用之间也存在此消彼长的关系。

作文的话题类型对词汇使用产生影响,但对单个单词和词束使用的影响出现完全相反。与学生日常生活联系较少的话题能促生更多词束使用,而与日常生活联系较多的话题则导致单个单词的使用更加丰富这点结果再次证明单个单词与次数之间的相互抵消的作用,从而体现了二语词汇系统中单个单词与多词词块两个子系统相互适应的动态过程。

本文使用跨学科理论视角、前沿的研究方法,考察了二语词汇领域中常被忽略的单个单词与多词词束共同发展过程。单个单词与多词词束"此消彼长",这是以往研究中未汇报过的结果。作者提出,在水平较低的阶段学习者的多维词汇系统需要动用更多的资源以获得发展,这可能会加剧子系统之间对已有资源的竞争。因此在这个过程中词汇丰富性的变化可能会引起词束使用的变化。这两个子系统不断地相互适应直到随着资源的优化配置,学习者的词汇系统也进入一个更加高级的阶段。到那时,竞争性的此消彼长可能会转化为更为平衡的协同发展。

57. 吴语人称代词的范式、层次及音变

作者:陈忠敏,复旦大学中文系教授,研究方向为历史语言学、汉语方言学、实验语音学。

《汉语史学报》2016年第十七辑

【成果提要】

本文讨论吴语人称代词三个既独立又相互关联的问题:代词的范式(paradigm)、代词的层次以及代词的合音现象。作者运用历史比较法、内部拟测法以及作者提倡的层次分析法并结合历史文献对这三个问题的梳理和分析,完美解释了今共时吴语代词系统为什么会呈现混乱、不一致的情形。

第一,早先的吴语固有代词系统有两套范式,一套是强调式,一套为一般式;强调式是一般式(基式)加前缀"是"组成,作者从音韵特点及音韵层次两方面论证了这个前缀是"是"不是通常写作的"自"。以后由于强调式意义弱化,它们的语音就会跟一般式以及来自权威官话代词的合音,产生各种错综复杂的表层语音形式。

第二,作者认为,根据今方言能追溯到的早期吴语固有代词是“侬”(第一人称单数)、“尔(你)(第二人称单数)和“渠”(第三人称单数)。作者详细阐述和解释了它们的读音层次以及各种音变途径,其中花了很大篇幅讨论苏州话第二人称代词的语源。作者用方言读音和历史文献相互参照,并结合语音层次的方式来分析说明苏州话的第二人称单数代词不是“汝”而是“尔侬”的合音,纠正了前人的错误。

第三,吴语代词除了有自己固有的形式外,还有来自权威官话的代词系统。固有的与外来的会杂糅在一个方言里,每个点杂糅和保留的程度不同,使得各方言点的代词系统更加复杂,表面看来无法建立起方言间代词的对应关系。作者认为在研究纷繁复杂的吴语代词时,要首先根据语音层次离析出吴语固有代词和来自权威官话渗透的外来代词系统。由于同一层次、同一系统的代词形式形成范式,所以我们可以用内部拟测法构拟出它们的早期形式,如果不能形成范式,必定有不同层次杂糅现象出现,此时就要根据音韵规则、历史比较等手段分析出代词的层次。

第四,作者在文章里运用了历史比较法、内部拟测法和历史层次分析法等三种研究语言演变历史的方法来研究吴语的代词。作者强调,这些方法都有自己的适用范围和局限,但是它们可以相互补充、相互利用,也只有相互补充和利用才能解决诸如吴语代词那样的复杂问题。同时,作者也用了相当多的方言文献来印证结论的可靠,做到了活语言与方言文献相互结合、相互参照。所以本文在方法论上有重大意义,也即通过剖析复杂的吴语代词现象来演绎历史比较法、内部拟测法、历史层次分析法具体步骤,对汉语方言,乃至于整个东亚语言的语言层次研究具有指导和示范意义。

58. 说侯马盟书“变改助及奂俾不守二宫”

作者:裘锡圭,复旦大学出土文献与古文字研究中心教授,研究方向为汉字学、古汉字学与中国古典文献学。

《清华简〈系年〉与古史新探》会议论文集,发表时间:2016 年 12 月

【成果提要】

侯马盟书是一批极为重要的东周时代史料,但出土五十多年来,学者们对其时代尚无一致的看法,在盟书内容的理解上还存在尚未解决的重要问题。本文重新释读数量最大的宗盟类盟书中过去一直未得确解的一句关键的话“变改助及奂俾不守二宫”,弄清了其确切含义,为盟书的盟主“嘉”就是赵桓子赵嘉的说法提供了有力的证据。

本文主要内容如下:

(1) 对“二宫”含义的辨析。郭沫若认为“二宫”是“晋侯之宫与赵侯之宫”,唐兰认为是晋武公、晋文公之庙,从侯马盟书的主盟人和参盟人分别是当时还没有称侯的赵氏主君及其族人、家臣来看,此二说不确。整理者认为“二宫”是赵氏的祖庙和祢庙,从“守二宫”的主语是“助”和“奂”,而不是赵氏主君来看,此说亦不确。此“二宫”当据文义理解为“助”和“奂”的先人的宗庙。

(2) 对主盟人“嘉”是谁的问题的梳理。学界对此有两种主要说法:整理者认为是春秋末期的赵简子鞅;唐兰认为是战国早期与赵献子浣争位的赵献子嘉。整理者说法的理由是:①参盟者不敢直斥主君之名,因此盟书中指盟主的“嘉”不能理解为“赵嘉”之“嘉”;有一片盟书称盟主为“子赵孟”,而赵嘉不是长子,不能称“孟”。②一片墨书残片上有“中行寅”之名,据文献记载此人与赵鞅有关。已经有学者指出盟书的听者是神,参盟者对神称盟主之名没有问题,而且温县盟书中同类内容就是直称主君之名的;据相关文献和研究可知,“赵孟”是赵氏主君之称,与是否长子无关;墨书盟书形式特殊,不见得与大量的朱书盟书是同时之物。作者吸取了这些意见,肯定了唐兰认为主盟人“嘉”当是“赵嘉”之说。

(3) 对“助”和“奂”两个人名的新解。赵简子没有把赵氏主君之位传给长子伯鲁,而传给了他认为诸子中最贤的无恤(赵襄子),襄子传位于伯鲁之孙赵浣,赵嘉的主君之位是从赵浣那里争夺来的。赵嘉在盟书中不准参盟者“变改助及奂俾不守二宫”,前人皆不知“助”和“奂”究为何人。作者认为“奂”应该就是赵浣,清华简《系年》中赵浣的名字作“助”(“豢”的声旁),“奂”“浣”“助”古音极近,可以通用。“助”字异体甚多,尚不能确释,但从情理上推测,他既与赵献子浣并提,应该是赵襄子的后嗣。赵嘉篡立为赵氏宗主,成为赵氏大宗,让赵浣主守伯鲁之宫、“助”主守襄子之宫,成为赵氏小宗,他生怕自己死后,族人、家臣拥立奂或助为赵氏主君,所以要参盟人发誓不改变他们二人的小宗地位。这样不但弄清楚了宗盟类盟书的真实含义,也进一步证实了唐兰“嘉”为赵嘉的说法。

59.《尚书·无逸》今古文异同与错简

作者:虞万里,上海交通大学教授,研究方向为经学、历史文献、传统语言学。

《"中央研究院"历史语言研究所集刊》第八十七本第二分,2016 年

【成果提要】

本文是一篇综合经学、经学史、简牍形制以研讨先秦经典《尚书》,最终考证《无逸》的先秦文本和殷商历史的文章。

《尚书·无逸》是一篇周公告诫成王的训辞,周公列举殷商三宗的经历与施政作为,劝勉成王。传世《古文尚书》三宗以中宗、高宗、祖甲为次,马融和郑玄以祖甲次于高宗,遂指为武丁之子,《孔传》和王肃则认为是商汤之长孙太甲。二说各有理据,难判是非。宋代熹平石经《无逸》残石出土,经排列复原,高宗后无"祖甲"一段文字,而中宗前有近四十字空位,显然欧阳本今文《尚书·无逸》是以太甲、中宗、高宗为次,证明孔传、王肃之说有文本依据。清儒因为《古文尚书》案的牵连,对此还在左袒右袒,犹疑不定。民国间三体石经马郑本《古文尚书·无逸》出土,次序与传世本古文《无逸》一致,在佐证马郑本古文前有所承的同时,确定了《无逸》今古文的不同,并使这一异同产生年代推到西汉甚至西汉以前,也使孔、王说之来源上推到西汉。求证于殷商古史,甲骨卜辞显示,太甲不仅进入祀谱,还出现于周原甲骨,这与周公训辞取例有内在逻辑关系。校核当今出土竹简的书写格式,联系刘向以中秘古文尚书校大小夏侯、欧阳三家经文的脱简实例,祖甲一段文句适为二支竹简的字数,经排列《无逸》文字,可以确证祖甲应为太甲,原在中宗之前,其舛乱到高宗之后系由错简所造成。夏商周断代工程在殷商晚期的年代排列中,将高宗武丁以后的祖庚、祖甲、廪辛、康丁四王年数框定为 44 年,康丁后的武乙 35 年,文丁 11 年。专家从马郑之说,认《无逸》之祖甲为武丁子,因为将祖庚排斥在外,所以与《无逸》中周公所说祖甲之后"或十年,或七八年,或五六年,或四三年"的晚商帝王在位年数不合,于是只能认为周公是泛指中宗、高宗、祖甲以后的某些王。但如根据熹平和正始石经残石的错位作符合历史的推测,将祖甲定为太甲,成太甲、中宗、高宗三宗,则高宗武丁之后便容有祖庚王位年数。据文献记载,祖庚在位有 7 和 11 年、廪辛有 4 或 6 年、康丁有 6 或 8 年之说,加上文丁 11 年,适可与周公所说高宗后逸乐之王在位十年、七八年、五六年、四三年之言相印证。

由于简牍书写时代的错简,造成汉代二种经说的对立,并使后人左袒右袒,争论不休。依准现在出土竹简的形制,综合多种学科知识,梳理纷乱复杂的文献,作出接近或符合历史本原的推断,使一段二千年来悬而未决的经学和历史学公案得到了较前人所说更为合理的解释。

60. 从佃户到田面主:宋代土地产权形态的演变

作者:戴建国,上海师范大学古籍整理研究所教授,研究方向为宋史、中国法制史。

《中国社会科学》2017 年第 3 期

【成果提要】

唐中叶以降,中国传统社会发生了一系列重要变化,宋代较以往流行更盛的租佃制和典权制发育衍生出来的多种土地产权形态,引人注目。明清时期普遍流行的对中国传统农业经济发展产生重大影响的永佃权和田底田面权,学界大都认为起源于宋代。但因资料的匮乏及相关研究的缺失,对此起源问题,学界尚未有清晰的解答。本文就此作了深入探讨,系统论证了典权与田底田面权的区别以及两者对社会经济发展的不同影响力,论证了宋代土地产权形态演变的内在原因和发生过程,并将研究视角从宋代拓展延伸至明清,进行长时段的贯通考察,揭示了中国古代租佃关系在宋代发生的重大变化和土地产权形态发展演变的脉络。

宋代日趋成熟的典权关系为土地流通开辟了新的途径,促进了地权的进一步分化,为后来田底、田面权的产生提供了条件。宋代租佃制的普遍实施达到了前所未有的程度,北宋时官田佃户的永佃权事实上已经形成。南宋时的佃农总的来说已经稳固地获得了租佃权,而稳固的租佃权是迈向永佃权的一个先决条件。永佃权和田底、田面权首先产生在宋代官田经营方式中,超越了民田产权分化的正常发展速度,究其原因乃是朝廷实施特殊政策的结果。政府为稳定财源、增加租税收入、降低管理成本,把土地永久性地租给佃户,使之成为佃户的永业,久而久之佃户取得了官田的永佃权。之后佃户对土地不断进行加工改造,提高土地效益。经过长期发展,官府与佃户之间形成一种默契,佃户对土地使用权的处臵权能逐渐增大,可以“立价交佃”,进而“资陪”交易,从永佃逐渐过渡到可以自由转卖。有资料证明,到南宋独立的田面权在官田中也已清晰地出现。随着官田的民田化,这种产权关系逐渐在民田中蔓延开来。在经济发达地区的学田租佃关系中,至迟南宋时也已经产生了永佃权。在民田方面,宋代佃农已经拥有稳固的租佃权,但永佃权尚处于发育成长阶段,只在局部地区出现。佃户从对土地使用权的持有,到稳固的占有,进而发展到永久使用,导致土地所有权进一步分化,佃户可以自主交易,形成独立于土地所有者的自主经营状态,最终出现田面权与田底权的分离,同一块土地存在互不干扰的田底主和田面主,佃户由土地租佃者演变为田面主。这是中国传统社会土地产权形态演进的历程,而宋代则是这一历史进程的开端。

宋代土地产权多元化的发育成长具有重要的历史意义,产权权能的分离可以使资源配臵和利用更加合理,从而激发权能所属各方的经营和生产积极性,提升经济发展的内在动力,为此后土地产权关系的进一步演化开了先河,对明清时期的土地产权关系和中国传统社会后期乡村经济的发展产生了深远影响。

61. 论戊戌变法期间康有为、梁启超的政治思想与政策设计

作者:茅海建,华东师范大学历史系教授,研究方向为中国近现代政治与外交。

《中国文化》2017 年第 1 期

【成果提要】

康有为在戊戌时期提出的变法建策,主体是西方式的,而他此期的著述,基本上没有西方思想的内容,讲得大多是中学(经学)。其次,从政治与学术思想的形成、发展一般规律来考察,“新学伪经说”“孔子改制说”尚属思考的过程,不是最终的结论;我们不禁思考,康用以指导变法的政治与学术思想究竟是什么?

带着这个问题,本文在政治与学术思想方面,包括康有为早期(即光绪十五年之前)的内容,并增加了梁启超的内容;在政策设计方面,除了大政方针外,又将其他的“细细碎碎”全部列入,以能看清全局。同时,本文全面考察了戊戌时期康、梁学术思想与政治思想,比较准确地说明其思想来源,评估其意义与价值。其中最主要的发现是“大同三世说”。另外,本文还考察了戊戌时期康、梁的政策设计,比较准确地说明其主要设想,评估其可行性,其中最主要的叙述内容是“制度局”及其变种。可以说,本文最基本的特点是全面,不从一点一事一角度出发。文章主要观点是:虽然康、梁当时未能完全领会西方的民主思想与“进化论”,不了解西方政、经、社会诸学说及其实践,但从中国本土的思想资源出发,接受部分西方知识,提出了以西方为榜样、民主为方向的变法路线。

62. 晚清国家基督教治理中的官教关系

作者:陶飞亚,上海大学历史系教授,研究方向为近代中国基督教史、近代中西文化交流史。

李强,上海大学历史系,研究方向为理论语言学和汉语语法学。

《中国社会科学》2016 年第 3 期

【成果提要】

1844 年清政府被迫弛禁天主教,官方政策从过去的一禁了之,变成了必须面对如何治理基督教的公共问题。本文在方法上不再延续学界过往侧重于从民教冲突来研究基督教传播引起的各种问题,而是转向从国家治理的视角考察清政府与基督教的关系。另外,在不平等条约下,在华教会相对于清政府是具有某种独立性的社会主体。对其治理已经不是此前清政府作为"单一主体"的独断管理,而是一定程度上需要得到教会方面认同甚至合作的"多元主体"治理。因此,本文的重点是考察在这种政治格局中,官教双方是如何从晚清之前"禁教"政策下的对立,转向彼此妥协以达成所谓"民教相安"局面的。

在这一逻辑下,本文详论晚清各个时期官教关系的特点:第一次鸦片战争后的不平等条约使天主教、新教成为"合法"组织,但在路径依赖的惯性下道咸两朝官员受百年禁教影响仍视教会为仇敌,天主教试图重建清初官教关系收效甚微,新教与官方接触更少。第二次鸦片战争后清廷被迫全面开放传教,但仍对教会力主"羁縻""防范",多数官员厌恶洋教、同情反教、治理消极。两教力图接触官方,通过世俗事业改善洋教形象但影响有限。天津教案的教训对官教都有触动,两教通过慈善医疗教育等世俗事业增加与官方接触并争取官方支持,还通过报刊等媒介为宗教辩解并向朝廷喊话释放善意。一些官员随着了解增多开始以务实态度治理教会。19 世纪 90 年代长江教案后教会人士与清廷高层接触频繁,官方政策受内外形势影响反复多变,从一度大幅向保护教会倾斜,突变为庚子年间短暂的排教高潮。但庚子一役双方创钜痛深,促使晚清最后十年官教彼此妥协,在"民教相安"的目标下,初步形成官方主导教会参与的合作治理局面,逐渐纾解晚清以来的教案困局。

从国家治理角度看,晚清政府与基督教的关系受制于当时的中外关系格局和中国传统。官方逐渐摆脱清前中期禁教的惯性,改变对教会绝对化的看法,认清了民教冲突叠加的多种矛盾需要用不同的方式处理,也看到教会的“劝善”及其现代事业对中国的益处。基督教也为了自身利益逐步适应中国“政主教辅”的传统,使得官方对教会从怀疑转向正常治理。毫无疑问,列强势力的介入加剧了清廷治理基督教的难度,但清廷逐渐以务实的态度,把教会作为治理基督教议程中的参与者而尽量减少或者不给列强插手的机会,在建立保护正常信仰同时规范民教关系的治理制度方面取得一定进展,缓解了长期困扰晚清政治的基督教问题。当然,官绅与民众对“洋教”的抵制以及列强在条约框架下对教会的支持,都从不同侧面影响了晚清国家治理基督教的进程。

63. 沁县族谱中的“门”与“门”型系谱——兼论中国宗族世系学的两种实践类型

作者:钱杭,上海师范大学历史系教授,研究方向为中国社会史。

《历史研究》2016 年第 6 期

【成果提要】

“房”“门”一向用来标志中国宗族内部的分支,山西省沁县族谱中的“门”,除了可以标识分支,还另有深意。“房”的中心概念是指以父子关系为前提的兄弟均分和兄弟独立;“房”型系谱,就是以世代连续的形式,从祖先、后裔两个方向,大致对称地展现族内某一独立分支的纵向渊源和后裔传承。“门”的中心概念则是同父兄弟而非异辈父子;同父兄弟既可一人一“门”,也可多人一“门”;同辈诸“门”间可互为第一旁系至第四旁系。“门”的出现和持续使用,根本的目的是为了在谱图上建立一个世系始于同父兄弟的包容性“门”型系谱,从而使宗族获得一个凝聚当下的系谱结构。“门”的存在,不会影响各人与其父祖、子孙间原有的继承关系和财产关系,更不会混淆同父兄弟及其后裔间的横向关系。“门”体现了一条与兄弟必须分“房”不同的实践路径。“门”型系谱的包容性,主要不表现在“门主”以上的直旁系,而是表现在与“门主”平行的各“门”内兄弟及其后裔上。为了提高包含分支在内的整个宗族的凝聚力,“门”型系谱显然可以比“房”型系谱发挥更直接、更有效的功能。对于“门”内族人来说,父、祖之应被尊崇,不过是基于父子相承事实的一条底线,而在由当下人群进行的神主祭祀,以及对本人之直旁谱系进行认定的实践层面,“门主”的地位远为重要:由于较少拟制成分,相关人群只有依靠同辈的一组“门主”,才能获得一个既适度联系族源、又能充分了解相互间横向世系位路的合理框架。以一组同辈“门主”为新起点的包容性“门”型系谱,是对“房”的分析性功能的补充;它在包含上下世代族人数量及种类上表现出的不对称特点,对同宗五服全图起到了横向接力与支撑的作用。立“门”与移民宗族在沁县的发展阶段有关,现存沁县族谱可以证实该县宗族的起点普遍不高。迁沁后以百年左右为立“门”的阶段和频次,或与山区僻壤条件下人口及财富累积至一定规模所需时间大致相当。同时也反映了族人以整合兄弟关系来增强宗族内向性和凝聚力的要求,是“亲亲”传统的延续。

作为一种有确定内涵的系谱原则及其实践行为,包容性的“门”及“门”型系谱,自有促其生成、延续、变形的区域和时代背景,历史传统、环境交通、人口构成、村落格局、民风习俗、生活品质等等,都在某一阶段对它产生过影响。当地人外迁的结果,似未导致这一类型的“门”范畴出现相应扩展。所有这些,都向研究者提示了对某一区域进行整体性考察的必要。“门”及“门”型系谱,不仅对所在宗族具有重要的历史意义和现实意义,而且深刻影响了所在区域的联宗特征;构成了与“房”型系谱不同的另一种实践类型。

64. “文学终结论”的中国之旅

作者:朱立元,复旦大学中文系教授,研究方向为文艺学、美学。

《中国文学批评》2016 年第 1 期

【成果提要】

美国耶鲁解构学派的代表人物希利斯·米勒 2001 年在中国提出了在电信技术时代传统意义上的“文学”将不复存在的观点。中国学者将其概括为“文学终结论”,与之展开了热烈讨论和争鸣。本文对这场在中国学界展开的关于“文学是否终结”的讨论进行了全面的梳理,从多个层面、在历史与现实的结合上加以深入的探讨,认为讨论中中国学者对米勒的观点存在着一定的误读和误解。实际上,米勒所谓“终结”了的“文学”主要是指印刷时代的独特产物,具有一系列历史和技术条件,它在新的电信时代中必然发生新变和转型,作为学科的文学研究也会随之改变。同时,米勒仍然坚持和尊重文学作品特有的“施为”和“修辞”特性,并将此作为文学研究的重要内容,这意味着米勒并不是真正宣判文学和文学批评的“死亡”。本文进而指出,米勒“文学终结论”的中国之旅,既有被误读的一面,同时也有被理解的一面,这种情况的出现,基于当代中国特殊的文化学术语境,体现了新世纪开端中国学界在图像与视觉文化、日常生活审美化、文化研究和全球化潮流的冲击下,对文学和文艺学学科未来发展、转型和边界等问题的核心关切与思考。这场学术争鸣是21世纪以来,我国文艺学界的一个重要事件,许多重量级学者都参与了讨论,在学界产生了广泛的影响,对于文艺学学科的创新建构具有重要的理论和现实意义。本文对这场讨论从理论上做了比较深刻的思考,既注意到对争论焦点问题的历史考察,又观照了文学自身的审美本质,对整个讨论做了比较客观、全面、辩证的评论。

本文发表以后,受到学界的关注与好评。《新华文摘》2016年第15期对本文做了论点摘要,《人大复印资料·文艺理论》2016年第9期给予全文转载。

65. 西方文论对中国经验的阐释及其相关问题

作者:曾军,上海大学文学院教授,研究方向为文艺学、文学理论与批评。

《中国文学批评》2016年第3期

【成果提要】

西方文论是中国改革开放以来对当代中国文论话语转型产生深刻影响的理论“他者”,必须正视西方文论对中国经验的阐释及其所引发的诸多问题。

在当代中国文论话语建设中确定“中国经验”的定义要区分“具有中国性的经验”和“发生在中国的经验”。“中国性”本身也是一个不断获得重新阐释的过程。从起源学和发生学的角度,识别“进入中国的‘异质经验’”。随着东西方文化交流交往的深入,出现了越来越多的“基于人类文明共性的‘共同经验’”。共同而有差异的经验,成为发掘中国经验独特价值的重要内容。

从文学批评主体角度来看,西方文论话语对中国经验的阐释包括两个方面:一个是由西方学者自己对中国经验的理解和阐释,另一个是中国学者运用西方文论话语对中国经验的理解和阐释。

西方学者对中国经验的理解和阐释在比较文学和比较诗学中发展得比较成熟的研究领域,一般会被归入“形象学”研究。其逻辑起点是建立在本国文化对“异国情调”的接触、理解和想象基础上的。根据其“接触”程度,我们可以区分出三种情况:(1)完全没有接触中国,仅仅通过阅读间接获得与中国有关的信息,而展开对中国的理解和阐释。(2)部分接触中国,如与中国学者有学术交往,或曾到过中国访问、参加学术讲座或会议等。(3)将中国作为研究对象的海外中国学。西方学者对中国经验的阐释,不可避免带着“西方眼睛”看中国。

中国学者运用西方文论阐释中国经验一般会有如下三种情况:其一,跨文化比较,即通过中西对比,发现中国文化与西方文化的异同。其二,以中国经验印证西方理论。从西方文论提供的研究方法和既有结论出发,在中国文学和文化中寻找与之相同或相似的例子予以印证。其三,以中国经验来修正西方理论。

当代中国文论话语体系建设需要克服两个误区:一是“来源谬误”,即将“中国经验”的来源确定为“纯粹的中国本土性经验”,一定要从中国本土和传统中寻找“中国性”的经验和话语。二是“主体谬误”,即中国经验一定要由中国学者用中国话语来阐发,进而排斥甚至部分否定了由外国学者用外语话语对中国经验的阐释、由外国学者用中国话语对中国经验的阐释以及中国学者运用外国话语对中国经验阐释的有效性和合理性。当代中国文论话语体系的建构,最重要的工作是越来越多的中国学者创造性地提出了既具有中国经验阐释有效性,又具有世界经验阐释有效性的文论话语。

66. 有关二十世纪中国文学史研究的几个问题

作者:陈思和,复旦大学教授,研究方向为二十世纪中国文学史。

《文学评论》2016 年第 6 期

【成果提要】

本文就 20 世纪中国文学史编写中遇到的若干问题,提出作者的研究心得,大致归纳为:(1)在晚清到民国的文学大潮中,如何看待五四新文学运动的意义,以及如何看待新文学传统与整个 20 世纪文学的关系?(2)晚清到民国的文学大潮中,如何看待中国反帝反封建的文学运动与日据台湾的殖民地文学之间的关系?(3)为什么把 1937 年抗日战争全面爆发作为中国现代文学史的重要分期?如何理解战争对 20 世纪中国文化以及文学发展的影响?就此提出了“先锋与常态”“殖民地文学”以及“抗战为文学史分界”等观点。

67. 论阐释的客观性

作者:吴晓明,复旦大学教授,研究方向为马克思主义哲学、中西哲学比较。

《哲学研究》2016 年第 5 期

【成果提要】

本文认为,阐释问题是人文学术和社会科学的重大基本问题,而这一问题的真正核心则在于阐释的客观性。由于这个哲学主题仍在很大程度上未经真正触动而滞留于晦暗之中,所以它将极大地妨碍当今中国学术的整体推进。因此,这里需要深入探讨的是:阐释的客观性和主观性;阐释的客观性与社会历史现实;当代解释学之基本的阐释定向。

阐释的客观性问题在古典哲学中通常使之归属于"思想的客观性"问题。这种客观性的最基本和最浅近的含义是表示"外在事物的意义;以示有别于只是主观的、意谓的或梦想的东西"。很明显,这种客观性要求对于人们的普通言谈来讲就是重要的,而对于学术上的各种阐释来说尤为重要。然而,一种更多的客观性要求是通过康德哲学而发展起来的,它是指我们知识的普遍性和必然性,以示有别于仅仅属于我们感觉的偶然、特殊和主观的东西。这意味着,把客观性仅仅认作外在事物的粗疏观点被解除了,认识或阐释中的客观性毋宁说是以自我意识(主体性)为本源的。这是一个分析时代的思想,此后的哲学及其阐释理论根本不可能无视并匆匆超过这一变革。

但是,这样一种超越了外在粗疏性的客观性立场,在本体论上却仍然是主观的。黑格尔指正了这一点:由于物自体处在自我意识的彼岸,所以这里的客观性仍只从属于"我们的思想",而分离隔绝于"事物的自身"。因此之故,阐释的形式便仅仅从属于"外部反思"。黑格尔不但把外部反思突出地划归主观思想,而且在"客观精神"的概念中史无前例地将社会—历史的实体性内容引入到哲学中,并依循这样的内容来为阐释的客观性制定了方向。这是哲学思想的又一笔恒久财富,它要求阐释的真正客观性能够一直深入到社会—历史的本质性领域之中。

当代解释学的核心问题同样是解释(或阐释)的客观性问题。就此而言,施莱尔马赫和狄尔泰是如此,海德格尔和伽达默尔也是如此。一方面,黑格尔已经达致的那种较高的"客观性告诫"对于当代解释学来说依然是本质重要的东西;另一方面,黑格尔哲学在其既有形态上已经不再被接受了——我们已不再可能依靠绝对精神和概念立场去超过横亘在“我们的思想”与“事物的自身”之间的鸿沟了。因此,当代解释学指证了德国唯心主义的三重“天真”:断言的天真、反思的天真和概念的天真。由此产生的全部解释学努力,正是由于在当代处境中要求思想得以坚守——而绝不是放弃——阐释的客观性而产生的。只有深入地把握住这一点,才能从整体上极大地推进我们的人文学术和社会科学;反之,任何一种试图从当代解释学中引申出主观阐释之正当性的主张,从一开始便已误入歧途了。

68. 大数据中的因果关系及其哲学内涵

作者:王天恩,上海大学教授,研究方向为马克思主义哲学、科学技术哲学。

《中国社会科学》2016 年第 5 期

【成果提要】

本文认为,大数据的发展,一方面对因果关系的传统理解构成了全面挑战,凸显了相关关系理解的难题;另一方面又为深化理解相关关系创造了条件,为因果观念的发展带来了机遇。

在物数据化过程中,物的相互作用关系通过数据化变成量的关系,物相互作用的具体条件在数据化过程中因量化而抽离。作为物数据化过程,大数据的形成会发生两大重要变化:数据化导致因果关系的量化蜕变;因果关系的量化蜕变导致其方向性的丧失。物数据化过程中的因果关系遭际,蕴含着因果关系定性和定量研究分立和整合的秘密。

原因是因素的相互作用过程,结果是因素相互作用的效应及其累积。当因素未进入相互作用过程时,它们构成了一种与潜在结果相联系的因素关系。因素关系与因果关系密切相连,因素与潜在结果相联系才构成因素关系。与因果关系密切相连的因素相互关系,正是一种典型的相关关系。因素和结果之间以及结果之间的关系都是因果关系派生的相关关系,相关关系是因果派生关系。由此得到关于因果关系和相关关系的清晰理解:作为因素相互作用所确定的关系,因果关系事实上是一个过程的两个方面,所以不构成相关关系;而相关关系则是因果关系的派生关系。这正是大数据相关关系的因果性根基。

在因素相互作用过程中,因素具有特定的作用方式和作用距离,间接结果也相应具有不同的生成距离,而且在因素相互作用生成的系列效应及其累积的不同结果形态之间,也具有由结果的间接性所确定的生成距离。因素的作用距离和结果的生成距离,则正是大数据相关关系因果派生强度形成的基础,由此决定大数据相关关系的因果派生强度。

因果关系研究的大数据相关关系观照,不仅为大数据相关关系因果推断提供了新的理论根据,而且开辟了因果时态研究的新领域。因果关系研究的时态扩展,涉及因果时态的大数据相关关系展示,追溯既往的因果关系量化把握和探向未来的新因果关系创构。

大数据相关关系提供了由因素创构结果的广阔空间,这是一个人类创构活动的新舞台。创构是一种在“为什么”基础上探索新的“是什么”的活动。在创构性认识层次,“是什么”有时候不仅可以,而且越是新的创构越必须建立在“为什么”的基础之上,因而还可能包含比通常意义上的“为什么”更深刻的内容。

大数据中的因果关系具有深层哲学意蕴。作为因素分析,相关定量分析的因果派生依据则构成大数据分析的因果基础。大数据中因果关系的厘清,晓示了其深层哲学内涵。因素关系的未来空间凸显创构认识论,因果派生关系的全数据定量分析呈现量的整体把握,而因果关系从描述到创构则彰显哲学以满足人的需要为最终目的。

69. 基于“事”的世界

作者:杨国荣,华东师范大学哲学系教授,研究方向为中国哲学、中西比较哲学、形而上学等。

《哲学研究》2016 年第 11 期

【成果提要】

本文认为,作为扬弃了本然形态的存在,现实世界形成于“事”。“事”在广义上可以理解为人的活动及其结果。从抽象的形上视域看,与“事”无涉的“物”似乎具有本体论的优先性,然而,以现实世界为指向,则“事”呈现更本源的意义。人通过“事”而与“物”打交道,在此意义上,人与“物”的关系,乃是以人与“事”的关系为中介。“物”唯有融入于“事”,才呈现其多样的意义。通过人的活动(“事”)而形成的现实世界既表现为事实界,也呈现为价值界,而“事”则从本源上为事实界和价值界的统一提供了根据。在理解现实世界的过程中,不仅需要避免化“事”为“心”,而且应避免以“事”为“言”;人存在于其间的现实世界确乎不同于本然之物,但通过人的活动

(“事”)以扬弃存在的本然性,改变的主要是其存在方式(由自在的存在转换为人化的存在),本然之物在获得现实形态之后,其实然性并没有被消解。与“心”、“言”在观念领域的单向构造不同,“事”首先表现为人对外部对象的实际作用,基于“事”的现实世界也相应地在扬弃存在本然性的同时,又确证了其实然性。

70. 论儒学之“道”的哲学品格

作者:陈卫平,华东师范大学哲学系教授,研究方向为中国哲学史。

《哲学研究》2017 年第 7 期

【成果提要】

儒学是否具有哲学品格? 在西方和中国的哲学界,都存在着予以否定的观点。这关系到儒学在世界哲学中的价值地位。本文通过考察先秦儒学,参照康德哲学,对此作了肯定的回答。

哲学作为“类称”与儒学之“道”。儒学之道表现了哲学作为“类称”的本质规定的两个方面,一是探讨宇宙人生的普遍性原理以及如何认识这些原理;二是探讨人类最根本的价值理想。西周把儒学之“道”作为“哲学”的译名,正反映了如此事实。儒学之“道”对于这两个方面的思考以“性与天道”为对象,表明它既有哲学之“类”的属性,又是有个性的“特例”。

“性与天道”之一:宇宙人生的普遍之道。“性与天道”与康德的“星空”和“道德律”一样,是求索宇宙人生的普遍原理。“天道”指向宇宙普遍性原理;“性”指向“人道”最核心的人的本质的问题,它与天道并列,是以此作为思考人生普遍原理的入手处和立论处,以及天道与人道的连接处。因此,儒学之道是把宇宙和人生两个领域相融合的普遍之道。孔子的性与天道“不可得而闻”,区分了宇宙人生普遍原理的“性道之学”和具体经验知识的“文章”之学。以后的儒学贯彻了这样的精神,体现了追问宇宙人生普遍原理的“哲学”自觉。

“性与天道”之二:真善美的价值之道。不同于康德对真善美分别予以考察,儒学之道是集真善美于一体的价值之道。它有真(“诚”)的规定,与“妄”相对立。以天道上的真实、人道上的真诚,反对妄之虚假和虚伪。它有善的性质,天地有生育万物的仁德即天道之善,而人性之善禀受于天道,因而人的德性亦反映天道之善;儒学的人道之善,主要表现为仁礼相统一。《中庸》《大学》赋予人道之善以实际内容。它有美的意蕴,天道之美是把道德价值蕴含于天地自然的审美,并通过艺术来展现天道之美;人道之美聚焦于"君子之道"的人格美,包括了刚毅之美和完善之美。于是,儒学之道成为中国人的精神信仰所在,为理想献身即"以身殉道"。

"特例"与"类称"的深化:先秦儒学的求道之思与康德的四大问题。从"类称"来说,认识宇宙人生普遍原理和追求真善美,展开为一些儒学和西方哲学都涉及的具体问题,康德的我能知道什么、我应当做什么、我能期望什么以及人是什么,在先秦儒学"性与天道"的追问中,就是"闻道"、"遵道"、"志于道"和"君子之道";就两者作为"特例"而言,先秦儒学和康德对这些问题的思考,表现出不同的旨趣和建构,通过上述四个方面,论证了儒学之"道"的哲学品格是哲学的"类称"的本质规定和其自身"特例"的统一。

71. 金融化世界与精神世界的二律背反

作者:张雄,上海财经大学教授,研究方向为经济哲学、政治哲学、文化哲学。

《中国社会科学》2016 年第 1 期

【成果提要】

21 世纪是世界走向金融化的世纪。在现代性的视域下,金融化生存世界是个高度经济理性、高度世俗化、高度价值通约的世界。它使经济得到快速增长、人性得到解放、自由得到发展,但也是一个充满二律背反的生存世界:人的精神本质与人的对象化世界的异化更趋深重,金融"富人更富"的秉性与金融民主化、人性化的矛盾对立不可调和。21 世纪人类生存主要问题在于,如何借助金融化超越金融化,进一步实现人的自由与解放。

世界发展离不开金融体系创新,人类自从有了经济活动,也就有了金融创新。金融创新本质上是人类追求自然历史化的意志显现,是人类根据自身实践需要而不断开拓生存时空资源的诉求。但现实的金融体系已偏离了本质。不可否认,与马克思时代的资本相比,21 世纪资本追求剩余价值的秉性没有变;资本的社会关系本质没有变;资本的财富杠杆效应没有变。但是,21 世纪资本逻辑的发展有了巨大变化:随着全球资本金融体系强力推进,资本变得更加抽象、更具脱域性,资本的主体定位异质多元,运作方式虚拟迷幻。伴随着工具理性的智能化,资本的精神向度更趋主观性。

金融的正常体验与人的精神世界有着积极适应关系,但过度充盈的金融意志、行为与人的精神世界的关系,已构成现代人必须与自己进行自我交战的深刻根源。首先,逐利的金融意志主义蔓延,直接导致个体生命的"金融内化"和人类整体主义精神的日趋衰减。其次,生存世界的金融合约化极易导致人类历史化意识淡薄,金融结构语义系统与金融所赖以存在的历史文化意义构成系统发生认识论断裂,意义世界被彻底地平面化了。再次,资本精神向度更趋主观性和任性。通过对金融化世界的精神现象学解读,可深层揭示21世纪人类精神本质与人的对象化世界相异化的问题,从而为客观理解21世纪资本范畴提供精神向度的思考。

对金融化世界的哲学反思,是将人类引入更为深刻的形而上的问题思考。首先,它需要我们从未加反思状态进入反思状态。只有通过反思才能把握比金融更抽象的社会存在论的思辨道理。其次,21世纪全球资本金融体系的发展已深陷四大"二律背反"中:公平与效率的矛盾,技术向度与人本向度的矛盾,私向化与社会化的矛盾,金融理性与政治理性的矛盾。而"金融与好的社会"的结合,它深层次关联着一种新的政治经济学批判精神的在场性。最后,根本上解决世界两极分化问题以及资本发展的主观性、任性和脱域性问题,只有从制度合理性与合法性、人民性和政党先进性相一致的政治理性框架中,才可能辩证引导资本发展的积极效用,使自由放任的资本历史进化到人类全面进步的自由历史。

72. 中国现代化视角下的儒家义务论伦理

作者:陈嘉明,上海交通大学教授,研究方向为中西哲学比较研究、知识论研究、近现代西方哲学研究。

《中国社会科学》2016年第9期

【成果提要】

本文就儒家伦理的基本性质进行反思,论证对于中国现代性社会的构建而言,需从其"义务论"伦理中转化出以"权利"为本位的伦理观。

经典儒家的主流伦理学说,其基本道德规范,如忠、孝、仁、义等,显然都是一些道德上的义务,而不是权利。因此从本质上说,儒家的伦理是一种以道德"义务"为本位的伦理,我们可以把它称为"义务论"的伦理。这里所说的"义务论",是与"权利论"相对的一个概念,指的是单方面强调道德的义务,而忽视道德的权利,如"生命"与"自由"等。儒家的义务论规范人们的道德责任,这本身并没有错。但由于既缺乏权利的意识,又缺乏“权利”的内容,因此,它成为了“单边的”义务论,这在作为伦常的“三纲”中表现得特别明显。在中国古代,这种单边义务论不仅对道德,而且对政治、法律和社会都造成了相当不幸的影响。

分析起来,儒家的义务论伦理存在如下的问题。其一,它以性善论为前提,特别是以孟子为代表的心性论,假定人性是善的,人具有“良知良能”,因此人会自觉地“诚意正心”,达到道德上的自我完善。其二,这种伦理学很少考虑到如何将道德信念转化为道德行为的动力问题。即使有为善的意愿,我们究竟是否同样具有为善的动力呢?其三,它不恰当地将“国”与“家”进行类比,并把“国”当成是一个大“家”。这一理解上的错误是致命的,它是导致儒家无法产生“契约论”思想,以及相应地缺乏“权利”观念的根本原因。

儒家这种义务论的伦理学,实质上是以“善优先于权利”为预设的。由此至少可以引申出如下两个推论:首先,这意味着儒家伦理所采纳的那些“善”的概念是未经道德法则确证的,其正当性未经证明。其次,善优先的结果客观上排斥了“权利”概念,使之在中国历史上被长期漠视。作为一种义务论,儒家伦理最致命之处是缺乏构成现代社会价值基础的“权利”观念。权利概念的缺失,在中国历史上产生了不幸的影响。在中国古代法律文献里甚至没有“民法”一词。成文法中只有刑法,而没有“民法”,或至少说是民、刑法不分。

中国进入现代性社会需要建立一系列相应的政治、经济与法律等方面的规范,伦理规范构成了这些规范的基础。而对于伦理规范而言,由于“权利优先于善”的合理性,因而有关“权利”的伦理,构成伦理规范的出发点。儒家伦理要在中国的现代化进程中发挥积极的作用,需要弥补其缺陷,发展出一种权利论,以求在义务与权利之间取得一种平衡。应当以其“仁者爱人”的人文精神为基础,从中转化出以“权利”为本位的伦理。

73. 中国政治学的知识交锋及其出路

作者:陈周旺,复旦大学国际关系与公共事务学院教授,研究方向为政治学理论。

《政治学研究》2017 年第 5 期

【成果提要】

本文对当前中国政治学研究的重大理论发展,进行了深刻反思,并提出了方向性问题。进入21世纪,中国政治学发生了一些重要的变化。新的、以定量统计方法为主导的政治科学,对已有的政治学学科发展模式发起了挑战。本文认为,这种挑战并未构成“范式更替”,充其量只是一场“知识交锋”,即整全性知识体系与专门性知识这两种政治学知识体系之间的交锋,这场交锋将有可能影响中国政治学未来的学科走向。

本文深入分析了整全性知识体系与专门性知识体系之间的优缺点。以“整全性”为导向的政治学,注重多学科训练,形成整全知识结构。在课程设计上,是经典研读与系统知识灌输并重的模式。在整全性知识体系下训练出来的学者,通常都是问题先行,而不会理论先行。受整全性知识训练的影响,当政治学研究者对中国政治或者其他政治现象进行分析的时候,就不自觉地诉诸政治、经济、社会和文化等多个层面。这种宏观的政治分析,注重整体性、战略性和框架性的分析,主要围绕“国家—社会”关系,从宏观的视野去把握中国政治发展的整体方向,提供战略性的思考。在专门性知识体系下,研究者更仰赖于分析工具,研究水平的高低,直接取决于研究工具的先进与否。专门性知识的生产是一种标准化、程序化的流水线作业,它的扩张能力更强,更容易形成知识积累以及保持学术人才队伍的连续性生产。

本文提出,要避免两种政治学知识体系交锋的消极后果,唯一的出路就在于:在中国经验上寻求学术共识和突破。第一,政治学者都承认,对中国经验事实的理论总结,应建立在对数据资料充分掌握和理解的基础之上。第二,在现成数据不完整的条件下,政治学者都应将精力放在社会调查上,亲自去搜集数据,强化对现实问题的体认。第三,质性研究的发展应该是寻求共识的一个突破口。第四,应发展出一种针对中国数据不完整性的研究方法,去搜集、整理和编织碎片化的经验数据。总之,基于中国经验建立相适应的实证研究方法,可以为中国政治学找到新方向。

74. 中国国际关系理论建设中的中国意识成长及中国学派前途

作者:郭树勇,上海外国语大学教授,研究方向为政治学理论。

《国际观察》2017年第1期

【成果提要】

本文分为五个部分。

一为导论。国际关系理论建设的本国意识,有一个局部发育、整体性自觉、系统化和理论化过程。局部发育是指建立民族的理论阵地和话语;整体性自觉,主要指知识精英与政治精英整体上拥有建设本国理论的理论共识;意识系统化把外来理论的本土化作为经常性任务;而意识理论化的一个重要体现是创立本国的理论流派。在国际关系理论中彰显中国意识,本质是实施中国软实力战略。

二为西学东渐与国际关系理论的中国意识成长。中国意识发育期大致出现在新中国成立到20世纪80年代中后期,主要反映在反霸意识、主权意识和维护意识形态的意识。20世纪80年代,是国际关系理论中的中国意识发展的重要转折期,由发育期进入整体性自觉时期,体现在对西学的集体性批判和"中国特色"讨论等。世纪之交的中国理论大讨论实质上是一场理论系统化的学术努力,产生了多方面结果,其中一个重要结果就是"中国学派"概念的提出。从中国意识,到中国理论,再到中国学派,这是一个递进向前的逻辑。

三为中国意识的理论化阶段与中国学派的努力。中国理论是复数的,建立起与国际学术界相通、又有民族特色的本位理论及方法论体系是可能的。中国学派将关系性这个概念作为建构中国理论的本位,具有理论上的可能性。中国的"关系",触及社会与政治的灵魂;西方也有"关系",但形成不了民族的心理意识。需要注意的是,中国学派的提倡者应当更加重视"关系"概念的实践性。

四为关系理论之后的中国学派发展及其理论贡献。关系理论提出后,出现了多元发展局面,体系程度较高、参与讨论范围较广、地域性较强的三个理论流派是道义现实主义、共生理论和共治理论。道义现实主义倡导德威并重的战略信誉,试图融合理想和现实主义。共生理论反对西方的二元对立逻辑,支持了合作共赢的新型国际关系思想。共治理论则提出了人、国家和国际社会的共同治理,为全球治理提供了理论支持。

五为中国学派的概念体系、发展条件及其发展前途。中国学派方兴未艾,需要进一步理论化。首先,有必要建设一套概念群;其次,要进一步明确关系、共生、共治等的功能地位,关系本位倾向本体论,共生倾向伦理,而共治倾向实践论;再次,要重视政治社会学在中国学建构中的独特作用。已往理论探索大多强调道义性、互动性、实践性,接受国际政治社会学逻辑;最后,对推进中国学派建设保有乐观态度,在整合、抽象、国际化和创新等理论化方面下功夫,虽任重道远,但汉语世界之广阔、全球治理的历史性机遇及青年理论家的涌现等,都是中国意识成长、中国理论建设、中国学派构建的有利因素。

75. 国际系统的影响:六大渠道

作者:唐世平,复旦大学国际关系与公共事务学院教授,研究方向为国际政治、政治理论、制度经济学。

《世界经济与政治》2016 年第 8 期

【成果提要】

本文认为,能动者(个人或集体)与社会(即社会体系)之间的关系一直是社会科学领域的主要问题,国际关系领域也不例外。然而,尽管学界就能动者(agent)如何影响社会体系(system)这一问题存在着一个简单(但却粗略)的共识(即能动者通过其观念、行为和互动影响体系),但对于体系如何影响能动者(包括影响能动者的观念、身份、文化以及行为)这一问题却并不存在共识,反而存在许多困惑。因此,我们对社会体系中能动者的观念和行为的理论分析还远远不够,对国际体系中的国家的观念和行为的理解也同样缺乏。

基于对既有国际关系和广义社会科学中关于体系、结构以及能动者—结构研究的批判性思维,本文认为国际体系通过六大各具特色且相互作用的渠道影响着国家。这六个渠道分别是:纯物质力量的约束与帮助、学习、物质和观念双重作用下的约束与帮助、人为选择、构建或建构、反社会化。这六大渠道相互作用,形成一个影响国家的思想、行为,以及认同的系统。由于既有的讨论要么依赖于六大渠道中的一个或两个,要么没能足够重视六大渠道之间的互相作用,我们对国家的观念和行为的既有理解并不充分。本文构建的新框架为国际关系中有关国家及其观念和行为形成的讨论提供了重要思路,从而让我们对它们的理解更加清晰和一致。通过重新考察关于现实主义是否很容易被证伪、如何才能被证伪这一辩论,本文展示了新框架的深刻效用。本文的理论框架也对近期国际关系乃至整个社会科学领域中系统视角的复兴有所帮助。

76. 当代中国政治史研究的学科视野与问题意识

作者:陈明明,复旦大学国际关系与公共事务学院教授,研究方向为政治学理论、中国政府与政治、当代中国政治史。

《浙江社会科学》2018 年第 1 期

【成果提要】

当代中国政治史研究是行动于历史学与政治学之间的学科分支,也是统一于历史学与政治学之中的研究领域。它关注历史中的制度变迁、意识形态、政党动员、国家构建和治理机制;重视不同阶级、集团的政治经历及政治对不同人群的影响;关注重大事件及其结果,强调事件的背景和变量的关系;观察社会组织、职业群体、宗教文化、心理习俗等历史表象之下的权力关系,以寻找历史因果关联的方式对事件和行为作出解释。

本文认为,当代中国政治史研究有三个维度:(1)文化与权力。政治权力的发生、运行和服从,背后都有一个文化机制的问题。特定的历史人物在特定的历史事件中,利用文化来回应组织、机构和制度的压力,既创造新的文化(行为方式),也为组织、机构和制度的变迁提供了动力。这正是从文化角度理解政治过程的魅力所在。(2)时间与结构。当代中国政治史上的时间意义首先表现为"新"对"旧"所拥有的历史优越性,反映了"新比旧好"的一种哲学理念。新旧时代标志着新旧世界的结构的对立抗衡,新对旧的胜出要求新法则取代旧法则,要求新世界的生活者要和"旧我"告别。在革命与现代化的语境下,对时间的强调,导向了赶超型工业化战略的全面实行。它对于国家的政治经济形态和民众的日常生活及心理产生了巨大的影响。(3)逻辑与证据。在当代中国政治史研究中,有三个逻辑规约着中国社会政治发展的方向和进程:一是现代国家建构的逻辑;二是社会革命的逻辑;三是后发国家工业化的逻辑。逻辑与历史的讨论不可避免涉及逻辑真实与事实真实的问题。逻辑真实指基于由历史内在相互关系决定的发展趋向与必然性而"本质呈现的历史",而事实真实则指基于历史真正存在或曾存在过、发生过的事物而"如实呈现的历史"。

本文指出,好的政治史应是在理论逻辑和史料证据之间建立有机关联的政治史。第一,它承认历史是有规律的,所以重视对规律的考察和验证,并有比较地吸取所有有价值的学理资源。第二,它不排斥任何可帮助分析和解释政治史的方法技术的利用,也不刻意追求所谓方法技术的创新,在政治史研究中,方法是跟着问题走的,问题来自对现实的观察、对史料的阅审而产生的“疑思”(puzzles)。问题本身的性质,限定并提示了方法和概念的选择范围与运用方式。第三,对史料做考辨,给范围做限定,把理据讲清楚,将案例用适当,立论和推论有证据,事实和逻辑能自洽,是政治史研究的最基本的要求。

二、优 秀 学 人

二、优 秀 学 人

上海市第十四届哲学社会科学优秀成果奖学术贡献奖

每个地域的学者都对民族发展承担着使命,上海学人以独到的智慧尽职尽责。近期,王邦佐、王家范、郑克鲁、章振邦四位先生,荣获上海市第十四届哲学社会科学优秀成果评奖学术贡献大奖。他们在各自的研究领域作出了开创性的贡献,让后辈学人受益。

1. 王邦佐

王邦佐,1934 年 6 月生于湖北省汉阳县。毕业于复旦大学历史学系。曾任国际政治系主任、校长办公室主任。1986 年调任上海师范大学副校长、校长。1996 年任上海市社会科学界联合会党组书记、副主席、《学术月刊》杂志社社长兼总编。王邦佐兼任中国政治学会副会长、上海市政治学会会长、上海市行政管理学会副会长,上海师范大学校长等职。2003 年起担任湖南大学政治与公共管理学院院长、名誉院长,现为中国政治学会顾问。20 世纪 70 年代末,邓小平号召我国政治学“要赶紧补课”。王邦佐教授是补课的最早开拓者之一。1982 年他受托在上海复旦大学举办了全国第一期政治学讲席班,为 22 个省市培养了 60 多名学术骨干。由此奠定了上海政治学界在全国的地位。

作为当代中国政治学学科的主要奠基者,王邦佐长期行政工作和研究工作“双肩挑”,一代又一代政治学人的培养,马克思主义政治学理论的建立和阐发,都与他的辛勤耕耘息息相关。谈起政治学的发展,他始终认为,理论研究要为现实服务,应将目光投放于当代中国政治的发展的现实问题上。

20 世纪 70 年代末,国家学术事业百废待兴。邓小平关于政治学“要赶紧补课”的指示,激发了王邦佐极大的学术热情。1980 年,他与孙关宏教授于 1980 年在复旦大学国际政治系成立政治学教研室,次年即开始正式招收“文革”后的全国第一届政治学专业本科生。此后,又逐步招收硕士和博士研究生。1982 年 4 月,复旦大学承办了有来自全国22个省市相关学科教学科研人员参加的讲习班,为当时政治学得以在全国恢复和发展培养了骨干力量。这期讲习班后来被学术界戏称为“新中国政治学的黄埔一期”。

“补课”之初,荒废数年的政治学研究基础薄弱,几乎一切都要从零开始。但王邦佐一开始就抓住了“补课”工作的核心问题:他认为,政治学是马克思主义的重要组成部分,研究政治学必须阐发马克思主义的有关基本原理,坚持正确的方向。王邦佐参与撰写和主编的《政治学教程》《政治学概要》《马克思主义政治学》等教材都是围绕这一任务确立起基本体系。其中,《政治学概要》于1992年被评为全国优秀教材,并被全国十多所高等院校和省市级党校选为教材,多次再版。

在承担教学工作、编写教材的过程中,王邦佐也逐步探索和阐发了马克思主义政治学的基础理论。在《政治学教程》和之后的几篇论文中,他根据列宁的“政治是经济的集中表现”,以及他基于列宁和邓小平对苏联和中国政治现实的论断所提出的“政治是大局”的核心观点,阐述了马克思主义的“经济政治观”。后来,在《〈共产党宣言〉是马克思主义政治学大纲》等文章中,他指出《共产党宣言》是马克思主义政治学的纲领性著作。围绕《共产党宣言》确立马克思主义政治学研究的基本内容,这一观点被广泛认同,也在后来出版的有影响力的政治学教材中得以延续。

除了理论体系的探索和完善,王邦佐将许多精力投入当代中国政治发展中的现实问题研究。对现实的敏感关注和敏锐分析形成了他对社会政治发展过程中某些重大问题的超前见解。例如,党的十一届三中全会召开后,国内却仍高扬“时代没有变”的口号,为此他与孙关宏教授于1980年发表《“时代没有变”的提法不妥》一文,强调列宁关于时代的论述是发展变化的。1985年,在《从“一国两制”看主权和治权的关系》一文中,他原创性地运用主权与治权本质统一而运行适度分离理论,为港、澳回归祖国及中国的统一提供理论依据。进入20世纪90年代以来,他较为关注中国的民主政治建设问题,深刻阐发了民主政治是统治制度、组织形式和政治文化有机统一的观点,中国民主政治建设的特色在于其与中国政治制度、社会经济、历史传统和文化的相关性。针对2013年底以来学术界关于“中国式民主”概念上的分歧,他一针见血地指出:“评价中国式民主不能用概念来评价,而要用实践来评价。即从社会主义初级阶段的实践来看,它是否给人民带来福祉。”

“实事求是,留有余地。”在王邦佐的学术研究道路上,复旦大学老校长谢希德教授的这句话一直铭记于他的心中。在他看来,认识世界、解释世界是一个循序渐进的过程,任何观点都要留有余地。“社会科学研究很重要的一点就是,要把问题放在当时的环境中进行分析。很多问题时过境迁,人们就无法理解。同样,我们也不能以今天的标准要求历史人物,提出超越时代的要求。”王邦佐在一次采访中强调:“政治学研究这些年有了很大发展,但问题也很多,还需要大家踏踏实实地搞研究。”

2. 王家范

王家范,1938 年 9 月生于江苏昆山。华东师范大学终身教授、博士生导师,江南区域史研究中心主任、华东师范大学思勉人文高等研究院学术委员会主任、“985”创新基地中国江南学研究中心主任,兼任上海市历史学会副会长。

著作有《中国历史通论》《百年颠沛与千年往复》《史家与史学》《漂泊航程:历史长河中的明清之旅》。

回顾自己入行半个多世纪,王家范的深切感受是:“漂泊在历史的大海上,欲从海面穿透到海底,体悟历史的真义,没有沉潜下去的毅力和耐心,没有旺盛的求知欲和永远的好奇心,很可能就像好事的游客,留下的只是‘某某到此一游’。”从 1957 年踏进华师大文史楼到今天,他一直致力于中国史的研究与教学,在明清史、江南区域史、社会经济史等领域取得了巨大成就,代表作有《中国历史通论》《百年颠沛与千年往复》《史家与史学》等。

“我就是一个教书匠。”这是王家范给自己的定位。1963 年,毕业后留校任教的王家范站上讲台,一站就是四十年。不同于某些高校老师重研究轻教学,王家范总是殚精竭虑写讲稿,每年反复修改。1990 年,应系里的要求,他给研究生开设一门“中国历史通论”。现在学界所熟知的《中国历史通论》即由该课程的讲义为基础整理而成。这本著作整整用了 10 年的时间才面世。从 1990 年开始,王家范就着手进行整理讲义使之成书,在这一过程中,王家范推翻了三稿,其间赶上评职称,他也拒绝了别人劝他赶紧出版的建议,他说“我觉得我可能一辈子就这样子了,书很早出来就不能改了。”最终,该书在 2000 年由华东师范大学出版社正式出版。2012 年,又由生活·读书·新知三联书店出版了增订本。

在这本凝结了他四十年讲坛心血的《中国历史通论》中,王家范将史家通识与历史真实浑然一体,对中国历史进行了通贯性的研究与思考。该书以高度自觉的问题意识,尤为关注中国的“大一统”体制何以能延续两千年之间,而中国的现代之路为何艰困、又将通向何处。“在他汪洋恣肆的笔锋下,对家国与生民的关切以历史的冷峻思考而带出,因之,他的思考与写作既有对传统、对民生、对文化力量的敬恕,又不乏尖锐深沉的批判。”复旦大学历史与地理研究中心邹逸麟教授这样评价。

此外,《中国历史通论》也是王家范教育理念的集中展现。正如他在该书绪论中所指出的,这是一份有着明显主观色彩的“讲义”。在他看来,课堂教学从来不存在什么标准模式。每个教师教的“中国通史”,都是他理解中的“中国通史”。教材不应该也不可能离开编写者自身的理解和方法论“示范”,否则只会变成知识点间缺乏相互联系的“展览”,不具启发性。值得一提的是,贯彻其大学人文通识教育观的《大学中国史》(主编)作为教育部“十一五”国家级规划教材,广泛应用于本科历史学,对历史学的基础教育、高等教育产生深远影响。

作为江南区域社会史研究的开创者之一,王家范对明清江南市镇结构的研究奠定了这一领域的基本研究范式。1980 年,从农民战争转为明清经济最后确立明清市镇研究的王家范,带领学生几乎走遍了苏南、浙西的大小名镇,深入坊肆田野,与当地人交谈。“环境人文都有些感性的东西,历史要有感性的东西在里面”,“有了这样的亲身经历,再去看史料,就会有新的感受和解读。”他这样说。1984 年,《明清江南市镇结构及其历史价值初探》论文的思想一经表达就引起了学界轰动,极大推动了江南市镇研究的开展。2006 年,他又发表《明清江南研究的期待与检讨》,强调社会科学方法与日常生活经验感受的有机结合,从而超越以江南区域史料硬套经济发展理论的窠臼,由此影响了此后江南史研究的取向。

对于从事明清江南史研究,出生于江南小镇的王家范一再强调自己的“兴趣主义”:“我这个人从昆山小镇出来,没有雄心壮志,就是好奇心强,研究凭兴趣出发,好处是比较淡定悠闲。我就想了解江南史是个什么模样,我不想成为江南史专家,我不想写大制作的,我从来不写大制作。”学术上的这份好奇心和对新鲜事物的热情也一直延续到他的生活中——王家范像年轻人一样,用起手机、iPad、电脑得心应手,令人颇为惊叹。“老年嘛,就玩啦。我这个人一生有好奇心,对我不知道的、别人玩的,都要试一下。”他这样说。

3. 郑克鲁

《茶花女》《悲惨世界》《巴黎圣母院》《基督山伯爵》《高老头》《红与黑》……很难

想象，这么多脍炙人口的法国经典文学作品竟然都出自同一个译者——郑克鲁。

郑克鲁，广东中山人，1939 年生于澳门，从事外国文学翻译、研究 60 年，他已经完成 1700 多万字的译著，其译著的总字数甚至已经超过傅雷、许渊冲、郝云三位著名法语翻译家译作字数的总和。

翻译家光环的背后，郑克鲁的学术研究也硕果累累。从参与主编 20 世纪 80 年代风靡全国的两套大型丛书《外国文学作品提要》和《外国现代派作品选》，以及他主编并撰写的《法国文学史》，到之后又陆续推出的《现代法国小说史》（上下册）《法国诗歌史》《普鲁斯特研究》《法国经典文学研究》等数十部学术著述和近百篇研究论文，还有他主编的《面向二十一世纪教材——外国文学史》教材——这些学术著述和教材的总字数已经超过 2000 万。共计 4000 万字的成果中，一部分收录于由商务印书馆出版的 38 卷《郑克鲁文集》。

对于郑克鲁来说，翻译和研究是相辅相成的。他的翻译作品最大的亮点就是会搭配一篇高质量的序跋，这些序言大多是在翻译的基础上对作品进行详尽的文本分析，探索作品的思想内涵与艺术成就，说明作家的创作特征及文学史地位。这与他学文学研究的出身密不可分，当年他走上法语翻译这条路，就是从写《红与黑》的评论开始的。他的著译中还附有许多非常详尽的译注，便于读者深入理解文本。在翻译理念上，郑克鲁尽量忠实于原有的句式和句法等语言特征，同时充分发掘其字里行间的意义、意境、语气、基调、意蕴和节奏等文学要素，合理运用译者的主观能动性，在准确通畅的前提下力求文字优美，是“信、达、雅”翻译理念的实践例证。

与一般的翻译者不同，郑克鲁会从文学史的角度来审视一个作家的作品，所以对于译本的选择，他是相当“挑剔”的。21 世纪初，译文出版社的编辑请他翻译《约翰·克利斯朵夫》，他婉言拒绝，因为一来傅雷的译本不错，二来这部小说在法国被看成二流作品。后来，这位编辑又请他翻译《悲惨世界》，他觉得这是第一流的作品，同意翻译。再后来，译文出版社请他翻译杜拉斯的一部早期小说，他再次拒绝，“因为我觉得杜拉斯只有《情人》是好作品，其他小说就差了”。不久，这个编辑又请他翻译波伏娃的《第二性》。这部 20 世纪女性主义的奠基之作融合了哲学、生物学、人类学、精神分析、社会学等多方面知识，难译且篇幅又长，但郑克鲁却答应下来，“波伏娃在历史上的真正地位也许不是在小说创作上，而是在思想史方面。这本书是可以传世的经典，值得花时间翻译。”这也是他第一次翻译法国理论著作，翻阅、学习海量的相关理论资料，他花了两年的时间译完全书。凭借这部著作，他在 2012 年获得第四届“傅雷翻译出版奖”。

“我六七十岁后就觉得时间太宝贵了,不能瞎译了,要把精力放在真正的经典上。我现在把雨果的《笑面人》《海上劳工》重译,这样雨果的重要作品我就都译完了。如果有时间,我还想把过去遗漏的东西捡起来,比如中世纪的骑士文学,这部分因为在市场没销路,所以没人碰,但作为文化积累有它自己的价值。”在两年前的一次采访中他这样说。“时间宝贵”“真正的经典”“文化积累”,这些字眼无不透露出郑克鲁对于传承文化经典强烈的使命意识。

退休之后,郑克鲁依然笔耕不辍,他全身心投入于翻译工作:每天几乎都和夫人泡在校园里,上午10点左右到办公室,一直到傍晚回家,一天工作少则三四小时,多则五六小时。2018年,郑克鲁已经完成了翻译伏尔泰三本重要的历史著作《路易十四》《路易十五》《查理十二》的初稿工作。“我会翻译到不能再翻译了,恐怕也不是很久远的事。生命就是你给世界留下了什么东西,不留下什么东西就什么也没有。人总是要死的,但我想留下一些东西。”他这样说。

4. 章振邦

章振邦,祖籍安徽合肥人士,于1918年生于北京,自小家中便重视子女的英文教育。章先生极具语言天赋,学习又很用功刻苦,故此他的英文功底颇为深厚。1940年考入武汉大学外文系英语专业,师从方重和朱光潜先生。章振邦教授专攻英语语法,是我国著名英语语法学家,先后在《外语教学与研究》《中英语文教育》《外国语》等刊物发表论文十余篇,主编《新编英语语法》系列丛书,包括《新编英语语法》《新编英语语法教程》《新编英语语法概要》《新编中学英语语法》等,影响深远,受益者众。

对于自己的学术成就,已百岁高龄的章振邦先生曾谦虚地说,自己没什么特别的“高人一等之处”,就是始终不渝地有着“三心”,即“事业心、责任心、恒心”。坚持做到根据英语学科的发展和培养高水平人才的需求,始终把精力和时间放在英语语法教学与研究这个“主攻方向”上。

1956年,上海俄文专科学校改名为上海外国语学院,并增设了英语、德语、法语三个专业。是年8月,章振邦被调至上外英语系,与方重、杨小石先生等一同创建英语学科。在此期间,章先生和其他上外英语系的老前辈们一起致力于加强英语基本功训练的教学改革工作,他们早在1965年便总结出了“听说领先法”,并取得了良好的教学效果。该试点经验还得到了上级领导的肯定和推广，这对改革我国的英语教学法起到了一定的积极作用。

改革开放前，我国英语教学采用的基本上是英国传统语法体系。传统语法是根据拉丁语法建立，属于规定语法。随着语言学研究的发展，规定语法的缺陷越来越明显。20世纪80年代，章振邦本着兼收并蓄的原则，参照系统功能语法体系，结合我国英语教学实际，改革了传统语法书中某些过时的、不利于我国英语教学的部分，由规定语法转向描写语法，采用层次性理念，提出了新的英语教学语法体系：以句法为主干，以句法带词法，由词法再到句法，再由句法到章法。

四十余年来，根据这一体系主编的《新编英语语法》系列不断充实完善，迄今累计印数已超过330万册，"章振邦语法"在全国广为人知。他的学术观点启迪了众多英语研究者，激发他们在语言研究中开拓创新；他编写的教材让数百万学习者受益，增强了他们的语法意识和语言能力。

自1987年离休至今，章振邦仍然笔耕不辍。他始终保持着对学术前沿的敏感，为英语教改问题出谋划策。在普通英语和专业英语的问题上，章振邦指出现存的问题是我国的普通英语教学年限太长，对专业英语重视不够，从小学到大学包括所谓"四六级"英语测试，都是在测试普通英语的水平。专业英语教育的脱轨使得学生毕业后难以在需要专业英语的工作岗位上胜任。为解决这一问题，应对外语教育作出战略性调整，把普通英语教学任务全部下放到中学阶段去完成，以便学生进入高校时便可专注于专业英语的学习。

此外，在外语教学法的问题上，听到有人对"听说领先法"的质疑，章振邦反驳道，"我们中国人在国内学习外语，听说外语的机会少，自然成为外语习得中的薄弱环节，因而在外语教学中从加强听说能力入手，怎样强调都不过分"，还强调要积极改革英语教材，推出适合于发展口语的教材。在语法问题上，针对关于"中国人学英语到底要不要学语法"的争论，他强调，这不是要不要的问题，而是在外语教学中如何把语法摆在恰当位置上的问题，尤其重要的是，应该教什么样的语法，以及如何使语法教学成为培养语言技能的一个环节。

甚至，在94岁高龄之际，有感于当时社会对汉语词典中字母词的争议，他抱病撰写了时评《也谈汉语词典中的字母词问题》，投书《文汇报》，结合英语词汇发展规律，对汉语字母词的界定提出自己的见解。谈到今后的打算，他表示自己将一如既往，继续为外语教育与研究事业和高水平人才培养事业作出贡献。

上海年度(2017)“社科新人”

为促进上海市青年社科人才的成长,加速培养造就一批进入我国哲学社会科学前沿的优秀学术带头人,上海东方青年学社组织开展了“上海年度社科新人”评选活动。经评审委员会评定,共有7位候选人最终被评为2017年度上海社科新人。

1. 鲍晓华

鲍晓华,女,1977年生,博士,上海财经大学教授,研究领域国际贸易专业,研究方向为国际贸易理论与政策。

鲍晓华在非关税贸易壁垒(反倾销和技术性贸易壁垒)等领域的研究,取得了丰硕的创新成果。出版专著2部,在经济学国际顶级期刊发表论文5篇,在国内权威刊物发表论文7篇。主持国家级课题4项,省部级课题7项。获得霍英东基金会高等院校青年教师奖(2014)、上海市哲学社会科学优秀成果奖(2016)、安子介国际贸易研究奖(2012)等省部级科研奖励共12项,并获上海市首届教育系统“科研新星”称号。

2. 仇鹿鸣

仇鹿鸣,男,1981年生,博士,复旦大学历史系副研究员,研究领域:魏晋南北朝隋唐史、石刻文献。

仇鹿鸣擅长从常见材料中读出新意,对石刻景观的探讨、对中古士族郡望层累构造特性的揭示等,皆在前贤积累深厚的研究领域中推出新说。博士论文《魏晋之际的政治权力与家族网络》获得上海市研究生优秀学位论文(2009)。参与了二十四史修订工程《旧唐书》、新旧《五代史》三史的重新点校,其中新旧《五代史》分别获得全国优秀古籍图书奖一等奖(2015)。先后主持国家社科基金、教育部人文社科基金、上海社科基金和上海市晨光计划等多项课题。

3. 胡　湛

胡湛,男,1980年生,博士,复旦大学副教授,研究领域:人口老龄化、家庭变迁与家庭政策。

胡湛具有跨学科背景,先后接受过计算机科学、心理学、人口学与公共管理的学术训练,目前主要从事人口发展与社会政策领域的跨学科实证研究,并专注于计算机仿真在社会科学中的应用,已取得丰硕的成果。主持国家社科基金、国家自科基金等科研课题 10 多项,获得教育部人文社科优秀成果二等奖 1 项(2015)、上海市哲学社会科学优秀成果一等奖 2 项(2016)和二等奖 1 项(2012)。自 2014 年起主持构建"中国人口展望(CPP)"数据库,自 2010 年起参与运作并自 2016 年起主持"中国长三角地区社会变迁跟踪调查"(FYRST,简称"80 后调查")。

4. 林喜芬

林喜芬,男,1982 年生,博士,上海交通大学凯原法学院教授、博士生导师,研究领域:刑事诉讼法、司法制度、证据法。

林喜芬是刑事诉讼法领域的后起之秀,在问题导向和学科交叉的前沿领域开展关于脑神经认知科学与刑事司法的研究。发表 SSCI 论文 2 篇和 CSSCI 论文 27 篇,出版中文专著 3 部,合著和译著多部。获得最高人民检察院全国检察理论优秀成果一等奖(2016),上海市哲学社会科学优秀成果二等奖(2016),中国法学会青年法学论坛优秀论文二等奖(2016、2013)等奖项,入选上海市浦江人才计划(2013),并被评选为上海市晨星学者(2011)。

5. 孙　亮

孙亮,男,1980 年生,博士,华东师范大学哲学系副教授,研究领域:马克思哲学基础理论、国外马克思主义、政治哲学。

孙亮在德文版《资本论》文本研究方面建树颇丰,并率先向国内学术界介绍价值形式理论、开放马克思主义和认知资本主义等新研究领域。主持过多项国家社科基金、教育部社科基金、上海市社科基金课题。曾获教育部全国首届优秀博士学术新人奖(2010)、宝钢教育基金奖(2010)、上海市哲学社会科学优秀成果二等奖(2016),主持上海市精品课程(2017),并入选上海市浦江人才计划(2017)。

6. 王向民

王向民,男,1977年生,博士,华东师范大学教授,研究领域:国家理论、社会组织治理、公共事件研究。

王向民擅长将思想史、社会政治史与政治分析融为一体,在现代民族国家的历史与理论、社会组织治理与公共事件经验领域取得了丰硕的研究成果。出版专著4部,发表CSSCI论文20多篇,先后主持多项国家社科基金、教育部社科基金和上海市社科基金课题。主持上海市精品课程。获得上海市教育基金会颁布的"申银万国奖"(2009)和上海市"曙光学者"称号(2016)。

7. 周葆华

周葆华,男,1979年生,博士,复旦大学教授,研究领域:传播学、新媒体、舆论学。

周葆华在新媒体传播、受众与传播效果、舆论研究等领域具有雄厚的研究实力,发表了一批高质量的研究成果,提出或发展了"新媒体资本""差异效果""新闻业的可视化""关联政治"等一系列具有创新性的学术概念。在国内外学术期刊发表50多篇论文(包括5篇SSCI论文),主持近10项省部级以上课题。获教育部人文社科优秀成果二等奖(2015)、霍英东教育基金会全国优秀青年教师奖(2014),以及新闻传播学国家级学会"杰出青年奖"(2016)等10多项省部级以上的学术奖项,并被授予国家万人计划"青年拔尖人才"(2015)、教育部首批青年"长江学者"(2016)等荣誉称号。

上海年度(2018)“社科新人”

为促进上海市青年社科人才的成长,加速培养造就一批进入我国哲学社会科学前沿的优秀学术带头人,上海东方青年学社组织开展了“上海年度社科新人”评选活动。经评审委员会评定,共有10位候选人最终被评为2018年度上海社科新人。

1. 户晓坤

户晓坤,女,1981年生,博士,复旦大学马克思主义学院副教授,专业和研究领域:马克思主义政治经济学,当代国外马克思主义。

近年来,户晓坤尝试在基础理论与前沿问题、思想方法与社会现实、中西方文明比较与中国经验阐释的张力中开展出马克思主义哲学、政治经济学与科学社会主义内在统一的整体性研究架构,为探索马克思主义理论与中国社会现实相结合的具体化路径、建构中国特色哲学社会科学提供思想方法支撑。个人专著为《马克思政治经济学批判的历史意义与时代价值》。

2. 戴海斌

戴海斌,男,1978年生,博士,复旦大学历史学系副教授,专业和研究领域:中国近代史专业,主要研究领域为晚清政治与外交。

戴海斌近期主要致力于19、20世纪之交清政府政治与外交转型以及朝野互动的研究,晚清时期旅华日本人书信、日记等史料的整理和研究。在《历史研究》《近代史研究》《民族研究》《清史研究》《中华文史论丛》等学术刊物发表论文50余篇,取得不少有分量的成果。2018年出版《晚清人物丛考》(生活·读书·新知三联书店),对晚清政治史、中日关系史研究做出了实际有效的推进。

3. 沈国麟

沈国麟,男,1978年生,博士,复旦大学新闻学院教授,专业和研究领域:新闻传播学(政治传播、国际传播)。

沈国麟曾获得上海市“曙光学者”、美国耶鲁大学福克斯国际学者等称号。出版专著3部,主编5部学术著作,在国内外权威、核心期刊上发表几十篇论文,荣获上海市哲学社会科学优秀成果一、二等奖等10个各类学术奖项,多项决策咨询成果被采纳和批示。已出版个人专著《控制沟通:美国政府的媒体宣传》(上海人民出版社,2007年);《善治安心:中国网络理政的理念和实践》(华夏出版社,2017年)。

4. 徐　竹

徐竹,男,1983年生,博士,华东师范大学哲学系副教授,专业和研究领域:现代外国哲学,特别是分析哲学、知识论和社会科学哲学方面的研究。

徐竹立足于对维特根斯坦哲学的研究,近年来在包括《哲学研究》杂志在内的专业期刊上发表了十余篇文章;完成了一项独立承担的国家社科基金项目,撰写了二十余万字的结项报告。特别关注社会行动的规范性与社会科学的认识论问题,已出版专著《理解社会:从规范到机制》(华夏出版社,2016年),获得第四届“科史哲青年著作奖”。

5. 郑　伟

郑伟,男,1979年生,博士,华东师范大学中国语言文学系教授,专业和研究领域:历史语言学、南方少数民族古文字古文献。

郑伟近年来的治学兴趣包括南方少数民族古文字与古文献、汉语历史音韵学、语言认知与演化等。已在国内外发表中、英文论文80余篇(包括SSCI论文4篇),出版专著数种。获得过上海市曙光学者、霍英东教育基金会高校青年教师研究基金、上海市哲学社会科学优秀成果奖等十余项学术荣誉。出版个人专著《吴语虚词及其语法化研究》(“中国当代语言学”丛书之一)(上海教育出版社,2017年);《音韵学:方法和实践》(上海古籍出版社,2018年)。

6. 杨金强

杨金强,男,1983年生,博士,上海财经大学金融学院教授,专业和研究领域:公司金融、资产定价。

杨金强已发表或接受待发表学术期刊论文44篇。主持国家级课题3项,曾获全美华人金融协会最佳论文奖、中国管理学青年奖、中国金融博物馆第三届青年金融学者奖、第十二届中国金融学年会优秀论文一等奖等奖励,并被授予教育部首批青年"长江学者"、国家基金委"优青"、教育部"新世纪优秀人才"、上海市首批"青年拔尖人才"、上海市"晨光学者"等荣誉称号。

7. 黄晓春

黄晓春,男,1980年生,博士,上海大学社会学院副教授,专业和研究领域:组织社会学,城市基层治理研究、社会组织研究。

黄晓春在当代中国治理转型研究领域建树颇丰,尤其是在深入剖析当代中国社会组织发展的制度环境、揭示基层政府改革挑战方面取得了一系列有影响力的学术成果。近年来在国内知名学术刊物发表论文十余篇,出版专著2本,多次获上海市哲学社会科学优秀成果奖一等奖。入选上海市"晨光学者""浦江人才计划""曙光学者",是民政部第二届"全国基层政权和社区建设专家委员会"青年委员。

8. 易承志

易承志,男,1980年生,博士,华东政法大学副教授,专业和研究领域:公共治理、公共服务与城市治理。

易承志出版专著3部、译著1部,在重要刊物发表论文30余篇,荣获教育部霍英东青年教师基金获得者、上海市"浦江学者"、上海市"晨光学者"等荣誉称号。已出版个人专著《社会转型与治理成长:新时期上海大都市政府治理研究》(法律出版社,2009年);《城市化、国家建设与当代中国农民公民权问题研究》(中央编译出版社,2013年)。

9. 杨　华

杨华,男,1979年生,博士,上海政法学院经济法学院教授,专业和研究领域:法学专业,主要研究领域为海洋法。

杨华主持国家社科基金三项(含重点一项)、挪威国家课题一项、省部级项目多项,在国内外刊物发表论文、专报等50余篇。曾获上海市哲学社会科学优秀成果奖一、二等奖;董必武青年法学成果奖提名奖;上海市优秀法学成果奖等学术奖项。论文《海洋法权论》曾入选上海市社会科学界联合会2018年度十大推介论文。已出版个人专著《海洋发展战略中填海造地的法律规制研究》(法律出版社,2014年);《废弃物国际贸易的风险及其法律控制》(复旦大学出版社,2011年)。

10. 赵 琦

赵琦,女,1983年生,博士,上海社会科学院哲学研究所副研究员,专业和研究领域:伦理学、欧洲中世纪哲学、中西比较哲学。

赵琦关注艰深的欧洲中世纪道德理论与中西思想比较。近年来在国内外发表主要学术论文与评论15篇,获得上海市第十四届哲学社会科学优秀成果奖学科学术类著作二等奖。个人专著《回归本真的交往方式——托马斯·阿奎那论友谊》(台湾花木兰文化出版社,2017年)。

三、2017—2018 年上海主要社科科研数据

三、2017—2018 年上海主要社科科研数据

1. 上海市 2017—2018 年社科统计基本数据

2017 年

上海市 2017 年社科统计基本数据

参与统计学校情况：

合计(所)	其中:本科(所)	其中:专科(所)	其中:教育部部属(所)	其中:部委(所)	其中:地方(所)
61	36	25	8	2	51

科研活动人员：

合计(人)	教授(人)	副教授(人)	其他人员(人)	博士(人)	硕士(人)	党员(人)
23072	3108	6625	4	9182	10056	13317
	占 13.47%	占 28.71%	占 0.02%	占 39.8%	占 43.59%	占 57.72%

研究发展人员：

	合　计	教　授	副教授
全时人数	887 人/年	394 人/年	325 人/年
非全时人数	15215 人	3140 人	3829 人
非全时折合全时	3674.1 人/年	861 人/年	969.4 人/年

研究与发展经费：

合计(千元)	教育部经费	中央其他部门经费	省、自治区、直辖市社科基金	省厅经费	其他地方经费
971292.02	204888.72 千元	192574.4 千元	26570.95 千元	429161.8 千元	118096.15 千元
	占 21.09%	占 19.83%	占 2.74%	占 44.18%	占 12.16%

研究机构情况:

合计	297 个	国家高端智库	1 个	共建国家高端智库	0 个
教育部新型高校智库	0 个	共建教育部新型高校智库	0 个	省级智库	22 个
教育部重点研究基地	17 个	部省共建教育部重点研究基地	0 个	教育部 985 创新基地	8 个
中央其他部委重点研究基地	11 个	省级重点研究基地	93 个	教育部重点实验室	1 个
中央其他部委重点实验室	0 个	省级重点实验室	4 个	国家级 2011 协同创新中心	0 个
国家级 2011 协同创新分中心	0 个	省级 2011 协同创新中心	3 个	其他	139 个

科研课题情况:

课题数合计	教育部项目	社科基金项目	省、自治区、直辖市基金项目	省厅项目	港澳台项目	其他项目
23477 个	1953 个	2423 个	1912 个	2289 个	11 个	45 个

新开课题	6725 个	在研课题	18813 个	当年结项课题	4664 个
基础研究	14313 个	应用研究	9155 个	试验与发展	9 个
	占 60.97%		占 39.0%		占 0.04%
当年拨入经费合计	809566.45 千元	其中:当年立项项目拨入	606706.6 千元	当年支出经费合计	636174.49 千元

科研成果情况:

出版著作合计:	2150 部	其中:专著	1087 部
发表论文:	17366 篇	其中:国外发表	1621 篇
电子出版物:	21 部		
成果提交:	1059 个	其中:被采纳	688 个

成果获奖情况:

获奖合计:	55 个	其中:国家奖	0 个
其中:部级奖	16 个	其中:省级奖	39 个

社科期刊情况:

期刊数合计:	89		

2018 年

上海市 2018 年社科统计基本数据

参与统计学校情况：

合计(所)	其中：本科(所)	其中：专科(所)	其中：教育部部属(所)	其中：部委(所)	其中：地方(所)
60	37	23	8	0	50

科研活动人员：

合计(人)	教授(人)	副教授(人)	其他人员(人)	博士(人)	硕士(人)	党员(人)
23892	3332	6684	0	10201	10166	13903
	占 13.95%	占 27.98%	占 0.0%	占 42.7%	占 42.55%	占 58.19%

研究发展人员：

	合　计	教　授	副教授
全时人数	610 人/年	256 人/年	215 人/年
非全时人数	16938 人	3385 人	4182 人
非全时折合全时	4148.9 人/年	1041.9 人/年	1203.4 人/年

研究与发展经费：

合计(千元)	教育部经费	中央其他部门经费	省、自治区、直辖市社科基金	省厅经费	其他地方经费
1185548.53	336747.98 千元	213645.42 千元	35212.42 千元	359358.9 千元	240583.81 千元
	占 28.4%	占 18.02%	占 2.97%	占 30.31%	占 20.29%

研究机构情况：

合计	346 个	国家高端智库	1 个	共建国家高端智库	0 个
教育部新型高校智库	0 个	共建教育部新型高校智库	0 个	省级智库	25 个
教育部重点研究基地	29 个	部省共建教育部重点研究基地	2 个	教育部 985 创新基地	8 个

续表

中央其他部委重点研究基地	11个	省级重点研究基地	98个	教育部重点实验室	1个
中央其他部委重点实验室	2个	省级重点实验室	3个	国家级2011协同创新中心	0个
国家级2011协同创新分中心	0个	省级2011协同创新中心	3个	其他	165个

科研课题情况:

课题数合计	教育部项目	社科基金项目	省、自治区、直辖市基金项目	省厅项目	港澳台项目	其他项目
25098个	1863个	2661个	2150个	2213个	14个	42个

新开课题	7397个	在研课题	20404个	当年结项课题	4694个
基础研究	15597个	应用研究	9501个	试验与发展	0个
	占62.14%		占37.86%		占0.0%
当年拨入经费合计	956651.49千元	其中:当年立项项目拨入	767401.86千元	当年支出经费合计	745250.61千元

科研成果情况:

出版著作合计:	2042部	其中:专著	1000部
发表论文:	17792篇	其中:国外发表	1923篇
电子出版物:	90部		
成果提交:	1624个	其中:被采纳	1132个

成果获奖情况:

获奖合计:	561个	其中:国家奖	0个
其中:部级奖	30个	其中:省级奖	531个

社科期刊情况:

期刊数合计:	100		

2. 2017—2018 年立项的重大课题列表

2017 年立项的重大课题列表

2017 年度国家社科基金重大项目立项名单

序号	项目名称	首席专家	责任单位
1	世界社会主义发展大视野大格局大趋势下的中国特色社会主义研究	轩传树	上海社会科学院
2	周易图学史研究	陈居渊	复旦大学
3	多卷本《宋明理学史新编》	吴　震	复旦大学
4	文明互鉴视域下中华审美文化对近现代西方的影响研究	王才勇	复旦大学
5	设计形态学研究	邱　松	清华大学
		胡　洁	上海交通大学
6	尼采著作全集翻译	孙周兴	同济大学
7	近代以来中国经济学构建的探索与实践研究	程　霖	上海财经大学
8	长寿风险的宏观经济效应及对策研究	汪　伟	上海财经大学
9	创新驱动下中国企业人力资源管理多模式比较及策略选择研究	顾琴轩	上海交通大学
10	长江经济带发展中的生态安全与环境健康风险管理及防控体系研究	高　峻	上海师范大学
11	全面建成小康社会背景下新型城乡关系研究	高　帆	复旦大学
		邓宏图	南开大学
12	中国城市生产、生活、生态空间优化研究	孙斌栋	华东师范大学
		江曼琦	南开大学
13	超特大城市脆弱人群健康管理社会支持体系研究	吕　军	复旦大学
14	大数据背景下健康保险的精算统计模型与风险监管研究	汪荣明	华东师范大学
15	总体国家安全观视野下的网络治理体系研究	沈　逸	复旦大学
		熊澄宇	清华大学
16	新社会阶层的社会流动与社会政治态度研究	张海东	上海大学

续表

序号	项目名称	首席专家	责任单位
17	当代中国转型社会学理论范式创新研究	李友梅	上海大学
18	大数据与审判体系和审判能力现代化研究	季卫东	上海交通大学
		刘艳红	东南大学
19	促进中国慈善事业发展的法律制度创新研究	徐家良	上海交通大学
20	中国特色反腐败国家立法体系建设重大理论与现实问题研究	魏昌东	上海社会科学院
21	基于知识产权密集型产业的强国战略路径研究	单晓光	同济大学
22	构建中华各民族共有精神家园的少数民族视域研究	纳日碧力戈	复旦大学
		龚永辉	广西民族大学
23	国家海洋治理体系构建研究	胡志勇	上海社会科学院
24	汉唐时期沿丝路传播的天文学研究	钮卫星	上海交通大学
25	多卷本《全球客家通史》	王　东	华东师范大学
26	三线建设工业遗产保护与创新利用的路径研究	吕建昌	上海大学
27	多卷本《西方城市史》	陈　恒	上海师范大学
28	吠陀文献的译释及研究	刘　震	复旦大学
29	汉文大藏经未收宋元明清佛教仪式文献整理与研究	侯　冲	上海师范大学
30	中国古代文学制度研究	饶龙隼	上海大学
31	中国古管乐器文献、图像及文物资料集成与研究	刘正国	上海师范大学
32	明清唱和诗词集整理与研究	姚　蓉	上海大学
33	中国古典小说西传文献整理与研究	宋莉华	上海师范大学
34	人民文学与20世纪中国文学的历史经验研究	罗　岗	华东师范大学
35	汉语异域传播与中国文化影响模式研究	姚君喜	上海交通大学
36	当代西方叙事学前沿理论的翻译与研究	尚必武	上海交通大学
37	中国特色大国外交的话语构建、翻译与传播研究	杨明星	郑州大学
		胡开宝	上海交通大学
38	提高基础教育质量的脑科学机制研究	周永迪	华东师范大学
39	和谐医患关系的心理机制及促进技术研究	王　沛	上海师范大学
40	戒断药物依赖人群的健康教育模式及体育运动干预机制研究	周成林	上海体育学院

2017 年度国家哲学社会科学成果文库入选名单

序号	成果名称	作者姓名	申报学科	工作单位
1	环塔里木历史文化资源调查与研究	张安福	中国历史	上海师范大学
2	中国近代小说史论	陈大康	中国文学	华东师范大学
3	中国戏曲剧种发展史	朱恒夫	艺术学	上海师范大学

2017 年度国家社科基金后期资助项目立项名单

序号	学　科	项目名称	申请人	工作单位
1	马列・科社	中华优秀传统文化中的德育资源及其当代价值研究	石书臣	上海师范大学
2		社会结构转型时期思想政治教育创新研究	卢　岚	上海对外经贸大学
3		高校立德树人:道德教育心理学的视角	刘　伟	上海师范大学
4		消费主义视域中人的精神困境及出路	王亚南	上海立信会计金融学院
5	党史・党建	汪道涵年谱	汤　涛	华东师范大学
6	哲　学	美国生态学马克思主义研究	吴　宁	上海师范大学
7		量子纠缠的哲学革命	成素梅	上海社会科学院
8		城市社会的伦理自觉——哲学视野中的城市社会	陈　忠	上海财经大学
9	理论经济	新发展理念引领经济新常态若干问题研究	高建昆	复旦大学
10		中国国有经济边界与国资收益分配研究	汪立鑫	复旦大学
11		公私合营后中国企业制度变革研究(1949—1957)	刘岸冰	上海交通大学
12	政治学	作为幻术的权力:1949 年前国民党治下的国家与工人阶级	李锦峰	上海社会科学院
13		日本社会行为研究	魏青松	上海海事大学
14	法　学	民法典体系下的动产所有权变动	庄加园	上海交通大学
15		法条的结构与设置	刘风景	华东政法大学
16		仲裁司法审查机制研究	张圣翠	上海财经大学
17		交易网络化与经济刑法变革	涂龙科	上海社会科学院
18		民事诉讼社会化研究	王福华	上海财经大学

续表

序号	学　科	项目名称	申请人	工作单位
19	社会学	城市社区公共开放空间游憩与生态服务功能共轭研究	于冰沁	上海交通大学
20		社会流动与分配公平感研究	王甫勤	同济大学
21	人口学	明清上海士人家族人口与身份认同研究	李宏利	上海社会科学院
22	国际问题研究	“一带一路”背景下的中印关系研究	林民旺	复旦大学
23		规范与安全视角下的欧盟反核扩散政策研究	吕　蕊	同济大学
24		双重结构与俄罗斯的地区一体化政策	顾　炜	上海社会科学院
25	中国历史	道公学私:章学诚思想研究	章益国	上海财经大学
26		毛奇龄年谱	胡春丽	复旦大学出版社
27		世界想象:西学东渐与明清汉文地理文献	邹振环	复旦大学
28		天变道亦变:中国宗教的衰落(1833—1911)	张洪彬	上海市社会科学界联合会《学术月刊》杂志社
29	世界历史	欧洲中世纪城市的结构与空间研究	朱　明	华东师范大学
30		冷战与遏制战略的缘起和发展:1945—1972年的美国外交	戴超武	华东师范大学
31		古罗马角斗活动研究	高福进	上海交通大学
32	宗教学	《大灌顶经》研究	伍小劼	上海师范大学
33	中国文学	女性忆传文与纪实类女性书写	石晓玲	上海师范大学
34		中国现代美学的学科制度与知识谱系	王宏超	上海师范大学
35		朱子诗经学考论	陈　才	上海博物馆
36	外国文学	中国20世纪欧美现代主义诗歌译介史论	耿纪永	同济大学
37	语言学	汉语语法隐喻研究	杨延宁	华东师范大学
38		上古牙喉音特殊谐声关系研究	郑　妞	上海大学
39	管理学	中国情境下可持续供应链管理的驱动机制及其绩效研究	洪江涛	上海对外经贸大学
40	艺术学	乐记集校集注	杨　赛	上海音乐学院
41		黑龙江地域流变史——中国北方戏曲的塞外播迁	张福海	上海戏剧学院

2017年度国家社科基金年度重点项目立项名单

序号	项目名称	申请人	工作单位	学 科
1	大数据相关关系和因果关系研究	王天恩	上海大学	哲 学
2	基于“中国积累社会结构理论”的中国特色社会主义政治经济学体系创新研究	马 艳	上海财经大学	理论经济
3	中国传统经济思想的地位和价值研究	程 霖	上海财经大学	理论经济
4	我国城乡一体化发展的理论逻辑与实现机制研究	高 帆	复旦大学	理论经济
5	秦汉与罗马的司法制度和政治结构研究	王志强	复旦大学	法 学
6	宪法解释制度比较研究	范进学	上海交通大学	法 学
7	涉众型经济犯罪涉案财务问题研究	王永杰	华东政法大学	法 学
8	新社会阶层的社会流动与政治态度研究	张海东	上海大学	社会学
9	农地产权改革与乡村社会治理体系研究	董国礼	华东理工大学	社会学
10	家庭为中心的迁移和福利政策研究	任 远	复旦大学	人口学
11	“一带一路”沿线国家的族群冲突与中国海外利益的维护研究	熊易寒	复旦大学	国际问题研究
12	美国国家安全危机预警体制机制及启示研究	刘胜湘	上海外国语大学	国际问题研究
13	基于西文文献的明清战争史研究	董少新	复旦大学	中国历史
14	抗战时期敌后战场文学研究	张中良	上海交通大学	中国文学
15	当代汉学家中国文学英译的策略与问题研究	朱振武	上海师范大学	外国文学
16	俄国《现代人》杂志研究(1836—1866)	耿海英	上海大学	外国文学
17	汉语二语句法结构眼动加工研究	常 辉	上海交通大学	语言学
18	媒介信息对司法公正判断影响的认知传播学研究	徐 剑	上海交通大学	新闻学与传播学
19	政府购买服务背景下的体育社工服务体系建设研究	郑国华	上海体育学院	体育学
20	中国武艺岩画的历史文化研究	郭玉成	上海体育学院	体育学

2017年度国家社科基金年度一般项目立项名单

序号	项目名称	申请人	工作单位	学 科
1	《资本论》视野下全球化的美国困境和中国方案研究	沈 斐	中国浦东干部学院	马列·科社
2	中国共产党掌握意识形态领导权的历史实践与基本经验研究	申小翠	上海大学	马列·科社
3	马克思共享发展思想的时代意蕴与实现路径研究	徐俊峰	上海政法学院	马列·科社
4	马克思所有制关系理论及其当代价值研究	徐国民	华东理工大学	马列·科社
5	中国特色社会主义基本形态的整体性研究	袁秉达	中共上海市委党校	马列·科社
6	全面建成小康社会目标下劳动收入应有份额及实现机制研究	杨小勇	同济大学	马列·科社
7	金融危机后美国制度结构转型和垄断资本主义发展阶段分析	尹 兴	上海海事大学	马列·科社
8	构建中国特色哲学社会科话语体系研究	窦丽梅	上海财经大学	马列·科社
9	历史虚无主义思潮的方法论基础批判	韩 炯	上海财经大学	马列·科社
10	增强党内政治生活时代性研究	刘宗洪	中共上海市委党校	党史·党建
11	国家视野下的上海工商关系调整研究(1949—1956)	张秀莉	上海社会科学院	党史·党建
12	孔子之前儒者的身份、职事与行状研究	余治平	上海社会科学院	哲 学
13	当代法国哲学的审美维度研究	姜宇辉	华东师范大学	哲 学
14	历史唯物主义视域下当代生态正义问题研究	孙晓艳	上海工程技术大学	哲 学
15	约翰·霍洛威的"开放马克思主义"文献翻译与研究	孙 亮	华东师范大学	哲 学
16	实验与科学的合理性研究	王延锋	上海交通大学	哲 学
17	网络化科学的认识论研究	黄时进	华东理工大学	哲 学
18	当代科学事实的争论研究	张 帆	上海社会科学院	哲 学
19	古今中西参照下的《韩非子》政治哲学研究	白彤东	复旦大学	哲 学

续表

序号	项目名称	申请人	工作单位	学　科
20	“汉语言哲学”视域下中国哲学话语创建的理论与实践	刘梁剑	华东师范大学	哲　学
21	儒家“成人”思想与现代社会个体意识的相互性研究	吴立群	上海大学	哲　学
22	古希腊哲学中的净化观念研究	李革新	同济大学	哲　学
23	当代政治哲学平等正义理论研究	顾　肃	复旦大学	哲　学
24	现代西方性别正义理论研究	张　秀	华东政法大学	哲　学
25	当代中国社会转型期乡村伦理秩序重建研究	王美玲	上海工程技术大学	哲　学
26	音乐哲学主体性问题研究	张璐倩	华东理工大学	哲　学
27	以“名”为考察背景的儒家知识论研究	苟东锋	华东师范大学	哲　学
28	从新柏拉图主义到近当代的伊斯兰哲学研究	吴　雁	上海师范大学	哲　学
29	瓦尔堡学派的图像学研究	牟　春	上海师范大学	哲　学
30	美国重商主义传统与新形态研究	伍山林	上海财经大学	理论经济
31	价值链视角下本土市场、创新资源投入与出口企业技术创新研究	王云飞	上海对外经贸大学	理论经济
32	劳动力与产业“双转移刚性”下的内生型城镇化模式研究	张荣佳	上海商学院	应用经济
33	《巴黎协定》生效后中国碳交易体系的发展路径研究	尹应凯	上海大学	应用经济
34	全局旅游视域下我国邮轮产业结构优化研究	闫国东	上海工程技术大学	应用经济
35	基于公共意愿的国家公园公益化运营研究	孙　琨	上海对外经贸大学	应用经济
36	节事活动融入旅游业的机理与模式研究	潘文焰	东华大学	应用经济
37	综合与分类相结合个人所得税的作用机理、国际观察及优化设计研究	彭海艳	上海立信会计金融学院	应用经济
38	中国金融化的投入分配效应研究	鲁春义	上海立信会计金融学院	应用经济
39	新常态下人民币汇率波动对股票市场的动态溢出效应研究	朱淑珍	东华大学	应用经济

续表

序号	项目名称	申请人	工作单位	学　科
40	不完整合约下的互信机制研究	杜宁华	上海财经大学	应用经济
41	专利竞争优势对企业全要素生产率的配置效率研究	何　强	上海理工大学	应用经济
42	长江经济带环境损益分配格局、形成因子及环境公平目标平衡机制研究	张翼飞	上海对外经贸大学	应用经济
43	制度、效率和中国住房保障研究	孙斌艺	华东师范大学	应用经济
44	非线性动态面板数据模型的统计推断与应用研究	李　睿	上海对外经贸大学	统计学
45	相依与不完全数据的变点检测及其应用研究	牛司丽	同济大学	统计学
46	创新地方政府对市场的监管机制和监管方式研究	陈奇星	中共上海市委党校	政治学
47	移民、城市化与老龄化视域下的全球人口流变政治影响研究	程亚文	上海外国语大学	政治学
48	中国民主的历史演变、话语建构与运行路径研究	陈　毅	华东政法大学	政治学
49	大数据时代特大城市少数民族流动人口社会治理研究	付　春	上海财经大学	政治学
50	建立健全领导干部环境保护责任离任审计制度研究	鲍朔望	审计署驻上海特派员办事处	政治学
51	环境群体性事件对地方政府治理的影响研究	石发勇	上海政法学院	政治学
52	整体性治理视角下特大城市常态化风险管控机制研究	刘晓亮	华东理工大学	政治学
53	地方政府非税收入管理的制度困境与对策研究	郭　艳	中共上海市委党校	政治学
54	东亚发展型国家的理论追踪及中国启示研究	张振华	华东师范大学	政治学
55	中国参与网络空间国际规则制定研究	沈　逸	复旦大学	政治学
56	反不正当竞争法立法问题研究	孔祥俊	上海交通大学	法　学
57	当代西方马克思主义法治理论研究	孙国东	复旦大学	法　学
58	司法改革背景下的法律职业伦理研究	王　申	华东政法大学	法　学
59	中国网络法的演进模式研究	胡　凌	上海财经大学	法　学
60	清代成案的性质与功能研究	陈灵海	华东政法大学	法　学

续表

序号	项目名称	申请人	工作单位	学 科
61	网络谣言刑事化治理的宪法指引研究	孙 平	华东政法大学	法 学
62	比例原则的全球化与本土化研究	蒋红珍	上海交通大学	法 学
63	司法鉴定意见可采性问题实证研究	陈邦达	华东政法大学	法 学
64	国际投资争端解决程序的保障机制研究	孙南申	复旦大学	法 学
65	全球数字贸易规则新趋势及中国的政策选择研究	李墨丝	上海对外经贸大学	法 学
66	体系解释方法、规则及其应用研究	陈金钊	华东政法大学	法 学
67	长沙新出简牍所见东汉基层司法运作研究	姚 远	华东政法大学	法 学
68	选择性行政执法的法律规制研究	黄 锫	同济大学	法 学
69	老年被害人司法保护的现状与对策研究	苏敏华	上海对外经贸大学	法 学
70	信息化条件下特大城市犯罪治理研究	金泽刚	同济大学	法 学
71	风险社会与刑事处罚早期化问题研究	赵运锋	上海政法学院	法 学
72	意思表示解释的原理与方法研究	杨代雄	华东政法大学	法 学
73	论城乡规划法的私权因素与立法构造研究	朱 冰	同济大学	法 学
74	老年人意定监护制度研究	李 霞	华东政法大学	法 学
75	我国社会组织立法的困境及出路研究	马金芳	华东政法大学	法 学
76	数字贸易国际规则的新发展及中国法律对策研究	李 晶	华东政法大学	法 学
77	“一带一路”倡议下中国海外港口投资运营的法律问题研究	赫 璟	上海对外经贸大学	法 学
78	明清至民国地方善举的历史人类学研究	张佩国	上海大学	社会学
79	基于代际比较视角的当代青少年行为道德的社会学研究	马和民	华东师范大学	社会学
80	建构主义与知识社会学理论的新进展研究	刘拥华	华东师范大学	社会学
81	城市中产阶层家庭养育实践和社会流动策略研究	陈 蒙	上海大学	社会学
82	基于卫生热线大数据视角的医患关系研究	蔡雨阳	上海交通大学	社会学
83	贫困儿童家庭抗逆力的建构与提升研究	张 坤	华东政法大学	社会学

续表

序号	项目名称	申请人	工作单位	学　科
84	新工人群体的阶层认同研究	刘建洲	中共上海市委党校	社会学
85	医患关系的影响机制和干预策略研究	贺　雯	上海师范大学	社会学
86	城市高风险家庭儿童保护性因素与社会工作介入策略研究	华红琴	上海大学	社会学
87	实践场域内社会工作本土知识及提升路径研究	安秋玲	华东师范大学	社会学
88	老年人社区生活圈的构建与协同营造策略研究	黄建中	同济大学	社会学
89	城市居民环境风险感知对环境行为的影响机制研究	王晓楠	上海开放大学	社会学
90	健康养老视域下农村乡镇卫生院医养结合模式创新研究	邵德兴	上海对外经贸大学	人口学
91	老年人长期照护的资金筹措与机制创新研究	吴君槐	上海师范大学	人口学
92	外籍人口在中国的城市融入研究	朱蓓倩	上海商学院	人口学
93	动态视角下的人口老龄化、医疗费用和经济增长关系研究	杨　昕	上海社会科学院	人口学
94	我国老年人社会参与的形成机制及其影响模式研究	张佳安	复旦大学	人口学
95	西北人口较少数民族的民间宗教研究	邢海燕	上海师范大学	民族问题研究
96	美国种族主义、排外主义回潮研究	潘亚玲	复旦大学	民族问题研究
97	浙闽交界山区畲族民间信仰研究	蓝希瑜	上海师范大学	民族问题研究
98	G20与全球发展治理机制改革研究	张海冰	上海国际问题研究院	国际问题研究
99	欧盟东向战略与中国“一带一路”建设的结构性对比研究	崔宏伟	上海社会科学院	国际问题研究
100	中国的南极磷虾渔业发展政策研究	邹磊磊	上海海洋大学	国际问题研究
101	域名监管权移交背景下中国参与国际互联网规则制定研究	王明国	上海对外经贸大学	国际问题研究
102	日本供给侧结构改革的经验与教训研究	孟　勇	上海工程技术大学	国际问题研究

续表

序号	项目名称	申请人	工作单位	学　科
103	中国企业主导构造价值链推进国际产能合作的动力、路径与对策研究	文　娟	上海对外经贸大学	国际问题研究
104	跨欧亚伙伴关系背景下的中俄“两河流域”合作研究	刘　军	华东师范大学	国际问题研究
105	“一带一路”背景下中国周边安全危机管控研究	刘海泉	上海对外经贸大学	国际问题研究
106	中国对外直接投资面临的海外社会组织风险及对策研究	孙海泳	上海国际问题研究院	国际问题研究
107	针对南海问题预警决策的“南海云系统”构建研究	陈书鹏	上海海事大学	国际问题研究
108	新形势下朝鲜半岛状况与我国对策研究	郑继永	复旦大学	国际问题研究
109	“北极航道”与世界贸易格局和地缘政治格局的演变研究	胡麦秀	上海海洋大学	国际问题研究
110	“一带一路”倡议与区域性公共产品的中国供给研究	黄　河	复旦大学	国际问题研究
111	金砖国家新兴世界城市比较研究	汤　伟	上海社会科学院	国际问题研究
112	《越缦堂日记》整理与研究	张桂丽	复旦大学	中国历史
113	塔里木地区城址遗存与唐代西域边防研究	张安福	上海师范大学	中国历史
114	近代中国知识分子精神史研究(1840—1949)	许纪霖	华东师范大学	中国历史
115	宋以前《伤寒杂病论》流传研究	杨文喆	上海中医药大学	中国历史
116	汉魏南北朝墓志笺证	范兆飞	上海师范大学	中国历史
117	基于图像史料的宋代女性文化研究	程　郁	上海师范大学	中国历史
118	高丽涉元史料的编目、整理与研究	舒　健	上海大学	中国历史
119	海上丝路与中国古代科技向日本传播研究	萨日娜	上海交通大学	中国历史
120	新出碑志所见中晚唐政治权力变迁研究	仇鹿鸣	复旦大学	中国历史
121	中日甲午战争早期历史叙事在全球的形成与流传研究(1894—1927)	孙　青	复旦大学	中国历史
122	以青年党兴衰为中心的近代归国留学生政党运动研究	袁　哲	东华大学	中国历史

续表

序号	项目名称	申请人	工作单位	学　科
123	近代上海传统行业与行业群体研究	高红霞	上海师范大学	中国历史
124	西方新传记史学研究	陈茂华	东华大学	世界历史
125	新左派历史语境中 E.P.汤普森史学研究的文化史转向研究	梁民愫	上海师范大学	世界历史
126	朝鲜通信使研究	王鑫磊	复旦大学	世界历史
127	公元前三千纪晚期两河流域中央与地方关系研究	欧阳晓莉	复旦大学	世界历史
128	罗马帝国初期的元首继承问题研究	熊　莹	上海师范大学	世界历史
129	七世纪前中国金铜佛像考古学研究	何志国	华东师范大学	考古学
130	敦煌壁画榜题底稿校注与研究	张长虹	上海大学	宗教学
131	晚清天主教徒李问渔著作的整理与研究	肖清和	上海大学	宗教学
132	耶稣基督形象与民国现代性话语研究	褚潇白	华东师范大学	宗教学
133	中国三官信仰的谱系与文化认同研究	雷伟平	上海外国语大学	宗教学
134	明清说部诗文辑纂与研究	罗书华	复旦大学	中国文学
135	《潜夫论》汇校集注	张　觉	上海财经大学	中国文学
136	科幻乌托邦研究	王　峰	华东师范大学	中国文学
137	元明清小说插图编年叙录	毛　杰	上海师范大学	中国文学
138	“小说”与“杂史”、“传记”、“传记文”之关系研究	王庆华	华东师范大学	中国文学
139	弗朗茨·库恩中国古典小说翻译、流传与影响研究	王金波	上海交通大学	中国文学
140	空间视域下的宋元明白话短篇小说研究	夏明宇	上海大学	中国文学
141	东印度公司与启蒙时期欧洲的“中国风”研究	施　晔	上海师范大学	中国文学
142	生态批判的中国问题与中国经验研究	王　茜	华东师范大学	中国文学
143	西方浪漫主义与中国现代文学中的民族国家认同研究	尚晓进	上海大学	外国文学
144	以“译者”为中心的文学翻译口述史研究	王改娣	华东师范大学	外国文学
145	八至十世纪初日本文学的思想性研究	尤海燕	华东师范大学	外国文学
146	贝西·黑德文学艺术思想研究	卢　敏	上海师范大学	外国文学

续表

序号	项目名称	申请人	工作单位	学　科
147	多元文化视野下的玛格丽特·劳伦斯研究	施　旻	上海交通大学	外国文学
148	伊兹拉·庞德诗歌创作与神话研究	胡　平	上海工程技术大学	外国文学
149	新物质主义视域下的19世纪20世纪之交美国小说研究	程　心	上海外国语大学	外国文学
150	当代美国或然历史小说研究(1945—2015)	李　锋	上海财经大学	外国文学
151	范式视域的俄罗斯语言哲学史研究	姜　宏	复旦大学	语言学
152	英、汉原型情绪的概念化研究	周　频	上海海事大学	语言学
153	翻译在近代英美汉学演进中的角色及其影响研究	何绍斌	上海海事大学	语言学
154	基于翻译规范的中国应用翻译批评及标准体系研究	傅敬民	上海大学	语言学
155	中国社会文化新词英译及其接受效果研究	窦卫霖	华东师范大学	语言学
156	基于《论语》英译的中国典籍对外传播机制创新研究	范　敏	上海立信会计金融学院	语言学
157	世情小说《金瓶梅》英语世界译介模式研究	赵朝永	华东师范大学	语言学
158	基于汉语儿童语料库的语言障碍诊断系统研究	周　兢	华东师范大学	语言学
159	信息化时代大学外语教学范式重构研究	陈坚林	上海外国语大学	语言学
160	英语专业本科阶段英语能力结构的认知水平研究	陈慧麟	上海外国语大学	语言学
161	英语和汉语作为外语的综合性写作测评研究	张新玲	上海大学	语言学
162	汉语性质形容词主观化与结构功能的互动研究	吴　颖	上海师范大学	语言学
163	基于情态视角的汉语能性述补结构研究	周　红	上海财经大学	语言学
164	谓词语义角色的指称及其主观性研究	张占山	同济大学	语言学
165	汉语跨层词汇化的再演变研究	刘红妮	上海师范大学	语言学
166	认知老化对老年人语音感知的影响研究	杨小虎	上海交通大学	语言学
167	本质义理论框架下的日语格助词研究	许慈惠	上海外国语大学	语言学

续表

序号	项目名称	申请人	工作单位	学　科
168	当代中国小说英译中的文学性再现与中国文学形象重塑研究	孙会军	上海外国语大学	语言学
169	中国英语学习者语音习得问题研究	卜友红	上海师范大学	语言学
170	指向学科核心素养的英语课堂教学任务研究	朱　彦	复旦大学	语言学
171	侗语音韵研究	毕谦琦	华东政法大学	语言学
172	建党百年中国共产党新闻政策变迁研究	武志勇	华东师范大学	新闻学与传播学
173	中国新闻传播教育 100 年的文献资料整理与史论理析	李建新	上海大学	新闻学与传播学
174	融媒体时代受众演变与舆论引导问题研究	童清艳	上海交通大学	新闻学与传播学
175	西方新闻自由的本质研究及启示	吴畅畅	华东师范大学	新闻学与传播学
176	红色报刊与中国新闻界集体记忆建构研究	郭恩强	华东政法大学	新闻学与传播学
177	美国"中国通"国际社交媒体涉华舆论中国观、影响路径及引导策略研究	相德宝	上海外国语大学	新闻学与传播学
178	社会学习视域下网络媒体的犯罪传播与控制研究	张东平	上海政法学院	新闻学与传播学
179	图书馆异构特藏资源的数字人文研发与共享模式研究	李　欣	华东师范大学	图书馆、情报与文献学
180	面向产业技术创新全流程的高校图书馆专利服务体系建设研究	张善杰	上海海事大学	图书馆、情报与文献学
181	数字科研环境下学术信息交流系统的变化规律与模型重构研究	丁敬达	上海大学	图书馆、情报与文献学
182	民国时期档案管理思想研究	张会超	上海师范大学	图书馆、情报与文献学
183	新版民国文献总目编撰(1949—　)	蔡迎春	上海师范大学	图书馆、情报与文献学
184	基于可信语义深度学习的网络文献搜索精准度评价研究	曾国荪	同济大学	图书馆、情报与文献学

续表

序号	项目名称	申请人	工作单位	学　科
185	体育组织场域构筑与治理体系创新研究	陆小聪	上海大学	体育学
186	国际体育社会学研究图景	田恩庆	上海师范大学	体育学
187	基于体育课堂生态视角的美国中小学体育课堂研究	苏坚贞	华东师范大学	体育学
188	我国群众体育供给侧结构性改革与民众获得感提升研究	程　华	上海体育学院	体育学
189	中国武术国际软实力研究	姜传银	上海体育学院	体育学
190	民族体育文化治理模式的构建、运行机制及其发展路径研究	李延超	上海体育学院	体育学
191	环境污染因素对我国青少年开展校内外体育活动的影响及对策研究	孙　辉	华东师范大学	体育学
192	“一带一路”电力投资项目安全成本形成机理及对策研究	杨太华	上海电力学院	管理学
193	新常态时期运力过剩背景下中国海运业供给侧创新驱动模式研究	蒋元涛	上海海事大学	管理学
194	中国企业国际化过程中非市场战略与市场战略互动及整合研究	谢佩洪	上海对外经贸大学	管理学
195	转型经济中创业者异质性经验、创业警觉与商业模式结构创新研究	刘　刚	华东理工大学	管理学
196	后发情境下本土代工企业颠覆性创新机理与路径研究	杨桂菊	华东理工大学	管理学
197	基于信息操纵的合谋型内幕交易及监管创新研究	姜华东	上海立信会计金融学院	管理学
198	公司治理、管理层权力与薪酬差距激励效应研究	佟爱琴	同济大学	管理学
199	大数据驱动下的众筹产品设计、定价与优化研究	屈绍建	上海理工大学	管理学
200	新常态下东部地区创业团队的社会资本与新创企业行为研究	李成彦	上海师范大学	管理学
201	知识产权风险视角下企业研发联盟稳定性双契约治理机制研究	甄　杰	华东政法大学	管理学

续表

序号	项目名称	申请人	工作单位	学　科
202	中国情境下人格测验的参照框架研究	王　强	华东理工大学	管理学
203	新经济产业员工和企业关系多元模式实证比较与优化对策研究	陈万思	华东理工大学	管理学
204	我国机构养老服务的定价机制研究	沈　勤	上海工程技术大学	管理学
205	经济发达地区建设用地系统减量化绩效(PCLSD)的理论、实证和政策建议研究	刘红梅	上海师范大学	管理学
206	社会热点事件网络舆论反转的演变机理与治理研究	汪明艳	上海工程技术大学	管理学
207	社会公正视角下公众对政府的合作行为研究	方学梅	华东理工大学	管理学
208	分级诊疗导向的纵向整合医疗服务体系研究	张录法	上海交通大学	管理学
209	养老服务 PPP 模式的社会资本投资回报机制研究	章　萍	上海政法学院	管理学
210	基于量化风险评估的内河水上交通安全体系设计研究	尹静波	上海交通大学	管理学

2017 年度国家社科基金中华学术外译项目立项名单

序号	学　科	项目名称(中文)	项目负责人	资助文版	原著作者或主编
1	哲　学	春秋公羊学史	华东师范大学出版社	韩文	曾亦 郭晓东
2	政治学	“一带一路”关键词	唐青叶(上海大学)	英文	尚虎平
3	法　学	通往法治的道路:社会的多元化与权威体系	林曦(复旦大学)	英文	季卫东
4	社会学	中国文化通论	华东师范大学出版社	乌兹别克文	顾伟列
5		天学真原	上海交通大学出版社	日文	江晓原
6		学术自述与反思:费孝通学术文集	上海交通大学出版社	日文	费孝通
7	民族问题研究	世界是通的:“一带一路”的逻辑	王广大(上海外国语大学)	阿拉伯文	王义桅

续表

序号	学　科	项目名称(中文)	项目负责人	资助文版	原著作者或主编
8	中国历史	商代甲骨法文读本	上海人民出版社	法文	陈光宇
9	世界历史	来华犹太难民研究(1933—1945):史述、理论与模式	上海交通大学出版社	英文	潘光等
10		东京审判——为了世界和平	上海交通大学出版社	韩文	程兆奇
11	考古学	解读敦煌·敦煌装饰图案	华东师范大学出版社	韩文	关友惠
12		解读敦煌·敦煌装饰图案	华东师范大学出版社	俄文	关友惠
13	外国文学	中国文学中的世界性因素	上海交通大学出版社	英文	陈思和
14	语言学	汉语和汉语研究十五讲	金基石(上海外国语大学)	韩文	陆俭明 沈　阳
15	体育学	从长安到雅典——丝绸之路古代体育文化	上海交通大学出版社	英文	孙麒麟等
16	教育学	中国教育思想史	上海交通大学出版社	英文	朱永新
17		基础教育发展的中国之路	华东师范大学出版社	俄文	黄忠敬
18		基础教育发展的中国之路	华东师范大学出版社	乌兹别克文	黄忠敬
19		基础教育发展的中国之路	华东师范大学出版社	越南文	黄忠敬
20	艺术学	江南园林论	闫爱宾(华东理工大学)	英文	杨鸿勋
21		中国音乐美学原范畴研究	华东师范大学出版社	英文	杨　赛
22	系列丛书	全球视野下的中国文学系列(共5册)	上海交通大学出版社	英文	陈思和等

2017年国家社科基金青年项目立项名单

序号	课题名称	负责人	工作单位	学　科
1	社会主义核心价值观培育成效评价体系构建研究	曾　琰	华东政法大学	马列·科社
2	城市群众文化建设在维护国家文化安全中的问题与对策研究	胡霁荣	中共上海市委党校	马列·科社
3	金融化生存世界的哲学批判及其中国论域研究	严静峰	上海财经大学	哲　学

续表

序号	课题名称	负责人	工作单位	学　科
4	宋代经学撰著体式与义理诠释的关系研究	郭亚雄	上海师范大学	哲　学
5	心学与关学交叉视域下的李二曲哲学思想研究	王文琦	复旦大学	哲　学
6	巴塔耶生存论思想研究	王春明	复旦大学	哲　学
7	内模型计划与当代集合论哲学研究	杨睿之	复旦大学	哲　学
8	阿多诺否定的道德哲学及其影响研究	周爱民	同济大学	哲　学
9	劳动力空间配置优化的经济增长与福利效应研究	高　虹	复旦大学	理论经济
10	区域一体化促进地区协同减排理论与实证研究	张　可	华东政法大学	理论经济
11	我国资本流出的银行体系风险评估与防范对策研究	王　茜	上海对外经贸大学	理论经济
12	宏观税负、有效税负与创新驱动经济增长的理论、机制与政策建议研究	姜艳凤	上海海事大学	应用经济
13	异质预期视角下我国跨境资本流动的微观机制及政策启示研究	张　倩	上海大学	应用经济
14	干部选拔任用中的“逆淘汰”现象及其治理研究	袁　超	中共上海市委党校	政治学
15	地方政府培育社会组织的运行机制及改进策略研究	赵　挺	华东政法大学	政治学
16	基层党组织的政治生态评估体系与优化策略研究	刘笑言	华东师范大学	政治学
17	推进我国尘肺病治理的机制与路径研究	刘乐明	华东政法大学	政治学
18	“准征收”与行政补偿法律制度研究	张先贵	上海海事大学	法　学
19	尖端医疗技术给刑法带来的挑战及对策研究	于佳佳	上海交通大学	法　学
20	农村集体经营性资产的物权法规范路径研究	刘竞元	华东政法大学	法　学
21	“合规机制”的公司法普适性规则研究	梁　爽	华东政法大学	法　学
22	数字网络时代重混创作版权法律制度研究	华　劼	同济大学	法　学
23	“一带一路”背景下争端解决共生机制构建研究	张　虎	华东政法大学	法　学

续表

序号	课题名称	负责人	工作单位	学　科
24	社会分层与中年人的身体再生产研究	郭慧玲	华东政法大学	社会学
25	“一带一路”背景下东部地区产业转移的经济社会学研究	孙中伟	华东理工大学	社会学
26	有机食品消费的社会学研究	章　超	同济大学	社会学
27	城市社区社会工作的理论创新及其整合行动体系构建研究	徐选国	华东理工大学	社会学
28	城镇职业女性生育代价及其补偿机制研究	陈煜婷	中共上海市委党校	社会学
29	社会组织的公共性生产对城市基层社会治理的影响研究	纪莺莺	上海大学	社会学
30	中国老龄人口脆弱性评价与精准养老研究	阳　方	上海大学	人口学
31	大陆海外新移民回流的动态决策机制研究	陈　程	上海理工大学	人口学
32	人口老龄化背景下教育、医疗与养老财政支出的受益公平性研究	沈　可	复旦大学	人口学
33	哈佛燕京学社藏东巴经书写流派研究	张春凤	华东师范大学	民族问题研究
34	“中医外交”研究	宋欣阳	上海中医药大学	国际问题研究
35	双边投资协定与国际投资争端解决机制的演变及趋势研究	陈　佳	上海财经大学	国际问题研究
36	基于出土文献的古书成书及古书体例研究	赵　争	上海大学	中国历史
37	法国藏中国抗战档案史料的收集、整理、研究与编译	蒋　杰	上海师范大学	中国历史
38	民国洋画运动与中西文化交流研究	王　韧	上海社会科学院	中国历史
39	冷战背景下旅大接收问题研究	李秀芳	上海海事大学	世界历史
40	德国城市社会福利住房政策研究(1845—1960)	王琼颖	华东师范大学	世界历史
41	冷战时期联邦德国对华经济外交研究(1949—1990)	陈　弢	同济大学	世界历史
42	英帝国与民族国家认同互动视野下的“帝国日”研究(1897—1976)	朱联璧	复旦大学	世界历史

续表

序号	课题名称	负责人	工作单位	学　科
43	商代祭祀仪式与社会控制研究	杨　谦	上海大学	考古学
44	英国所藏夏商周青铜器的整理和研究	胡嘉麟	上海博物馆	考古学
45	阿根廷与智利政教关系比较研究(1973—1989)	张　琨	上海大学	宗教学
46	摩门教与当前中美关系研究	程洪猛	上海市社会主义学院	宗教学
47	日本宗教团体与战后中日关系及我国的对策研究	王　盈	上海社会科学院	宗教学
48	中国文化对20世纪欧美文论的影响研究	吴娱玉	上海大学	中国文学
49	宋代题跋文体研究	赵　瑞	上海师范大学	中国文学
50	跨文化视域中晚清小说现代性研究	方頠玮	上海师范大学	中国文学
51	日本明治时期汉诗文杂志中的清人诗文研究	陈文佳	华东师范大学	中国文学
52	约翰·巴思的小说创作美学观研究	宋　明	上海财经大学	外国文学
53	基于概率模型的转喻识别英汉对比研究	张炜炜	上海外国语大学	语言学
54	吴语人称代词的共时类型与历史演变研究	盛益民	复旦大学	语言学
55	中国大学生思辨能力的英语课堂评价和发展研究	周季鸣	复旦大学	语言学
56	汉语作为二语的分级读物评估指标研究	钱　彬	上海财经大学	语言学
57	东亚朱子语录文献语言研究	潘牧天	上海师范大学	语言学
58	汉语语篇的语义分层与言者主体介入研究	仇立颖	上海大学	语言学
59	互动语言学视角下的汉语应答语研究	谢心阳	上海财经大学	语言学
60	类型学视角下汉语肯定否定极性逆转的限制条件研究	张汶静	上海师范大学	语言学
61	类型学视野下的汉语和朝鲜语关系从句对比研究	崔惠玲	复旦大学	语言学
62	国际恐怖主义组织的传播特点及其对中国的影响研究	郑博斐	上海社会科学院	新闻学与传播学
63	中国品牌国际传播中的文化符号生产与认同机制研究	蒋诗萍	上海财经大学	新闻学与传播学
64	出土中兽医学文献综合研究	张本瑞	上海中医药大学	图书馆、情报与文献学

续表

序号	课题名称	负责人	工作单位	学 科
65	明清乡镇志书考录与研究	陈 凯	上海大学	图书馆、情报与文献学
66	学者驱动的学术资源语义共享模式及其应用研究	楼 雯	华东师范大学	图书馆、情报与文献学
67	美国图书馆员职业化的历史考察(1939—1970)	周 亚	华东师范大学	图书馆、情报与文献学
68	图谱化知识关联的演进、分歧和交融研究	杨 萌	上海工程技术大学	图书馆、情报与文献学
69	赵注《孟子》传本与校勘研究	王耐刚	华东师范大学	图书馆、情报与文献学
70	老龄化背景下社区老年体育健康管理模式研究	褚昕宇	上海工程技术大学	体育学
71	“健康中国”背景下传统体育养生功法复原与编创研究	范铜钢	上海体育学院	体育学
72	“时空异步”传导下自动化码头多级作业柔性困境及应对策略研究	许波桅	上海海事大学	管理学
73	非欺骗性仿冒品消费行为的动机、应对策略和影响后果研究	单 娟	上海大学	管理学
74	普惠性企业创新支持的税收激励政策研究	孙 莹	中共上海市委党校第五分校	管理学
75	旅游目的地失范性消费空间的成因、影响机制和引导政策研究	罗佳琦	华东师范大学	管理学
76	五年规划体制下环境目标设置的环境效应与作用路径研究	张 攀	上海交通大学	管理学

2017 年度上海市社科规划一般课题立项名单

序号	课题名称	学科分类	负责人	工作单位
1	建立在融通视角下的话语体系创新研究	马列·科社	张胜利	同济大学
2	唯物史观视域下智能革命与财富分配研究	马列·科社	王永章	上海第二工业大学
3	当代西方马克思主义数字劳动理论及其借鉴研究	马列·科社	黄再胜	南京政治学院上海分校

续表

序号	课题名称	学科分类	负责人	工作单位
4	中华优秀传统文化与友善社会风气的涵育研究	马列·科社	唐明燕	复旦大学
5	马克思主义中国化话语体系形成源研究:以《共产党宣言》初期译介(1899—1919)为中心	马列·科社	孙义文	华东师范大学
6	习近平"文化自信"视阈中的中西方文化关系研究	马列·科社	黄力之	中共上海市委党校
7	第二国际的三种社会主义革命论研究	马列·科社	曾瑞明	上海工程技术大学
8	"中国道路"参照下的当代社会主义基本问题研究	马列·科社	陈祥勤	上海社会科学院
9	传承与转化:通向现代法治之路的传统文化资源研究	马列·科社	秦　文	上海师范大学
10	西方逆全球化态势与上海全球性城市建设的意义	马列·科社	闫　婧	上海社会科学院
11	改革开放以来,我国高校思想政治理论课话语体系变迁的历史脉络与基本经验研究	马列·科社	于智慧	上海政法学院
12	国家治理现代化与中国现代文明建构	马列·科社	方松华	上海社会科学院
13	十八大以来纪检监察体制改革与完善的内在逻辑研究	马列·科社	张保权	同济大学
14	思想政治教育仪式及其感染性研究	马列·科社	王爱祥	华东理工大学
15	习近平治国理政创新思维研究	马列·科社	孙叶青	中共上海市委党校第三分校
16	驻区单位区域化党建参与意愿的影响因素和提升路径研究	党史党建	王可园	华东师范大学
17	改革开放以来党内法规制度建设研究	党史党建	花　勇	华东政法大学
18	巡视背景下公职人员单位从政环境治理研究	党史党建	袁　峰	中共上海市委党校
19	中共"一大"学术史研究(1920—2016)	党史党建	张玉菡	上海师范大学
20	社会治理视域下区域化党建创新机制研究——以马陆镇为例	党史党建	张敬芬	中共上海市嘉定区委党校
21	地方党代会常任制试点趋向研究	党史党建	郜工农	中共上海市金山区委党校

续表

序号	课题名称	学科分类	负责人	工作单位
22	藏传佛教宗义类文献的整理与研究	哲学宗教学	牛　宏	上海师范大学
23	法则与目的的贯连:康德的先验德性论研究	哲学宗教学	孙小玲	复旦大学
24	反思与前瞻:当代中国基础教育变革的哲学理念研究	哲学宗教学	陈　锋	华东师范大学
25	数据记忆的伦理研究	哲学宗教学	闫宏秀	上海交通大学
26	三分法视域下的“新旧旁出说”	哲学宗教学	杨泽波	复旦大学
27	负责任创新的伦理、政策框架研究	哲学宗教学	张春美	中共上海市委党校
28	当代西方军事革命争论的思想史考察(1990—2016)	哲学宗教学	刘树才	复旦大学
29	德国古典时期的经济哲学研究	哲学宗教学	张东辉	上海财经大学
30	人工智能发展的伦理规范与法律规制	哲学宗教学	苏令银	上海师范大学
31	本源与超越:黑格尔与马克思思想传承关系再研究	哲学宗教学	潘　斌	华东师范大学
32	德国当代艺术的哲学问题	哲学宗教学	孙周兴	同济大学
33	地方债务、城镇化与中国经济可持续增长研究——基于地方融资平台的视角	经济学(基础理论)	范剑勇	复旦大学
34	马克思主义政治经济学视阈下英语语言霸权的全球财富转移效应研究	经济学(基础理论)	陆　夏	上海财经大学
35	教育投入对中国内生经济增长的影响研究	经济学(基础理论)	褚玉静	上海师范大学
36	全面抗战时期国民政府金融政策研究	经济学(基础理论)	贺水金	上海社会科学院
37	金融发展与国际分工的关系研究	经济学(基础理论)	张　娟	上海对外经贸大学
38	公共私人创新服务网络视角下上海自贸试验区公共服务创新机制研究	经济学(应用经济)	程新章	上海立信会计金融学院
39	货币政策区域差异研究——以长三角地区为例	经济学(应用经济)	曹永琴	上海社会科学院
40	大气污染转移与区域联合治理——基于环境规制强度差异的视角	经济学(应用经济)	曹建华	上海财经大学

续表

序号	课题名称	学科分类	负责人	工作单位
41	家庭背景资产负债风险识别与长期投资者大类资产配置的理论与实证	经济学（应用经济）	蔡明超	上海交通大学
42	优化上海政府创业投资引导基金配置效率研究	经济学（应用经济）	朱云欢	上海外国语大学
43	基于金融网络风险传导的金融市场极端风险预警模型研究	经济学（应用经济）	蒋志强	华东理工大学
44	金融机构套利行为的系统性风险监测及协作型治理机制研究	经济学（应用经济）	刘喜和	上海大学
45	减少弃风的“智慧”电力产业链长效运营机制及利益分配优化研究	经济学（应用经济）	侯建朝	上海电力学院
46	分享经济运行机制与治理政策研究：基于双边市场理论视角	经济学（应用经济）	程贵孙	华东师范大学
47	经济下行中我国居民家庭金融资产风险测算与规避研究	经济学（应用经济）	宁薛平	上海对外经贸大学
48	生产性服务业开放对中国制造业升级影响度测评及对策研究	经济学（应用经济）	杨　玲	上海大学
49	保险行业声誉风险：形成机制、度量与监管	经济学（应用经济）	赵桂芹	上海财经大学
50	上海市减税空间与最优税负研究	经济学（应用经济）	范晓静	上海理工大学
51	土地财政下的中国城镇劳动力市场用工成本研究——基于城市异质性与企业异质性的双重考量	经济学（应用经济）	赵晓霞	上海立信会计金融学院
52	城镇化进程中环境冲突参与的影响因素及其治理研究	政治学	易承志	华东政法大学
53	多层级政府在环境保护上的事权划分及支出责任研究	政治学	田艳芳	华东政法大学
54	监察委员会职权定位与衔接机制研究	政治学	魏昌东	上海社会科学院
55	日本非营利组织参与社会治理的制度安排及其借鉴研究	政治学	俞祖成	上海外国语大学
56	施特劳斯的西方自由主义批判研究	政治学	马华灵	华东师范大学

续表

序号	课题名称	学科分类	负责人	工作单位
57	全球城市建设与老年就业政策体系的国际研究——以纽约、伦敦、东京和上海为例	社会学	张水辉	上海对外经贸大学
58	社区社会资本对构建成功老龄化的作用机理研究	社会学	陈虹霖	复旦大学
59	社会变迁中的空间记忆与文化传承：基于多学科视角的考察	社会学	陈　晋	同济大学
60	基于间接互惠视角的青少年合作行为研究	社会学	席居哲	华东师范大学
61	互联网公益信任风险问题研究	社会学	赵文聘	中共上海市委党校
62	“全面两孩”政策下新手母亲角色适应的社会工作干预研究	社会学	何姗姗	华东师范大学
63	超大城市社区环境治理创新实践研究——以上海梅三新村为例	社会学	王　芳	华东理工大学
64	团体创新活动中评价反馈的作用及脑间互动机制	社会学	郝　宁	华东师范大学
65	前瞻记忆老化的社会心理机制研究	社会学	刘　伟	上海师范大学
66	高房价对大城市白领青年移民社会适应的影响及政策研究	社会学	魏永峰	上海海洋大学
67	全球竞争下“高社保支出低社会效益”悖论——以长三角为例	社会学	李　雪	复旦大学
68	锚定效应与量刑偏差——基于K市1560份量刑文书的实证研究	法　学	林喜芬	上海交通大学
69	民商法发展机制对泛刑罚化的克服	法　学	叶名怡	上海财经大学
70	“一带一路”沿线国家投资仲裁实践及对中国的影响研究	法　学	陶立峰	上海对外经贸大学
71	司法公信力第三方评估的理论和上海实践	法　学	孟祥沛	上海社会科学院
72	商标恶意抢注法律规制研究	法　学	王莲峰	华东政法大学
73	公众参与型社区矫正的理论与立法研究	法　学	吴啟铮	上海师范大学
74	上海合作组织反极端主义法治化研究	法　学	王　娜	上海政法学院
75	《法律解释法》的意义、思路与框架研究	法　学	吕玉赞	华东政法大学

续表

序号	课题名称	学科分类	负责人	工作单位
76	海上丝绸之路临近中国海域的公私法协调研究	法　学	陈　梁	复旦大学
77	大数据与金融业深度融合背景下个人金融信息权的民法保护研究	法　学	于春敏	上海立信会计金融学院
78	PPP 运行中私人部门权益法律保障机制研究	法　学	陈美颖	华东政法大学
79	国际投资仲裁上诉机制研究	法　学	张圣翠	上海财经大学
80	“审执分离”下的执行机构改革	法　学	赵秀举	上海交通大学
81	民间资本投资上海分布式能源的激励性法律与政策研究	法　学	董溯战	华东理工大学
82	中央与地方在金融风险治理活动中权责分配的法治化路径	法　学	黄　韬	上海交通大学
83	“一带一路”背景下我国援外政策的制度实现	国际问题研究	曹俊金	上海杉达学院
84	“一带一路”背景下的中国南亚战略研究	国际问题研究	林民旺	复旦大学
85	俄罗斯对中亚国家的东正教外交研究	国际问题研究	汪　宁	上海外国语大学
86	关于当前服务贸易国际规制的发展趋势及我国服务业开放政策系统集成的研究	国际问题研究	张　磊	上海 WTO 事务咨询中心
87	政权轮替背景下美韩同盟的变化与韩国的战略选择	国际问题研究	李　辛	上海师范大学
88	近代以来日本海洋战略的历史演进及其对中日海权博弈结构的影响	国际问题研究	高　兰	复旦大学
89	新常态下我国纺织产业国际转移问题研究	国际问题研究	赵君丽	东华大学
90	抗战胜利后中国遣返日本侨俘与国家形象的塑造研究	历史学考古学	吕佳航	上海对外经贸大学
91	从困境到突破:内战后美国南部农业现代化模式研究	历史学考古学	吴　浩	上海大学
92	基于清代档案史料的京杭运河沿线湖泊水位变化研究	历史学考古学	费　杰	复旦大学
93	保钓运动史:1951—2014	历史学考古学	陈占彪	上海社会科学院

续表

序号	课题名称	学科分类	负责人	工作单位
94	上海卫星城规划与建设研究(1949—1977)	历史学 考古学	包树芳	上海应用技术大学
95	文化观念与美利坚帝国的构建(1870s—1914)	历史学 考古学	刘义勇	上海师范大学
96	利欲与仁心:中世纪基督教会的信贷治理机制	历史学 考古学	刘招静	上海大学
97	晚清儒学新变与近代小说的国家想象	文学艺术	朱　军	上海师范大学
98	“后理论”的文学走向及其新型写作形态研究	文学艺术	刘　阳	华东师范大学
99	中国文化观照下的朝鲜王朝汉文小说批评研究	文学艺术	赵维国	上海师范大学
100	文化记忆视角下的《聊斋志异》研究	文学艺术	王　蕾	上海海洋大学
101	上海歌剧文献整理与研究	文学艺术	张春娟	上海大学
102	日藏唐诗书目汇录	文学艺术	查清华	上海师范大学
103	基于语料库的中国小说 21 世纪英译作品之中国形象比较研究	文学艺术	李　琤	上海交通大学
104	走出《美学》:黑格尔思想体系视野下的美学思想再研究	文学艺术	李　钧	复旦大学
105	近代社会转型与民国女性词研究	文学艺术	徐燕婷	华东师范大学
106	现代中国文学名家名作手稿校勘与研究	文学艺术	符杰祥	上海交通大学
107	战后初期日本文学界的“战争责任”论争及其思想史位相	文学艺术	王升远	复旦大学
108	丝绸之路装饰纹样系谱与衍生文化研究	文学艺术	张　晶	华东师范大学
109	建国“十七年”(1949—1966)中国翻译话语体系研究	文学艺术	耿　强	上海海事大学
110	电影艺术与现当代美国诗歌的演进	文学艺术	杨国静	上海财经大学
111	后冷战时代美国小说与民族性再建构研究	文学艺术	孙　璐	上海外国语大学
112	英戈·舒尔策诗性意识形态话语研究	文学艺术	谢建文	上海外国语大学
113	艾略特诗歌与通俗文化互哺研究	文学艺术	陈庆勋	上海师范大学
114	“没骨山水画”的历史与技法研究	文学艺术	王素柳	上海师范大学

续表

序号	课题名称	学科分类	负责人	工作单位
115	环境生态视野下的宋元山水画之变	文学艺术	汪　涤	华东师范大学
116	上海美术电影制片厂动画表演艺术研究	文学艺术	祝明杰	上海大学
117	普通话—上海话双语词汇语音接触心理机制实验研究	语言学	吴君如	华东师范大学
118	汉—英双语者语码转换代价的来源	语言学	常　欣	上海交通大学
119	以“诱发合作”为主线的美国修辞批评史研究	语言学	邓志勇	上海大学
120	信息技术应用背景下的外语词汇教学有效性及对策研究	语言学	吴　晶	复旦大学
121	信息化时代我国本科翻译专业学生翻译思辨能力研究	语言学	肖维青	上海外国语大学
122	基于范畴互动的汉日因果复句比较研究	语言学	叶　琼	上海师范大学
123	上海题材小说翻译与上海城市形象构建研究	语言学	董　琇	同济大学
124	中国学者英汉双语学术写作的跨语际实践研究	语言学	郑咏滟	复旦大学
125	中国政治语篇英译中的国家形象话语表征模式研究	语言学	李　涛	上海海洋大学
126	北部吴语语音比较研究	语言学	薛才德	上海大学
127	东北地区胶辽官话的时空变异研究	语言学	亓海峰	上海外国语大学
128	欣顿山水诗翻译的生态视域研究	语言学	陈　琳	同济大学
129	中医典籍翻译研究	语言学	李照国	上海师范大学
130	上海城市语言景观多样性研究	语言学	徐　茗	上海师范大学
131	“汉小学四种”涉医词语的辑录与研究	语言学	周　峨	上海中医药大学
132	噪音和老龄化对汉语语音感知的影响	语言学	汪玉霞	上海交通大学
133	汉字理解的认知神经机制及教育的塑造作用	语言学	周加仙	华东师范大学
134	全球化背景下海外华文传媒寿命研究及启示	新闻学	许　燕	复旦大学
135	上海地区“体制外”自媒体发展现状及应对研究	新闻学	窦锋昌	复旦大学
136	媒介组织视角下英美数据新闻融合发展模式研究及对中国的启示	新闻学	徐　笛	复旦大学
137	多模态视阈下“一带一路”国际新闻话语研究	新闻学	于嵩昕	东华大学

续表

序号	课题名称	学科分类	负责人	工作单位
138	“长三角”地区互联网体育媒体“生态圈”构建与发展路径研究	新闻学	杜友君	上海体育学院
139	智能媒体对儿童认知、记忆与建构式学习的影响	新闻学	李晓静	上海交通大学
140	上海图书馆特藏资源的数字人文应用研究	图书馆情报与文献学	许　鑫	华东师范大学
141	西夏文医学文献破译释读与“西夏造字法”研究	图书馆情报与文献学	汤晓龙	上海中医药大学
142	基于用户认知的学术虚拟社区知识组织研究	图书馆情报与文献学	杜慧平	上海师范大学
143	公民个人办事中的政府信息共享评价研究	图书馆情报与文献学	龙　怡	上海政法学院
144	“汉译中国学书目”编纂与研究	图书馆情报与文献学	潘玮琳	上海社会科学院
145	基于新媒体环境的高校科学思想传播模式研究	图书馆情报与文献学	余晓蔚	上海交通大学
146	政府购买公共体育服务第三方评估研究	体育学	冯维胜	上海电机学院
147	“传统养生体育+医疗+养老”健康管理模式的实施路径研究	体育学	王会儒	上海交通大学
148	“健康上海”体育协同创建实施路径研究	体育学	阎智力	华东师范大学
149	国际体育组织治理变革与上海社会体育组织发展研究	体育学	何平香	上海体育学院
150	我国三大球可持续发展的儿童优先战略研究	体育学	张元文	上海师范大学
151	上海城市公园“智慧体育”建设研究	体育学	卢天凤	同济大学
152	责任型领导对员工亲组织非伦理行为的影响机制研究：多层次视角	管理学	林英晖	上海大学
153	基于多主体模拟的上海养老服务资源空间优化配置研究	管理学	朱　浩	华东政法大学
154	卖方分析师与基金经理之间声誉隐性交换研究：耦合机理、经济后果和监管方法	管理学	王宇熹	上海工程技术大学
155	中国企业国际经营的伦理责任管理内容与方式选择——基于上海地区企业的分析	管理学	郑琴琴	复旦大学

续表

序号	课题名称	学科分类	负责人	工作单位
156	正念实务对构建科研团队和谐关系的作用机制研究	管理学	刘生敏	上海理工大学
157	高层居民楼火灾风险评估与火灾人员疏散应急方案研究	管理学	邹宗峰	上海大学
158	食品安全可追溯系统实施对策研究:供应链结构与治理主体的影响	管理学	戴　勇	华东师范大学
159	风险投资网络视角下的创业企业专利组合策略研究	管理学	李远勤	上海大学
160	“四大”会计师事务所本土化转制经济后果的研究	管理学	张天舒	上海对外经贸大学
161	双重制度逻辑下国有企业引领社会保险政策执行研究	管理学	郭　磊	同济大学
162	高校科研量化评估:问题、成因与治理模型研究	管理学	毛　丹	上海师范大学
163	我国专利创造性判断的系统审视、实证分析及制度优化研究	管理学	黄国群	华东政法大学
164	地方智库的决策咨询作用研究——以全面深化改革为例	管理学	谢华育	上海社会科学院
165	部分商业信用下基于行为的一对多供应链决策和协调研究	管理学	王志宏	东华大学
166	港航绿色供应链碳减排契约协调机制	管理学	孟燕萍	上海海事大学
167	基于社会网络分析的协作性应急管理研究	管理学	唐桂娟	上海财经大学
168	上海高校科技人才科研合作效果评价与促进机制研究	管理学	刘　莉	上海交通大学
169	基于社交媒体口碑的“互联网+”环境快时尚供应链运营机制	管理学	周建亨	东华大学
170	社会化媒体驱动的企业与用户价值共创的机理分析与绩效评估	管理学	屈　锗	复旦大学
171	土地产权安全对上海新型农业经营主体抵押贷款影响机制研究	管理学	马　佳	上海市农业科学院
172	上海政府资金供给侧改革对企业家精神的作用:基于政府补贴和政府引导基金的比较研究	管理学	杨海儒	上海立信会计金融学院

续表

序号	课题名称	学科分类	负责人	工作单位
173	“互联网+民宿”的信任形成机制及其对消费者行为的影响研究——以上海地区为例	管理学	金晓玲	上海大学
174	上海市社会源危险废弃物相关主体责任界定与实现机制研究	管理学	刘光富	同济大学
175	带拥挤效应的双边市场竞争策略设计和社会效率损失研究	管理学	陈克东	上海工程技术大学
176	领导干部职业心理积极性研究:职业枯竭的研究视角	管理学	柳恒超	中共上海市委党校
177	信息型市场操纵的财富转移效应及其预警监管机制研究	管理学	曲洪建	上海工程技术大学
178	物流企业“智慧+共享”模式实现路径研究	管理学	钱慧敏	上海工程技术大学
179	共享经济驱动服饰品牌转型升级的实现机制:从微观策略到宏观政策	管理学	于君英	东华大学
180	供给侧变革条件下城市公交创新发展模式研究	管理学	李林波	同济大学
181	临床护士同情心疲乏影响因素及其干预的实证研究	管理学	吴觉敏	上海交通大学
182	协作消费的环境效应研究:以共享单车为例	城市科学研究	陈红敏	复旦大学
183	长三角一体化背景下的区域交通物流融合发展机制研究	城市科学研究	春　燕	上海社会科学院
184	国际重大体育赛事主办城市网络的演变及作用机制研究	城市科学研究	陈林华	华东理工大学
185	上海研发创新的空间演化与规划机制研究	城市科学研究	黄　亮	上海同济城市规划设计研究院
186	“一带一路”沿线新兴战略支点城市特征与发展路径研究	城市科学研究	苏　宁	上海社会科学院
187	基于景观生态网络优化的上海城市生态品质提升路径与方法	城市科学研究	刘兴坡	上海海事大学

2017年度上海市社科规划青年课题立项名单

序号	课题名称	学科分类	负责人	工作单位
1	比较视角下的中美两国政府改革意识实证研究	马列·科社	陈　思	中共上海市委党校
2	社会主义道路之争的历史考辨	马列·科社	来庆立	上海社会科学院
3	习近平总书记共享发展思想的理论创新与实践导向研究	马列·科社	马　鑫	上海工程技术大学
4	马克思现代性思想视域下的人类命运共同体研究	马列·科社	刘　洋	上海财经大学
5	列宁对马克思主义国家理论的贡献	马列·科社	李威利	复旦大学
6	恩格斯晚年社会主义思想的当代价值研究	马列·科社	张　娅	上海交通大学
7	20世纪20年代马克思主义在中国传播过程中的青年接受史研究	党史党建	邓　军	上海交通大学
8	“九二共识”确立以来台湾地区中国共产党研究评析	党史党建	杨　攀	华东师范大学
9	超大城市“两新”组织党的建设问题研究	党史党建	周　凯	上海交通大学
10	中共中央及其派出机关在上海的组织谱系研究	党史党建	张永杰	中共上海市委党校第二分校
11	雷蒙·阿隆批判的历史哲学研究	哲学宗教学	郝春鹏	上海师范大学
12	现代中国思想中的“恶”	哲学宗教学	鲍文欣	上海社会科学院
13	狄尔泰的“生命哲学”之研究	哲学宗教学	高　桦	上海社会科学院
14	罗尔斯后期政治哲学中的重叠共识理念研究	哲学宗教学	惠春寿	华东师范大学
15	道教从中古到近世的形态变迁研究	哲学宗教学	白照杰	上海社会科学院
16	上海沦陷时期的日本宗教殖民政策及其影响研究	哲学宗教学	段世磊	复旦大学
17	当代西方平等主义理论研究	哲学宗教学	徐　峰	华东师范大学
18	间接言语行为的博弈逻辑研究	哲学宗教学	赵梦媛	上海理工大学
19	欧洲央行非常规货币政策的非对称溢出效应研究	经济学（基础理论）	李　佳	上海理工大学
20	基于创新网络视角的长江经济带区域增长机理研究	经济学（基础理论）	曹贤忠	华东师范大学

续表

序号	课题名称	学科分类	负责人	工作单位
21	代际收入流动与分配公平的理论与实证研究	经济学（基础理论）	文 雯	上海社会科学院
22	提升我国自主创新能力的契约机制构建研究	经济学（基础理论）	李筱乐	中共上海市委党校
23	上海市企业减负政策的异质性效应研究	经济学（应用经济）	汤晓燕	上海外国语大学
24	多部门联合监管形势下商业银行流动性对其主被动融资行为的影响研究	经济学（应用经济）	初立苹	上海对外经贸大学
25	美国制造业回归对上海发展先进制造业的影响和对策研究	经济学（应用经济）	谢雯璟	上海外国语大学
26	中国天然气价格规制的环境经济影响研究	经济学（应用经济）	张希栋	上海社会科学院
27	治理现代化视角下预算绩效管理对政府部门行为的影响研究	经济学（应用经济）	李艳鹤	上海商学院
28	新型城镇化背景下农业转移人口的超大城市流动偏好研究	经济学（应用经济）	赵海涛	上海工程技术大学
29	上海制造业发展模式探究——基于全球城市的启示	经济学（应用经济）	纪园园	上海社会科学院
30	中国经济转型期劳动力成本变化对制造业企业行为的影响研究	经济学（应用经济）	殷 华	上海财经大学
31	“一带一路”沿线国家通货膨胀率的动态特征、联动效应和传导效应研究	经济学（应用经济）	王 满	东华大学
32	政府研发支持、环境规制与绿色创新激励——基于绿色经济转型视角的理论分析与实证研究	经济学（应用经济）	孙燕铭	华东师范大学
33	上海生态农业的基本内涵、主要特征、瓶颈问题和对策措施研究	经济学（应用经济）	曹正伟	上海交通大学
34	“运动式治理”的延续与超越：基于上海“交通大整治”的案例研究	政治学	郝诗楠	上海外国语大学
35	环境冲突的政府回应模式及吸纳机制研究——以北上广深四个城市为例	政治学	孙小逸	复旦大学
36	互联网“新常态”下的舆论生态治理研究：基于对政治传播过程的分析	政治学	刘一川	华东师范大学

续表

序号	课题名称	学科分类	负责人	工作单位
37	长江经济带人口老龄化空间格局演化、空间溢出效应及其与上海的空间联动研究	社会学	吴连霞	复旦大学
38	“我们”与“他们”：中国和美国大学生的社会群体认知和心理本质主义倾向	社会学	李　萱	上海纽约大学
39	流动人口永久迁移意愿的分化机制及政策支持体系研究	社会学	刘　程	上海社会科学院
40	产业转型下国企劳资矛盾协调机制研究	社会学	贾文娟	上海大学
41	上海青年购房决策中的代际关系与伴侣关系研究	社会学	沈　洋	上海交通大学
42	“互联网+”背景下上海建设多层次养老服务体系研究	社会学	崔开昌	上海工程技术大学
43	长三角地区特色小镇推进模式研究	社会学	李　宽	中共上海市委党校
44	大都市郊区农民的选择性市民化及其流动分化研究	社会学	吴越菲	华东师范大学
45	我国校园欺凌治理的法治化研究	法　学	孟凡壮	华东师范大学
46	市场化债转股类型化规制实证研究	法　学	张　艳	上海社会科学院
47	投资者保护视野下互联网金融犯罪刑民责任衔接研究	法　学	邓小俊	上海立信会计金融学院
48	法治中国背景下超大城市构建法治社会的策略研究与评估设计——以北京、上海、广州为研究样本	法　学	崔涵冰	复旦大学
49	消费者协会支持起诉问题研究	法　学	刘　东	华东政法大学
50	基于上海的社区戒毒与强制戒毒比较研究：以社会支持为视角	法　学	袁小玉	上海政法学院
51	合同不履行风险的法律应对问题研究——以“早期损失避免和损失清算”为视角	法　学	陈韵希	上海交通大学
52	文在寅时代美韩同盟与中韩战略合作伙伴关系“建设性并立”的展望研究	国际问题研究	张　弛	上海政法学院
53	新常态下人民币国际化路径选择研究——以国际金融公共产品的供求关系为中心	国际问题研究	陆长荣	上海财经大学

续表

序号	课题名称	学科分类	负责人	工作单位
54	美国政党重组对特朗普政府外交政策的影响及中国的应对研究	国际问题研究	王　浩	复旦大学
55	全球化背景下的土耳其国家转型研究——以正义与发展党为中心	国际问题研究	杨　晨	上海大学
56	民国实测地图数字化与近代江南城乡关系研究	历史学考古学	赵思渊	上海交通大学
57	三世纪以前“水经”类文献文本解读与地理信息探究	历史学考古学	黄学超	复旦大学
58	明代江南“主姓市”研究	历史学考古学	杨　茜	上海师范大学
59	民国时期上海银行公会与金融风险治理研究(1918—1937)	历史学考古学	徐　昂	上海社会科学院
60	法兰西第三共和国的共和危机——以知识精英的讨论为核心(1919—1939)	历史学考古学	肖　琦	华东师范大学
61	国际检察局对日本侵华战争罪证的搜集与起诉研究	历史学考古学	龚志伟	上海交通大学
62	本雅明早期文论思想研究(1910—1925)	文学艺术	姚云帆	上海师范大学
63	基于演员和剧作家层面的十七世纪法国戏剧职业化进程研究	文学艺术	陈　杰	复旦大学
64	《国粹学报》与中国近代文学观念的转型	文学艺术	狄霞晨	上海外国语大学
65	清代中后期渔洋诗学的接受研究	文学艺术	张宇超	上海大学
66	现代性的审美纠结及其批判:彼得·斯洛特戴克的文化政治诗学	文学艺术	黄金城	华东师范大学
67	当代英语学界儿童文学理论与批评方法研究	文学艺术	沈　矗	上海交通大学
68	面向汉语二语教学的可比语料库构建及应用研究	语言学	谭晓平	上海师范大学
69	中国文学“走出去”的汉学语境研究	语言学	袁丽梅	上海大学
70	《朱子语类》俗语研究	语言学	刘静静	上海师范大学
71	丝绸之路上的唐代外来医学词语研究	语言学	沈　成	上海中医药大学
72	基于语料库的汉法将来时制系统对比研究	语言学	陈修文	上海财经大学

续表

序号	课题名称	学科分类	负责人	工作单位
73	词汇类型学视角的 CSL 学习者增减范畴词语混淆成因研究	语言学	付冬冬	上海财经大学
74	语料库驱动的多维度学术英语共现词列研究	语言学	林铃	上海交通大学
75	移动传播时代新社区媒体推进上海社区治理研究	新闻学	张昱辰	上海社会科学院
76	新媒体技术在近代上海的采纳、扩散及影响研究——以电话为例(1882—1937)	新闻学	金庚星	上海理工大学
77	健康传播框架下上海青少年控烟教育与行为改变的实证研究	新闻学	王　茜	上海交通大学
78	上海市社区“体医养”结合的老年健康服务体系研究	体育学	周淑芬	上海工程技术大学
79	宋明理学视野下的传统武术哲学研究	体育学	李守培	上海体育学院
80	基于用户多角色模型的数字文化资源服务优化研究	图书馆情报与文献学	王　毅	上海大学
81	民国漫画期刊的出版与阅读研究(1918—1937)	图书馆情报与文献学	李芙蓉	上海大学
82	文化走出去视角下的博物馆对外展览与上海城市国际形象研究	图书馆情报与文献学	孔　达	复旦大学
83	大数据环境下支撑科创中心建设情报分析范式研究	图书馆情报与文献学	曹　磊	上海图书馆(上海科技情报研究所)
84	一流学科、一流大学与城市科技创新之间的互动机制研究	图书馆情报与文献学	谭　旻	上海交通大学
85	超大城市危险物品精细化管理的内涵与路径研究	管理学	李　聃	上海公安学院
86	推进上海建设成为亚太地区邮轮中心的对策研究	管理学	王　莎	复旦大学
87	基于区块链的“公司—用户”耦合型开放式创新协作机制研究	管理学	潘闻闻	复旦大学
88	政府行为在“僵尸企业”认定和处置中的作用机制研究	管理学	鄢姿俏	上海对外经贸大学

续表

序号	课题名称	学科分类	负责人	工作单位
89	全球城市区域视角下长江经济带环境合作路径研究	管理学	刘召峰	上海社会科学院
90	非理性互联网金融投资行为中的认知偏差因素:作用机理及干预机制研究	管理学	邓士昌	上海对外经贸大学
91	互联网嵌入对女性创业资源获取行为的影响机制研究	管理学	肖　薇	上海师范大学
92	优秀传统文化与上海市民修身行动对接研究	管理学	王培君	上海工程技术大学
93	价值链重构视域下上海制造业转型升级研究——基于微观企业层面的分析	管理学	李永林	上海工程技术大学
94	中国企业走出去如何“择邻而居”——多理论视角的研究	管理学	王　疆	上海理工大学
95	PPP 机制在上海城市更新中的运用	城市科学研究	胡映洁	上海社会科学院
96	提升中国对外关系展开中的城市参与度研究	城市科学研究	张　鹏	上海外国语大学
97	新城建设对城市内部空间结构的影响:基于高铁设站的准实验分析	城市科学研究	王　媛	华东师范大学
98	上海市轨道交通开发溢价回收机制和策略研究	城市科学研究	刘魏巍	上海理工大学

2018 年立项的重大课题列表

2018 年国家社科基金年度项目立项名单

序号	课题名称	负责人	工作单位
1	中国特色社会主义进入新时代的规范性力量研究	李　梁	上海大学
2	“礼运学”的综合研究	陈　赟	华东师范大学
3	儒家生生伦理学引论(两卷本)	杨泽波	复旦大学
4	社会治理背景下提升社会组织党建质量研究	罗　峰	中共上海市委党校
5	“重大改革于法有据”理论与实践研究	刘作翔	上海师范大学
6	犯罪构成理论的程序向度研究	杜　宇	复旦大学

续表

序号	课题名称	负责人	工作单位
7	“人类命运共同体”国际法理论与实践研究	马忠法	复旦大学
8	大城市人口多元化进程中外来人口的社会隔离研究	王红霞	上海社会科学院
9	考古景观视阈下的古波斯帝国与中亚研究	吴　欣	复旦大学
10	中国化视角下的佛典汉译与诠释研究	程恭让	上海大学
11	“审美”的观念演进与当下形态研究	刘旭光	上海大学
12	马克思本体论生活美学思想及其当代价值研究	张宝贵	复旦大学
13	文学研究融合数学思想之研究	陈大康	华东师范大学
14	国内馆藏新文学名家创作手稿资料索引与联合编目	符杰祥	上海交通大学
15	战后日本文学界的战争责任论争及其思想史位相	王升远	复旦大学
16	朱子语录词语汇释	徐时仪	上海师范大学
17	中华文化信息在新时期汉英词典中的凸显表征模式研究	赵翠莲	复旦大学
18	智能媒体与儿童认知发展研究	李晓静	上海交通大学
19	新时代我国残疾人体育需求与体育公共服务体系研究	吴雪萍	上海体育学院
20	新时代体育产业成长的资本市场支持研究	黄海燕	上海体育学院
21	提升校园体育活动对学生体质健康促进效益的研究	唐　炎	上海体育学院
22	新时代工业文化遗产保护、利用的理论与方法研究	王　林	上海交通大学
23	马克思资本观的时间异化批判思想研究	汪斌锋	华东理工大学
24	马克思主义价值理论的前沿问题与现代价值研究	严金强	复旦大学
25	马克思主义认知体系及其科学性研究	吕旭龙	上海交通大学
26	人类命运共同体思想对马克思世界历史理论的继承和发展研究	王公龙	中共上海市委党校
27	1949年前汉译《共产党宣言》诠释经验研究	孙义文	华东师范大学
28	整体性视阈中的习近平马克思主义观研究	鲍　金	上海交通大学
29	当代西方激进主义兴起的根源及发展动向研究	王继停	上海社会科学院
30	习近平共享发展思想的理论意蕴与实践路径研究	蒋锦洪	华东师范大学
31	习近平新时代中国特色城市发展思想研究	奚建武	华东理工大学
32	习近平新时代中国特色社会主义思想的实践根据与理论体系研究	姜佑福	上海社会科学院

续表

序号	课题名称	负责人	工作单位
33	习近平新时代中国特色社会主义经济思想的基本逻辑研究	胡云超	中国浦东干部学院
34	党内法规宣传教育实效性量化研究	贺　莉	中共上海市徐汇区委党校
35	乡村振新背景下返乡青年乡村认同与生活秩序重建研究	赵晓红	上海立信会计金融学院
36	新时代以人民为中心发展思想的实践机制研究	罗会德	上海立信会计金融学院
37	中国文化品牌形象的国际认知机制与传播策略研究	张　义	上海应用技术大学
38	陈独秀研究学术史(1919—2018)	徐光寿	上海立信会计金融学院
39	新时代城市社区党的群众组织力提升策略研究	龚少情	中共上海市委党校
40	延安时期文化政策文献史料整理与研究	朱鸿召	上海社会科学院
41	集体化时期中共农村支部建设的历史经验研究(1951—1978)	满　永	华东政法大学
42	中国共产党领导航天科技工业创建的历史经验研究(1955—1965)	姜玉平	上海交通大学
43	生态虚无主义批判	王　平	同济大学
44	文化气质与文化竞争力关系的哲学研究	崔　平	上海师范大学
45	基于心理内容表征路径的信念修正模式研究	李　侠	上海交通大学
46	作为一种自然化科学哲学的历史知识论研究	黄　翔	复旦大学
47	儒家公共性思想脉络及其体系研究	朱　承	上海大学
48	德国古典时期的经济哲学思想研究	张东辉	上海财经大学
49	康德的自由观及其现象学诠释	孙小玲	复旦大学
50	中国现代伦理话语建构路向研究	付长珍	华东师范大学
51	《阿尔贝特施韦泽哲学—伦理学文集》翻译及研究	陈泽环	上海师范大学
52	弗里德里希·李斯特经济学说的当代价值研究	梅俊杰	上海社会科学院
53	改革开放四十年中中国发展治理经验的经济理论贡献与世界影响研究	赵红军	上海师范大学
54	大卫·刘易斯的惯例理论及其对当代经济学制度分析的影响研究	方　钦	复旦大学

续表

序号	课题名称	负责人	工作单位
55	新中国反贫困思想的历史逻辑与理论检验研究	王　昉	上海财经大学
56	基于信用视角的经济发展中储蓄率演变规律研究	张　红	上海立信会计金融学院
57	新时代公平的公共资源分配机制研究	龙兴华	上海立信会计金融学院
58	企业家精神视阈下创业政策图谱及政策供给强化研究	李　程	上海工程技术大学
59	创新街区的兴起动力、运行机制与推进路径研究	邓智团	上海社会科学院
60	“一带一路”FTA网络中的国家地位测度及贸易效应研究	彭　羽	上海社会科学院
61	新能源汽车碳配额管理制度设计研究	王　宁	同济大学
62	“互联网+”促进制造业创新驱动战略的实施机制研究	谭云清	上海立信会计金融学院
63	美国特朗普政府减税政策的国际影响研究	胡怡建	上海财经大学
64	新时代面向国家安全的系统性金融风险识别、测度、预警及防控研究	宁薛平	上海对外经贸大学
65	沪港股市波动的关联性研究	林文生	上海大学
66	大时间序列数据环境下的复杂多因素统计因果关系学习与应用研究	王双成	上海立信会计金融学院
67	新政治人类学在“中国特色政治学三个体系”中的地位与作用研究	陶　庆	上海师范大学
68	资源型地区廉政建设研究	段海燕	华东政法大学
69	司法公正的社会认同及其实现机制研究	李瑜青	华东理工大学
70	中华传统政治认同文化的创造性转化机制研究	田　亮	同济大学
71	西方福利国家理论前沿追踪研究	刘春荣	复旦大学
72	全球民主回潮背景下后发展国家民主制度多样性研究	陈　尧	上海交通大学
73	大气污染防治中的政府权力配置与协同治理研究	田艳芳	华东政法大学
74	基于城市居民环境诉求的政府回应机制优化研究	易承志	华东政法大学
75	党的领导干部执政本领的内涵界定与相互关系研究	申　林	中共上海市委党校
76	贪污贿赂类职务犯罪的大数据分析	李　辉	复旦大学
77	新时代优化政府管理质量控制过程中的行政督查机制研究	俞　楠	华东理工大学
78	新时代政府推动企业家精神培育的机制研究	张宪丽	上海政法学院

续表

序号	课题名称	负责人	工作单位
79	我国慈善组织认定制度的实施困境及其对策研究	俞祖成	上海外国语大学
80	制度层叠视角下自治、法治、德治融合的乡村治理体系实证研究	郑晓华	上海交通大学
81	“两岸一家亲”理念下两岸民间交流对台湾人政治态度的影响研究	林瑞华	上海财经大学
82	中央对港澳全面管治权和特别行政区高度自治权的两权有机结合与依法共生理论与实施机制研究	张　建	上海国际问题研究院
83	近代留学生国际法学博士论文整理与研究	王　伟	复旦大学
84	司法鉴定标准化研究	杜志淳	华东政法大学
85	新经济背景下融资犯罪的异化与治理研究	李　睿	上海财经大学
86	放弃治疗之法律规制研究	胡雪梅	华东师范大学
87	民法总则对公司法的补充适用研究	钱玉林	华东政法大学
88	慈善信托财产保值增值投资管理法律问题研究	倪受彬	上海对外经贸大学
89	民法典调整信托关系之路径研究	高凌云	复旦大学
90	民间资本投资分布式清洁能源的激励性法律制度研究	董溯战	华东理工大学
91	资管业穿透式监管的基本矛盾与制度生成研究	张　敏	华东政法大学
92	中国反垄断法的移植与本土化研究	李　剑	上海交通大学
93	网络服务商知识产权审查义务研究	于　波	华东政法大学
94	城市生活垃圾分类的法律规制研究	胡　苑	上海财经大学
95	海洋强国背景下船员劳动权益保护问题实证研究	曹艳春	上海海事大学
96	人工智能的国际法问题研究	曹　阳	上海政法学院
97	公海生物资源可持续利用的国际法问题研究	郑　雷	华东政法大学
98	“逆全球化”风潮下国际贸易法治的困境、出路及中国的选择研究	张军旗	上海财经大学
99	后 BEPS 时代全球税收治理及中国参与的法治进路研究	王丽华	上海政法学院
100	中国自贸区战略与“一带一路”建设对接和融合的金融规制研究	蔺　捷	上海对外经贸大学
101	中国儿童观建构的社会学研究	肖莉娜	华东理工大学
102	青少年可携带电子产品使用与出行安全关联机制及干预对策研究	王书梅	复旦大学

续表

序号	课题名称	负责人	工作单位
103	“高选择—低选择”高考制度下新时代高等教育的机会平等研究	华　桦	上海社会科学院
104	当代中国医生的职业伦理研究	姚泽麟	华东师范大学
105	“一带一路”投资风险的社会嵌入性治理研究	杨玲丽	上海政法学院
106	网络公益偏差行为控制机制创新研究	赵文聘	中共上海市委党校
107	新时期产业工人技能形成的经济社会学研究	朱　妍	上海社会科学院
108	“党社关系”的多重形态及其对社会组织发展的影响研究	唐文玉	中共上海市委党校
109	社会网络视野下创新群体的幸福感研究	马　丹	中共上海市委党校
110	网络舆情中的社会态度转变模型研究	雷开春	上海社会科学院
111	基于抗逆力视角的失依儿童青少年社会心理关护研究	席居哲	华东师范大学
112	天人合一视角下民族志理论与方法研究	卢崴诩	华东理工大学
113	“健康中国”战略下适老交通系统规划策略研究	张　毅	上海交通大学
114	福利治理视野下社会工作服务的成效与建构研究	韩央迪	复旦大学
115	农村精准扶贫对象能动性及社会工作干预研究	陈岩燕	复旦大学
116	中国社会工作本土化理论与实践模式研究	费梅苹	华东理工大学
117	基于叙事医学的老年人照护临床模式构建及体验设计研究	韩　挺	上海交通大学
118	家庭化迁移与新生代流动女性就业能力研究	罗恩立	华东理工大学
119	美国印第安部落自治政策研究	陈　青	上海理工大学
120	美国财税改革对美在华高科技企业影响及我国的对策研究	李超民	上海财经大学
121	国际分工、资本流动与中美贸易失衡研究	张　娟	上海对外经贸大学
122	冷战后日本经济外交战略与中日关系研究	陈友骏	上海国际问题研究院
123	“一带一路”新兴战略支点城市发展路径研究	苏　宁	上海社会科学院
124	“一带一路”与中国新疆周边国家伙伴关系发展研究	马丽蓉	上海外国语大学
125	构建全球互联网治理体系研究	蔡翠红	复旦大学
126	世行股权与治理改革新动向及中国方案研究	叶　玉	上海国际问题研究院
127	世界宗教格局变化及中国应对战略研究	涂怡超	复旦大学
128	跨国移民的国际政治学研究	王传兴	同济大学

续表

序号	课题名称	负责人	工作单位
129	冷战后日本战略文化的转型与我国的对策研究	陆　伟	同济大学
130	特朗普政府的联合国政策及中美互动研究	毛瑞鹏	上海国际问题研究院
131	澳日“准同盟”关系研究	汪诗明	华东师范大学
132	中国参与北太平洋渔业委员会渔业治理的研究	田思泉	上海海洋大学
133	《汉书·艺文志》汇释	林志鹏	复旦大学
134	出土墓志与后期拓跋国家研究	徐　冲	复旦大学
135	宋神宗的军事改革与对夏经略研究	雷家圣	上海师范大学
136	清代前期西南矿业生产与边疆经济一体化进程研究	杨煜达	复旦大学
137	五四运动在江浙地方社会的拓展与回应研究(1917—1927)	瞿　骏	华东师范大学
138	气候变化与苏沪海岸传统适应研究	鲍俊林	华东师范大学
139	历史地理视野下的芍陂水资源环境变迁与区域社会研究	陈业新	上海交通大学
140	内战后美国南部城乡经济一体化进程研究	吴　浩	上海大学
141	战后美国对亚非不结盟国家经济政策研究	姚　昱	华东师范大学
142	多元文化视阈下托勒密埃及的宗教和合现象研究	王　欢	上海外国语大学
143	古典概率史研究(1650—1850)	王幼军	上海师范大学
144	19 世纪英国人非洲行居记录研究	刘伟才	上海师范大学
145	太湖地区史前社会进程与文明形态研究	曹　峻	上海大学
146	理雅各布汉学文献整理与研究	丁大刚	上海师范大学
147	《成唯识论》“转依”(ASRAYA—PARIVRTTI/ASRAYA—PARAVRTTI)思想研究	赵东明	华东师范大学
148	藏传佛教名著《宗义广论》的翻译与研究	牛　宏	上海师范大学
149	新实用主义文论研究	汤拥华	华东师范大学
150	1980 年代俄苏美学和文论的译介研究与中国当代文论的转型	曹　谦	上海大学
151	日本唐诗学研究	查清华	上海师范大学
152	“中原音韵”与元明清曲韵学的兴变研究	李舜华	华东师范大学
153	宋元骈文批评研究暨资料汇编	侯体健	复旦大学
154	日本鲁迅资料文献的搜集翻译与研究	潘世圣	华东师范大学

续表

序号	课题名称	负责人	工作单位
155	童年文化与新世纪原创儿童文学研究	李学斌	上海师范大学
156	罗伯特·白英跨文化叙事中的中国形象研究	汪云霞	上海交通大学
157	百年昆剧发展史研究	丁　盛	上海戏剧学院
158	批评史脉络中的十七年文学人物形象审美谱系研究	朱　羽	上海大学
159	未经整理的现代诗人全集编纂暨现代散佚新诗研究	杨新宇	复旦大学
160	弗朗索瓦·于连文学理论中的中国问题研究	吴　攸	上海大学
161	科伦·麦凯恩的命运共同体书写研究	曾桂娥	上海大学
162	约瑟夫·罗特与奥地利文学中的“哈布斯堡神话”研究	刘　炜	复旦大学
163	21世纪诺贝尔文学奖得主的全球圆形流散特征研究	王　刚	上海工程技术大学
164	客体派诗学导引下的20世纪中叶美国诗歌转型机制研究	杨国静	上海财经大学
165	美国本土裔文学学术史	陈　靓	复旦大学
166	类型学特色构式的加工共性研究	李金满	上海财经大学
167	《英语音系》的翻译与研究	马秋武	复旦大学
168	国家翻译实践中的《毛泽东选集》英译研究	潘卫民	上海电力学院
169	《黄帝内经》英译及译本对比研究	李照国	上海师范大学
170	处于三大官话次方言交汇地带的豫南方言语法研究	高顺全	复旦大学
171	大国博弈视角下的中亚语言竞争与语言规划研究	杨　波	上海外国语大学
172	中国英语能力等级量表事后效度研究	朱正才	上海交通大学
173	成果导向的英语选修课程设计与评估研究	王蓓蕾	同济大学
174	英语专业本科生多元听说能力培养模式研究	戴　劲	同济大学
175	中国外语环境下学习者书面语的动态系统发展研究	郑咏滟	复旦大学
176	基于大型历时语料库的汉语构式化研究	雷冬平	上海师范大学
177	当代汉语身份指称形式与语言文明的发展:以“键盘输入法”为语料采集手段的研究	金志军	华东师范大学
178	现代汉语“形义错配”构式的接口机制研究	李劲荣	上海师范大学
179	跨学科视角下西方“新修辞学”及其创新的三维考察	邓志勇	上海大学
180	东亚汉字传播史研究(日本卷)	吕　浩	上海交通大学
181	中国日语学习者中介语语音语料库的构建及应用研究	刘佳琦	复旦大学

续表

序号	课题名称	负责人	工作单位
182	中国国家形象在维基百科词条中的建构与重塑研究	甘莅豪	华东师范大学
183	“一带一路”对外传播话语体系建构研究	于嵩昕	东华大学
184	近代地方官书局出版文化研究	江　凌	上海交通大学
185	国家人工智能战略下新闻传播产业创新研究	牟　怡	上海交通大学
186	新时代中国传统媒体盈利模式转型研究	窦锋昌	复旦大学
187	十九大后国际舆论新走势与新格局研究	陈沛芹	上海外国语大学
188	人工智能重构下的广告运作流程研究	姜智彬	上海外国语大学
189	多元理性比较视阈下网络交往行为与合理引导研究	李名亮	上海师范大学
190	面向数字人文研究的图书馆开放数据体系构建与服务模式设计研究	张　磊	上海图书馆（上海科学技术情报研究所）
191	图书馆智慧空间的理论构建与实践应用研究	许　鑫	华东师范大学
192	上海图书馆藏顾廷龙先生友朋信札整理与研究	丁小明	华东师范大学
193	大数据背景下档案数据管理理论重构、技术选优与实践创新研究	于英香	上海大学
194	习近平体育战略思想研究	路云亭	上海体育学院
195	2022年北京冬奥会对中国国家软实力的影响及提升路径研究	刘东锋	上海体育学院
196	高质量发展导向下我国体育特色小镇投融资模式创新研究	余守文	华东政法大学
197	体育产业演化研究	李荣日	华东理工大学
198	国际体育仲裁院仲裁案例研究与裁判要旨通纂(1986—2016)	姜　熙	上海政法学院
199	基于GIS技术的青少年体育素养指标体系构建及数据库建设	于红妍	上海交通大学
200	体育健身环境对儿童青少年体质及身体活动水平影响的队列研究	庄　洁	上海体育学院
201	健康中国战略下的传统体育养生现代化创新研究	王会儒	上海交通大学
202	基于CAS理论的我国退役优秀运动员自主创业支持体系的构建研究	杨尚剑	上海师范大学
203	网络舆情分析在交通运输行业“智”理中的应用方法研究	滕　靖	同济大学

续表

序号	课题名称	负责人	工作单位
204	制造业服务化与产业价值链升级研究	郝凤霞	同济大学
205	基于范式相似度的“一带一路”国家科技创新政策比较研究	赵付春	上海社会科学院
206	家族控制、合作偏好与私营企业成长机制研究	李　婧	上海政法学院
207	“互联网+”与制造企业核心竞争力构建研究	李宗伟	上海工程技术大学
208	港航绿色供应链碳减排交易机制及其契约协调机理研究	孟燕萍	上海海事大学
209	拥堵多维蔓延下集装箱港口供应链治理困境与柔性运作策略研究	李军军	上海海事大学
210	新零售时代我国实体零售业的商业模式、质量测度与优化路径研究	焦　玥	上海商学院
211	大数据时代的我国国际人才柔性集聚战略研究	高子平	上海社会科学院
212	旅游产业“虚拟—实体”集群协同发展研究	杨　勇	华东师范大学
213	高校高层次海归人才引进成效的后评估研究	唐　莉	复旦大学
214	走向优质均衡的区域义务教育内生发展机制研究	李伟胜	华东师范大学
215	邻避冲突治理中的风险沟通机制研究	赵继娣	华东师范大学
216	城乡居民大病保险精准治理健康贫困的效果研究	李　华	上海财经大学
217	基于HCP理论的卫生资源配置区域差异化影响路径实证研究	王　韬	上海交通大学
218	基层政区空间重组视野下基本公共服务均等化研究	熊　竞	上海交通大学

2018年度国家社科基金重大项目立项名单

序号	中标选题研究方向	首席专家	责任单位
1	习近平新时代中国特色社会主义外交思想研究	郭树勇	上海外国语大学
2	中国共产党政治建设的历史文献整理与研究	王世谊	扬州大学
		黄伟力	上海交通大学
3	后现代主义哲学发展路径与新进展研究	吴冠军	华东师范大学
4	中国音乐史学基本问题研究	洛　秦	上海音乐学院
5	新兴学科视野中的法律逻辑及其拓展研究	陈金钊	华东政法大学
6	中西传统经济思想的比较与中国发展道路的历史关联	马　涛	复旦大学
7	大数据时代大气污染物排放的优化管控研究	吴先华	上海海事大学

续表

序号	中标选题研究方向	首席专家	责任单位
8	全球价值链背景下中美新型大国贸易关系与贸易利益研究	张亚斌	湖南大学
		鲍晓华	上海财经大学
9	我国新时代的国际人才治理体系建设研究	高子平	上海社会科学院
10	大数据背景下医患关系的分析与政策研究	刘军强	中山大学
		韩景倜	上海财经大学
11	世界货币制度史的比较研究	李维森	复旦大学
12	新时代我国金融开放战略研究——形成全面开放新格局的目标与路径	周　宇	上海社会科学院
13	中国地区金融风险指数构建与应用研究	王国刚	温州商学院
		张金清	复旦大学
14	多灾种重大灾害风险评价、综合防范与城市韧性研究	王　军	华东师范大学
15	胡焕庸线稳定性与中国人口均衡发展战略研究	丁金宏	华东师范大学
16	大数据时代个人数据保护与数据权利体系研究	彭诚信	上海交通大学
		程　啸	清华大学
17	我国转基因食品规制法律体系构建研究	胡加祥	上海交通大学
18	构建人类命运共同体国际法治创新研究	马忠法	复旦大学
19	军民融合战略下海上通道安全法治保障研究	马得懿	华东政法大学
20	“一带一路”沿线国家法律文本翻译、研究及数据库建设	屈文生	华东政法大学
21	现代中国马克思主义史学文献的调查、整理和研究(1900—1949)	胡逢祥	华东师范大学
22	“人类命运共同体”思想的历史学研究	江时学	上海大学
23	9—20世纪长江中下游地区水文环境对运河及圩田体系的影响	王建革	复旦大学
24	徐家汇藏书楼珍稀文献整理与研究	黄显功	上海师范大学
25	大阪产业部近代中国及“海上丝路”沿线调查资料整理与研究	樊如森	复旦大学
26	北欧收藏有关中国新疆资料的收集、整理与研究	王建平	上海师范大学
27	古代埃及新王国时期行政文献整理研究	郭丹彤	上海大学
28	域外史学在华百年传播史(多卷本)	李孝迁	华东师范大学

续表

序号	中标选题研究方向	首席专家	责任单位
29	《国际禁毒史》(多卷本)	张勇安	上海大学
30	中国特色宗教社会学话语体系及其本土知识结构研究	李向平	华东师范大学
31	魏晋隋唐交通与文学图考	张伟然	复旦大学
32	东亚唐诗学文献整理与研究	查清华	上海师范大学
33	日韩藏唐诗选本研究	查屏球	复旦大学
34	明清戏曲评点整理与研究	杨绪容	上海大学
35	明清词谱研究与《词律》《钦定词谱》修订	朱惠国	华东师范大学
36	全清诗歌总集文献整理与研究	王卓华	上海大学
37	中国话剧接受史	陈　军	上海戏剧学院
38	精神障碍人群语料库建设及面向脑科学和人工智能的语言研究	丁红卫	上海交通大学
39	西南各民族及“一带一路”邻国语言文字中汉字音的数字化整理与研究	郑　伟	华东师范大学
40	网络与数字时代增强中华文化全球影响力的实现途径研究	孟　建	复旦大学
		童清艳	上海交通大学
41	中国特色网络内容治理体系及监管模式研究	何明升	华东政法大学
		谢新洲	北京大学
42	图书馆阅读推广理论与实践研究	范并思	华东师范大学
43	编纂《1949 年以来中国家谱总目》	王鹤鸣	上海图书馆
44	信息化促进新时代基础教育公平的研究	胡钦太	华南师范大学
		祝智庭	华东师范大学
45	我国普惠性学前教育公共服务体系建设的路径和机制研究	姜　勇	华东师范大学
		刘　焱	北京师范大学

2018 年国家社科基金青年项目立项名单

序号	课题名称	负责人	工作单位
1	恩格斯晚年坚持和发展马克思主义的历史经验研究	张　娅	上海交通大学
2	习近平新时代生态哲学思想研究	相雅芳	上海第二工业大学
3	新时代社会主义意识形态凝聚力和引领力提升研究	刘　伟	上海交通大学

续表

序号	课题名称	负责人	工作单位
4	新时代提升基层党组织社会动员能力研究	周　凯	上海交通大学
5	互联网时代中国共产党的执政安全研究	孙会岩	上海大学
6	美国馆藏西方记者笔下的中共敌后抗战观察文献整理与研究	杨　琰	同济大学
7	大数据权力的经济哲学研究	张以哲	上海第二工业大学
8	认知过程的神经实现路径及其反向推理问题研究	赵梦媛	上海理工大学
9	六朝易学研究	谷继明	同济大学
10	三教互动视阈下的竺道生生活世界与思想建构研究	盛　宁	上海大学
11	最新黄老学出土文献研究	袁　青	上海师范大学
12	狄尔泰与现代德国哲学研究	高　桦	上海社会科学院
13	当代西方情感哲学的起源、发展与应用研究	崔露什	上海师范大学
14	后分析哲学中的表征主义问题研究	周　靖	复旦大学
15	现象学视阈下自由与有限性的考察	蔡文菁	上海交通大学
16	当代艺术语境下审美经验理论嬗变研究	李素军	复旦大学
17	以人民为中心的马克思主义城市理论研究	龚　剑	上海财经大学
18	基于行政区划调整的地方政商关系识别、影响和动态机制研究	吉　黎	上海理工大学
19	高质量发展背景下对外直接投资推动出口增速提效的路径与政策研究	薛安伟	上海社会科学院
20	中国文化产品贸易竞争力的测度、制约因素与提升对策研究	杨连星	华东师范大学
21	国家投入产出表的改进编制与应用问题研究	郑正喜	上海财经大学
22	金融中介服务核算方法创新与应用研究	李佩瑾	上海交通大学
23	英国国家观念变迁的多重起源研究(1770—1914)	曾一璇	上海社会科学院
24	中国对非援助创新与非洲国家发展自主性研究	姜　璐	复旦大学
25	大数据与民主治理范式的转换研究	徐圣龙	上海财经大学
26	精准扶贫战略下慈善信托的资源整合机制研究	苑莉莉	上海交通大学
27	中央全面管治权与香港民主政治发展的相互支持关系研究	郝诗楠	上海外国语大学

续表

序号	课题名称	负责人	工作单位
28	法律认知科学的方法论基础研究	袁小玉	上海交通大学
29	里耶、岳麓简牍所见秦代的犯罪与刑罚执行研究	陈　迪	华东政法大学
30	晚清财政法制变革与国家现代化研究	赖骏楠	上海交通大学
31	人民代表大会专门委员会制度建设研究	王宇欢	上海财经大学
32	人民陪审员参审事实问题的证据裁判规则研究	樊传明	华东师范大学
33	网络环境下律师庭外言行的边界与规范问题研究	杨立民	上海对外经贸大学
34	深化国有企业改革的法律调控转型研究	何　源	上海社会科学院
35	财税法视角下司法预算分层保障机制研究	李　帅	华东师范大学
36	大数据背景下医疗数据共享问题研究	宋沂鹏	华东政法大学
37	强保护背景下知识产权刑事司法一体化研究	谢　炎	同济大学
38	科技新时代下劳资治理与立法完善研究	张颖慧	华东师范大学
39	中国引领投资便利化国际合作的法律研究	黄志瑾	上海对外经贸大学
40	基于大数据的超大城市社区公共服务设施公平配置与精准治理研究	葛天任	同济大学
41	“一带一路”沿线国在华留学毕业生的移民网络与职业发展研究	屠梦薇	华东理工大学
42	流动老年人口生活质量评估及精准治理研究	瞿小敏	华东政法大学
43	农业转移人口的乡城流动性及其分类治理研究	吴越菲	华东师范大学
44	农村家庭结构权变及家庭政策创新研究	王　欣	上海工程技术大学
45	新时代中国的收入分配与城乡居民的获得感和幸福感研究	吴　菲	复旦大学
46	新时代农民工住房供应与保障机制研究	吴开泽	上海工程技术大学
47	社会工作融入基层社会治理的路径差异与模式创新研究	侯利文	华东理工大学
48	中国老年人虚弱指数与生命质量的关系研究	王雪辉	复旦大学
49	区域协调发展战略下农民工迁移轨迹的动态分化及其人口再分布效应研究	李　贞	上海大学
50	人工智能时代的国际关系研究	封　帅	上海国际问题研究院
51	战后琉球法律地位研究	李　超	复旦大学
52	西周时期的社会流动研究	王进锋	华东师范大学
53	宋代朝会制度研究	任　石	上海师范大学

续表

序号	课题名称	负责人	工作单位
54	晚明江南地域结构变化与基层社会研究	杨　茜	上海师范大学
55	抗战时期美国驻华武官处情报活动研究(1931—1945)	贾钦涵	上海交通大学
56	南京国民政府时期经济建设公债结构的历史变迁研究	孙　迪	上海商学院
57	日本馆藏陆军参谋本部涉华出版物的整理与研究	胡　琪	同济大学
58	阶级视野下的“调干生”研究(1949—1965)	刘亚娟	华东师范大学
59	多维视角下的近代上海城市污染治理研究(1843—1949)	陆　烨	上海社会科学院
60	民间信仰与近代上海城市移民社会适应研究	陈云霞	上海社会科学院
61	“突厥”的概念史研究	陈　浩	上海大学
62	罗马帝国的皇室与皇储形象建构研究(27BC—217AD)	王忠孝	复旦大学
63	近代日本“亚洲主义”政策化的批判研究	刘　峰	上海师范大学
64	冷战时期法国左翼的中国观及其影响研究	高嘉懿	华东师范大学
65	建国初澳大利亚访华人士与中澳关系研究(1949—1965)	谢晓啸	上海大学
66	战后越南(北越)在印度支那地区的政策演变研究(1945—1989)	游　览	华东师范大学
67	天主教与近代法国殖民大国兴衰研究(1660—1960)	谢子卿	复旦大学
68	当代中东伊斯兰国家穆斯林青年极端化问题及其治理研究	陈越洋	上海外国语大学
69	宋元以来闽粤赣客家地区道教发展研究	巫能昌	复旦大学
70	乡村振兴战略中的农村建设与宗教关系研究	赵翠翠	上海社会科学院
71	唐宋转型视野下宋诗谐戏写作的文化内涵研究	姚　华	上海师范大学
72	清代中后期渔洋诗学的接受研究	张宇超	上海大学
73	基于语料库的汉西英语篇指示词对比研究	鹿秀川	复旦大学
74	云南水磨房汉藏混合语调查研究	周　洋	上海财经大学
75	我国国际化城市外国人的语言生活与语言规划研究	俞玮奇	华东师范大学
76	二语阅读“熔断假说”的语言及认知神经机制研究	马　拯	上海海事大学
77	高校学术英语教师的教师知识和职业身份认同研究	陶　坚	上海财经大学
78	汉语语篇意义整合的机制和手段研究	殷祯岑	上海师范大学
79	基于语类的英语局部语法研究	林　铃	上海交通大学
80	智能手机对彝族青年生活方式及其家乡振兴发展的影响研究——基于凉山彝寨的实证考察	江　凌	上海理工大学

续表

序号	课题名称	负责人	工作单位
81	哈佛大学馆藏中国相关古地图的整理、编目与研究	陈　熙	复旦大学
82	“互联网+”时代的档案潜在用户研究	王向女	上海大学
83	中国传统武术“即象即身”的哲学认识论研究	张　震	华东师范大学
84	面向“健康中国”战略的体育与大健康产业融合发展研究	刘　隽	上海立信会计金融学院
85	互联网双重嵌入视角下众包式创新机制与干预对策研究	肖　薇	上海师范大学
86	碳足迹视角下绿色供应链优化调控机制及创新实践研究	刘　峥	上海工程技术大学
87	长三角区域创新网络的演化机制实证与发展对策研究	于　迎	复旦大学

2018 年国家社科基金后期资助项目立项名单

序号	学　科	项目名称	负责人	工作单位
1	马列·科社	价值观教育新探:情感的视角	陈　宁	上海师范大学
2	党史·党建	新时代反贫困思想研究	文建龙	同济大学
3	哲　学	古典实用主义推理论研究	张留华	华东师范大学
4		存在和善——反思摩尔哲学	何松旭	华东师范大学
5		判教与圆教:牟宗三哲学中的天台佛学	徐　波	复旦大学
6	应用经济	金融衍生品市场与金融监管的互动研究	张伊丽	华东师范大学
7		附加值贸易网络关系视角的中国对外贸易模式及转型升级研究	廖泽芳	上海海洋大学
8	政治学	网络空间治理的中国图景:变革与规制	阙天舒	华东政法大学
9		加拿大外交政策研究——基于新古典现实主义的视角	樊　冰	上海对外经贸大学
10		现代战争、动员型政党与国家建设——国民党组织结构研究(1905—1949)	束　赟	上海社会科学院
11	法　学	环境民事公益诉讼基本理论研究	段厚省	复旦大学
12		中国刑法帮助犯理论体系研究	黄丽勤	同济大学
13		复杂性、网络化与结构金融风险治理法律问题研究	张建伟	复旦大学
14		犯罪控制刑罚模式——20 世纪后期美国刑罚严厉革命及其对中国的启示	汪明亮	复旦大学
15		行政法教义学:原理、技术及其变革研究	周海源	华东政法大学

续表

序号	学　科	项目名称	负责人	工作单位
16	法　学	秩序理念下的经济法	刘水林	上海财经大学
17	社会学	从象征到现实:空间生产的理论与实证研究	叶　超	华东师范大学
18	民族问题研究	“保生大帝信俗”的民族志研究	王立阳	华东师范大学
19	国际问题研究	小国政治与国际危机管理	邱美荣	同济大学
20		欧元区宏观经济失衡与调整研究	任　嘉	上海外国语大学
21		全球化时代宗教冲突的地区比较研究	章　远	上海外国语大学
22	中国历史	清代武科考试研究	李　林	华东师范大学
23		隋代三省制研究	刘　啸	华东师范大学
24		张家山汉简《二年律令》文本整理与相关问题研究	周　波	复旦大学
25		汉唐《论语》学史	丁红旗	华东师范大学
26		历史美学的理论与实践	路新生	华东师范大学
27	世界历史	古罗马社会生活研究	裔昭印	上海师范大学
28	宗教学	僧俗交往与晚明佛教史的重构	王启元	复旦大学
29	中国文学	雪莱与中国现代文学	张　静	上海师范大学
30		先秦老学史	陈成吒	上海财经大学
31		文学的商品化与产业化:天花藏主人与才子佳人小说出版	梁　苑	上海立信会计金融学院
32		晚清文学儒家乌托邦叙事研究	朱　军	上海师范大学
33		台湾现藏稀见明人别集述考	李玉宝	上海师范大学
34	外国文学	个性与文体——论塞维尼夫人的生活及书信世界	王蓓丽	上海外国语大学
35	语言学	八十韵本《洪武正韵》集成与研究	丁治民	上海大学
36	新闻学与传播学	文化软实力视阈下的城市形象价值评估研究	聂艳梅	上海师范大学
37	图书馆、情报与文献学	清代古籍刻工研究	郑　幸	上海大学
38		韩非子书录考论	龚　敏	上海财经大学
39	管理学	中国政府数据开放研究	郑　磊	复旦大学
40	艺术学	“重写电影史”视野下的张石川研究	艾　青	上海交通大学

2018年国家社科基金中华学术外译项目立项名单

序号	学科	项目名称(中文)	申请人	资助文版	原著作者或主编
1	哲学	大同释义	上海交通大学出版社	英文	吕思勉
2		实证主义与中国近代哲学	华东师范大学出版社	俄文	杨国荣
3		孔学古微	华东师范大学出版社	韩文	徐梵澄
4		实证主义与中国近代哲学	华东师范大学出版社	韩文	杨国荣
5		周易郑氏学阐微	上海古籍出版社 林海顺(延边大学)	韩文	林忠军
6		实证主义与中国近代哲学	华东师范大学出版社	乌兹别克文	杨国荣
7		孔学古微	华东师范大学出版社	乌兹别克文	徐梵澄
8		实证主义与中国近代哲学	华东师范大学出版社	吉尔吉斯文	杨国荣
9	政治学	建构民主——中国理论、战略与议程	复旦大学出版社	英文	林尚立
10		东亚秩序论——地区变动、力量博弈与中国战略	上海人民出版社 门洪华(同济大学)	英文	门洪华
11		我们如何具体操作协商民主——复式协商民主决策程序手册	复旦大学出版社	英文	韩福国
12	法学	中国法律文明	南京大学出版社 王海萍(华东政法大学)	英文	张仁善
13		金融犯罪刑法学原理	上海人民出版社	日文	刘宪权
14	国际问题研究	"一带一路":引领包容性全球化	伍巧芳(华东政法大学)	英文	刘卫东
15		南京大屠杀研究——日本虚构派批判	上海交通大学出版社	日文	程兆奇
16	中国历史	丝路古史散论	复旦大学出版社 芮传明(上海社会科学院)	英文	芮传明
17		中国家谱通论	上海交通大学出版社 许俊农(合肥师范学院)	英文	王鹤鸣
18		重构秦汉医学图像	上海交通大学出版社 周恩(上海中医药大学)	英文	廖育群

续表

序号	学　科	项目名称(中文)	申请人	资助文版	原著作者或主编
19	考古学	宫殿考古通论	上海交通大学出版社 宾慧中(上海大学)	英文	杨鸿勋
20		甲骨文与中国上古文明	华东师范大学出版社	韩文	龙国富
21	中国文学	金枝玉叶——比较神话学的中国视角	复旦大学出版社 卢锦淑(湖南师范大学)	韩文	叶舒宪
22		中国俗文学史	上海交通大学出版社 杨玉英(长江师范学院)	英文	郑振铎
23	语言学	近现代中国翻译思想史	华东师范大学出版社	俄文	王秉钦
24		近现代中国翻译思想史	华东师范大学出版社	乌兹别克文	王秉钦
25		近现代中国翻译思想史	华东师范大学出版社 刘云雁(湖南师范大学)	英文	王秉钦
26	教育学	中国教育思想史	上海交通大学出版社 刘娟(淮海工学院)	俄文	朱永新
27	艺术学	中国绘画史	上海交通大学出版社	韩文	任道斌
28	教育现代化的中国之路:纪念教育改革开放40年丛书(共10册)	教育现代化的中国之路:纪念教育改革开放40年丛书(共10册)	华东师范大学出版社	英文	袁振国

2018年度上海市社科规划一般课题拟立项名单

序号	学　科	课题名称	申请人	工作单位
1	马列·科社	马克思历史道路理论与中国特色社会主义进入新时代研究	户晓坤	复旦大学
2	马列·科社	建国以来中国参与全球治理的历史流变与经验价值研究	李　华	上海大学
3	马列·科社	习近平新时代中国特色社会主义思想国际传播的挑战与应对	李庆云	上海社会科学院
4	马列·科社	国家治理视域下的当代中国主流意识形态转型问题研究	赵文东	上海理工大学

续表

序号	学　科	课题名称	申请人	工作单位
5	马列·科社	新时代我国政治发展的“美好生活政治”路径研究	郑少东	中共上海市委党校
6	马列·科社	巴塔耶与马克思经济哲学思想比较研究	杨　威	海军军医大学
7	马列·科社	新时代“上海精神”内涵与“上海合作组织命运共同体”的构建	仇发华	上海理工大学
8	马列·科社	新时代中国特色社会主义乡村振兴的政治经济学研究	张耿庆	上海对外经贸大学
9	马列·科社	新时代推动创新发展的劳动收入应有份额及实现机制研究	甘梅霞	中共上海市委党校
10	马列·科社	上海市党员干部思想道德建设现状调查研究	桑　丽	中共上海市委党校
11	马列·科社	“一带一路”倡议下中华优秀传统文化对外传播面临的主要问题与对策研究	王　进	华东师范大学
12	马列·科社	习近平新时代中国特色社会主义思想的创新机制研究	仇永民	上海海洋大学
13	马列·科社	习近平对科学社会主义思想的重大贡献	孙　力	上海应用技术大学
14	马列·科社	中国特色社会主义在美国的研究状况评析	郑国玉	上海外国语大学
15	马列·科社	文化认同视阈下的大学生核心价值观培育与践行机制研究	速继明	上海电力学院
16	党史·党建	“政权下乡”:土改工作队研究(1949—1953)	黄波粼	华东师范大学
17	党史·党建	上海建党时期俞秀松革命思想与实践研究(1917—1925)	陈红娟	华东师范大学
18	党史·党建	中国共产党“渔阳里时期”(1920—1922)史料的收集、整理与研究	李　坚	上海大学
19	党史·党建	充分发挥社区党组织政治功能的路径研究	陈祥英	中共上海市徐汇区委员会党校
20	党史·党建	上海探索非公互联网企业党建经验研究	薛小荣	复旦大学
21	党史·党建	新时代提升基层党组织群众组织力的调查和研究	张　玲	上海交通大学
22	党史·党建	上海国企党建与现代企业制度融合研究	黄　炜	上海工程技术大学

续表

序号	学 科	课题名称	申请人	工作单位
23	党史·党建	全面净化党内政治生态的现实困境与对策研究	谷 宇	中共上海市委党校
24	党史·党建	破解非公企业党建难题的上海经验研究	陈世瑞	中共上海市委党校
25	党史·党建	新媒体时代中国共产党红色基因传承研究	张蕾蕾	国防大学政治学院
26	哲学·宗教学	当代法国科学哲学及其影响研究	郭明哲	上海理工大学
27	哲学·宗教学	艺术哲学视域下的杜威美育观与中国美育传统的交融发展研究	陈 佳	复旦大学
28	哲学·宗教学	政治与真理——西方近代政治哲学的理性基础研究	李育书	中共上海市委党校
29	哲学·宗教学	艾约瑟汉学文献整理与研究	刘现合	上海海洋大学
30	哲学·宗教学	美国现当代自然主义与反自然主义整体论之间的对话	夏国军	上海财经大学
31	哲学·宗教学	当代数学哲学的现象学诠释	钱立卿	上海社会科学院
32	哲学·宗教学	逻辑心理主义及其信念修正研究	曹青春	上海大学
33	哲学·宗教学	梵蒂冈电台及其对华节目研究	朱晓红	复旦大学
34	哲学·宗教学	当代英美功利主义研究	马 庆	上海社会科学院
35	哲学·宗教学	当代西方道德哲学和政治哲学中的全球平等问题研究	俞丽霞	上海社会科学院
36	哲学·宗教学	海德格尔的情感现象学研究	张振华	同济大学
37	经济学（基础理论）	金融偏向性与上海先进制造业创新竞争力的内生耦合及协同发展对策研究	李 真	华东师范大学
38	经济学（基础理论）	长三角一体化对污染产业区域分布的影响研究	豆建民	上海财经大学

续表

序号	学　科	课题名称	申请人	工作单位
39	经济学（基础理论）	示范、扩张、竞合：近代上海外商工业研究（1843—1949）	何兰萍	上海中医药大学
40	经济学（基础理论）	上海通过嵌入全球航空网络提升综合竞争力的机制与路径研究	马亚华	上海师范大学
41	经济学（基础理论）	上海建设全球城市的韧性生态路径及其国际对标	宋　蕾	中国浦东干部学院
42	经济学（基础理论）	两岸经济融合对和平统一的二重影响评估：模式调整与政策重构	盛九元	上海社会科学院
43	经济学（基础理论）	上海科技创新集聚区创新运营模式研究	崔晓露	中共上海市委党校
44	经济学（基础理论）	我国城乡经济不平衡的资本逻辑与治理方略	陈建华	上海社会科学院
45	经济学（基础理论）	上海科技创新中心发展的国际化合作优势及促进机制建设研究	黄烨菁	上海社会科学院
46	经济学（应用经济）	上海新一轮市区两级政府财权事权划分研究	周琛影	东华大学
47	经济学（应用经济）	上海市房产税试点效果评估与房地产税出台后潜在风险防范研究	李永刚	上海立信会计金融学院
48	经济学（应用经济）	长期护理保险对上海护理供给的影响：基于养老护理人员的视角	余央央	上海财经大学
49	经济学（应用经济）	城市消费碳排放的结构优化与节能减排的政策思路——基于上海数据的研究	胡　靖	同济大学
50	经济学（应用经济）	全面开放新格局下上海自由贸易港建设的目标升级与制度创新研究	匡增杰	上海海关学院
51	经济学（应用经济）	上海推进新一代信息技术与制造业深度融合发展研究	张亚军	上海发展战略研究所
52	经济学（应用经济）	上海先进制造业发展面临的主要问题与对策研究	余典范	上海财经大学
53	经济学（应用经济）	基于“房住不炒”视角的房地产市场参与主体行为分析及长效机制研究	黄　静	上海师范大学
54	经济学（应用经济）	上海自贸试验区创新发展服务贸易研究	何　骏	上海财经大学

续表

序号	学 科	课题名称	申请人	工作单位
55	经济学（应用经济）	中国外汇市场和货币市场压力传导机制及干预政策研究	叶 欣	同济大学
56	经济学（应用经济）	保险业系统性风险的根源、传递与影响	粟 芳	上海财经大学
57	经济学（应用经济）	培育上海四大品牌的战略举措与路径选择研究	谢京辉	上海社会科学院
58	经济学（应用经济）	上海科技型养老地产发展策略研究——基于人口与经济的双重视角	于 宁	上海社会科学院
59	经济学（应用经济）	进口贸易对上海市产业结构调整的效应及其对策研究	谢国娥	华东理工大学
60	经济学（应用经济）	互联网金融欺诈识别与风险防范	刘华玲	上海对外经贸大学
61	经济学（应用经济）	世界级大城市缓解通勤的政策组合及对上海的借鉴研究——基于长三角一体化的背景	李杰伟	上海海事大学
62	经济学（应用经济）	金融如何推动科技创新？——金融化与科技创新均衡耦合发展的理论、实证及对策研究	刘 亮	上海社会科学院
63	经济学（应用经济）	进一步优化上海创新创业环境研究——基于城市文化与城市创业活动的研究	杨 嬛	上海财经大学
64	经济学（应用经济）	上海民宿产业的时空分布、市场潜力及开发策略研究	黄和平	上海商学院
65	经济学（应用经济）	国有企业实施员工持股计划的激励效应研究	沈红波	复旦大学
66	经济学（应用经济）	基于“平等—产权—制度”三位一体式的上海工匠精神培育路径研究	刘一君	上海应用技术大学
67	经济学（应用经济）	贸易自由化促进中国企业创新质量提升的影响机理及路径研究	何欢浪	上海对外经贸大学
68	经济学（应用经济）	外资持股的出口效应及影响机制研究	叶志强	华东理工大学
69	经济学（应用经济）	金融创新与科技创新的耦合机制研究	岳 华	华东师范大学
70	经济学（应用经济）	中国环境污染第三方治理绩效测度与上海实践研究	曹莉萍	上海社会科学院

续表

序号	学　科	课题名称	申请人	工作单位
71	政治学	新时代网络舆论的新变化及精细化治理研究	上官酒瑞	中共上海市委党校
72	政治学	公共供求视域中上海开放型经济新体制的创新研究——一种加快实施自贸试验区战略的动议	阙天舒	华东政法大学
73	政治学	基层公务员应对突发公共事件胜任力模型构建与应用研究	刘兰华	华东师范大学
74	政治学	社会治理重心下移框架中的街道体制改革研究	容　志	上海师范大学
75	政治学	媒体对价值观和行为偏好的塑造:基于大学生实验数据的研究	顾燕峰	复旦大学
76	政治学	智能移动互联时代的意识形态话语研究——以“上观新闻”为例	王　多	华东师范大学
77	政治学	中国情境下社区合作治理的形成机制与实现路径研究	李佳佳	上海社会科学院
78	社会学	中国网络民粹主义的类型、成因及演变(2013—2020)——基于大数据的研究	黄荣贵	复旦大学
79	社会学	混合网络下集群行为动力机制的社会心理学研究	姚　琦	华东师范大学
80	社会学	新形势下退役军人差异性需求和社会工作服务研究	陈蓓丽	上海师范大学
81	社会学	可行能力视阙下特大城市流动人口获得感研究	梁土坤	华东理工大学
82	社会学	基于社会工作职业化导向的社区工作者能力考评和提升策略研究	李　筱	华东理工大学
83	社会学	上海长护险全面试点调研和制度完善研究	胡苏云	上海社会科学院
84	社会学	社会工作助力乡村振兴的路径与模式研究	刘艳霞	华东理工大学
85	社会学	“一带一路”建设下来沪外籍人口的空间集聚与社会治理研究	余运江	上海立信会计金融学院
86	社会学	国际消费城市建设视角下上海城市居民的文化消费研究	杜　平	上海大学

续表

序号	学　科	课题名称	申请人	工作单位
87	社会学	主观年龄视域下老年健康促进的社会工作干预研究	梁　昆	华东理工大学
88	社会学	全球城市视角下上海长租公寓市场的人才吸纳功能研究	孙　哲	上海财经大学
89	社会学	新时代上海社区治理与社会参与机制创新研究	金　桥	上海大学
90	社会学	城市高新技术园区职场压力风险管理及危机干预研究	李正东	上海应用技术大学
91	社会学	新时代上海市群团组织参与社会矛盾纠纷化解机制研究	胡洁人	同济大学
92	法　学	行政公益诉讼构成要件之判断	练育强	华东政法大学
93	法　学	监管科技(Reg Tech):金融监管创新法律问题及上海的实践研究	徐冬根	上海交通大学
94	法　学	推进上海生态文明建设的法制保障研究——以上海碳排放权交易的法律制度构建与完善为中心	黄　明	复旦大学
95	法　学	我国证券市场信息型操纵民事责任研究	樊　健	上海财经大学
96	法　学	“21世纪海上丝绸之路”建设背景下打造上海国际海事仲裁中心研究	邓　杰	上海师范大学
97	法　学	重大行政决策程序与环境影响评价制度衔接与整合研究	谢海波	上海应用技术大学
98	法　学	居住权法典化与上海共有产权房制度完善	肖　俊	上海交通大学
99	法　学	美国对外贸易中的知识产权制度演进研究	于　洋	上海对外经贸大学
100	法　学	上海实施乡村振兴战略与农村宅基地三权分置法律制度研究	孙建伟	上海交通大学
101	法　学	涉海案件行刑衔接法律问题研究——以海上综合执法改革为视角	夏　亮	上海海洋大学
102	法　学	世界银行营商环境评估标准的法律问题研究	文学国	上海大学
103	法　学	犯罪被害人责任的理论与实务研究	骆　群	上海政法学院
104	法　学	保护水下文化遗产与海上丝绸之路建设	郭　冉	华东师范大学

续表

序号	学　科	课题名称	申请人	工作单位
105	法　学	“21世纪海上丝绸之路”倡议下我国维护海上通道安全的法律保障研究	刘　丹	上海交通大学
106	法　学	我国禁止性犯罪制裁措施的实施效果与立法完善研究	陈庆安	上海社会科学院
107	法　学	新形势下执行程序分流机制研究	洪冬英	华东政法大学
108	法　学	上海市智慧城市建设中新型网络犯罪治理研究	周铭川	上海交通大学
109	法　学	风险社会视阈下我国危害药品安全犯罪的刑法规制	赵　辉	上海大学
110	法　学	国际电子商务规则发展趋势研究	叶　波	上海对外经贸大学
111	法　学	《外国投资风险审查现代化法案》时代CFIUS审查新发展研究	陈婵婷	华东政法大学
112	法　学	中国国际税收遵从法律保障机制之架构研究	叶莉娜	上海立信会计金融学院
113	国际问题研究	美国的太空战探索及我国对策研究	张　茗	上海社会科学院
114	国际问题研究	以国际产能合作扩大中国与战略支点国家利益交汇点研究	黄琪轩	上海交通大学
115	国际问题研究	国际能源安全议程设置与我国参与国际能源合作的路径与模式研究	韦进深	上海外国语大学
116	国际问题研究	中亚、南亚态势新发展与中国西部陆疆安全建设研究	刘锦前	上海社会科学院
117	国际问题研究	中东变局以来伊斯兰极端组织意识形态的演变	章　远	上海外国语大学
118	国际问题研究	中国—东盟合作机制的义利选择评估及中国对策研究	王丽琴	同济大学
119	国际问题研究	中美关系冲突风险预防和控制机制研究	何　英	上海大学
120	国际问题研究	“人类命运共同体”的理论基础、内涵及其实践研究	方秀玉	复旦大学
121	历史学·考古学	丝茶贸易在近代上海崛起中的作用和影响(1843—1912)	冯志阳	上海社会科学院

续表

序号	学　科	课题名称	申请人	工作单位
122	历史学·考古学	《鲍威尔写本·医学卷》研究	王兴伊	上海中医药大学
123	历史学·考古学	清代家计账簿中的市场、物价与生计	蒋　勤	上海交通大学
124	历史学·考古学	近代长三角城郭都市空间转型研究	刘雅媛	上海财经大学
125	历史学·考古学	1950年代中国天主教自选自圣制度历史考察（1949—1958）	刘建平	华东师范大学
126	历史学·考古学	“飞地”：上海小三线社会研究	崔海霞	上海大学
127	历史学·考古学	上海癌症防治史研究（1949—1999）	姚　霏	上海师范大学
128	历史学·考古学	赵凤昌文献资料的搜集整理	李志茗	上海社会科学院
129	历史学·考古学	近代外国教会置产与地方实践研究	许俊琳	上海大学
130	文学·艺术	文明互鉴视域下欧陆左翼前沿文艺理论研究	支运波	上海戏剧学院
131	文学·艺术	当代德国文学中的上海形象研究	冯晓春	华东师范大学
132	文学·艺术	明代僧诗别集丛刊	李玉栓	上海师范大学
133	文学·艺术	1930年代上海文学中的审美都市主义研究	叶祝弟	上海市社会科学界联合会
134	文学·艺术	陶诗明清传播与接受研究	邓富华	上海建桥学院
135	文学·艺术	商务印书馆《说部丛书》之转译现象研究	邹　波	复旦大学
136	文学·艺术	两晋时期五言诗体式发展研究	徐　梁	上海师范大学
137	文学·艺术	晚清民国的小说作法研究	刘晓军	华东师范大学
138	文学·艺术	民国旧诗别集编年叙录与序跋整理研究	李　升	复旦大学
139	文学·艺术	中国现代文学书写语言的转型研究	倪　伟	复旦大学
140	文学·艺术	宗白华美学思想中的德国因素研究	张永胜	同济大学
141	文学·艺术	北朝元氏文学家族研究	陆　路	上海师范大学
142	文学·艺术	德勒兹哲学视角下的非洲英语小说研究	姚　峰	上海师范大学

续表

序号	学　科	课题名称	申请人	工作单位
143	文学・艺术	20 世纪前期中国文学史著作叙事策略研究	成　玮	华东师范大学
144	文学・艺术	王昶年谱新编	蔡锦芳	上海大学
145	文学・艺术	英国 18 世纪前浪漫主义时期的文学社区研究	王　欣	上海外国语大学
146	文学・艺术	贝克特批评的范式转变研究:论“语境化”批评的发展	施清婧	华东师范大学
147	文学・艺术	安吉拉・卡特小说的叙事伦理研究	吴　颉	上海交通大学
148	文学・艺术	上海手工艺的现代转化研究:从小白宫到大世界	吴　昉	上海出版印刷高等专科学校
149	文学・艺术	上海市老龄友好型城市环境评价体系构建及国际比较研究	郑　华	上海师范大学
150	文学・艺术	形态、语法和感知——基于心理学认知范畴的虚拟现实影片影像研究	赵　起	同济大学
151	文学・艺术	交互式公共艺术植入儿童疗愈环境的内涵和路径研究	王红江	上海视觉艺术学院
152	文学・艺术	清末民国上海戏剧的文化认同研究	曾　澜	上海社会科学院
153	文学・艺术	上海现当代艺术社会史的书写与建构研究	刘向娟	上海大学
154	文学・艺术	亚洲大型艺术博物馆运营特点及发展趋势研究——以上海、东京、首尔、新加坡城为例	周　进	复旦大学
155	文学・艺术	上海绒绣艺术的当代价值及其传承发展研究	柯　玲	东华大学
156	文学・艺术	民国时期上海艺术设计教育研究	吴嘉祺	上海师范大学
157	语言学	关键反应训练技术对学龄前自闭症儿童语言障碍干预的有效性研究	贺荟中	华东师范大学
158	语言学	基于社会固有模式的汉语语法构式研究	宗守云	上海师范大学
159	语言学	基于语料库的秦汉简帛用字习惯研究	张再兴	华东师范大学
160	语言学	泰如方言动补结构的比较研究	汪如东	上海财经大学
161	语言学	社会语用视阈下说话人自信度的嗓音表征动态机制研究	蒋晓鸣	同济大学
162	语言学	规约性汉语隐性否定语用实现研究	王　蕾	复旦大学
163	语言学	反问语境下汉语“X 呢”式话语标记的认知研究	张田田	上海第二工业大学

续表

序号	学　科	课题名称	申请人	工作单位
164	语言学	基于数字化平台的历代碑刻篆文整理与研究	李海燕	同济大学
165	语言学	现代汉语副词表征主观量的动因与机制研究	潘海峰	同济大学
166	语言学	基于语体甄别的汉语语篇研究	杨　彬	上海外国语大学
167	语言学	上海聋儿家庭语言的社会语言学调查	雷红波	上海大学
168	语言学	新时代中国特色大国外交背景下从外宣翻译到公共外交翻译探究	仇贤根	上海立信会计金融学院
169	语言学	日藏《香要抄》《药种抄》《香字抄》汉字抄本校注	郭　瑞	华东师范大学
170	语言学	北京方言探源研究	刘泽民	上海师范大学
171	语言学	主要语别国学生汉语阅读实证研究	王永德	上海财经大学
172	语言学	依法治国背景下刑事司法语言研究与运用	李诗芳	上海政法学院
173	语言学	语言文化意象的翻译与特征建模研究	胡加圣	上海外国语大学
174	语言学	“一带一路”倡议背景下中亚语言教育状况调查研究	吴爱荣	上海外国语大学
175	语言学	话语与权力的互构：美国英语对外传播机制研究（1945—2000）	张冰天	上海工程技术大学
176	语言学	学术英语写作元认知及教学对策研究	王　薇	复旦大学
177	语言学	韵律与句法关系在二语英语中的实证研究	丁红卫	上海交通大学
178	新闻学	“打卡”上海：地理数据驱动的城市消费者研究	楚亚杰	复旦大学
179	新闻学	人类命运共同体理念国际舆论认同构建研究	严怡宁	上海外国语大学
180	新闻学	乡村振兴背景下的上海农村传播战略转型研究	尤　游	上海大学
181	新闻学	设计、意识形态与传播：中国左翼文学书刊的视觉文化研究（1928—1937）	李华强	复旦大学
182	新闻学	改革开放四十年传媒与反腐探索进程：理念、制度与实践	程金福	上海商学院
183	新闻学	近代上海出版人社会生活研究（1897—1937）	杨卫民	上海理工大学
184	新闻学	提升上海卓越的全球城市影响力研究——基于中国国际进口博览会的多语种国际舆情分析	吴　瑛	上海外国语大学

续表

序号	学　科	课题名称	申请人	工作单位
185	新闻学	上海新媒体科技传播效果评价与提升研究	牛盼强	上海大学
186	新闻学	受众参与框架下提升上海市政务新媒体影响力研究	陈雅赛	上海师范大学
187	新闻学	智慧城市背景下的上海非物质文化遗产传播策略与效果评估研究	赵路平	华东师范大学
188	图书馆情报与文献学	数字人文社会网络分析应用与研究	施晓华	上海交通大学
189	图书馆情报与文献学	基于区块链的科技学术资源共享研究	谷　俊	上海师范大学
190	图书馆情报与文献学	近代上海教会医院史研究	陈丽云	上海中医药大学
191	图书馆情报与文献学	老官山医简文献《六十病方》综合研究	袁开惠	上海中医药大学
192	图书馆情报与文献学	大数据环境下上海政府数据治理体系建立与完善研究	文燕平	上海师范大学
193	体育学	以人民为中心的价值取向下体育强国建设基本内涵和实现路径研究	舒盛芳	上海体育学院
194	体育学	市场精准定位视域下江浙沪运动休闲特色小镇品牌竞争力构建路径研究	刘　成	东华大学
195	体育学	社交媒体视角下我国路跑爱好者消费行为理论与实证研究	鲍　芳	上海体育学院
196	体育学	2020 东京奥运会体育政策研究	景俊杰	上海师范大学
197	管理学	残疾儿童康复保障政策的评价与优化:以上海市为例	孙　梅	复旦大学
198	管理学	“互联网+政务服务”实践中地方政府创新阻滞与应对研究	王法硕	华东师范大学
199	管理学	大数据驱动的大气污染跨区域协同治理机制研究	李智超	华东政法大学
200	管理学	社会化问答社区网络结构演化机理:基于大数据的用户行为分析	张建同	同济大学
201	管理学	上海学术职业的承认正义需求与制度建设研究	潘艺林	华东理工大学

续表

序号	学　科	课题名称	申请人	工作单位
202	管理学	全力打响“上海文化”品牌对策措施研究	秦迎林	上海工程技术大学
203	管理学	新时代公务员主动变革行为的心理机制研究	曲如杰	华东师范大学
204	管理学	和谐医患关系的构建:基于上海市公立医院患者对医生信任的干预研究	赵大海	上海交通大学
205	管理学	中国国际进口博览会的区域影响与效应研究	卢　松	上海师范大学
206	管理学	“健康上海 2030”战略背景下的基层中医药服务供给优化研究	贾　杨	上海市中医文献馆
207	管理学	基于社交大数据的突发安全事件发现机制研究	刘启刚	上海大学
208	管理学	大数据时代上海社区养老精准化供给实证研究	刘　奕	东华大学
209	管理学	儿科向成人科医疗过渡准备的影响因素及促进过渡的策略研究:基于患儿—家庭为中心视角	张　莹	上海交通大学
210	管理学	上海市养老服务补贴政策的绩效评估研究	刘晓雪	上海外国语大学
211	管理学	服务贸易创新发展背景下中国旅行社企业商业模式创新研究:全球大型旅游企业经验借鉴	吴　本	复旦大学
212	管理学	媒体报道对于经营困难企业绩效恢复的影响研究	梅　楠	同济大学
213	管理学	结构性去杠杆背景下的国企股权激励效应研究——基于债务杠杆选择与调整的视角	杨慧辉	上海对外经贸大学
214	管理学	基于民间社会资本视角的长三角地区 PPP 项目财务风险管理研究	刘　焱	上海大学
215	管理学	基于心理弹性促进模型的新入职护士团体辅导干预方案的构建与实证研究	王　琳	上海交通大学
216	管理学	中国企业国际化对母国资源的撬动研究	吴　冰	华东理工大学
217	管理学	中文年报(摘要)可读性度量研究	马长峰	上海国家会计学院
218	管理学	超大型城市环境精细化管理的国际经验与案例研究:基于适应性管理视角	陈　宁	上海社会科学院

续表

序号	学　科	课题名称	申请人	工作单位
219	管理学	员工心理弹性的构念整合——基于资源保存和积极情绪的多层次效应分析	孟　慧	华东师范大学
220	管理学	国有企业内部锦标赛机制及其创新激励效应	徐浩萍	复旦大学
221	管理学	后发企业通过跨国并购提升自主创新能力的匹配研究	阎海峰	华东理工大学
222	管理学	上海政府科技资助对企业创新偏好的影响:基于市场机制的对比与耦合效应研究	翟海燕	上海立信会计金融学院
223	管理学	创业人才的心智特征及其神经学实验观测研究	戴永辉	上海对外经贸大学
224	管理学	上海市知识产权密集型产业培育研究	漆　苏	同济大学
225	管理学	新时代我国新型城镇化与碳排放绩效的交互机制及治理对策研究	谢品杰	上海电力学院
226	管理学	乡村振兴战略下生鲜农产品智能零售商业模式与实现路径研究	李玉峰	上海海洋大学
227	管理学	基于电子围栏的共享单车重平衡问题研究	贾永基	东华大学
228	管理学	中国国有企业 OFDI 视角下的海外基础设施投资区位选择研究	陈　扬	上海海事大学
229	管理学	学术金字塔中的女性:上海高校工科女教师自我效能感的实证研究	朱佳妮	上海交通大学
230	管理学	分享经济环境下考虑碳排放的企业个性化定制生产配置研究	杨　东	东华大学
231	管理学	创业者与投资方冲突模式与演化路径	孙继伟	上海大学
232	城市科学研究	区域创新网络与长三角城市群协同创新发展研究	李　健	上海社会科学院
233	城市科学研究	上海海派文化中境外建筑实践谱系的发掘整理研究	刘　刊	同济大学
234	城市科学研究	上海建设全球卓越服务型城市的路径研究	张懿玮	上海杉达学院
235	城市科学研究	新媒体环境下“上海文化”品牌传播策略研究	程海燕	上海理工大学
236	城市科学研究	资本流动有效性视角下长三角城市群更高质量一体化发展研究	朱小川	上海师范大学

续表

序号	学　科	课题名称	申请人	工作单位
237	城市科学研究	新时代中国城市居民住房获得空间模式与影响因素研究:以上海为例	李丽梅	华东师范大学
238	城市科学研究	上海建设卓越的全球城市的跨文化战略研究	索格飞	上海外国语大学
239	城市科学研究	上海提升城市能级与全球航运要素流动及配置研究	王列辉	华东师范大学
240	城市科学研究	上海提升城市品质的内涵及其路径研究	刘　勇	上海大学
241	城市科学研究	上海红色文化遗产安全问题研究	王　元	上海师范大学
242	城市科学研究	上海建设卓越全球城市的核心功能及实现路径研究	徐　珺	上海发展战略研究所

2018年度上海市社科规划青年课题拟立项名单

序号	学　科	课题名称	申请人	工作单位
1	马列·科社	新时代中国特色社会主义文化建设的新使命研究	赵　静	同济大学
2	马列·科社	改革开放四十年高校思政课教学场域捍卫主流意识形态话语权的历史经验与现实问题	张宗峰	上海电力学院
3	马列·科社	马克思关于人类社会发展规律的思想研究	李国泉	复旦大学
4	马列·科社	人工智能时代我国主流意识形态安全风险防范研究	赵丽涛	华东政法大学
5	马列·科社	超大城市预防和化解社会矛盾的治理机制创新与本土化经验研究	郭　根	上海第二工业大学
6	马列·科社	马克思恩格斯美国民主批判及其当代价值研究	邹汉阳	上海大学
7	马列·科社	优秀传统文化中的文化自觉思想及其当代价值研究	王金凤	上海交通大学
8	马列·科社	大学生中华优秀传统文化“体验式”培育模式研究	张　烨	上海工程技术大学
9	马列·科社	新媒体环境下红色文化的认同与传承研究	崔欣玉	同济大学

续表

序号	学　科	课题名称	申请人	工作单位
10	马列·科社	建国七十年第二国际马克思主义的发展历程和理论反思研究	张晓兰	上海师范大学
11	马列·科社	马克思“现实的个人”概念与人类命运共同体	徐艳如	上海交通大学
12	马列·科社	“人类命运共同体”思想对资本逻辑全球化的批判与超越	张欢欢	上海理工大学
13	马列·科社	中国特色社会主义与世界历史的当代转向研究	李　健	复旦大学
14	党史·党建	党内“两面人”现象的形成逻辑与治理机制研究	阮　博	华东政法大学
15	党史·党建	党建引领社会组织参与社会治理的协同困境与长效联动机制研究	陈　亮	上海师范大学
16	党史·党建	中国党建研究新范式的建构——基于CNKI文献计量分析的研究	束　赟	上海社会科学院
17	哲学·宗教学	当代分析哲学中意义理论的研究进路	戴益斌	上海大学
18	哲学·宗教学	哈贝马斯之后法兰克福学派的政治伦理思想前沿研究	杨　丽	上海大学
19	哲学·宗教学	国外马克思主义前沿中的德国古典哲学研究	陆凯华	华东师范大学
20	哲学·宗教学	全球化态势下的马克思主义国家理论研究及其当代意义	祁　涛	复旦大学
21	哲学·宗教学	政治哲学谱系中的罗尔斯研究	汪志坚	上海社会科学院
22	哲学·宗教学	新时代中国和平主义道路的理论资源与实践路径研究	肖　鹏	中共上海市委党校
23	哲学·宗教学	现当代新儒学思潮中的佛学思想研究	徐　波	复旦大学
24	哲学·宗教学	知识论视域下的无限主义“消解”与“重塑”	王　聚	复旦大学
25	哲学·宗教学	全球城市宗教事务管理经验对上海建设卓越全球城市的启示	田艺琼	上海社会科学院
26	经济学（基础理论）	新奥地利学派经济伦理研究	邓　钺	上海立信会计金融学院

续表

序号	学 科	课题名称	申请人	工作单位
27	经济学（基础理论）	转型期发电产业发展有序性的测评机制及治理对策研究	刘平阔	上海电力学院
28	经济学（基础理论）	改革开放以来上海营商环境建设思想研究	张　申	上海社会科学院
29	经济学（基础理论）	长三角城市群技术转移市场等级体系的空间演化机制研究	段德忠	华东师范大学
30	经济学（基础理论）	长三角城市群空间结构的演变特征与影响因素研究	黄妍妮	上海工程技术大学
31	经济学（基础理论）	“全球城市区域”的产业协同、空间演化机制与上海的战略选择研究	马　双	上海社会科学院
32	经济学（应用经济）	上海金融科技发展对传统信贷体系影响：微观行为与宏观风险视角	江嘉骏	复旦大学
33	经济学（应用经济）	我国中央和省级政府间基本社会服务支出责任研究	周佳雯	上海立信会计金融学院
34	经济学（应用经济）	全球城市创新系统视角下进一步优化上海创新创业环境的路径与机制研究	崔园园	上海发展战略研究所
35	经济学（应用经济）	环境污染动员式治理模式的绩效与问题研究	石庆玲	华东师范大学
36	经济学（应用经济）	上海市青年人才居住需求及住房保障机制研究	宋艳姣	华东师范大学
37	经济学（应用经济）	市民生活质量调查中的缺失数据研究	张　岳	上海交通大学
38	经济学（应用经济）	国企混改背景下风险投资参与我国上市公司并购的机制创新研究	宋　贺	上海对外经贸大学
39	经济学（应用经济）	经济数字化下国家税基问题研究：理论发展、立法实践与路径前瞻	王晶晶	上海大学
40	经济学（应用经济）	财政透明对提升地方政府治理能力的影响与对策研究	王　聪	上海理工大学
41	经济学（应用经济）	契约关系、技术采纳与都市农业面源污染治理研究——以蔬菜产业合作社为例	朱哲毅	上海市农业科学院
42	经济学（应用经济）	上海农村老年消费发展的制约因素、影响路径及应对策略研究	乐　昕	复旦大学

续表

序号	学　科	课题名称	申请人	工作单位
43	政治学	组织嵌入视角下党建引领基层社会治理的上海经验与路径优化研究	张振洋	上海师范大学
44	政治学	乡村振兴战略背景下上海村级参与式治理研究	辛　格	上海财经大学
45	政治学	融媒体助推上海城市精细化管理提能创新研究	薛泽林	上海社会科学院
46	政治学	改革开放以来上海市民荣誉制度的发展变迁研究	周光俊	华东政法大学
47	社会学	改革后区域发展不平衡与社会流动机会研究	项　军	上海大学
48	社会学	新时代上海优质高校的入学机会分配研究:美国的启示	万　圆	华东政法大学
49	社会学	OSM 在城市社区治理精细化中的实践及机理研究	易臻真	华东师范大学
50	社会学	超大城市空间视角下的健康不平等研究——以上海为例	梁海祥	上海社会科学院
51	社会学	企业家精神与制度的互动:上海初创型企业的创业创新实践	何　潇	复旦大学
52	法　学	《电子商务法》中知识产权保护条款的适用研究	王　杰	上海交通大学
53	法　学	房地产投资信托(REITs)的组织法和税法问题研究——以实现“房住不炒”的长效机制为视角	段　磊	华东师范大学
54	法　学	“互联网+政务服务”背景下政府使用公民个人信息的法律规制研究	王　军	华东师范大学
55	法　学	人工智能的民法应对:以“算法”解释为中心	陈吉栋	上海大学
56	法　学	人工智能致害责任:法理基础、致害类型及归责路径	韩旭至	华东政法大学
57	法　学	上海自贸区规范性文件合法性监督机制研究	于　洋	上海财经大学
58	法　学	司法标准化背景下法律解释运用研究	宋保振	上海对外经贸大学
59	法　学	继承与超越:新时代“海派”法学教育模式探究	沈　伟	中共上海市委党校

续表

序号	学　科	课题名称	申请人	工作单位
60	法　学	推进上海建立市场化、多元化生态补偿机制研究	李海棠	上海社会科学院
61	法　学	性侵害未成年人犯罪人员信息公开制度的构建研究	亢晶晶	上海财经大学
62	法　学	我国应对美国“航行自由行动”的国际法研究	包毅楠	华东政法大学
63	法　学	破产重整改革研究——以公司治理为视角	张玉海	上海师范大学
64	国际问题研究	西方干预话语与实践的批判性研究	李　丽	上海对外经贸大学
65	国际问题研究	北非穆斯林移民融入法国社会的问题研究	廖　静	复旦大学
66	国际问题研究	冷战后日本右翼势力的谱系构成与发展演变研究	王广涛	复旦大学
67	国际问题研究	WTO体系改革的中国方案研究	柯　静	上海社会科学院
68	国际问题研究	中国与世界互动中的上海国际化战略研究	刘笑阳	同济大学
69	历史学·考古学	西法东渐与城市治理:法国藏上海租界会审公廨档案整理与研究	侯庆斌	上海大学
70	历史学·考古学	遂安田粮册籍整理与州县田赋管理中的“清承明制”问题研究	蒋宏达	上海社会科学院
71	历史学·考古学	近代上海城市灾害治理研究(1843—1937)	董　强	上海海关学院
72	历史学·考古学	清代江南地区驿传制度研究	李家涛	上海工程技术大学
73	历史学·考古学	清代丁数、民数的记录、传播和意义	张鑫敏	上海电机学院
74	历史学·考古学	明治时代的儒学与近代思想研究:以情与理的问题为中心	商兆琦	复旦大学
75	历史学·考古学	冷战时期东、西德对华关系研究(1949~1989)	葛　君	华东师范大学
76	历史学·考古学	美国“绿色城市”建设研究	刘晓卉	上海师范大学

续表

序号	学　科	课题名称	申请人	工作单位
77	文学・艺术	女性主义与“情动”理论研究	刘芊玥	华东师范大学
78	文学・艺术	清末民初文学汉语转型中的女性表达与性别主体构建研究	曹晓华	上海社会科学院
79	文学・艺术	《宋词三百首》及相关文献汇编、整理与研究	倪春军	华东师范大学
80	文学・艺术	沈从文的文学、文化实践与美术：一项跨媒介的视觉文化研究	刘　媛	上海应用技术大学
81	文学・艺术	汉魏六朝经典解释体式研究	樊波成	华东师范大学
82	文学・艺术	当代西方“诗辩”的理论范式考辨与语用文体研究	唐　珂	上海外国语大学
83	文学・艺术	“经学玄学化”影响下的《文心雕龙》文学观念之蜕变	周海天	上海大学
84	文学・艺术	郭店简道家文献新探	陈成吒	上海财经大学
85	文学・艺术	当代美国汉学对中国古代视觉艺术的跨文化阐释方法研究	吴佩炯	上海师范大学
86	语言学	汉语句法结构与语体选择的互动研究	李　翠	上海政法学院
87	语言学	语言接触视角下汉字对古代朝鲜半岛书写手段的影响研究	崔松虎	上海外国语大学
88	语言学	现代汉语否定提升研究	李双剑	上海外国语大学
89	语言学	上海话及普通话情绪韵律之生成与感知对比研究	严菡波	上海外国语大学
90	语言学	基于类型学视野的汉韩虚拟位移表达式的多维研究	白雪飞	上海师范大学
91	语言学	基于错误分析的双语转换思维模式构建	纪春萍	复旦大学
92	语言学	基于交际互动视角的汉语右缘语用标记历时演变研究	陈家隽	复旦大学
93	语言学	认知心理学视角下汉语特殊句式语序选择机制的研究	盛亚南	上海财经大学
94	语言学	高校学生移动媒体阅读心理与阅读效果研究	刘婷婷	上海大学
95	语言学	以个体差异和语言复杂性为基础的动态英语阅读测评	张浩敏	华东师范大学

续表

序号	学　科	课题名称	申请人	工作单位
96	新闻学	公众对“人工智能”的认知与态度形成机制研究——基于风险传播与媒介效果模型的考察	崔　迪	复旦大学
97	新闻学	公众信息参与对危机传播效果的影响机理研究——基于数字平台逻辑的考察	吴　舫	上海交通大学
98	新闻学	中文报刊与近代上海的媒介建构	钱佳湧	上海大学
99	新闻学	央视非洲新闻频道的非洲受众研究	相　雨	上海大学
100	新闻学	上海青少年“二次元”网络亚文化传播与引导机制研究	李耘耕	上海财经大学
101	图书馆情报与文献学	移动场景下学术出版服务链重构研究	丛　挺	上海理工大学
102	图书馆情报与文献学	写本本草文献与宋以前三种本草著作辑佚研究	于业礼	上海中医药大学
103	图书馆情报与文献学	台湾地区档案学发展史研究(1946—2016)	张　衍	上海大学
104	图书馆情报与文献学	跨LAM名人数字资源整合模式研究	孙　逊	上海交通大学
105	管理学	政治关联视角下企业发展与创新环境优化研究——基于2008—2018上市企业董监高的数据	李朔严	上海大学
106	管理学	政府引导公众参与城市生活垃圾治理的运作机制与优化路径研究	付建军	华东政法大学
107	管理学	长三角创业城市群落的引力网络与演化机制研究——基于社会网络和空间分析技术	曾　铖	复旦大学
108	管理学	绿色发展背景下中国电力流动的空间结构和经济环境影响研究	魏文栋	上海理工大学
109	管理学	基于“智慧点餐”大数据的高校膳食健康管理新模式研究	贾英男	复旦大学
110	管理学	上海市社区卫生治理综合考评体系研究	何江江	上海市卫生和健康发展研究中心
111	管理学	上海社区嵌入式养老服务的可及性研究	张乐川	上海立信会计金融学院

续表

序号	学　科	课题名称	申请人	工作单位
112	管理学	环境规制与雾霾治理——基于规制意愿与行为偏离的视角	李　欣	上海商学院
113	管理学	上海市防灾避难空间地上地下一体化布局规划研究	李惠永	上海交通大学
114	管理学	政府引导社会组织参与社会治理的运作机制和改进策略研究	卢　垚	上海交通大学
115	管理学	基于三维可视化的上海红色遗址遗迹价值阐释模式研究	任　伟	同济大学
116	管理学	企业漂绿行为的动因、绩效转化及权变因素研究	范培华	上海外国语大学
117	管理学	积极财政政策背景下的政府支出效率研究	刘红芹	华东理工大学
118	管理学	乡镇垃圾处理设施邻避行为产生机理及治理路径研究	吴　蒙	上海社会科学院
119	管理学	政府购买公共服务的合同管理风险及防范机制研究	崔杨杨	中共上海市委党校
120	管理学	基于线上线下耦合网络的创意企业创意源扩散机理及促进策略研究	朱宏淼	上海对外经贸大学
121	管理学	电力市场环境下交易模式评估及市场主体信用度评估体系研究	喻小宝	上海电力学院
122	管理学	组织脱嵌视角下大学本科教学问责制度构建研究	宋　佳	上海师范大学
123	管理学	生鲜农产品供应链契约协调优化方法及应用研究	郑　琪	上海工程技术大学
124	管理学	新时代海洋强国视域下中国海员发展主要矛盾转化与解决路径研究	彭　宇	上海海事大学
125	管理学	互联网环境下零售商商业模式选择研究	李　佩	上海立信会计金融学院
126	城市科学研究	世界级大城市的空间密度研究及对上海的借鉴	刘　坤	上海大学
127	城市科学研究	不同尺度下长三角城市群多中心发展研究：基于企业商务联系的视角	张维阳	华东师范大学

续表

序号	学　科	课题名称	申请人	工作单位
128	城市科学研究	上海全球科创中心建设的优势与特色研究：国际创新人才感知视角	姜炎鹏	华东师范大学
129	城市科学研究	上海市民对绿色居住环境的需求与实现路径研究	张　莉	上海财经大学
130	城市科学研究	乡村振兴视角下上海乡村地域空间特征分类及发展目标研究	郝晋伟	上海大学
131	城市科学研究	基于缓解热岛效应的上海市绿地系统规划对策建议	杜红玉	上海社会科学院
132	城市科学研究	上海城市局部收缩与城市有机更新路径研究	刘玉博	上海社会科学院
133	城市科学研究	房价差异对区域人力资本流动的影响:基于量化一般均衡区域模型的分析和来自长三角的经验	沈超海	华东师范大学
134	城市科学研究	中国上海国际艺术节品牌战略研究	常方舟	上海社会科学院

3. 上海市高峰高原学科

序号	学　　校	学　　科	学科类别
1	复旦大学	政治学	Ⅰ类高峰
2	复旦大学	中国语言文学	Ⅰ类高峰
3	复旦大学	新闻传播学	Ⅰ类高峰
4	复旦大学	基础医学	Ⅰ类高峰
5	复旦大学	公共卫生与预防医学	Ⅰ类高峰
6	复旦大学	理论经济学	Ⅰ类高峰
7	复旦大学	数　学	Ⅰ类高峰
8	复旦大学	哲　学	Ⅰ类高峰
9	复旦大学	中国史	Ⅰ类高峰
10	复旦大学	化　学	Ⅱ类高峰
11	复旦大学	物理学	Ⅱ类高峰

续表

序号	学　　校	学　　科	学科类别
12	复旦大学	中西医结合	Ⅱ类高峰
13	复旦大学	上海智能电子与系统研究院	Ⅳ类高峰
14	上海交通大学	机械工程	Ⅰ类高峰
15	上海交通大学	信息与通信工程	Ⅰ类高峰
16	上海交通大学	船舶与海洋工程	Ⅰ类高峰
17	上海交通大学	生物医学工程	Ⅰ类高峰
18	上海交通大学	工商管理	Ⅰ类高峰
19	上海交通大学	生物学	Ⅰ类高峰
20	上海交通大学	管理科学与工程	Ⅱ类高峰
21	上海交通大学	物理学	Ⅱ类高峰
22	同济大学	土木工程	Ⅰ类高峰
23	同济大学	城乡规划学	Ⅰ类高峰
24	同济大学	管理科学与工程	Ⅰ类高峰
25	同济大学	海洋科学	Ⅱ类高峰
26	同济大学	交通运输工程	Ⅱ类高峰
27	同济大学	上海国际设计创新研究院	Ⅳ类高峰
28	同济大学	上海污染控制与生态安全研究院	Ⅳ类高峰
29	同济大学	干细胞与转换研究院	Ⅳ类高峰
30	华东师范大学	教育学	Ⅰ类高峰
31	华东师范大学	世界史	Ⅰ类高峰
32	华东师范大学	地理学	Ⅱ类高峰
33	华东师范大学	统计学	Ⅱ类高峰
34	华东师范大学	崇明生态研究院	Ⅳ类高峰
35	华东理工大学	化学工程与技术	Ⅰ类高峰
36	华东理工大学	化　学	Ⅱ类高峰
37	东华大学	纺织科学与工程	Ⅰ类高峰
38	上海外国语大学	外国语言文学	Ⅰ类高峰
39	上海财经大学	理论经济学	Ⅱ类高峰

续表

序号	学　　校	学　　科	学科类别
40	上海财经大学	上海国际金融与经济研究院	Ⅳ 类高峰
41	海军军医大学	护理学	Ⅰ类高峰
42	上海大学	社会学	Ⅲ 类高峰
43	上海大学	材料科学与工程	Ⅲ 类高峰
44	上海大学	戏剧与影视学	Ⅲ 类高峰
45	上海大学	美术学	Ⅲ 类高峰
46	上海大学	上海先进通信与数据科学研究院	Ⅳ 类高峰
47	上海大学	马克思主义理论	Ⅰ类高原
48	上海大学	新闻传播学	Ⅰ类高原
49	上海大学	世界史	Ⅰ类高原
50	上海大学	数　学	Ⅰ类高原
51	上海大学	力　学	Ⅰ类高原
52	上海大学	机械工程	Ⅰ类高原
53	上海大学	冶金工程	Ⅰ类高原
54	上海大学	信息与通信工程	Ⅰ类高原
55	上海大学	环境科学与工程	Ⅰ类高原
56	上海大学	设计学	Ⅰ类高原
57	上海大学	应用经济学	Ⅱ类高原
58	上海大学	中国语言文学	Ⅱ类高原
59	上海大学	中国史	Ⅱ类高原
60	上海大学	物理学	Ⅱ类高原
61	上海大学	控制科学与工程	Ⅱ类高原
62	上海大学	管理科学与工程	Ⅱ类高原
63	上海中医药大学	中药学	Ⅰ类高峰
64	上海中医药大学	中医学	Ⅰ类高峰
65	上海中医药大学	中西医结合	Ⅰ类高峰
66	上海中医药大学	科学技术史	Ⅰ类高峰
67	上海交通大学医学院	临床医学	Ⅰ类高峰

续表

序号	学　校	学　科	学科类别
68	上海交通大学医学院	口腔医学	Ⅱ类高峰
69	上海交通大学医学院	上海精准医学研究院	Ⅳ类高峰
70	上海交通大学医学院	生物学	Ⅰ类高原
71	上海交通大学医学院	基础医学	Ⅰ类高原
72	上海交通大学医学院	公共卫生与预防医学	Ⅰ类高原
73	上海交通大学医学院	药　学	Ⅰ类高原
74	上海交通大学医学院	医学技术	Ⅰ类高原
75	上海交通大学医学院	护理学	Ⅰ类高原
76	上海音乐学院	音乐与舞蹈学	Ⅰ类高原
77	上海音乐学院	艺术学理论	Ⅰ类高原
78	上海音乐学院	戏剧与影视学	Ⅰ类高原
79	上海体育学院	体育学	Ⅰ类高峰
80	上海体育学院	反兴奋剂研究院	Ⅳ类高峰
81	上海体育学院	心理学	Ⅰ类高原
82	上海海洋大学	水　产	Ⅰ类高峰
83	上海海洋大学	海洋科学	Ⅰ类高原
84	上海海洋大学	食品科学与工程	Ⅰ类高原
85	上海理工大学	系统科学	Ⅲ类高峰
86	上海理工大学	光学工程	Ⅲ类高峰
87	上海理工大学	机械工程	Ⅰ类高原
88	上海理工大学	动力工程及工程热物理	Ⅰ类高原
89	上海理工大学	生物医学工程	Ⅰ类高原
90	上海理工大学	管理科学与工程	Ⅰ类高原
91	上海师范大学	教育学	Ⅲ类高峰
92	上海师范大学	中国语言文学	Ⅲ类高峰
93	上海师范大学	数　学	Ⅲ类高峰
94	上海师范大学	哲　学	Ⅰ类高原
95	上海师范大学	世界史	Ⅰ类高原

续表

序号	学　　校	学　　科	学科类别
96	上海师范大学	化　学	Ⅰ类高原
97	上海师范大学	心理学	Ⅱ类高原
98	上海师范大学	中国史	Ⅱ类高原
99	上海师范大学	生物学	Ⅱ类高原
100	上海师范大学	环境科学与工程	Ⅱ类高原
101	上海师范大学	工商管理学	Ⅱ类高原
102	上海海事大学	管理科学与工程	Ⅲ类高峰
103	上海海事大学	交通运输工程	Ⅰ类高原
104	上海海事大学	船舶与海洋工程	Ⅰ类高原
105	上海戏剧学院	戏剧与影视学	Ⅰ类高峰
106	上海戏剧学院	设计学	Ⅰ类高原
107	上海戏剧学院	艺术学理论	Ⅱ类高原
108	华东政法大学	法　学	Ⅱ类高峰
109	华东政法大学	公共管理	Ⅰ类高原
110	上海对外经贸大学	应用经济学	Ⅰ类高原
111	上海对外经贸大学	工商管理	Ⅱ类高原
112	上海电力学院	电气工程	Ⅱ类高原
113	上海工程技术大学	材料科学与工程	Ⅲ类高峰
114	上海应用技术大学	化学工程与技术	Ⅱ类高原
115	上海立信会计金融学院	工商管理	Ⅰ类高原
116	上海立信会计金融学院	应用经济学	Ⅱ类高原
117	上海政法学院	法　学	Ⅰ类高原
118	上海第二工业大学	环境科学与工程	Ⅱ类高原
119	上海商学院	应用经济学	Ⅱ类高原
120	上海电机学院	机械工程	Ⅱ类高原
121	上海健康医学院	医学技术	Ⅱ类高原

四、上海地方高校人文社科类学科研究发展动态

四、上海地方高校人文社科类学科研究发展动态

1. 上海地方高校人文社科领域高质量的研究成果

2018 年,上海地方高校共发表 81 篇 CSSCI 顶级期刊论文①,与往年基本持平。上海师范大学、上海大学、上海体育学院表现较为突出,发文量分别达到 24 篇、22 篇和 21 篇,具体情况如表 1 所示。其中体育学的顶级期刊论文最多,达到 23 篇;主要覆盖艺术学、管理学、外国文学、心理学等学科领域。2018 年顶级期刊的学科分布情况如表 2 所示。

上海大学的 CSSCI 顶级期刊论文数量小幅减少。2018 年上海大学发表 CSSCI 顶级期刊论文 22 篇,较 2016 年减少了 4 篇。其中新闻学与传播学和社会学等 2 个领域表现突出,分别有 4 篇和 3 篇顶级期刊论文,分别占 2018 年发表总论文数的 18% 和 14%。上海大学的 CSSCI 顶级期刊论文学科分布详见表 3。

上海体育学院 2018 年的 CSSCI 顶级期刊论文数量有 21 篇,近三年均保持在 20 篇以上。其顶级期刊论文高度集中在体育学领域,详见表 4。

上海师范大学 2018 年共发表 CSSCI 顶级期刊论文 24 篇,与过去两年相比没有明显进步。这些论文主要涉及历史学、教育学、心理学等学科领域。具体的学科类别及年度分布见表 5。

表 1　2016—2018 年上海地方高校 CSSCI 顶级期刊论文情况②(单位:篇)

高校名称	2016 年	2017 年	2018 年
上海大学	26	18	22
上海体育学院	22	24	21
上海师范大学	21	26	24
华东政法大学	6	0	0

① CSSCI 顶级期刊论文清单见附表 1。

② 表 1—5 均统计各高校作为第一作者单位的论文;数据来源于 CNKI 数据库,2015 年数据于 2017 年 6 月下载;学科类别沿用 CSSCI 的学科分类。

续表

高校名称	2016 年	2017 年	2018 年
上海戏剧学院	4	0	1
上海政法学院	3	1	2
上海海事大学	2	0	1
上海对外经贸大学	1	7	6
上海理工大学	0	1	1
上海立信会计金融学院①	0	1	1
上海应用技术学院	0	0	0
上海工程技术大学	0	1	1
上海商学院	0	0	0
上海美术学院	0	1	0
合　计	85	80	81

表 2　2018 年上海高校 CSSCI 顶级期刊论文的学科领域分布情况

(单位:篇)

序号	学科类别	论文数
1	管理学	6
2	教育学	4
3	经济学	1
4	历史学	2
5	马克思主义	5
6	民族学与文化学	1
7	社会学	3
8	体育学	23
9	统计学	3
10	外国文学	6
11	心理学	6
12	新闻学与传播学	5

① 鉴于上海立信会计学院和上海金融学院于 2016 年合并组建上海立信会计金融学院,故上海立信会计金融学院 2016 年数据为上海立信会计学院、上海金融学院和上海立信会计金融学院之和。

续表

序号	学科类别	论文数
13	艺术学	7
14	语言学	3
15	哲　学	2
16	中国文学	1
17	宗教学	6
18	综合性社科	3
合　　计		87

表 3　上海大学 2016—2018 年 CSSCI 顶级期刊论文的学科领域分布

（单位:篇）

学科类别	2016 年	2017 年	2018 年
新闻学与传播学	6	0	4
艺术学	4	1	1
中国文学	4	3	1
历史学	2	1	1
社会学	2	6	3
综合性社科	2	2	2
经济学	1	0	0
马克思主义	1	0	1
体育学	1	0	0
语言学	1	1	2
哲　学	1	2	2
宗教学	1	2	2
统计学	0	0	0
管理学	0	0	1
民族学与文化学	0	0	1
外国文学	0	0	1
合　计	26	18	22

表4　上海体育学院2016—2018年CSSCI顶级期刊论文的学科领域分布

（单位:篇）

序号	学科类别	2016年	2017年	2018年
1	体育学	22	24	21

表5　上海师范大学2016—2018年CSSCI顶级期刊论文的学科领域分布

（单位:篇）

序号	学科类别	2016年	2017年	2018年
1	历史学	4	1	1
2	教育学	3	1	4
3	心理学	3	5	6
4	语言学	2	2	0
5	中国文学	2	4	0
6	宗教学	2	2	2
7	马克思主义	2	0	2
8	艺术学	1	4	3
9	图书馆、情报与文献学	1	0	0
10	民族学与文化学	1	0	0
11	外国文学	0	0	3
12	体育学	0	3	2
13	哲　学	0	1	0
14	社会学	0	0	0
15	政治学	0	1	0
16	综合性社科	0	2	1
	合　计	21	26	24

2. 上海地方高校人文社科类具有较大影响力的研究成果

本文统计了上海高校被《中国社会科学文摘》《人大复印报刊资料》等文摘期刊全文转载的文章,以此来分析上海地方高校2018年发表的具有较大影响力的论文情况。

2018 年,上海地方高校共 19 篇文章被《中国社会科学文摘》转载。上海大学最多,有 9 篇。上海师范大学和华东政法大学各 4 篇。详见表 6。

2018 年,有 17 所上海地方高校的 404 篇文章被《人大复印报刊资料》转载。与过去两年相比,数量逐年递增。上海师范大学、华东政法大学和上海大学被转载的文章数量较高,分别为 95 篇、81 篇和 109 篇,三者占 2018 年总被转载论文量的 71%。具体的高校分布见表 7。

表 6 上海地方高校 2016—2018 年被《中国社会科学文摘》转载文章情况

(单位:篇)

高校名称	2016 年	2017 年	2018 年
上海师范大学	9	9	4
华东政法大学	5	2	4
上海大学	6	8	9
上海政法学院	2	1	0
上海对外经贸大学	0	1	2
上海应用技术大学	1	0	0
合 计	23	21	19

表 7 上海地方高校 2016—2018 年被《人大复印报刊资料》转载文章情况①

(单位:篇)

高校名称	2016 年	2017 年	2018 年
上海师范大学	115	112	95
华东政法大学	101	93	81
上海大学	101	104	109
上海对外经贸大学	20	28	26
上海政法学院	15	18	15
上海体育学院	15	19	15
上海海事大学	13	8	12
上海立信会计金融学院	14	6	12

① 数据来源于中国人民大学书报资料中心全文数据库。仅统计各高校作为第一作者单位的文章。

续表

高校名称	2016年	2017年	2018年
上海理工大学	7	9	4
上海海关学院	7	4	2
上海戏剧学院	6	9	11
上海商学院	3	6	5
上海工程技术大学	3	6	7
上海海洋大学	3	2	0
上海音乐学院	3	4	5
上海第二工业大学	3	1	1
上海应用技术大学	2	0	0
上海电机学院	1	0	0
上海科技大学	1	0	0
上海电力学院	0	1	1
上海建桥学院	0	1	3
合　　计	433	431	404

3. 上海地方高校 SSCI 和 A&HCI 发文情况

2018 年,上海地方高校共发表 368 篇 SSCI 和 A&HCI 论文①,与过去两年相比,三年来发文量逐年快速上升,详见表 8。

发文量达到 10 篇以上的高校从 2016 年的 7 所增加到目前的 9 所。上海纽约大学、上海立信会计金融学院、上海海洋大学、上海中医药大学均是近年来增长较快的大学。

上海大学在 2018 年发表 SSCI 和 A&HCI 文章 125 篇,占总数的 34%,在上海地方高校里面排第一位,且发文量逐年增长。上海师范大学在 2018 年发表 SSCI 和 A&HCI 文章 51 篇,在上海高校里面排第二位,仅次于上海大学,但发文数量少于 2017 年。上海海事大学在 2018 年发表 SSCI 和 A&HCI 文章 45 篇,在上海高校里面排第三

① SSCI 和 A&HCI 文章仅统计各校作为第一位通讯作者单位的文章,下同。

位;较前两年发文量有明显增长。各校 SSCI 和 A&HCI 论文发表情况详见表 8。

表 8　2016—2018 年上海地方高校发表 SSCI 和 A&HCI 论文数量

（单位:篇）

高　　校	2016 年	2017 年	2018 年
上海大学	49	93	125
上海师范大学	30	59	51
上海海事大学	16	33	45
上海体育学院	27	42	34
上海理工大学	20	24	24
上海纽约大学	0	15	18
上海立信会计金融学院	4	13	17
上海海洋大学	5	9	15
上海中医药大学	1	10	12
上海工程技术大学	3	5	7
上海政法学院	1	0	6
上海商学院	1	0	5
上海电力学院	1	2	4
上海科技大学	0	4	3
上海应用技术学院	1	4	2
上海戏剧学院	3	0	0
上海对外经贸大学	8	0	0
合　　计	170	313	368

附表 1　CSSCI 顶级期刊清单

序号	学科类别	期刊名称	主办(管)单位
1	法　学	法学研究	中国社会科学院法学研究所
2	管理学	管理科学学报	国家自然科学基金委员会管理科学部
3	教育学	教育研究	中央教育科学研究所
4	经济学	经济研究	中国社会科学院经济研究所
5	考古学	考古学报	中国社会科学院考古研究所
6	历史学	历史研究	中国社会科学院

续表

序号	学科类别	期刊名称	主办(管)单位
7	马克思主义	马克思主义研究	中国社会科学院马克思主义研究院等
8	民族学与文化学	民族研究	中国社会科学院民族学与人类学研究所
9	社会学	社会学研究	中国社会科学院社会学研究所
10	体育学	体育科学	中国体育科学学会
11	图书馆、情报与文献学	中国图书馆学报	中国图书馆学会、国家图书馆
12	外国文学	外国文学评论	中国社会科学院外国文学研究所
13	心理学	心理学报	中国心理学会、中国科学院心理研究所
14	新闻学与传播学	新闻与传播研究	中国社会科学院新闻与传播研究所
15	艺术学	文艺研究	中国艺术研究院
16	语言学	中国语文	中国社会科学院语言研究所
17	哲　学	哲学研究	中国社会科学院哲学研究所
18	政治学	政治学研究	中国社会科学院政治学研究所
19	中国文学	文学评论	中国社会科学院文学研究所
20	宗教学	世界宗教研究	中国社会科学院世界宗教研究所
21	统计学	统计研究	中国统计学会、国家统计局统计科学研究所
22	综合性社科	中国社会科学	中国社会科学院

五、青年学者评议上海学科发展

五、青年学者评议上海学科发展

1. 2017—2018年上海西方马克思主义学科发展评议

赵司空
（上海社会科学院哲学所）

上海一直以来都是国内西方马克思主义研究的重镇，2017—2018年上海学界的西方马克思主义研究在国内仍然具有领先性。俞吾金和陈学明两位教授所著《国外马克思主义哲学流派新编·西方马克思主义卷》（上册、下册）①被许多高校列为国外马克思主义研究生入学考试的参考书目以及研究生教材。该著作涵盖了西方马克思主义早期代表人物、法兰克福学派、弗洛伊德主义的马克思主义、新实证主义的马克思主义、存在主义的马克思主义、结构主义的马克思主义、分析的马克思主义、生态学的马克思主义、马克思主义批判学派、后马克思主义等，可见国内的西方马克思主义研究呈现为开放的姿态，对西方出现的新的学术资源很敏感，并不断更新国内的西方马克思主义研究成果。从该书出版至今，西方马克思主义又有了新的发展，例如激进理论兴起等。上海的西方马克思主义学界敏锐地捕捉到了这些新的理论动向，并对此展开了深入分析。

俞吾金和陈学明两位教授所打下的西方马克思主义研究的基础在今天仍然起着重要作用，2017—2018年上海西方马克思主义研究的重镇仍然是复旦大学哲学学院和当代国外马克思主义研究中心，以及该中心的两个刊物，即《当代国外马克思主义评论》和《国外马克思主义研究报告》。以复旦大学为基地的西方马克思主义研究既重视前沿，也注重经典理论，很多学者在译介、研究西方思想的背后有着自己的理论和现实关切。除了复旦大学作为上海西方马克思主义研究的重镇之外，上海学界也涌现出一批研究西方马克思主义的中青年学者，例如华东师范大学的吴冠军教授对激进左翼理论的研究，上海社会科学院的赵司空研究员对东欧新马克思主义的研究等。

---

① 俞吾金、陈学明：《国外马克思主义哲学流派新编·西方马克思主义卷》，复旦大学出版社2002年版。

总体而言,2017—2018年上海西方马克思主义学界仍处于欣欣向荣的发展阶段。从研究特点看,主要可以归纳为以下四个方面:第一,研究视域开阔,围绕早期西方马克思主义、法兰克福学派或批判理论、激进理论前沿、俄罗斯马克思主义、东欧新马克思主义、日本马克思主义等展开,也关心当代资本主义批判、民粹主义等主题。第二,马克思主义的政治哲学研究逐渐成为热点,越来越多的学者开始重视早年马克思的政治理论,尤其是对其法哲学思想资源的发掘。第三,以斯宾诺莎热为契机重新思考历史唯物主义的核心命题,对黑格尔主义的马克思主义哲学进行重新反思。第四,西方马克思主义研究与马克思思想研究相结合,西方马克思主义学界具有明显的回到马克思以及马克思的西方哲学源头的倾向。

一、了解西方马克思主义研究的整体情况

要了解2017—2018年上海西方马克思主义学科的发展,复旦大学当代国外马克思主义研究中心主办的《当代国外马克思主义评论》2017年第1期、第2期,2018年出的一期,以及《国外马克思主义研究报告2015—2016》、《国外马克思主义研究报告2017》都是必须了解的文本。《国外马克思主义研究报告》对每一年的国外马克思主义研究情况进行了动态跟踪,提供了丰富的研究素材。另外,2017—2018年对于马克思主义理论界而言有两个重要的纪念日,即2017年是《资本论》第一卷发表150周年,2018年是马克思诞生200周年,《当代国外马克思主义评论》于2017年和2018年分别做了一期纪念文章,2017年做的是"《资本论》与辩证法"专题,2018年做的是"纪念马克思诞生200周年专辑",刊登了马克思与黑格尔、马克思与康德、马克思早期政治哲学、法哲学等文章。

西方马克思主义研究发展到今天,需要不断地进行总结和反思,要想了解西方马克思主义研究的总体情况,有两篇文章值得推荐,一篇是王凤才教授的《21世纪世界马克思主义基本格局》①,这篇文章提供了大量的信息,勾勒了21世纪世界马克思主义研究的地图,研究者可以从中获取丰富的研究信息。另一篇是汪行福教授的《国外马克思主义历史与现状的思考》②,该文简要回顾了中国国外马克思主义研究的历

① 王凤才:《21世纪世界马克思主义基本格局》,《学习与探索》2017年第10期。
② 汪行福:《国外马克思主义历史与现状的思考》,《哲学动态》2018年第10期。

史，分析了国外马克思主义的历史变迁，以及如何看待当代马克思主义的发展，并认为，“马克思主义多元发展是不可逆转的趋势，也是国外马克思主义发展的最新特点，正确看待国外马克思主义发展，核心问题是多样性和同一性的关系问题……是否以马克思式的唯物主义方式解释现实，是否按马克思的解放意图来改变世界，可以作为国外马克思主义研究的理论坐标”。①这篇文章既勾勒了国内西方马克思主义研究的历史脉络，也回答了西方马克思主义研究的困惑和核心问题。

另外，2017 年复旦大学当代国外马克思主义研究中心和复旦大学哲学学院主办了第一届批判理论工作坊。第一届的主题是“《否定辩证法》翻译与研究”，围绕《否定辩证法》的翻译问题、《否定辩证法》与否定辩证法的关系问题、《否定辩证法》中的黑格尔、《否定辩证法》中的海德格尔等议题展开。2018 年举办了第二届批判理论工作坊，主题是“承认—正义—伦理”，主要围绕霍耐特的思想展开讨论，包括霍耐特的承认理论与黑格尔承认学说的关系问题；霍耐特对康德—洛克自由主义传统的正义论批判；霍耐特对亚里士多德—黑格尔主义传统的正义论的规范重构；霍耐特的“承认”概念、“正义”概念、“伦理”概念；霍耐特的“后批判理论”与“新批判理论”、“老批判理论”的关系问题等。2019 年“批判理论工作坊”更名为“批判理论论坛”，并于 3 月和 5 月分别主办了两届，第三届在华中科技大学召开，主题是“法兰克福学派现代性批判理论”，第四届在复旦大学召开，主题是“从批判理论到后批判理论”。批判理论工作坊或批判理论论坛的召开，对深化西方马克思主义研究起到了重要作用。

下面，我将重点介绍这两年来上海西方马克思主义研究关注的重要论题。所选择的论题难免挂一漏万，请学界前辈和同仁批评指正。

二、关于《资本论》的讨论

2008 年的国际金融危机使《资本论》研究重新热起来，《21 世纪资本论》的出版将《资本论》热推向了一个新的高潮，这几年国内马克思主义哲学界，包括西方马克思主义学界对《资本论》的研究也成果显著。

2017 年是卡尔·马克思的《资本论》第一卷发表 150 周年，复旦大学当代国外马克思主义研究中心和复旦大学哲学学院于 2017 年 9 月 16 日至 17 日举办了“《资本

① 汪行福：《国外马克思主义历史与现状的思考》，《哲学动态》2018 年第 10 期。

论》与辩证法"学术研讨会,研讨会上的主要文章刊登在《当代国外马克思主义评论》2017年第2期上面。这一组文章中有多篇都是围绕克里斯托弗·J.亚瑟(Christopher J. Arthur)的《新辩证法与马克思的〈资本论〉》展开的,例如马拥军教授的《亚瑟的"新辩证法"与马克思的"新唯物主义"》,刘珍英的《亚瑟的"新辩证法"与社会主义市场经济的可能性》,杨淑静的《何谓"新辩证法"——从亚瑟(Christopher J. Arthur)说起》,孙亮教授的《重新理解"价值形式"概念的激进政治向度——对亚瑟"新辩证法"的批判及其改造》。白刚教授和张同功合写的《〈资本论〉的辩证法"新"在哪里?》虽然没有直接提及亚瑟,但是亚瑟的"新辩证法"可能正是该文针对的对象。在这一组文章中,尤其值得推荐的是汪行福教授的《〈大纲〉的"解放辩证法"——兼论〈资本论〉与〈大纲〉的思想差别》。该文的核心思想是,《资本论》"把共产主义解放目标与历史过程必然性铆在一起,给马克思主义以意识形态的强大威力,但也容易使之陷入理论危机……《政治经济学批判大纲》把人类解放的规范与资本主义社会创造的现实条件辩证地结合起来,提供了一种对共产主义的规范—条件论解释。这一解释是把共产主义理解为资本主义创造的人类解放的现实可能性的实践把握,而不是把它理解为一种资本积累的自身客观必然性的实现……只要人类处在社会发展的第二阶段,就仍然生活在《政治经济学批判大纲》的历史辩证法之中"。①该文对《政治经济学批判大纲》的重视,以及对《政治经济学批判大纲》关于共产主义的规范—条件论解释的思想发掘,与后面将提到的斯宾诺莎热及其所涉及的对黑格尔主义的马克思主义的反思都具有密切的关联。

三、 西方马克思主义经典人物研究

西方马克思主义经典人物一般指西方马克思主义早期创始人卢卡奇、葛兰西和柯尔施,作为结构主义的马克思主义者的阿尔都塞,以及法兰克福学派等。卢卡奇的研究这几年并不能算火热,但对其思想的研究也一直未中断,例如《当代国外马克思主义评论》2017年第1期刊登陆凯华的《何谓悲剧的"形而上学"?——卢卡奇〈悲剧的形而上学〉中的浪漫主义与德国观念论》,不过这篇文章是关于青年卢卡奇思想的

① 汪行福:《〈大纲〉的"解放辩证法"——兼论〈资本论〉与〈大纲〉的思想差别》,《当代国外马克思主义评论》2017年第2期。

研究,而非马克思主义时期的卢卡奇思想研究。葛兰西的思想研究由于拉克劳(Ernesto Laclau)和墨菲(Chantal Mouffe)的新社会主义理论而被重新激活,再次成为理论关注的热点,不过,2017—2018 年上海西方马克思主义学界关于葛兰西的文章并不多,这也说明,年度研究在一定程度上反映了学界研究的趋势和动态,但也并不能反映全部,需要辩证地、全面地看待。阿尔都塞的研究在这两年有逐渐热门化的趋势,这与激进左翼理论的兴起有关,与激进左翼理论的结构主义研究倾向有关。

法兰克福学派的思想则一直为西方马克思主义学界所重视,除了上面我们提到的批判理论工作坊/批判理论论坛之外,关于法兰克福学派的研究论文也非常丰富,例如《当代国外马克思主义评论》2017 年第 1 期刊登陈曲的《阿克塞尔·霍耐特对黑格尔承认理论的重构》,段醒宇的《对现代性的审美救赎?——论〈启蒙辩证法〉的三重辩证结构》。《中国社会科学》2018 年第 10 期刊登邓安庆教授的《国家与正义——兼评霍耐特黑格尔法哲学“再现实化”路径》。不过,该文分析的是黑格尔的“国家正义论”,霍耐特的作用在于改变了“在西方主流正义论话语中,黑格尔的‘国家正义论’一直没有得到承认”的状况,但是该文同时认为霍耐特的“路径却颇值得怀疑”。①《学习与探索》2018 年第 4 期刊登复旦大学社会科学高等研究院孙国东副教授的《哈贝马斯对现代法律功能属性的定位及对转型中国法治建构的启示》,这篇文章突破了纯哲学的学理分析,将哈贝马斯的思想做社会学的和法学的分析,并以此启示中国的法治建设。

四、 马克思与斯宾诺莎的关系

激进左翼理论复兴了对斯宾诺莎的研究,而阿尔都塞正是这一复兴的重要中介。《国外马克思主义评论》2017 年第 1 期刊登了两篇关于阿尔都塞的文章,即《作为革命武器的哲学——马克思穿越阿尔都塞》和《阿尔都塞的因果性理论对政治经济学批判的贡献》。第 2 期选登了一篇译文,美国学者尤金·W.霍兰德的《斯宾诺莎与马克思》,该文有助于了解马克思主义学界的斯宾诺莎热及其与激进左翼理论和阿尔都塞的关系。“阿尔都塞努力将黑格尔主义从马克思的著作中消除,包括在许多方面用

① 邓安庆:《国家与正义——兼评霍耐特黑格尔法哲学“再现实化”路径》,《中国社会科学》2018 年第 10 期。

斯宾诺莎取代黑格尔……安东尼奥·奈格里坚决主张支持斯宾诺莎的唯物主义,这表明他是马克思全部现代唯物主义的一个重要的早期现代先驱。皮埃尔·马舍雷在斯宾诺莎和黑格尔之间展开了一场直接对话,指出前者逃避了后者对哲学史的把握,并因此替代了黑格尔。最后,吉尔·德勒兹通过挖掘西方哲学传统以替代黑格尔,而斯宾诺莎的重要性凸显出来了。"①"斯宾诺莎式的马克思主义政治拒绝所有形式的目的论。"②"放弃目的论的最后残余,除了有助于马克思主义的知识活力,还可能会使其他活动家减少对马克思主义者的偏见,因为我们不能以世界共产主义必须进步的名义容忍非资本主义的反人类罪行,最终以否定资本主义的方式否定全人类。对于斯宾诺莎式的马克思主义者来说,唯一可证明的历史趋势是资本扩张和资本主义加剧。它取决于我们,即多众,通过坚持首要目标,在现有生产力的条件下实现每个人无论何种程度上的自由。"③这里提出了几个重要的问题,即黑格尔主义的马克思主义与斯宾诺莎式的马克思主义的关系;在马克思主义传统中历史主义与结构主义的关系;以及对马克思主义目的论的重估。

除此之外,《世界哲学》2017 年第 3 期刊登了邹诗鹏教授的《阿尔都塞对斯宾诺莎的回溯》。邹诗鹏教授在文章开篇点出自 20 世纪 60 年代以来,"始于阿尔都塞,法国马克思主义及其激进左翼理论界掀起了一波斯宾诺莎研究回复或转向运动,并延续至今且仍呈热势,这一理论运动涉及众多人物,如阿尔都塞、A.托塞尔、E.巴里巴尔、A.马泰隆、德勒兹、M.吉罗尔、P.马舍雷、奈格里、巴迪欧、齐泽克、柄谷行人、W.蒙塔格以及詹姆逊等"。④该文指出回到斯宾诺莎的关键点在于,"回到斯宾诺莎,其目的就是摆脱自卢卡奇以来的西方马克思主义传统中延续的黑格尔主义的马克思哲学理解模式。"⑤这篇文章拨开已有研究的藩篱,"考察阿尔都塞对斯宾诺莎的回溯理路"⑥,为我们理解马克思与斯宾诺莎的关系,理解斯宾诺莎热的原因及对其如何作出判断都给出了很好的引导和解释,值得阅读。

五、 语言哲学研究

语言/话语对于哲学的意义越来越受到重视,《当代国外马克思主义评论》2017

---

①②③ [美]尤金·W.霍兰德:《斯宾诺莎与马克思》,梁冰洋译,《当代国外马克思主义评论》2017 年第 2 期。

④⑤⑥ 邹诗鹏:《阿尔都塞对斯宾诺莎的回溯》,《世界哲学》2017 年第 3 期。

年第2期刊登了两篇关于语言学/语言哲学的论文。一篇是《语言学的地平:结构主义、解释学与马克思的“相遇”》,认为“马克思对语言的看法,超越了结构主义和解释学理论,将语言理解为人与自然界、人与人之间相互交往和沟通的媒介,使语言具有了历史唯物主义的内容”。马克思由此发展出一种辩证的、历史的语言学理论。①该文对马克思的语言学理论的研究为马克思哲学研究提供了新的角度。另一篇文章是《语言哲学的现实功能——以英国新左派语言哲学四重奏特质为例》,通过聚焦历史文化语义学、正视语言的实践属性、指向语言政治哲学和搭建主体性的话语模式四个方面,即英国新左派语言哲学的四重特质为例,侧重于呈现语言哲学的现实功能。②该文为我们了解英国新左派提供了新的视角,同时也为21世纪马克思主义哲学的研究提供了重要的启发。从方法论上看,语言所提供的微观视角使得我们能够更好地理解这个世界,也为21世纪的资本主义批判提供了方法论支持。

六、 前沿问题研究

民粹主义是近年来的热门话题,《当代国外马克思主义评论》2018年刊登了张炯的《走向“大众—民主召询”——厄内斯托·拉克劳早期民粹主义思想研究》,该文介绍了拉克劳的民粹主义思想。同一期还刊登了让·菲利普·卡奇尔(Jean-Philippe Cazier)对朱蒂斯·巴特勒(Judith Butler)访谈的译文,“两人就斯宾诺莎在巴特勒思想体系中的意义、公共空间和身体的再思考、难民与当前的资本主义、动物伦理与生态问题和技术与媒体等重大问题进行了广泛的交流”③。

激进左翼理论的研究仍然热门,《当代国外马克思主义评论》2017年第1期刊登了李春建、马丽的《奈格里“生命政治劳动”之倒转》,张莉莉的《真理程式:巴迪欧论政治平等何以必要与可能》,《当代国外马克思主义评论》2017年第2期刊登了保罗·巴顿的《德勒兹与自然主义》译文,《复旦学报(社会科学版)》2017年第4期刊登

---

① 李金辉:《语言学的地平:结构主义、解释学与马克思的“相遇”》,《当代国外马克思主义评论》2017年第2期。

② 马援:《语言哲学的现实功能——以英国新左派语言哲学四重奏特质为例》,《当代国外马克思主义评论》2017年第2期。

③ 张子岳:《很高兴见证民意的涌现——朱蒂斯·巴特勒访谈》,《当代国外马克思主义评论》2018年第1期。

了莫伟民教授的《阿甘本的“生命政治”及其与福柯思想的歧异》,《广西师范大学学报(哲学社会科学版)》2018 年第 2 期刊登了复旦大学马克思主义学院博士后李健的《巴迪欧关于人的存在方式的研究——从激进政治哲学的角度谈起》,《苏州大学学报(哲学社会科学版)》2017 年第 4 期刊登了吴冠军教授的《绝对与事件:齐泽克是一个怎样的黑格尔主义者》,《同济大学学报(社会科学版)》2017 年第 3 期刊登了吴冠军教授的《齐泽克与科耶夫——辩证法的隐秘学脉》,《广西大学学报(哲学社会科学版)》2017 年第 1 期刊登了汪行福教授的《两个绝对之间没有桥梁——齐泽克暧昧的政治哲学》,等等。

由此可见,不论是上海西方马克思主义的杂志平台还是上海西方马克思主义研究的学者对前沿的理论问题都比较关注。

七、 当代国外社会思潮研究

从广义上看,上海社会科学院关于当代国外社会思潮的研究也与西方马克思主义相关,例如上海社会科学院马庆、来庆立所著的《当代国外社会思潮》①考察了批判理论、社会民主主义、拉美“21 世纪社会主义”、激进左翼等七种国外社会思潮。上海社会科学院潘世伟、徐觉哉主编的《世界社会主义研究年鉴 2016》②选编的内容包括世界左翼运动现状、社会主义思潮和流派等。以上著作和编著都有助于我们从更宏观的角度了解西方马克思主义发展的现状。

上海西方马克思主义学界向来重视前沿问题和经典理论研究相结合,具有敏锐的现实观察力,并能够将现实关切提升到哲学理论的高度,这一优良传统在 2017—2018 年的西方马克思主义研究中仍然有着充分体现。

① 马庆、来庆立:《当代国外社会思潮》,学林出版社 2018 年版。

② 潘世伟、徐觉哉主编:《世界社会主义研究年鉴 2016》,上海人民出版社 2017 年版。

2. 2017—2018 年上海党建学科发展评议

周建勇

（中共上海市委党校）

党的十八大以来，以习近平同志为核心的党中央提出了党要管党、全面从严治党战略，全面推进党的建设新的伟大工程，把全面从严治党纳入“四个全面”战略布局；党的十九大明确宣示中国特色社会主义进入新时代，提出了新时代党的建设总要求。

打铁必须自身硬，实现新时代的伟大使命，中国共产党一定要有新气象新作为。上海学术界围绕十八大以来党的建设重要论述开展学术研究。在中国期刊网，以“党建”为主题或者篇名搜索 2017 年、2018 年上海学人的相关论述，搜索结果为 110 篇、100 篇（其中 2014 年、2015 年、2016 年分别为 132 篇、183 篇、189 篇）合计 210 篇；以“从严治党”为篇名搜索，则一共有 63 篇。与前两年相比，上海学术界围绕党的建设发表论文的数量稍许下降；不过，相比于兄弟省市，上海的党建研究继续保持领先水平。但也需要注意的是，CSSCI 的数量不多。

与前几次评述的标准相似，我们选取代表性的学者、代表性的论文（CSSCI 期刊为主①），分析 2017—2018 年上海党建的研究内容、特点和成效以及不足。从内容上看，这两年的关注焦点大概有如下几个方面：一是聚焦习近平党的建设重要论述；二是聚焦党的政治建设；三是聚焦具体体制机制；四是聚焦党的十九大的相关研究。

一、 聚焦习近平党的建设重要论述

习近平党的建设重要论述，是一个内涵极为丰富的术语，宽泛来讲，所有涉及党的建设的相关内容都可以纳入习近平党的建设重要论述。我想在这里讨论两个主题：一是习近平党的建设重要论述的政治定位；二是全面从严治党。

---

① 从刊物来看，上海专以刊发党建（包括党史）为主的刊物一共有三家：中共上海市委党校主办的《党政论坛》，中共上海市委党史研究室主办的《上海党史与党建》，中共上海市委组织部、上海市人民政府人事局主办的《组织人事报》，其中前两家侧重于理论，第三家更加注重党建实务。遗憾的是，这三家刊物均未能进入 CSSCI 名录。

第一,习近平新时代党的建设重要论述定位,这涉及如何表述和如何概括。有不少学者用习近平党建思想的提法,并思考了这一思想的深刻内涵。如有学者认为:习近平党建思想深刻回答了新时代坚持和发展中国特色社会主义究竟需要一个什么样的党、怎样才能建成这样一个党这一重大时代课题,是新时代全面加强党的领导和党的建设、全面从严治党的指导思想与行动纲领。①有学者认为,习近平党建思想是中国化马克思主义党建理论的最新成果,其鲜明特色聚焦于理论内涵的时代性、党建工作的政治性、组织形态的集中性、党内治理的系统性、中外并蓄的包容性、着眼长远的制度性、党内生活的严肃性和自我净化的战斗性。研究和把握习近平党建思想的鲜明特色,对推动全面从严治党向纵深发展具有重要意义。②

第二,全面从严治党战略布局。全面从严治党永远在路上,不能有任何喘口气、歇歇脚的念头,不能有见好就收的想法,推动全面从严治党向纵深发展、向基层延伸。党的十九届中央纪委二次全会总结了全面从严治党的"六个统一"③:一要坚持思想建党和制度治党相统一,二要坚持使命引领和问题导向相统一,三要坚持抓"关键少数"和管"绝大多数"相统一,四要坚持行使权力和担当责任相统一,五要坚持严格管理和关心信任相统一,六要坚持党内监督和群众监督相统一。

全面从严治党的战略规划是什么?有学者提出:以加强党的执政能力建设、先进性和纯洁性建设为主线,以对"四风"与腐败问题"零容忍"为基本态度,以提高"四自能力"、建设学习型服务型创新型马克思主义执政党、确保党的领导核心地位为根本目标,以加强党的思想建设、组织建设、作风建设、反腐倡廉建设与法规制度建设为基本布局,以坚定理想信念为精神支撑,以干部队伍建设为关键,以党风廉政建设为切入点与突破口,以基层党组织建设与党员队伍建设为基础,以党内法规制度为基本依据与基本保障,真抓实干、标本兼治、综合治理、全面加强党的建设,着力解决管党治党"宽松软"问题,切实解决党的建设面临的突出问题。④这一表述,基本上沿袭了党的十九大报告对党的建设总布局的提法。

全面从严治党的格局是什么?有学者认为,科学谋划党建工程、系统破解各项党建难题,可谓十八大以来全面从严治党的基本格局;在"四个全面"有机统一、治党理

---

① 刘红凛:《习近平党建思想初探》,《党建研究》2018 年第 1 期。

② 刘宗洪:《习近平党建思想的鲜明特色》,《理论视野》2017 年第 10 期。

③ 转引自金民卿:《坚持和深化全面从严治党的宝贵经验》,《光明日报》2018 年 2 月 2 日。

④ 刘红凛:《十八大以来全面从严治党的战略规划与实践方略》,《南京政治学院学报》2017 年第 2 期。

政相辅相成中审视全面从严治党,可谓其宏观格局。①

第三,党的全面领导的深刻内涵。将"党是领导一切的"从一般的"经验"上升为一项重大的政治原则和规律性认识,对党的全面领导的科学内涵进行了全新阐述;高度重视推进"党的全面领导"的法治化、制度化建设;提出了新时代"共产党人核心价值观建设"的这一新命题;直面现实,聚焦当前党内政治建设面临突出问题的有效解。②

第四,从更广泛的角度审视改革开放40年党的建设的基本经验。有学者认为:"治国必先治党、治党务必从严,坚持党要管党、必须全面从严治党;越是改革开放,越是发展社会主义市场经济,党面临的形势越严峻、任务越繁重,越要坚定不移全面从严治党,越要坚持、改善与加强党的全面领导。"③

二、 聚焦党的政治建设

党的十九大报告明确提出:党的政治建设是党的根本性建设,决定党的建设方向和效果。从注重"思想建党""制度治党"拓展延伸到高度重视"政治建党"是党的建设重要原创性贡献。有学者认为:突出强调党的政治建设在整个党的建设中的统领与首要地位,是党的十九大党建精神的鲜明特色,也是习近平党建思想的显著特色,④这方面的相关研究包括:

第一,党的政治建设需要严肃党内政治生活,提高党内政治生活政治性、时代性、原则性和战斗性。严肃党内政治生活是党的政治建设的必然要求,应坚持问题导向,保持战略定力,多管齐下,形成合力:理想信念教育要贴实、贴心、贴情,提升党员干部对党的政治认同;层层夯实全面从严治党主体责任,形成完整的工作链和完善的保障机制;积极探索党内组织生活的科学规律,不断提升党内政治生活的严肃性、规范性和有效性;提高选人用人的公正度、公平度和公开度,把对党员干部的关心关爱与严格管理监督相结合,形成优上、庸下、劣汰的用人导向。⑤有学者思考了增强党内政治

① 刘红凛:《全面从严治党的基本格局与系统规划——兼论习近平党建思想的基本内容与内在逻辑》,《马克思主义研究》2017年第1期。

② 赵刚印:《习近平加强党的政治建设思想的理论创新》,《治理现代化研究》2018年第4期。

③ 刘红凛:《改革开放40年党的建设发展轨迹与基本启示》,《理论探索》2018年第6期。另一篇值得参考的论文是江金权:《改革开放40年党的建设改革的基本经验》,《学习与研究》2019年第1期。

④ 刘红凛:《党的政治建设的主要抓手与根本保障》,《求实》2017年第12期。

⑤ 周敬青:《严肃党内政治生活的问题与对策思考》,《探索》2018年第1期。

生活时代性:需要党对理想信念、政治纪律和执政伦理赋予时代的内涵和实践的新要求;在实践路径上,党内教育要有“内化于心”的实际成效,党内批评要成为党员自我提高的修身熔炉,党内问责要配置“利益激励”的关怀机制,党内规矩要实现“政治文化”的转化,党内责任要开创“全党动手”的局面。①

第二,加强党的政治建设,需要加强执政党意识。有学者认为,“政权意识”“利益代表”“政党纲领”“政治关系”是规范和推进党的政治建设的重要视角。要致力于全党认同新的政治观点,发挥最大的政治优势,培育优秀的政治文化,提升高强的政治本领,激发基层党组织的政治功能。处理好“一定要讲政治”和“少谈些政治”的关系,着力实现伟大的使命,满足人民的新期待和推进国家治理现代化,是新时代党的政治建设的落脚点。②

第三,党的政治建设需要加强党内政治文化建设。习近平总书记在十八届中央纪委七次全会上指出:“我们的党内政治文化,是以马克思主义为指导、以中华优秀传统文化为基础、以革命文化为源头、以社会主义先进文化为主体、充分体现中国共产党党性的文化。”刘靖北提出,要把握党内政治文化的丰富内涵,正视党内政治文化建设存在的突出矛盾和问题,把党内政治文化建设摆在更加突出的位置。③

三、 关注具体的体制机制

制度是一个社会的博弈规则,或者更规范地说,它们是一些人为设计的、形塑人们互动关系的约束。制度是正式的,也是非正式的,包括了正式约束(如人为设计的规则)以及非正式约束(如惯例等)。对制度的这一广义界定告诉我们,制度带有全局性、根本性、长期性和稳定性。在推进国家治理体系与治理能力现代化的背景下,推动中国特色社会主义制度体系的成熟和定型,是摆在我们面前的一项非常重要的任务。这部分包括党管干部的具体体制机制、上海城市党建体制以及党内法规制度体系。有学者指出:成熟定型的制度具有其特有的品相,如制度能够获得广泛的社会认同和社会支持,具有足够的弹性空间以适应不断变化的外部情势,具有平衡各种社

① 刘宗洪:《党内政治生活的时代意蕴及实践路径》,《中共中央党校学报》2017年第4期。

② 刘宗洪:《政治的逻辑与新时代党的政治建设》,《中共中央党校学报》2018年第4期。

③ 刘靖北:《关于党内政治文化建设的几个问题》,《中国浦东干部学院学报》2017年第2期。

会矛盾和社会冲突的处置能力,还具有自我调适和自我修复的强劲功能,等等。推进制度的成熟和定型,有必要通过积极的努力,促进制度的社会认同,提高制度的有效性和权威性,保持制度的连续性和稳定性。①

第一,加强党内法规制度体系建设。党内法规是中国特色社会主义法治的重要组成功能部分,当前,加强党内法规制度体系建设,要坚持以习近平新时代中国特色社会主义思想为理论引领,坚持思想建党和制度治党相结合、依规治党和以德治党相统一,把党内法规制度体系建设贯彻到实施全面依法治国、全面从严治党基本方略的全领域,落实到中国特色社会主义法治体系建设过程中,体现在推进国家治理体系和治理能力现代化的各方面。②

第二,加强干部队伍制度建设。政治路线确定之后,干部就是决定性因素。党如何管理干部,干部选任制度有什么特点和创新,干部选任的一些关键性问题如何破解。有学者提出:要"对新时期干部制度的改革和发展进行系统思考和顶层设计,从战略高度提出我国干部选任制度改革和完善的方向和原则",从政治学、社会学、伦理学和管理学等多个学科的视角来认识干部以及干部选任制度问题;应当确立干部选任制度的问题意识;规范干部分类管理、干部选任的初始提名以及干部条件和标准的衡量把握等关键问题,并强调了以下方面发展和完善干部选任制度:一是切实加强对干部选任制度的研究;二是切实重视干部分类管理的意义;三是改变选任干部的重形式条件而轻实质条件的状况;四是尽快制定选任干部的"初始提名权制度";五是推动从"以官选官、以人选人"模式到"以制度选人、以程序选人"模式的转变。③

第三,完善上海城市党建体制机制建设。自 20 世纪 90 年代中期实行"两级政府、三级管理"以来,上海城市基层党建的体制机制就处于不断地调整之中,进入 21 世纪以来,特别是随着市委 2014 年"一号课题"的实施,上海基层党建体制机制创新又一次站到了新的历史起点。2017 年召开的上海市第十一次党代会报告多次提到"创新党建工作体制""推进基层党建工作创新",为新时代推动上海超大城市基层党建体制机制创新提供了原则指导。以党建体制机制创新推动城市党建,进而创新社

---

① 桑玉成、周光俊:《论制度成熟:价值、品相、路径》,《上海行政学院学报》2017 年第 3 期。

② 周敬青:《新时代加强党内法规制度体系建设的理论逻辑和实践思考》,《毛泽东邓小平理论研究》2017 年第 12 期。

③ 桑玉成:《干部选任:关键环节及其关键问题》,《探索与争鸣》2017 年第 11 期。

会治理,是新时代新发展对基层党建的基本要求,也是上海推动基层治理的有效抓手。有学者提出:上海城市基层党建的现状,可以概括为城市党建和地域党建共存的模式。所谓单位党建,即以某个单位为基础成立党的组织、开展党的活动;所谓地域党建,即以地域为基础成立党的组织、开展党的活动。从这一划分看,单位党建是正式的组织建制,而地域党建具有某些临时性和非正式的特点。从历史演变看,这种并存状况,是同单位体制的逐步解体以及社区体制的逐步完善密切相关的。①有学者认为:应当发通过构建多维立体大党建格局来深化既有党的组织形态与治理形态。构建多维立体大党建格局,必须切实打破组织内体制区隔、体制内组织区隔和体制整体区隔,推动党的组织形态的功能性、区域性和体系性三个维度的有机统一,构建以党组织为核心的多层次、多维度的生态化统合性平台体系,既服务于城市治理的发展需要,又为提高党的领导有效性奠定治理基础。②

四、 聚焦党的十九大

第一,党的指导思想实现了又一次与时俱进。党的十九大报告中,对马克思主义的重大理论创新:作出中国特色社会主义进入新时代的重大论断;作出了我国社会主要矛盾已经转化的重大论断;提出了统领“伟大斗争、伟大工程、伟大事业、伟大梦想”历史使命理论;创新和发展了中国特色社会主义战略目标理论;提出了关系我国经济发展全局的重大判断和论断;提出构建人类命运共同体的思想;提出了新时代党的建设的新布局、新观点、新要求;最为重要的是,提出和阐述了习近平新时代中国特色社会主义思想,把马克思主义理论发展推进到一个崭新阶段。③

第二,主要矛盾的变化及其解读。人民日益增长的美好生活需要和不平衡不充分发展之间的矛盾,是党的十九大关于新时代我国社会主要矛盾转化的重要政治判断。如果说,以经济建设为中心、以发展为硬任务已经取得了举世瞩目的成就并很好地满足了人民群众日益增长的物质文化生活需要的话,那么,致力于制度供

① 周建勇:《新时代城市基层党建体制机制创新:现状和演化》,《毛泽东邓小平理论研究》2017 年第 12 期。

② 郑长忠:《重塑城市治理整体性的政党逻辑——国家治理现代化与上海大党建格局发展》,《中国浦东干部学院学报》2017 年第 2 期。

③ 刘靖北:《党的十九大报告对马克思主义的重大理论创新》,《国家行政学院学报》2018 年第 2 期。

给体系的建构,通过切实的政治建设和政治发展进程来适应社会主要矛盾的变化,以不断满足人民日益增长的美好生活需要,当是党的十九大提出的新的更为重要的任务。①

第三,以提升组织力为重点加强基层党建。党的十九大报告对基层党建提出了新的任务要求:以提升组织力为重点,突出政治功能。这一要求为包括互联网企业在内的新兴领域党建指明了工作方向。为了推进互联网企业党建的深入发展,必须澄清在互联网企业党建上的三种认识误区:一是误把互联网企业党建的类型特殊性等同于一般性企业党建;二是误把互联网企业党建的目标差异性混同于同质型企业党建;三是误把互联网企业党建的发展动态性简化为模式化企业党建。②在社会群体结构和社会组织架构已然深刻变化的情况下,"两新"组织党建承载了中国共产党对非公领域经济和社会组织进行政治团结、组织凝聚和方向引领的政治使命。这一强烈的政治使命感,要求"两新"组织党建必须切实增强和提升组织力,真正使"两新"组织党的基层组织肩负起教育党员、管理党员、监督党员和组织群众、宣传群众、凝聚群众、服务群众的组织职责。③

五、分析与讨论

上述分类并没有严谨遵循学理逻辑,只是从便于理解和分析的角度予以概括,它们之间在内涵上不免有交叉重叠之处。但这种宽泛的分类,也加深了我们对上海学人在 2017—2018 年党的建设相关研究的把握,总结如下:

一是紧跟党中央关于党的建设最新精神,时效性强。党的理论每前进一步,党的理论研究就要跟进一步。上海学界密切关注党的建设、全面从严治党的重要议题。比如,党的十九大报告明确提出:政治建设是党的根本性建设。而上海学界围绕政治建设的相关研究也十分明显;在干部选任、习近平党的建设重要论述等,都有非常丰

① 桑玉成:《论人民美好生活需要之制度供给体系的建构》,《武汉大学学报》(哲学社会科学版)2018 年第 2 期。

② 薛小荣:《开展互联网企业党建必须澄清三种认识误区》,《中国井冈山干部学院学报》2018 年第 4 期。

③ 薛小荣:《对新时代提升"两新"组织党建组织力的新思考》,《毛泽东邓小平理论研究》2017 年第 12 期。

硕的成果;在主要矛盾、基层党建等方面,也都围绕新的要求展开讨论。此外,反腐败与廉洁从政①、“四个伟大”②、2016 年的《关于新形势下党内政治生活的若干准则》③、层层落实管党治党政治责任④、“两学一做”学习教育⑤等,也多有论述。但另一方面,就习近平党的建设重要论述,有学者以习近平党建思想为标题的阐述,则似乎操之过急。

二是围绕一些重大学理问题展开论述,或者将一些政治议题的学术探讨、学理建构。

比如,如何理解政治革命和社会革命,以及党的自我革命推动伟大的社会革命的论述。一个具有自我革新的政党才能保持生机和活力⑥,才可能推动中国特色社会主义事业的不断发展。习近平总书记强调:“新时代中国特色社会主义是我们党领导人民进行伟大社会革命的成果,也是我们党领导人民进行伟大社会革命的继续,必须一以贯之进行下去。”⑦有学者提出:“社会革命的意旨是要实现合理的社会秩序,创造理想的社会模式,形成先进的制度文明。一部中国共产党的历史,就是领导中国人民进行伟大社会革命的历史。改革开放以深刻的变革拉开了一场具有创新意义的伟大社会革命的帷幕,改革开放的过程、任务和目标都呈现了社会革命的特征。新时代中国特色社会主义是我们党领导人民进行伟大社会革命的成果,也是我们党领导人民进行伟大社会革命的继续。”⑧

比如党的责任政治的理论建构。责任是现代政治的核心理念,也是现代政治制度和管理制度得以建立的基本出发点和立足点。有学者从组织学的角度来看,如果把组织的层级结构视为组织的硬件结构的话,那么责任体系也就是这个组织的软件结构⑨。

三是积极推动党的建设理论和实务的大众化,上海学者频频在《人民日报》《光

---

① 吴海红:《廉而有为:新时代全面从严治党的价值取向》,《中共中央党校学报》2018 年第 4 期。

② 齐卫平:《“四个伟大”与习近平新时代中国特色社会主义思想》,《思想理论教育》2017 年第 11 期。

③ 齐卫平:《党内政治生活新老〈准则〉的比较研究》,《当代世界与社会主义》2017 年第 1 期。

④ 梅丽红:《十八大以来“两个责任”落地生根》,《中国党政干部论坛》2017 年第 11 期。

⑤ 齐卫平:《“两学一做”常态化战略意义的三个认识维度》,《江苏行政学院学报》2017 年第 6 期。

⑥ 刘宗洪:《不断革新的执政党才能保持生机和活力》,《重庆社会科学》2017 年第 8 期。

⑦ 刘靖北、郝宇青:《论一以贯之推进伟大社会革命》,《党建研究》2018 年第 5 期。

⑧ 齐卫平:《论改革开放与党领导的伟大社会革命》,《思想理论教育》2018 年第 7 期。

⑨ 桑玉成:《建构游戏澳的权责体系:防止责任虚化》,《人民论坛》2017 年第 3 期。

明日报》《求是》《解放日报》《文汇报》等主流媒体发表相关文章，加强习近平新时代中国特色社会主义思想的宣传工作。①

在不足方面，我个人认为，党的建设的研究，需要把握好两个维度及其相互关系：一个是大众化，一个是专业化。除去在主流媒体的相关理论阐述外，我还是想使用2015—2016年的相关评述来把握。

上海的党建研究（不包括政治学的分析）主要是“理论陈述简单笼统空泛、实证研究零星无序、研究方法缺少创新与突破等明显不足”。②清华大学政治学系博士生张超认为，当前党建纯粹的实务研究基本停留在对现象的简单描述和分析上，其对问题提供的应对策略也往往是就事论事，总体上缺乏对问题复杂性的理解和宽广的比较视野。二是支撑这些研究的材料主要来源于既有的文献等二手材料，真正以通过田野调查获取的第一手材料进行的研究非常少见，因此对于这类研究目前迫切需要的是方法论和经验材料上的跟进。③这些存在的不足，笔者在近年来的报告中也引用了这些看法，从目前来看，这一情况依然存在。情况不可能在短期内改变，作为党建研究者，需要在理论和方法上不断做出创新，回答实际问题。

就今后党建的研究来看，笔者认为，如下两点是亟须的：

一是迫切需要学习、遵守社会科学的治学方法。党建作为社会科学的一部分，它

① 曾峻：《新时代政治的科学内涵与实践要求》，《光明日报》2018年6月5日；郭庆松：《新时代党的组织体系建设与党的领导力提升》，《光明日报》2018年8月20日；周敬青：《打造适应新时代要求的优秀年轻干部队伍》，《光明日报》2018年8月2日；周敬青：《领导干部特别是高级干部必须严格自律》，《光明日报》2017年4月17日；周建勇：《为新时代的伟大社会革命提供坚强保障》，《光明日报》2018年5月31日。

② 该文指出：一是理论陈述过于笼统空泛，往往以介绍性、解读性和辅导性等“简单化”分析范式，学术性角度的分析比较笼统，表现为把党建理论研究深刻内涵空泛化、推进路径程式化，对基层党的建设各个层面和目标任务等维度关系的理论陈述，基本上属于文献阐释性研究，大多是采用传统方法对各地工作经验进行解读和分析，缺乏学理层面的党建研究创新思路。往往大而化之，少见从一个特定的视角进行分析，也缺少对研究主线的系统思考和把握，很少从核心问题的研究需要出发设计相应的研究路径。二是实证研究失之于零星无序。很多文章表现为基层工作经验的简单罗列归纳，给人以官样文章的印象，缺少在特定区域范围内的实证检验，运用的调研案例大多局限于单位内部或个别乡镇（街道）和村（社区）的小范围内，或为地方党委操作层面的政策研究，区域性范围的深入调查研究较少，难以成为实证研究的理论指导，缺少将问题、现象与实际工作联系在一起的潜在机制的理论解释，结合体制和制度创新的实践研究更少见。三是研究方法缺少创新和突破。主要体现在研究方法及分析有欠深入，鲜有原创的科学的政治分析方法，形成规范方法多而实证方法少，描述多而分析少，静态研究多而动态分析少，定性分析多而定量分析少等现象，研究中的原创性理论和专门理论缺乏。程勉中：《基层党建研究领域中的范式困境与问题导向》，《桂海论丛》2013年第5期。

③ 张超：《中国城市社区党建研究述评》，《中共杭州市委党校学报》2013年第4期。

必须要遵循社会科学研究的基本方法,如果方法不科学,党建研究不可能形成科学的结论,概括其中的规律性特点。时任中组部部长赵乐际指出,党建研究要运用马克思主义立场、观点和方法,以宽广眼界、敏锐眼光,及时发现新情况以战略思维、前瞻思考,深入研究新问题以求实精神、创新方法。善于提出新建议,不断开辟党建研究新境界。①

二是迫切需要立足中国实际、中国经验、建构中国特色的党建理论。我们在研究中国问题时,一个非常大的特点,就是中国经验,经验是在本土,在中国土地上滋生出来的。对于好的研究来说,经验是非常重要的,要做中国研究,或者思考中国问题,都需要对基于中国本土实践产生的经验高度关注,基于中国经验提出共通的问题、形成共通的或者独特的思考,王岐山同志在《坚持高标准、守住底线、推进全面从严治党制度创新》一文中指出:"当前,中国特色社会主义政党建设的理论基础还相对薄弱,对党的制度建设研究明显不足,党内规则的目标任务、体系框架缺乏理论支撑。"从2017—2018年上海学者的研究来看,这方面还大有空间,因而,立足中国实际,采用科学的研究方法,建构中国特色的政党理论,依然任重而道远,也是每一个从事党建研究的学者的使命和责任。

① 赵乐际:《落实党的十八大精神,深化党建研究工作》,《党建研究》2013年第3期。

3. 2017—2018年上海中国哲学学科发展评议

荀东锋
（华东师范大学哲学系）

近几十年来，上海中国哲学研究得到了长足发展。目前来看，一方面其在中国的学术版图上越来越清楚地书写出一种“海派中国哲学”的独特字迹，另一方面则于其内部形成了一种各派争鸣和相互促进的学术圈小生态。如果说前几十年的发展使得上海的中国哲学界逐渐显示出开放、务实、多元、纯粹等海派品质，那么近些年来，尤其是2017—2018年则使我们看到上海中国哲学界的内部呈现出清晰的脉络化趋势。

2017年5月23日，此前成立不久的上海研究院开设了一个名为“延长思考”的人文社科思想交流平台，在这一天策划了其第一次活动，一场特殊的研讨会。这场研讨会的主题是“儒家哲学的多维形态”，其特殊之处在于，其一，参加者事先大都不知道主题，也不做任何准备；其二，参加者囊括了上海相关研究机构的众多中青年中国哲学的学者。这场研讨会后来出现了激烈的争论，参与者围绕着如何研究儒学明确地走向三种立场，一是主张儒学经学化，二是主张儒学哲学化，还有调和或主张其他路向的。实际上，围绕儒学研究的进路，从21世纪初开始就出现了有关中国哲学合法性的持续讨论，近年来又有心性儒学和政治儒学之争。上述研讨会中的争论从宏观方面讲，是整个中国哲学研究大气候下的小气候，从微观层面看，则反映了上海中国哲学研究的精微化和具体化。

在这场研讨会之后，我们就能比较容易地辨识出上海中国哲学研究的某种内在构成，其中，有些学者像朱承、贡华南、刘梁剑等比较明确地站在哲学立场上，另一些学者像曾亦、郭晓东、余治平等人则较为明确地站在经学立场上。此外，这场研讨会的发言后经整理发表在澎湃新闻等网络媒体上。一些发言人还将其完整发言稿发表在儒家网以及微信公众号等网络平台上，引发了更大的学术和社会影响。当然，由于上海中国哲学界所具有的多元性的特点，并非所有学者及其研究都可以纳入经学和哲学的二元架构。总体而言，上海的中国哲学研究还是呈现出一种多维研究的形态。以下我们将通过哲学阵营、经学阵营以及多维角度三个方面，大致描摹上海中国哲学近两年的情况。

一、哲学阵营

上海大学哲学系朱承教授应当看作这一阵营中打头阵的,因为那场"儒家哲学的多维形态"研讨会正是他牵头的,他的另一个身份是上海研究院合作处处长。朱承教授在这场研讨会的开场引论和结会陈词中表述了两个观点:第一,认为"儒家哲学"的概念可以成立。具体而言,宋明理学或者用某种抽象性的观念来思考儒学的就属于儒家哲学。第二,儒家本身有丰富的维度,可以"一儒多表"。儒家哲学只是思想多元格局中的一支,在世界哲学的版图上,儒家哲学也是多元化趋势的其中一脉。由此可见,朱承教授虽然站在儒家哲学的立场上,但所持的态度却是开放的。或许正因如此,这场研讨会才能在他的牵头下将观点不同的学者聚拢在一块。实际上,朱承教授对这个问题的关注由来已久,在这场研讨会举办的五个月之前,他刚出版了《儒家的如何是好》一书,集中思考儒学研究的难题和困境,提出儒学传统有多重维度,比如观念化的儒学、伦理化的儒学、政治化的儒学、谱系化的儒学以及生活化的儒学等,他希望将这些以孔夫子为代表的传统儒学与以胡适之为代表的新文化运动传统从对立的历史纠葛中解脱出来。①朱承教授这种儒学研究进路也体现在近两年的研究成果中,一方面发表了多篇论文讨论"礼乐文明与生活政治"问题,另一方面则于 2018 年 1 月出版《信念与教化——阳明后学的政治哲学》一书,②这表明儒家的政治哲学面向是其思考和融汇孔夫子和胡适之两种传统的一种具体的维度。

比较而言,华东师范大学贡华南教授对其与儒学的关系则并未明确表态。他区分了研究者与儒学的两种关系,一是自觉从儒学出发,最后归宗于儒学;二是与儒学或亲或故,途经儒家。那么,他本人属于哪种儒者呢?其实,只要稍微考索其作品和研究,就会发现他显然属于后一种类型,也就是"从问题或者说从自己的学问出发,中间也会途经儒学。我说途经,因为很多人不会限于儒学,还会读那些儒学瞧不起的书,包括老庄、佛学的书,也会读西方百家的书。"③贡华南教授以"味"为基本线索贯通中国传统思想,这种极为鲜明的研究进路其实就是带着自己的问题途经儒学。从

① 朱承:《儒家的如何是好》,广西师范大学出版社 2016 年版,第 1—16 页。

② 朱承:《信念与教化——阳明后学的政治哲学》,上海人民出版社 2018 年版。

③ 上海研究院:《一儒多表:儒学经学化还是哲学化》,《澎湃新闻》2017 年 6 月 27 日。

其研究问题的起源来看，贡教授的早期著作《知识与存在》对中国近现代的知识论做了一种存在论的考察，从而将其研究立定在广义认识论的视角。①后来的《味与味道》正是沿着这种视角找到的一条具体的涵摄了存在的中国知识论研究。②2018 年 12 月，贡教授又出版了其“味”系列思想的第二本著作《味觉思想》，该书是《味与味道》的姊妹篇，主要侧重于解释味觉思想历史的演变脉络。③这样就与后者侧重于勾勒中国思想方法基本面貌的立意合在一起，构成了一个“史”与“思”结合的完整思想体系。这一思想体系带有浓郁的哲学味道。

从这场研讨会的总体来看，可以归入哲学立场上的还有两个人。一个是华东师范大学刘梁剑教授。当涉及儒家和哲学问题及其关系时，刘教授首先考虑的是对两个概念的开放性予以讨论，并分别提出“哲学如何是好”和“儒家如何是好”两个问题。实际上，这种保持对概念的追问和澄清的立场是刘教授的一贯致思路向。在此前出版不久的《汉语言哲学发凡》一书中，刘教授从汉语言哲学的角度关注哲学语言的古今中西转化问题。④2017—2018 年的一系列文章则分别研讨了几位中国哲学家的哲学语言问题，比如以“用可感的说理词做中国哲学”来讨论冯契思想，以“有‘思’有‘想’的语言”来讨论金岳霖思想以及用“可感的语言和中国的哲学”来讨论贡华南教授的味觉思想。⑤从哲学就是概念的反思这一点来看，刘梁剑教授的研究可以加上哲学二字。另一个则是笔者本人。笔者于 2016 年出版《孔子正名思想研究》，之后就逐渐明晰了研究中国哲学的基本思路。⑥笔者在研讨会中主要表达了两个观点。第一，研究中国哲学应该注意中国哲学的“底本”，中国哲学的“底本”是“名”，因此儒学研究应当关注“名”的问题，这是一种哲学视角。第二，可以从名理儒家的角度审视和研究经学问题，其中最重要的问题是命名何以可能？什么样的名才是正名？传统经学以天、圣人和王权为依据并不能解决正名的普遍必然性问题，从学理上容易走向经学独断论，从政治上则难以摆脱专制体制，因此我们应当

① 贡华南：《知识与存在——对中国近现代知识论的存在论考察》，学林出版社 2004 年版。

② 贡华南：《味与味道》，上海人民出版社 2008 年版。

③ 贡华南：《味觉思想》，生活 · 读书 · 新知三联书店 2018 年版。

④ 刘梁剑：《汉语言哲学发凡》，高等教育出版社 2015 年版。

⑤ 刘梁剑：《用可感的说理词做中国哲学：论冯契的哲学话语》，《天津社会科学》2017 年第 5 期。《有“思”有“想”的语言——金岳霖的语言哲学及其当代意义》，《哲学动态》2018 年第 4 期。《可感的语言和中国的哲学》，《思想与文化》2018 年第 1 期。

⑥ 苟东锋：《孔子正名思想研究》，上海人民出版社 2016 年版。

走以哲学统摄经学的道路。笔者2017—2018两年发表的文章,基本上都是从这两个角度出发的。①

有些学者并未参加那场研讨会,不过,在听到相关消息之后也表达了自己的立场和观点,比如华东师范大学方旭东教授就在一篇访谈中明确表示:“我看最近网上传的一个学者的文章,里面就提到所谓儒学的经学和哲学两种研究范式之争。从大的范畴来讲的话,我是偏向于儒学的哲学研究。”②方教授在这篇访谈中提出“分析的儒学”,从此立场出发,他既反对儒学的经学方式,也反对儒学的史学方式。按照方教授的说法,“分析的儒学”主要有两层含义,一是甄别儒学的基本价值,剥离出儒学真正的“大经大法”;二是做一个创化的工作,运用儒学的“大经大法”回应当下问题。方旭东教授近些年的著作和文章都可以从这两个角度来看,一方面是对传统儒学特别是儒家道德哲学的解读,另一方面则是以之为思想资源介入当代社会问题的讨论。

如果稍微留意就会发现,主张以哲学方式研究儒学的学者大都有华东师范大学哲学系的背景。一些华东师范大学哲学系出身的学者,即便没有参加和介入那场讨论,其研究儒学的立场也往往倾向于哲学而不是经学,例如上海师范大学郭美华教授,从其近两年发表的论文中对于“生存论”“认知主义”和“普遍主义”等哲学概念的强调就能看出。③原因就在于华东师范大学哲学系特别是中国哲学专业有“金冯学脉”的传统,近代以来以哲学的方式研究中国传统思想的做法在这里一直延续并得到进一步发展,杨国荣教授可以看作这一传统在当代的代表。对于儒学研究的进路问题,杨国荣教授明确反对儒学经学化的路向,主张扬弃经学的视域,以更为开放的眼光来看待传统儒学。这一观点在其《走向现代儒学》一文中有集中表达。④这篇文章后来于2017年5月10日被“儒家网”以《经学化将使儒学本身失去生机》为标题发表

① 比如苟东锋:《前孔子时代的名学》,《哲学与文化》2017年第2期;《控名责实何以可能——儒家名分思想初探》,《道德与文明》2017年第2期。

② 方旭东、张小星:《分析的儒学:不要做开历史倒车的儒家——方旭东教授访谈录》,《当代儒学》2018年第2期。

③ 比如郭美华:《认知取向的扬弃——〈孟子·告子上〉“生之谓性”章疏解》,《中山大学学报》2018年第4期;《性善论与人的存在——理解孟子性善论哲学的入口》,《贵阳学院学报》(社会科学版)2017年第4期。

④ 杨国荣:《走向现代儒学》,《贵阳学院学报》(社会科学版)2016年第6期。杨老师的这个观点在2017年的一个访谈中也有表述。李耐儒:《当代儒学对接现代社会的有效路径——杨国荣教授访谈录》,《探索与争鸣》2017年第6期。“儒家网”转载时的标题是《切忌把马克思主义教条化和儒学经学化》。

到网络媒体上,引起了一定的关注和影响。①杨国荣教授认为在经学传统中,经典的儒学文献往往只能解释,不能批评,其义理不允许有任何异议,这往往导致儒学的独断化、权威化。对待儒学应当持一种理性认同和情感把握互动的态度,仅仅侧重情感认同往往导向经学意义的卫道意识,仅仅强调理性认知则容易将儒学只看作认知意义的对象,忽视其内在的价值意义。杨国荣教授多年来的论著都可以在这一立场中得到理解,其中包括 2018 年 11 月出版的新著《政治、伦理及其他》。②

二、经学阵营

明确表达了以经学立场研究儒学的主要是同济大学曾亦教授和复旦大学郭晓东教授,他们共享相同的学术立场,但在对自身立场的理解方面却有不同的侧重。曾亦教授主要从传统学术到现代学术转变的角度理解儒学研究的进路问题并由此认为经学的研究是必要且重要的,这主要表现在:首先,近代的学制改革导致传统学术的研究内容散入文史哲等不同的学科领域,现代意义的儒家哲学就是在这一背景下产生的。由此可见,如果要保持中国传统学术的整全性,回到经学似乎是一条必由之路,哲学的进路显然不能担当此任。其次,现代中国学术大都站在西方思想的角度对以儒家为主体的中国思想进行比较性研究,就传统思想的理解和诠释而言,这很难说是恰当的。在曾亦教授看来,所谓西方思想的角度主要是古希腊和基督教思想,这与儒家经世致用的根本品质是不相应的。由此,他提出我们或许应当将伊斯兰教作为考察儒家的参照系,也许会更合理一些。上述看法也体现在其 2017 年 5 月与黄铭博士合著的《董仲舒与汉代公羊学》以及 2018 年 9 月出版的《儒家伦理与中国社会》两部著作中。③总之,对于现代学术特别是儒家哲学,曾亦教授认为:“若从西方文明对近现代中国的巨大影响来重建现代中国思想,或许有其合理性,但是,如果因此延伸到对古代中国思想的理解和诠释,则完全没有合法性可言。”④

---

① 关注主要有两个方面:一方面,在那场研讨会中,有学者比如上海交通大学余治平教授就予以评论;另一方面“儒家网”还以这篇文章的观点为契机采访蒋庆,并于 2017 年 6 月 5 日发表了名为《专访蒋庆:回归经学是文明自信与儒学成熟的体现》的文章,提出了与杨国荣教授针锋相对的观点。

② 杨国荣:《政治、伦理及其他》,生活 · 读书 · 新知三联书店 2018 年版。

③ 曾亦、黄铭:《董仲舒与汉代公羊学》,上海人民出版社 2017 年版。

④ 曾亦:《儒家伦理与中国社会》,上海三联书店 2018 年版,第Ⅱ页。

如果说曾亦教授侧重于阐发经学立场的合理性,那么郭晓东教授则善于廓清经学和哲学的内涵并在此基础上明确提出“经学化的儒学可以统摄哲学化的儒学”的观点。这个观点有以下四个方面:第一,从儒学多维形态的角度来讲,儒学的经学化和哲学化之间可能是一种最尖锐的对立,其他维度之间的论说都未显得如此尖锐。第二,近代的学科建制尤其是哲学化的儒学使得儒学主要变为一种知识形态,从而不能担当过往儒学那种安顿世界和安顿人生的总体性任务,因此经学化儒学的内涵要远大于哲学化的儒学。第三,就儒家哲学而言,往往追溯到宋明道学,但是宋明道学亦有经学的面向。第四,人们往往将儒家经学等同于小学化,然而从经学重建的角度来看,今文经学的思路是可以借鉴的,今文经学强调微言大义和通经致用,而这两个方面可以成为今天讲经学化儒学的主要依据和致力方向。可以发现,尽管曾、郭两位学者的具体表述不同,但也可以理解为相互说出了对方想说的话。两位教授的治学方向和志趣之所以如此接近,不仅在于其师出同门,还有赖于他们于近二十年前就共同致力的《公羊》学研究。2017 年 3 月,两人研究《公羊》学的第一个学术成果《春秋公羊学史》出版,该书为上中下三册,字数达百万,并于 2018 年获上海市第十四届哲学社会科学优秀成果奖著作类一等奖。①可以说,要了解上海儒学界的儒学经学化立场以及整个中国哲学界的经学化思潮,这本书是绕不过去的。

相对于曾、郭两人,有些学者虽然没有亮出经学派的铭牌,但在讨论过程中,或者批判儒学哲学化此路不通,或者对经学进路进行某种辩护。上海交通大学余治平教授属于前一种情况,余教授当时表达了四个意思:第一,对儒家哲学化的倾向表达了质疑。一方面,他认为研讨会主办者所拟的主题“儒家哲学的多维形态”应当正名为“儒家研究的多维形态”;另一方面,他还对网上流传并被媒体重新命名为《经学化将使儒学本身丧失生机》的杨国荣教授的文章所引起的不同意见做了介绍。第二,对儒家哲学化的现象进行了评价,认为哲学化为儒学提供了一个体制化的寄托场所,但同时也给儒学本身带来了不少伤害。第三,主张未来儒学的研究应当回到儒学的正宗上去,所谓儒学的正宗肯定汲取了现代学科分工的智慧和成果,因此儒学研究范式是一个不断生成的过程。第四,明确提出儒学的未来不可能走哲学化的道路,相信“历史叙事无疑会比哲学叙事更接地气,更有未来。”②总体来看,余治平教授的早期研究

---

① 曾亦、郭晓东:《春秋公羊学史》,华东师范大学出版社 2017 年版。

② 上海研究院:《一儒多表:儒学经学化还是哲学化》,《澎湃新闻》2017 年 6 月 27 日。

方法主要是哲学进路,后来则偏重于经史进路。比如他2018年7月出版的新著《周公〈酒诰〉训:酒与周初政法德教祭祀的经学诠释》就从经史的角度对周公《酒诰》的相关问题进行了集中探析。①即使其西方哲学的作品,2017年7月出版的《康德〈纯粹理性批判〉哲学概念系统引校》似乎也体现了一种以经学方式研究西方哲学经典的倾向。②究其原因,余教授曾引用孔子作《春秋》的那段自白:"我欲载之空言,不如见之于行事之深切著明也。"③这段话同样被曾亦教授等人一再提及。④

同济大学谷继明副教授站在为经学辩护的立场上表达了两方面的看法:首先,他提醒在近代学制改革的过程中,哲学门的设置"并非要完全复制西方的哲学系模式,因为它吸收了之前经学科的内容,也就被寄予了类似经学的地位,以及阐发经书义理、引领中国文化、解决中国问题的期望"。⑤因此,中国的哲学系应当通过容纳经学义理来丰富和扩大自身。其次,从经学在近代以来的情况来看,其权威地位已然丧失,下降为诸子之一,因此经学的一些价值和立场已经不再是不言自明的了。由此可见,当代经学是需要自我辩护和证成的。然而,这种辩护和证成,不一定非得走先悬搁、怀疑的路径,而应当立足于当代最关键的问题,通过反求诸经典本身的义理系统来思考一种新的解决。总体而言,谷继明是希望在哲学或哲学系的名义下展开一种新型的经学研究。这种立场也表现在其近年来的研究中,2017年3月,他出版了《周易正义读》一书,概述历代围绕《周易正义》的学术史问题并作了回应,在这部扎实的经学著作中,他力图能赓续和发扬经学传统。⑥

说到上海学界的经学研究,除了上述学者的研究之外,还存在着一条特殊的学脉,这条学脉的代表性人物是复旦大学陈居渊教授。陈教授于2017年12月出版《汉魏〈易注〉综合研究》,全书共123万字,分上中下三册。⑦此前,陈教授已经出版了大量的经学相关著作。考察陈教授的师承,一方面,他曾经跟随沈延国学习,沈延国不仅有家学渊源,而且是章太炎的弟子;另一方面,他还是复旦大学朱维铮教授的弟子,

---

① 余治平:《周公〈酒诰〉训:酒与周初政法德教祭祀的经学诠释》,上海古籍出版社2018年版。

② 余治平:《康德〈纯粹理性批判〉哲学概念系统引校》,中国社会科学出版社2017年版。

③ 上海研究院:《一儒多表:讨论"如何是好"比独断"惟此是好",更有意义》,《澎湃新闻》2017年6月28日。

④ 曾亦:《儒家伦理与中国社会》,上海三联书店2018年版,第Ⅱ页。

⑤ 上海研究院:《一儒多表:儒学经学化还是哲学化》,《澎湃新闻》2017年6月27日。

⑥ 谷继明:《周易正义读》,上海人民出版社2017年版。

⑦ 陈居渊:《汉魏〈易注〉综合研究》,齐鲁书社2017年版。

朱维铮被很多人认为是“中国最后的经学家”,而朱教授的老师则是在新中国的学科体制下唯一开展经学研究和开设经学史课程的周予同先生。由此可见,以经学的方式研究儒学,一方面是21世纪以来对以哲学进路研究儒学的一种反动,另一方面则是传统经学学脉延续至今的表现。可以说,传统经学在清末以后并没有完全瓦解,只是转变了存在形态,正如陈教授所言:“由经典和经典诠释所构成的传统经学并没有因此而中断,经学的研究形态开始转向学术层面。”①陈居渊教授的研究可以视为这种转变之后的经学存在形态之一。

三、多维视角

除了上述可以分别判定在哲学阵营和经学阵营的两派学者之外,那场研讨会还有一些学者并未明确表态,表现了儒学研究的多元或调和的形态。比如华东理工大学陈迎年教授认为,一方面现代新儒家古今中西交汇的现代化视野并未过时,另一方面我们应当在儒家的多维视角中找一个“一”,由此他主张重建一种新的儒家政治哲学。陈教授早年研究牟宗三,近年来的文章多涉及政治哲学,由此可以看出其基本的研究进路。再如同济大学陈畅副教授反思了宋明理学研究中以牟宗三为代表的哲学化研究方式的问题,他主张应当以经学等研究方式对哲学的研究进路做一个多维度的补充。陈畅于2017年12月出版《理学道统的思想世界》一书,该书重点在于还原理学的思想史面貌,这显然与其谈到的致思路向是一致的。②又如上海财经大学朱璐副教授,她认为就儒家研究的多维形态来看,大家基本都是从儒士的角度谈的,如果从中国传统社会士、农、工、商的分疏来看,是否存在“儒农哲学”、“儒工哲学”以及“儒商哲学”呢?朱璐个人的研究似乎偏于政治哲学,但是她所在的上海财经大学则致力于“儒商”概念和问题的研究和推广,比如他们于2016年12月召开了“首届中华儒商论坛”,2017年7月又成立了“上海财经大学国际儒商高等研究院”。东华大学沈云波副教授的观点可以视为一种调和论,他认为我们的目标都是回到原原本本的儒家,那么儒家的经学化和哲学化就没有那么大的矛盾,所谓原原本本的儒家就是“以中国为中国而居于中国与天下(世界)之间的儒家”,“儒学要有这

① 陈居渊:《20世纪中国经学研究的回顾与展望》,《中华文化论坛》2006年第4期。
② 陈畅:《理学道统的思想世界》,上海书店出版社2017年版。

种抱负”。①

前面谈到，就上海的经学研究来看，除了有曾亦和郭晓东教授这种因时而起的经学研究之外，还有以陈居渊教授为代表的经学学脉的现代传承。②同样，上海中国哲学的研究也并非铁板一块，实际上，从整个现代中国哲学的学脉传承来看，有两个学脉显得生机勃勃，一个是以熊十力为源头的“十力学派”，另一个则是经金岳霖而由冯契开创的“金冯学脉”。从前面两派争论的情况来看，哲学派主要是后者的延续，但这并不能说明前者在上海哲学界没有影响。从地缘角度看，熊十力晚年定居上海十几年，其《原儒》《体用论》《明心篇》等均写于这一时期。当然，十力学派后来的影响主要经由牟宗三、唐君毅和徐复观等人而在港台，但他们的学说 20 世纪 80 年代以后又回溯到大陆，包括上海。因此，上海哲学界受到十力学派影响的学者大有人在。当然，这种影响也分厚与薄。

厚者以复旦大学杨泽波教授为代表，杨教授认为研究中国哲学，牟宗三是无论如何不能轻易越过去的，他常向人说自己是牟宗三的私淑弟子。杨泽波教授专精研究牟宗三几十年并于 2014 年出版巨著《贡献与终结：牟宗三儒学思想研究》。但是由于这套书有五大册，字数多达 240 万，所以他又于 2018 年 12 月出版了一个浓缩版《走下神坛的牟宗三》。③ 对于该书的评价不是几句话能够概括的，可以肯定的是杨泽波教授的研究进路显然是一种受到了十力学派影响的哲学的进路。杨教授批判继承十力学派的这种哲学进路也影响到其弟子，就上海而言，复旦大学徐波的牟宗三佛学思想研究可以视为对杨教授牟宗三儒学思想研究的补充，上海大学曾海龙的熊十力哲学研究则是对十力学派源头的挖掘。④作为杨泽波教授的学生，笔者的哲学立场也与十力学派的这种当代影响有关。

薄者则以复旦大学张汝伦教授为代表，张教授早年研究西方哲学，后来进入中国哲学。2017 年 6 月，张教授出版了《我们需要什么样的文明》一书，这是他近年来有关中西哲学的一本论文集。⑤通过阅读这本书能够发现，张教授站在古今中西的视野

---

① 上海研究院：《一儒多表：讨论“如何是好”比独断“惟此是好”，更有意义》，《澎湃新闻》2017 年 6 月 28 日。

② 除这些学者之外，研究中涉及经学的学者还有一些，比如上海师范大学王江武副教授，其近期的代表作为《浅论康有为对“孝悌”观念的重新诠释》，《现代儒学》第三辑，三联书店 2018 年版。

③ 杨泽波：《走下神坛的牟宗三》，中国人民大学出版社 2018 年版。

④ 曾海龙：《唯识与体用——熊十力哲学研究》，上海人民出版社 2017 年版。

⑤ 张汝伦：《我们需要什么样的文明》，商务印书馆 2017 年版。

中,一方面掘发西方哲学自古至今隐微而关键的问题,另一方面则关注中国传统哲学的义理并系统反思了近代思想尤其是熊十力和冯契的哲学。他一边将熊十力的学说看作“中国哲学的《独立宣言》”,另一边则盛赞冯契将中国哲学、西方哲学和马克思主义哲学融为一体的做法。当然,张教授最后都以其“实践哲学”的主张加以批判和厘定。这种开阔的哲学视野使他不可能局限在一家一派的哲学中,而是站在当代中国以及当今世界的立场上直面我们这个时代最重要的一些问题,这些问题或许可以概括为,我们需要什么样的文明?不管怎样,从研究中国传统思想的进路来看,张汝伦教授是一位实实在在的哲学家。

诚如郭晓东教授所言,儒学的经学化和哲学化之间的紧张是儒家多维形态中最尖锐的对立。不过,在经学进路没有强势崛起之前,上海中国哲学界的研究本来是在中国哲学史的名义下自成脉络的。从某种程度而言,这类研究近年来不仅没有衰落,反而显得更加生机勃勃。这些研究可以根据“反向格义”的经典中国哲学史研究范式分为两种类型:一种是以西方哲学的某个区块来研究中国传统思想,比如中国的历史哲学、政治哲学、语言哲学、认识论等等;另一种则是从中国哲学发展史的角度进行的划分,比如诸子研究、魏晋玄学研究以及宋明理学研究等等。当然,这些研究也可以有交叉。

就前一种类型而言,从历史或历史哲学的角度研究中国哲学是一个热点,而这种研究又往往与政治哲学牵涉在一起。2018 年 12 月,由上海师范大学哲学系中国哲学学科主办举行了“经史之间——古典时期的中国历史哲学工作坊”,向外界宣示了一种不同于经学和哲学的中国哲学的研究进路。会议主要召集人邓辉教授是以历史哲学的进路研究中国哲学的典型,2017 年 7 月,其代表作《王船山历史哲学研究》出了修订版,增加了多篇近年来研究该问题的力作。①其他几位学者也于近期推出其历史和政治视角研究的作品。华东师范大学陈赟教授于 2019 年 1 月出版《周礼与“家天下”的王制——以〈殷周制度论〉为中心》,该书集中体现了作者近几年的为学方法,即一种经史之学的进路,由史而经,进而探究中国思想的起源。②复旦大学李若晖教授于 2018 年 5 月出版《久旷大仪——汉代儒学政治政制研究》,该书从反思历史的角度回到作为儒家政制起点的汉代,以“德性政治”为核心系统讨论了汉代政治哲学。③

① 邓辉:《王船山历史哲学研究(修订版)》,上海人民出版社 2017 年版。

② 陈赟:《周礼与“家天下”的王制——以〈殷周制度论〉为中心》,中国人民大学出版社 2019 年版。

③ 李若晖:《久旷大仪——汉代儒学政治政制研究》,商务印书馆 2018 年版。

复旦大学吴震教授于2018年10月出版《孔教运动的观念想象》，该书聚焦政教问题，不仅梳理了儒家政教问题的来龙去脉，而且重点考察了近代新儒家的政教观，进而指出政教问题依然是我们的时代课题，关乎未来。上述学者的研究主要涉及中国历史哲学，上海师范大学吾淳教授的《重新审视“轴心期”：对雅斯贝斯相关理论的批判性研究》则提供了一种世界历史哲学的大视野。①此外，就政治哲学这个大的概念来讲，其实很多学者的研究都涉及了，比如杨国荣教授、朱承教授、朱璐副教授，以及上海社科院张志宏教授、上海大学袁晓晶副教授等等。当然，也有从语言哲学研究中国传统思想的，比如复旦大学才清华副教授、华东师范大学刘梁剑教授等；也有将其研究定位为认识论的，比如华东师范大学郁振华教授、上海师范大学张永超副教授等；也有从伦理学角度切入的，比如华东师范大学德安博副教授对中国古代思想中撒谎与假装的研究。②

就后一种类型而言，诸子哲学和宋明理学的研究无疑是重点。复旦大学林宏星教授多年来专注于荀子哲学的研究，2016年12月出版《差等秩序与公道世界——荀子思想研究》，2017年1月又推出《合理性之寻求——荀子思想研究论集》③。复旦大学李若晖教授则深入老子哲学的研究，2017年4月出版《道论九章：新道家的“道德”与“行动”》。④复旦大学刘康德教授长期从事魏晋玄学的研究，2017年10月推出其代表作《魏晋风度与东方人格》的修订版。⑤复旦大学徐洪兴教授多年来致力于宋明理学的研究，于2018年10月出版新著《唐宋之际儒学转型研究》。⑥复旦大学吴震教授亦专精于宋明理学尤其专注于阳明学，近年来，新作迭出，2018年11月出版《中华传统文化百部经典·传习录》，这可以视为阳明《传习录》整理解读的一部集大成之作；⑦2018年12月，吴教授又推出《朱子思想再读》，以一个阳明学专家的视角解析

---

① 吾淳：《重新审视“轴心期”：对雅斯贝斯相关理论的批判性研究》，上海人民出版社2018年版。

② Paul J. D'Ambrosio, Incongruent Names: A Theme in the History of Chinese Philosophy, Dao, vol.17/no.3, 2018. Authority without Authenticity: The Zhuangzi's Genuine Pretending as Socio-Political Strategy, RELIGIONS, vol.9/no.12, 2018.

③ 林宏星：《差等秩序与公道世界——荀子思想研究》，上海人民出版社2016年版。《合理性之寻求——荀子思想研究论集》，上海人民出版社2017年版。

④ 李若晖：《道论九章：新道家的“道德”与“行动”》，上海人民出版社2017年版。

⑤ 刘康德：《魏晋风度与东方人格》，上海人民出版社2017年版。

⑥ 徐洪兴：《唐宋之际儒学转型研究》，上海人民出版社2018年版。

⑦ 吴震：《中华传统文化百部经典·传习录》，国家图书馆出版社2018年版。

朱子思想。①可以发现,在传统中国哲学史各个区块的研究中,复旦大学哲学系是一大重镇,前面是老一辈学者,新一代学者中张子立的研究涉及宋明理学和现代新儒家,何益鑫的研究则侧重于先秦子学。复旦大学之外,其他学者也涉及此类研究,比如同济大学陈徽教授2017年7月出版《老子新校释译》,②季蒙教授2018年6月出版《周易的思想体例》③。上海交通大学杜保瑞教授于2017年推出两本著作,《话说周易》和《牟宗三儒学评议》,一本涉及先秦哲学,一本涉及当代新儒家。上海师范大学崔宜明教授2018年出版《从鹏扶摇到蝶蹁跹:逍遥游齐物论通释》。上海健康医学院陈焱近年来聚焦王船山哲学的研究,属于明末清初哲学。④上海社科院张锦枝和上海交通大学王金凤的研究领域主要是宋明理学,其近两年发表的文章也都与此相关。⑤

除以上各种类型的研究之外,上海中国哲学界的多维视角还有以下几种:其一,观念史的视角。华东师范大学高瑞泉教授长期从事近代观念史研究,就近两年的作品来看,2017年发表于《学术月刊》的《重建"信德":从"信"的观念史出发的考察》可视为一篇代表作。⑥高教授的弟子上海师范大学蔡志栋副教授分别于2018年6月和7月推出《从"天理"到"真理"——先秦诸子与中国现代认识自由论》和《先秦诸子与中国现代政治自由的诞生》两本书,关注"真理"和"自由"观念。⑦上海财经大学吴晓番副教授以及上海社科院鲍文欣亦涉及观念史研究。华东师范大学顾红亮教授于2017年和2018年相继出版《论责任》和《责任中国》两本书,关注"责任"观念。⑧此外,华东师范大学陈乔见副教授近年来对于中国古代"公私"观和"义"观念的研究,也属于一种观念史研究。⑨其二,古典学的视角。同济大学中国哲学在古典学的旗帜

---

① 吴震:《朱子思想再读》,生活·读书·新知三联书店2018年版。

② 陈徽:《老子新校释译》,上海古籍出版社2017年版。

③ 季蒙:《周易的思想体例》,上海古籍出版社2018年版。

④ 比如陈焱:《船山与变法——论王船山对谭嗣同的精神气质与哲学思想之影响》,《船山学刊》2017年第4期。

⑤ 比如:张锦枝:《朱子诚意论及其对明中晚期主意学者的影响》,《复旦学报》(社会科学版)2018年第2期。王金凤:《"观念的诠释"及其诠释有效性——以孙复的尊王观念与欧阳修的人情观念为例》,《安徽大学学报》(哲学社会科学版)2017年第4期。

⑥ 高瑞泉:《重建"信德":从"信"的观念史出发的考察》,《学术月刊》2017年第7期。

⑦ 蔡志栋:《从"天理"到"真理"——先秦诸子与中国现代认识自由论》,上海古籍出版社2018年版。《先秦诸子与中国现代政治自由的诞生》,上海三联书店2018年版。

⑧ 顾红亮:《论责任》,上海人民出版社2017年版。《责任中国》,上海人民出版社2018年版。

⑨ 比如陈乔见:《春秋时代的义勇观念及其道德精神》,《哲学动态》2018年第10期;《儒家的公私观》,《国际儒学论丛》2018年第1期。

下近年来取得了一系列成果。2017 年 12 月,柯小刚教授出版《生命的默化:当代社会的古典教育》,力图探索在当代社会开展古典通识教育以及重建古典生活方式的可能性。①2018 年 5 月,张文江教授则出版了其《古典学术讲要》的修订本,重申了其通过阅读古代经典而获得生命启迪的古典学立场。②其三,地域儒学的视角。吴震教授于 2018 年 1 月出版《东亚儒学问题新探》,涉及"东亚儒学"的概念。③由上海师范大学石立善教授等主编的《日本先秦两汉诸子研究文献汇编》,共 5 辑 30 册,于 2017 年 3 月出版,这涉及日本儒学。④2018 年 11 月,由复旦大学哲学学院和上海儒学院等举办的"江南儒学构成与创化"学术研讨会则提出了"江南儒学"的概念。其四,马克思主义的视角。比如华东师范大学陈卫平教授多年来对马克思主义与中国传统文化关系的思考。⑤上海师范大学樊志辉教授的研究也涉及马克思主义的问题意识与华夏传统的关联等问题。⑥其五,身体哲学的视角。比如华东师范大学张震从身体哲学对王船山的讨论。⑦

本文的目的是对 2017—2018 两年间上海中国哲学界的基本情况进行一些简单的梳理和评介,这当然只能是一种粗线条的描摹。总体而言,上海中国哲学的发展呈现一种多维视角的态势,各种视角之间既有相互依存和共进的一面,也有相互对立和紧张的一面。其中经学和哲学的对立最明显。从当代中国哲学史的角度看,这种分化是 21 世纪以来对中国哲学合法性问题反思的结果,当以西方哲学"反向格义"中国传统思想的这种的旧研究范式开始老化以后,必然有一个儒学当代化的问题。解决问题的思路无非两条:一条是脱离哲学的进路。经学的研究就是这种进路的一种,这种思路要求远离哲学。另一条是反思哲学的进路。因为或许对于前面脱离哲学进路

① 柯小刚:《生命的默化:当代社会的古典教育》,同济大学出版社 2017 年版。

② 张文江:《古典学术讲要》(修订本),上海古籍出版社 2018 年版。

③ 吴震:《东亚儒学问题新探》,北京大学出版社 2017 年版。

④ 石立善、周斌主编,《日本先秦两汉诸子研究文献汇编》,上海社会科学出版社 2017 年版。

⑤ 比如陈卫平:《社会主义核心价值观:优秀传统文化的传承和升华》,《上海师范大学学报》(哲学社会科学版)2018 年第 5 期;《"因时、因史、因事"建构马克思主义哲学的中国话语》,《江海学刊》2018 年第 1 期。

⑥ 比如樊志辉:《中国马克思主义的问题意识、与华夏传统的关联及其叙事方式的开放性》,《江苏社会科学》2018 年第 3 期;《跨越时空的遥契与超越——中国马克思主义社会想象的精神资源》,《理论探讨》2018 年第 2 期。

⑦ 比如张震:《"显诸仁,藏诸用"奚以可能?——论王船山以身载道的道德哲学》,《东南大学学报》(哲学社会科学版)2018 年第 3 期。

的人而言,他们对哲学已经产生了一种教条化的理解。所以,不能否认,通过反思哲学进而坚持儒家哲学的道路也是可能的。进一步来看,经学和哲学的对立源于对两个概念的不同理解,比如在经学派看来,经学代表了某种整全性,但是在哲学派看来,哲学才意味着真正的整全。这种吊诡的现象说明两派之间的争论或许只是一种表面现象,双方完全可以在进一步的对话和争鸣中实现相互理解和自我理解。从目前的情况来看,在上海中国哲学界的范围内,一种多元共存和百家争鸣的风气正在形成。这样的风气将有助于其进一步参与中国乃至世界范围内的百家争鸣。

4. 2017—2018年上海国际贸易学学科发展评议

鲍晓华　邵　智
（上海财经大学）

历经了40年改革开放，我国实现了对外贸易的奇迹式增长。然而，现阶段全球经贸体制正面临前所未有之变局，这对我国国际贸易的发展既是机遇，也是挑战。一方面，美国退出TPP、中美贸易摩擦等事件为标志的“逆全球化”思潮沉渣泛起，贸易保护主义抬头。另一方面，中国积极推动“一带一路”倡议，举办国际进口博览会，继续扩大开放，实现合作共赢，是贸易开放的坚定拥护者、践行者和捍卫者。正如习近平总书记在2018年11月于沪举办的首届中国国际进口博览会上所强调的：“中国开放的大门永远不会关闭，只会越开越大。”基于上述的全球经贸格局，国内近两年的国际贸易研究主题除了主流的异质性企业贸易、全球价值链与传统贸易研究之外，也较多地聚焦于贸易保护与贸易开放的思辨。

上海学者近年来的研究与中国贸易发展实践联系紧密，以科学的研究方法将经典理论与现实问题相结合，涌现出诸多上乘的作品。笔者选取2017年至2018年两年间上海国际贸易学学者的代表性成果（CSSCI期刊论文为主，少量SSCI期刊论文）做简要介绍和分析，从内容上将其分成贸易保护与贸易开放的思辨、异质性企业贸易、全球价值链和传统贸易研究四大领域进行重点综述。

一、贸易保护与贸易开放的思辨

由于国际经贸体制的风云动荡，贸易保护与贸易开放的思辨已成为学术界关注焦点。尽管我国坚定不移地走改革开放之路，但理解贸易开放相较于贸易保护的优劣之处，无疑可以为更深一层地推进贸易开放提供理论上的支撑。上海学者就这一问题贡献了上海智慧。上海社会科学院张幼文、上海对外经贸大学黄建忠、复旦大学田素华、上海大学何树全、同济大学石建勋、华东师范大学方显仓、上海财经大学靳玉英和上海国际问题研究院张海冰八位学者分别从要素集聚、外资利用和供需关系等不同的视角回顾了改革开放40年的进程，并尝试为我国外向型经济寻找科学解释的出发点，坚定建立开放型经济新体制的信心。①上海社会科学院张幼文在回顾了我国对外开放的一系列战略节点后，指出全球化经济理论为中国的开放型发展模式提供了充分的理论依据；并认为当前的对外开放新课题：包括“一带一路”倡议的落实、发展高质量对外开放的要求，应对美国的贸易保护主义等均可由坚定地走开放型道路所解决。②上海对外经贸大学黄建忠认为我国必须在“新矛盾论”的指导下树立新的开放观，形成开放新格局：积极宣导全球化方向和推进全球治理改革；落实“一带一路”倡议和加强多边对话、大国磋商及新兴经济体之间的政策协调，促进贸易与投资便利化合作；深化国内外经贸体制改革和加快外贸发展模式、结构与动能的转换；推进商务领域的供给侧结构性改革。③华东师范大学殷德生等则从改革开放40年的实践中梳理出中国对外贸易变革的路径，即从贸易战略的变革到开放格局的变革，再到贸易结构的变革；并进一步以商品和要素全球化流动以及促进效率提升为抓手，提炼出对外贸易变革的逻辑。④

中国作为世界政治经济舞台上的一支重要力量，破解中国开放的密码无法脱离世界经济格局。复旦大学程大中总结了世界经济发展的四大趋势：世界产业革命与产业创新逐渐从宏观领域深入到微观领域、经济全球化逐渐从传统国际分工模式演进到全球价值链分工模式、对外开放的重点逐渐从边境上措施转移至边境内措施、全球经贸体制日益表现为区域主义的兴起与世界贸易组织的边缘化；并指出我国为应对贸易自由化面临的这些挑战，关键在于推动市场开放与市场深化，推动分工深化与互通互联，推动创新发展与结构调整。⑤复旦大学韩超等在梳理了外资准入政策演进的基础上，从产品质量视角探究了外资准入对高质量发展的影响，发现外资通过产业关联、产品转换以及本地集聚效应等促进产品质量及其增速的提升，并认为进一步实施开放战略，深化投资自由化改革有助于我国经济高质量发展。⑥上海对外经贸大学黄建忠和赵玲认为我国在当前的全球化变局下，参与和引领全球化进程的能力基础

① 张幼文、黄建忠、田素华、何树全、石建勋、方显仓、靳玉英、张海冰：《40年中国开放型发展道路的理论内涵》，《世界经济研究》2018年第12期。

② 张幼文：《中国40年开放型发展道路：战略节点与理论内涵》，《学术月刊》2018年第9期。

③ 黄建忠：《“新矛盾论”与新开放观》，《国际贸易问题》2018年第1期。

④ 殷德生、金培振：《改革开放40年中国对外贸易变革的路径、逻辑和理论创新》，《上海经济研究》2018年第10期。

⑤ 程大中：《论全球贸易自由化的基本趋势与现实挑战》，《人民论坛・学术前沿》2018年第20期。

⑥ 韩超、朱鹏洲：《改革开放以来外资准入政策演进及对制造业产品质量的影响》，《管理世界》2018年第10期。

和实现程度取决于开放经济供给侧结构性改革目标的达成，以及路径的科学合理性。①复旦大学沈国兵认为在中美贸易摩擦升级的风险下，中国必须要深刻地揭露"美国利益优先"战略的事实；同时大幅减税，细化负面清单，优化投资环境，加强知识产权保护，管控金融开放风险；并高举世界贸易组织自由贸易的旗帜，推动中国经济增长和增加就业，才能消减中美经贸摩擦升级带来的风险。②

二、 异质性企业贸易研究

自2003年新新贸易理论开创性地建立以来，基于微观企业异质性视角分析国际贸易问题已成为当前国际贸易研究最重要的前沿主题。随着异质性企业贸易理论的不断深化，研究主题不断拓展。上海学者重点关注中国企业的对外贸易问题，更注重研究问题的现实价值和意义；其研究主题主要集中在异质性企业框架下的贸易行为选择、贸易自由化的效应以及一些其他变动因素对贸易的影响。

（一）异质性企业的贸易行为选择

近两年上海学者关于异质性企业进出口贸易动态的分析多集中在进入和退出贸易、市场出口产品质量选择和出口二元边际（三元边际）分解等。

复旦大学方萃等认为邻近在位出口企业的出口信号对潜在出口企业具有正向影响；而邻近在位出口企业的数量则传递了竞争信号，会抑制潜在出口企业的出口意愿③。上海财经大学陈清萍等认为在异质性企业面临融资约束的垄断竞争框架下，融资约束不会抑制企业出口参与，却迫使部分一般贸易企业转而从事出口导向型贸易，不利于对外贸易的转型升级，为我国"融资约束严重"与"出口贸易发达"并存的独特经贸现象提供了一定的解释④。

上海对外经贸大学何欢浪、铁瑛和张娟认为城市服务业发展可以通过"分工效应"和"工资溢价效应"促进企业出口产品质量的提升，指出城市服务业发展与外贸

---

① 黄建忠、赵玲：《全球化变局、全球治理与开放经济供给侧改革》，《南开学报》（哲学社会科学版）2017年第5期。

② 沈国兵：《"美国利益优先"战略背景下中美经贸摩擦升级的风险及中国对策》，《武汉大学学报》（哲学社会科学版）2018年第5期。

③ 叶建亮、方萃：《邻近效应与企业出口行为：基于中国制造业出口企业的实证研究》，《国际贸易问题》2017年第3期。

④ 刘晴、程玲、邵智、陈清萍：《融资约束、出口模式与外贸转型升级》，《经济研究》2017年第5期。

增长方式转型在内涵上具有一致性①。复旦大学俞志宏等认为跨国多产品企业的核心竞争力在于优质产品定高价,并获取高额销售收入;企业依据最终品产品质量投入差异化质量的中间投入进行生产;并在企业提供较少产品的市场上,通过削减低质量产品销售来收缩产品种类,以期扩大高质量产品的销售份额②。

复旦大学林僖等认为金融危机对服务产业出口二元边际存在差异化影响,服务出口的广延边际显著地受到金融危机的抑制作用,而集约边际的影响则取决于国家类型:发达国家服务出口集约边际在金融危机期间显著增加,发展中国家服务出口集约边际则没有显著变化。③华东师范大学杨连星和孙新朋认为文化产品出口增长集中体现在出口集约边际,且受到出口价格和出口质量的促进作用,存在“低质竞价”模式,抑制了文化贸易的高端出口能力。④复旦大学卞泽阳和强永昌认为我国2001年加入世界贸易组织和2004年外贸经营实行登记制这两起重大的外贸制度变迁影响了我国出口的微观三元边际:登记制对出口广延边际的促进作用强于入世;集约边际上体现为企业传统产品的出口数量明显收缩;制度变迁对价格边际的作用体现在短期内迫使企业降价保持竞争力,长期内则激励企业出口创新获取持续竞争力。⑤

(二)异质性企业贸易与贸易自由化的效应

贸易自由化的效应一直是贸易领域的核心命题之一。近年来上海学者关于异质性企业贸易自由化效应的研究集中在中间品贸易自由化和贸易政策不确定性下降对异质性企业出口产品分布、质量和成本加成的影响。

复旦大学樊海潮和上海财经大学张丽娜认为,一方面,进口中间品关税降低会提升一国福利水平;另一方面,进口最终品关税下降会恶化一国福利水平;受中间品贸易的影响,中美两国的贸易摩擦同时恶化了两国福利,且中国福利恶化水平相较于美国更为严重。⑥复旦大学樊海潮和上海财经大学高翔等认为中间投入品关税减免会

---

① 何欢浪、铁瑛、张娟:《服务业发展促进了出口产品质量提升吗》,《国际贸易问题》2017年第12期。

② Manova Kalina, and Zhihong Yu, “Multi-product firms and product quality,” *Journal of International Economics*, Vol.109, 2017, pp.116—137.

③ 林僖、林祺:《金融危机如何影响服务产业贸易流量——基于二元边际的分析视角》,《国际贸易问题》2017年第1期。

④ 杨连星、孙新朋:《文化产品出口增长:来自价格还是质量?》,《世界经济研究》2018年第2期。

⑤ 卞泽阳、强永昌:《外贸制度变迁对中国出口三元边际的影响——基于中国入世和外贸经营登记制的实证研究》,《当代财经》2018年第10期。

⑥ 樊海潮、张丽娜:《中间品贸易与中美贸易摩擦的福利效应:基于理论与量化分析的研究》,《中国工业经济》2018年第9期。

促使在位进出口企业的成本加成率提升，且分析出其作用机制在于中间投入品关税减免降低了企业的边际成本，进而提升了企业的成本加成；并指出进口依赖度越高的企业，这一成本加成率的调整效应越明显。①上海财经大学彭冬冬和刘景卿在一个引入中间品贸易自由化与分销成本的异质性企业贸易框架下，得出了相似的结论，认为中间品贸易自由化会提高企业的成本加成率，且这一成本加成的提升作用对于高效率企业、内资企业以及产品替代弹性较小的企业更明显。②

上海财经大学冯玲和复旦大学李志远等分析了中国加入世界贸易组织带来的贸易政策不确定性下降对异质性企业出口的影响，并认为由于企业的自选择效应，贸易政策不确定性下降引致了同一产品市场上的企业进入和退出；一方面，那些以低价提供优质产品的企业进入市场；另一方面，那些以高价提供劣质产品的企业退出市场；且新进入的企业比退出企业更有效率。③复旦大学汪亚楠和周梦天认为中国加入世界贸易组织的政策效应从2004年开始显现，其带来的关税减免扩大了企业的出口产品范围，降低了出口产品偏度，而贸易政策不确定性提高了出口产品分布对于关税减免的变化弹性。④复旦大学樊海潮等认为现有主流内生质量选择的异质性企业贸易模型扭曲了贸易自由化对质量升级的影响；并指出贸易自由化带来的关税减免促进质量升级的效应集中体现在生产率最低的出口企业上，这类企业经历了投入品和产出品的质量飞跃，并将其目标出口市场转向高收入国家。⑤

（三）其他变动因素对异质性企业贸易的影响

异质性企业框架下分析其他因素对异质性企业贸易的影响是异质性企业贸易文献的重要组成部分之一。上海学者近年来关注的问题多集中于地区质量声誉；汇率变化；劳动力成本、最低工资和人口结构；政治关联和政府治理等对异质性企业出口

① Fan Haichao, Xiang Gao, Yao Amber Li, and Tuan Anh Luong, "Trade liberalization and markups: Micro evidence from China," *Journal of Comparative Economics*, Vol.46, 2018, pp.103—130.

② 彭冬冬、刘景卿：《中间品贸易自由化与中国制造业企业的成本加成》，《产业经济研究》2017年第1期。

③ Feng Ling, Zhiyuan Li, and Deborah L. Swenson, "Trade policy uncertainty and exports: Evidence from China's WTO accession," *Journal of International Economics*, Vol.106, 2017, pp.20—36.

④ 汪亚楠、周梦天：《贸易政策不确定性、关税减免与出口产品分布》，《数量经济技术经济研究》2017年第12期。

⑤ Fan Haichao, Yao Amber Li, and Stephen R. Yeaple, "On the relationship between quality and productivity: Evidence from China's accession to the WTO," *Journal of International Economics*, Vol.110, 2018, pp.28—49.

的影响。

上海财经大学叶迪和朱林可认为,在产品质量信息不对称的背景下,“地区质量声誉”有助于异质性企业实现更优秀的出口表现;且产品质量信息不对称越强时,如企业出口的产品质量差异化程度更高、非外资企业、通过贸易中介出口的企业、出口目的国距离更远的企业以及自身产品质量较低的企业,“地区质量声誉”对出口表现的提升效应更明显。①复旦大学樊海潮等认为即期汇率和远期汇率对企业进口二元边际的影响存在差异,在一个同时包含当前汇率和未来汇率的动态异质性企业贸易框架下,分析得出即期汇率升值会同时增加进口的广延边际和集约边际,远期汇率升值仅仅会提升进口广延边际而不影响进口集约边际。②上海财经大学宗庆庆等认为,企业出口增大了新产品开发的研发投入力度,高科技行业研发创新的促进效应更加明显。③

上海对外经贸大学铁瑛等认为,城市劳动参与率提升通过加工贸易促进了企业出口量的扩张,且资本密集型企业、内资企业以及低效率企业,出口受城市劳动参与率的促进作用更强。④复旦大学樊海潮等认为,中国的最低工资标准提升增加了中国企业对外直接投资(OFDI)的概率,并且高效率企业、外资企业、劳动密集型行业以及沿海地区的企业中,这一正向效应更强。⑤

上海财经大学丁浩员和复旦大学樊海潮等认为,合约密集型和财务依赖型行业中的异质性企业可以通过寻求政府政治关联获取比较优势,但由于政治关联引致的企业管理效率低下,反而会抑制企业出口;因而,政治关联对企业出口的整体作用并不明朗,且在不同行业间存在差异。⑥上海对外经贸大学何欢浪和华东师范大学陈琳认为,在国内市场分割的背景下,政治关联不利于企业出口发展,原因在于有政治关联的企业倾向于服务国内市场,没有政治关联的企业则侧重于发展国外市场;但融资

① 叶迪、朱林可:《地区质量声誉与企业出口表现》,《经济研究》2017 年第 6 期。

② Fan Haichao, Yao Amber Li, and Chen Carol Zhao, “Margins of imports, forward-looking firms, and exchange rate movements,” *Journal of International Money and Finance*, Vol.81, 2018, pp.185—202.

③ 史青、李平、宗庆庆:《出口中学:基于企业研发策略互动的视角》,《世界经济》2017 年第 6 期。

④ 铁瑛、张明志:《人口结构、企业出口与加工贸易:微观机理与经验证据》,《财贸经济》2017 年第 7 期。

⑤ Fan Haichao, Faqin Lin, and Lixin Tang, “Minimum wage and outward FDI from China,” *Journal of Development Economics*, Vol.135, 2018, pp.1—19.

⑥ Ding Haoyuan, Haichao Fan, and Shu Lin, “Connect to trade,” *Journal of International Economics*, Vol.110, 2018, pp.50—62.

约束的改善可以鼓励政治关联企业更多地走向出口市场。①上海对外经贸大学黄建忠和蒙英华等认为,政府治理显著促进了企业出口集约边际,但抑制了企业出口扩展边际;其对中国出口增长的带动更多体现在"量"而非"质"上。②

三、 生产分割和全球价值链

生产过程的可分割性将国际贸易研究推进到产品工序层级,异质性企业的全球组织生产行为选择已成为国际贸易领域一个新兴的热点问题。上海学者的研究多集中于全球价值链分工与制造业出口国内附加值、全球价值链与服务贸易等相关研究。

(一) 全球价值链分工与制造业出口国内附加值

近两年,上海学者关于全球价值链与制造业出口国内附加值的分析多集中于我国的全球价值链嵌入程度与价值链升级;要素市场扭曲对国内附加值率的影响;不同测算方法下我国在全球价值链中的地位等方面。

复旦大学沈国兵和于欢认为,中国企业参与垂直分工会抑制其技术创新,且抑制效应对外资企业和加工企业更大;但他们认为,中国企业的垂直专业化指数(VSS)从2000年的0.48下降至2013年的0.27,因此企业的技术创新能力并未被削弱。③华东师范大学杨连星等认为行业层面和国家层面的对外直接投资逆向技术溢出促进了中国的全球价值链升级,且行业全要素生产率提升和行业贸易规模扩大均对行业全球价值链的升级具有显著促进效应。④上海交通大学洪静、陈飞翔和吕冰认为,中国—东盟自由贸易区显著促进了中国企业出口国内附加值率的提升,有助于中国企业更好地嵌入全球价值链。⑤

上海对外经贸大学铁瑛等认为,在GVC背景下,工资扭曲会促进我国企业出口

① 何欢浪、陈琳:《政治关联、融资约束与中国企业的出口》,《南开经济研究》2018年第2期。

② 高翔、黄建忠、蒙英华:《政府治理如何影响企业出口边际》,《国际贸易问题》2017年第6期。

③ 沈国兵、于欢:《中国企业参与垂直分工会促进其技术创新吗?》,《数量经济技术经济研究》2017年第12期。

④ 杨连星、罗玉辉:《中国对外直接投资与全球价值链升级》,《数量经济技术经济研究》2017年第6期。

⑤ 洪静、陈飞翔、吕冰:《CAFTA框架下中国参与全球价值链的演变趋势——基于出口国内附加值的分析》,《国际贸易问题》2017年第6期。

规模扩张,且工资扭曲对出口规模的正向促进作用会因为企业 GVC 地位的提升而得到强化。①上海对外经贸大学高翔和黄建忠等认为,要素市场扭曲会促进中国企业出口国内附加值率(DVAR)提升,原因在于要素市场扭曲促进出口国内附加值率上升的“相对价格效应”足以弥补要素市场扭曲引致出口国内附加值率“成本加成效应”的不利影响。②上海对外经贸大学铁瑛、黄建忠和高翔分析了由最低工资所代表的劳动力成本、加工贸易与企业出口国内附加值率之间的关系,认为劳动力成本上升会通过引致加工贸易退出促使我国企业出口国内附加值率的攀升,且这一促进作用对高生产率企业、外资企业和资本密集型企业更强。③上海对外经贸大学赵玲、高翔和黄建忠认为,企业成本加成率可以通过提升产品定价能力、抬高出口产品价格和促进生产效率改进以节约边际成本共同引致中国企业出口国内附加值率的提升。④

复旦大学程大中、姜彬和魏如青认为,全球价值链分工的演进是区域主义兴起和 WTO 多边贸易体制边缘化的根本原因,并认为尽管垂直型自贸区会将价值链低端的成员锁定在低端,但其仍是中国最好的自贸区发展战略。⑤上海立信会计金融学院张会清和翟孝强认为,中国在全球价值链(GVC)中的国际竞争力主要体现在制造业部门,接近 GVC 的中上游位置;且由于大多数国家在中间品市场上都对中国的高度依赖性,中国在 GVC 中扮演着关键的“枢纽”角色。⑥复旦大学郑乐凯等认为,传统统计方法或贸易增加值后向分解法测算的产业国际竞争力失准,其中纺织服装、皮革鞋类与机电等传统优势产业竞争力存在高估现象;而部分资本、技术密集型产品和服务出口的国际竞争力则被低估。⑦

---

① 张明志、铁瑛、傅川:《工资扭曲对中国企业出口的影响:全球价值链视角》,《经济学动态》2017 年第 6 期。

② 高翔、刘啟仁、黄建忠:《要素市场扭曲与中国企业出口国内附加值率:事实与机制》,《世界经济》2018 年第 10 期。

③ 铁瑛、黄建忠、高翔:《劳动力成本上升、加工贸易转移与企业出口附加值率攀升》,《统计研究》2018 年第 6 期。

④ 赵玲、高翔、黄建忠:《成本加成与企业出口国内附加值的决定:来自中国企业层面数据的经验研究》,《国际贸易问题》2018 年第 11 期。

⑤ 程大中、姜彬、魏如青:《全球价值链分工与自贸区发展:内在机制及对中国的启示》,《学术月刊》2017 年第 5 期。

⑥ 张会清、翟孝强:《中国参与全球价值链的特征与启示——基于生产分解模型的研究》,《数量经济技术经济研究》2018 年第 1 期。

⑦ 郑乐凯、王思语:《中国产业国际竞争力的动态变化分析——基于贸易增加值前向分解法》,《数量经济技术经济研究》2017 年第 12 期。

（二）全球价值链与服务贸易发展

近两年，上海学者关于全球价值链下的服务贸易分析集中于区域贸易协定对服务贸易发展的促进作用；增加值测算方法下我国服务贸易水平的重新测度等方面。

复旦大学林僖和上海财经大学鲍晓华认为，以增加值核算的服务贸易出口受到区域贸易协定的差异化促进作用；如果区域贸易协定的开放程度越高，其正面促进效应也就越强；且服务贸易中外国增加值出口受到区域贸易协定的影响程度大于国内增加值出口受到的影响程度。①复旦大学程大中、魏如青和郑乐凯认为，从2000年至2014年间，全球大多数经济体整体服务贸易出口复杂度呈现上升趋势，但中国与发达经济体之间的相对差距在逐渐拉大；除劳动密集型外，知识密集型以及资本密集型服务贸易出口复杂度落后于发达经济体和部分新兴经济体。②复旦大学程大中、郑乐凯和魏如青认为，在贸易增加值前向分解法重新测算下，服务贸易被严重低估，其占贸易总量35%左右；且随着制造业服务化趋势，服务价值更多地通过制成品出口而随之出口。③上海对外经贸大学高运胜、王云飞和蒙英华认为，随着中国嵌入全球价值链程度提升，制造业和服务业参与国际垂直专业化分工程度提高，中国熟练和非熟练劳动力的工资差距进一步缩小，且服务业比制造业缩小程度更大。④

四、传统贸易理论框架下的研究

传统贸易理论框架包括古典、新古典以及新贸易理论框架，其下的贸易问题研究多聚焦于宏观或产业层面的贸易现象，上海学者近两年的研究多集中于汇率问题、区域贸易协定与贸易投资自由化、国际贸易政策与国际经贸规则等方面。

（一）汇率问题

汇率对贸易的影响是国际贸易领域经久不衰的经典命题之一。上海学者笔耕不

---

① 林僖、鲍晓华：《区域服务贸易协定如何影响服务贸易流量？——基于增加值贸易的研究视角》，《经济研究》2018年第1期。

② 程大中、魏如青、郑乐凯：《中国服务贸易出口复杂度的动态变化及国际比较——基于贸易增加值的视角》，《国际贸易问题》2017年第5期。

③ 程大中、郑乐凯、魏如青：《全球价值链视角下的中国服务贸易竞争力再评估》，《世界经济研究》2017年第5期。

④ 高运胜、王云飞、蒙英华：《融入全球价值链扩大了发展中国家的工资差距吗?》，《数量经济技术经济研究》2017年第8期。

辍,一方面,分析了汇率波动和汇率冲击对我国贸易结构的影响;另一方面,以人民币升值为抓手,探求其对我国贸易和就业等其他经济活动的影响。

复旦大学沈国兵和黄铄珺认为,产品实际汇率会差异化地影响中美各技术类别产品出口份额,实际汇率升值提高了中美一般贸易中高技术产品出口份额,优化了中国对美国一般贸易品出口技术结构;但次贷危机引致的实际汇率波动却不利于出口技术结构提升。①复旦大学宋超和谢一青认为,加工贸易企业出口价格的汇率弹性大于一般贸易企业,出口量的汇率弹性小于一般贸易企业;因而,在应对汇率冲击时,加工贸易企业相比一般贸易企业会较多地调整出口价格,较少地调整出口量。②上海对外经贸大学黄建忠等认为,有效汇率升值和预期波动风险增大均会抑制出口企业的研发投资,但政府扶持和研发费用所得税减免政策可以起到显著的对冲作用。③

同济大学沈筠彬和华东理工大学伏玉林以及丁锐认为,人民币升值分别通过出口收益、进口成本和进口竞争三个渠道影响企业绩效,其中出口收益与进口竞争渠道为负向影响,进口成本渠道为正向影响。④上海对外经贸大学铁瑛等认为,人民币升值一方面通过"出口收益渠道"负向影响企业技能劳动力雇佣占比,另一方面通过"进口中间品渠道"正面促进企业雇佣结构优化。⑤

(二)区域贸易协定与贸易投资自由化问题

随着多边主义兴起和世界贸易组织的边缘化,探求区域贸易协定对我国贸易发展的作用势在必行。上海学者以我国现行的国内自贸试验区和"一带一路"倡议为例,分析了区域贸易协定对贸易发展的影响;同时也指出了现行条件下,我国投资效率受限的问题。

上海大学赵金龙和陈健认为,自由贸易区(FTA)战略在宏观贸易层面促进了我国对 FTA 伙伴国总出口、而在微观产业贸易层面则促进了对 FTA 伙伴国的农业出口

---

① 沈国兵、黄铄珺:《汇率变化如何影响中国对美国一般贸易品出口技术结构》,《世界经济》2017 年第 11 期。

② 宋超、谢一青:《人民币汇率对中国企业出口的影响:加工贸易与一般贸易》,《世界经济》2017 年第 8 期。

③ 刘敢仁、黄建忠:《人民币汇率变动与出口企业研发》,《金融研究》2017 年第 8 期。

④ 沈筠彬、伏玉林、丁锐:《人民币实际有效汇率变动对中国制造业企业绩效的影响:来自制造业微观层面的证据》,《世界经济研究》2018 年第 5 期。

⑤ 铁瑛、刘敢仁:《人民币汇率变动与劳动力技能偏向效应——来自中国微观企业的证据》,《金融研究》2018 年第 1 期。

和制造业出口；但不同 FTA 的"出口效应"差别极大，洲外 FTA 出口效应较强。①上海财经大学殷华和高维和认为上海自贸试验区产生了明显的"制度红利"，促进了上海市 GDP、投资、进口和出口的增长，且长期经济效应显著。②复旦大学张楠和上海对外经贸刘雅莹等认为，我国的"一带一路"倡议显著促进了我国对"一带一路"沿线沿岸国家的出口增长，且主要体现在出口数量增长而非出口价格上升，对非邻国的出口促进作用大于对邻国的出口促进作用。③

上海大学胡浩等估算了中国对外投资的效率，并认为现阶段中国对外直接投资的前沿水平受到东道国经济规模、自然资源和技术水平等因素的正向影响，而双边距离的作用则非常有限。④复旦大学邵翔等认为，受到中国进口的冲击会使得美国媒体对中国产生偏见，且受到中国进口冲击越强的县，其报纸等媒体报道对中国的偏见越强烈。⑤

（三）国际贸易政策与国际经贸规则

各国政府依赖于各自的国际贸易政策参与国际贸易的博弈，并最终推动新型国际经贸规则的形成，分析贸易政策和国际经贸规则对国际贸易的影响是国际贸易研究中必不可少的一环。近两年，上海学者关于国际贸易政策和国际经贸规则的分析多集中于以反倾销为例的国际贸易保护措施的效应；我国的出口退税、知识产权保护和法治环境改善对贸易的影响。

上海财经大学罗明津等认为，国外贸易保护措施的实施通过降低出口数量和出口质量的方式抑制了制造业企业的出口规模，且贸易融资与贸易救济措施是对制造业出口影响最大的贸易保护措施。⑥复旦大学张铭心等认为，反倾销壁垒抑制了出口

---

① 赵金龙、陈健：《中国 FTA 战略的外贸出口效应研究——基于宏观和微观双重视角的分析》，《世界经济文汇》2018 年第 5 期。

② 殷华、高维和：《自由贸易试验区产生了"制度红利"效应吗？——来自上海自贸区的证据》，《财经研究》2017 年第 2 期。

③ 孙楚仁、张楠、刘雅莹：《"一带一路"倡议与中国对沿线国家的贸易增长》，《国际贸易问题》2017 年第 2 期。

④ 胡浩、金钊、谢杰：《中国对外直接投资的效率估算及其影响因素分析》，《世界经济研究》2017 年第 10 期。

⑤ Lu Yi, Xiang Shao, and Zhigang Tao, "Exposure to Chinese imports and media slant: Evidence from 147 US local newspapers over 1998—2012," *Journal of International Economics*, Vol.114, 2018, pp.316—330.

⑥ 彭冬冬、罗明津：《国外贸易保护措施对中国制造业出口的影响——来自企业层面的微观证据》，《财经研究》2018 年第 3 期。

企业生产率提升,且生产率降低主要原因在于增加值下降和生产要素缺乏调整。①上海财经大学罗胜强和鲍晓华认为虽然反倾销整体上会降低反倾销国家企业的出口,但对于低成本出口企业或争取到单独反倾销关税的企业,其出口反而会上升。②上海财经大学张燕和上海交通大学车翼以印度反倾销为例,研究了发展中国家反倾销对中国出口的影响,并认为印度反倾销对中国出口存在一定的抑制作用,主要源于低效率企业的退出;而更易存活的高效率企业、贸易公司和多产品企业存活后,会提高出口价格,但不会削减出口量。③华东师范大学杨连星等认为,反倾销会差异化地影响企业对外直接投资的二元边际,即反倾销对企业投资扩展边际有较为一致的促进作用,但对于企业投资集约边际的促进作用则不明显。④上海财经大学许锐翔和许祥云等认为,不断上升的进口国经济政策不确定性需要为全球贸易的低速增长负责。⑤

上海财经大学靳玉英和胡贝贝认为,出口退税政策会影响企业出口关系的稳定性,且东部地区、民营以及低技术行业的企业受政策变动的作用时效最长,影响效果也更大。⑥上海对外经贸大学何欢浪和冯美珍认为,稀土出口退税政策取消抑制了我国稀土产品出口规模,但对稀土深加工产品的出口量与出口价格抑制作用不明显。⑦上海对外经贸大学何欢浪和华东师范大学陈琳认为,我国稀土资源从量税和从价税的实施效果均和上下游的市场结构有关,并指出短期内可以采取从价税征收方式保护稀土资源,长期则仍落脚于鼓励稀土下游产业的技术进步。⑧复旦大学樊海潮、沈国兵和张勋等认为,加强知识产权保护有助于使用国内中间投入的行业进行创新,而对使用进口中间投入行业的创新活动存在促进和抑制的双向作用。⑨上海 WTO 事务

---

① 谢申祥、张铭心、黄保亮:《反倾销壁垒对我国出口企业生产率的影响》,《数量经济技术经济研究》2017 年第 2 期。

② 罗胜强、鲍晓华:《企业会因为遭遇反倾销而增加出口吗》,《国际贸易问题》2018 年第 3 期。

③ 张燕、车翼:《发展中国家反倾销对中国出口的影响——以印度为例》,《世界经济文汇》2018 年第 1 期。

④ 杨连星、刘晓光:《反倾销如何影响了对外直接投资的二元边际》,《金融研究》2017 年第 12 期。

⑤ 许锐翔、许祥云、施宇:《经济政策不确定性与全球贸易低速增长——基于引力模型的分析》,《财经研究》2018 年第 7 期。

⑥ 靳玉英、胡贝贝:《出口退税政策对出口贸易的持续影响效应研究——来自异质性企业出口生存率的证据》,《财经研究》2017 年第 6 期。

⑦ 何欢浪、冯美珍:《我国稀土产品出口政策效果评估的实证检验》,《世界经济研究》2017 年第 11 期。

⑧ 何欢浪、陈琳:《纵向关联市场、资源税改革和中国稀土出口——对资源从量税和从价税实施效果的评估》,《财经研究》2017 年第 7 期。

⑨ Chu Angus C, Haichao Fan, Guobing Shen, and Xun Zhang, "Effects of international trade and intellectual property rights on innovation in China," *Journal of Macroeconomics*, 57(2018), pp.110—121.

咨询中心黄鹏、孟雪和上海对外经贸大学汪建新认为，全球价值链在中美贸易摩擦中起到缓冲作用，但随着摩擦规模扩大，中国受到的负面影响将会叠加；作者认为，基于全球价值链加强自贸试验区建设以寻求新的价值链闭合，并加强知识产权保护能有效缓解中美贸易摩擦对中国的负面影响。①上海财经大学李双建等认为，法治环境改善可以提高契约执行效率，进而提高出口的二元边际，且提高程度随契约密集度的提高而提高。②

结　语

上述成果综述展示了上海学者在国际贸易领域的研究能力，他们紧扣当前的经济实践，并将之与重要的国际贸易理论有机结合，为中国的国际贸易发展交出了一份上海答卷。这些学者分布在各个大学和研究机构中，各大学和机构的研究能力均衡发展又各有分工，就国际贸易问题研究而言，复旦大学、上海财经大学和上海对外经贸大学是中坚力量，余者如华东师范大学、上海交通大学和上海社科院等大学和机构也为国际贸易研究贡献了上海智慧。

近年来的国际贸易学科研究主要有三个方面的发展趋势：其一，从研究内容上看，很长一段时期（含 2017—2018 年），且到目前为止，国际贸易的研究从中宏观层级转向微观层级。新新贸易理论的诞生和企业层级数据的可获得性，使得很多原本在传统贸易理论框架下对于国家和产业层级贸易的研究细化到了企业的微观层级。从企业微观视角分析贸易议题仍然是未来国际贸易研究的主要趋势之一。其二，近年来的研究选题更多样化，有明显的问题和政策驱动特征。随着经济全球化的推进和全球生产分工体系的构建，生产分割和全球价值链方面的研究将成为贸易学科的主流研究方向。而伴随世界经济格局的深度调整，纷繁复杂的国际经济环境将给国际贸易研究带来新问题。可以预见，全球治理体系变革、国际经贸规则重构等方面的研究将成为今后一个阶段国际贸易学者重要的研究领域。而结构模型（Structural model）在国际贸易领域的应用，也使得量化研究将成为今后的一个主流趋势。其三，交叉学科融合发展的趋势。从近期的国际前沿研究成果看，除了贸易领域传统选题

① 黄鹏、汪建新、孟雪：《经济全球化再平衡与中美贸易摩擦》，《中国工业经济》2018 年第 10 期。

② 李俊青、刘凯丰、李双建：《法治环境、契约密集度与企业出口决策》，《国际贸易问题》2018 年第 9 期。

的研究，也涉及贸易与就业和收入分配、贸易与经济周期波动、国际投资与跨国公司管理等。可见，国际贸易与产业组织、国际商务、劳动经济、宏观经济、金融经济、环境经济、国际政治、国际关系等学科都有交叉融合的态势。此外，随着信息技术的发展，国际贸易学的研究也离不开大数据的分析和支撑。

上海学者稳中求新，在深耕现有国贸议题的基础上，立足中国现实，将国际贸易研究拓展到缓解国际贸易摩擦、推动国际贸易结构转型升级等最新的热点和难点问题上；从研究范式和方法上看，上海学者不落窠臼，在熟练运用现有研究方法的基础上，能迅速结合最新的文本挖掘、机器学习和大数据分析等方法，丰富了贸易学者们的工具箱。值得一提的是，年轻一代的国际贸易学者成长迅速，他们的研究立足中国问题，面向全球经贸新格局，使用更为规范的研究方法，同时兼顾文本挖掘和大数据分析等前沿分析方法，寻求逆全球化思潮的破局之法，产出了一批在国内和国际上有影响力的成果，并得到国际同行的认可。

一方面，随着中国嵌入全球价值链程度加深，贸易结构调整势在必行，为避免被锁定在全球价值链低端环节，贸易发展战略必须从以“量”取胜转向以“质”为核心，优化贸易结构，鼓励对外贸易高质量发展。另一方面，在可预见的未来，国际贸易摩擦也是常态，如何更好地应对风云变幻的全球经贸格局，落实“一带一路”倡议和自贸试验区建设，促成新的开放格局。这些新的经贸问题对国际贸易学者提出了新的要求，而上海学者回应了时代提出的研究需求，关于全球价值链和贸易战略转型升级的研究已经成为重点关注对象，贸易摩擦、贸易保护与“一带一路”倡议对中国乃至全球贸易的影响也已成为重要命题。展望未来，波诡云谲的全球经贸格局既是年轻一代学者们成长的土壤，又对学者们的研究积累提出新的挑战，国际贸易学者们任重道远，却又生逢其时，将以更多的“顶天立地”的优秀作品为解决全球经贸困局贡献力量。

5. 2017—2018 年上海政治学学科发展评议

束　赟

（上海社会科学院政治与公共管理研究所）

一、 学科发展概况

随着我国政治实践的发展和政治学科自身的进步，2017—2018 年度上海政治学呈现出在传统领域持续推进、在新兴领域开拓创新的态势。我们以两年中上海政治学者所发表的论文为主要依据，可以发现目前上海政治学界的关注点集中在政治学方法论、政党政治、治理理论、国家与社会的关系等议题上，同时，上海政治学界的研究主题也呈现出一定的地域色彩，如对大城市、社区、精细化管理等有较多的关注，对这些议题既有传统理论的探讨，也有不少政策应用型的研究。在研究方法的运用呈现多元化，定性分析与定量分析均有发展，并有逐步专精化的趋向。在学术共同体方面，我们可以看到以复旦大学政治学系、华东师范大学政治学系、同济大学政治学系、上海外国语大学比较政治系、华东政法大学政治学系、上海交通大学比较政治系等为代表的上海政治学学科建设日趋完善，在保持原有研究优势的基础上，各院系也在积极培育新的学术生长点。

二、 热点研究主题的基本状况

（一）政治学基础理论与方法论的研究

随着我国政治学的持续发展，在 2017—2018 年度中，政治学研究者开始更加系统的思考政治学向何处去这一问题，具体涉及政治学的主题、政治学的基本问题、政治学的研究方法等各种政治学科的基础命题。桑玉成教授撰文指出政治学以及政治学者的任务应当是致力于生产知识、思想和理论，使之有助于国家政治发展目标的实现。政治学的主题是良善的政治生活，这需要知识、智慧和技艺。①另有学者探讨了中国政治研究的两种不同取向，对于政治学研究的科学性、普遍性与特殊性、民族性、

① 桑玉成：《关于政治学的主题与政治学基本问题的思考》，《政治学研究》2017 年第 5 期。

地方性之间的争论作出梳理,从学科的出发点和目的、理论的重要性以及经验的比较研究等方面探讨了中国政治学科向何处去这一问题。①还有学者专门对整全性体系和专门性体系这两种政治学知识体系进行了梳理,将之归纳为"老政治学"与"新政治学"之间的交锋,并进一步探讨了寻求共识的可能性。②对于社会科学研究中"精致的平庸"与"自负的深刻"两种不同的研究取向也被研讨,对社会科学研究与洞察人性之间的关系进行了剖析。③

近些年,上海学界对于当代中国政治史研究有较多的论述,特别是在一些基础问题与方法论上多有关注。陈明明教授以两篇长文系统阐述了当代中国政治史研究的学科视野、问题意识以及文字资料。他认为,当代中国政治史研究是历史学和政治学的整合,并且吸纳了新兴的社会科学研究方法,这一研究领域对于理解和解释当代中国政治发展具有重要意义。他从历史与政治、规范与经验、文化与权力、时间与结构、逻辑与证据等方面论证了该学科的脉络、研究视角和问题意识,并且对研究中的文字资料的使用以及注意事项、政治意义和学术价值进行了详细探讨。④还有学者对中国政治研究的问题意识与理论取向进行了探讨,分析了论文写作过程中的起承转合以及问题意识、理论取向等,并倡导以共同体营造的原问题为核心,建构中国政治研究的知识地图,进行跨学科的综合性研究。⑤

此外,近两年来,上海学者还通过会议以及笔谈的形式探讨中国政治研究的范式。例如对田野经验与理论范式的探讨⑥;对新时代中国特色社会主义政治学的背景、议题与路径的探讨;以及当代中国政治学的发展与前沿的探讨等。⑦还有一些学者对于政治学研究中的方法论进行了更为细致的研究,例如对于因果关系的探讨,对

① 郭苏建:《中国政治学科向何处去——政治学与中国政治研究现状评析》,《探索与争鸣》2018 年第 5 期。

② 陈周旺:《中国政治学的知识交锋及其出路》,《政治学研究》2017 年第 5 期。

③ 熊易寒:《自负的深刻:社会科学何以洞察人性》,《探索与争鸣》2017 年第 5 期。

④ 陈明明:《当代中国政治史研究中的文字资料:阅读与比较》,《学海》2018 年第 1 期;陈明明:《当代中国政治史研究的学科视野与问题意识》,《浙江社会科学》2017 年第 9 期。

⑤ 王向民:《中国政治研究的问题意识与理论取向》,《探索》2017 年第 4 期。

⑥ 杨雪冬、王向民、罗兴佐、陈尧、池建东、耿曙、陈玮:《中国政治研究:田野经验与理论范式(笔谈)》,《华东师范大学学报》(哲学社会科学版)2017 年第 1 期。

⑦ 任勇:《新时代中国特色社会主义政治学的背景、议题与路径——新一届〈政治学研究〉编委会会议综述》,《政治学研究》2018 年第 1 期;包刚升、李垚:《当代中国政治学的发展与前沿——〈政治学研究〉2018 年华东地区中青年作者座谈会综述》,《政治学研究》2018 年第 5 期。

于视角与事实之间的探讨等。①

（二）政党政治的研究

作为政治学的一个重要领域，政党研究也是近年来上海政治学研究中的一个重点。学者们关注到党的十八大以来，党建工作在思路和制度方面有了很大的变化。在世界形势与中国梦的背景之下，共产党长期执政战略的基点在于其组织体系、领导机制、政治价值的发展。②有学者对此进行了分析，认为政党能力包括执政能力与领导能力两个方面，党十八大以来，党中央在坚持执政能力建设的同时，着重加强党的领导能力，以领导能力建设为执政能力的增强提供基础，以执政能力建设为领导能力提升提供保障，从而形成双重维度的党建思想。③

不少学者对先锋队政党理论进行了深入的研究。有学者认为先锋队性质是全面从严治党的内在根据。全面从严治党将强化共产党的先锋队性质，改善党的领导方式与执政方式，从而使得中国政治体制的优势和竞争力得到增强，为国家崛起提供更为坚实的政治支撑。④有学者深入研究了列宁党建学说，探讨了先锋队政党的构建逻辑，认为先锋党在组织结构上确立了民主集中制原则，主张党员身份先锋化，坚持党员既要严格区分于群众又要与群众密切联系等原则。⑤

在共产党执政的合法性研究方面，有学者认为中国共产党继承了协商合法性的传统，又对其进行了创造性的转化，构建了以群众路线、三三制、协商民主和统一战线为主要内容的协商合法性新形态，使之成为人民当家作主的重要方式，这是共产党领导与执政的合法性之源。⑥还有学者分析了新时代中国共产党执政资源的体系，认为执政资源包括基础性、过程性与保障性三个层面，具体可以分为阶级、组织、理念、制度、权威、人才六个方面的要素。在新时代，需要夯实执政资源的基础性要素，整合过程性要素，扩展保障性要素，从而不断加强党的各项能力，实现新时代赋予中共的历

---

① 左才：《政治学研究中的因果关系：四种不同的理解视角》，《国外理论动态》2017 年第 1 期；刘擎：《共享视角的瓦解与后真相政治的困境》，《探索与争鸣》2017 年第 4 期。

② 陈明明：《新时代的政党建设：战略目标与行动逻辑》，《治理研究》2018 年第 1 期。

③ 肖存良：《执政能力与领导能力：习近平党建思想的双重维度》，《理论与改革》2017 年第 5 期。

④ 汪仕凯：《先锋队政党的治理逻辑：全面从严治党的理论透视》，《政治学研究》2017 年第 1 期。

⑤ 陈明明、程文侠：《先锋队政党的构建：从意识形态到组织形态——关于列宁建党学说的一个讨论》，《江苏社会科学》2018 年第 4 期。

⑥ 肖存良：《协商合法性：中国共产党与中国合法性建构的政治逻辑》，《湖北社会科学》2018 年第 2 期。

史使命。①

在比较政党研究方面,郭定平教授论述了中国共产党治国理政的比较优势。他认为,在政党与国家政权、政党与政党、政党与社会公众以及政党内部关系等方面,中国共产党的治国理政均展现出了独特的优势,其取得的巨大成就已经并将继续为人类政治文明的发展与进步作出贡献。②此外,还有学者论述了中国共产党在构建人类命运共同体当中的担当。③

此外,上海学界还召开了一些关于党的政治建设方面的学术研讨会,众多学者参加了研讨,就新时代党的政治建设的理论逻辑;从历史与现实双重维度看党的政治建设;新时代把党的政治建设摆在首要位置的历史逻辑;党的政治建设与政治纪律之间的关联;以党的政治建设统领新时代伟大工程等议题进行了探讨。④

(三)治理理论与实践的研究

在概念梳理方面,有学者对治理概念在西方兴起的背景以及概念内涵作了回顾,通过比较中西语境指出在中国治理中更加强调对官员的监督以及执政党及其领导的官僚队伍在社会经济发展中的作用,梳理了中国治理研究中的理论框架。⑤高奇琦教授提出了作为一种新学科的治理科学的建构,指出这是一项复杂的系统工程,需要对其进行顶层设计和社会各界广泛参与,这是中国社会科学界争取国际话语权的一种努力。⑥

在国家治理方面,谢岳教授梳理了国家治理的法治逻辑,他认为法治国家的建设能够克服行政治理和公共参与的内在缺陷,为善治提供条件和保障。⑦刘建军教授等从历史、社会、环境三个维度,解读了中国古代治理体系。⑧此外,有学者提出强大的

---

① 任勇:《新时代拓展中国共产党执政资源体系的思考:概念、构成与路径》,《当代世界与社会主义》2018年第1期。

② 郭定平:《论中国共产党治国理政的比较优势与国际贡献》,《湖北社会科学》2018年第6期。

③ 郑长忠:《推动构建人类命运共同体理念下的新型政党关系》,《当代世界》2018年第1期。

④ 齐卫平、包心鉴、杨凤城、王炳林、孙力、丁俊萍:《党的政治建设与基层党组织的政治功能(笔谈一)》,《理论与改革》2019年第1期。

⑤ 曾庆捷:《"治理"概念的兴起及其在中国公共管理中的应用》《复旦学报》(社会科学版)2017年第3期。

⑥ 高奇琦:《从管理科学到治理科学:一种新学科构建的探索》,《探索》2017年第6期。

⑦ 谢岳:《国家治理的法治逻辑》,《天津社会科学》2018年第1期。

⑧ 刘建军、孙杨程:《历史·社会·环境:中国古代治理体系长期存续的三重密码》,《河南社会科学》2017年第12期。

政治能力是社会主义国家的独特优势,政治能力为国家治理的持续改善提供了基础,这是中国国家治理提供给世界最重要的政治经验。①还有学者认为随着国家对社会治理的重视,中国开始呈现共生型的国家社会关系,即在社会治理过程中政府与社会组织体现出专业主导、嵌入共生和党建引领基础上的良性互动。②还有研究通过对上海近郊某村委会换届选举过程的观察,考察了选举与治理以及基层社会组织化之间的关系。③也有学者认为县政治理可以成为基层民主发展的新的突破口,这既是县政自治传统适应现代社会治理的内在需求,也是治理效率的体现。④此外,还有学者分析了环境精细化治理的必要性与可能性,环境精细化治理是指环境政策的价值偏好、职能整合、组织实施等都必须做到精准。这是强势环境政治话语引导所致,也是改进民众生活福祉的需要,而其实现则需要有大数据技术、全面改革以及对于国外经验的借鉴等。⑤

在城市基层治理的技术与方法方面。对于城市基层治理中的清单制,有学者认为这一制度对于解决城市基层治理中的部门与条块协同、社区减负和有效的公共服务供给具有契合性。⑥在城市治理中的网格化管理方面,有学者认为网格化在管理单元的明细化、职责权限的条理化等方面存在优势,可以使城市治理变得更为明晰。但其也存在着一定的限度,应把握其内在限度,实现更加适度审慎的城市治理。⑦彭勃教授分析了中国城市治理的内卷化困境,认为目前的城市治理沿袭了"抓亮点"的风格,带有项目化治理设计、单向化政策机制、单一化治理主体的特征,要走出这一困境,就需要重视治理理念的本地化调试、治理机制的创新改进以及治理体系和主体的拓展等问题。⑧还有学者分析了社会稳定风险的含义、类型以及在城市中的衍生机

---

① 汪仕凯:《从国家—社会分析框架到政治社会理论:再论现代国家的政治基础》,《社会主义研究》2018 年第 3 期。

② 宋道雷:《共生型国家社会关系:社会治理中的政社互动视角研究》,《马克思主义与现实》2018 年第 3 期。

③ 陈周旺:《选举、治理与基层社会的组织化——对上海近郊某村委会换届选举过程的观察》,《河北学刊》2018 年第 2 期。

④ 桑玉成、梁海森:《从基层民主的发展空间看县政治理的取向》,《社会科学》2017 年第 12 期。

⑤ 余敏江:《环境精细化治理:何以必要与可能?》,《行政论坛》2018 年第 6 期。

⑥ 彭勃、付建军:《城市基层治理中的清单制:创新逻辑与制度类型学》,《行政论坛》2017 年第 4 期。

⑦ 韩志明:《城市治理的清晰化及其限制——以网格化管理为中心的分析》,《探索与争鸣》2017 年第 9 期。

⑧ 彭勃:《从"抓亮点"到"补短板":整体性城市治理的障碍与路径》,《社会科学》2017 年第 1 期。

制,提出需要探索提高城市抗风险能力的有效途径,建构弹性社会治理体系。①此外,在当今城市治理过程中,新兴技术发挥着越来越重要的功能,有学者深入研究了当今城市政务微信的功能,指出需要通过科学界定政务微信功能、改革管理体制、提高格调、增强互动性和回应性等方法,更好的发挥政务微信在城市治理中的积极作用。②

作为国际大都市,上海在城市社区治理与自治方面有较多先进的理念与实践,与之相应的,上海的学者在这些方面也有较多的研究。刘建军教授认为中国城市社区公共物品的提供主体是联动网络,基层党组织通过引领使社区参与者之间形成联动网络,以协商治理实现供给轨道的多元化,从而实现满足需求型的社区治理景观。③陈尧教授提出了城市小区治理的逻辑,他认为业主自治应起决定作用,居民自治起到支持和辅助作用,基层党组织和政府发挥着监督指导的保障作用,以此形成多元共治局面,解决城市小区治理困境。④有学者关注了微观治理过程,提出联动式治理概念,以解释不同治理主体和网络的形成以及治理行动的运作。⑤对于整体性治理也有不少学者进行了研究,例如有学者认为整体性治理为超越碎片化行政指出了可行的方向,为区域合作共治提供了实现的可能。对突破跨界集体行动困境、提高跨界公共事务治理绩效具有重要的意义。⑥有学者整体性治理的关键在于治理中实现权力的合理配合,将权力向上集中,治理向下协调,以实现政府的整体性治理。⑦

(四)政治制度的研究

党的十九大报告指出人民日益增长的美好生活需求和不平衡不充分发展之间的矛盾是目前我国社会的主要矛盾。桑玉成教授认为,应当致力于制度供给体系的建构,通过切实的政治建设和政治发展进程来适应我国社会主要矛盾的变化,满足人民日益增长的美好生活需要。他进一步提出在推进国家治理体系和治理能力现代化的

---

① 朱德米、林昕:《建设弹性的社会治理体系》,《上海行政学院学报》2017年第5期。

② 韩阳、韩志明:《城市政务微信的治理功能及瓶颈》,《天津行政学院学报》2017年第6期。

③ 刘建军、孙杨程:《使基层治理运转起来:联动网络与中国社区公共物品提供》,《江苏行政学院学报》2017年第5期。

④ 陈尧:《自治还是治理——城市小区治理的认识逻辑》,《江海学刊》2018年第6期。

⑤ 李威利:《联动式治理:关联主义理论视野下的基层自治》,《河南社会科学》2018年第10期。

⑥ 易承志:《跨界公共事务、区域合作共治与整体性治理》,《学术月刊》2017年第11期。

⑦ 罗婕、桑玉成:《权力向上,治理向下:关于整体性治理的一种视角》,《学海》2018年第3期。

背景下，应当致力于我国社会主义制度体系的成熟和定型，促进制度的社会认同，提高制度的有效性和权威性，保持制度的连续性和稳定性。①在制度供给方面，有学者认为有效制度供给是国家治理体系现代化的内在要求和关键变量。有效制度供给需要注重强制性制度供给和自发性制度供给、特定制度供给和散布性制度供给、正式制度供给与非正式制度供给的有机统一。②此外，在选举制度与现代国家建设方面，有学者认为与西方民主体制相比，选举制度在中国国家体制中所占据的位置和发挥的功能存在着很大的不同，中国选举制度的发展是一项系统性工程。③

此外，近年来还有不少学者对干部制度进行了讨论，认为需要对新时期干部制度的改革和发展进行系统思考和顶层设计，从战略高度提出干部选拔任用制度改革和完善的方向与原则。④有学者从个体权利与体系运行的视角分析了领导批示制度的生成机制与运行机制，并进一步分析了领导批示与政治体系的回应、创新经验的扩散、重大政策与战略制定之间的关系。⑤有学者讨论了党的十八大以来干部选拔任用制度化的新趋势。从地方领导干部考核条例内容入手，探讨了地方领导干部激励机制的运作及其对地方治理的影响。⑥在腐败研究方面，有学者基于政治生态的研判视角，分析了县委书记权力腐败的影响因素。⑦还有学者基于大量的司法裁判文书数据，比较了贪污和受贿两种典型腐败类型所呈现的系统差异。还通过列举实验法，研究腐败经历与腐败感知之间的关系等。⑧

（五）政治参与的研究

在政治参与的理论研究方面，有学者审视了公民参与研究的视角转化，认为公民参与研究应当结合公民权利视角与公民知识视角，才能更好解决公民参与理论和实

---

① 桑玉成：《论人民美好生活需要之制度供给体系的建构》，《武汉大学学报》（哲学社会科学版）2018年第2期；桑玉成、周光俊：《论制度成熟：价值、品相、路径》，《上海行政学院学报》2017年第3期。

② 易承志：《国家治理体系现代化制度供给的理论基础与实践路径》，《南京师大学报》（社会科学版）2017年第1期。

③ 汪仕凯：《选举制度与现代国家：一个比较分析》，《理论探讨》2018年第3期。

④ 桑玉成：《干部选任：关键环节及其关键问题》，《探索与争鸣》2017年第11期。

⑤ 朱德米、杨四海：《领导批示：个体权力与体制运行》，《中共福建省委党校学报》2017年第4期。

⑥ 曾庆捷：《党的十八大以来干部选拔任用制度化的新趋势》，《探索与争鸣》2017年第11期；左才：《地方领导干部激励机制的运作与绩效》，《学海》2017年第4期。

⑦ 张明军、陈朋：《县委书记权力腐败的影响因素分析：基于政治生态的研判视角》，《理论探讨》2018年第1期。

⑧ 李辉：《腐败的两幅面孔：基于7000个司法裁判文书数据的描述分析》，《理论与改革》2017年第5期；李辉、孟天广：《腐败经历与腐败感知：基于调查实验与直接提问的双重检验》，《社会》2017年第6期。

践中遇到的问题。①有学者建构了公众参与政务微博意愿的影响因素模型,其中核心因素为外部环境、公众、政府和媒介。②还有学者研究了我国环境领域的公众参与模式,认为协作型公众参与模式是未来提升我国环境领域公众参与有效性的可能途径。③张明军教授等着重研究了民生政治参与的概念,认为民生政治参与紧贴民生问题,注重沟通协商,具有持续性和连续性,这种政治参与可以营造政治文化转型所需要的稳定环境,提升政治知识和技能,有效激发政治生活主体的主体意识,对于推进社会主义民主政治渐进发展和中国政治文化现代转型都具有较大的优势。④此外,他还论述了中国复合民主的价值,认为中国特色社会主义复合民主是协商民主与票决民主相互作用有机互动构成的复合统一体。⑤

在政治参与的经验研究方面,有学者根据全国性数据,实证分析了互联网使用对于农民参与突发群体事件的影响。有学者基于上海市高校的问卷调查,分析了互联网时代大学生政治态度。有学者根据调查数据,研究宗教信仰对于集体行动参与的影响及其作用机制。⑥还有学者专门研究了市民服务热线这一参与渠道,认为这一传统沟通方式仍有消弭数字鸿沟、实现整体性参与的制度空间。⑦

在政治协商方面,有学者分析了政协协商与基层协商之间的差异,认为两者在参与人员、协商议题、组织过程和协商成果方面都呈现出了显著差异。需要着眼于代表性和协商性形成不同的发展策略,促进两种协商形式的融合互补。⑧有学者在分析中国基层协商民主实践中参与不足和代表选择随机困境的基础之上,提出需要建构基

---

① 许凌飞、彭勃:《从权利到知识:公民参与研究的视角转换》,《社会主义研究》2017 年第 4 期。

② 彭勃、韩啸、龚泽鹏:《建构公众参与政务微博意愿的影响因素模型》,《上海行政学院学报》2017 年第 5 期。

③ 张金阁、彭勃:《我国环境领域的公众参与模式——一个整体性分析框架》,《华中科技大学学报》(社会科学版)2018 年第 4 期。

④ 张明军、朱玉梅:《民生政治参与与中国政治文化的现代转型》,《理论探讨》2018 年第 5 期。

⑤ 张明军、易承志:《中国复合民主的价值及其优化逻辑》,《政治学研究》2017 年第 2 期。

⑥ 易承志:《催化效应还是替代效应:互联网使用对农民参与突发群体性事件的影响——基于全国性数据的实证分析》,《华中师范大学学报》(人文社会科学版)2018 年第 1 期;陈金英:《互联网时代的大学生政治态度研究——基于上海市五所高校的问卷调查》,《上海对外经贸大学学报》2018 年第 10 期;易承志:《宗教信仰对集体行动参与的影响及其机制——基于 CGSS 2010 数据的实证分析》,《复旦学报》(社会科学版)2017 年第 1 期。

⑦ 姚尚建、梅杰:《城市治理的差序参与——基于"市民服务热线"的分析视角》,《学术界》2018 年第 2 期。

⑧ 韩志明:《理性对话与权利博弈:政协协商与基层协商的比较分析》,《探索》2018 年第 5 期。

于中国社会群体的科学分层抽样，建立环节科学的复式协商民主抽样程序，以实现真正的社会民意整合。①

（六）国家与社会的研究

在国家与社会的理论研究方面，有学者运用国家基础权力理论，从国家的治理能力、国家对社会的控制范围以及国家统治的微观基础三个维度来解释我国城市化与政治稳定彼此共生的问题。②汪仕凯教授关注了马克思的国家理论，着重研究了社会共和国。此外，他还研究了政治社会概念，认为政治社会是现代国家制度与社会融合在一起的新质因素，有其独特性质和多样类型，可以构成深化理解现代国家形成、社会革命等重大政治进程的学理基础。③互联网普及对社会国家以及国家与社会互动关系也产生了一定影响，有学者对相关文献进行了综述。④另有学者分析了生活与政治之间的互动关系。认为制度、思想与技术影响着生活与政治之间的互动，这在客观上要求中国政治持续对于生活有回应性。⑤此外，还有学者研究了现代民主政治中的家族政治，认为政治过程中的庇护关系以及政党组织的不发达可能会导致家族政治的出现。⑥

在社会组织方面，王向民教授等研究了当前中国社会组织的培育发展，认为应当将社会组织培育发展的议题纳入中国政治社会转型的整体过程中进行系统综合的分析，建立涵盖并平衡“政党—国家—市场—社会”的社会组织培育发展的分析框架。⑦另有学者分析了工会作为枢纽型社会组织的转型之路，认为当代中国工会兼具国家治理与社会治理双重治理机制。⑧此外，还有学者关注了城市规模的政治学，以此来

---

① 韩福国：《超越“指定代表”和“随机抽样”：中国社会主义复式协商民主的程序设计》，《探索》2018年第5期。

② 谢岳、葛阳：《大都市秩序治理中的国家基础权力》，《上海交通大学学报》（哲学社会科学版）2017年第3期。

③ 汪仕凯：《从现代国家到社会共和国：卡尔·马克思的国家理论》，《经济社会体制比较》2018第5期；汪仕凯：《政治社会：一个中层理论》，《学术月刊》2017年第7期。

④ 左才：《网络社会与国家治理研究》，《南开学报》（哲学社会科学版）2018年第3期。

⑤ 张树平：《改变生活的政治与改变政治的生活：一种历史政治学分析》，《学术月刊》2018年第9期。

⑥ 陈金英：《现代民主政治中的家族政治——一种尝试性分析框架》，《政治学研究》2017年第1期。

⑦ 王向民、李小艺、肖越：《当前中国的社会组织培育发展研究：从结构分析到过程互动》，《华东师范大学学报》（哲学社会科学版）2018年第6期。

⑧ 宋道雷：《国家与社会之间：工会双重治理机制研究》，《上海大学学报》（社会科学版）2017年第3期。

解释特大城市外来人口控制政策难以奏效的原因。①还有学者结合近代以来中国乡村的历史变迁,研究了国家政权建设范式与国家与社会范式这两种研究乡村社会的重要理论范式的运用。②

(七) 其他研究

政治思想与政治哲学研究方面,上海学者一方面致力于中国古代政治思想和西方古代政治思想的研究,例如对法家思想、雅典帝国、亚里士多德、孟德斯鸠等的研究;③另一方面则是追踪最新的政治思潮,对民族主义、政治秩序、领土权等问题进行了深入的剖析。在比较政治研究方面,学者一方面关注了西方政治现实,对西方自由民主政体、美国总统大选进行了剖析;另一方面还关注了东亚发展型国家、印度政党政治,以及埃及、乌克兰政治转型等。

三、 上海政治学发展的简单评论

2017—2018 年度上海政治学研究总体而言呈现出鲜明的时代性,政治学研究者愈加重视对现实政治现象进行诠释,从数量上来看,这类研究占据了政治学研究的主体地位。“再阐释”成为近两年政治学研究中的趋势,大量研究开始对中国政治现实进行重新省视,从政党、国家、民主、选举等比较宏大的主题,到工会、社区、公众参与等具体的政治现象,学者都试图重新分析其中的逻辑与机制。这种研究风尚一方面是由于中国政治自身的发展,另一方面则是建立在前十多年的政治学学科迅速发展的基础之上的,由于前一阶段对西方政治学研究理论、方法、议题的引入,中国学者在消化吸收期之后,开始进入了一个创造期。有些学者开始强调对政治学的经典领域需要从中国自身实践出发进行阐释,另有一些学者认为政治科学应当是普世的,但无论哪种取向,都必须面对既有议题的新现象并对其进行解释,所以“再阐释”都是必要的。

---

① 熊易寒:《城市规模的政治学:为什么特大城市的外来人口控制政策难以奏效》,《华中师范大学学报》(人文社会科学版)2017 年第 6 期。

② 曾庆捷:《乡村中的国家与社会关系:理论范式与实践》,《南开学报》(哲学社会科学版)2018 年第 3 期。

③ 洪涛:《20 世纪中国的法治概念与法家思想(一)》,《政治思想史》2018 年第 1 期;任军锋:《盛世乡愁——雅典帝国的“传统”与“现代”》,《云南大学学报》(社会科学版)2018 年第 1 期。

除了“再阐释”之外,政治学研究中的“建构”与“设计”也成为研究的重要范式,在对基层政治现象的研究方面尤其明显。由于近几年“智库型”研究的推进,更多的政治学者参与了决策咨询。政治学研究成果中有相当一部分来自有调研支撑的研究报告,在这些研究中,政治学者一方面是基层政治工作的观察者,另一方面是也参与者和推动者。在这部分研究中,“建构”与“设计”有了理论与实践的双重意义。相应的,上海政治学界尤其关注上海特点,注重本地实践。在特大城市治理、社区治理、基层政党建设、基层协商民主等上海政治发展的重点领域与优势领域,上海政治学者有诸多论述。

在看到上海政治学研究发展的同时,我们也应该注意到目前的上海政治学研究成果中,对于中国政治思想史与中国政治制度史的研究数量极少,而这两者作为政治学的基础研究,无论是对于我们理解传统还是理解当代中国政治都有极其重要的意义。此外,随着政治学研究的精细化与专门化,政治学内部的研究方法也愈加分化,在推进政治学研究学科共同体的建设中,推进各种研究方法之间的对话与理解机制也是不可或缺的。

6. 2017—2018年上海民法学学科发展评议

韩　强

(华东政法大学)

一、 年度总体情况分析

(一) 选取研究样本的规则

1. 论文:以“南京大学中文社会科学来源期刊索引”(CSSCI)发文为主

CSSCI遵循文献计量学规律,采取定量与定性评价相结合的方法从全国2700余种中文人文社会科学学术性期刊中精选出学术性强、编辑规范的期刊作为来源期刊,是最为权威的核心期刊筛选标准,在全国具有很大的影响力。

2. 著作:以法律出版社和高等教育出版社出版等国内主流出版社出版专著为主

如今法律出版社和高等教育出版社出版的教科书在中国的法学院使用率最高,同时这两家出版社各有法学教科书系列,每个系列均不下40种。

(二) 发文篇数:35篇。

其中,在《法学研究》和《中国法学》等权威期刊上发表10篇。

(三) 发文单位分析

2018年度,华东政法大学发文数量13篇,上海交通大学凯原法学院11篇,上海财经大学法学院5篇,华东师范大学法学院2篇,上海大学法学院2篇,上海海事大学法学院1篇,上海对外经贸大学法学院1篇。

华东政法大学作为传统的法学院校,拥有较高的活跃度,以13篇的发文量位居第一,而上海交通大学凯原法学院作为新生的法学院校以迅猛的姿态位列第二,其他高校法学院发文量也在领域内有一定的建树,发文量紧随其后。

(四) 作者年龄段分析

按照数据显示,30—40年龄段为10人,该年龄段学者为学者中的新鲜血液,学术创造能力尚可,并且拥有较强的研究活跃度,在整个研究中占比约为33%。而51—60年龄段为8人,人数有所下降,创造力较为薄弱,原因可能是这一部分学者拥有较多的社会事务,这一部分学者的学术能力是没有问题的,研究活跃度较30—40年龄段的学者较差一点。最后,便是41—50年龄段的研究者,人数最多,为13人。该年龄段正处在研究创造的主力地位，学术研究创造力强，为现代研究中的中流砥柱，研究活跃度也是顶尖水平。

二、研究概况

（一）整体概述

2018年，上海学者在民法方向撰写的论文，整体上各有千秋，并且各自在所涉猎领域之中独树一帜，且内容丰富。

从研究领域观察，论文涉及了民法各个领域（民法总论、物权法、合同法和侵权责任法），同时与其他部门法进行沟通与交流，如商法、反不正当竞争法，体现了民法作为“万法之母”的特点。

从研究对象观察，对于学界和实务界一直关注的热点，学者们进行了讨论，如民法总论中的代理制度，物权法中的宅基地使用权、抵押权，以及新兴的个人信息、数据。

从研究方法观察，学者们主要采取实证研究和规范性研究的方法，从某一层面上也体现了民法学者渐趋于成熟。

涉及民法各个领域，在民法总论，相关问题伴随着《民法总则》的出台，是民法学界关注的一个热点，如意思表示、表见代理、监护、权利滥用；曾经沸沸扬扬的人格权立法，在立法者逐渐达成共识下，此方面问题的争吵慢慢销声匿迹；物权法的研究方面更侧重于实务，体现了物权法的显著特色，物权法与中国特色社会主义制度密不可分，忽视实务而一味追求理论只会南辕北辙；在相对成熟的合同法领域，则展现出不同的方向，学者们更加侧重基础理论的分析，研究视角已经进入针对具体问题的法解释论研究为主的阶段；作为2012、2013年讨论十分火热的侵权法，热度在最近几年下降，但作为救济法，仍处于举足轻重的作用。

（二）优点

1. 理论与实务的结合

法学作为一门社会科学，远不能与社会生活分离进行讨论，如同鱼离不开水。因此，在法学研究过程中，一方面强调理论的研究以及深入，另一方面强调实务的不可或缺性。曾经理论与实务相分割的状况，最几年来慢慢得到了缓解。而上海学者在民法研究中，较好地将两者结合在一起，围绕个案或类案进行研究，充分体现了法学的本土特色,使法学富有了生命力。

2. 基础理论的深入

伴随着法教义学的不断发展,民法研究方向逐渐向教义学转型,学者们往往忽视基础理论的重要性。但是从2018年上海学者撰写的论文来看,学者仍注重基础理论的研究以及理论进一步的深化推进。没有理论,就如无源之水、无本之木。

3. 研究方法的兴起

中国人民大学法学院《法学家》期刊在2017年增设"评注"这一专栏,为法律评注研究方法在中国的引进提供了学术基础。而在法律评注的引进过程,上海学者为此作出了巨大贡献,在全国范围内产生了巨大的影响。以2018年在《法学家》发表的评注为例,6篇法律评注有4篇是上海学者发表的。

(三)缺点

1. 分析方法的单一

民法研究主流的法教义学方法,会随着民法典的颁布,更加盛行。但是学者不应该局限于此,而应在文章加入更如的研究方法,如经济学分析方法、统计分析方法,使得文章更加饱满,锦上添花。

2. 研究方向偏向性较强

《民法总则》于2017年颁布、生效,民法总论在2017、2018年成为研究热点和焦点,学者们发表了大量的论文,推进了民法总论理论与实务的发展,但是这不可避免地导致了另一现象,物权法、合同法和侵权责任法撰写的论文相对来说较少,研究对象热度较低。

三、 聚焦重点研究领域

(一)围绕民法典编纂,构成一个明显的研究热点

2014年,党的十八届四中全会明确提出编纂民法典立法计划。而如今,民法典的编纂正如火如荼进行。目前编纂的情况为,各编(人格权编、物权编、合同编、侵权责任编)均通过了二审,形成了二次审议稿。预计到2019年12月,法工委将之前已出台的民法总则同经过常委会审议和修改完善的民法典各分编草案,合并为一部完整的民法典草案。正式的民法典预计于2020年正式颁布。

在民法典编纂中,部分问题产生了争议,引起学者们的广泛的讨论。

首先,体例上,如何在制定中有效处理民法典总则与民法典分编的关系,民法典分编与民商法特别法的关系,以及是否单独制定人格权编等,不仅是涉及技术层面而且是实体法内容构建的问题。

其次,物权法中,如何规定居住权,完善建筑物区分所有权,以及推进土地承包经营权"三权分置"改革从而充分发挥土地的价值,都是实践中急需解决的问题。

再次,债法中,是否设立债法总则来统领各个债,有名合同的数量以及具体规定等等,都是学者们讨论的热点。

最后,婚姻继承中,完善夫妻共同债务规则和夫妻财产约定制度,增加离婚冷静期的相关规定,进一步扩大遗产的范围,完善遗产管理规则,这些都是司法实践中反映出来的问题。

上海民法学者围绕民法典中具有争议的地点撰写了许多论文。

华东政法大学曾大鹏撰写的论文《〈民法总则〉"通谋虚伪表示"第一案的法理研判》。其以民法总则颁布后适用通谋虚伪表示第一案为切入点,分析通谋虚伪表示的构成要件、法律效果以及通谋虚伪表示在票据行为中的适用问题,认为最高人民法院就民法中通谋虚伪表示的构成要件与法律效果存在误解,对当事人的各项行为构成民事法律行为抑或票据行为混淆不清。

同时进一步提出,在民商合一的立法背景之下,通谋虚伪表示作为《民法总则》确定的一项新制度,可否适用于商法领域,具体到个案中,通谋虚伪表示可否适用于票据行为,票据法上有无通谋虚伪表示的适用空间。

最后作者以个案反思类案,面对在金融领域"名为票据活动、实为借贷"纠纷的案型,应该具有不一样的裁判思路,不能以民法思维代替商法思维,裁判者需深刻认识票据行为的文义性、要式性、无因性、独立性及其采取的表示主义解释原则,充分理解通谋虚伪表示制度,不能不当扩张了其司法功能。

本文从个案出发,延伸至类案,进行比较法的考察,分析民法思维和商法思维的不同,以小见大,理论与实践相结合。

华东政法大学孙犀铭撰写的论文《民法典语境下成年监护改革的拐点与转进》中,从立法论与解释论结合的层面,对行为能力、法律行为与成年监护作了体系性考察。

作者认为,面对即将到来的民法典,成年监护研究应由过去纯粹的立法构建转向立法论与解释论结合的层面。同时,应澄清并重视意思能力在成年监护改革中的功能,并经解释论路径,在实证法规范内寻求其在行为能力判断和法律行为效力中的适用方案。

在立法构建的具体设计上,通过对《瑞士民法典》人法及保佐等相关制度的借镜和消化,并结合《民法总则》的相关规定,在法定监护内部构建协助型、代理型和替代型的层级化监护体系,继续推进成年监护的改革进程。

上海大学法学院刘颖撰写的论文《〈民法总则〉中英雄烈士条款的解释论研究》。《民法总则》第185条规定了英雄烈士条款,作者对其进行了详细解读,通过解释论的层面分析了构成要件和法律效果,同时结合大量的司法裁判案例。

英雄烈士条款立法上具有一些缺陷,作者通过解释论弥补了不完善性,但是由于该条是死者人格利益保护的特别规则,却规定在《民法总则》之中,出现了体系上一定程度的不自洽性,体系上的不完满不能通过解释论进行解决。这对立法者立法时的民法体系考量敲响了警钟。

(二)个人信息保护、数据的法律属性等热点问题,持续受到关注

在大数据时代下,个人信息和数据是人们越来越关注的问题,也是法律急需解决的问题。如何对个人信息和数据保护更是学界一直讨论的话题。华东政法大学高富平论文《个人信息保护:从个人控制到社会控制》、上海财经大学法学院叶名怡论文《个人信息的侵权法保护》、华东师范大学法学院纪海龙论文《数据的私法定位与保护》都对此进行了详细的论述。

四、形成特色研究方法

(一)受大陆法系"法律评注"研究方式影响,一系列中国法律评注作品诞生,解释论占据主导地位

主要涉及纪海龙、杨代雄、孙维飞、贺栩栩、王浩、张驰、庄家园、肖俊、李建星、刘颖等人的论文。

法律评注是指以法律文本为评注对象,进行逐条释义,致力于司法实践的法律文献。其有欧陆特色尤其是德国特色的法律文献。法律评注以解释现行法为忠心,重视案例和学说。深受德国法影响的中国法学,随着法教义学方法日益得到重视,法律评注将慢慢引入中国。同时,面对即将出台的民法典以及中国司法实践不断发展和逐渐成熟,我国民法研究的重点已经逐渐从立法论转向解释论,这对中国法律评注的发展提供了很好的契机。但是法律评注耗时长,需要以完备的法律体系为前提,同时对学者、法官要求高,这也对中国法律评注提出了巨大的挑战。

(二) 注重规范研究对司法实践的指导作用,个案研究和类案研究较为常见

主要涉及曾大鹏、孔祥俊、朱晓喆、张继红等人的论文。

(三) 注重民法与商法、国际私法、反不正当竞争法等相关法律部门的比较研究

主要涉及郑彧、钱玉林、丁伟、孔祥俊等人的论文。

五、 重要研究成果评介

(一) 姚明斌:《违约金论》

1. 主要内容、章节体系

该书依凭中国合同法的制度背景,提取违约金制度在法政策层面和法技术层面的诸项问题,以解释论为基本视角,梳理和论证各问题的内在逻辑与外在效应,整理出中国法上违约金制度的构造机理。

该书先通过概览中国法上违约金制度在规范、学说与实践三个层面的现况,再从宏观、中观到微观分别探讨违约金的功能定位、类型构造、给付效力和司法调整问题,最后就中国法上较具特色的法定违约金制度作补充专论。

2. 研究方法

该书主要采取了法解释学的研究方法,包括文义解释、体系解释、历史解释、目的解释乃至法律漏洞填补和法律续造。同时该书应用比较法研究,以德国法为主。

3. 创新观点、学术贡献

该书以中国法为制度背景,综合规范、学说与实践三方面资源的解释论对违约金进行了论述,达致以下三方面的学术价值:其一,指导规范的妥当适用,解决司法实务中的相关疑难问题;其二,充实违约金理论学说;其三,促进中国违约金制度在规范思路,包括法政策和法技术两个层面的自我定位。

4. 学术界的评价

王泽鉴评价,该书综合采用法释义学、比较法及判例研究等多种方法,研讨中国大陆违约金制度解释适用的基本问题,以“历史一比较”的视角,分析本土裁判案例,有助于推动法律体系的发展。

朱庆育评价,在双重功能论的统合下,本书将历史纳入现实,从理论与逻辑、制度与规范及适用与经验各方面,借助类型化方法,为违约金制度构建起精致缜密的解释论体系。

(二)高富平:《个人信息保护:从个人控制到社会控制》

1. 主要内容

欧洲基于对人的尊严的保护,美国基于对个人自由的保护,形成了个人信息的个人控制论,以实现个人自治,保护人的基本权利。但个人信息保护权并不是一项全面的、绝对的支配权。个人信息不仅关涉个人利益,而且关涉他人和整个社会利益,个人信息具有公共性和社会性。传统的个人信息个人控制理论是建立在个人主义观念下,忽视了个人信息的社会性、公共性,不仅不能全面反映个人信息的法律属性,而且不能适应大数据时代个人信息利用的新环境和新方式。这预示着个人信息保护应从个人控制走向社会控制。我国应当从个人信息的法律属性出发,以社会控制论指导个人信息保护立法,建立平衡个人利益和社会整体利益的、适应大数据时代的个人信息保护制度。

2. 理论创新

作者认为在当今时代,个人信息应从个人控制到社会控制,提出个人信息的社会控制论,希望成为我国个人信息保护理论和制度重构的重要理论基础。该理论认为个人信息的使用由社会习惯或法律确定,而不是由个人意志决定;保护个人信息的责任主体由以个人为主转向以社会为主;法律规范的重心应从收集行为转向使用行为。该理论结合当今中国目前个人信息发展的趋势,与中国本土有较好的结合。

3. 学术价值

该文从宏大的视角出发,审视当今国际个人信息保护的理论支撑,即欧洲基于人的尊严保护的个人数据保护理论和美国基于个人自由保护的隐私理论个人控制论,梳理源流和内涵。结合中国现状,传统的信息保护理论是个人控制,而如今社会变迁,个人信息慢慢转向非个人控制性,具有公共属性。作者抛弃简单移植国外立法的陋习并结合我国国情形成我国的个人信息保护理论,为我国个人信息保护理论和制度重构提供重要理论基础。

(三)彭诚信:《论禁止权利滥用原则的法律适用》

1. 主要内容

权利滥用虽具有权利外观,但其权利的行使却不受法律保护。权利滥用的鉴别无统一标准,需通过权利人的主观意思、滥用权利的客观行为、对本人无益或获利远小于致他人受损、行为违反权利的客观目的等要素予以认定。权利滥用行为的不法性在性质上有别于侵权行为,以侵权方式解决权利滥用具有一定的制度性局限。禁止权利滥用作为一项法律原则,其适用应以原则的规则化为核心。

2. 理论创新

在原则规则化的法律途径选择中,作者未采取传统的路径,如法律解释、法律推理、类推等法律适用方法以及法律论证方法,而是选择阿列克西的竞争法则理论,使其更加具有操作性。

3. 学术价值

作者提出了实践中禁止权利滥用原则适用的三重困难,即识别标准混乱、权利滥用的不法性以及法律适用原则的违反,并且认为权利滥用适用侵权的局限性,从而明晰了权利滥用鉴别标准,通过对这些问题的提出和解决,为审判实践明晰了标准,确定了适用的方法。

(四)叶名怡:《个人信息的侵权法保护》

1. 主要内容

一切个人信息均属侵权法的保护范围。侵权法对个人信息提供两种保护路径,即侵权责任法第36条的网络信息侵权条款及其司法解释,以及同法第6条过错侵权条款配合民法总则第111条,并对个人信息侵权的构成要件和法律效果进行了详细的分析和构建。

2. 理论创新

基于个人信息侵权特殊性,作者认为在其构成要件应当缓和,承认若干新型损害、建立三元归责原则体系、复数控制人场合设立因果关系推定等,在救济方面重视预防性责任救济方式,在金钱赔偿方面承认部分场合下新增连带责任规定,并将安保义务及其被违反所导致的补充责任予以扩张,以适用于作为虚拟场所管理人的数据存储者。

3. 学术价值

大数据技术给人类带来了巨大的潜在风险,引发了新的损害,加剧了个体与信息处理者之间的强弱对比,从整体上颠覆了传统侵权法框架所赖以建立的基础场景,所以对个人信息侵权法保护不能建立在以往的基础上。本文总结了美国和欧洲的域外立法和理论经验,分析了其理论建立的时代背景,认为我国不能一味借鉴域外的立法和理论,需结合我国现行法和本土实际,在中国这样一个在线上线下各领域全方位落实实名制的国家,重新架构个人信息的侵权法保护方式,深入且详细了论证构成要件、救济、金钱赔偿等各个方面需要重新架构的制度。

(五)纪海龙:《数据的私法定位与保护》

1. 主要内容

数据文件属于符号层面而数据信息应属于内容层面,两者应该区分。在现行法框架下,数据文件以及数据信息所负载的利益受到若干制度的保护,但都有其局限。

在经济属性上,数据信息具有非竞争性。对于数据文件中蕴含的信息,不必一般性地设定绝对权。而数据文件是物理的存在,虽然可被人控制但无法被人的肉眼观察。在法学角度,尤其是基于占有法、破产法、强制执行法等方面的理由,数据文件上应设定绝对权即数据文件所有权。数据文件所有权的原始取得人为交易观念视角下的数据文件制造者。数据文件所有权的权能和保护与其他绝对权类似但也有所不同。

2. 理论创新

作者利用传统私法理论对互联网下的数据信息和数据文件保护进行分析,并结合德国学界理论对数据文件所有权原始取得进行了分析,提出了“交易观念下的数据制造者标准”理论,是以判定数据文件所有权原始取得的唯一可行的标准。

3. 学术价值

面对新时代的数据,如何定义其是传统民法面临的一个大问题。通过明确地将数据文件和数据信息进行区分,并结合民法理论,主张数据信息不需设置绝对权,数据文件而需设置绝对权,实现对数据文件法律上的保护,数据文件所有权可借鉴物权法的保护原理。并分析了数据文件的原始取得与权力内容,明确对数据的保护制度,主体对信息的创造和收集,为数据信息未来研究指明了方向。

7. 2017—2018年上海社会学学科发展评议

何雪松

（华东理工大学）

第四轮学科评估显示，复旦大学和上海大学进入A-档，华东师范大学和华东理工大学进入B+档，社会学的整体实力有了明显的提升，这是上海社会学界多年努力的结果。立足于扎实的田野、数据和文献，上海社会学界在过去两年取得了不错的成绩，致力于以专业的理论和方法，把握当下社会结构的变迁、各种脆弱性、未来趋势以及可能的选择。

一、 社会流动与社会分层：社会结构的现实与想象

社会流动与社会分层是社会学的经典性议题。张文宏概括了改革开放以来中国社会流动变迁的特点，表现为社会结构复杂化，分层标准多元化；社会流动空间不断扩大，流动渠道不断增加；私营企业、外资企业的管理人员、技术人员、中介组织从业人员、自由职业者构成的新的阶层逐渐成为主体；社会流动率不断提高，阶层向上流动是主流，短距离流动是阶层流动的主要方式。而社会流动机制的变化主要体现在，收入、财富、资本成为地域流动和阶层上升的重要拉力，以教育为核心的人力资本成为阶层上升的重要影响因素，身份社会逐渐向阶层社会过度，户籍、家庭出身等先赋因素的作用式微，社会资本成为促进社会流动的一种重要社会资源。

阶层一般被作为广泛的解释变量，作为众多社会属性的一种，受到诸多因素影响。刘欣从制度分析思路出发，按支配关系和分配关系所规定的支配权大小，构建了由一个有16个阶层位置、7个阶层的社会阶层框架。与发达国家相比，中国支配阶层的比重更高，新老中产阶层的比重也不低；但工人的比重相对较低，农民的比重较高。从阶层结构来看，中国东部地区呈橄榄型、中西部地区呈圭字形、总体呈圭字形。通过检验，该框架能有效解释收入不平等，支持阶层间存在分配关系的判断。张海东、杨城晨从财富分层的视角研究城市居民的阶层认同。研究发现，北上广三地居民的住房分层现象较为明显，"住房品质"和"符号区隔"与阶层认同之间存在着显著相关性。这显示，与传统基于职业的阶层认同有所不同，以住房为代表的基于财富的阶层

认同正在逐步形成。

在进一步的具体实证研究中,田丰、静永超基于2010年上海家庭调查,探讨了社会分层与家庭教养的关系。研究发现,作为文化资本身体化的途径,中国城市家庭的教养方式在中产阶层与工人阶层之间已呈现出显著的差异,前者倾向于协作型教养方式,后者则倾向于自然成长型教养方式,但是社会流动可以突破这种阶层化的教养方式。出身于工人阶层家庭并向上流动至中产阶层的家长更倾向于采用中产阶层的教养方式;而出身于中产阶层家庭并经历了向下流动的家长则在一定程度上保留着出身阶层的教养方式。这一发现意味着当代中国社会经历是一种持续性而非短暂的代际流动,实现了个人流动会将其获得的优势进一步传递给子代,这一特征将导致社会阶层的动态变化。

潘光辉利用"中国家庭追踪调查"2010—2012年追踪个案的数据,通过对农村学生小学至初中毕业升学历程的回溯,探究在"撤点并校"的政策调整下,家庭背景是如何影响子女的教育获得机会的。研究发现,家庭背景始终是影响子女教育机会的重要因素。在"撤点并校"刚开始执行的年份,农村学生在义务教育阶段的辍学风险反而有所降低,家庭背景在"撤点并校"后对于子女的入学概率起到更为重要的作用。这一政策使得农村家庭在教育上"主动投入",而这种家庭层面对于政策的回应使政策的影响效果被削弱或者推迟,从宏观上观察到的家庭背景在教育层面上的再生产机制是每个家庭在制度驱动下做出选择的结果。

农民工群体依然是研究关注的重点。孙中伟、刘明巍、贾海龙基于2006—2010年珠三角地区农民工问卷调查数据和近年的田野调查资料,关注内部劳动力市场与中国劳动关系的转型,发现《劳动合同法》的颁布促进了劳动合同的签订和合同期限的长期化,使得企业愿意加大人力资本投资,增加员工保险和福利投入,更加注重人性化管理,最终建立起一套将农民工纳入其中的内部劳动力市场制度;与此同时,中小企业和私营企业人力资源管理技术和策略也得到不断发展,为劳资之间从紧张、对抗迈向合作共赢提供了基础。即从"刚性"的法律制度和"柔性"的内部管理两个渠道保护劳工权益,有助降低大规模集体性劳资纠纷发生的风险实现相对和谐的制度化的劳动关系的建立。

吴菲、王俊秀发现尽管社会经济地位低于城市居民,农民工的主观幸福感却更高。这种客观经济地位与主观福利评判的不一致有两种解释:同质性参照群体假设和向上流动期望假设,暗示农民工在进行社会比较时会选择不同的参照群体。研究结果验证了同质性参照群体假设:控制个人收入后,同省其他农民的平均收入越高,农民工的生活满意度越低;加入农民的平均收入后,农民工相对于城市就业居民的生活满意度优势消失,甚至转为劣势。而向上流动期望假设未获支持:城市就业居民的平均收入对农民工的生活满意度没有显著影响,而且这样的"零效应"可能并非由于向上流动期望的压抑影响造成的。

互联网的出现为农民工群体自身权益维护、网络建设、集体行动动员提供了另类话语空间,使得议题政治化,实现了网络媒体的赋权功能,大数据分析在网络文化、社会心态、社会关系研究中的应用优势逐渐凸显。黄荣贵使用话题模型分析了关注劳工议题的用户所发布的博文,结果显示,劳工话题大致涉及文化与公益、工人的困境与问题、维权行动与工人组织、制度与劳工权;用户间互动模式的社群可分为工人家园、工人维权、工人文化、劳工制度关注、工人权益关注五类社群。此外,劳工研究领域出现两个新趋势,一是随着新生代工人群体的壮大,工人文化与城市融入等议题受到较多关注;二是微博在一定程度上有助于劳工组织从制度层面反思工人的境况。

伴随城市化进程的快速推进,当代中国城乡关系发生了根本性剧变。急速的变迁过程必定充满复杂的结构张力与转换,在此背景下,村落的未来及其发展走向成为当下中国必须直面的根本性问题。围绕村落共同体的当代命运,学界热议的论题有"城中村""超级村""空心村""转型村"等。文军、吴越菲基于 15 个典型村落的经验研究对传统村落的转型及其乡村性进行了反思。随着中国农业转移人口市民化战略的快速推进,"村落转型"开启了新的乡村性追问。依据"村民"与"村落"两大转型维度,聚焦于"无村民—有村落型"村落及其三种现实形态,考察了村民与村落在转型中的分离与融合。"流失'村民'的村落"揭示了村民群体与村落之间形成一种特殊的共生关系。研究发现,在当代中国,村民的市民化并没有带来乡村性的崩溃,反而因村民与村落的重新融合而使部分乡村呈现出了某种"新乡村性"。

李雪的研究则将视角拓展到经济全球化,以考察由此带来的收入不平等。她试图解释的问题是,为什么垄断行业中金融业行业收入最高,而竞争行业中制造业行业收入偏低?参与经济全球化的方式可以提供给一个解释思路。研究发现,对外贸易显著促进了金融业收入,外商直接投资则显著降低了制造业收入,因此应该将中国的行业收入不平等置于经济全球化的背景中去理解。

获得感、幸福感、安全感和公平感是新时代中国人民对美好生活向往的重要评价标准。面对快速转型与高速流动的社会,人民对于社会的想象也在发生产嬗变,如何衡量当前社会想象以及推动公平正义的制度安排,亦是诸多学者治学的现实关怀。

二、 转型与发展:社会治理、社会建设与社会组织

中国社会学研究的发展深深嵌入于经济改革、政治改革、社会体制改革这一大转型的时代脉络中。社会理论与实践创新的层出不穷,为改革开放征程的社会治理、社会建设以及社会组织的进一步推展提供了有益镜鉴。

社会治理是近几年学界持续活跃的学术热点和重要议题,这与官方话语的推动紧密相关。李友梅在《中国社会治理的新内涵与新作为》中指出,党的十八大以来,我国社会治理体系和治理能力建设不断取得新进展,这不仅推进了从经济建设为中心到"五位一体"均衡发展政策目标下的政府运行机制优化过程,而且加快了开放、流动的社会形态下塑造中国特有的党委、政府、社会力量多元合作治理结构的历史进程。当前我国社会治理模式转型在宏观制度结构和中观政策设计上有许多重大改革突破,但仍需重视实践中社会治理机制改革创新的瓶颈问题。

中国社会发展和社会治理转型有其自身的独特性,这个独特性得到贴切的理解和解释是当代中国社会学应尽的责任。

黄晓春、周黎安通过聚焦不同层级政府治理机制间的互动及其对社会组织的影响,发现当上下级行政部门以"层层发包"模式运行时,基层政府更多在权衡社会组织的公共服务功能与潜在治理风险后设计相应制度安排,并形成鼓励发展或风险控制型的制度环境。但在上下级治理模式出现张力,下级灵活性与弹性不足时,基层政府会更注重通过发展社会组织来解决自身遇到的难题,进而形成"借道"机制。由此,黄晓春构建了一个社会组织功能与成长条件的总体性理论视角,重新考察转型期政府与社会组织关系。

当前政府购买服务呈现出以体制内需求为导向、就近圈内购买以及悬浮于社区治理网络等特征,致使社会组织赖以发展的重要制度条件处于缺位状态。为了打破既有低水平治理的封锁,塑造可持续的技术治理模式,关键问题在于必须理解当代社会中国社会发育的深层制度环境。

然而,在社会治理过程中各级政府部门都面临潜在风险,且倾向于采用风险规避的策略。盛智明以 A 市住房与城乡建设管理委员会所主导的社区物业管理新政改革为案例,发现政府部门采用"利益捆绑"的市场化机制、"有限自治"和"扶持社会组

织”的社会化机制以及“强化基层主导地位”的科层化机制来分散风险。这三种机制在应对的风险来源、实施原则、合法性基础、协同程度、实施效果等各方面都有所不同。政府风险规避的行动逻辑可能导致“有组织的不负责任”现象的出现,产生社会矛盾加剧的治理悖论。

三、 老龄化的应对：制度与文化

中国已经步入老龄化社会,无论是基数规模、年龄结构、增长速度、抚养比例、服务模式、精神生活逐渐成为社会治理的重点关注领域。目前,学界主要从养老制度和中国文化视角来解释和分析中国人口老龄化现状与问题。

如何应对中国人口老龄化成为社会治理的重要内容,胡湛、彭希哲发现,现有治理模式及制度安排缺乏结构化和系统性的反应与适应,相应治理研究亦遭遇困境。中国老龄社会的治理选择应基于“中国特征”并将其转化为“中国优势”,实现从碎片化管理向整体性治理、从聚焦于老年人口向强调全人口全生命周期的转变,并将政策调节逻辑从“以人口变动适应制度”转型为“以制度变革适应人口”。当前的老龄战略及政策布局应立足于我国人口态势和老龄化发展规律进行战略配置,在文化和制度传承的基础上更新理念和创新制度,在多元共治和可持续发展的基础上构建兼顾整体性和动态性的社会经济支持体系,加强对老年人群体演化和未来老龄社会发展的研判,并以此为基础选择政策调整乃至重构的切入点。

中国社会的老龄化进程与以家庭为依托的基本养老模式决定了子女对父母的支持直接影响到大多数老龄人口的生活水平。现有理论指出,在社会转型期,孝道的内涵逐渐从传统意义上强调父母子女之间的辈分关系和子女对父母的顺从义务,转向相互亲情与辈分权威并存的双元模型。胡安宁基于中国综合社会调查2006年的数据,探讨了权威性孝道与相互性孝道这两个孝道基本维度如何与不同类型的孝行产生联系。结果表明,平均而言,强调权威关系和子女角色义务的权威性孝道更能促进子女对父母的经济支持,而强调亲情、代际对等地位的相互性孝道则显著促进子女对父母的情感性支持。与之对比,孝道的这两个基本维度都无法显著提升子女对父母的劳动力支持。进一步的交互效应分析表明,权威性孝道和经济支持之间的联系在年龄低的群体中更显著。此外,对于男性而言,权威性孝道与对父母的劳动力支持之间存在边际显著的正向关系。

周怡则从文化的视角,从表意、拼贴和同构三维度,探讨遍布中国街头的初老龄广场舞群体的亚文化实践。在上海城区 11 个广场舞现场的田野调查中发现,广场舞群体在表意实践中,其亚文化表征明显带有不同时代的主文化因素,具体体现为不同"世代意识"下的传统与现代、反叛与顺从、健身与艺术间的拼贴;拼贴的基础是同构,其中,价值理念、身体体验以及群体认同是舞蹈与初老龄女性发生亲密同构的基础性机制。广场舞体现了出生于 20 世纪五六十年代的我国女性经历中的某些核心价值,也反映了她们退休后转而对另类替代性共同体的期盼。"集体经历""独生子女政策"是引发广场舞亚文化群体兴衰的两个掣肘因素。

四、 从理论反思到时代自觉:社会学的历史担当

经验研究有了不俗的成绩,与之相对应的是,社会学界的理论反思也有了长足的进展,并尝试重新审视社会学的理论基础。

肖瑛从柏拉图与亚里士多德的家邦关系论述及其启示来探寻家国关系。在柏拉图、亚里士多德关于家国关系的思想中,血缘被视为"友爱"这一人类普遍自然情感的根源,其内在的亲疏远近之区分在社会层面也得到一定关注;但这种自然情感会妨碍在城邦中构建普遍化的友爱关系,是德性和欲望、公和私、城邦和家对立的源头。因此,他们试图在制度层面消除或限制其作用领域,防止其对城邦目标和运行的破坏。这一社会构想,源于"双重自然"的理论预设。柏拉图和亚里士多德关于家国关系的想象对于现代西方的家国关系设计影响深远。

徐冰从本真性和公共领域论述查尔斯·泰勒的自由社会观。文章围绕查尔斯·泰勒的两篇文章"消极自由有什么错""自由主义政治与公共领域",以及泰勒与哈贝马斯在 2009 年的对话,来阐释他对自由主义的修正。公共领域是市民社会的核心环节,而市民社会是与自由主义联系在一起的自由社会的主要形式。在对自由社会的阐释中,泰勒总结了修正自由主义的中庸观:在个人自由、自治和基于平等权利的规则之间寻求平衡和相互支持。在 2009 年与哈贝马斯的对话中他进而指出,宗教是多元公共领域中的议题之一。这种历史观基于他对韦伯观点的修正而形成,而此历史观对当前中国的处境有启发价值。

李荣山从滕尼斯对马克思的误读出发,在德国历史主义取向的共同体传统视域中考察了共产主义的道德意涵。马克思的共产主义学说在起点上同历史主义路向的

德国共同体传统具有很强的亲和性,都是为了维护人的整全个性,但与后者的进路判然有别,并最终在道德问题上超越了后者。德国共同体传统批判启蒙理性在政治上和经济上的制度设计,试图通过文化途径重建共同体精神。他们试图牺牲适度的政治经济“平等”来为道德意义上带有“等级性”的“良知自由”开辟空间,从而保全人的整全个性。这种文化取向没能给政治经济结构以合理的位置,始终无法跳出“在用社会力量塑造的社会中恢复共同体”的循环怪圈。马克思通过政治经济学批判指出这个怪圈的症结所在,试图从根本上推翻导致这个怪圈的政治经济结构,从而达到彻底解放人的个性的目的。马克思和恩格斯认为,必须在真正的政治经济平等的基础上,为道德自由开辟新的空间,这样既能消除人的等级差别,又能维护人的整全个性,从而超越了德国共同体传统,把共同体提升到了一个新的境界。

徐永祥教授认为,新时代的社会学与社会工作的发展根本动力和历史使命在于自觉能动地践行理论自觉与实践建构的责任,建立起具有中国特色的、具有实践功能的、能与国际对话的理论体系和实践模式,以此推动社会建构、社会进步与社会发展。如社会工作、社会组织在社会治理中的大有可观、大有可为,似乎在昭示社会学者不能仅仅挣扎于“立法者”与“阐释者”的对立,而是积极跳出并投身于社会实践,以“行动者”的姿态,解决社会问题、追求社会秩序与团结、实现社会公平正义、提升人民群众福祉。

此外,社会学的实践还体现在教学、调查和思考。这在一定程度上要求社会学者追求“顶天立地”的学术境界,要有自己的紧张、怀疑和期待。中国的社会学理论应该扎根于本土的社会实践,不能用西方的理论视角修剪中国的经验事实,隔靴搔痒;中国的发展有其政治、经济、文化、社会的独特性,亦不能将中国的叙事囿于西方框架,削足适履。因此研究过程是实践与理论的来回往复的过程,姚泽麟关于国家控制与医生临床自主性的滥用对公立医院医生执业行为的分析、张佩国基于明清社会对传统中国福利实践的社会逻辑的解释,都是很不错的努力。

总　　结

应该说,近年来社会学学科发展呈现出以下态势:第一,回应国家经济社会发展的重要理论和现实问题的能力有所提升,特别是在社会治理、社会组织、社会工作等领域有着较为积极的作为,在社会治理领域的研究具有引领性。第二,上海社会学界逐步摆脱了地域限制,有了更为广阔的时空视野,越来越多的研究是立足全国,而非地方,这是一个显著的进步。第三,社会学的国际化和本土化并进。一方面,无论是社会学、人类学,还是社会工作,都有一批年轻一代的学人可以用英文发表论文,且论文的质量不断提升,国际竞争力加强。另一方面,社会学者对国情的认识也更加深入,对中国的制度资源和思想资源的理解也更为透彻,建构中国的社会学理论体系、学科体系和话语体系的学科自觉更加明显。第四,社会学的共同体建设有了进展。复旦大学、上海大学、华东师范大学、华东理工大学与南京大学、浙江大学等共同发起了"长三角社会学论坛",论坛落户"江村"所在的吴江七都镇,论坛致力于推进长三角地区社会学的繁荣与发展,并将进一步推进长三角一体化。

不过,我们仍然要看到社会学的学科发展依然面临诸多的挑战:我们都深刻地体会到,社会学学科的发展速度没有跟上时代的步伐,与公共管理等学科比起来,社会学学科规模不大,学科的社会声誉还需要进一步提升;社会学的贡献还不足以自傲,近年还没有出现令人称道的精品力作,社会学理论建设还没有实质性突破;在国际上,上海社会学界的声音不够强大,讲述"上海故事"和"中国故事"的能力还有待提升。

过去一段时间以来,社会学界对自身的学科地位、时代使命有着更为深入的反思。2019 年是社会学恢复重建四十周年,回顾历史,展望未来。社会建设、社会治理、社会服务、社会创新都要求社会学、社会工作作出更大的贡献,这是时代的要求,也是我们的历史担当。

8. 2017—2018年上海人口学学科发展评议

陈 蓉 胡 琪

(上海市卫生和健康发展研究中心、上海市医学科学技术情报研究所)

2018年是我国改革开放40周年。上海人口学学科在改革开放40年的社会经济变革和人口形势剧烈变迁的大潮中,踏着时代发展的脉搏不断发展壮大起来,既服务于社会经济发展、国际大都市建设的需要,又具有其独特的学科特色和魅力。基于笔者的知识范围和阅读所及,本文对2017年和2018年上海人口学学科研究的新思路和新趋向进行述评。

一、重新认识、积极应对人口老龄化的研究

人口老龄化是生育率下降和寿命延长的结果,尽管在时间上存在滞后性,但在过程上却存在必然性。2000年末,我国65岁及以上老年人口占总人口的7%,标志着我国跨入了老龄化社会。此后,我国人口老龄化进程日益加快,2017年末,65岁及以上老年人口规模已突破1.58亿,占总人口的11.4%。上海早在1979年就进入老龄化社会,比全国提前20年,是国内第一个进入老龄化社会、也是当前老龄化程度最深的省市,2017年末,上海市65岁及以上老年人口占总户籍人口的21.8%。根据联合国和世界卫生组织的标准①,上海户籍人口的老龄化程度已达到“超老龄社会”的水平,且远超香港、纽约和伦敦,接近东京的水平②。正因如此,上海的人口学者们历来重视人口老龄化领域的研究,近两年尤甚,依托于国家自然科学基金重大项目“应对老龄社会的基础科学问题研究”等项目的支持,一批高质量的研究成果涌现出来。

目前通用的老龄化标准是1956年联合国在世界人口平均预期寿命不到50岁的背景下划定的,而当前世界人口的平均预测寿命已大为提升,且不同时代的健康水平

① 65岁及以上人口占总人口的比例达到7%时,为“老龄化社会”(Ageing society),达到14%为“老龄社会”(Aged society),达到20%以上为“超老龄社会”(Hyper-aged society)。

② 2016年,香港、纽约、伦敦和东京的65岁及以上老年人口比重分别为15.9%、12.1%、11.1%和22.2%。数据查询于上海统计局官方网站 http://www.stats-sh.gov.cn/html/fxbg/201805/1002033.html。

也处于动态变化之中。因此,有学者认为有必要重新认识和界定人口老龄化标准和老年人口。彭希哲和卢敏的研究发现,1982—2010 年间我国老年人口的死亡概率随时间推移不断降低,且后世代的老年人往往比前世代的老年人“更健康”“更年轻”,表明我国老年群体的健康状况和年龄内涵正在发生改变;同时,中国老年人口死亡概率的变化也表现出明显的性别差异、地区差异以及与发达国家的差距①。他们认为,在充分认识这些差异性的基础上重新定义老年,将对老龄社会会有一个全新的认识,也有助于重构未来常态化老龄社会的公共政策体系①。此后,他们采用期望余寿理论方法,对我国人口老龄化的发展现状和未来人口态势进行了重新测算发现:老年起点将随着人口预期寿命的持续提高而动态变化,将从 2015—2020 年的 61.5 岁提高至 21 世纪中叶的近 70 岁;老年人口的比重和老年抚养比仍呈上升趋势,但提升幅度和速度将不如传统老年定义下剧烈和迅速;劳动年龄人口比重的变动总体趋于缓和;整个经济社会的老龄化语境将不会如传统老年定义下那么沉重②。吴连霞和吴开亚的研究发现,采用了期望余寿、实际老龄依赖比等动态年龄指标测算的 1990—2010 年中国人口老龄化程度和老年人口抚养比均趋于下降,空间格局经历北高南低—东高西低—以重庆市等为中心圈层模式的转变过程;而固定年龄度量的老龄化程度与老年人口抚养比则趋于上升,空间格局主要呈东西分异③。杨昕等的研究从日历年龄(Chronological age)和前瞻年龄(Prospective age)两个视角预测了我国 2010—2050 年的人口老龄化发展趋势,也发现前瞻年龄视角下的我国未来人口老龄化速度较日历年龄视角下明显放缓,且老年人口的卫生费用也将大幅降低④。

尽管采用新的标准测算的人口老龄化形势与传统定义下相比有所缓解,但不可否认的是,人口老龄化已成为中国难以逆转的人口新常态,老龄社会已成为新的基本国情,需要做出积极应对。王桂新和干一慧的文章以哈佛模型为基础,构建中国 31 个省、自治区、直辖市 1990—2015 年的面板数据和固定效应模型进行了实证分析,研

① 彭希哲、卢敏:《老年人口死亡概率时代变迁与老年定义的重新思考》,《人口与经济》2017 年第 2 期。

② 卢敏、彭希哲:《基于期望余寿理论的老年定义新思考与中国人口态势重新测算》,《人口学刊》2018 年第 4 期。

③ 吴连霞、吴开亚:《中国人口老龄化时空演化特征的比较分析——基于固定年龄与动态年龄指标的测算》,《人口研究》2018 年第 3 期。

④ 杨昕、左学金、王美凤:《前瞻年龄视角下的人口老龄化及其对我国医疗费用的影响》,《人口研究》2018 年第 2 期。

究发现,当前的人口老龄化程度尚未对区域经济增长产生负面影响,但未来随着人口老龄化日趋严重及其对区域经济增长的负面影响不可避免①。胡湛和彭希哲的论文提出,中国老龄社会的治理选择应基于“中国特征”并将其转化为“中国优势”,实现从碎片化管理向整体性治理、从聚焦于老年人口向强调全人口全生命周期的转变,并将政策调节逻辑从“以人口变动适应制度”转型为“以制度变革适应人口”,加强治理模式及制度安排的结构化和系统性反应与适应②。桂世勋的研究就厘清我国基本养老服务的内涵和目标,实现“长期护理保险”制度全覆盖和参保人员全覆盖,明确机构养老在养老服务体系中定位,以及完善我国的养老服务补贴制度等几个重大养老服务政策问题进行了探讨③。高向东和何骏则开展了更为具体的研究,他们基于 2016 年上海市各街道(镇)户籍老年人口数和同期养老机构数据,运用 GIS 空间分析技术,采用不同的空间距离对养老机构可达性进行测算,提出中心城区新增微型养老机构、郊区养老机构需提高服务质量的建议④。李强和张震认为,在我国建立以居家为基础、社区为依托、机构为补充多层次养老服务体系的背景下,了解老年人独立生活能力及其总体和个体的动态变化具有重要现实意义,他们的研究使用纵向追踪数据考察不同队列老人的独立生活能力的总体变化和个体变化,并分析了死亡的选择性在其中的作用⑤。

随着人口高龄化特征愈发明显,老年人罹患慢性疾病以及失能、失智的比例逐年升高,长期照护问题成为老龄社会普遍存在而又亟待解决的养老难题。彭希哲等利用 2014 年中国老人健康长寿跟踪调查数据,基于安德森健康行为模型开展了中国失能老年人群对长期照护服务使用的影响因素的实证研究得出,在中国当前的现实情境和文化背景下,老人对长期照护服务的使用更多的是受到政策环境、个人与家庭能力以及健康状况等能力和需求要素的影响⑥。胡苏云研究员介绍了最早推行长期照护制度、护理成本最高的国家——荷兰的长期护理保险制度的特点和改革,并提炼了

---

① 王桂新、干一慧:《中国的人口老龄化与区域经济增长》,《中国人口科学》2017 年第 3 期。

② 胡湛、彭希哲:《应对中国人口老龄化的治理选择》,《中国社会科学》2018 年第 12 期。

③ 桂世勋:《应对老龄化的养老服务政策需要理性思考》,《华东师范大学学报》(哲学社会科学版)2017 年第 4 期。

④ 高向东、何骏:《上海市养老机构空间可达性研究》,《中国人口科学》2017 年第 5 期。

⑤ 李强、张震:《老年人独立生活能力变化轨迹的个体和总体差异研究》,《人口研究》2018 年第 5 期。

⑥ 彭希哲、宋靓珺、黄剑焜:《中国失能老人长期照护服务使用的影响因素分析——基于安德森健康行为模型的实证研究》,《人口研究》2017 年第 4 期。

对我国的启示①。此外,她还以上海为案例,梳理了上海长期护理保险主要内容,评估成效,指出试点中发现的问题,并给出了完善建议②。桂世勋教授则探讨了在进行长期护理保险试点阶段,如何将参加职工基本医疗保险的非本地户籍职工纳入职工长期护理保险参保范围,设计符合国情的资金运营模式③。

二、 城镇化、城乡发展与特大型城市空间转型的研究

城镇化与城乡差别、城乡发展密切关联。城镇化有三个侧面,即人口城镇化、土地城镇化和产业城镇化,我们关注的比较多的是人口城镇化。改革开放以来,我国经历了快速的人口城镇化过程。据最新统计,2018 年末,城镇常住人口占全国总人口比重(城镇化率)为 59.58%。关于我国城镇化的文献可谓是汗牛充栋,无论是政策探讨还是学术研究都不胜枚举。近两年间,上海人口学者围绕城镇化过程中的城乡差异及发展、城乡人口迁移及其回流、特大城市空间转型等方面开展了研究。

任远的文章从城镇化的三个侧面的特点和内在关系出发,讨论城镇化发展的内在平衡性和演进的客观规律,并总结了当前我国城镇化过程中内在失衡的主要表现,提出需要从外延性的城镇化发展道路过渡为内涵性的城镇化发展道路④。王红霞的文章则提出,我国城镇化进程中存在的城市、镇、乡村三部门经济,在三部门经济框架下,不仅存在着城乡差别,还存在着鲜明的城镇差别;她在分析了城镇结构变迁中的新型城镇化的趋势、挑战与问题的基础上。提出了破除城镇差别、从三元经济走向一元经济的新时代新型城镇化的路径,以促进实现城乡融合和区域协调发展⑤。

朱宝树的研究发现,乡城迁移人口的选择性使得城镇化的城乡人口差别效应表现在城乡人口的年龄结构、受教育程度、就业、密度等方面;他认为应坚持"以新型城镇化为主轴实现新城镇和新农村建设双轮驱动",并就新型城镇化过程中如何充分利

---

① 胡苏云:《荷兰长期护理保险制度的特点和改革》,《西南交通大学学报》(社会科学版)2017 年第 5 期。

② 胡苏云:《长期护理保险制度试点实践——上海案例分析》,《华东理工大学学报》(社会科学版)2018 年第 4 期。

③ 桂世勋:《非本地户籍职工纳入长期护理保险试点参保范围的制度设计》,《社会建设》2017 年第 1 期。

④ 任远:《城镇化的内在平衡和内涵性的城镇化发展》,《同济大学学报》(社会科学版)2018 年第 1 期。

⑤ 王红霞:《城镇差别、三部门经济与新时代中国新型城镇化》,《上海经济研究》2018 年第 4 期。

用和创造人口红利提出建议①。劳动力回流作为城镇化过程中内生的逆迁移流，是“被动回流”和“主动回流”相结合、个体决策和家庭决策的综合过程；在城镇化过程中，劳动力回流具有“回流效应”，构成乡城迁移和劳动力市场平衡的补充机制，应支持“迁移效应”和“回流效应”机制共同城镇化和城乡平衡发展②。陈晨的研究则是利用1980—2009年间500位安徽籍农民工的个人迁移史面板数据，使用事件史分析模型对影响首次返乡风险的因素进行了分析，她的研究结果证明了改革开放以来影响迁移的宏观经济社会环境的改善，也预示着如果城乡二元经济社会结构环境不发生根本变化，农民工的乡城循环流动还将持续③。

关于特大城市人口调控的研究也是上海人口学界一直以来的热点问题，笔者也曾在前两轮的学科评议中进行了述评④⑤。这两年间，在这一领域内比较新颖的研究方向是探讨上海城市空间转型中的职住分离。吴瑞君和朱宝树的文章基于首次增设了就业人口工作地登记项目的上海市2015年1%人口抽样调查数据，对上海市内部的跨区域职住分离状况进行了分析。他们发现，大城市内部跨区域职住分离具有时空节律和人群差异，就业人口的跨区域职住分离必然导致同一区域的就业人员结构存在着居住地与就业地的职住分异，不同人群的职住分离和通勤流动存在结构性的差别效应⑥；且我国大城市空间转型中职住分离的形成机制与结构性问题，具有显著的区别于国际大都市的中国转型特征，尤其表现为多中心结构的虚化、不同步改革的分离以及各阶层取向的差异⑦。他们建议，将促进职住平衡作为特大型城市人口调控的重要任务之一，以“看得见”与“看不见”的“双手”协同作用机制为重要抓手，以加快构建“宜居”与“宜业”的“双宜”多中心城市结构为重要载体，以不断完善旨在

---

① 朱宝树：《城镇化的城乡人口差别效应和城乡发展》，《城乡规划》2018年第2期。

② 任远：《农村外出劳动力回流迁移的影响因素和回流效应》，《人口研究》2017年第2期。

③ 陈晨：《农民工首次返乡风险研究（1980—2009）——基于个人迁移史的事件史分析》，《人口与经济》2018年第5期。

④ 陈蓉、胡琪：《2014年上海人口学学科发展评议》，《上海学术报告（2014）》，上海人民出版社2015年版。

⑤ 陈蓉、胡琪：《2015—2016年上海人口学学科发展评议》，《上海学术报告（2015—2016）》，上海人民出版社2017年版。

⑥ 吴瑞君、朱宝树、古茳欢：《上海市就业人口的职住分离和结构分异》，《中国人口科学》2017年第3期。

⑦ 吴瑞君、朱宝树：《大城市空间转型视角的职住分离——基于上海2015年1%人口抽样调查数据》，《探索与争鸣》2018年第4期。

“顺流”与“减流”相结合的公共服务供给模式为重要保证,促进我国大城市的职住平衡,着力寻求区域内与跨区域平衡的最佳平衡点①②。

三、 低生育率、生育政策及其配套性政策的研究

低生育率时代人们的生育意愿、生育行为和生育水平,我国生育政策史,以及2014年以来陆续调整放宽的生育政策的实施效应等,一直以来都是上海人口学界关注的研究方向。无论是从全国还是上海来看,“全面二孩”政策的实施均未达到预期的效果。因此,近两年,上海人口学者们更加关注如何促进生育水平的提升以及计划生育的未来走向。

任远的文章对于“全面二孩”政策实施的意义及计划生育政策的未来走向进行了探讨。他认为,“全面二孩”政策的实施,意味着我国的计划生育政策进入了一个新时期:一是“转变方向”,从以控制生育为导向的生育政策,转向一定程度的鼓励生育;二是“转变体制”,进一步放松对生育数量的行政调控和数量管控的生育管理,逐步向“全面放开、自主生育”的生育制度转型过渡;三是“转变内容”,计划生育管理和服务工作需要从管理到服务,从以对家庭生育行为的管控为主,转向完善家庭生育的公共服务配套和社会支持,努力构建生育友好型社会①。但计划生育的未来走向远不止是“全面二孩”政策的问题,而是我国计划生育制度的转型和改革问题。任远认为,我国“新计划生育”制度的基本框架为:基本目标是协调微观家庭生育行为和宏观人口环境建设,实现人口长期均衡,并服务于人口健康;工作方式是综合利用社会经济机制统筹解决人口问题;工作内容是促进生育和生殖健康,重视母婴保健和托育养育服务②。

女性具有物质生产者和社会再生产者的双重身份,探讨如何促进生育水平提升就不得不研究如何促进女性发展和保护生殖女职工权等。计迎春和郑真真的研究从中国社会的制度和文化情境出发,借鉴国际理论和经验教训,从社会性别和发展的视角审视中国的低生育率现象,她们发现,女性的工作—家庭冲突是关键因素。她们提出,设计具有社会性别视角的公共政策,推动政府、社会、企业界和男女两性的多元主体参与,是缓解女性工作—家庭冲突的社会机制;提倡马克思主义男女平等的性别意

① 任远:《定位和定向:我国生育政策未来》,《探索与争鸣》2017年第7期。

② 任远:《新计划生育:后人口转变时期计生制度的转型》,《探索与争鸣》2018年第4期。

识形态,摈弃传统儒家父权思想和家族主义思想,是缓解女性工作—家庭冲突的意识形态基础。她们认为,促进公私领域性别平等的同步发展,缓解女性的工作—家庭冲突,将会对维持一定的生育率和经济发展都有积极贡献①。周海旺和高慧的研究则更为具体和聚焦,他们通过问卷调查、召开座谈会、女职工个案访谈、文献查阅等多种方式开展专题调研,深入分析全面二孩政策下上海企业女职工生育期间权益保障的现状和问题,提出通过完善与生育相关的就业政策法规、完善生育保险制度、加强对生育二孩职工的支持、加强对企业的扶持、充分发挥工会作用等,来支持和鼓励女职工生育两个孩子。

此外,值得一提的是在生育水平的测量指标上也有所创新。梁同贵认为以往的研究中常用的生育率指标在研究中国流动人口生育水平时存在缺陷,而时期孩次递进比可以精确测量流动人口的生育水平,有效消除在比较乡城流动人口与农村本地人口生育水平时因时期进度效应不同而导致的误差。他基于2010年中国家庭追踪调查与2014年全国流动人口动态监测数据的分析支持了上述推断,并得出结论:乡城流动人口的生育水平低于农村本地人口,乡城流动与生育水平降低之间存在因果影响关系②。

四、未来与展望

展望未来,身处于无论社会经济发展还是人口转变历程均领先于全国的国际大都市,上海的人口学者们应更多注重人口学的学科建设、方法创新、内容拓展,并努力走向国内国际舞台的中央。

其一,加强学科建设,尤其是推动交叉学科的发展。在注重发挥人口学本身的学科优势的同时,应加强与经济学、社会学、统计学、地理学等多学科的交叉与融合,加强交叉学科建设。朱宇、丁金宏、王桂新等知名学者曾对20世纪80年代以来中国人口地理学的发展进行了全面综述,这对于认清该交叉学科的发展历程、地位、作用及其未来发展目标均具有重要参考价值③。在改革开放40年这一时间节点上,上海人

① 计迎春、郑真真:《社会性别和发展视角下的中国低生育率》,《中国社会科学》2018年第8期。

② 梁同贵:《乡城流动人口与农村本地人口的生育水平差异》,《中国人口科学》2017年第3期。

③ 朱宇、丁金宏、王桂新:《近40年来的中国人口地理学——一个跨学科研究领域的进展》,《地理科学进展》2017年第4期。

口学界也应对过去几十年间上海人口学科的发展等进行回顾,并展望未来。

其二,人口研究的内容可以进一步拓展。人口是社会经济发展的基础性要素。因而,人口学在更加重视人口自身规律的研究的基础上,还可以进一步拓展研究问题。这一方面,上海的人口学者已在不断努力之中。比如,沈可和史倩基于中国省级面板数据,探讨了人口结构与家庭规模对生活能源消费的影响①;又如,2017 年和 2018 年上海人口学者获得的人口学方向的国家社科基金项目中,既有对家庭的研究,也有探索人口老龄化对医疗费用的影响的研究,还有海外新移民回流的研究,等等。

其三,研究方法上,应推动人口大数据的深入挖掘及人口统计方法的创新发展。人口学天生就与大数据和统计学密不可分。“大数据”时代的科技发展为实时获取城市人口状况、建立并完善人口发展仿真模型及科学决策提供了技术可能性,如何充分采集、挖掘、管理和应用数据“矿藏”,成为近年来人口数据开发和应用一道亮丽的风景线,也将是未来人口研究的一个方向。此外,近两年在人口统计方法的借鉴和应用上也有一些进展。比如,张震等考察了二维死亡模型对中国人口死亡模式的适用性,发现该模型对中国有较好的适用性,且模型估计的精度优于其他间接估计方法②;再如,李强应用时间序列模型,以中国和瑞典的历史人口数据为例,探讨了预测误差的相关性对人口预测结果的影响,发现只有充分考虑了误差相关性的预测区间才能覆盖实际人口的发展变化。③

其四,努力走向国内国际人口研究舞台的中央。上海人口学者们不仅关注人口这一基本要素在谋划城市经济社会发展大局中的重要性,也正更多地参与全国乃至全球的人口研究。由上海大学社会学院承办,中国人口学会和上海市人口学会等机构合办的第四届亚洲人口学会大会(The 4th Asian Population Association Conference)已于 2018 年 7 月在沪顺利举办,这对提升上海在亚洲乃至全球人口研究中的影响力具有积极推动作用。未来,上海人口学界应继续积极参与到国际人口研究中去,拓宽视野、加强合作、提升国际影响力。

---

① 沈可、史倩:《人口结构与家庭规模对生活能源消费的影响——基于中国省级面板数据的实证研究》,《人口研究》2018 年第 6 期。

② 张震、戴志杰、杨菁:《二维死亡模型对中国人口死亡模式的适用性研究》,《中国人口科学》2017 年第 1 期。

③ 李强:《预测误差的相关性对人口预测结果的影响》,《中国人口科学》2017 年第 5 期。

9. 2017—2018年上海民俗学学科发展评议

安　俭　刘　慧
（华东师范大学马克思主义学院、社会发展学院）

一、 近年上海民俗学发展背景

2019年1月16日，上海市文学艺术界联合会第八次代表大会召开，在开幕式上，市委书记李强指出，全市广大文艺工作者要深入学习贯彻习近平总书记关于文艺工作的重要论述，坚定文化自信，坚持服务于民，扎根于民，做“上海文化”品牌的塑造者，坚守艺术理想，做社会风尚的引领者，打造新时代上海文艺事业新高峰、加快国际文化大都市建设。

回顾民俗学研究，自其近代诞生以来，从民间文学（歌谣）的单纯搜集发展至今天，逐步成为一门较完备的社会科学。在社会的迅猛发展与转型大潮中，民俗学不断调整其自身发展，顺应时代要求，拓展新的研究领域，纳入新的研究对象；发展至今，众多的分支学科已经形成“树干”上多面向的愈加健硕的枝蔓；都市民俗学、旅游民俗学、经济民俗学等分支领域应运而生并迅速成长。在上海作为大都市所提供的丰富的文化土壤与人文背景中，民俗学需要不断应对着势不可挡的都市文化为其自身带来的机遇和挑战。民俗学者以及沪上众多的民间文艺家们一直行进在新探索的道路上。2017年至2018年，民俗学学科发展在诸如“大系”工程、社会服务、文化建构与传播方面，都取得了较大进展。

二、 上海民俗学学科建设相关工作推进

上海民俗学近两年在学科建设方面的推进，在大型学术会议、大系出版工程以及大学课程设置等方面体现较多。

（一）纪念改革开放40周年学术研讨①

“纪念改革开放40周年——都市化进程中的民俗走向”高端学术论坛于2018年10月12日举行。来自全国民俗学领域的60余名专家学者，围绕都市化进程中民俗

① “纪念改革开放40周年——都市化进程中的民俗走向”高端学术论坛专家发言，2018年。

文化的演变趋向、都市民俗新形态研究等议题进行了深入探讨。复旦大学郑土有教授通过《再度“融合”:新时期上海民俗变迁特征探讨》一文概括出上海文化底色以及两次大的“融合”。具体来说,上海民俗的底色是吴越民俗文化,而其特色则是开埠以后的“五方杂处,中西合璧”,是各种民俗在上海“融合”后的产物。1978年改革开放后,上海人口流动再度活跃,民俗进行着再度“融合”。他对再度“融合”的背景及主要表现做了分析。上海民协副主席蔡丰明作《上海城市民俗的风格特征与市民精神》的发言,他认为,城市民俗研究不但要研究城市民俗形态和方法,更重要的是提炼城市精神价值。他将上海城市民俗的风格特征概括为:开拓进取,勇于创新,多元并存,兼容并蓄,崇尚功利,注重实用,世俗享乐,追求时尚,重商轻农,崇尚洋派,张扬自我,富有个性。此外,另有来自中山大学、浙江农林大学、上海文艺出版社的专家学者就都市民俗的变革与传承以及与商业化和大众娱乐的相互渗透作出了分析。

2018年6月23日,“民俗学的本土话语与学科建设”学术研讨会①在华东师范大学举行。来自中国民俗学、民间文艺学、人类学等领域的专家学者就民俗学研究如何突破西学的藩篱,回归中国语境,建立本土学术话语,树立文化自信,进行理论创新等问题进行了学术讨论。同时,回顾了华东师范大学终身教授陈勤建先生民俗学、文艺民俗学本土化建构的学术路径。会议上,各专家学者评价陈勤建先生是最早把中国民俗学者的风采、思想和学术问题带到国际层面对话的学者;他对于中国非遗的推动、项目评估、政策制定等发挥了多方面的作用,一直在用知识和智力贡献国家的文化建设。他以民间文艺学术为抓手,支撑上海民协理论建设。不仅利用刊物普及了民间文学知识,还为全国高等院校与相关学者提供了在当时不可多得、甚至稀缺的民间文艺学术阵地。早在20世纪八九十年代,陈教授已经着手致力于苏、浙、沪吴语民俗、民间文学的田野调查和理论研究,并根据其吴越文化内涵的相似度首先提出了“长三角”概念。陈勤建先生一直秉承民俗学的回归生活、经世致用理念,为上海民俗学以及中国民俗学的本土化建设发挥着至关重要的作用

(二)中国民间文学大系出版工程“神话、传说、故事”与《中国民间工艺集成·上海卷》

编纂出版《中国民间文学大系》是落实中办、国办《关于实施中华优秀传统文化传承发展工程的意见》精神的重要抓手,是中华优秀传统文化传承发展体系的重要组

① “民俗学的本土话语与学科建设”学术研讨会各专家主题发言,2018年。

成部分。2018年,上海高校、上海民协的专家学者以及社会理论参与合作的大系出版工程,是国家的重大文化工程、民族复兴的示范工程,具有重大的历史意义和现实意义。上海民协、上海各高校组织成立出版大系专家组,就出版事宜相关问题进行了研究,确定将出版工程打造成为具有上海标准、上海质量、上海特色的优秀工程。此外,自2017年4月以来,上海市文联在中共上海市委、市委宣传部的统一部署下,开展了《开天辟地——中华创世神话主题文艺创作工程》,目前已取得了多领域内的创新成果。

2018年底,“第二届创世神话上海论坛暨中华创世神话联盟构建与现代传承学术研讨会”举行,创世神话是民族文化之根,中国文化自信之本,在当代社会中担当着强本固元,树立文化自信的重要功能。此次论坛涉及中华创世神话的当代传承、海外传播、田野调查;中华创世神话与公共文化建设、文化创意产业、上海发展之关系以及中华创世神话旅游游学线路设计、创世神话传承单位、传承研究联盟构建等较具有覆盖性的议题;推进了中国创世神话的传承与传播,以及中国创世神话研究人员与传承保护单位实现研究、传承、传播、创作的深度对接。

(三)上海高效课程(民俗学)建设:通识课的开设

在华东师范大学2017—2018学年第一学期本科生的选课系统中,一门新开的思政类通识公选课《中国智慧》隆重亮相。这门通识课旨在讲授中国优秀传统文化中包含的智慧精髓。课程首次将中国智慧归为:(1)哲学与科学的智慧;(2)文学与艺术的智慧;(3)民俗与礼仪的智慧;(4)经世与致用的智慧四大主题板块。而民俗与礼仪的智慧,则有该校民俗学研究所田兆元教授负责设计。具体为《岁时节日里的中国智慧的呈现》(王均霞)、《工匠精神与传统手工艺——传统首饰制作与展示 & 剪纸艺术体验》(李柯)、《鲧禹神话——神话学的成人礼》(田兆元)。课程开设充分结合文化、风尚、兴趣、体验等因素。“教化之行,兴于学校”。通识课的开设,开创了民俗学经世致用新开端。

三、 聚焦当下:应用民俗学的全面实践

非物质文化遗产保护工作一直是民俗学的重要实践对象,2017,年随着国家非物质文化遗产保护工作的推进,特别是国家“一带一路”倡议的深化,民俗学聚焦当下进行实践研究的趋势越发显著。海派民俗学一直有重实践的传统,近两年围绕非物质

文化遗产的保护,上海地区民俗学者们结合本学科的方法论进行了多种社会实践。

(一)民俗学的博物馆实践

2018年11月,《1978—2018:上海市民的生活记忆》展览在华东师范大学展出,此次展览由民俗学研究所李明洁教授策展。展览分为“亲历”“亲见”和“亲笔”三个单元,透过上海四十年发展,以呈现改革对于中国发展的历史作用。在三个单元中,“亲历”通过采访在上海生活过的普通人,以口述回忆的方式讲述四十年亲历的重要历史事件;“亲见”通过展示摄影家陆元敏先生镜头中的街头巷尾,记录下日常生活所折射出的社会转型;“亲笔”通过整理四十年间百姓的真实信笺,展示平民心灵生活史中的代表性切片。作为此次展览的配套活动,“改革开放四十周年上海主题纪录片展映及导演交流暨系列研讨会”于展览期间举行。展映活动囊括了改革开放四十年记录上海社会发展和市民集体记忆的具有标志性的四部影片,分别为《一个叫做家的地方》,由上海广播电视台纪实频道王小龙导演;《德兴坊》,由上海电视台纪实频道编导江宁导演;《董家渡》,由上海电视台东方卫视中心周洪波导演;《大动迁》,上海广播电视台高级编辑章焜华导演。纪录片通过真实的镜头反映四十年来上海市民生活变迁;并通过与相关学科专家的对谈,以一定的理论视域透视社会变迁的内在逻辑。此外,华东师范大学民俗学研究所,还策划展出了“‘一带一路’非遗保护,中越两国文化交流——越南东湖年画展”等展览活动。

此外,上海民协举办或承办的传统文化展览业比较丰富。早在2017年秋,上海民协主办的“绘梦”上海金山农民画精品展举行。展览分为传统、现代和未来三个区域,展出了60位金山农民画家的168幅代表作品。画展上,各界专家就金山农民画的品牌发展、产业培育等问题进行了深入的讨论。此次画展是金山农民画40年来艺术成果的一次展示和总结,同时也是对金山农民画创作内容形式的创新和探索。①此外,上海民协还举办“符号上海——上海风貌保护道路文化之旅系列展览”。同年10月,“开天辟地——中华创世神话”主题创作成果展在上海市文联展厅举行,共展出作品270件,涉及美术、书法、篆刻、刻字、诗词、民间文艺、戏剧木偶等8种艺术表现形式,面向上海文艺界“中华创世神话”文艺创作主创团队和创作骨干、外国友人、少年儿童、社区文化工作者及普通市民等各个受众层面受众,展开互动体验6场,艺术

① 《上海民协举办首次收藏沙龙》,上海文联网,http://www.shwenyi.com.cn/renda/2012shwl/introduction/node16103/work/index.html, 2019.03.05。

家导赏签售19场，故事滚动讲解18场70余次。①让每一位参与者和参观者都从中对“中华创世神话”有了更深层次的理解。此外，2018年9月，上海民协举办首次收藏沙龙活动。活动从历史脉络、收藏沿革、创意亮点、表现形式等多方面进行了深入的讨论与创新。

（二）民俗学与非遗研培实践

2017年11月，“上海民间文艺家协会骨干故事家高级研修班”举办，全市各区30名故事创作家、讲演家以及故事工作的相关负责人参与了研修班的学习。此次研修班采取专题培训、集中学习、主题交流、展演考察相结合的形式，故事家们不但在舞台呈现技艺方面得到了集中的专业学习，并且通过与其他单位故事工作负责人的交流与考察，故事家们就如何激发故事创作、如何收集整理当地优秀民间故事以及如何更好地讲演故事等热点问题有了更深刻和开阔的理解。故事家们对如何在新时代讲好“中国故事”具有了更深层次的领悟。②

2018年5月，华东师范大学终身教授陈勤建教授在梅陇中学作了题为“中华民俗与家风家规”的讲座。③陈勤建教授生动有趣地讲解了民俗是什么、家风家规是什么以及两者之间存在怎样的关系等几个问题。陈勤建教授讲解深入浅出，又辅以传统节日的由来、中医食疗、《朱子家训》等实例，引起同学们的极大兴趣。此外，“中华创世神话立体传播”节目在金山区枫泾小学首演亦取得成功。

2018年6月，华东师范大学以及同济大学、东华大学、上海戏剧学院、上海大学、上海视觉艺术学院、上海工艺美术职业学院共同参加“‘强基础·拓眼界·增学养’——中国非物质文化遗产传承人群研培计划优秀成果（上海高校专题）展”。自2017年，上海部分高校执行非遗研培计划，以华东师范大学民俗学研究所为例，其先后主办了“中国非物质文化遗产传承人群研修研习培训计划”的两个项目，分别为“琉璃烧制技艺普及培训班”和“印泥制作技艺研修班”。参加此次成果展的主要是研修班的学员成果，并有教研活动录像展示。

---

① 《在文艺界开花　在全社会结果　“开天辟地——中华创世神话”主题创作成果展隆重举办》，上海文联网，http://www.shwenyi.com.cn/renda/2012shwl/introduction/node16103/work/index.html，2019.03.05。

② 《上海民协举办2017年骨干故事家高级研修班》，上海文联网，http://www.shwenyi.com.cn/renda/2012shwl/introduction/node16103/work/index.html，2019.03.05。

③ 《陈勤建教授进校园讲述“中华民俗与家风家规”》，上海文联网，http://www.shwenyi.com.cn/renda/2012shwl/introduction/node16103/work/index.html，2019.03.06。

非遗研培计划的办班理念可总结为以下几点:一是整合学科优势,注重教研相长,提供理论反哺;二是与各级非遗传承单位密切配合,强化面向传承人群的口述史访谈,为非遗传承积累珍贵的资料;三是将研培计划与非遗进校园、进社区密切融合,务实做好普及工作;四是依靠各大媒体宣传研培计划,扩大社会对非遗的认识与认可;五是将研培计划与"开天辟地——中华创世神话文艺创作工程"密切关联,指导传承人群从事相关题材的系列创作。①

(三)民俗学者对文化的建构与传播

研究者应当成为文化的建构者与传播者,是华东师范大学民俗学者田兆元教授团队一直秉承的理念。民俗学者逐步走向媒体发声,既是一门学科在当今社会形势下的责任感,同样也是民俗学者理应引导文化建构的使命感的体现。华东师范大学民俗学研究所的学者们不断活跃在各主流媒体平台上,自2017年1月,研究所的师生共发表中英文媒体报道90余篇(不含转载),形成一股不可小觑的媒体话语力量。其中包括仲富兰先生关于年节习俗以及上海传统文化方面的讲述;田兆元教授关于神话学系列、节日与民俗经济方面的评论;李明洁教授关于改革开放40年民间日常生活的记忆、农民画等领域的学术观点以及徐赣丽教授关于民俗学新领域的本体论探讨等。此外,民俗所师生在传统节日、节气等重要传统时间节点上对传统文化的历史挖掘与当代解读,颇据趣味性和传播性。原创"猪年说猪"喜上热搜。解读"猪年说猪"民俗的是华东师范大学民俗学研究所博士研究生张海岚,她也是中北校区24小时阅读空间"無亦無人文茶饮空间"学生创业团队的负责人。张海岚的这番解读视频登上热搜榜,阅读量达到2 332.5万次。她在视频中解答了龙马精神是从猪龙精神的演变;科举也跟猪有关;正月初三原来被叫做猪日;猪头叫神户;猪舌叫招财;猪耳叫顺风等一系列关于猪年民俗。②

结　　语

2017—2018是中国民俗学承上启下重要节点,总体来看,上海民俗学近两年的发展趋势,无论从理论视角的创新拓展抑或传统民俗文化的社会应用与实践,都已经在

① 华东师范大学社科处副处长吴文钰在"振兴传统工艺学术论坛——传统工艺振兴的路径"学术研讨会上的发言。

② 搜狐网,http://www.sohu.com/a/293165846_407275, 2019.03.05。

打造“上海品牌”的道路上逐步寻找到具有上海都市化特色的核心理念，并逐步推进落实。然而仍要再次提及的是，不论高校的文化研究者还是其他各界的民间文艺专家，都要肩负起传承传统文化的重任，发挥积极的引领作用，不断探索传承保护的新路，实现传承方式和手段的创新，让优秀传统融入现代社会生活；而要做到这些，在专业的理论研究之外，在具有强大的传播效应的媒体平台的发声，仍是不可缺少的，而这也是较多文化研究者较为忽略的一面。

在2019年上海民协召开的七届一次常务理事会上，市文联专职副主席、秘书长沈文忠传达了上海市第八次文代会的重要精神，他希望大家在习近平新时代中国特色社会主义思想的指引下，切实按照市委书记李强在第八次文代会开幕式上的指示要求：“坚定文化自信，做时代主旋律的弘扬者；坚持服务人民，做扎根人民的创作者；勇攀艺术高峰，做‘上海文化’品牌的塑造者；坚守艺术理想，做社会风尚的引领者。”接下来的时间里，民俗学应当牢牢把握社会主义先进文化前进方向，在“双一流”建设的稳步推进下，坚持立足本土实际，在构建中国特色民俗学话语体系的同时，在振兴传统工艺、丰富节日内涵、落实振兴乡村战略等方面积极作为，切实做到理论服务社会发展之实践。

10. 2017—2018年上海国际问题研究领域发展评议

于宏源

(上海国际问题研究院比较政治和公共政策所)

2017—2018年,上海学者在国际问题领域的研究有了深层次的发展和贡献。上海作为我国深化改革的重要支点,其"全球科创中心"建设进入实施阶段,在我国的思想性崛起上起到了重要的作用。目前国际秩序正在经历转型,"人类命运共同体"是中国特色社会主义理论在外交领域内的重要创新,是习近平外交思想的重要组成部分,基于此,上海学者的研究旨在超越西方主导的强调零和博弈的话语体系,构建"人类命运共同体"视角下国际关系话语体系。

一、 上海学派理论建设

上海学派理论建设主要围绕中国话语权构建与中国和国际秩序研究两方面议题展开。上海学者认为,中国国际话语权构建需要以中华传统文化和习近平外交思想为基础,同时结合中国所面临的国际政治现实进而塑造出具有中国特色的国际秩序观和话语体系。在具体领域,上海学者则重点关注中国理念和话语权塑造。上海学者普遍认为,目前国际秩序正在经历转型,中国在这一过程中无疑扮演着重要角色。为此,中国需要明确战略布局,在维护国家利益的同时推动国际政治经济秩序向更加公正合理的方向发展,并为全球治理贡献中国智慧与方案。

在习近平外交思想的研究方面,仇华飞强调了习近平中国特色国际秩序话语创新的重要意义,指出人类命运共同体理念、"亲诚惠容"理念和新型安全观体现了中国特色国际秩序话语体系的创新,并且这一系列创新已得到了相应的实践支撑。①结合党的十八大、十九大的理论成果,胡键认为新型国际关系是对传统国际关系的历史性超越,这种超越在价值方面体现为"义利合一",在理论方面体现为"和平""发展""合作"等理念,在目标上体现为"人类命运共同体",追求人类共同的可持续发展。②于宏源提出权威是全球治理的核心,具有两面性。以西方国际关系话语为基础、以权力和

---

① 仇华飞:《中国特色世界秩序话语构建的继承与创新》,《中国战略报告》2018年第1期。

② 胡键:《新型国际关系对传统国际关系的历史性超越》,《欧洲研究》2018年第2期。

竞争为主轴的模式无法为人类未来提供充分的思想基础，西方对全球治理权威垄断的过分执着不但催生了其对全球治理转型的敌意，更使其支持全球治理的意愿大大下降①。“人类命运共同体”将成为未来新型国际秩序均衡的思想基础。郑华从对提升中国国际话语权研究的迫切现实需要出发，从国际话语权研究的理论渊源切入，全面加强与国际学者的合作，打造中国研究的国际核心期刊。②李伟建聚焦于中东地区，指出了在中东多年动乱的背景下，中国的中东外交话语面临的现实挑战，并提出在全球治理观下，中国应如何在中东实现外交话语的调适，作为一支建设性的和平力量赢得中东国家和国际社会的普遍信任。③张骥指出了要提高中国外交安全智库的国际话语权，就要推动研究议程转型升级，使之适应大国外交和全球治理的需要。④

从中国国际关系理论发展来看，郭树勇将国际关系理论建设的本国意识成长划分为局部发育、整体性自觉、系统化和理论化四个阶段，并以这个理论框架回顾了中国国际关系理论发展的四个阶段，提出了政治社会学方法在新时代国际关系理论建设中的中国学派建构能够发挥独特作用，认为它以人本思想超过西方的权力政治，以天下一家超越西方的二元对立逻辑，以实践理性与国际学术界的理想主义等互联互通。提出了中国学派概念的体系性和层次性，并对关系、共生、共治等功能定位进行分析，并认为中国学派方兴未艾，对未来进一步理论化发展持乐观态度。⑤苏长和认为，西方国际关系难以摆脱结盟对抗与霸权战争的怪圈，并以此为经验基础建立了西方国际关系理论，在全球化时代日益显露出其固有的局限性。在多极化深入发展的现实条件下，应当跳出固有的理论，以共生的视角重新审视国际关系。通过阐述共生所包含的价值体系和原理，苏长和认为中美构建新型大国关系需要思维观念上的突破，而中国在认识和实践上已经走在前列，因此美国需要进行改革和调整，以建立真正的新型大国关系。⑥夏立平关注共生系统理论与中美新型大国关系的构建，着重阐释了全球共生理论的相互依存论、辩证论、认识论。⑦石源华提出，应当将“中国周边

① 于宏源：《权威演进与“命运共同体”的话语建设》，《社会科学》2017 年第 7 期。

② 郑华、郭雅利：《提升中国国际话语权研究的路径探索》，《国外理论动态》2018 年第 9 期。

③ 李伟建：《中国在中东：话语与现实》，《西亚非洲》2017 年第 5 期。

④ 张骥、方炯升：《中国外交安全智库国际话语权分析》，《国际展望》2018 年第 5 期。

⑤ 郭树勇：《中国国际关系理论建设中的中国意识成长及中国学派前途》，《国际观察》2017 年第 1 期。

⑥ 苏长和：《共生型国际体系的可能——在一个多极世界中如何构建新型大国关系?》，《中国社会科学院国际研究学部集刊》2016 年。

⑦ 夏立平：《全球共生系统理论与构建中美新型大国关系》，《美国研究》2017 第 1 期。

学”发展为独立的学科。“中国周边学”源远流长,在历史上曾表现为“封贡体系学”,经历了近现代的变迁,中国周边地区的政治安全结构发生了深刻变化,建立新的具有中国特色的“中国周边学”刻不容缓,同时提出了急需研究和解决一系列主要框架性问题和可行性建议。①

从中国和国际秩序关系研究来看,上海学者提出西方在全球权力结构中的影响力日益下降,秩序的转型已成为必然②,中国国际战略布局的主要特点则体现为强调顶层设计、共同利益和国际合作。党的十九大作出在中国特色社会主义已经进入新时代的重要判断的基础上,中国当前应该把握趋势,综合施策以构建人类命运共同体。③陈玉刚关注了国际格局的演变,指出西方主导的国际体系已经遭到严重冲击,国际体系正在由一方主导向共商共建转变,而中国凭借高速的经济增长和一系列全球治理理念的提出,将成为全球体系构建的推动者和塑造者。④仇华飞则提出在新兴大国的崛起推动建立公正合理的国际政治经济新秩序的过程中,中国正在发挥引导作用。⑤

从以上国际关系学者的论述中可以发现,无论是提升国际关系中的中国话语权,还是凸显中国在国际秩序中的角色,均反映了当前国际政治经济格局、全球治理体系模式的变化,以及中国作为发展中大国在国际关系理论与实践领域扮演更重要的能力与意愿。在上海各高校、智库、科研院所国际关系学者的共同努力下,“人类命运共同体”“义利观”等具有中国特色的外交思想,以及“一带一路”倡议等大国外交实践,被更为系统的纳入了中国特色国际关系理论的研究中。作为中国特色的国际关系理论,这些新思想、新思路在全球政治经济形势不断变化、全球治理模式不断演进的背景下,将更有针对性地指导中国参与未来的国际关系活动,塑造新的全球政治经济格局与秩序。

二、 大国政治和全球体系变化:地缘和安全交相呼应

依托上海广阔的国际交往平台,大国关系与国际体系长期以来一直是上海学者

---

① 石源华:《开展“中国周边学”研究刻不容缓》,《中国周边外交学刊》2018 年第 1 期。

② 门洪华:《十八大以来中国国际战略布局的展开》,《社会科学》2017 年第 8 期。

③ 徐家林:《世界发展新趋势与中国国际战略新目标》,《国外社会科学》2018 年第 1 期。

④ 陈玉刚:《国际格局演变与中国的全球战略和角色》,《当代世界》2017 年第 9 期。

⑤ 仇华飞:《中国特色世界秩序话语构建的继承与创新》,《中国战略报告》2018 年第 1 期。

在本年度关注的重点。上海学者大多认为大国关系与国际体系的构建应当基于合作与共生。作为研究热点,构建中美新型大国关系是建设新型国际关系的重要组成部分。对于中国周边关系,上海学者重视“中国周边学”作为一门独立学科的发展。同时,党的十八大以来中国周边关系与海洋战略调整仍是上海学者的研究重点。对于区域地缘政治,上海学者不仅关注以“一带一路”为核心的区域地缘政治战略,同时包括北极、网络空间在内的新疆域议题也成为研究热点。除此之外,美国“印太战略”也是上海学者研究的重点。

从国际体系和大国关系的相关研究来看,杨洁勉关注大国周边海洋战略的调整和塑造,认为应在把握时代潮流的大方向和大国关系的总框架的基础上,分析我国周边海洋战略问题的矛盾,结合我国周边外交的新理念,主动塑造我国周边海洋问题的区域合作架构。要特别注意中美关系对于我国周边海洋战略的重要意义,发扬和平合作的传统,推动周边海洋合作成为新型国际关系和人类命运共同体的重要组成部分。①郑义炜认为,目前中国正在由陆海复合型地缘战略向海洋强国战略转型。在“海洋强国”的初始阶段,必须尽力规避或克服内外阻力,阶段性地实现“海洋强国”的伟大目标。而未来中国“海洋强国”的权力定位,即一个区域性的:“海洋强国”,符合中国相当一段时间内的海洋利益。②黄仁伟从历史角度出发分析了中美大国关系的修昔底德陷阱,提出历史上数次守成国与崛起国的交锋都可作为如今中国应对中美关系的经验范本。③刘鸣认为双方应优先解决规范冲突的问题,从而建立起真正的新型大国关系。④夏立平认为,构建中美新型大国关系是建设新型国际关系的重要组成部分。推进包括中美关系在内的大国协调和合作,构建总体稳定、均衡发展的大国关系框架,也是建设新型国际关系的重要组成部分,其中美国在亚太地区的海权联盟体系是美国维持其在该地区主导地位和保持在该地区海上优势的最重要工具之一,特朗普政府“印太战略”将进一步增加中美关系的复杂性和竞争性,中美关系可能经历一段比较困难的时期;于宏源认为资源关系到全球性霸权国家对国际体系的主导和影响,资源体系的转型和周期性变化也是影响大国竞争的要素。有关能源资源的

① 杨洁勉:《新时代大国关系与周边海洋战略的调整和塑造》,《边界与海洋研究》2018 年第 1 期。

② 郑义炜:《陆海复合型中国“海洋强国”战略分析》,《东北亚论坛》2018 年第 2 期。

③ 黄仁伟:《中美跨越“修昔底德陷阱”的历史选择》,《中国社会科学院国际研究学部集刊》2016 年。

④ 刘鸣:《国际规范视域下的中美新型大国关系构建》,《中国社会科学院国际研究学部集刊》2016 年。

相应信息和知识成为大国自身权力体系的重要组成部分,掌握并控制资源分布数据信息和相关的知识创新则成为主要大国增加地缘政治优势的重要着力点。①“一带一路”建设是新型国际关系建设的重点,吴泽林认为地缘经济学对于理解“一带一路”是一个有用的视角。在此基础上,“一带一路”倡议本质上是中国与沿线国家基于特定地缘空间环境开展的功能性合作,遵循功能性逻辑。②

在大国关系与国际体系的研究中,作为全球最重要的双边关系,中美两国关系现状及未来走向、如何构建中美新型大国关系无疑成了上海国际关系学者关注的重点之一。这些研究从共生理论、合作竞争、资源问题等角度分别对当前中美关系进行了解析,并对其发展提供了一定的预测与建议。在周边关系方面,国际关系学者提出将“中国周边学”作为独立学科进行研究,其重要性可见一斑。海洋问题、周边战略依旧是诸位学者在这一领域关注的重点。而随着美国印太战略的提出以及互联网、极地的开发,区域地缘战略也成为上海国际关系学者的研究对象。运用“网络空间”“冰上丝绸之路”等新兴概念与“地缘经济”“边缘地带”等经典理论,上海国际关系学者进一步强化了对区域地缘政治的研究。严骁骁以“韧性”为切入点关注全球安全治理,韧性研究兴起的原因在于自由主义治理的失败。自由主义所带有的“欧美中心主义”因素招致了非西方世界的仇视,并且其失败在西方世界也激起了悲观情绪。韧性研究的话语建构具有清晰的目的性,即反思自由主义价值观造成的一系列困境,追求更为稳健的对外战略。③

三、 全球治理和区域治理研究

党的十九大报告中指出:“全球治理体系和国际秩序变革加速推进……中国将继续发挥负责任大国作用,积极参与全球治理体系改革和建设,不断贡献中国智慧和力量,推动人类命运共同体建设。”全球治理是上海学者长期关注的重点。当前世界互联互通已经成为潮流,在此基础上,中国应当积极参与全球治理已经成为共识。一方面,上海学者主要聚焦于中国在全球治理中的作用,包括制度建设、价值

---

① 于宏源:《霸权国的支撑机制:一种资源知识视角的分析》,《欧洲研究》2018 年第 1 期。

② 吴泽林:《“一带一路”倡议的功能性逻辑——基于地缘经济学视角的阐释》,《世界经济与政治》2018 年第 9 期。

③ 严骁骁:《韧性研究:对安全治理的批判性反思及其超越》,《欧洲研究》2017 年第 2 期。

观推广、地区安全与稳定等方面。另一方面，对安全、网络空间、海洋、气候、经济等具体议题，上海学者也进行了相应的研究。“人类命运共同体”是基于中国传统文化、社会主义理论提出的反映中国特色的价值观念。上海学者聚焦“人类命运共同体”本质内涵进行研究，并同时探索其在联合国、全球新疆域、人工智能等领域中的作用与影响。

“人类命运共同体”发扬了中国传统思想中的“和”的精神，强调“和而不同”。与其他共同体强调身份一致，价值观趋同不同，“人类命运共同体”在处理共同体内部异质性和同质性这一矛盾时采取了更为包容辩证的态度。“人类命运共同体”意识到命运体成员的多样性和多元诉求以及共同体中不同理念之间的张力，但“人类命运共同体”不主张通过消灭异质性的方式来获得共同性，“人类命运共同体”主张通过不同类型，不同理念的成员相互交流，形成尊重多元基础之上的共识，代表了中国新时代特色社会主义的外交理念。郭树勇认为，一个新国际主义的黄金时代正在到来，中国应抓住这一历史机遇，以人类命运共同体为主要牵引，提升国家文化软实力。同时，他否定了例外主义的价值观，认为中国应当坚持国际社会化，在爱国主义基础上增进国际公共精神和新国际主义意识，从合作共赢和理念创新中获得软实力。①张贵洪关注了联合国与人类命运共同体的关系，认为《联合国宪章》是人类命运共同体的基石，人类命运共同体理念是对《联合国宪章》宗旨和原则的传承和创新；联合国事业是人类命运共同体的支柱，维护和平、促进发展和保护人权既是联合国的目标，也是人类命运共同体的价值导向。因此，中国应当加大同联合国的合作力度，全方位构建人类命运共同体。②黄真从内涵、价值和品格三个方面论述了人类命运共同体思想，认为人类命运共同体的本质内涵就是“共存共在、共商共建、共享共赢”，“共存共在”是前提，“共商共建”是方式，“共享共赢”是结果。③从“一带一路”出发，张春认为首先，“一带一路”倡议使人类命运共同体的意识培育从被动和自发转向主动和自觉，从而推动全球治理的认识论变革。④蒋昌建和潘忠岐论述了人类命运共同体对西方国际关系理论的扬弃，人类命运共同体理论体现了很多西方国际关系理论的内容，同时又

① 郭树勇：《新国际主义想象：实现中国软实力升级换代》，《中央社会主义学院学报》2017 年第 2 期。

② 张贵洪：《联合国与人类命运共同体》，《当代世界与社会主义》2018 年第 1 期。

③ 黄真：《构建人类命运共同体思想：内涵、价值和品格》，《中国特色社会主义：实践探索与理论创新——纪念改革开放四十周年(上海市社会科学界第十六届学术年会文集 · 2018 年度)》。

④ 张春：《“一带一路”倡议与全球治理的新实践》，《国际关系研究》2017 年第 2 期。

在很多方面超越了西方国际关系理论,具有强大的生命力。①高奇琦认为,结构失衡和文明冲突是全球治理面临的两大挑战,而人的流动或许是解开两大挑战的钥匙。人的流动的长期发展可以使得发达国家和发展中国家之间的发展要素相对均等化,进而同时促进发达国家和发展中国家的发展。另外,基于人的流动的交流和对话可以在一定程度上消解文明的对立和冲突。

在对于"一带一路"和全球治理关系研究,陈东晓认为当前全球经济治理正面临新旧动能转换及规则竞争加剧等复杂严峻的局面,需要凝聚新共识并激发新的合作动力。以 G20 杭州峰会为标志,中国已经确立了参与并引领全球治理的新方向,正强化内外统筹、机制建设和智力支撑。未来中国要进一步结合自身发展转型的优先领域和节奏步骤,以 G20 和地区机制建设同步推进为抓手,促进全球经济治理体系更加包容、有效。②郭树勇提出全球治理对我国战略机遇期产生新的影响,这一方面对战略机遇期的内涵产生了影响:战略机遇与战略挑战的界限逐渐模糊,战略机遇期的阶段性和交替性逐渐淡化;另一方面,也对战略机遇期的条件变化产生着直接或间接的影响。中国应从东方文明复兴以及中国和平发展的情况出发,重视对全球治理的领导权,并提出未来中国可以采取联合领导的方式实现引领全球治理的任务,只是需要精心设计联合领导的具体方式和架构,并且形成国内国际政策的高度统筹和高度稳定性。③何曜阐述了全球治理体系的内涵和基本结构,包括全球安全治理体系、全球经济治理体系和全球公域的治理体系等。他从权力和权力结构的概念出发,分析了全球治理体系权力结构的变迁,认为非国家行为体的作用在上升,新兴经济体也已成为全球经济治理改革的中坚力量。④门洪华提出应当加强顶层设计,通过建立新型国际关系推动全球治理体系变革。要深化对新全球化的研究,加强国家治理体系建设,明确中国推进全球治理的战略定位,并抓住重点,稳定东亚诉求。⑤苏长和认为,互联互通已成为不可阻挡的世界潮流,关联性的增强也使国内政治更多地出现在国际政治的舞台上,创造了治理和秩序的新可能。在承认主权制度的前提下,国内制度体系

① 蒋昌建、潘忠岐:《人类命运共同体理论对西方国际关系理论的扬弃》,《浙江学刊》2017 年第 4 期。

② 陈东晓、叶玉:《全球经济治理:新挑战与中国路径》,《国际问题研究》2017 年第 1 期。

③ 郭树勇:《全球治理领导权问题与中国的角色定位》,《人民论坛·学术前沿》2017 年第 14 期。

④ 何曜:《全球治理体系的权力结构变迁及启示》,《浙江学刊》2017 年第 3 期。

⑤ 门洪华:《应对全球治理危机与变革的中国方略:兼论新全球化时代的中国历史使命》,《中国战略报告》2018 年第 1 期。

如何影响国际合作与大国关系治理成为重要议题，和谐共生的国际政治文化将引领世界走向新的道路。①

在极地、网络、全球气候变化等领域。杨剑提出极地、深海、网络、外空是人类生存和可持续发展的全球新疆域，集中体现了人类的共同利益和共同关注。当前新疆域治理面临着治理共识赤字等问题。国际社会长时期的和平状态以及非国家行为体的影响使得新疆域治理的差异具备可调和性，也要求更大的包容性，这使得以“人类命运共同体”思想引领新疆域的国际治理成为可能。国际合作是在新疆域治理中践行“人类命运共同体”思想的主要路径。中国积极倡导在新疆域践行“人类命运共同体”思想，在维护和平价值、支持联合国主导等方面做出了表率。②高奇琦认为，作为新一轮的技术革命，人工智能对世界主义具有积极的推动作用。然而，在西方基督教思想的影响下，人工智能又为世界主义的实现带来了全球性整合终结以及大公司垄断的风险。中国学者需要推动中国的传统文化的现代性转化，将中华民族的文化财富带进人工智能时代，为人类的全球治理开辟新的可能。蔡翠红论述了中国参与网络空间全球治理的世界意义，认为提高中国在全球网络空间治理体系中的话语权，有利于推动现有网络空间国际秩序的改革与演变，明确中国在网络空间治理中的行为体角色，增强非传统安全治理能力，并参与到网络空间全球治理的价值观协调过程中。这有利于构建网络空间命运共同体。③于宏源提出全球气候治理的最大特点是参与解决全球变暖问题的主体与手段具有多元化、多层次化特征。全球气候治理是指通过一系列具有约束力的软法和硬法，使主权国家和非国家行为体围绕应对全球气候变化共同目标，实现多元多层次的集体行动，多元行为体之间不同和相互冲突的利益得到调和。于宏源认为以城市为代表的次国家行为体正在全球气候治理领域中发挥着越来越重要的作用。④

不可否认的是，伴随着科技进步带来的全球沟通交流的深化以及超出一国能力范畴的全球性问题的加剧，全球治理的重要性将继续提升。在习近平主席“人类命运共同体”的思想之上，如何提出切实可行的中国全球治理方案，业已成为上海国际关系学者无法绕开的关键问题。在最近两年的研究中，上海学者一方面加强了对于全

① 苏长和：《互联互通世界的治理和秩序》，《世界经济与政治》2017 年第 2 期。

② 杨剑、郑英琴：《“人类命运共同体”思想与新疆域的国际治理》，《国际问题研究》2017 年第 4 期。

③ 蔡翠红：《中国参与网络空间全球治理的世界意义》，《信息安全与通信保密》2017 年第 12 期。

④ 于宏源：《城市在全球气候治理中的作用》，《国际观察》2017 年第 1 期。

球治理体系化、制度化的研究,将其与中国战略、地区发展乃至全球制度结合起来,探寻其更多的可能性;另一方面,网络、极地、深海、太空等新疆域以及对个体健康、个体发展的关注,与传统的安全、气候、能源、资源议题一道,成为上海学者在近两年以及未来的重点全球治理研究领域。

结　语

综上所述,上海学者主要围绕中国话语权与中国和国际秩序研究两方面展开。大国关系与国际体系依旧是上海学者在本年度关注的重点。作为研究热点,构建中美新型大国关系是建设新型国际关系的重要组成部分,上海学者大多认为大国关系与国际体系应当基于合作与共生。全球治理与“人类命运共同体”同样是本年度上海学者主要关注的两大议题。目前世界互联互通已经成为潮流,在此基础上,中国应当积极参与全球治理已经成为共识。“人类命运共同体”是基于中国传统文化、社会主义理论提出的反映中国特色的价值观念,上海学者则聚焦“人类命运共同体”本质内涵进行研究。2017—2018 年度上海国际问题研究领域发展在上海学派理论建设、国际体系与大国关系、全球治理三方面都取得了显著的进展。着眼于国际秩序转型与中国国际话语权建设,“上海学派”在国际关系领域的研究愈加的成熟和体系化。在中国着力于建设新型国际关系背景下,上海学派分析了大国关系的新态势和走向,并将中美新型大国关系作为研究的重点。同时,对于中国周边关系与海洋战略、网络与极地等全球新疆域的研究无不体现了上海学派在治理领域突出的开放性和包容性,他们从宏大的历史视野,为中国参与全球和区域治理提供了新思路。人类命运共同体无疑是中国作为全球性大国的最关键的支撑,也是世界欢迎一个发展中大国的最重要理由。上海学者一方面主要聚焦于中国在全球治理中的作用,包括制度建设、价值观推广、地区安全与稳定等方面。关于安全、网络空间、海洋、气候、经济等具体议题,上海学者也进行了针对性的研究。和平而不是战争,合作而不是对抗,共赢而不是零和,才是人类社会和平、进步、发展的永恒主题。行稳致远、自然渐进、水到渠成地建构人类命运共同体和实施“一带一路”倡议,将推动中华民族伟大复兴的中国梦的实现。

11. 2017—2018 年上海考古学学科发展评议

麻赛萍

（复旦大学文博系）

上海考古学与前两年相比，有对过去工作的继承发展，又有新的亮点和特色，本文将分为七个方面逐一进行介绍。

一、 田野考古发现

2017—2018 年，上海博物馆考古部在青浦青龙镇遗址、奉贤柘林遗址、福泉山遗址、斯里兰卡阿莱皮蒂遗址等地、上海市文物保护研究中心在金山区等地进行了考古发掘，收获颇丰。由于考古收获公布有一定的滞后性，本文暂时只介绍这两年公布的考古成果。

上海市文保中心发布了 2016 年在朱泾发掘金山船舫遗址的收获。2016 年 3 月，由于当地河道整治的需要，上海市金山区朱泾镇待泾村蔡家溇河浜上露出 7 根石柱，经上海市文物局批准，上海市文保中心对该遗存进行了抢救性发掘。经过发掘，考古队确定该遗址性质为清代中晚期船舫遗址，为私家停船的棚子。该遗址出土了大量陶瓷器、金属器和石器等文物，反映了清代江南市镇的生活。该遗址与 2016 年 12 月被确定为金山区文保单位①。

2018 年是马桥遗址发现与发掘六十周年，马桥文化命名四十周年，全国考古学家齐聚上海马桥讨论、庆贺，纪念的是上海考古过去的辉煌。而今，上海考古又迈出了开创性的一步——境外考古。2018 年，上海博物馆考古队与斯里兰卡中央文化基金会（简称 CCF）签署 5 年考古发掘合作备忘录，这是中国博物馆与斯里兰卡文化机构首次缔结联合考古项目。8 月，上海博物馆考古队赴斯里兰卡进行了为期 40 天的考古工作，在阿莱皮蒂遗址发掘中出土了大量中国北宋时期的瓷器及斯里兰卡本地陶片。此次合作是中国与斯里兰卡第一次正式开展合作考古发掘，对于研究海上丝

① 上海市文物保护研究中心、上海市金山区博物馆：《门泊东江万里船——上海金山船舫遗址出土文物》，上海书画出版社 2018 年版。

绸之路贸易路线和贸易方式具有重要意义①。

二、 考古学理论方法的思考与运用

任何学科的发展都有赖于学科理论的研究与指导。中国考古学根源于国外考古学,因此将国外的考古学理论引入中国是其中一部分重要工作。

2018年,《聚落与历史重建——秘鲁维鲁河谷的史前聚落形态》出版②,这是陈淳课题组继《族属的考古》一书之后作为国家重大项目《外国考古学研究译丛》③的又一重要成果。由于这本书在考古学史上有重要的方法论突破④,如何将国外考古学理论运用于国内的实践,是国内考古学家关心乃至疑惑的问题。因此,陈淳在关于戈登·威利一书的述评中,除了将戈登·威利的成就进行介绍之外,更重要的是为国内的聚落考古研究梳理出可资研究和探索的十个议题,从微观到宏观、从局部到整体、从历时到共时不同维度来分析人类的社会、运作及其变化⑤。而另一文章《旧石器时代考古与栖居及生计形态分析》有异曲同工之妙,该文强调我国的旧石器时代考古应引入文化生态学的理论方法,通过墨西哥的研究案例来说明栖居形态和遗址域概念在人地关系研究和农业起源研究中的重要性,并呼吁旧石器时代考古研究的重点应转向人类环境和行为的重建⑥。

陈淳《从考古学理论方法进展谈古史重建》一文则是站在史学发展的视角进行的理论方法的探索。结合国际考古学理论方法的进展,从文献批判精神入手,提出当下的中国古史研究应突破"二重证据法"的简单互证,将考古学从文献史学中"解放"出来,采用考古学和历史学的新范式进行多学科交叉与信息提炼、整合和阐释,在理论指导下重建一部包含生态环境、生计活动、经济贸易、种群、社群等发展过程的整体上古史⑦。

---

① 陈若茜:《上博与斯里兰卡今后五年将联合考古,此前考古发现北宋瓷片》,澎湃新闻,2018年9月11日。

② 谢银玲、陈淳:《聚落与历史重建——秘鲁维鲁河谷的史前聚落形态》,上海古籍出版社2018年版。

③ 陈淳:《族属的考古——构建古今的身份》,上海古籍出版社2016年版。

④ 布鲁斯·特里格:《考古学思想史》,陈淳译,中国人民大学出版社2010年版。

⑤ 陈淳:《戈登·威利〈秘鲁维鲁河谷的史前聚落形态〉述评》,《考古学报》2018年第2期。

⑥ 陈淳、张萌:《旧石器时代考古与栖居及生计形态分析》,《人类学学报》2018年第2期。

⑦ 陈淳:《从考古学理论方法进展谈古史重建》,《历史研究》2018年第6期。

三、 国内考古学分时期研究新进展

（一）史前考古

旧石器时代考古在研究方法上诸多探讨，与新石器及历史时期大相径庭。陈淳、张萌《细石叶工业研究的回顾与再思考》一文，对我国过去细石叶研究所采用的方法论进行了再思考，提出“细石叶社群”的概念，旨在从环境适应和资源利用的角度思考细石叶社群的结构、信息交流和技术知识的互动，深入研究这类技术的发明和扩散的原因，以了解这类技术在当时的文化意义与适应优势①。

宋建长期关注长江下游地区新石器时代考古，他的《良渚——神权主导的复合型古国》通过对玉琮和玉钺使用方式的分析，探讨了良渚古国的权力结构及社会层级关系。他认为，玉琮是神权的物化，良渚古国前期用玉规范，政治结构高度集中；后期用玉规范松弛，政治结构松散，多雄并立②。

贝丘遗址是沿海、沿江地区特殊的遗址形态，我国水域辽阔，海岸线长，千百年来形成了丰富的贝丘遗址，反映了沿海、沿江人民的居住与生业形态以及人与水域的关系。据赵荦《我国贝丘遗址研究述评》，我国的贝丘遗址发掘始于1897年台湾的圆山贝冢，1990年代是贝丘遗址发掘和研究的重要分水岭，受科技考古的推动，关于贝丘遗址的研究逐渐呈现多元化、综合化的趋势③。在全面梳爬国内外贝丘遗址发现、研究基础上④，赵荦对沿海地区贝丘遗址中的人工建筑遗迹进行了分析，她认为，贝丘遗址出现人工建筑是距今7000年到3000年左右人员流动性减弱，开始出现定居的贝丘人的反映，当时所存在的半地穴式、地面和干栏式的建筑反映了不同地域的特征⑤。

（二）历史时期考古

历史时期考古内涵丰富，这两年学者们主要在以下几个方面多有探索。曹峻《小

---

① 陈淳、张萌：《细石叶工业研究的回顾与再思考》，《人类学学报》2018年第4期。

② 宋建：《良渚——神权主导的复合型古国》，《东南文化》2017年第1期。

③ 赵荦：《我国贝丘遗址研究述评》，《福建文博》2018年第1期。

④ 赵荦：《国外贝丘遗址研究略论》，《东南文化》2016年第4期。赵荦：《我国贝丘遗址研究述评》，《福建文博》2018年第1期。

⑤ 赵荦：《先秦时期沿海地区贝丘遗址中人工建筑遗迹试析》，《文物建筑》2017年。

议青铜爵的功能》对爵的功能提出了再思考,她认为从鋬和流口的角度关系、饮用的方便程度、爵的容积角度来看,爵的主要功能仍应是饮酒器,作为温热器应该是其辅助功能①。吕静《中华漆器及漆工艺的域外传播》讨论了从汉代—明清时期中国漆器工艺的传播范围及其对西方社会产生的影响②。

沈岳明根据近年来上林湖越窑遗址新发现的秘色瓷资料、文献材料,明确提出,秘色瓷的烧造地点为越窑的核心区域——上林湖,秘色瓷上的青绿色是通过瓷匣钵装烧、以釉密封制造强还原气氛而产生的效果③,解决了多年来关于秘色瓷来源的学术问题。由郑建明领衔的窑址考古新进展系列文章,对最近二十余年来原始瓷、秦汉至南北朝、唐宋越窑(系)、龙泉窑、北方青瓷、白瓷等窑址分时期、分区域进行了系统的梳理,介绍了各窑址考古发掘的新收获④,方便读者尤其是本领域的初涉者对概况有一初步的理解。郑建明《江南地区战国原始瓷发展与越国的兴衰》一文,透过原始瓷的分期与各时期特征的变化,与越国的兴衰过程相结合,充分论证了原始瓷的轮回与越国过程的高度统一⑤,由此反映了文物背后所反映的文化背景。

在文物保护领域,俞蕙探索和比较了国外进口瓷器修复材料的拉伸强度、抗紫外性能等,认为国内外瓷器修复的基本流程没有大的差异,但修复材料上仍有值得借鉴,如 Hxtal NYL-1 在波长 365 nm 的紫外线照射 78 d 后,色差变化最稳定,Golden Varnish 的抗紫外线性能最佳⑥。

四、 上海文化研究:上海考古的特色

一直以来,关于上海文化的研究多是历史学角度围绕近代史进行的探索。从考古学角度探讨上海文化的成果甚少。这两年在上海大学学者们的关心下,有所突破。

---

① 曹峻:《小议青铜爵的功能》,《三代考古》2017 年。

② 吕静、施宇莉:《中华漆器及漆工艺的域外传播》,《广州文博》2018 年。

③ 沈岳明:《"秘色瓷"探秘》,《东方收藏》2018 年第 1 期。

④ 郑建明:《21 世纪以来的原始瓷窑址考古新发现》,《文物天地》2018 年第 7 期;郑建明:《21 世纪以来的秦汉至南北朝时期瓷窑址考古新发现》,《文物天地》2018 年第 8 期;郑建明:《21 世纪以来的唐宋越窑及越窑系考古的新进展》,《文物天地》2018 年第 9 期;郑建明:《21 世纪以来的龙泉窑考古新进展》,《文物天地》2018 年第 10 期;郑建明:《21 世纪以来的北方青瓷窑址考古新进展》,《文物天地》2018 年第 11 期;邱宁斌、郑建明:《21 世纪以来的白瓷窑址考古新进展》,《文物天地》2018 年第 12 期。

⑤ 郑建明、林毅:《江南地区战国原始瓷发展与越国的兴衰》,《考古学集刊》2018 年。

⑥ 俞蕙:《国外进口瓷器修复专用材料的应用研究》,《文物保护与考古科学》2018 年第 5 期。

张童心《海派视阈下上海宋元墓葬俗文化特征研究》一文，运用历史文献及考古学方法，分析了上海宋元葬俗文化的缘起、演变及类别，总结了上海特有的葬俗文化表征，如随葬图铁牛数量、墓室壁龛位置、墓葬榫卯建筑技术、火葬器物摆设方式等并分析了地理环境、社会风俗、政治经济以及道教信仰等原因①，为探讨东南地区宋元葬俗文明变革提供了借鉴意义。

通过陶瓷考古探讨中国古代对外文化交流问题。王建文《从出土瓷器看青龙镇对外贸易》一文，通过出土瓷器窑口的统计分析，从而了解到青龙镇在宋元时期南北海路交通的要冲，是海上陶瓷之路的始发港，是海上丝绸之路重要的港口②。

五、 科技考古创新高

科技考古是近十年来考古学界炙手可热的话题。之前上海考古在这方面有零星研究成果，而这两年，随着复旦大学科技考古研究院的成立，有了系统地、突破性的发展。

复旦大学科技考古研究院于2017年9月23日正式成立③，在研究院成立当天，来自全国各地的科技考古专家齐聚一堂，举办了学术研讨会。与会专家就科技考古在中国的现状与未来建言献策，勾勒出科技考古发展的五个重心：着重强调考古学指导下的科技手段运用、不同学科间的合作攻关、科技考古方法轮的建设、一专多能新型人才的培养以及考古学的新时代转型。会议还发布了科技考古的六点“上海倡议”④。

从科技考古研究院成立至2018年底短短的一年时间，科技考古研究院取得了可喜的成绩。2018年，袁靖教授所著《中国科技考古导论》出版，该书在目前国内已有5个科技考古方面专著的现状下，能够再掀科技考古研究高潮，在于该书系统地阐释了科技考古的理论、方法和实践，既全面翔实，又突出重点亮点，既有现状成果，又对未来的思考，既有普适性，又有聚焦个案实例，具有独特的创新性⑤。袁靖提出科技考

---

① 张童心、姚庆：《海派视阈下上海宋元墓葬俗文化特征研究》，《浙江师范大学学报》（社会科学版）2017年第6期。

② 王建文：《从出土瓷器看青龙镇对外贸易》，《文汇报》2017年1月13日。

③ 陈静：《复旦大学科技考古研究院揭牌》，中国新闻网，2017年9月23日。

④ 董宁宁：《科技考古的新起点——“复旦大学科技考古研究院成立大会暨学术研讨会”纪要》，《东南文化》2018年第2期。

⑤ 袁靖：《中国科技考古导论》，复旦大学出版社2018年版。

古在考古学领域发挥越来越重要的作用,在所涉及的十二个领域的研究中,应该以考古学研究的目标为指引,以考古学研究的问题为导向①,具体到每一领域,均应仔细斟酌各自所用的方法及能够解决的考古相关的问题。这是在总结现阶段科技考古成果和反思所存在问题基础之上,从宏观角度为当下国内科技考古的发展所提出的目标和期望。

袁靖等《中国家养动物起源的再思考》,探讨了将特定的野生动物驯化为家养动物的动机问题,从中国的情况来看,古人最初驯化动物是一种近乎饲养宠物的娱乐性为,而真正的驯化始于有功利性目的的行为,是驯化者与被驯化者双方的互动,是双方博弈的产物,需要经过长时间、多次反复的渐进式的过程②。

王荣在国际著名杂志《Antiquity》上发表了论文。该文章通过多学科的论证过程,发现透闪石经过火烧后形成透辉石,首次为玉器火燎祭祀找到了科学依据,为甲骨文记载找到了确实的实物证据③。此项研究在整个国际学术界均引起了重视,影响非常大。王荣等采用拉曼光谱、X-荧光光谱、显微镜和测色计对山东沂水纪王固一号春秋墓出土玉器和料器进行无损分析,分辨出透闪石玉器 76 件,玛瑙器 7 件,绿松石器 1 件,釉砂器 8 件。文章还对这一批玉器的生产工艺进行了探讨④。潘坤容等拉曼光谱、SEM 和能谱等对六安双龙墓群出土西汉黑陶进行成色机理分析,结果表明,黑陶样品的呈色机理是胎体表面被均匀地涂饰了一层由生漆和炭黑组成的黑色物质,对了解黑陶制作工艺的发展有一定的补充作用⑤。

诚如科技考古的初衷:用科技考古的方法和成果,可以解决文化交流上的问题。袁靖《公元前 3000 年至公元前 1500 年中西文化交流的考古学研究及思考》一文,通过近些年动植物考古和冶金考古所取得的成果,阐明了距今 4000 年左右家养动物、种植农作物和青铜礼器等新的生产力进入黄河流域后,对中华早期文明的形成与发

---

① 袁靖:《科技考古的思考》,《江汉考古》2018 年第 4 期。

② 袁靖、董宁宁:《中国家养动物起源的再思考》,《考古》2018 年第 9 期。

③ Wang, R; Wang, CS; Tang, JG. A jade parrot from the tomb of Fu Hao at Yinxu and Liao sacrifices of the Shang Dynasty. Antiquity, 2018, 92(362):362—382.王荣、王昌燧、唐际根、杜金鹏:《殷墟妇好墓部分玉器的科学分析与探讨——兼谈玉器火燎的相关问题》,《夏商玉器及玉文化学术研讨会论文集》,岭南美术出版社 2018 年版,第 335—354 页。

④ 王荣、郝导华、尹纪亮:《沂水纪王固一号春秋墓出土玉器和料器材质与工艺研究》,《江汉考古》2018 年第 1 期。

⑤ 潘坤容、王荣、姚政权:《六安双龙墓群出土西汉黑陶成色机理研究》,《文物保护与考古科学》2018 年第 1 期。

展所产生的巨大的推动作用①。秦小丽《陶器研究方法的新视角》一文,首先对陶器的残留物分析、使用痕迹分析和陶器压痕的观察与研究等方法做了简单介绍,然后就这些方法在中国考古学中的运用成果进行了总结、评价及与欧美、日本的比较,最后进行了展望②。该文最终的立意在于通过科技考古的手段,解决了器物功能研究的问题。

为了加强科技考古研究方法的普及,复旦大学科技考古研究院举办了复旦大学夏季集中式授课课程“中国科技考古的发展与前沿研究”(简称复旦 Fist 课程),通过组织全国各科技考古领域顶尖的专家,在短时间内通过高强度、无门槛式的授课,促进交叉学科研究,推动新时代考古学的发展③。

六、 考古展示:上海考古新亮点

这两年上海考古的一个新特点是将考古发掘与展示相结合,发掘后即展示,边展示边深入研究,符合当下提倡公众考古的趋势。例如上海市文物保护研究中心发掘的金山船坊遗址,发掘刚刚结束便在金山博物馆进行了展览,引起了社会民众的广泛关注④。

复旦大学文博系高蒙河团队主持了良渚博物院的策展工作,对考古展示的理念进行了探索。通过良渚博物院的改陈探索,高蒙河提出从“良渚全考古”到“良博全展示”的观点,他认为,良渚的展示除了依靠文物本身或图文所呈现和传递的信息之外,可以采用其他诸如过程性展示、功能性展示、复原性展示、对比性展示、演变性展示、场景性展示等手段,全面、全方位地讲好良渚故事⑤。现下,复旦大学文博系考古领域的老师还受委托正在策划陕西省考古博物馆、湖北省博物馆三峡展等国内重要考古展览的策展工作,这意味着考古学家主持考古展示工作已进入正轨并得到了学

① 袁靖:《公元前 3000 年至公元前 1500 年中西文化交流的考古学研究及思考》,《九三论坛》2018 年第 1 期。

② 秦小丽:《陶器研究方法的新视角——陶器功能与食生活方式的新进展与展望》,《“东亚陶器技术与社会”研讨会论文集》2018 年 11 月,韩国全州大学文化人类学科。

③ 董宁宁:《固本培元　锐意创新:复旦 Fist 课程“中国科技考古的发展与前沿研究”》,《中国文物报》2018 年 9 月 7 日。

④ 金山博物馆:《门泊东江万里船——金山船舫水下考古特展》,金山博物馆微信公众号。

⑤ 高蒙河、宋雨晗:《从“良渚全考古”到“良博全展示”——以良渚博物院 2018 年改陈策展为例》,《东南文化》2018 年第 6 期。

界的肯定。

良渚博物院的改陈获得较大成功,其中一个重要原因在于近十年良渚的考古发掘已经将“边发现、边研究、边保护、边利用、边传承”的“五边一体”变成一种工作常态,值得上海市乃至全国其他省市的考古同行借鉴。

七、 文化遗产保护与利用

上海系统的文化遗产研究虽然仅起步于2016年,但在文化遗产价值理论的探讨、古村落保护、石窟寺保护、非物质文化遗产保护等领域均取得了重要成果。

对于文化遗产的讨论与衡量,其关键概念在于“价值”一词。无论是世界遗产还是国家、省、市、县级遗产,均通过价值来衡量其重要性,以决定其能否进入相应的名录。赵晓梅《世界文化遗产多层级价值整合的重要性与研究方法》强调了世界遗产应当兼顾国际、国家、当地与社区层级的价值,因此,在研究分析遗产地时,应采用价值整合的方法来协调保护与发展的路径,特别应当鼓励遗产地居民参与文化遗产管理当中①。

传统村落的发展与振兴问题是近些年文化遗产研究领域关注的重要问题,对于村落的价值判断、保护利用方式等直接影响村落保护的效果。复旦大学国土与文化资源研究中心近些年受住建部委托一直关注这一问题,从理论和实践层面分别进行了探索和研究。从理论层面看,无论是哪种类型的文化遗产,对于他们的保护均应从价值判断开始②,传统村落保护的核心问题是如何让人认识到传统村落的价值③。而文化遗产的价值,首先应是满足人们的精神需求,只有这样,才能更好地认识和理解遗产的复杂性和文化的多样性,只有在文化遗产精神力量的支撑下,保护文化遗产之路才能走得更远④。

石窟寺考古方面,王金华《我国石窟寺保护现状及发展探析》对我国石窟寺的现状与问题进行了总结与思考,提出今后石窟寺的保护工作应加强基础研究,重视本体保护和预防性保护,积极开展石窟寺窟檐保护研究和示范工程⑤。

---

① 赵晓梅:《世界文化遗产多层级价值整合的重要性与研究方法》,《东南文化》2018年第3期。

② 杜晓帆:《价值判断是“活化”文化遗产的前提》,《小康》2018年第1期。

③ 复旦大学国土与文化资源研究中心:《传统村落如何再生》,《小康》2018年第30期。

④ 杜晓帆:《文化遗产首先应满足精神需求》,《人民日报》2018年6月13日。

⑤ 王金华:《我国石窟寺保护现状及发展探析》,《东南文化》2018年第1期。

非物质文化遗产是我国文化遗产的重要组成部分，由于其活态、非物质化的特点，在保护过程和保护方式上与物质文化遗产有所不同，如何有效地保护非物质文化遗产是这些年国家在努力解决的重要问题。吕静《“非遗”传承人保护政策的再思考》一文针对现行非遗传承人保护政策树立精英式传承人的特点，指出应关注普通传承人，促进民间自发传承机制，加强法规保护和产权意识培养，推动社会民众与传承人共同保护优秀非遗的良性增长的动议①。

八、上海考古进展述评

2017—2018 年，上海田野考古的新高度在于将上海市的考古工作纳入到了海上丝绸之路的大背景和大环境下进行考量，呈现出境内外考古相结合、陆地与水下考古相结合的模式，紧跟当下国家文物局关于中国考古发展的新导向，与其他文物考古大省并驾齐驱，取得了丰硕的成果。

考古学理论的探索方面，这部分研究的一个重要进步在于能够在国外理论与国内实践相结合，根据国内考古的特点，给予一些研究方向上的建议，一定程度上给国内考古学的探索引入了新的方法。

复旦大学科技考古研究院举办的系列活动及相关专家的论著成果，一个非常重要的导向便是引导和培养科技考古领域的人才，符合高校人才培养的特点，是一年前科技考古研究院成立之际提出“上海倡议”的实践，具有大局观、发展观。

上海考古学在考古展示、以考古视角对上海文化研究以及文化遗产领域的探索均具有开创性。可以说，全国考古展示的第一块招牌在上海，上海文化的考古学研究在上海。文化遗产领域既有对“价值”理论的思考与探索，又有对不同类型遗产的保护实践；既有对过去遗产保护经验的思考总结，又有对未来遗产保护的建议和期望。

2019 年新年伊始，国家文物局再次传来好消息，复旦大学被授予考古发掘资质②。这意味着上海有团体考古领队资质的单位增加，上海考古力量更加强大，期待着上海的田野考古在下一年度有更大的收获。

---

① 吕静、薄小钧：《“非遗”传承人保护政策的再思考》，《东南文化》2018 年第 6 期。

② 《国家文物局关于公示考古发掘资质单位的通知》，国家文物局网，http://www.sach.gov.cn/art/2017/218/art_1966_137108.html。

12. 2017—2018年上海外国文学学科发展评议

戴从容

(复旦大学中文系)

上海外国文学界这两年在表面的平静下发生着重要变化,也面临着转折性的挑战。值得庆幸的是,很多上海学者已经认识到这些时代性的变化,一方面重新审视学科定位,另一方面继续推动本学科与其他学科的交叉融合,以及在国际上的影响力。

一、外国文学

(一)专业定位与机构建设

2017年3月26日,上海市外国文学学会召开成立大会。这是继1957年外文学会成立之后,又一个得到行政认可的外国语言和文学领域的学会。学会挂靠在上海外国语大学,目前有会员单位14家,会员近400人。现任会长为上海外国语大学李维屏,副会长为上海外国语大学乔国强、复旦大学张冲、上海交通大学彭青龙、同济大学李杨、上海社科院任一鸣、华东师大袁筱一和上海师范大学朱振武,秘书长为上海外国语大学张和龙。学会的宗旨是广泛联系本市从事外国文学研究、教学和翻译的人员,开展外国文学的翻译、研究和学术交流工作。这一宗旨表明,上海的外国语言与文学界已经从过去外语系的以语言研究为主,向文学研究和翻译研究转向。这在一定程度上反映了国内英语水平普遍提高之后,高校英语系从过去的语言学方法为主向文学研究方法为主的转变,这将使外文系的学科定位与中文系外国文学教研室的外国文学研究方法发生更大幅度的重叠。两个学术团队如何调整研究重心,发挥各自的特长,必将成为未来若干年上海外国文学学科规划的一个重要议题。

事实上,英语专业目前面临的困境和挑战已经引起了上海外国文学界的热烈讨论。2018年11月,《文汇报》刊发《英语专业是否是"对不起良心的专业"? 复旦学者:"病得不轻"》一文,复旦大学蔡基刚对目前全国英语专业的过多设置提出质疑,建议向专用英语转型,培养新工科的复合型人才。复旦大学曲卫国很快在网上做出反驳,但他同时也承认英语专业确实到了重新考量自己的学科定位的时候了。上海外国语大学查明建则在《当代外语研究》上发表《当代英语研究的困境与出路》一文,提出这一问题主要出在英语专业的学科观念和专业意识不够明晰，将英语专业简单等同于学英语。不过对于蔡基刚主张的复合型人才，查明建认为同样未走出功利主义和实用主义的思维模式。他建议与中文专业一样，英语专业的学生在入学时就应已具备英语语言技能，专业学习则应以人文领域更广泛的知识学习和人文素养培养为主，从而将英语专业从实用性教育为主转向人文素养培养为主。

上海市外国文学学会成立后，2018 年 11 月召开了“外国文学的命运共同体书写”专题研讨会。复旦大学张冲强调“人类命运共同体”实质上是“shared humanity”，即人类与人类社会共同拥有的最根本的价值观和最普遍的道德观。浙江省外国文学学会会长殷企平提出幸福伦理是共同体研究的困境，也是通向共同体的钥匙，基于情感文化的责任感是理解幸福伦理和共同体之间关系的关键。

此外，为了进一步推动中国外国文学研究的发展，彰显新时代中国外国文学研究的学术自信，为构建中国特色的哲学社会科学话语体系贡献力量，上海外国语大学发起设立“中国外国文学研究高峰论坛”。“论坛”由我国外国文学研究领域的知名学者组成“专家委员会”，包括李维屏、乔国强、虞建华、郑体武等上海学者，秘书处设在上海外国语大学。“论坛”将每年举办一次学术会议，探讨外国文学研究领域的热点问题、前沿理论和发展趋势。首届论坛于 2018 年 12 月 26 日在上海外国语大学召开，议题为“我国外国文学研究现状：热点问题和发展趋势”。上海外国语大学校长李岩松、中国社会科学院外国文学研究所所长陈众议、中国高等教育学会外国文学专业委员会会长刘建军、中国外国文学学会副会长聂珍钊、浙江省比较文学与外国文学学会会长吴笛等出席。

2018 年 8 月 25 日，上海师范大学外国文学研究中心揭牌仪式在上海师范大学徐汇校区举行，同时召开中国首届非洲英语文学专题研讨会。开幕式由上海师范大学比较文学与世界文学学科带头人朱振武主持，资深翻译家郑克鲁及《中国比较文学》主编谢天振为研究中心揭牌。郑克鲁在致辞中指出，非洲英语文学在中国仍受轻视，研究基本上还是空白。谢天振提出我国的外国文学研究到了一个新的发展阶段，即跳出国别、语种的界限，以世界文学的眼光做研究，而非洲英语文学研究正打破了原有的局限。上海外语教育出版社社长孙玉指出，目前小语种再度成为热门，在一定程度上推动了非洲文学越来越受到重视。上海交通大学王宁指出，研究非洲文学不能只关注英语和法语，还要对当地语言有所了解，对即将濒临消失的语言要给予关注。

该中心主任朱振武不仅大力推动外国文学新领域的研究，也积极加强团队建设。

2017年朱振武带领十余位学者集体撰写了《汉学家的中国文学英译历程》一书,通过对英、美和澳大利亚共21位英译中国文学的汉学家的生平、翻译作品的总体情况和翻译策略特别是翻译互动的研究,提出中国文化要走出去,要摒弃单纯的文学思维,重视政治因素,培养市场思维,推出那些有文化自觉和创作自觉的优秀的民族文学作品。2018年朱振武又组织十余位学者撰写《美国小说:本土进程与多元谱系》一书,对美国文学从典雅到乡土和本真的发展和演变过程,对美国文学中的非洲裔、犹太裔、亚裔和拉美裔的各种族裔文学谱系,以及后现代、大众文学、生态谱系、政治谱系等文本内和文本外的多元谱系进行了研究。

(二)学术会议

2017年4月21—22日,第六届英美文学国际研讨会"个体、社区与世界主义"在上海外国语大学召开,来自美国、英国、法国、德国、荷兰、印度、巴基斯坦和国内20多个省市的近500名学者参加了会议,就英美小说、诗歌、戏剧、比较文学、英语文学翻译、文学教学和文学理论等领域展开交流和探讨。在世界格局徘徊于是否要走向全球化之际,对个体、社区和世界之间关系的讨论尤其具有历史意义,而文学又赋予这一原本在政治和经济领域略显紧张的话题一个新的想象空间。

2018年8月24日,《英美文学研究论丛》主办、上海外语教育出版社协办的"国际视野与中国话语"学术论坛在上海外国语大学召开,来自全国各地的60余名专家学者参加。《英美文学研究论丛》于2007年入选CSSCI来源集刊目录,成为我国外国文学类核心集刊中唯一的国别文学研究刊物。上海师范大学郑克鲁肯定了《论丛》过去的成绩,指出国际视野的拓展和中国话语的建构,需要中国学者在具体研究中稳扎稳打,尤其是做好对经典作家作品的深入考察。在这个过程中,文学刊物需要发挥导向性作用,针对关键问题、热点问题,以约稿、组稿等方式体现鲜明的办刊特色。

(三)科研成果

2018年4月,上海外国语大学李维屏、张琳等著的《美国文学思想史》由上海外语教育出版社出版,这是李维屏和乔国强主编的"美国文学专史系列研究"丛书的第一部。该系列研究是我国第一套美国文学史专题研究丛书,包括《美国文学思想史》《美国文学批评史》《美国短篇小说史》《美国女性小说史》和《美国印第安文学史》五部专著,入选2018年上海市文教结合"高校服务国家重大战略出版工程"。《美国文学思想史》以文学运动和理论流派的更迭为框架,梳理了美国文学思想体系的形成和沿革,用中国学者的视角剖析了美国文学史上的清教主义、启蒙主义、浪漫主义、现实主义、现代主义、后现代主义、女性主义、后殖民主义和生态主义等文学思潮的内涵和意义，以及在文学作品中的美学表征。该书表现出较强的问题意识，对在更大的社会、政治、经济、文化、伦理和习俗的背景下系统理解美国文学有重要参考价值。

2017年，三联书店出版了复旦大学王升远的《文化殖民与都市空间——侵华战争时期日本文化人的"北平体验"》一书，这是王升远2005年揭开的对日本战争文学和侵华文学系统性研究的又一成果。该书以问题连缀，文史互证，在中日互动的关系场域内去检视19世纪北京如何成为日本人的话语实践和政治构想的场所，以及在日本成为"国民国家"乃至"国民帝国"中所起的作用。该书的多极视点有助于厘清一些过去争议不决的问题。随后，王升远的"战后日本文学界的战争责任论争及其思想史位相"获得2018年国家社会科学基金重点项目的资助。该课题已发表的部分研究成果，如发表于《外国文学评论》的《对"明治一代"的追责与"大正一代"的诉求——〈近代文学〉同人战争责任追究的细节考辨》显示出文史研究相结合的广度和深度，体现了该课题突破传统中日战争研究中对战争前后时段、文学与其他领域、日本与其他国家、人物的言与行等方面的割裂，从史料中探求战后日本思想演进的内在逻辑的独到尝试。

上海外国语大学乔国强2017年的《叙说的文学史》则运用叙述学的概念和方法来讨论文学史的本质性问题及其属性，开启了文学史研究从关注文学史的"内容"，向关注文学史的"叙述"的转变，从而揭示出传统被认为由客观史料组成的文学史依然是一种叙事，只不过很多时候是一种集体叙事。乔国强认为，文学史的虚构主要体现在两个方面：一是文学史叙事的构建与意义产生的方式，如文化传统、社会现实、时代精神、审查制度等对文学史作者的影响；二是对作家、作品、文学事件的遴选和评价标准。不过，乔国强在一篇被2017年"人大复印资料·文艺理论"选用的《论文学史的三重世界及叙述——对文学史内部构建的理论探讨》文章中提出，文学史是一个交叉融合了真实与虚构的世界，这个世界包含虚构世界、真实世界、虚构与真实因可通达而相关联的交叉世界，是这三重世界形成了文学史的独特集合体。

华东师范大学王嘉军近两年对法国哲学家列维纳斯做了全面研究，涉及他的哲学思想、文学评论、伦理思想、语言观等多个方面，推进了国内对列维纳斯的认识。王嘉军尤其通过对列维纳斯的研究，揭示出法国当代思想发生的伦理学转向。在发表于《哲学动态》2018年第9期的《列维纳斯与法国当代思想的"伦理转向"》一文中，王嘉军指出从20世纪70年代开始，随着政治浪潮的结束，法国思想界发生了被称为

“由毛到摩西”的转向,在这个过程中,列维纳斯的犹太哲学以及他提倡的“他人的人本主义”起了重要推动作用,并且与传统的人本主义区分开来。列维纳斯这种尊重极端他性的伦理学对德里达、利奥塔等当代重要思想家都产生了影响,但也受到朗西埃和巴迪欧等人的批判。

总的来说,上海外国文学的发展已日臻成熟。华东师范大学陈建华主编的12卷《中国外国文学研究的学术历程》在2018年获得上海市第十四届哲学社会科学优秀成果奖·著作奖一等奖,上海外国语大学乔国强2018年发表的《1978—2018:外国文学研究40年的回顾与反思》一文被《新华文摘》和人大复印资料转载,都预示着对外国文学的反思基本完成。与此同时,上海外国文学学会的成立则表明上海外国文学界开始凝聚群体的力量,外国文学研究有望进入崭新的阶段。

二、比较文学

(一)学术会议

2018年10月20日,上海市比较文学研究会召开第十二届会员大会暨学术年会,这也是上海市社联第十二届学会学术活动月主题活动之一。来自复旦大学、华东师范大学、上海交通大学等沪上17所高校和科研院所的140位师生参加。比较文学研究会会长宋炳辉作了第十一届理事会工作报告,审议通过了工作报告和财务报告、学会新章程的修改意见,投票选举产生了新一届理事会及领导班子,上海外国语大学宋炳辉任会长,上海师范大学刘耘华、上海译文出版社吴洪、复旦大学杨乃乔、上海大学陈晓兰、上海社科院任一鸣、同济大学孙宜学、华东师范大学范劲任副会长,陈晓兰兼任秘书长。学术研讨会则围绕中外文学关系、中西比较诗学、翻译研究、比较文学跨学科研究、比较文学学科理论探讨、海外华人文学与海外汉学、世界文学与国别文学研究、旅行写作研究等议题展开了热烈讨论。

2017年11月25—26日,复旦大学中文系比较文学专业主办了“复旦中文百年庆典跨界工作坊:文学与美术、音乐、戏剧、电影的对话”,来自复旦大学、上海音乐学院、上海戏剧学院、上海师范大学、北京大学、中国艺术研究院、中国美术学院、中央音乐学院、中央戏剧学院等20余位学者参加。学者们打破学科壁垒,就文学与艺术各门类的跨界问题展开探讨和交流,涉及文学、哲学、书法、美术、音乐、戏剧、电影等多重维度。复旦大学杨乃乔指出,新音乐与当代艺术均是在激进的艺术观念上对传统艺术观念进行反动,学院体制却对当代音乐和当代艺术一个接受一个拒绝,正是因为当代音乐在形式上不是反音乐本质的,当代艺术则在形式坚持绘画的反本质主义立场。

2018 年 10 月 26—28 日,在西班牙格拉纳达大学文学理论与比较文学系雷林科、复旦大学中文系杨乃乔和复旦大学西班牙语系程弋洋的共同推动下,中西学者在复旦大学中文系联合举办了“中西诠释学与经典诠释传统”国际学术工作坊,来自中国 11 所大学和来自西班牙、德国 4 所大学的学者参加了会议,就中国经学诠释学、中国经典诠释传统、西方诠释学的研究进行了深度交流。这是两国学术界第一次使用西班牙语为工作语言的大规模学术研讨会,西班牙学者通过此次会议了解了中国汉语学术文化传统的厚重与智慧,对此深表赞叹。会议结束后一个月,习近平主席访问西班牙并在西班牙《阿贝赛报》发表署名文章,其中专门提到雷林科对中西两国文化交流所做的重要贡献,雷林科也得到习近平主席及夫人彭丽媛、费利佩国王及夫人的接见。可以说,在一定程度上,此次学术工作坊对推动中国与西班牙两国学术交流有着重要意义。

(二)科研成果

复旦大学陈思和的《有关 20 世纪中国文学史研究的几个问题》一文获得 2018 年鲁迅文学奖、上海市哲学社会科学优秀成果论文一等奖。该文虽然着眼于现当代中国文学史研究,却借鉴了外国文学中关于先锋文学的理论和视角,从而对中国 20 世纪文学做出了更深刻透彻的理解。与常见的用西方理论分析中国文学的比较文学文章不同,陈思和充分认识到中国文学的先锋性中所包含的特殊时代民族特征,扎实厚重地分析了新文学运动如何从一个具有先锋因素的文学思潮,随着 20 多年融入各种各样的文学因素和文学潮流,汇集成为文学主流,原有的先锋精神也逐渐被消解。论文本身反映了比较文学视野对理解中国现当代文学的重要性,并提供了比较文学研究中真正将中西视野融会贯通,而非生搬硬套的杰出范例。

复旦大学杨乃乔长期从事中西诠释学研究,编著的《比较经学:中国经学诠释传统与西方诠释学传统的对话》于 2018 年由上海人民出版社出版,这是 2016 年复旦大学中文系举办的“中西比较经学:中国经学诠释传统与西方诠释传统的对话”国际学术工作坊全部论文的结集。该论文集主要借鉴西方诠释学传统及理论,挖掘中国汉语《十三经》注疏传统中的诠释学思想,同时也涉及对西方诠释学传统及其理论的设问、研究与回答。

上海外国语大学宋炳辉长期关注弱势民族文学在中国的译介,2017 年由北京大学出版社出版了《弱势民族文学在现代中国:以东欧文学为中心》一书。该书不但一改中国比较文学长期将注意力聚焦欧美发达国家文学这一偏向,将弱势民族文学在中国文学现代化进程中所起的作用纳入视野,而且看到了东欧文学在中国现代文学形成过程中所起到的镜像作用,以及对勾勒中国现代主体意识的全貌具有的重要意义。

华东师范大学朱国华2017年发表的《两种审美现代性——以郁达夫与王尔德的两个文学事件为例》,以郁达夫的《沉沦》和王尔德的《道连·葛雷的画像》引发的文学事件为切入点,深刻分析了中英不同的审美现代性。文章借助文化研究的视野和方法,指出郁达夫及其盟友将正常的文学争鸣构建为新旧两派的交锋,暗合了创造社在事件化中谋求符号利润的策略。相反,王尔德是因为对布尔乔亚习性的批判而成为晚期维多利亚社会的众矢之的的,他的锒铛入狱说明了审美现代性在19世纪欧洲所具有的独立性和反社会性。文章从文化批评的视角,返回历史语境对中西概念加以细致辨析,体现出比较文学不仅在研究对象上,而且在研究方法上跨界的可能性。

2018年,上海大学陈晓兰的《美国印象——中国现代旅美游记选编1912—1949》在复旦大学出版社出版,这是她同年结项的教育部哲社科规划基金项目“民国时期旅美游记文献整理与研究”的最终成果。民国时期出版的旅美游记单行本近50部,此外还有刊载于《申报》《大公报》等各大媒体的数以百计的散篇,该书对这些资料进行了全面的收集整理。而且由于美国建国的历史和独立自主、国富民强的“神话”在民国时期的旅美游记中被视为现代中国转型的榜样,也成为评价当时中国政体和社会现状的标准,因此通过旅美游记了解美国的乌托邦形象在中国现代性构建中所起的作用,是反思中国现代观念的必不可少的一环。

三、翻译研究

2017年,复旦大学范若恩和戴从容主编的《复旦谈译录》由三联书店出版,这是复旦大学文学翻译研究中心创办的重要文学翻译研究集刊,陈思和为《复旦谈译录》作序。第一辑的作者包括陈思和、陈引驰、王宏志、陈德鸿、杨承淑、Marcus Nornes、洪昔杓等23位知名学者,集中展示了复旦大学文学翻译研究中心自过去三年的学术成果。翻译研究中心在复旦大学和复旦中文系的大力资助下于2013年建立,汇集国内外三十多位一流的翻译和比较文学研究学者。中心推出《复旦谈译录》的目的在于继承复旦百年文脉，为海内外学者和译者提供交流的平台，促进翻译研究和中外文学翻译的繁荣。

2018 年 9 月 28 日，上海外国语大学英语学院召开了“中国现当代文学在海外的译介与接受”国际研讨会，国际知名汉学家葛浩文等 130 余名海内外中国现当代文学、翻译学、外国语言文学等领域的专家学者汇聚一堂，共同探讨中国现当代文学在海外的翻译、传播和接受现状，以及中国现当代文学海外经典化的有效途径。会议尤其讨论了“忠实的限度”这一翻译界重要但也莫衷一是的问题，与会学者结合中国现当代小说翻译过程中积累的丰富例证，探讨了如何看待“译作优于原作”“创造性翻译”是否违背译者天职等问题。

2018 年 11 月 2 日，上海翻译家协会主办的第 27 届金秋诗会《中国：异域想象》在文艺会堂召开，除几十位翻译家外，300 余名市民也参与了这一盛会。上海翻译家协会主办的“金秋诗会”是中国现存延续最久的经典诗会之一。本届诗会的正式演出包括四个乐章 14 首诗歌，作品来自英、美、法、日、俄、爱尔兰等多个国家的著名诗人，有的表达了对中国古老文明的美好向往，有的从中国艺术获得灵感和人生感悟。诗会后举办了题为《西方古典音乐和诗歌的中国元素》和《西方园林宫殿和诗歌的中国元素》的文学导赏讲座。

近 20 年来，“中国文化走出去”战略催生了一系列翻译出版工程，上海同样是这一战略的主力军。但是正如上海外国语大学谢天振 2017 年发表的《本土化：跨文化交流的基本规律——兼谈中国文化“走出去”的两个误区》一文指出的，目前一些人主张外译作品的选目应由中国决定，国外译者不应删减中文原著，其实是因为对翻译活动的特殊规律不了解，以及把文化外译与对外宣传混为了一谈。在译入国尚无强烈意愿接受译出国文化的情况下，通过“本土化”策略使译入国的受众对所译文化乐于接受，是历史上的普遍现象。上海外国语大学查明建在 2018 年发表的《比较文学与中外文化交流》中进一步提出，“中国文化走出去”战略的文化对话意识、问题意识和理论探讨都有不足，他因此提出加强对中外文化的异质性与可通约性、文化选择与接受的规律、中国文化的“世界性因素”、中国及中国文化海外形象形成性等方面的研究。

四、海外汉学

2017 年，复旦大学讲座教授王德威在哈佛出版了《新编中国现代文学史》，由于与传统的中国现代文学史的编排有很大不同,引起了学界比较大的震动。《南方文坛》2017 年第 5 期发表了王德威的导言《"世界中"的中国文学》,同时还发表了复旦大学陈思和的《读王德威〈"世界中"的中国文学〉》等国内著名现代文学专家的评论。陈思和在评论中尤其强调了该文学史所采用的"世界中"方法,即将文学的历史视为一个复杂的、涌现的过程,在这个过程中持续更新现实、感知和观念,从而建立起文学史的"开放"状态。文学史书写在方法论上的这一变化,正是欧美当代思想和理论变化的结果。

华东师范大学范劲 2018 年在《文学评论》上发表了《"文学中国"的内在结构——德国的中国文学史书写》一文,这是他同年结项的国家社科基金项目"'文学中国'的域外发生——德国的中国文学研究史论"的部分成果。对中国的兴趣和关注如何渐渐凝聚为德国汉学、中国作家在德国的经典化过程、德国汉学的日耳曼学起源及其对当代汉学流行观点的影响、东德汉学家的中国现代文学研究与民主德国的官方路线和对华政策的内在关联等,都在范进这里得到了厚重的探讨,对于更加深入地理解海外汉学有重要价值。

总之,2017 年和 2018 年对上海市外国文学学科很可能是重要转折的两年,学术研究在不断深化的同时,也面临着如何取得本质性的突破,进入新的发展阶段。在这方面,上海外国文学界应该一方面根据国际学术研究方向的变化,调整本学科的定位和发展方向,让外国文学研究有一个更灵活和广阔的研究空间;另一方面海纳百川,真正将上海市外国文学领域的人才整合在一起,通力合作,谋求在国际学术界的引领地位。

13. 2017—2018 年上海中国文学学科发展评议

曾　军　汪一辰

(上海大学文学院)

一、古代文学

2017 年、2018 年两个年度中,古代文学既注重对中国古典文学自身的探索考察,也尝试运用学科话语介入当下问题,在文本与文论、文学与文化的双维度上进行活跃的“古/今”互动,取得了系列成果,彰显出中国古典文学强大的生命力与自信力。

第一,是聚焦文学史,探索文学史中重要问题,丰富文学史研究方法、完善文学史链条。其一,转向近代、重视晚晴至民国的文学样式及其形态变迁是古代文学领域研究的新兴方向之一,体现了沪上学者弥合“古典文学”与“现代文学”的自觉、建构中国文学史完整体系的目标。陈大康《论近代小说》(《文学评论》2017 年第 4 期)、《论近代小说转载现象》(《文化遗产》2017 年第 4 期)、《通俗短篇小说的兴起、衰落与复兴》(《华东师范大学学报》2018 年第 2 期)系列论文,深度考察了小说文体的发展样式。宋莉华以互鉴的视角考察这一时期中外文化交流,如《理雅各的章回小说写作及其文体学意义》(《文学评论》2017 年第 2 期)、《近代传教士对才子佳人小说的移用现象探析》(《文学遗产》2018 年第 4 期)。曹辛华《民国词史考论》(人民出版社 2017 年版)、《民国旧体文学研究(第二辑)》(国家图书馆出版社 2017 年版)聚焦于民国时期的旧体文学(主要是民国词)的梳理、研究,补充了以往学界对该领域关注的不足。其二,对中国文学的“叙事/抒情”传统问题的深入考察,进而尝试对中国文学的特质进行整体归纳。董乃斌《中国文学叙事传统论稿》(东方出版中心 2017 年版)从中国诗歌、古典小说、古代文论三大领域勾勒出中国文学叙事传统的问题域,其他学者成果还有谭帆《“叙事”语义源流考——兼论中国古代小说的叙事传统》(《文学遗产》2018 年第 3 期)、饶龙隼《明代人物诗传之叙事》(《文学评论》2017 年第 5 期)、李孝弟《叙述学发展的诗歌向度及其基点——关于构建诗歌叙述学的思考》(《外语与外语教学》2017 年第 4 期)。与“叙事传统”互为补充的“抒情传统”研究呈现细微化趋势,如陈建华《抒情传统与古今演变——从冯梦龙“情教”到徐枕亚〈玉梨魂〉》(《文艺争鸣》2018 年第 10 期)、汤拥华《作为文/学的理论:三论抒情传统与中国现代性》(《文艺争鸣》2018年10期)。

第二,断代文学史多元发展,唐宋文学持续繁荣,明清文学异军突起。其一,是断代文化史研究不断深入,对具体时代具体文本的“细读”成为主要趋势,研究视角趋向多元化。邵炳军从《诗经》出发对先秦礼制研究取得丰富成果,如《从〈椒聊〉〈蟋蟀〉〈山有枢〉看春秋前期晋国礼仪制度规范的基本态势》(《广东社会科学》2018年第2期)、《从〈诗经〉与礼制的共生互动关系看诗礼文化的生成》(《江海学刊》2018年第4期)、《“德”观念的嬗变与春秋时期诫勉诗的演化》(《上海大学学报》2018年第5期)。詹丹的《红楼梦》系列研究体现出研究视角的多元化,如《〈红楼梦〉叙事与时间问题》(《都市文化研究》2017年第2期)、《含蓄,还是暧昧?——论程本修改脂本的一个角度》(《红楼梦学刊》2017年第5期)、《〈红楼梦〉多篇序言与小说的未完成性》(《红楼梦学刊》2018年第2期)。戴燕《魏晋南北朝文学史的再脉络化——以五篇文献为中心》(《杭州师范大学学报》2018年第5期)体现出其对于魏晋南北朝文学史系统化认知的尝试。在历代文学史研究过程中,唐宋文学始终是沪上学者重要的研究领域。在2017年、2018年,一批高质量的论文、专著、文献集成的发表出版,对唐宋文学研究具有强基固本的引领作用。论文方面,包括陈尚君《唐宋因革与文学渐变》(《文学遗产》2017年第6期)、胡晓明《论〈宋诗精华录〉所选东坡诗》(《华东师范大学学报》2017年第6期)、朱惠国《论辛弃疾二十四首〈临江仙〉的体式及其词谱学意义》(《文艺理论研究》2017年第4期)、姚华《论宋诗对俳谐传统的吸收与抒情转化——以“俳谐式拟人写物”为中心》(《文学遗产》2018年第4期)。著作方面,由戴建国领衔上海师范大学古籍整理研究所团队主编《全宋笔记》(大象出版社2018年版),全书收入宋人笔记共四百七十七种,由此形成了与《全宋诗》《全宋文》三足鼎立的宋代文学研究资料体系;陈尚君论文集《唐诗求是》(上海古籍出版社2018年版)的出版对唐诗研究以及文学史方法论都具有启发意义;侯体健著作《士人身份与南宋诗文研究》(复旦大学出版社2018年版)从“士人”角度切入南宋诗文研究,对宋代文学研究中“重北宋、轻南宋”的格局具有一定的平衡作用。此外,2017年12月16日至17日,第九届全国秦少游学术研讨会暨北宋文化与秦少游高峰论坛在华东师范大学召开①、2018年8月19日至22日中国唐代文学学会第十九届年会暨唐代文学国际

① 消息参考《第九届全国秦少游学术研讨会暨北宋文化与秦少游高峰论坛成功召开》,http://www.zhwx.ecnu.edu.cn/s/64/t/1298/7a/d2/info162514.htm。

学术研讨会在复旦大学召开①,两次会议在学界颇具影响,在推进相关领域研究与推介沪上成果之间取得了共赢。明清文学研究的"异军突起"值得重视,有可能成为沪上学术新的增长点。李舜华新著《从礼乐到演剧——明代复古乐思潮的消长》(复旦大学出版社 2018 年版)出版,该书在明代复古思潮的大背景下聚焦明代乐制的发展变迁;2018 年 1 月 20 日上午,姚蓉主持的国家社科基金重大项目"明清唱和诗词集整理与研究"开题报告会在上海大学召开,她试图从文献本身、文献考证、文学研究三个维度拓展明清唱和诗词的考察。②

第三,是古代文论的现代阐释。古代文论的现代阐释(或"现代转换")是一个持续性工作,这源于中国古代文论自身的体系庞大与内容浑整的内在特征以及当代具有中国特色的文论话语体系建设的现实需要,在 2017 年、2018 年两个年度中,沪上学者围绕这一课题继续挺进,取得了颇为丰硕的成果。周兴陆《中国文论通史》(复旦大学出版社 2018 年版)、《文论求是》(上海古籍出版社 2018 年版)两本著作出版,具有"线"和"点"的互文关系,前者贯通了自先秦至 1949 年的文学理论批评的发生、发展,后者以论文集成的形式表达了作者对批评史上若干重要问题的深入思考,特别是《中国文论通史》一书,对"五四"前后中国文论的演变与新生作了重点阐释,理论视点的"后移"体现出作者对现代中国文学批评的重视。胡晓明《活古化今:接续中华文明体系中的文学思想如何可能——四论后五四时代建设性的中国文论》(《社会科学战线》2017 年第 12 期)也显示出对现代中国文化理论建设的探索。曹辛华《论"当代诗词"批评史的发展、建构与意义》(《学术研究》2018 年第 8 期)是中国词学批评的现代延续,"以古为鉴、直面当下"的批评思路建构无疑是一次具有转换意义的尝试。此外,2017 年 9 月 23 至 24 日,"古今中西之争与中国文论之路"国际学术研讨会在华东师范大学召开,中国文论的"激活""化今"成为会议的重要议题。③

第四,是江南文化的培育与建构。为建立上海文化品牌,服务建设国际文化大都

---

① 消息参考《复旦中文》微信公众号。《中国唐代文学学会第十九届年会暨唐代文学国际学术研讨会》(2018.8.20)、《中国唐代文学学会第十九届年会暨唐代文学国际学术研讨会开幕词》(2018.8.20)。

② 消息参考《上大古代文学》微信公众号。《2017 年国家社科基金重大项目"明清唱和诗词集整理与研究"开题报告会在上海大学召开》(2018.1.22)。

③ 消息参考《"古今中西之争与中国文论之路"国际学术研讨会圆满落下帷幕》,http://www.zhwx.ecnu.edu.cn/s/64/t/1298/6d/2e/info159022.htm。

市的战略目标,上海市政府提出“江南文化、海派文化、红色文化”三大文化品牌部署,基于此,古代文学学者顺势而发,借助专业话语参与江南文化的讨论、阐释与建构,成为2018—2019年沪上学术的热点事件之一。2018年10月26日至28日在上海师范大学举办的“第十二届江南社会史国际学术论坛”中谈论主题之一便是“江南文化、文献与文人”,为古代文学学者预留了广阔的参与空间。①5月27日,唐力行主编的《中国苏州评弹社会史料集成》(商务印书馆2018年版)从文学性与社会性内外两个视域实现了对苏州评弹的一次系统考察,是考察江南文化的一个独特视角。汤志波《何处是江南:明清〈江南春〉唱和与江南文人的身份认同》(《社会科学》2018年11期)聚焦明清《江南春》唱和,阐明了不同历史时期江南文人的心态走向。此外,2018年10月上海市哲学社会科学规划办公室和上海市社会科学界联合会联合启动“江南文化研究”系列课题招标工作,一批古典文学领域的课题获立项资助,复旦大学冯贤亮的《明清之际的江南文人、文化生活与中国政治》、上海工程技术大学付楠的《从苏州到上海——苏州弹词传统移植现象研究》等。②总体而言,2018年度可以视为“江南文化”正式进入学术视野元年,已成星火,随着今后阐释的扩大与深入,“江南文化”必成燎原之势,成为新时代沪上学术的时代贡献之一。

第五,是诗礼文化的深入研究与大众普及。古代文学不应当是封闭的学院式考据、研究,它应是当代中国文化建设极为重要的文化资源,对“诗礼文化”的深入阐发、系列研究,并推动其在社会群体特别是在青年群体中广泛传播,体现出沪上学者活跃的创新意识与自觉的使命担当。2018年12月,上海大学“中华古诗文吟诵和创作基地”成功入选教育部首批中华优秀传统文化传承基地。该基地以“中华古诗文吟诵、创作艺术教育与诗礼文化”为核心,以5项国家社科基金重大项目为学术资源,推进“诗”与“礼”的统一,以促进当下文化建设。③此外,作为《中国诗词大会》学术总负责人、命题专家组组长,李定广编纂的古诗词推广书籍《中国诗词名篇赏析》(东方出版中心2018年版)则致力于经典名句的普及。

---

① 《第十二届江南社会史国际学术论坛成功召开》,http://renwen.shnu.edu.cn/73/b1/c2888a684977/page.htm。

② 消息参考《“江南文化研究”系列课题立项情况通报》,http://www.sh-popss.gov.cn/newsInfo.asp?idval=6913。

③ 消息参考《上大古代文学》微信公众号。《上海大学“中华古诗文吟诵和创作基地”成功入选教育部首批中华优秀传统文化传承基地》(2018.12.7)。

二、现当代文学

2017年、2018年两个年度中，现当代文学既注重对特定时期文学事件的考察，也试图从文学史的视角进行整体性归纳；既重视对文学研究中理论的提炼，也积极参与当下文艺创作实践；既持续对经典性文本的再阐释，也突出对新近文学文本的批评。简而言之，在“文学事件/文学史”“文学理论/文学创作”“经典阐释/文本批评”的系列互动中，沪上学者推动着中国现当代文学的纵深发展。

第一，是从“史”的角度对中国现当代文学的总体性归纳与局部建构。所谓“总体性归纳”，就是从整体视角对中国现当代文学进行内容梳理、特征归纳、价值判断等学理性活动，它主要分为两个方面。其一，是文艺本体规律的探索，如罗岗《“人民文艺”的历史构成与现实境遇》（《文学评论》2018年第4期）、蔡翔的访谈录《探索中国当代文学中的“难题”与“意义”》（周展安撰，《长江文艺评论》2018年第2期）、周展安《在文学内部思考政治——重探中国现代文学的特质及其历史逻辑》（《文艺理论与批评》2017年第4期）、杨剑龙《二十世纪中国文学整体观的回眸与思考》（《中国高校社会科学》2018年第5期）。其二，是现当代文学史书写中重要事件、代表人物的回顾，如郜元宝《“中国现当代文学研究”的“史学化”趋势》（《中国现代文学研究丛刊》2017年2期）、钱文亮《当代文学学科：从“批评”到“研究”——关于程光炜与其人大弟子的当代文学史研究》（《当代作家评论》2017年第2期）和《“史学化”还是“历史化”：也谈中国现当代文学研究的新趋势》（《中国现代文学研究丛刊》2018年2期）、刘忠《我们需要什么样的中国新文学史？》（《中州大学学报》2018年第2期）。此外，10月16日，“与20世纪同行：现代文学与当代中国”学术研讨会在上海师范大学举行，会议对20世纪文学的多元考察不仅展现了现代文学自身的成熟，理论“资源化”尝试体现出学者介入当下的现实立场。①所谓“局部建构”，是指对某一特定时间段中文学整体发展面貌的梳理，以及对重大文艺现象的再分析，如郜元宝《身份转换与概念变迁——1990年代以来中国文学漫议》（《南方文坛》2018年第2期）、杨剑龙《叙事视阈：新世纪长篇小说综论》（上海文艺出版社2017年版）、朱羽《社会主义与

① 该消息参考《“与20世纪同行：现代文学与当代中国”学术研讨会顺利举行》，http://renwen.shnu.edu.cn/67/e4/c2888a681956/page.htm。

"自然"》(北京大学出版社 2018 年版)、黄平《新时期文学起源阶段的虚无——从"潘晓讨论"到"高加林难题"》(《文艺研究》2017 年第 9 期)。

第二,是对经典文学文本的再阐释。一批经典文本的确立对于现当代文学自身学科合法性的建构具有重要意义,在新的政治文化语境下对这些文本进行再阐释,不论对于文本内在的艺术价值或外在的社会价值都有重要意义。就 2017 年、2018 年两个年度而言,沪上学者"再阐释"的动力主要有两大方向。其一,是当代语境下对经典文本自身的艺术价值、文学史价值再探讨,如郜元宝《千古一哭有素芳——读〈创业史〉札记》(《文艺争鸣》2018 年第 8 期)、栾梅健《追赶文学风潮的时髦人——重论〈啼笑因缘〉的文学史意义》(《中国现代文学研究丛刊》2018 年第 8 期)、李丹梦《最后的"史官"——姚雪垠论》(《中国现代文学研究丛刊》2018 年第 6 期)。其二,是以经典文本为载体,试图还原文本写作、文学生产的整体性环境,以溯源式探索补充文学史写作。这一方面的主要成果有:文贵良《〈狂人日记〉的文学汉语及其意义》(《山西大学学报》2017 年第 1 期)、杜英《20 世纪 60 年代前期社会主义文艺的建构与问题——以〈早春二月〉的改编与接受为中心》(《文艺研究》2018 年第 6 期)、朱羽《20 世纪 60 年代中国文学中的"物"与"心"——关于〈艳阳天〉的一种读法》(《文学评论》2017 年第 3 期)和《成长、革命与常态——〈组织部来了个年轻人〉之批评的批评》(《中国现代文学研究丛刊》2018 年第 7 期)、黄平《如何从现代主义中拯救"先锋文学"? ——细读李陀〈无名指〉》(《中国现代文学研究丛刊》2017 年 12 期)。

第三,是文学批评的理论建构与实践展开。在理论建构方面,殷国明侧重于以史的视角对当代中国文学批评进行考察,如《先"声"夺人:文学批评扩放效应是如何产生的——关于 20 世纪中国文学批评的声态学研究》(《中国现代文化与文学》2017 年第 3 期)、《20 世纪中国文学批评史的百年记忆——1916:一个充满杀机与生气的年份(上)》(《上海文化》2017 年第 12 期)、《20 世纪中国文学批评史的百年记忆——1916:一个充满杀机与生气的年份(下)》(《上海文化》2018 年第 2 期)、《从"欲新民"到打造"舆论之母"——20 世纪初中国文学批评转型的一个环节》(《文学评论》2018 年第 4 期)、《转向 · 转换 · 转型——关于危患时代的 20 世纪中国文学批评》(《文艺争鸣》2018 年第 6 期)。汪涌豪《文艺评论亟待开显汉语性》(《中国文艺评论》2017 年第 10 期)则表明中国文学批评试图从在全球化格局中占得一席之地,则必须以"汉语性"坚持主体的自我主张。在具体的文学文本批评实践展开方面,既包括对经典作家的跟进式批评,如刘旭《文学莫言与现实莫言》(《文学评论》2017 年第 1 期)。这一领域中对贾平凹及其文学文本批评是热点之一，主要成果有郜元宝《“念头”无数生与灭——读〈山本〉》（《小说评论》2018 年第 4 期）、栾梅健《一样的商州不一样的叙事——论贾平凹近十余年的文学创作》（《文艺争鸣》2017 年第 6 期）、刘忠《建构一部秦岭文学人物志》（《探索与争鸣》2018 年第 7 期）、黄平《动荡中的平衡：贾平凹〈高老庄〉的小说艺术》（《中国文学批评》2017 年第 3 期）；也包括对新兴作家、文本批评，例如王鸿声对李洱新出版的长篇小说《应物兄》的评论《临界叙事及风及门及物事心事之关系》（2018 年《收获》长篇（冬卷））、金理《舍身迎向不知所踪的旅程——对鲁敏中短篇创作脉络的一种理解》（《当代作家评论》2018 年第 6 期）。

第四，是紧密联系当代文学创作实践，拓宽当代文学研究视野。网络文学的快速发展，成为当代中国文坛不可忽视的一股文学势力，对于网络文学的培育、研究成为沪上学者聚焦的问题之一。2018 年 10 月 30 日，网络文学家培育与网络文学发展高峰论坛在华东师范大学举行。同日，华东师范大学“分众”中国未来网络文学家项目启动，旨在“打造一个中国优秀网络文学人才培养基地”，这有利于今后中国网络文学制度化、高质量发展。①此外，校园学者型作家创作引起学界关注，“校园写作”成为当代文学研究领域的一个新现象。2018 年 4 月 14 日，“‘校园写作与中国当代文学进程’暨姜玉琴长篇小说三部曲讨论会”在上海外国语大学举办，与会学者一方面对姜玉琴新作《断翅》（花城出版社 2018 年版）进行评论，一方面也展开“校园写作”与中国当代文学多元关系进行讨论②。2018 年 12 月 6 日，“万燕教授长篇小说《猫》研讨会”在“同济人文讲坛”举行，《猫》（江苏凤凰出版社 2018 年版）讲述的是文学圈子中的作家、诗人和编辑的日常生活，描写的都是具有猫科性格的人物，反映了 20 世纪末文坛生态与心态，是一部颇具风格的“新知识分子小说”。③另一个方兴未艾的现当代文学研究方向是城市文学（或“都市文学”，与之相对应的是“乡土文学”）。伴随着中国城市化不断推进，“城市文学”的发展历程、写作方向、理论建构、现实意义成为沪上学者聚焦的问题之一。由上海社科院文学研究所“城市文学与文化”创新学科团队集

---

① 该消息参考《华东师大成立中国创意写作研究院获“分众”千万资助》，https://news.ecnu.edu.cn/01/d1/c1833a197073/page.htm。《我校举行网络文学家培育与网络文学发展高峰论坛》，https://news.ecnu.edu.cn/01/d1/c1833a197073/page.htm。

② 该消息参考《“校园写作与中国当代文学进程” 暨姜玉琴长篇小说三部曲讨论会在上外召开》，http://jd90.shisu.edu.cn/research-/180420-045858。

③ 该消息参考《人文学院举办万燕教授长篇小说〈猫〉研讨会》，http://sal.tongji.edu.cn/index.php?classid=4536&newsid=6382&t=show。

体编撰、荣跃明任主编的《中国城市文学研究读本》(复旦大学出版社 2018 年版)四卷本出版①,系统地梳理了 1980 年代以来中国城市文学研究的相关文献,是城市文学研究的重要文献集成。关于城市文学研究的论文成果还包括:陈思和《上海文化视野下的都市文学传统》(《中国社会科学报》2017 年 1 月 26 日)、刘忠《现当代小说中的都市话语及其现代性走向》(《文学评论》2017 年第 5 期)、钱文亮《论近代上海城市转型的历史与文化》(《首都师范大学学报》2018 年第 6 期)。

第五,是借五四运动百年之际为契机,纪念百年"五四文学"及其意义的现代阐释。2018 年 8 月 24 至 26 日,"五四文学百年纪念"国际学术研讨会在华东师范大学举行,来自全国 40 余所高校、科研机构的 70 余位学者参与会议。会议围绕"五四文学反思""五四文学与当代中国文学""新文化运动与五四新文学的发生""五四学人专题研究""五四文学的传播与接受"等议题展开,夏中义、王鸿生、陈思和、陈引驰、郜元宝、王晓明等一大批沪上学者在会议中作出发言。②作为中国现代文学起点性事件,五四文学对百年来中国文学创作、研究等诸多范式的转变发挥着极为重要的影响,2019 年是五四运动发生一百周年,该年度学术话语中的"五四声音"必将持续增大。

三、文 艺 学

2017 年、2018 年两个年度中文艺学研究既有总结性的学术回顾,也有探索性的前沿开辟,上海学者本着中国立场、对话意识、现实关怀三大原则,在"古/今"和"中/外"双轴上驱动文学(文化)理论发展,取得了一系列突破性研究成果。

第一,是以改革开放 40 年为契机,回顾 40 年来中国文论的发展历程、重要事件,思考当代中国文论话语体系建构。围绕中国当代文论砥砺前行 40 年,沪上文艺学者的思考可以分为以下两个方面。其一,是文论发展历史进程的回顾、梳理与反思,如朱立元的《当代中国文艺理论的演进与思考》(《中国社会科学》2018 年第 11 期),该

---

① 该书四卷本分别是理论卷《城市文学:知识、问题与方法》(王进编选)、历史卷《城市变迁与文化记忆》(朱红、许蔚编选)、批评卷《城市文学与时代症候》(贾艳艳编选)、地域卷《"文学城市"与主体建构》(袁红涛编选)。

② 消息参考《"五四文学百年纪念"国际学术研讨会在上海华东师范大学召开》,https://mp.weixin.qq.com/s/W1n7h-ozzg7a6EKQK-C9Ig?。

文从宏观层面梳理了自1978年党的十一届三中全会以来中国文论的发展历程,总结40年来中国文论发展经验得失;《我记忆中的1985年“方法论热”》(《文艺争鸣》2018年第12期)则是对1985年“方法论”这一具体事件的回顾。朱国华《本土化文论体系何以可能》(《浙江社会科学》2018年第10期)指出当代中国文艺理论发展不充分、与西方仍然存在一定差距的根本原因是“认识型”上的差异,是中国文化中求真意志的缺乏;《文化政治之外的政治:重思法兰克福学派中国之旅》(《兰州大学学报》2018年第1期)一文就是以法兰克福学派理论中国之旅为个案,反思包括文学理论在内的整个人文社会科学在对待西方理论时的相关问题。张宝贵《马克思现代性思想与四十年中国文艺理论》(《湖北大学学报》2018年第6期)一文从马克思现代性思想出发,将改革开放四十年来中国文艺理论分为“诗化时期”和“散文化时期”两大系统。其二,是对当代中国文论话语体系建构的理论设想。朱立元《建构有中国特色的当代文论话语体系的基础工程》(《文艺争鸣》2017年第1期)就张江教授提出的“中西文论关键词比较研究”做出回应,并结合自己丰富的治学经验提出了一些具体的研究方法论。曾军撰文《文学阐释的公共性及其问题域》(《复旦学报》2018年第6期),旨在丰富具有中国气派的“公共阐释”,在梳理文学阐释历时演进基础上,曾军指出个体阐释是公共阐释的基础,提出文学阐释的公共性应在于走向共享与共识,实现“有效阐释”。

第二,是深入中外文论对话,进一步发掘西方文论中的中国问题以及外国文艺思想的引进与阐释。尽管外国文论在当代中国文论格局中发挥着重要的作用,但是中国文艺理论者已不再是外国理论的“跟风者”“搬运工”,在外国文论阐释路径上,沪上学者的研究思路可以分为以下四个方面。其一,中西文论对话/接受(或“理论旅行”)的宏观方法论思考,这一方面的成果有乔国强《试论西方文论中“中国问题”的研究方法》(《南京社会科学》2017年第10期)、曾军《关于中西文论“对话主义”研究方法的思考》(《南京社会科学》2017年第10期)、苗田《中西文论对话的主体性建基》(《南京社会科学》2017年第8期)。其二,聚焦“中国问题”细读西方文论。如曾军《西方左翼思潮中的毛泽东美学》(《文学评论》2018年第1期)、汪洪章《翁方纲“肌理说”与兰色姆“肌质”论比较》(《文艺争鸣》2018年第9期)、吴攸《“多元共生”文化理想下的中西思想对话——以弗朗索瓦·于连的汉学研究为例》(《社会科学战线》2018年第2期)。其三,中西之间文明互鉴的考察,这一领域以王才勇系列成果为代表,如《中国文学艺术西方影响史研究的几个疑难问题》(《江西社会科学》2018年第

5 期)、《西方古典美学的问题谱系及其中国意义》(《学术界》2018 年第 6 期)。其四,西方前沿文论研究。如陆扬对西方文论中“空间问题”深入挖掘,《论柏拉图的空间思想》(《复旦学报》2018 年第 4 期)围绕经典文本《蒂迈欧篇》讨论柏拉图的空间理论及其当代意义;同时对近些年兴起的“情感理论”的研究与运用,成果有《“情感转向”的理论资源》(《上海大学学报》2017 年第 1 期)、《〈红字〉的情感理论维度——贝兰特读霍桑》(《社会科学家 2017 年第 6 期》)。王嘉军在其“列维纳斯”的研究道路上挺进,成果颇丰,在 2017 年、2018 年围绕“列维纳斯”共发文 10 篇,如《文学的“言说”与作为第三方的批评家——列维纳斯与文学批评之一》(《文学评论》2017 年第 3 期)、《“il y a”与文学空间:布朗肖和列维纳斯的文论互动》(《中国比较文学》2017 年第 2 期)、《好客中的伦理、政治与语言——德里达对列维纳斯好客理论的解构》(《世界哲学》2018 年第 2 期)、《列维纳斯的身体思想及其身体美学意义》(《山东社会科学》2018 年第 4 期)。此外,马欣《本雅明“手工复制时代”的誊写美学》(《文学评论》2017 年第 4 期)从“笔迹”入手,实现本雅明研究的视域突破。

第三,是聚焦当代中国美学话语体系的建构。当代中国美学话语体系建构的理论资源有三:中国古代美学思想、当代中国民众审美实践、外国有益美学理论。上述三个大方向在 2017 年、2018 年的沪上学者的学术实践与成果中均有体现。其一,是中国古代美学话语体系的归纳总结。朱志荣的古代美学研究既包括具体问题的思考,如《论意象创构的瞬间性》(《天津社会科学》2017 年第 6 期)、《论严羽〈沧浪诗话〉的诗史观》(《中国文学研究》2018 年第 4 期),也有全局视域的总括,如《论中国传统美学的现代性》(《文艺争鸣》2017 年第 7 期),其主编的《中国审美意识通史》(人民出版社 2018 年版)以器物、艺术作品和日常生活作为基本的研究对象,重视古籍文献和出土文物的相互印证,有力地深化和拓展了中国美学史的研究边界,对中国美学史基本问题的研究具有重要参照、互补意义。[①]上海政法学院研究院、上海美学学会祁志祥继续就“乐感美学”进行思考,《“乐感美学”:中国特色美学学科体系的构建》(《中国政法大学学报》2018 年第 3 期)一文可以视为是对其著作《乐感美学》的注释,对该书的行文思路以及重点问题予以集中阐述。其二,是当代中国审美意识演变的考察与建构。一些学者试图综合审美理论、中华民族审美特性与当代中国民众的审

① 该消息参考《〈中国审美意识通史〉新书发布会在华东师范大学举行》,http://www.zhwx.ecnu.edu.cn/s/64/t/1298/7d/f1/info163313.htm。

美实践,对当下的“审美”给予回答,如张宝贵《都市时尚的肉身狂欢与审美精神》(《上海文化》2017 年第 4 期)、刘旭光《什么是“审美”——当今时代的回答》(《首都师范大学学报》2018 年第 3 期)。王建疆在“别现代”课题上深入耕耘,借此推动中国气派美学建构,其代表成果有《别现代的空间遭遇与时代跨越》(《中国政法大学学报》2018 年第 3 期)、《别现代:研究中国问题的切口》(《贵州社会科学》2018 年第 4 期)、《中国的哲学和美学没有必要领先世界吗——回应阿列西 · 艾尔雅维茨等》(《探索与争鸣》2018 年第 5 期)。陈伟《论中国现代美学形态的发展历程——以新古典美学形态为重心》(《社会科学辑刊》2018 年第 4 期)则是从美学史角度进行历时梳理。其三,是正式将“生活美学”理论纳入学术视野、进行学理考察。如何从理论的高度认识、归纳近半个世纪以来大众文化的兴起以及“日常生活审美化”?美学是否具有介入生活的可能性?可以说沪上学者紧扣时代步伐,“生活美学”命题的正式提出正逢其时。2018 年 12 月 16 日复旦大学中文系和商务印书馆上海分馆联合举办的“生活美学思想源流学术研讨会暨《情感与行动》译书发布会”,朱立元在致辞中介绍西方美学未来的发展方向之一,生活美学具有广阔的发展前景。在会议中,专家学者一方面对美国佛罗里达大西洋大学教授、著名学者舒斯特曼(Richard Shusterman)的《情感与行动》(高砚平译,商务印书馆出版)一书进行积极讨论,同时对“生活美学”的思想渊源、理论特点和发展方向畅所欲言;16 日下午参会的部分专家还就复旦大学张宝贵教授国家社科重点课题“马克思本体论生活美学思想及其当代价值研究”展开讨论,为该课题的展开建言献策。①其四,是继续推进“身体美学”研究。2018 年 12 月 14 日至 16 日,“身体美学与中国文化”国际学术研讨会在华东师范大学召开,会议分“中国古典文化中的身体美学”“西方文化中的身体美学”“中西身体美学理论与实践互动研究”三个议题举行。美国佛罗里达大西洋大学身体、意识与文化研究中心讲席教授舒斯特曼在发言中指出“身体美学”的研究应当要积极引入中国传统文化。②

第四,是数字时代下文艺理论前沿题的探索。伴随着现代社会数字化发展,“技术”在日常生活的参与程度越来越高,“人工智能”不仅仅是一个工具性质的语汇,同

① 该会议信息参考《生活美学思想源流学术研讨会暨〈情感与行动〉译书发布会综述》,https://mp.weixin.qq.com/s/JnX243RUJvVOFm_Zst4qRA。

② 该会议信息参考《“身体美学与中国文化”国际学术研讨会在华东师大成功举办》,http://www.zhwx.ecnu.edu.cn/s/64/t/1298/9a/b2/info170674.htm。

时也具有了浓厚的文化色彩,它所表征的是人们日常生活的转型,人类由此可能进入“后人类”状态,“科幻文学”“科幻电影”也是这样一股思潮在文学领域上的体现。尽管“人工智能”的文学影响至今才出显苗头,并且对它的命运与走向也具有猜测性质,但是面对当下或未来最具影响力的学术问题,文艺理论学者们有必要对其进行重视。2017 年 9 月 24 日,由华东师范大学《文艺理论研究》编辑部主办的“后人类语境与文论研究的未来”研讨会顺利召开,会议就后人类与文学、后人与生命政治、动物伦理、后人文主义、后人类主体性等话题展开讨论。①王峰围绕该问题进行深入讨论,如《人文学科如何拥抱人工智能》(《文汇报》2018 年 7 月 10 日)、《后人类的超限人性——〈西部世界〉的叙事“套路”与价值系统》(《学术论坛》2018 年第 2 期)、《叙事与奇迹:科幻文本中的人工智能》(《南京社会科学》2018 年第 8 期)。杨俊蕾《机器,技术与 AI 写作的自反性》(《学术论坛》2018 年第 2 期)思考了大数据时代人工智能写作与人类写作之间的互动等问题。除此之外,技术的发展使得“声音”的保存不再成为难题,听觉的复归成为当代日常生活的重要事件之一,曾军撰文《转向听觉文化》(《文化研究》2018 年第 1 期),文章严谨清晰梳理了中国听觉文化的理论资源与研究脉络,同时重点说明了是“转向听觉文化”而不是“听觉文化转向”,所以曾军提出听觉文化研究关注的是“视听杂交”和“视听均衡”。

结　　语

总体而言,沪上学者在 2017 年、2018 年两个年度取得成果颇丰,原创性高、开拓性强;各个学科内部“老—中—青”三代梯队分布明显,科研队伍人才结构格局分布较为合理。从科研方法而言,沪上学者选择的路径多样,论文不是唯一承载形式。上文中不难发现,科研形式既包括研讨会的展开、也有学界与企业界之间的行业联合;书籍出版既包括个人专著,也有体量博大的丛书、汇编、通史等,这显示出沪上学者活跃的治学思路与踏实的治学风格。

从科研的内容而言,沪上学者集中体现出以下三点品格。其一,中国化的本体意识明显。学者研究不再拘泥于对西方理论的“崇拜”“搬运”,而是注重中西之间的理

① 该会议信息参考《〈文艺理论研究〉举办“后人类语境与文论研究的未来”研讨会》,http://www.zhwx.ecnu.edu.cn/s/64/t/1298/6d/2d/info159021.htm。

论对话,多以“中国问题”为研究出发点,显示强烈的主体意识。其二,积极的创新意识。不论是古代文学、现当代文学还是文艺学,研究思路多元,或是对前人未关注领域的开拓,或是以新方法进行新阐释,是典型的海派理论风格。其三,强烈的现实关怀性。科研多是直面现实文学实践、理论发展或文学史、理论史中遇到的难题,注重成果的现实社会转换与普及,介入性理论姿态凸显。

14. 2017—2018年上海新闻传播学学科发展评议

吕 鹏

(上海社会科学院新闻研究所)

2017—2018年两年是对于中国各个学科,尤其是新闻传播学科研究极为重要的两年。党的十九大的召开,改革开放四十周年的到来,中美贸易战的焦灼,“一带一路”的发展,以及习近平“517讲话”的促进等,都使得新闻传播学研究的国内国际环境发生了重大的变化。众所周知的是,新闻传播学的研究是与现实紧密联系的学科,发端于政治学的新闻传播学和政治的瓜葛也极为密切,因此,这两年国际国内的形式发展为新闻传播学的研究提供了极好的研究背景和语境。与此同时,鉴于我国新闻媒介的特殊性,商业的和官方的传播媒介在当下新媒体的发展的大环境下,进行着激烈的竞争,传统媒体的转型,新媒体的发展,使得我国新闻传播的研究面临着诸多的问题挑战,新闻传播研究的边界和内容也不断地拓展。本身就具有强烈的跨学科属性的新闻传播学的研究,在新的形式之下,也在不断地进行研究的思索和探讨。

上海作为我国改革开放和国际形象的代表,新闻传播研究一直是全国的重镇。本文试图总结2017—2018年上海学界新闻传播研究概况并对研究的主要内容进行评析,以在呈现上海学者新闻传播研究的成果的基础之上,探讨新闻传播研究面临的问题和困境,以期为未来的研究事业提供一定的镜鉴。

一、 上海地区新闻传播学者研究论文发表统计(2017—2018年)

上海地区几乎每所高校以及社科类的研究机构都设立了新闻传播的教育及研究部门。因为学术论文、书籍以及课题的多寡等基本上代表了学术成果高低,这其中尤其以学术论文较有代表性,因此本部分基于新闻传播学科内公认的四大刊物——《新闻与传播研究》《国际新闻界》《现代传播》《新闻大学》——的上海学者的研究进行数据统计,以窥上海地区的新闻传播学研究。虽然有些学者的学术成果并不在这四个刊物进行发表,但基于四大刊物作为我国新闻传播学研究成果最主要发表阵地的地位,新闻传播学研究的主流学基本上是会在这些刊物中的一个或几个发声的。因此,这四个刊物代表了中上海地区学者的论文发表基本上代表了上海地区的新闻传播学研究的基本样貌。

（一）总体发文情况

通过统计我们及表格（见图 1）可以发现①，上海学者在 2017—2018 年两年间在四大刊物一共发文 135 篇，较之 2015—2016 年两年间的 185 篇的量有了断崖式的下滑。其中在《新闻与传播研究》发文 16 篇、《国际新闻界》发文 11 篇、《新闻大学》发文 50 篇、《现代传播》58 篇，而前两年相应的刊物的发文数分别是 38 篇、20 篇、73 篇和 54 篇。除了《现代传播》上海学者发表论文的数量有稍微提升外，其他的刊物都不同程度减少。其中减少比较明显的是《新闻与传播研究》和《国际新闻界》，这一方面是因为这四大刊物，除了《现代传播》基本保持前几年发表论文的总量之外，其他的刊物基本上都减少了整本杂志每期发表论文的数量，这造成了整体上在四大刊物上发表论文相较之前更为困难，因此数量相应的也减少。另外，还由于 2015—2016 年两年相对而言属于上海新闻传播学科研究的小高潮期，之后呈现出学术研究的“大小年”的趋势。再者，在 2015—2016 年两年间，复旦大学新闻学院曾经组织以期单位为主的学者在《新闻与传播研究》开办过两个专题，加大了上海学者在《新闻与传播研究》上面发文的数量，这也是 2017—2018 年两年数量至少在《新闻与传播研究》上发文大量较少的原因之一。2017—2018 年两年间上海学者在四大刊物分年发表论文的数量参见图 2。

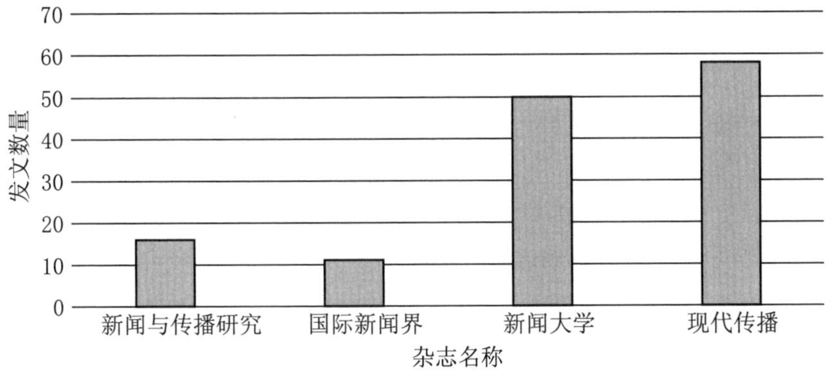

图 1　上海学者四大刊物发文数量统计（2017—2018 年）

① 本文对于“四大刊物”的统计仅统计第一作者及第一作者所署名的单位。

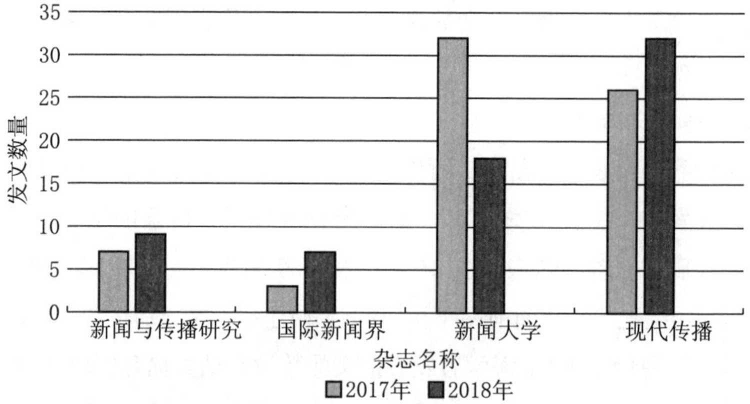

图 2　上海学者四大刊物每年发文数量统计(2017—2018 年)

特别要指出的是,《新闻大学》是受全国新闻传播学科研究学者极为重视也立基于上海的学术刊物,此刊物由复旦大学主办。这本刊物是上海学者,尤其是复旦大学新闻学院的师生的学术阵地。2017—2018 年两年间该刊物共发表上海地区学者的研究论文 50 篇,而基于复旦大学新闻学院及其相关机构的论文多达 29 篇之多。

(二) 高校及研究机构分布

从统计数据来看(见图 3),四大刊物发表的论文主要分布在 14 个科研院所及高校。其中东华大学 1 篇,复旦大学 46 篇,华东师范大学 20 篇,华东政法大学 1 篇,上海财经大学 2 篇,上海大学 7 篇,上海交通大学 27 篇,上海理工大学 1 篇,上海社会科学院 13 篇,上海师范大学 3 篇,上海体育学院 3 篇,上海外国语大学 6 篇,上海政法学院 2 篇,同济大学 3 篇。

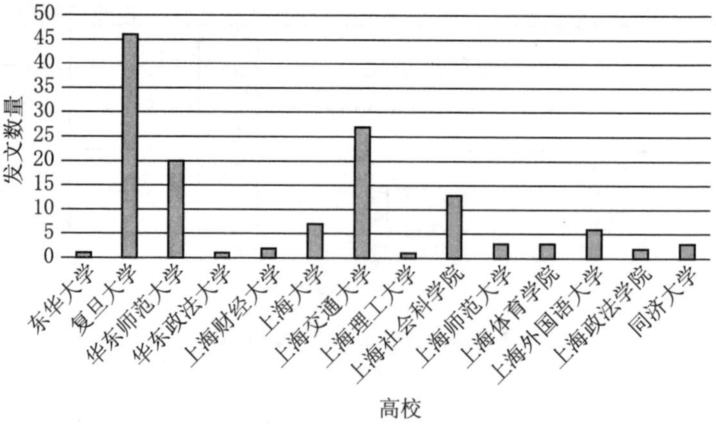

图 3　上海各高校四大刊物发文数量

2017—2018 年两年与 2015—2016 年两年上海学者四大刊物发文的情况有非常明显的变化。第一是发文的单位减少,本年度一共有 14 个科研院所和高校在四大刊物发表论文,而上个年度则有 19 个之多。两相对比,本年度的发文单位缺少了上海党史学会、上海电视台、上海电影艺术职业学院、上海文广集团以及上海应用技术学院等五家单位。以新闻媒体为基础的研究人员在本年度未曾在四大刊物上发表文章。

第二是各不同单位间在两个不同年度发文的数量变化明显。在总体数量下滑的态势下,上海交通大学、上海社会科学院、上海师范大学以及上海体育学院分别较之前的年度增加了 7 篇、3 篇、1 篇、1 篇文章的发表。尤其是上海交通大学和上海社会科学院,可见其新闻传播研究的力量在不断地提升。上海大学是变化数量最多的一个高校,由上一个年度的 26 篇骤降至 7 篇。虽则如此,由科研机构和高校在四大刊物发文的数量依然可见上海新闻传播学科的研究机构的科研实力,可以分为四个大的梯队,其中复旦大学依然稳居第一梯队,是上海该学科研究无可置疑的领头羊;华东师大、上海交大为第二个研究梯队;上大、上外和上海社科院为第三个梯队,其余为第四个梯队。与上一年度相比,上大的新闻传播研究降落一个梯队。本统计数据虽然具有一定的说服力和代表性,但仅做一方面对参考,因为上大的新闻传播学科的科研实力从总体而言应该归于第二梯队。不过需要指出的是,上海社会科学院尤其是上海社会科学院新闻研究所在这四年中都表现了极强的科研增长的劲头。总体而言,上海新闻传播学科的学术生产主要分布在复旦大学、华东师大、上海大学、上海交大、上外和上海社科院 6 个科研院所,这也基本上反映了实际和大家普遍认同的上海地区新闻传播学学科的研究势力分布。

第三是新闻传播学科的研究呈现了较强的学科交叉性。新闻传播学科是公认的交叉学科,这在统计的单位中也得以呈现。除了综合性的大学开创新闻传播学院以外,各个专科类的院校,如政法类、体育类以及外国语类的高校则将新闻传播的研究与政法、体育和外语等专业相结合。与此同时,从我们对于四大刊物的发文单位的统计,也可以看出新闻传播学术研究在机构上的跨学科性,比如华东师范大学发表在四大刊物的研究论文,除了最主要的来自传播学院的学者的论文外,有一篇来自公共管理学院、一篇来自国家话语生态研究中心,两篇来自历史系,还有一篇来自政治系。这些文章分别从各自的学科切入对新闻传播议题进行研究,充分体现了新闻传播研究的跨学科性,而与此同时,也代表了新闻传播科学的研究更加有可能为其他学科的学者所挑战。

(三) 学者情况统计

由表1的统计可以看出,2017—2018年两年间在四大刊物发文的上海学者共有人102次,虽然有其他学科的科研人员也选择在新闻传播类的四大刊物发文,但相对而言是少数,基本上统计的学者代表了上海地区新闻传播学科的学者。但相较于上一年度128位学者而言,2017—2018年度在四大刊物发文的学者减少了26位。除却少数其他学科"跨行"投稿的偶然性因素外,本年度的统计也可见上海地区新闻传播研究学者发文的活跃度减少。

其中发文超过3篇(包含3篇)的作者一共有7人,与上一年减少5人,其中发文4篇以上(含4篇)的作者仅有薛可(上海交大)一位,而上一年度则有8位之多。发文超过3篇的作者分别为白红义(上海社科院)、李良荣(复旦)、王积龙(交大)、薛可(交大)、严三九(华师大)、张国良(上海交大)、张涛甫(复旦),其中白红义以6篇的发文量一骑绝尘。

与上一年度相较,继续保持了较高发文量的是薛可和王积龙,上一年度二人的发文量都为4篇。与上一年度有较多的青年学者拥有3篇以上的发文量相比,本年度3篇以上的论文的发表作者大多集中在早已成名且在学科中有一定的影响力的资深学者,除了薛可保持了如一发文量外,其他的如李良荣、严三九、张国良以及张涛甫等都是这两年在发文量压缩的背景下,在四大刊物中发文激增的资深学者。这一方面可以看出资深学者仍在努力进行着科研工作,同时也可体现出四大刊物办刊的理念可能有意倾向于优先发表成名的资深学者的论文,这在某种程度上可能会打压青年学者的成长,但也可以从另外一方面看出这一年度上海地区的新闻传播研究的青年学者普遍处于乏力的状态之中。

表1 四大刊物发文上海学者情况统计(2017—2018年)

作　者	发文数量	所在单位
白红义	6	上海社会科学院新闻研究所
蔡润芳	1	复旦大学新闻学院
曹　晋	1	复旦大学新闻学院
常姗姗	1	复旦大学新闻学院
沈　玢	1	复旦大学新闻学院
沈国麟	1	复旦大学新闻学院

续表

作　者	发文数量	所在单位
陈　虹	2	华东师范大学传播学院
陈正辉	1	上海外国语大学新闻传播学院
戴宇辰	1	华东师范大学政治学系
戴元光	1	上海政法学院上海纪录片学院
单　凌	2	复旦大学新闻学院
窦锋昌	2	复旦大学新闻学院
樊小玲	1	华东师范大学国家话语生态研究中心
方师师	1	上海社会科学院新闻研究所
冯　果	1	上海大学上海电影学院
顾明毅	1	上海外国语大学新闻传播学院
郭恩强	1	华东政法大学传播学院
郭雅静	1	复旦大学新闻学院
侯　健	1	复旦大学法学院
胡春阳	1	复旦大学新闻学院
胡　键	1	上海社会科学院软实力研究中心
胡薇薇	1	上海交通大学媒体与传播学院
黄　旦	1	复旦大学新闻学院
贾　恺	1	同济大学艺术与传媒学院
焦德武	1	上海交通大学媒体与传播学院
金恒江	2	上海交通大学媒体与设计学院
李华强	1	复旦大学新闻学院
李　敬	1	上海社会科学院新闻研究所
李良荣	3	复旦大学新闻学院
李晓静	2	上海交通大学媒体与传播学院
李　暄	1	复旦大学信息与传播研究中心
廖圣清	1	复旦大学新闻学院
刘　峰	1	上海理工大学出版学院
刘景芳	1	复旦大学新闻学院

续表

作　者	发文数量	所在单位
刘　锐	1	上海交通大学人文艺术研究院
卢　安	1	上海体育学院武术学院
路鹏程	1	华东师范大学传播学院
吕　鹏	2	上海社会科学院新闻研究所
吕新雨	1	华东师范大学传播学院
聂　磊	1	华东师范大学公共管理学院
聂欣如	1	华东师范大学传播学院
潘　霁	2	复旦大学新闻学院
潘祥辉	2	华东师范大学传播学院
潘一凡	1	复旦大学新闻学院
彭桂兵	1	华东政法大学人文学院
蒲　平	1	复旦大学新闻学院
齐　伟	2	上海大学上海电影学院
钱佳湧	1	复旦大学新闻学院
秦朝森	2	复旦大学新闻学院
秦绍德	1	复旦大学新闻学院
曲春景	1	上海大学上海电影学院
邵国松	1	上海交通大学媒体与传播学院
申　琦	2	华东师范大学传播学院
盛　柏	1	同济大学艺术与传媒学院
司长强	1	上海体育学院体育新闻传播与外语学院
孙宝国	1	上海师范大学都市文化研究中心
孙　藜	1	上海大学新闻传播学院
孙少晶	1	复旦大学新闻学院
孙　玮	2	复旦大学新闻学院
童　兵	1	复旦大学新闻学院
童清艳	1	上海交通大学媒体与传播学院
童　希	1	复旦发展研究院传播与国家治理研究中心

续表

作　者	发文数量	所在单位
王　迪	1	复旦大学新闻学院
王冬冬	1	同济大学艺术与传媒学院
王积龙	3	上海交通大学环境新闻研究中心
王玲宁	2	上海外国语大学新闻传播学院
王　茜	1	上海交通大学媒体与传播学院
王庆福	1	上海外国语大学新闻传播学院
王　月	1	上海社会科学院新闻研究所
伍　静	1	复旦大学新闻学院
相德宝	1	上海外国语大学新闻传播学院
谢晨静	1	复旦大学新闻学院
谢金文	1	上海交通大学媒体与设计学院
谢耘耕	1	上海交通大学媒体与设计学院
徐　剑	1	上海交通大学人文艺术研究院
许正林	1	上海大学新闻传播学院
薛　可	4	上海交通大学媒体与设计学院
严三九	3	华东师范大学传播学院
杨　击	1	复旦大学新闻学院
杨桃莲	1	东华大学传播系
姚君喜	1	上海交通大学媒体与设计学院
易旭明	2	上海师范大学人文与传播学院
於　春	1	华东师范大学传播学院
於红梅	1	上海政法学院文学与传媒学院
詹佳如	1	华东师范大学历史系
张　斌	1	上海大学上海电影学院
张大伟	1	复旦大学新闻学院
张国良	3	上海交通大学媒体与设计学院
张　华	1	复旦发展研究院传播与国家治理研究中心
张慧文	1	上海交通大学媒体与设计学院

续表

作　者	发文数量	所在单位
张梅芳	1	华东政法大学传播学院
张　谦	1	上海财经大学人文学院新闻系
张　盛	1	上海体育学院体育新闻传播与外语学院
张涛甫	3	复旦大学新闻学院
张昱辰	1	上海社会科学院新闻研究所
张　卓	1	上海财经大学国际工商管理学院
赵光辉	1	华东师范大学历史系
郑晨予	1	复旦大学新闻学院
郑　雯	1	复旦大学新闻学院
钟　怡	1	复旦发展研究院传播与国家治理研究中心
周葆华	1	复旦大学新闻学院
邹　霞	1	上海交通大学媒体与设计学院

二、 上海地区新闻传播学者课题立项统计(2017—2018 年)

除了论文的发表之外,课题也是呈现学术研究的强弱的重要代表,尤其是代表国家和上海哲学社会科学研究的最高水准的课题项目国家哲社规划项目和上海市哲社规划项目。本部分通过统计国家哲社办和上海哲社办 2017—2018 年两年的课题立项情况,来管窥上海地区新闻传播研究各个不同单位研究实力。对于国家哲社规划办和上海哲社规划办而言,其课题基本分为重大、重点、一般和青年四个层次。因为一般和青年课题更为普遍和常态,因此我们只对这两个层次的上海学者的课题进行统计。

(一) 上海市课题立项情况

2017—2018 年度,上海市共有 12 家单位(参见图 4)获得上海市哲社规划“新闻学”学科的一般及青年课题的 24 项立项(参见表 2)。其中复旦大学以 6 项课题立项遥遥领先于其他学校和科研机构,然后依次为上海大学 4 项、上海交通大学 3 项,上海外国语大学和上海理工大学分别为 2 项,其他的上海体育学院、上海师范大学、上海社科科学院、上海商学院、上海财经大学、华东师范大学和东华大学分别各为 1 项。

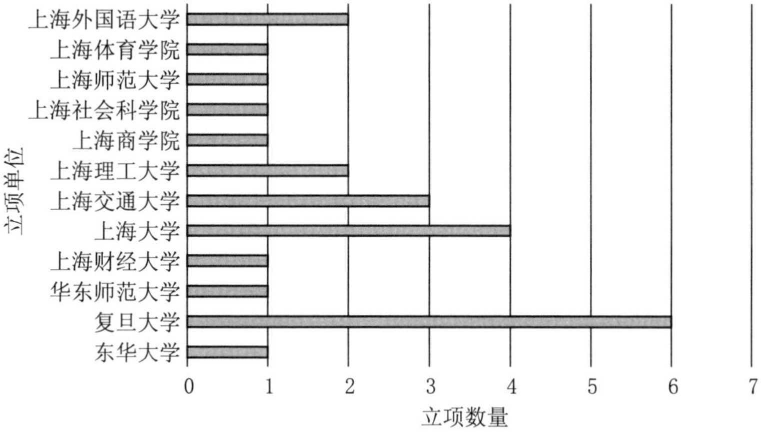

图 4　上海市哲社规划新闻学一般、青年课题立项情况(2017—2018 年)

表 2　上海市哲社规划新闻学一般、青年项目立项名单

姓　名	单　　位	姓　名	单　　位
崔　迪	复旦大学	王　茜	上海交通大学
陈雅赛	上海师范大学	吴　舫	上海交通大学
程金福	上海商学院	吴　瑛	上海外国语大学
楚亚杰	复旦大学	相　雨	上海大学
窦锋昌	复旦大学	徐　笛	复旦大学
杜友君	上海体育学院	许　燕	复旦大学
金庚星	上海理工大学	严怡宁	上海外国语大学
李华强	复旦大学	杨卫民	上海理工大学
李晓静	上海交通大学	尤　游	上海大学
李耘耕	上海财经大学	于嵩昕	东华大学
牛盼强	上海大学	张昱辰	上海社会科学院
钱佳湧	上海大学	赵路平	华东师范大学

(二) 国家课题立项情况

2017—2018 年度,上海市共有 12 家单位(参见图 5)获得国家哲社规划新闻学与传播学共 18 项(参见表 3)一般和青年项目的立项。其中华东师范大学、上海交通大学和上海外国语大学以 3 项立项并列立项数的第一位,其余的东华大学、上海政法学院、上海师范大学、上海社会科学院、上海理工大学、上海大学、上海财经大学、华东政法大学和复旦大学各获得 1 项立项。

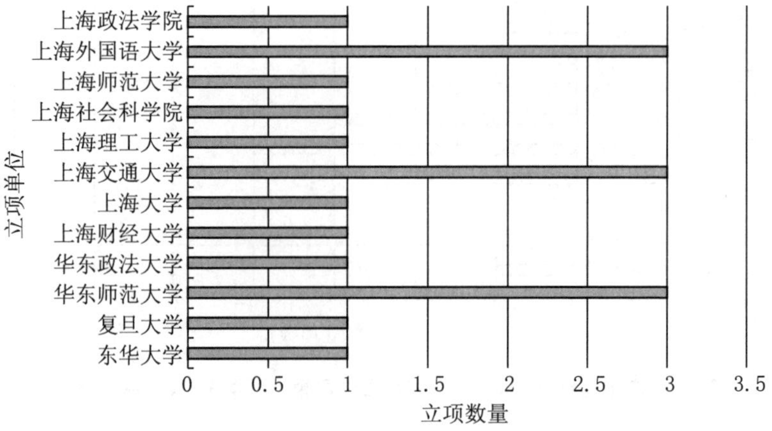

图 5　上海市国家哲社新闻学与传播学一般、青年课题立项情况(2017—2018 年)

表 3　上海市国家哲社新闻学与传播学一般、青年课题立项名单(2017—2018 年)

姓　名	单　　位	姓　名	单　　位
于嵩昕	东华大学	江　凌	上海交通大学
窦锋昌	复旦大学	牟　怡	上海交通大学
武志勇	华东师范大学	江　凌	上海理工大学
吴畅畅	华东师范大学	郑博斐	上海社会科学院
甘莅豪	华东师范大学	李名亮	上海师范大学
郭恩强	华东政法大学	相德宝	上海外国语大学
蒋诗萍	上海财经大学	陈沛芹	上海外国语大学
李建新	上海大学	姜智彬	上海外国语大学
童清艳	上海交通大学	张东平	上海政法学院

结合论文的发表以及课题立项情况,我们大致可以看出,上海市新闻学与传播学的研究,几乎分布在所有的高校和科研院所之中。但总体而言,复旦大学、上海交通大学、华东师范大学和上海大学是新闻传播研究的重镇,而上海社会科学院与上海外国语大学的实力也不容小觑。不过相较于复旦大学新闻传播学科发展的一直以来的强势,其他院校,尤其是设立了新闻传播学科,但是在统计中未曾出现或仅以很少的数量出现的高校则在学科发展,尤其是学术科研一块,需要更进一步。

三、 上海地区新闻传播学者主要研究议题评析(2017—2018 年)

基于新闻学与传播学研究的学科交叉性和理论与时间紧密相结合的特性,我们在广泛收集了 2017—2018 年度上海地区新闻传播学者的研究议题的基础之上,对其进行了以下方面的话题总结,并进行评析,以求相对比较整体的呈现上海学者在本年度中文期刊中研究的基本观点。

(一) 马克思主义新闻观研究

马克思主义新闻观的研究一直是我国新闻学研究的重点议题,2018 年又恰逢马克思诞辰 200 周年,新闻传播学学界对于马克思主义新闻观的研究掀起了一波高潮。在此过程中,上海的学者在本年度也进行重要的发声。

党的十八大以来,习近平总书记就党的新闻舆论宣传工作和以互联网为支撑的新兴媒体条件下的舆论引导、媒体融合、国家治理等,进行了全面深刻的论述,形成了他系统的新媒体思想。其中关于媒体融合、互联网共享、打造线上线下同心圆等方面的阐述,不仅是对马克思主义新闻观的重大创新,引起了学者关注①。学者们认为,习近平的新闻传播思想史马克思主义新闻观的新发展②,新时代的新闻生产需要将将党性和人民性融于时代的媒介生产中③,党管媒体的原则不能变④。同时,也需要用马克思主义新闻观推动媒体融合发展和新闻教育改革的指导思想⑤。

我国马克思主义新闻观研究的专家童兵教授指出,新闻传媒要全面论证和科学把握我国社会主要矛盾的转化。为此,要充分和有分寸地报道人民日益增长的美好生活的需要;要实事求是地提出我国经济社会不平衡不充分发展的现状;要运用辩证法论证和把握主要矛盾的转化。由于我国社会主要矛盾的转化,新闻观念和新闻方

① 董卫民:《融合 · 共享 · 同心圆——浅论习近平新媒体思想》,《常州大学学报》(社会科学版)2017 年第 6 期。

② 童兵:《马克思主义新闻观的新发展——学习习近平新时代中国特色社会主义思想的感悟》,《新闻与写作》2017 年第 12 期。

③ 吕鹏:《将党性和人民性融于时代的媒介生产中——习近平〈在文艺工作座谈会上的讲话〉发表三周年的现实思考》,《中国出版》2017 年第 19 期。

④ 杨鹏:《坚持党性和人民性相统一》,《青年记者》2018 年第 19 期。

⑤ 童兵:《“上天入地”:深化马克思主义新闻观研究》,《新闻与写作》2017 年第 1 期。

针应作一定的调整。要为党和政府应对主要矛盾的转化提供强大舆论支持,建立必要的考核评估指标体系。①

(二) 经典理论再研究

经典理论的在新语境下的再研究与再检验,是新闻传播研究的另外一个重镇,本年度,上海地区的学者们也着力进行了新闻传播的经典理论的再研究。

有学者研究发现,主流媒体新闻议程方面的守门人角色正在消失,而公众议程方面,选民的知沟与认知呈现出不平衡,而在选举中,议程设置中的另类声音又消解了社会议题②③。议程设置有关公共领域和交往行动的关系中,学者的研究发现大众传播有向人际传播复归的趋向④,新媒体时代的公共领域构建基于网络事件又呈现出不同的途径⑤。由于技术的更新迭代,人际传播也在发生着新的路径变化,随着人际关系的建立、发展与维护愈来愈和传播技术紧密关联,传播技术不仅改变了面对面的人际互动,而且促使超人际传播这种人类亲身传播从来没有出现的传播样态出现⑥⑦⑧。其他涉及经典理论的探讨还涉及城乡之间转型中国的数字鸿沟分析⑨,文化记忆与传播仪式观的再讨论⑩⑪,网络社交“后真相”环境下“使用与满足”理论的检视⑫,关于当代新闻专业主义的再度理解⑬⑭,“把关人”理论演变与新的特征进行

---

① 童兵:《我国社会主要矛盾的揭示和新闻舆论工作的应对》,《中国地质大学学报》(社会科学版)2018年第2期。

② 沈荟、潘霁:《总统、新闻界与议程设置理论——佛罗里达大学新闻系 Wayne Wanta 教授学术对话录》,《新闻记者》2017年第7期。

③ 单凌、童希:《中国形象的国际媒体报道与公众舆情——一项基于属性议程设置的研究》,《北方传媒研究》2017年第5期。

④ 梅琼林、陈蕾、邹鸣:《大众传播向人际传播的复归——哈贝马斯交往行为理论的重新发现》,《中国广播电视学刊》2017年第12期。

⑤ 徐天琪:《新媒体时代网络动员对公共领域的实现及问题探析——以“ALS冰桶挑战”为例》,《新闻研究导刊》2017年第8期。

⑥ 胡春阳:《超人际传播:人际关系发展的未来形态》,《人民论坛·学术前沿》2017年第23期。

⑦ 孙玮:《微信呈现传播与人的新关系》,《第一财经日报》2017年5月22日。

⑧ 胡春阳:《中国人际传播研究发展动态》,《中国社会科学报》2018年第3期。

⑨ 曹晋、梅文宇:《城乡起跑线上的落差:转型中国的数字鸿沟分析》,《当代传播》2017年第2期。

⑩ 郭讲用:《仪式媒介中的文化记忆建构》,《东华大学学报》(社会科学版)2017年第3期。

⑪ 周雅:《网络社会中传播“仪式观”的再审视——以优酷“泛文化”内容为例》,《新闻战线》2017年第10期。

⑫ 沈后婷:《表情包受众的“使用与满足”研究》,《新媒体研究》2017年第16期。

⑬ 潘忠党、陆晔:《走向公共:新闻专业主义再出发》,《国际新闻界》2017年第10期。

⑭ 李良荣:《新闻专业主义的历史使命和当代命运》,《新闻与写作》2017年第9期。

了梳理①以及数字鸿沟的专项与跨越②等。

（三）文本与话语分析

基于符号学和叙述学的文本研究和话语分析，是近几年来新闻传播学研究的新的关注点。对于近年出现的“We Media”概念，有学者采用福柯的知识考古的研究路径，以所得的各种概念界定及围绕此界定而展开的实践活动为分析对象，从而描绘出“We Media”到“自媒体”概念的行走轨迹。分析显示了一个将“公民参与”转变为“创业者用新技术创业”、以“商业主义”为主导而淡化参与性、公共性元素的概念再创造的轨迹③。

报纸和杂志是进行文本研究的主要媒介，很多学者通过报纸的新闻报道进行各种议题的文本研究。比如，有学者以《人民日报》2000 年至 2017 年间的失地农民报道为样本来研究，发现报道呈现出三项偏差：失地农民“主角配角化”；农民“市民化”内涵有失简单；过多的“妥善安置”报道存在片面性。同时对这三类偏差可能引起的社会文化后果做出了分析④。也有学者对《人民日报》2013 年至 2017 年铁路春运报道进行分析，以从报道数量、版面呈现、报道主题、报道篇幅、报道倾向五个方面来探析《人民日报》如何构建铁路春运的话题以及其报道内容的变化反映了怎样的问题⑤。

有学者以《纽约时报》2015 年“中美关系”议题的新闻报道为分析对象，考察中国国家形象“他塑”问题。研究发现，《纽约时报》在所谓“公平性和平衡性”的报道原则下，通过特定词汇使用、转引等一系列手法，使客观性报道向主观性转变，公平性报道亦开始单边倾斜，搭建起“他塑”之下多面中国的国家形象⑥⑦。对涉及政治新闻报

---

① 陆趣：《“把关人”理论在新媒体情境下的演变和发展》，《新媒体研究》2018 年第 20 期。

② 胡春阳：《从接近沟到使用沟“数字鸿沟”的转向及跨越》，《人民论坛》2018 年第 24 期。

③ 於红梅：《从“We Media”到“自媒体”——对一个概念的知识考古》，《新闻记者》2017 年第 12 期。

④ 何秋红、黄召婷：《我国失地农民的媒介镜像考察——以〈人民日报〉为中心》，《新闻爱好者》2018 年第 6 期。

⑤ 丁超：《媒介关于铁路春运报道的分析——以 2013—2017 年〈人民日报〉报道为例》，《东南传播》2018 年第 7 期。

⑥ 常姗姗：《“多面中国”：中国国家形象的“他塑”研究——以〈纽约时报〉2015 年“中美关系”议题为例》，《新闻大学》2017 年第 3 期。

⑦ 常姗姗：《〈纽约时报〉“他塑”中国形象研究——以 2015 年中国环保议题报道为例》，《新闻传播》2017 年第 7 期。

道的研究还有对《人民日报》《环球时报》对美国大选的研究[①][②],香港《明报》2016年中国台湾地区领导人选举报道的框架分析[③][④]。也有对女性杂志进行研究,认为杂志所反映的女性在媒体公共空间中完成了中国现代都市新女性的建构[⑤][⑥]。还有学者聚焦于女性专刊研究,考察期呈现的不同观念,专刊的立场转向反映出的社会问题以及独特的现代意义[⑦]。

(四)新闻与传播研究方法研究

研究方法对于一个学科的建构和发展具有至关重要的意义。新闻传播学的研究也随着社会和科技的发展,以及学科的逐渐成熟而不断发展探索。本年度学者们既检视了之前的经典研究方法,也试图引入新的研究方法以对新闻传播的议题进行研究。

民族志是新闻传播研究借鉴人类学而采用的一种研究方法。作为研究方法,它继承了马林诺夫斯基为科学民族志研究确立的核心原则——强调学者与文化参与者深层次的互动和意义的共同建构,也继承了民族志变革的思想与理论成果——强调对真实性以及对真实性的再现的反思,与解释人类学的民族志和实验民族志有着前后承继的关系[⑧]。

有学者指出数字技术正在深入影响新闻业,在此背景下,这种研究方法将面临一系列的挑战,但仍有其充分的价值所在。只是,在方法实践层面上,不同路径和不同环节都需要做出适应性的调整[⑨]。除了对田野的聚焦,有人也对网络民族志进行了

---

① 赵民、陆晔:《中国媒体中的美国大选——对〈人民日报〉〈环球时报〉"涉选"内容的观察》,《新闻记者》2017年第1期。

② 姜华:《传统新闻业、社交媒体与"稀释"的民主——2016美国总统选举中的新闻乱象与民主困境》,《新闻记者》2017年第6期。

③ 孟晖、黄瑚:《香港〈明报〉2016年台湾地区领导人选举报道的框架分析》,《台湾研究集刊》2017年第3期。

④ 王玲宁:《世界范围内的国际媒体中国环境报道的框架分析——以2016年的雾霾天气为例》,《东南传播》2017年第10期。

⑤ 姜卫玲、刘芸:《媒体公共空间中现代都市新女性的建构——以〈玲珑〉杂志为考察中心》,《淮阴师范学院学报》(哲学社会科学版)2017年第5期。

⑥ 胡春阳、杨雪晨:《男性、女性时尚杂志封面女性形象的对比研究——以〈时尚 Cosmo〉与〈男人装〉为例》,《新闻大学》2017年第5期。

⑦ 林溪声:《徘徊于传统与现代之间:20世纪30年代〈申报〉专刊的女性意识》,《新闻春秋》2017年第2期。

⑧ 曹晋、孔宇、徐璐:《互联网民族志:媒介化的日常生活研究》,《新闻大学》2018年第2期。

⑨ 白红义:《在新闻室做田野:作为方法的新闻民族志研究》,《现代传播》(中国传媒大学学报)2017年第4期。

概念的厘清与界定,秦朝森结合传统民族志参与观察和深入访谈以及网络民族志的线上互动式路径,从经验相远迈入经验相近的研究进程来洞察转型中国农村基督徒如何利用各种媒体进行传播教义的实践,凸显网络民族志这种方法对于研究边缘群体的意义与价值,并反思网络民族志研究的局限性①。

定性比较分析(QCA)的研究方法是从管理学和政治学逐渐过渡开来的一种,有学者以人民网最新盘点的 2016 年十大谣言为研究对象,运用定性比较分析(QCA)的研究方法分析互联网时代谣言传播的多种路径组合方式②,这种方法值得新闻传播学者重视和广泛应用。除了 QCA 研究方法之外,针对新闻传播教育,有学者指出人才培养可以借鉴 CDIO 工程培养方法,以项目模块为依托,建立起"任务型"课程体系结构,最终在一系列循序渐进的小测验、小考试和小考核中完成对学生的过程考核。通过项目贯穿整个人才培养过程的团队设计和创新实践训练,培养专业基础扎实的高水平人才③。另外,新引进的方法还有 Q 方法④和社会网络分析法。⑤

(五)新闻生产社会学

由于数字技术对于传统媒体的冲击,使得新闻生产研究的边界得到了很大的拓展,内容也得到了很大的丰富。聚焦新闻从业者对新闻业及其职业实践的自我言说或者阐释成为国内学者研究中国新闻职业群体尤其是职业话语的一个比较鲜明的特征,阐释社群、范式修补、集体记忆以及边界工作等是经常被调用的概念资源⑥。

有学者在新闻生产基础上进行批判分析,借助网络及技术工具的发展,越来越多的用户生成内容(UGC)得以生成,人们以其能够打破专业化的内容生产(PGC)

---

① 秦朝森:《网络民族志的研究——以山东乡村的基督教传播实践为例》,《新闻大学》2017 年第 4 期。

② 张芳、张谦:《互联网时代谣言高热度传播的组合路径研究——基于 2016 年十大谣言的清晰集定性比较分析》,《东南传播》2017 年第 11 期。

③ 南瑞琴、严三九:《国际互联网时代的新闻传播人才培养模式创新研究——基于 CDIO 工程方法》,《全球传媒学刊》2017 年第 4 期。

④ 王迪、张宇杰:《职业系统视野下的公关从业者职业认知研究——一项基于 Q 方法的测量》,《新闻大学》2018 年第 6 期。

⑤ 相德宝、乐文婉:《基于社会网络分析的全球政治领导人社交网络影响力研究》,《新闻记者》2019 年第 4 期。

⑥ 白红义:《边界、权威与合法性:中国语境下的新闻职业话语研究》,《新闻与传播研究》2018 年第 8 期。

的壁垒而鼓吹个人/受众/用户在与媒介的关系中已获得了“解放”“民主”或“自由”。作者认为作为个体的个人,依然受困于媒介资本所编织的巨大的网络之中,依然受制于各种审查,依然被进行各种收编,其“自由”或“民主”不过是镜花水月式的假象①。

也有研究介绍了境外的新闻实践的研究。如哥伦比亚大学新闻学院 Tow 数字新闻中心发布的“平台新闻业”报告认为,社交平台与新闻生产正在加速整合,平台公司与新闻机构融合再造,美国新闻业的发展迎来第三次浪潮。其主要表现为:技术平台成为出版商,接管传统新闻出版职能;平台通过激发新闻机构提供特定类型的内容,以及制定相应设计标准管控新闻发行;平台依靠算法对内容进行分类和定位等②。另外还有一份研究报告是哥伦比亚大学托尔数字新闻中心报告第三次浪潮:平台公司如何重塑美国新闻业,报告提出平台公司与新闻机构加速融合,重塑新闻业态③。

(六) 政治传播

政治传播既是本年度重要的研究议题,也呈现了一些十分有趣的研究。政府道歉行为是比较少有关注的研究现象,有学者对此进行了研究。认为,当道歉行为从私人领域走向公共领域时,道歉客体、道歉主体、道歉时间、道歉原因及道歉目的均更加复杂而多元化。道歉行为蕴含道义悖论、声望悖论、身段悖论、情感悖论、时间悖论、频率悖论、身份悖论、责任承担悖论和责任归属悖论。这些悖论直接影响着科层制中责任承担者的确立,也会影响公众对执政者道歉行为的评判④。

政府机构作为一种特殊的传播主体,依据微博强大的受众黏性,在政务传播和民生服务方面发挥着举足轻重的作用。政务传播在新时代下新的演变特点也是诸多学者关注的焦点所在,较多以“上海发布”为研究对象进行考察研究⑤⑥⑦,在此基

---

① 吕鹏:《作为假象的自由:用户生成内容时代的个人与媒介》,《国际新闻界》2017 年第 11 期。

② 骆世查:《硅谷如何重塑新闻业——哥大新闻学院 Tow 数字新闻中心“平台新闻业”报告》,《新闻记者》2017 年第 7 期。

③ 方师师、周炜乐:《哥伦比亚大学托尔数字新闻中心报告第三次浪潮:平台公司如何重塑美国新闻业》,《汕头大学学报》(人文社会科学版)2017 年第 7 期。

④ 甘莅豪:《政治传播中的政府道歉行为分析》,《新媒体与社会》2017 年第 1 期。

⑤ 丽琴:《政务微博和微信传播策略的对比分析——以“上海发布”为例》,《新闻传播》2017 年第 8 期。

⑥ 王玲宁、禹卫华:《全文本视野下政务新媒体的内容生产和传播特征——以“上海发布”为例》,《新闻界》2017 年第 9 期。

⑦ 祁慧媛、薛雯:《“上海发布”微信公众号——微信矩阵模式的构建策略解析》,《新闻传播》2017 年第 4 期。

础之上，有学者借以居伊德波的景观理论来论证政治传播施以一种视觉传播化的统治①。

视觉形象变化开始成为政治传播学者感兴趣的话题，有学者研究中视觉演化与政治建构——毛泽东视觉形象变迁②；基于中国第一夫人外交的视角研究国际传播中的柔性政治③。随着“一带一路”议题的不断推进，国家形象的塑造同样也是政治传播学者关注的焦点之一，很多学者关注跨全球视野之下和跨文化传播视角，以及如何在形象塑造之后带动议程设置的启动④⑤⑥。也有相关的研究涉及官方舆论场如何面对信息传播权力重构⑦、新媒体呈现政治新景观⑧，以及建构政治认同⑨等。

另外，互联网技术传播以及如短视频直播等媒体、城市传播、国际传播、身体传播、传媒产业以及媒介与文化研究等，也是2017—2018年度上海学者重要的研究领域与议题，鉴于篇幅的问题，不做详细的书评。

结　语

至2017年，新闻学和传播学为国家列为一级学科已整20周年；至2018年，我国改革开放也整整进行了40周年。张国良教授认为传播学在中国经历了40年发展，到达了一个较为成熟的阶段。他的论述对于虽然是主要针对传播学的，但是对于新闻学也有着极为重要的借鉴意义。

---

① 王梅芳、刘华鱼：《景观社会：一种视觉传播化的统治》，《当代传播》2017年第3期。

② 汪伟：《视觉演化与政治建构——以毛泽东视觉形象变迁（1937—1949年）为例的探讨》，《新闻记者》2017年第7期。

③ 王梅芳、买雨佳：《国际传播中的柔性政治——基于中国第一夫人外交的视角》，《当代传播》2017年第1期。

④ 陈正辉：《新全球化视野下中国国家形象的传播思考》，《现代传播》（中国传媒大学学报）2017年第8期。

⑤ 王庆福、文三妹：《跨文化传播视角下的纪录片国家形象塑造——以〈一带一路〉为例》，《新闻前哨》2017年第10期。

⑥ 吴瑛、邓也、何萍、陈佩君：《重大活动如何设置中国议程》，《对外传播》2017年第11期。

⑦ 朱春阳：《官方舆论场如何面对信息传播权力重构?》，《当代贵州》2017年第28期。

⑧ 张涛甫：《纠偏：舆论场的结构性再平衡——兼论两种舆论引导偏向》，《新闻与写作》2017年第3期。

⑨ 吴瑛、黄天依：《构建政治认同：作为媒介事件的重大国际会议角色研究》，《新闻大学》2018年第6期。

张国良认为,传播学有着自身的学科特性,即科学性、时代性和交叉性;传播学作为横向型学科,属于社会科学,而新闻学作为纵向型学科,属于人文科学,但两者在高度依赖媒介方面一致。改革开放以来的社会需求,包括政治、经济、技术、文化层面的有力驱动促使了传播学的发展,而传播学为推动中国经济建设与社会发展,在学科建设、人才培养、科学研究、社会服务等方面,也发挥了重要作用①。

因此,对于中国新闻传播研究的重要阵地——上海——来说,需要更加重视新闻传播学的而研究。在本年度,上海两家重要的新闻传播研究重地——上海交通大学和上海大学——相继对其原有的新闻传播院系进行了调整,成立了新的新闻传播学院。而另外的重地如复旦大学和华东师范大学则进行了更加明确的研究定位。鉴于国内新闻传播研究各地大力进行研究的拓展和品牌的提升的现实,上海地区新闻传播学科的研究应该具有忧患意识,更加注重对于新闻传播研究人才新人的培养和发掘,并创建更加明晰的研究方向,从而提升国内乃至国际的竞争力。

① 张国良:《中国传播学40年:学科特性与发展历程》,《新闻大学》2018年第5期。

15. 2017—2018 年上海图书情报与档案学学科发展评议

孙 翌 陆亚红

（上海交通大学图书馆）

上海这座国际大都市，聚集了大批国内外知名的学者与专家。在图书情报与档案学的研究方面，一直展现出上海这座城市特有的关注，紧跟国际前沿研究，在诸多新型的研究领域始终处于国内外相关理论与实践研究的前列。近两年来，上海地区图书情报与档案学的相关研究成果突出表现在智慧图书馆、数字人文、阅读推广、科学计量、档案应用等这些方面，对我国图情档的学科以及公共文化事业的发展起到了重要的推动作用。

为了全面了解上海学者 2017—2018 年的学术产出情况，从中国知网和 Web of Science 数据库中获取上海学者在这两年的期刊文章，选择 CSSCI、SCIE 和 SSCI 作为进一步筛选，得到符合条件的 2017 年中文文章 227 篇和外文文章 40 篇，以及 2018 年中文文章 228 篇和外文文章 30 篇，共计 525 篇。

对中文文章进行关键词排序，并剔出“图书馆”等无实际意义的词汇，将“大学图书馆”和“高校图书馆”两词进行合并，得到各年度排名前 15 的关键词。

表 1 中文高频关键词

序号	2017 年	出现频次	2018 年	出现频次
1	高校图书馆	21	公共图书馆	21
2	公共图书馆	17	高校图书馆	18
3	阅读推广	9	阅读推广	14
4	大数据	7	智 库	13
5	数字人文	7	数字人文	11
6	智慧图书馆	5	双一流	6
7	人工智能	5	知识服务	4
8	数字化	5	语 义	4
9	知识服务	5	创新服务	4
10	服务转型	5	大数据	3
11	数字图书馆	3	微 信	3

续表

序号	2017 年	出现频次	2018 年	出现频次
12	语　义	3	数字图书馆	3
13	可视化	3	数字档案	3
14	创新服务	3	社会网络	3
15	云计算	3	一带一路	3

从表 1 可以看出,“公共图书馆”和“高校图书馆”始终是研究主体,“阅读推广”长期是上海的研究热点,值得注意的是“数字人文”逐步超过“大数据”成为近两年新一轮的研究热点。

相对于中文文章,外文文章受样本数量的影响(见表 2),关键词没有出现明显的聚集。

表 2　外文高频关键词

序号	2017 年	出现频次	2018 年	出现频次
1	online	10	citation	5
2	social media	7	social network	2
3	Citation	4	scientific collaboration	2
4	Government	3	China	2
5	bibliometrics	2	online	2
6	content analysis	2	social media	1
7	digital	2	information sharing	1
8	social reading	1	RFID	1
9	information sharing	1	bibliometrics	1
10	semantic	1	h-index	1

从表 2 可以看出,外文文章的关注点多在于“China”(中国),“social network”(社交网络)和“social media”(社交传媒)三方面,有别于中文论文。而其中对于社交网络和社交传媒的关注点也多集中在利用情报学的计量方法,定量探讨社交媒体中存在的关注度、活跃度的问题。

基于统计调研分析的研究概述情况,下文将分别按主题进一步详细阐述 2017—2018 年上海图书情报与档案学学科发展的情况。

一、图书馆学理论与事业

2017年伊始，享有盛誉的图书馆学家范并思在《中国图书馆学报》发表了《图书馆学理论道路的迷茫、艰辛与光荣》①一文，全面而系统地总结了中国图书馆学近60年的发展道路和取得的成就。该文一出，即成为图书馆学人的必读之作，在图书馆界大量转载传播，引起了广泛关注与认可。在上海图书馆学领域，特别是图书馆理论与事业方面有如下几个研究热点。

（一）图书馆事业

图书馆事业发展始终是图书馆学研究的核心，以便把握图书馆的未来发展方向。如今，图书馆事业进入一个全新的发展阶段，正处在图书馆场地、人员和服务的转型发展关键时刻。上海学者们高屋建瓴，在图情学重要刊物发表研究观点，从不同的角度分别探讨了公共图书馆和高校图书馆的事业发展趋势。

在公共图书馆领域，吴建中对图书馆发展的十个热门话题进行归纳与梳理，提出图书馆与社会发展、识字与素养、空间再造、人工智能、数字人文、开放运动、公共数字文化与精准扶贫、图书馆改革、第三代图书馆以及“一带一路”与图书馆国际化十个新话题②，为图书馆发展提供了纲领性的指导。在公共图书馆建设过程中，图书馆服务品牌层出不穷，如何认知服务品牌的文化内涵，如何理解服务品牌所体现的时代逻辑，如何总结服务品牌的实践，如何揭示服务品牌的内在规律与方法等，王世伟给出了全面的思路与方法③。此外，王世伟还从纵向维度上将信息文明融入图书馆发展的整体进程中进行审视，从信息文明的视角来对图书馆的发展加以认知并进行探讨，发现信息革命所带来的信息文明引领了图书馆的新变革和新提升，创造了图书馆服务的新空间和新形态，拓展了图书馆服务的新领域和新载体，极大地提高了图书馆服务的效率和效能④。

在高校图书馆领域，陈进针对“双一流”建设带给大学图书馆的新使命，结合上

① 范并思：《图书馆学理论道路的迷茫、艰辛与光荣——中国图书馆学暨〈中国图书馆学报〉六十年》，《中国图书馆学报》2017年第1期。

② 吴建中：《再议图书馆发展的十个热门话题》，《中国图书馆学报》2017年第4期。

③ 王世伟：《论公共图书馆服务品牌》，《中国图书馆学报》2018年第6期。

④ 王世伟：《信息文明与图书馆发展趋势研究》，《中国图书馆学报》2017年第5期。

海交通大学图书馆近年来以用户需求为牵引、实现服务转型与创新发展的探索和思考,阐释了面向“双一流”的一流大学图书馆建设需要关注的三方面关键问题,分别是顶层结构规划、服务体系设计、可持续运维机制,以此展望了大学图书馆的未来发展愿景①。

(二)智慧图书馆

各行各业正朝着万物互联的智能化方向快速发展与变革,“互联网+”早已成为国家战略发展之一,图书馆作为信息密集型行业,势必紧跟时代步伐融入智慧化服务的潮流与趋势中。无论公共图书馆、高校图书馆还是专业性图书馆等,均以智慧图书馆建设作为其发展目标,智慧图书馆作为未来图书馆的表现形态,其理论研究与顶层设计受到了国内外图情学者们的持续追捧,上海学者们在此领域的研究成果尤为突出。

上海社会科学院信息研究所的王世伟研究员早在2011年即发表了《未来图书馆的新模式——智慧图书馆》②一文,在智慧图书馆初级阶段即率先总结了智慧图书馆的核心要素、特征、内涵本质等,而后发表了《论智慧图书馆的三大特点》③、《再论智慧图书馆》④、《略论智慧图书馆的五大关系》⑤、《智慧社会是智慧图书馆发展的新境界》⑥和《图书馆应当弘扬“智慧工匠精神”》⑦等一系列相关研究文章。2012年,王世伟提出“智慧图书馆作为未来图书馆的新模式,将成为图书馆创新发展、转型发展和可持续发展的新理念和实践”,已形成共识,得到广泛认可。2017年,他再从三个方面论述了智慧社会是智慧图书馆发展的新境界“一是智慧社会是社会信息化深入持续发展的新形态;二是智慧社会是智慧图书馆创新发展的新境界;三是智慧社会是新时代读者对美好文化生活的新需要”。这一系列文章阶段性论述了智慧图书馆的建设内涵与核心,对智慧图书馆建设起到了指导性的作用。在公共图书馆领域,上海图书馆刘炜团队从智慧图书馆的实践角度,提出了智慧图书馆体系结构模型⑧,其主

① 陈进、郭晶:《一流大学图书馆建设之关键》,《大学图书馆学报》2018年第5期。
② 王世伟:《未来图书馆的新模式——智慧图书馆》,《图书馆建设》2011年第5期。
③ 王世伟:《论智慧图书馆的三大特点》,《中国图书馆学报》2012年第6期。
④ 王世伟:《再论智慧图书馆》,《图书馆杂志》2012年第11期。
⑤ 王世伟:《略论智慧图书馆的五大关系》,《图书馆杂志》2017年第4期。
⑥ 王世伟:《智慧社会是智慧图书馆发展的新境界》,《图书馆杂志》2017年第12期。
⑦ 王世伟:《图书馆应当弘扬“智慧工匠精神”》,《图书馆论坛》2017年第3期。
⑧ 刘炜、刘圣婴:《智慧图书馆标准规范体系框架初探》,《图书馆建设》2018年第4期。

要核心由一系列智慧产品和智慧服务、图书馆业务管理系统和智能楼宇系统组成。基于该模型，从智慧技术在图书馆应用的角度出发，参照《人工智能标准化白皮书》的分类，对图书馆所涉及的相关标准规范提出智慧图书馆标准规范体系框架，该框架将智慧图书馆相关的标准规范分为业务、数据、服务和产品四个主要方面，这为智慧图书馆的建设提供了明确的指导方法与技术方案。在智慧图书馆概念与内涵的理论研究基础上，向智慧图书馆应用与实施迈进了一大步。2018 年上海国际图书馆论坛（Shanghai International Library Forum, SILF）主题为“图书馆，让社会更智慧、更包容”，上海图书馆馆长陈超以“智慧与包容：重塑公共图书馆新愿景”为题①，提出智慧图书馆的建设需要更包容，图书馆员要从可持续发展的高度去理解包容，要从全球化发展的高度去理解，当然更要从科技革命的高度去理解。在高校图书馆领域，上海交通大学陈进团队从高校图书馆学术信息资源服务的需求与特点出发，提出了智慧图书馆的架构规划②、空间设施③等多个方面的建设核心问题与解决思路。

（三）阅读推广

在上海市图书馆学会阅读推广委员会下设大学生阅读推广委员会、公共图书馆阅读推广委员会、未成年人阅读推广委员会、数字阅读推广委员会、阅读推广理论与方法委员会等五个分委会，从理论到实践，从公共图书馆到大学图书馆，呈现百花齐放的研究态势。

（1）理论研究

以范并思教授为首的上海学者们在阅读推广的理论方面进行了一系列深入研究与讨论，在图书馆界已形成了非常大的影响，标志着我国图书馆阅读推广理论正在步入成熟阶段。

继 2015 年国家社科基金重大项目“图书馆阅读推广的基础理论和体系结构研究”之后，范并思团队经过多年的研究与探索，在阅读推广理论方面积累了大量的研究成果，阅读推广理论已形成了初步框架，2018 年，范并思团队的课题“图书馆阅读推广理论与实践研究”再次获得国家社科基金重大项目立项，连续两个重大社科基金的立项，证明了范并思团队在阅读推广理论与实践研究方面的能力与影响力。范并

---

① 陈超：《智慧与包容：重塑公共图书馆新愿景》，《图书馆杂志》2018 年第 11 期。

② 陈进、郭晶、徐璟、施晓华：《智慧图书馆的架构规划》，《数字图书馆论坛》2018 年第 6 期。

③ 高协、王昕、张心言、施晓华、陈进：《智慧图书馆的空间设施构想》，《数字图书馆论坛》2018 年第 6 期。

思提出了图书馆阅读推广的理论体系,该研究体系包括理论历史与现状、阅读与阅读文化、阅读推广基础理论、阅读推广服务和管理五个方面①,成为阅读推广理论的总纲目录,为阅读推广理论研究的后续发展提供了研究体系与架构。图书馆作为主体一直以来都在承担着阅读推广的使命,陈赫男和范并思以民国时期阅读指导与阅读推广的文献资料进行调研,梳理出民国时期阅读推广的四个发展阶段,在阅读的材料、指导方式与指导对象上,总结了不同阶段的实践理论与形态②。李凤智和范并思从图书馆理念对于阅读推广的指导与制约两个方面入手,深入探讨了阅读推广中的成绩与问题,将阅读推广置于现代图书馆理念的框架之下,探讨如何推进阅读推广深入稳定地开展③。与此同时,范并思提出图书馆阅读推广服务的合理性需要进行理论审视,联系实际对图书馆阅读推广中的属于核心使命的阅读推广、不属于使命但可为的阅读推广以及不可为的阅读推广进行了分析。图书馆阅读推广是创新服务,但仍需要合理性审视,这对认识阅读推广在图书馆服务中的位置,更加自觉地开展阅读推广,具有重要的理论意义和现实意义的④。近两年,范并思团队这一系列的研究成果,从理论体系到阅读推广的指导与制约,再到合理性审视,为图书馆阅读推广这个创新服务提供了坚实的理论指导基础。

除了范并思团队之外,其他学者也在阅读推广理论方面有诸多研究成果。李武等人归纳了未成年人阅读推广理论研究进展⑤,将未成年人归为在全民阅读浪潮中图书馆阅读推广重点关注和优先服务的对象,通过系统收集和梳理图书馆学领域针对未成年人阅读推广发表的期刊文献,建议在未来研究中加强基础理论对实践的指导,重点关注低幼儿童和特殊少儿群体,深化对阅读推广活动评估的实证研究,开展跨学科跨领域合作研究。陈幼华等人提出了阅读推广的概念类型与范畴界定⑥,从概念区分原则与要素说明两重角度来界定图书馆阅读推广的概念内涵与外延;将当前阅读推广研究归纳为六种范式⑦:文史范式、图书馆学范式、阅读行为学范式、传播

---

① 范并思:《论图书馆阅读推广的理论体系》,《图书馆建设》2018 年第 4 期。

② 陈赫男、范并思:《民国时期的阅读指导研究》,《图书馆建设》2017 年第 10 期。

③ 李凤智、范并思:《现代图书馆理念对阅读推广的指导和制约》,《图书馆》2017 年第 8 期。

④ 范并思:《图书馆阅读推广的合理性审视》,《图书情报工作》2017 年第 23 期。

⑤ 李武、朱淑华、王丹、吴军委:《新世纪未成年人阅读推广理论研究进展》,《图书馆论坛》2018 年第 10 期。

⑥ 陈幼华:《论阅读推广的概念类型与范畴界定》,《图书馆杂志》2017 年第 4 期。

⑦ 陈幼华:《论阅读推广的研究范式》,《图书馆论坛》2018 年第 3 期。

营销学范式、法理研究范式、阅读疗法范式,并剖析了每一范式流派的代表学者、研究主题、研究方法、主要观点等特征元素。2017 年底,《上海市少年儿童阅读报告》在上海图书馆学会 2017 学术年会上发布①。这份由上海少年儿童图书馆联合上海市图书馆学会少年儿童图书馆委员会、中文在线共同发布的《上海市少年儿童阅读报告》,依托上海中心图书馆“少儿一卡通”系统、上海中小学生“数字阅读”平台及 631 所学校图书馆,共采集了近五年共计 7724915 条纸质图书记录、61171 条数字图书记录和 1156 份调查问卷,以此进行大数据分析,从读者的阅读兴趣、阅读态度、阅读习惯、阅读能力及数字阅读等七个方面,全面立体地呈现了低幼段、小学段、中学段少年儿童的阅读素养和发展趋势,这份研究报告引起了学术界和新闻媒体的广泛关注。

(2) 推广活动

与理论研究的科学严谨相比,阅读推广的应用活动则表现出丰富多彩的探索与实践。在中国图书馆学会阅读推广委员会主办的 2018 年“发现图书馆阅读推广特色人文空间”②活动中,收到申报案例 107 个,其中来自上海的浦东图书馆(数字体验 & 少年创客中心)获得一等奖,上海交通大学图书馆(思源阁)获得三等奖。

在公共图书馆方面,推广案例分享与交流,服务于广大市民。2018 年 4 月 20 日,世界读书日来临之际,来自全国各地的专家学者、图书馆届的同仁们汇聚奉贤区图书馆,以书香奉贤的名义,共同开启“书香 60 年,阅读新时代”奉贤区第八届阅读节暨 2018 全国阅读推广优秀案例分享会的大幕。邀请国内著名阅读推广专家作阅读推广专题报告,并由来自全国各地的 2018 全国阅读推广优秀案例获奖者与同仁们分享经验和成果。2018 年 4 月 23 日,即世界读书日,上海图书馆联合上海著名的“克勒门文化沙龙”,为市民献上一份精彩的文化大餐——“上图之夜”,促进每一位读者感受阅读的美好,爱上阅读。

在高校图书馆方面,各高校联合推广,呈现各自特色。2018 年 10 月 20 日,由上海市教卫工作党委、上海市教委、上海教育系统网络文化发展研究中心、上海高等学校图书情报工作委员会主办的“与经典同行”2018 上海大学生阅读马拉松秋季赛,在上海 16 所高校同时开赛,全市近 1500 名大学生一起完成了阅马定向赛和阅读挑战

① 上海市图书馆学会,[EB/OL][2019-02-22],http://society.library.sh.cn/node/4213。

② 中国图书馆学会阅读推广委员,[EB/OL][2019-02-22],http://www.lib-read.org/news/newsshow.jsp?id=1554。

赛两项任务。此次大赛是阅马组委会首次联合上海各大高校组织的针对高校师生开展的大型阅读推广活动;上海交通大学的"文脉流芳:沁润学在交大的阅读时光",为大学生在线"大学悦读·阅读大学"系列活动的重要组成部分,旨在营造书香四溢的校园文化环境,为钟情浓厚阅读氛围的交大人搭建理想的交流平台;华东理工大学的"乐吾华理,一领书香"读书月活动,开展丰富多彩的文化活动,组织和引导广大学生多读书、读好书,让阅读成为习惯,让书香盈满校园;同济大学的"立体阅读 & 读者服务月"活动,并建设"闻学堂",作为一个中华传统文化传承的基地,同时,也是作为"上图杯 2017 阅读马拉松春季赛"的十二个比赛场地之一。

在少儿阅读方面,积极培养少儿阅读能力。2017 年 7 月至 8 月,为培养少儿良好的阅读能力,养成诚信、节俭和分享的好习惯,浦东图书馆举办"青鸟传书"少儿读书活动。通过专家指导、阅读、写作、评比、展示等环节,在少儿中倡导爱读书、好分享的精神,引导全社会共同关注中少儿阅读话题,共同为少儿阅读营造良好的成长环境。2018 年 4 月 17 日,由上海文明办、上海市文联、上海市新闻出版局主办,上海市儿童文学研究推广学会承办的第五届"上海好童书"评选和阅读推广活动启动,向广大少年儿童推荐高品质的好童书,并鼓励童书创作。2018 年 6 月 13 日,由上海少年儿童图书馆、闵行区图书馆和魔法童书会主办的"亲子朗读手牵手　声音档案传真情"活动走进云南,与当地的师生共同开展亲子朗读活动。

二、数字人文

数字人文是近几年在图情学领域受到广泛关注的研究领域,属于典型的交叉学科研究,起源于美国、欧洲等国家,近两年,上海学者们在该领域的研究成果非常突出,尤其是以上海图书馆的夏翠娟和刘炜团队在国内外依然保持着领先的研究势头,从理论研究到应用实践均形成了一系列高质量的研究成果,并以理论指导实践,再尝试以开放共享的方式寻求更大的发展与突破。在高校领域,华东师范大学李欣团队在异构特藏资源的数字人文研发与共享方面有一定的成果。

上海图书馆引领着全国公共图书馆数字人文研究,成绩斐然。在理论方面,刘炜和叶鹰指出数字人文的技术体系主要包括数字化技术、数据管理技术和数据分析技术、可视化技术、VR/AR 技术、机器学习技术等,理论结构涉及结构化或再造人文、数据化或计算人文、可视化或形象人文、拟实化或增强人文、智慧化或扩展人文,应用覆盖资源富集、知识重构、场景重建、增强艺术等①。从图书馆传统文献学中书目控制和文献循证两种方法出发,刘炜团队分析其对数字人文研究带来的巨大作用,认为这两大方法提供了数字人文的两大基础——数据与方法的最基本的支持。对现代人文研究说,结合数字技术,可建立书目控制和文献循证的各类“知识库”,“反哺”传统学术,有望构建起具有中国特色的数字人文方法工具体系②。夏翠娟等以上海图书馆的“名人手稿档案库”项目的建设为例,阐述上海图书馆数字人文项目建设的方法、流程与技术,为图书馆开展数字人文项目建设提供参考③。在理论研究的基础上,上海图书馆自 2014 年起,就开始投入人力物力资源,探索图书馆从事数字人文项目建设的方法和路径,并从上海图书馆的特色资源——家谱开始,利用以关联数据、知识图谱为主的语义万维网(Semantic Web)技术,融合馆藏元数据记录、专家的研究成果、相关的网络资源,基于本体(Ontology)建模的方法重组数据,建设古籍版本知识库、作者知识库、刻工知识库、收藏家及藏印知识库、避讳字知识库等,同时,建设“人、地、时、事”等基础知识库,以便于从不同维度探索图书馆的所有资源。并利用知识组织和规范控制方法重组历史地理数据,实现历史地理学的资料、数据、工具、平台在图书馆领域深入应用的目标,代表了中国历史地理信息系统从地图影像资料库到数据平台的发展趋势④。上海图书馆继开发建立家谱知识服务平台、开放数据平台、数据加工清洗转换工具、盛宣怀档案知识库、历史文献众包平台后,2017 年和 2018 年先后建立中文古籍联合目录及循证平台、名人手稿档案库、人名规范库、家谱知识服务平台二期和历史文献众包平台二期。除此之外,上海图书馆的数字人文团队始终保持着开放共享的学术模式,从内容、平台、服务三个方面入手,调研与借鉴海外成熟案例,提出以平台为基础支撑,内容、服务模式为核心的面向数字人文的图书馆开放数据服务框架,并以“开放数据应用开发竞赛”的形式,为国内图书馆界提供了具有实际可行性的数据共享与利用的实现方案和实施案例⑤。

---

① 刘炜、叶鹰:《数字人文的技术体系与理论结构探讨》,《中国图书馆学报》2017 年第 5 期。

② 刘炜、林海青、夏翠娟:《数字人文研究的图书馆学方法:书目控制与文献循证》,《大学图书馆学报》2018 年第 5 期。

③ 夏翠娟、张磊、贺晨芝:《面向知识服务的图书馆数字人文项目建设:方法、流程与技术》,《图书馆论坛》2018 年第 1 期。

④ 夏翠娟:《中国历史地理数据在图书馆数字人文项目中的开放应用研究》,《中国图书馆学报》2017 年第 2 期。

⑤ 张磊、夏翠娟:《面向数字人文的图书馆开放数据服务研究——以上海图书馆开放数据应用开发竞赛为例》,《图书馆杂志》2018 年第 3 期。

在高校领域,华东师范大学李欣团队在调研全国师范大学图书馆联盟成员馆异构特色资源现状的基础上,借鉴 Europeana 异构资源整合模式,提出异构特藏资源整合模式思路①,为高校图书馆异构特色资源的数字人文在数据集成、共享与技术实现三个方面提供了解决方案。借鉴 DPLA 整合的方法,打破信息孤岛,建立数字人文活动的系统平台,在系统基础上提供数字人文工具,为人文研究者提供支持②。利用 GIS 技术的地理空间信息处理、分析和可视化功能,通过互联网和局域网,以图形、图像等直观形式对图书馆异构历史地理信息资源进行整合,实现集约管理、直观展示,满足读者对图书馆相关主题异构资源的一站式查询检索需求,提升图书馆资源服务效率③。上海交通大学孙翌等在数字人文应用方面亦做了不少尝试,例如在特色资源服务中尝试使用移动视觉搜索技术,为图书馆特色资源可视化提供了新颖的服务方式与技术解决方案④。

三、 信息计量学与网络分析

20 世纪 90 年代初,信息计量学与网络分析引入国内,现已发展成为经久不衰的学术热点,相关理论和方法已经渗透到更多的应用领域。近两年,上海学者(尤其是华东师范大学学术评价与促进研究中心)在信息计量学与网络分析方面有着丰富的研究成果,并逐渐在国内外相关领域产生了较大的影响力。

依托校信息管理系,华东师范大学于 2017 年正式成立校级研究机构——学术评价与促进研究中心,同年入选华东师范大学重点培育智库。赵星牵头组成华东师范大学经济与管理学部的“信息计量与评价”学科团队,该团队在 2018 年被评为优,并作为华东师范大学文科团队建设范例上报教育部。理论研究方面,赵星团队主要的研究方向为信息网络的分析方法与测度,产生了一系列成果。如 2018 年出版的专著《H 型指数和 H 型测度研究》⑤中,完成了从节点、联系到整体骨干的 h 型测度这一特

---

① 汪志莉、李欣、张毅:《图书馆异构特藏资源现状及其整合设计——以全国师范大学图书馆联盟为例》,《图书馆论坛》2017 年第 12 期。

② 鲁丹、李欣:《整合异构特藏资源 构建数字人文系统》,《图书馆论坛》2018 年第 10 期。

③ 程静、张毅:《基于 GIS 的图书馆异构资源整合可视化设计》,《图书馆论坛》2018 年第 10 期。

④ 孙翌、周锋、张浩:《移动视觉搜索在特色资源服务中的应用实践》,《现代情报》2017 年第 9 期。

⑤ 赵星、李盛庆、叶鹰:《H 型指数和 H 型测度研究》,科学出版社 2018 年版。

色的网络分析方法。另在权威刊物《中国图书馆学报》上发文从另一个角度提出了间接测度网络组件重要性的方法①。在整合信息网络方法和科学计量学方法的过程中,形成了对于科学基金资助数据较系统的分析方法,先后于国际科学计量学权威刊物 *Scientometrics* 上发表三篇系列论文②③④,在国际上已有跨学科的影响,被环境领域的 Nature 子刊论文引用(Davidson, D. 2016. NATURE CLIMATE CHANGE)。2017年,国际图情学科权威刊物 *JASIST* 发表了加拿大学者 Nadine Desrochers 等人的综述文章 Five decades of gratitude: A meta-synthesis of acknowledgments research。该文回顾了过去 50 年全球学者对于论文致谢(含基金)数据的研究。应用研究方面,赵星团队发表于权威刊物《中国图书馆学报》的《学术文献用量级数据 Usage 的测度特性研究》⑤指出,论文的学术影响力指标不应局限于引文,并较早地对论文的使用数据进行了大样本实证研究。发表于国际物理学期刊 *Physica A* 的"Analyzing the Research Funding in Physics⑥"一文发现物理学这一非常强调合作的学科领域却存在一种"近而远之"的现象,如美国的不少研究机构或大学,宁愿舍近求远与欧洲的物理机构合作而不愿与美国机构深度合作。这说明,高强度的竞争(如科研经费的竞争),或会归约为国内学术机构的相互不合作,这对我国现今如火如荼的"双一流"建设与学科评估有所启示。许鑫等基于 2012—2016 年 SCI 收录的物理学领域 50 余万论文数据,采用"整体+部分"代表性学科为例的方式,探寻基金资助国家科研合作网络结构的演化规律,为深入理解学术合作网络的结构特性提供基础性结果,在实践上为优化基金资助模式、推进国际科研合作创新提供参考⑦。此外,赵星团队先后承接科技部下属单位委

---

①⑤ 赵星:《学术文献用量级数据 Usage 的测度特性研究》,《中国图书馆学报》2017 年第 3 期。

② Zhao SX, Lou W, Tan AM, Yu S:"Do funded papers attract more usage?", *SCIENTOMETRICS*, 2018, 115(4):153—168.

③ Shu Fei, Lou Wen, Haustein Stefanie:"Can Twitter increase the visibility of Chinese publications?", *SCIENTOMETRICS*, 2018, 116(7):505—519.

④ Lou Wen, Zhao Yuehua, Chen Yuchen:"Research or management? An investigation of the impact of leadership roles on the research performance of academic administrators", *SCIENTOMETRICS*, 2018, 117(10):191—209.

⑥ Zhao Star, Tan Alice, Yu Shuang:"Analyzing the research funding in physics: The perspective of production and collaboration at institution level", *PHYSICA A-STATISTICAL MECHANICS AND ITS APPLICATIONS*, 2018, 15(10):662—674.

⑦ 许鑫、杨佳颖、李丹:《科学基金资助下的国际科研合作网络演进:基于 WOS 物理学数据的计量分析》,《情报杂志》2018 年第 12 期,参见知网,http://kns.cnki.net/kcms/detail/61.1167.G3.20181226.1040.010.html。

托的三个定题研究项目,分别在学术评价数据、双一流建设评估和科研诚信评估等方面提交了指定研究报告和专报,对其后国家的相关政策出台产生了积极的影响。

在共现分析方面,华东师范大学阮光册将主题模型、关联规则、共词分析等方法相结合,探讨检索结果的知识关联问题。与单纯的关键词进行共词分析相比较,该方法能够较好地揭示文献所记录知识之间的关联,有效地实现知识的归纳和总结①。同时,阮光册还将共现分析应用于非结构化文本文件,挖掘文本主题的语义关联,其提出的方法能够较好地反映文本隐含的主题特征②。

四、 图书馆史与文献学

上海学者们不仅在学科前沿的创新研究方面卓有建树,还延续了传统的图书馆史和文献学的研究,以周亚、蔡迎春等为代表的研究团队产生了一系列研究成果,弥补了上海图情学在这些领域的不足。

(一) 图书馆史

近两年,华东师范大学周亚连续获得了多项包括国家社科基金在内的图书馆史学研究的课题,尤其对美国图书馆员职业化的历史(1939—1970)以及美国图书馆发展进行了大量的考证研究。在人物研究方面,借助哥伦比亚大学所藏档案资料,周亚对图书馆学专业教育开拓者麦维尔·杜威的教育思想进行深入研究,得出其教育思想形成与演变的脉络③,并以谢拉 1952—1970 年担任西储大学图书馆学院院长期间,在学科理论、学术研究、教学活动方面的梳理,得出谢拉文献工作教育思想与实践的特点,以及对传统图书馆学教育的改造,呈现了 20 世纪美国图书馆学教育向图书情报学教育格局的转型脉络④。在图书馆历史演变方面,周亚采用史料分析与案例研究法,在现代图书馆运动的视野下梳理了 1876 年到 1917 年间美国早期商业图书馆的发展情况⑤,为图书馆加强与其他行业的合作提供了史料借鉴。

---

① 阮光册、夏磊:《基于词共现关系的检索结果知识关联研究》,《情报学报》2017 年第 12 期。

② 阮光册、夏磊:《基于共现分析的文本主题词聚类研究》,《图书馆杂志》2018 年第 11 期。

③ 周亚:《麦维尔·杜威图书馆学教育思想的形成与演变》,《中国图书馆学报》2017 年第 6 期。

④ 周亚:《谢拉的文献工作教育思想与实践》,《中国图书馆学报》2018 年第 3 期。

⑤ 周亚、姚明:《现代图书馆运动视野下美国商业图书馆的发展(1876—1917)》,《国家图书馆学刊》2018 年第 2 期。

(二)文献学

2017年,上海师范大学蔡迎春获得了国家社科基金"新版民国文献总目编撰(1949—)"资助,对民国时期的文献进行了大量的研究。蔡迎春团队对民国时期敦煌学著作①和2000年以来民国文献影印出版情况进行梳理分析,总结其出版特点以及现有的问题,并给出了建立完成的文献目录、建立资源共享机制、出版多样化、加大数字化进程等多项对策与建议②。而后,研究团队收集整理1949年以来编制的民国文献联合目录16种和馆藏目录71种,从文献类型、年代分布等角度进行梳理,在此基础上展望民国文献目录编制趋势③。在文献研究基础上,以数字人文方法建设了"民国时期文献目录数据平台"④,充分揭示民国时期文献及整理成果子目内容。

五、档案学研究

从2017年到2018年,上海地区档案学研究延续了前几年的强劲势头,依然获得了四项国家社科基金的资助,研究热点集中在数字档案方面。在档案学研究方面,上海大学图情档系的学者们具有较强的研究实力。金波主持完成的国家社科基金重点项目"数字档案馆生态系统培育与管理研究",在结项评审中获得"优秀"等级。

数字档案生态系统研究方面,上海大学金波团队对数字档案生态系统中档案资源⑤、生存环境⑥和主体培育⑦进行了深入研究,形成了一系列研究成果,该项目在。金波团队指出档案资源不仅是数字档案馆生态系统核心生态因子,而且是国家经济建设、社会发展的战略性核心信息资源之一,并从档案资源建设机制、档案资源体系、档案资源内容等方面深入探析数字档案馆生态系统中档案资源培育问题,以期优化档案资源结构,丰富档案资源内涵,提高档案资源质量,激活档案资源活力;如何通过网络环境、文化环境、技术环境以及法治环境等生存环境培育,优化数字档案馆生态

① 蔡迎春:《民国时期敦煌学著作及其整理研究》,《图书馆杂志》2017年第3期。

② 段晓林、蔡迎春:《2000年以来民国文献影印出版状况研究》,《大学图书馆学报》2017年第4期。

③ 蔡迎春、段晓林:《民国文献目录编制沿革及其趋势》,《图书馆论坛》2017年第8期。

④ 蔡迎春:《数字人文视域下的图书馆特藏资源数字化建设——以"民国时期文献目录数据平台"为例》,《图书馆建设》2018年第7期。

⑤ 金波、倪代川:《数字档案馆生态系统档案资源培育探析》,《档案学通讯》2017年第2期。

⑥ 倪代川、金波:《数字档案馆生态系统生存环境培育研究》,《档案学通讯》2017年第4期。

⑦ 倪代川:《数字档案馆生态系统主体培育研究》,《档案学研究》2018年第3期。

系统发展环境,为数字档案馆生态系统健康运行和持续发展营造良好的生态氛围,持续推进国家数字档案馆发展战略;面向档案形成者、档案管理者、档案利用者等主体对象,从档案意识、文化自觉、职业精神、历史意识、创新思维五方面对数字档案馆生态系统主体培育内涵、培育路径、培育手段、培育效果等进行了探讨与分析,以提高数字档案馆社会生态,促进档案事业可持续发展。

数字档案管理研究方面,上海大学于英香依据数据、信息的基本概念和理论,探讨大数据时代数据与信息内涵、外延以及价值关系演化,以此为基础重新定位档案数据概念①,此研究重新认识档案数据概念在大数据时代的发展。随着大数据技术发展与应用推进,从档案数据管理概念分解的两种方式、概念界定的推演逻辑两个方面探讨档案数据管理概念研究的逻辑路径,从政策话语体系的 4 个维度探究档案数据管理作为前沿研究领域的合理性②,从理论和技术两个层面探索了档案数据管理可能的研究路向和发展趋势。

数字档案应用研究方面,上海大学张云中构建了一个数字档案领域基于主题图的资源聚合模型,利用社会网络分析和形式概念分析析取主题类型、关联关系和资源指引,从而实现数字档案标注系统资源聚合的功能,为数字档案资源的深度聚合提供了一种可视化导航方案③。上海大学王毅基于用户产生的有用性体验、满意性体验、易查性体验、价值性体验和可用性体验体验,从需求内容导向的资源建设、面向知识单元的档案开发、多元化语义检索、档案知识参考服务和档案系统优化五个方面提出了优化用户体验的数字档案资源服务策略,对于改善和提升当前数字档案资源服务品质具有指导和促进作用④。

结　语

回顾 2017 年至 2018 年,图情档学进入快速发展期,这两年的学术成果与影响力

---

① 于英香:《从数据与信息关系演化看档案数据概念的发展》,《情报杂志》2018 年第 11 期。

② 于英香:《大数据视域下档案数据管理研究的兴起:概念、缘由与发展》,《档案学研究》2018 年第 1 期。

③ 张云中、冯双双:《基于主题图的数字档案标注系统资源聚合研究》,《图书情报工作》2018 年第 11 期。

④ 王毅、魏扣:《优化用户体验的数字档案资源服务策略研究》,《档案学通讯》2017 年第 1 期。

均有所提升,并逐渐形成了从大师到青年学者百花齐放的学术现象。

高瞻远瞩,顶层设计,推动图情档学发展。在智慧图书馆、阅读推广、数字档案等诸多炙手可热的学术热点领域,主要的学术思想与学术体系,特别是理论基础很多都出自上海学者的研究成果,这些研究对本学科的发展起到了重要的推动作用。

紧跟前沿,佳绩赓续,成就优秀研究团队。上海地区的图情档学研究延续着智慧图书馆、阅读推广、数字人文、数字档案等研究领域的优势,同时取得了如图书馆史、信息计量学等研究领域的优势,特别是华东师范大学信息管理系的表现尤为突出。经过几年的积累与沉淀,华东师范大学图情学科 2017 年度国家社科基金立项数全国第一,以范并思为代表的老一代学者硕果累累,以赵星为代表的新一代青年学者在图情学科的多个领域内产出了大量的重要成果。

青年学者,成果斐然,成为上海学术的中流砥柱。从研究成果可以看出,上海青年学者在权重较高的期刊发文量越来越多,如《中国图书馆学报》共有 13 篇,其中 7 篇文章出自青年学者,涌现出如赵星、周亚、夏翠娟等一批在研究领域内具有学术话语权的青年专家们。

理论创新,实践探索,建立全面的研究体系。上海图情档学科的学者们秉承着理论与实践相结合的学术精神,务实前行,以理论指导实践,再从应用成效修正和完善理论,形成了全面立体的研究体系。如在智慧图书馆、阅读推广、数字档案等诸多领域,各项理论的重大研究课题指导着大量的应用实践,产生了一系列应用性研究成果,也为理论研究提供了丰富的实践案例。

纵观近些年的发展,上海地区的图书情报与档案学研究表现出不俗的实力,在上海这个国际化大都市的环境下,上海图情档学的学者们迎接挑战,紧跟国际学术前沿,秉承着踏实、创新的学术精神,在诸多学术热点勤耕细作,理论与实践方面均产生了许多受广泛关注的研究成果。相信上海地区图情档学科的学术研究在城市创新发展的大环境下,必将呈现出更辉煌的繁荣景象。

16. 2017—2018年上海公共管理学学科发展评议

易承志　朱玉梅

(华东政法大学政治学与公共管理学院)

一、 学科发展总体概况

2017年至2018年,上海公共管理学学科呈现出持续发展的态势。判断的依据主要来源于以下三个方面:一是学科水平及影响力,二是科研成果及影响力,三是承担国家级社科项目情况。

第一,学科总体水平保持稳定。根据2017年教育部学位与研究生教育发展中心公布的全国第四轮学科评估结果可知,公共管理学科被评为A-及以上的高校中,上海有2所,与湖北相同,上海高校分别为复旦大学和上海交通大学,湖北高校为武汉大学与华中科技大学。然而,再往后推到B+及以上的高校中,上海则增加了同济大学与华东师范大学,数量为4所。湖北也为4所,增加了华中农业大学和中南财经政法大学,两者仅次于北京,并列第二。而根据2012年全国第三轮学科评估结果数据显示,公共管理学科排名前20名的高校中,上海数量为3所,分别为复旦大学、上海交通大学和华东师范大学。由于2012年学科评估结果采用的是百分制分数,而2017年公布的评估结果采用的是等级制计分,所以不能将两次评估结果直接进行比较,但总的来说,上海市公共管理学科在全国的地位和影响力基本没变,呈现出稳定发展的态势。

第二,科研成果及其学术影响力持续稳固。科研论文是科研成果的一种直接体现,是判断一个地区科研水平的重要指标。与其他地区以及过去几年相比,2017—2018年,上海公共管理学科的论文数量及其学术影响力持续稳固。从中国社科类权威期刊《中国社会科学》的发文情况来看,2017年共发表公共管理类论文9篇,其中,上海学者1篇,北京、上海、江苏三地比为1∶1∶2,浙江和湖北学者各发表2篇。上海师范大学陈恒和李文硕的《全球化时代的中心城市转型及其路径》被第12期录用。与2014年上海学者在《中国社会科学》上发表公共管理类论文1篇,2015年2篇,2016年1篇相比较,2017—2018年的发文情况变化不大,反映了上海公共管理学科科研成果的稳定性。从学术界比较认同的《公共管理学报》的发文情况来看,2017年共发表60篇论文,其中上海学者发文5篇,北京、上海、江苏三地的比为12∶5∶5,2018年共发表论文60篇,其中,上海学者发文6篇,北京、上海、江苏三地比为6∶6∶2。而2014年上海为7篇,2015年为13篇,2016年为11篇,这进一步地反映出上海公共管理学科科研成果及其学术影响力的持续稳固性。

第三,国家社科项目数量保持优势地位。国家社科基金项目是判断一个地区科研水平和能力的又一重要标准。与其他地区相比,2017—2018年,上海学者获得国家社科基金的项目数仍保持优势地位。文章将以重大、一般、青年三类课题的立项数量,对上海、江苏、浙江三个地方进行比较。2017年,国家社科基金重大项目立项数为331项,上海、江苏、浙江三地的重大项目数之比为40∶23∶11,其中,公共管理类的项目数之比为6∶3∶1。2018年,国家社科基金重大项目立项数为342,上海、江苏、浙江三地的重大项目之比为46∶22∶14,其中,公共管理类的项目数之比为6∶2∶3,上海稍占上风。就一般项目而言,在2017年的立项中,管理学门类一般项目271项,其中,公共管理学科沪、苏、浙三省市共立项20项,项目占比为7∶6∶7。2018年,沪、苏、浙三省市公共管理类项目占比则为7∶11∶7,上海稍落后江苏。就青年项目而言,在2017年的立项中,管理学门类青年项目共77项,其中,沪、苏、浙公共管理类项目共6项,占比为1∶4∶1,江苏领先。2018年,三省市公共管理类项目共3项,其中上海为1项,浙江为2项。由此可以看出,上海公共管理的科研水平同江苏、浙江相比是各有优势,这一表现与整体学科水平也较为吻合。

二、 学科研究热点话题

作为一个和实践相关度较大的学科,公共管理学的研究热点势必与现实情境相结合。2017—2018年,上海公共管理学者既从政府和公众关注的热点焦点问题来寻找公共管理研究的主题,也对以往关注的重点领域和话题开展了深入研究,具体表现为:

(一) 城市治理

中国改革开放的四十年,也是乡村中国到城市中国的演变过程,在这演变过程中,城市治理的复杂性和不确定性日益增加,城市治理研究也日益成为各级政府和学术界关注的焦点。上海作为国际性大都市,在城市治理方面有经验和教训,也有问题和挑战,面对这一现实背景,上海公共管理学者积极回应城市治理的精彩实践,对此进行了诸多探索。通过梳理发现现有研究主要聚焦于城市治理模式、城市基层治理等一系列问题。

一是对城市治理模式与方式的研究。上海交通大学的彭勃对城市治理模式进行了探讨。在他看来,中国城市治理呈现出从“抓亮点”转向“补短板”的趋势,但“补短板”策略带有项目化治理设计、单向化政策机制、单一化治理主体的特征,应该从重视治理理念的本地化调适、治理机制的创新改进以及治理体系和主体的拓展等方面来实现整体性城市治理。①复旦大学的陈水生对中国城市公共空间治理的模式创新进行了探讨。他认为城市空间治理面临治理理念与目标迷失、治理边界与责任模糊、治理技术与治理价值存在张力等困境,应该从树立民本、服务和宜居的治理理念、构建整合性的治理机制和加快治理技术创新等方面促进城市公共空间治理模式创新。②上海行政学院的叶岚对城市网格化管理进行了研究。她认为城市网格化管理能够从雏形走向成熟,主要得意于权力效应、仪式化规训、混乱的清除、全景敞式监管与对预防的重视等内生机制的作用,但数据分析研判不足、综合协调能力较弱和非预期性政策后果等因素的存在也制约了城市网格化管理的制度化进程及其效果。③这些研究既实现了与城市治理实践之间的对话,也为推动城市治理创新与优化提供了参考。

二是对城市基层治理的研究。上海交通大学的彭勃和付建军对城市基层治理中的清单制进行了探讨,他们认为清单制对于解决城市基层治理中的部门与条块协同、社区减负和有效公共服务供给等均具有契合性,因此,可以通过清单的制度化方式,保障治理活动的有效运行,同时文章也指出了清单本身的简洁性在城市基层治理中的局限性。④华东师范大学的易臻真和文军依据“居民自治”和“社区共治”两个不同层面,将城市基层治理分为无自治无共治型、有自治无共治型、无自治有共治型和有自治有共治型四种类型,为创新城市社区基层治理工作、完善我国社区治理体系奠定了基础。⑤华东理工大学的杨君和纪晓岚基于城市基层治理的实践对当代中国城市基层治理的变迁过程进行了分析,认为城市基层治理经历了单位制时期、街区制管理

---

① 彭勃:《从“抓亮点”到“补短板”:整体性城市治理的障碍与路径》,《社会科学》2017 年第 1 期。

② 陈水生:《中国城市公共空间治理模式创新研究》,《江苏行政学院学报》2018 年第 5 期。

③ 叶岚:《城市网格化管理的制度化进程及其优化路径》,《上海行政学院学报》2018 年第 4 期。

④ 彭勃、付建军:《城市基层治理中的清单制:创新逻辑与制度类型学》,《行政论坛》2017 年第 4 期。

⑤ 易臻真、文军:《城市基层治理中居民自治与社区共治的类型化分析》,《安徽师范大学学报》(人文社会科学版)2017 年第 6 期。

和多元社区治理三个不同阶段,并以政府吸纳社会为解释框架对中国基层城市治理予以了分析。①这些探索不仅深化了对城市基层治理的认识与了解,也推动了城市治理研究的拓展与深入。

三是其他研究。在城市治理变得愈发重要的背景下,上海公共管理界的学者对城市治理的其他相关问题也进行了研究。如同济大学的钟晓华对全球化语境下城市治理的复合层次和实践创新进行了探讨,该研究将城市治理分为全球城市治理、城市区域治理和次区域治理等不同层次,并以大都市城市更新实践为例分析了城市治理的创新趋势。②上海交通大学的韩志明以网格化管理及其运行机制为分析对象,对网格化管理清晰化的维度及其面临的约束进行了探讨,为更好地理解城市治理面临的问题奠定了基础。③华东政法大学的姚尚建和梅杰以基于"市民服务热线"的分析视角对城市治理的差序参与进行了探讨。④上海交通大学的吴建南和郑长旭运用文献计量方法,对城市治理研究的过去、现在与未来进行了探讨,这对了解城市治理的研究现状,把握城市治理研究的未来趋势具有重要作用。⑤总之,这些探索进一步推动了城市治理研究的丰富和拓展。

(二)环境治理

党的十九大明确指出,我国社会主要矛盾已经转化为人民日益增长的美好生活需要和不平衡不充分的发展之间的矛盾。这意味着人们对环境、安全、公平等的要求日益增长,也促使政府和学界进一步关注环境治理、公共安全等问题。就环境治理问题而言,它不仅是环境科学、生态学等自然科学的核心命题,也日益成为公共管理学、社会学等社会科学的热点关注话题。上海公共管理学者也不例外,对环境治理这一问题进行了诸多研究和探索。

一是对环境治理中公众参与的研究。公众既是环境污染的受害者,同时也是环

① 杨君、纪晓岚:《当代中国基层治理的变迁历史与理论建——基于城市基层治理的实践与反思》,《毛泽东邓小平理论研究》2017 年第 2 期。

② 钟晓华:《全球化语境下城市治理的复合层次与实践创新——以大都市城市更新为例》,《国外社会科学》2018 年第 2 期。

③ 韩志明:《城市治理的清晰化及其限制——以网格化管理为中心的分析》,《探索与争鸣》2017 年第 9 期。

④ 姚尚建、梅杰:《城市治理的差序参与——基于"市民服务热线"的分析视角》,《学术界》2018 年第 2 期。

⑤ 吴建南、郑长旭:《中国城市治理研究的过去、现在与未来——基于学术论文的计量分析》,《中国行政管理》2017 年第 7 期。

境污染的生产者,因此,推动环境治理模式转变离不开公众的参与,上海学者对这一问题进行了诸多探索。上海交通大学的卢少云基于CGSS2013年数据,分析了客观资源条件、主观心理意愿、社会网络动员、大众传媒等因素对公共环保行为的影响,研究发现,公民自愿主义、大众传媒对公共环保行为具有更强的解释力,为政府提升公众公共环保行为提供了参考。①上海开放大学的王晓楠基于CGSS2013数据和中国统计年鉴数据,从微观和宏观层面对中国公众环境治理参与行为进行了探讨,研究发现,在微观层面,媒体使用、环境污染感知、政治参与及政府信任对公众环境治理参与行为有促进作用,而在宏观层面,经济发展、产业比重合理调整可以激发地区公众平均环境参与行为。②上海交通大学的彭勃和张金阁基于冲突性与治理嵌入性两个维度将环境领域的公众参与模式分成了决策型、抗争型、程序型和协作型四种,并对四种模式的形成机理、政府行动逻辑、参与效果等进行了比较分析,最终认为协作型公众参与模式是未来提升我国环境领域公众参与有效性的可能路径。③上海开放大学的邓彦龙探讨了公众诉求对地区环境治理的影响。研究发现,公众诉求对地区环境治理的影响轨迹呈现出V形单一门槛特征,且公众诉求的环境治理效应仅存在于东部沿海地区,认为要实现经济增长与环境改善的双赢,不仅要重视公众诉求,还应制定差异化的引导和激励机制。④这些研究从不同角度对环境治理中的公众参与进行了研究,为推动公众参与环境治理、促进环境治理模式转变提供了参考。

二是对环境治理中政府行为和效用的研究。党的十九大明确指出,中国环境治理需要构建以政府为主导、企业为主体、社会组织和公众参与的环境治理体系。可见,政府在环境治理中有着不可替代的重要作用,学者们对政府的环境治理行为与效果等也予以了关注。复旦大学的陈诗一和上海师范大学的武英涛基于治理边际成本的视角,对环保税制改革与雾霾协同治理之间的关系进行了探讨,研究发现,环保税对于中国雾霾治理具有重要意义,但当前在许多省市环保税额标准在促进雾霾治理

① 卢少云:《公民自愿主义、大众传媒与公共环保行为——基于中国CGSS2013数据的实证分析》,《公共行政评论》2017年第5期。

② 王晓楠:《公众环境治理参与行为的多层分析》,《北京理工大学学报》(社会科学版)2018年第5期。

③ 彭勃、张金阁:《我国环境领域的公众参与模式——一个整体性分析框架》,《华中科技大学学报》(社会科学版)2018年第4期。

④ 邓彦龙、王旻:《公众诉求对地区环境治理的门槛效应研究》,《生态经济》2017年第12期。

方面缺乏有效性,因此,需进一步完善优化税收方案,适度提高环保税额标准,建立跨区域的雾霾等大气污染协同治理行政机构。①上海交通大学的吴建南、文倩等对环保约谈的效用进行了探讨,研究发现,环保约谈对被约谈地区空气质量指数(AQI)的改善效果不佳,对 SO_2 浓度的改善效果明显,对 PM2.5 的改善效果随时间增长而显现,对 PM10、NO_2 和 CO 的改善效果不明显,而 O_3 的浓度不降反升,因此,需从多层面着手进一步巩固环保约谈制度基础。②华东政法大学的李汉卿基于控制权理论对行政发包制下的河长制进行了解构,并发现河长制在运行过程中存在"阳奉阴违"式政策冷漠以及增加执政风险等困境,因此,需通过行政发包制的转型来提升河长制治理绩效。③复旦大学的李瑞昌对大气污染政府间协作治理模式演进进行了探讨,研究认为大气污染治理政府间协作经历了区域内联防联控模式向区域间综合施策模式演进,并对这一演进的具体表现进行了分析。④同济大学的朱德米和周林意对我国环境治理从行政主导走向行政、市场、社会合作治理转型的过程进行了探讨。⑤这些研究从不同层面对政府环境治理行为及效用等进行了探讨,有助于推动政府环境治理的优化。

(三)公共安全

伴随社会主要矛盾的转换,公众对安全的需求也不断增长,公共安全问题日益成为政府、学界的重要关注点。上海公共管理学者对此问题也保持了研究热度和兴趣,通过梳理发现,上海学者从不同方面对公共安全进行了研究。

一是对危机管理的研究。近年来,突发公共事件频发,应急管理、危机管理也逐步成为公共管理中的研究热点,上海学者对此问题也进行了深入研究。如上海交通大学的刘一弘以 2009—2010 年的"甲流"事件为研究个案,探讨了政府在不断变化的危机状态下如何回应公众关于危机的认知需求,解析了应急管理的意义建构。研究

① 陈诗一、武英涛:《环保税制改革与雾霾协同治理——基于治理边际成本的视角》,《学术月刊》2018 年第 10 期。

② 吴建南、文婧、秦朝:《环保约谈管用吗?——来自中国城市大气污染治理的证据》,《中国软科学》2018 年第 11 期。

③ 李汉卿:《行政发包制下河长制的解构及组织困境:以上海市为例》,《中国行政管理》2018 年第 11 期。

④ 李瑞昌:《从联防联控到综合施策:大气污染政府间协作治理模式演进》,《江苏行政学院学报》2018 年第 3 期。

⑤ 朱德米、周林意:《当代中国环境治理制度框架之转型:危机与应对》,《复旦学报》(社会科学版)2017 年第 3 期。

发现,中国政府在甲流疫情过程中表现出的危机意义建构能力对于安抚公众情绪、保障社会秩序稳定具有积极作用,以此启发政府提升自身应对危机的能力。①华东师范大学的高恩新和赵继娣探讨了公共危机过程管理、风险沟通与危机沟通、适应性危机管理三大领域的演进过程和规律,研究指出,公共危机管理研究经历了危机管理向危机治理、风险沟通向危机沟通、拒绝危机向适应危机的转变。②上海交通大学的樊博和聂爽通过整合不同学科对"脆弱性"和"抗逆力"的经典界定,采用原子图谱法对已有概念的心像进行统计学分析,对应急管理学科中"脆弱性"和"抗逆力"两大核心概念的区别和联系进行了剖析,为学科基础概念提供了有价值的参考。③上海财经大学的唐桂娟对美国应急管理全社区模式进行了介绍,并提出这一模式在强调治理的理念、合理的协作机制、组织化形式增强居民参与积极性三个方面对我国应急管理的启示。④上海行政学院的董幼鸿以上海联合减灾与应急促进中心为例,发现社会组织参与城市安全风险治理存在政府重视不够、公众参与不足、自身缺陷客观存在等方面的困境,应当从转变政府观念、加强社会组织自身建设等方面采取措施。⑤这些研究从不同角度对危机管理进行了探讨,深化了对危机管理的认识,也为加强危机管理、保证公共安全提供了有益参考。

二是对社会冲突及其治理的研究。当前,我国处于社会转型期,各种矛盾和冲突频发,对社会秩序与公共安全带来了不良影响,采取措施减少矛盾和冲突很有必要。在这种背景下,对社会冲突及其治理的分析成为上海公共管理学者的重要关注点。华东理工大学的李琼以江苏镇江 GT 新城拆迁事件为例对冲突治理中"第三方"参与的边界和功能进行了探讨,研究认为"第三方"治理主体参与冲突治理既有正向功能,也有负向功能,因而要构建"第三方"参与冲突治理的利益边界和权力边界。⑥华东政

① 刘一弘:《危机管理的意义建构——基于"甲流"事件的政府话语分析》,《公共管理学报》2017 年第 4 期。

② 高恩新、赵继娣:《公共危机管理研究的图景与解释——基于国际文献的分析》,《公共管理学报》2017 年第 4 期。

③ 樊博、聂爽:《应急管理中的"脆弱性"与"抗逆力":从隐喻到功能实现》,《公共管理学报》2017 年第 4 期。

④ 唐桂娟:《美国应急管理全社区模式的实施及对中国的启示》,《中国行政管理》2017 年第 6 期。

⑤ 董幼鸿:《社会组织参与城市公共安全风险治理的困境与优化路径——以上海联合减灾与应急管理促进中心为例》,《上海师范大学学报》(哲学社会科学版)2018 年第 4 期。

⑥ 李琼、晏阵方:《冲突治理中"第三方"参与的边界和功能——以江苏镇江 GT 新城拆迁事件为例》,《中国行政管理》2018 年第 7 期。

法大学的张明军和钟心植以“7.24 张家界涉旅群体性事件”为例，对涉旅群体性事件的演化机理进行了探讨，研究认为现实利益、事件处理不当、谣言产生与放大等是事件爆发的重要原因，要通过加强监督、健全法规、完善诉求表达渠道、建立信息公开机制等策略来化解涉旅群体性事件。①华东政法大学的易承志基于全国数据探讨了互联网使用对农民参与突发群体性事件的影响，研究认为互联网使用频率的增加显著降低了农民参与突发群体性事件的概率，因此，可以通过农村互联网使用的普及来促进农村基层民主持续发展。②复旦大学的孙小逸探讨了邻避冲突中政府回应的差异化模式，研究发现不同回应策略的选择受到邻避议题性质、地方治理网络及地方治理能力等因素的影响。③华东政法大学的吴新叶和袁铭健基于身份冲突的解释框架对医患冲突治理进行了探讨，他们发现法治在医患冲突治理过程中基本处于缺席状态，应该通过改变医方的官民二重性身份、以当事人身份替代患方的不当身份认同等途径矫治因法治缺席带来的治理失灵问题。④这些研究不仅深化了学界对社会冲突治理的研究，为社会冲突治理也提供了有益的参考。

（四）公共服务

对公共服务的关注一直是上海公共管理学者的一个重点。2017—2018 年，上海公共管理学者仍然保持了对这一问题的研究兴趣，从多角度多层面推向公共服务研究走向深入。

一是对政府购买公共服务的研究。伴随政府购买公共服务的兴起和发展，其成效不断凸显，但各种问题也逐步涌现，引发了政府和学者对此问题的关注，上海公共管理学者对该问题也表现了较大兴趣。上海交通大学的谢启秦和徐家良对政府购买公共服务的成本效益进行了分析，他们认为政府购买公共服务的效益函数主要包括经济、社会、管理和政治效益，而成本函数则由生产、协商、违约、过失、寻租、监控成本等构成，因此，可以通过优化成本结构来提升政府购买公共服务的回报

① 张明军、钟心植：《涉旅群体性事件演化机理研究——以“7.24 张家界涉旅群体性事件”为例》，《行政论坛》2017 年第 1 期。

② 易承志：《催化效应还是替代效应：互联网使用对农民参与突发群体性事件的影响——基于全国性数据的实证分析》，《华中师范大学学报》（人文社会科学版）2018 年第 1 期。

③ 孙小逸：《理解邻避冲突中政府回应的差异化模式：基于城市治理的视角》，《中国行政管理》2018 年第 8 期。

④ 吴新叶、袁铭健：《医患冲突治理：法治的缺席及其矫治——一个基于身份冲突的解释框架》，《社会科学》2017 年第 12 期。

率。①复旦大学的敬乂嘉对政府购买服务的比较效率进行了探讨,研究发现公共性治理效率会显著影响公务员对购买服务的态度,且当前政府购买服务的整体效率比较有限,建议用公共性视角来补充和完善购买服务的市场化视角。②上海交通大学的侯志伟对政府购买公共服务的制度目标模式进行了探讨,研究认为应该通过打破市场割据、提升合同管理水平、加速行政化等方式来实现政府公共服务的制度目标模式。③上海社会科学院的薛泽林和同济大学的胡洁人以上海市C区政府购买公共服务为例,通过构建跨部门协同实现机制的复合型调试框架,对政府购买公共服务跨部门协同实现机制进行了分析。④上述研究既深化了对政府购买公共服务的研究,也有效回应了政府购买公共服务的实践需求。

二是其他研究。这类研究涉及公共服务的满意度、运作机制、支出水平等不同方面,进一步丰富和深化了学界对公共服务的研究。如上海交通大学的王郁等人以上海十城区为例,进行了城市公共服务承载力评价的实证研究,研究发现城市公共服务的承载能力更大程度上取决于公共服务承压力和调控力水平、城市公共服务供给质量和效率以及城市治理水平。⑤上海交通大学的龚佳颖和钟杨基于2015年上海17个区的调查,探讨了公共服务满意度及其影响因素,研究发现,居民对政府工作的参与度和知晓度、居民的公益活动参与水平等对公共服务满意度有显著的正向影响,而客观因素对公共服务满意度影响力较弱。⑥上海师范大学的张振洋以上海市S镇“乐妈园”项目为例,对公共服务项目化运作进行了探讨,研究发现公共服务项目化运作没有瓦解城市基层社会,反而重塑了基层社会。⑦上海师范大学的容志对公共服务支出

---

① 谢启秦、徐家良:《政府购买公共服务的成本效益分析》,《经济社会体制比较》2017年第4期。

② 敬乂嘉、胡业飞:《政府购买服务的比较效率:基于公共性的理论框架与实证检验》,《公共行政评论》2018年第3期。

③ 侯志伟:《政府购买公共服务的制度目标模式与实现路径——以上海市某服务社为例》,《河北经贸大学学报》2017年第3期。

④ 薛泽林、胡洁人:《政府购买公共服务跨部门协同实现机制——复合型调试框架及其应用》,《北京行政学院学报》2018年第5期。

⑤ 王郁、魏程瑞、戴思诗:《城市公共服务承载力评价指标体系及其实证研究——以上海十城区为例》,《上海交通大学学报》(哲学社会科学版)2018年第2期。

⑥ 龚佳颖、钟杨:《公共服务满意度及其影响因素研究——基于2015年上海17个区县调查的实证分析》,《行政论坛》2017年第1期。

⑦ 张振洋:《公共服务项目化运作的后果是瓦解基层社会吗?——以上海市S镇“乐妈园”项目为例》,《中国行政管理》2018年第8期。

进行了测算和比较,研究发现中国的公共服务支出在财政总支出中的比重比欧盟国家和 OECD 国家较低,医疗卫生和健康支出尤其是短板。①

三、 学术研讨关注的领域

2017—2018 年,上海举办了一系列公共管理领域的学术研究会,从不同层面和角度对公共管理领域的重要主题展开了深度研讨。

一是城市治理领域。城市治理是近年来上海公共管理学界的热点关注话题,上海高校举办了多场研讨会进行探讨交流。复旦大学于 2017 年 6 月和 11 月分别举办了主题为"城市服务创新""城市精细化管理"的复旦城市治理研讨会。上海交通大学 2017 年 10 月举办了以"全球城市・精准治理"为主题的全球城市论坛;2018 年 6 月举办了以"城市治理:过去、现在与未来"为主题的首届全球华人城市治理研讨会;2018 年 11 月召开了以"中国城市治理的经验和模式"为主题的第二届中国城市治理学术年会。上海市固定资产投资建设研究会和上海财经大学 2018 年 5 月举办了以"创新上海城市管理"为主题的论坛。华东理工大学 2017 年 11 月举办了以"公共服务与城市治理"为主题的国际学术研讨会。华东政法大学 2018 年 11 月举办了"城市正义与文化发展"学术研讨会,对城市权利与城市发展、城市伦理与文化发展等议题展开了深入探讨。上述研讨会从不同层面对城市治理的相关问题进行了探讨,既回应了当前中国城市治理方面的重大问题,也推动了城市治理研究的发展和深入。

二是公共安全领域。公共安全是社会正常运行和持续发展的重要基础,公共安全的维护和保障一直是公共管理学者的重要关注点,上海学者对这一问题也进行诸多研究和讨论。华东理工大学 2018 年 11 月举办了"国家安全学学科建设暨特大城市社会风险治理"研讨会,对于推进国家安全学学科建设、推动社会风险治理具有重大意义。上海工程技术大学 2018 年 11 月举办了"公共管理暨风险治理学科发展战略"研讨会。华东政法大学 2017 年 6 月举办了"冲突的根源与化解:2017 年社会公共安全国际论坛",2018 年 6 月举办了第七届社会公共安全论坛暨"基层社会公共安全能力建设"学术研讨会,除此之外,还举办了以"城市公共危机分析与处置"为主题的学术论坛。上述研讨会的召开,进一步的深化了学界对公共安全的理论认识,也较好

① 容志:《公共服务支出的测算与比较》,《上海行政学院学报》2017 年第 5 期。

地回应了当前公共安全管理实践的需要。

三是其他相关领域。作为一门与实践相关度较大的学科,公共管理所关涉的领域和主题较为广泛,因此,2017—2018 年,上海公共管理学界除了围绕城市治理、公共安全两大领域举办了一系列研讨会之外,还围绕其他主题进行了一系列研讨。上海交通大学 2018 年 12 月召开了“公共服务动机研究的中国场景:机会与挑战”学术研讨会。华东师范大学 2017 年 12 月举办了“公务员分类改革:理论、实践与前言”研讨会;2018 年 1 月举办了“社会组织与社会治理创新:经验与挑战”研讨会;2018 年 10 月,举办了“理论 · 实践 · 反思:改革开放 40 年行政管理学术论坛”。华东政法大学 2017 年 10 月、11 月围绕“现代政府治理的范式、运行及其前瞻”“社会矛盾新形态与社会治理转型”“城市社会公共领域综合治理”等主题召开了系列学术研讨会;2018 年 10 月围绕“新时期劳动关系转型与社会保障理论与实践创新”这一主题举办了论坛。上海财经大学 2017 年 5 月举办了以“社会保障政策:新理念、新思路”为主题的第三届全国社会保障青年学者论坛。2017 年 9 月举办了以“快速全球化对公共管理的影响:不同国家面临的挑战”为主题的国际研讨会。华东理工大学 2017 年 12 月举办了“上海远郊大镇社会治理与转型发展”研讨会,探讨了上海远郊大镇如何实现精细化管理转型发展等热点难点话题。从上海公管学界召开的一系列研讨会来看,基本上都是围绕现实社会变革中的焦点问题和深层问题展开的,既体现了公共管理学科与实践紧密相关的特点,也充分展示了公共管理学界的学者在各自不同领域共同致力于推动公共管理学的知识增长。

四、学科展望

2017—2018 年,上海公共管理学者围绕实践需求和现实问题开展了诸多探索,并取得了不少研究成果,在城市治理、公共安全等研究领域引领了国内相关研究,但仍存在一些问题和不足,具体有:

一是研究内容结构不够均衡。公共管理学的发展壮大,不仅需要行政管理、社会保障、土地资源管理、教育经济与管理、卫生事业管理等领域的共同发展,也需要基础理论研究和应用性研究的共同推进。但通过分析发现上海公共管理的研究对象和内容缺乏均衡性,具体表现为:一方面,对土地资源管理、教育经济管理、卫生事业管理领域的研究主题涉足较少,更多的是把研究限于一般行政管理范畴,影响了学科的综合性发展以及学科与实践发展需要的对接;另一方面,对基础理论研究的重视和投入不够,且基础理论研究和实证应用研究的对话不够,影响了公共管理学的长远发展。

二是研究方法仍待规范和突破。近年来,上海公共管理学者在研究方法的学习和使用上做了很多努力,取得了不少进步,但离研究方法的规范化、科学化使用仍有很大距离,存在研究方法照搬照用、实证方法运用较少、定量研究水平不高等问题,制约了上海公共管理学向前发展的进程。

三是研究成果对实践的理论指导作用不够。2017—2018 年,上海公共管理学者围绕实践中的热点焦点话题展开了诸多探索,并取得了一些具有理论价值和决策咨询价值的成果,但这些成果在回应实践、指导实践等方面尚有欠缺,与实践需求仍然存在差距,这也在一定程度上也影响了外界对研究成果的认可度。

上海发展与转型的推进,为上海公共管理学科的发展提供了丰富而鲜活的素材和案例,也对上海公共管理学科的发展提出了更高要求,因此,上海公共管理学者既要把握机遇、潜心治学,也要克服不足、迎接挑战,努力推动上海公共管理学向前发展。

17. 2017—2018年上海艺术学学科发展评议

周 进

(复旦大学复旦大学艺术教育中心)

2017年至2018年是上海艺术学学科发展的关键之年,一方面是高校中有新的美术学院和设计学院等实体的创设;另一方面这些新建的院系又快速寻求适合自身传统与优势的发展新模式,学科呈现出百花齐放、百家争鸣的态势。

一、 上海的国家社科艺术学项目立项数较为平稳

表1 2017年度国家社科基金艺术学项目立项名单

序号	学科门类	项目名称	负责人	所在单位	项目类别
1	艺术学理论	国有文化企业的社会责任研究	李康化	上海交通大学	重点项目
2		晚清以来中国书场研究	周胜南	上海师范大学	一般项目
3		外来艺术样式中国化研究——佛塔、佛像、佛足的中国化	祁姿好	复旦大学	青年项目
4		视媒体传播中选择性视觉认同的图像形象研究	师 晟	上海工程技术大学	一般项目
5		翻译文化学派视角下的民国西洋美术史译述研究	胡 荣	上海外国语大学	一般项目
6	美术学	汉代画像石墓的营建工艺研究	李 晨	同济大学	青年项目
7		国际视野下中国水墨动画的传承与发展研究	赵贵胜	上海师范大学	一般项目
8	戏剧与影视学	本体与感知视角下的VR电影视觉表达研究	田 丰	上海大学	一般项目
9		中国主流电影的意识形态研究(1976—2016)	解建峰	上海师范大学	一般项目
10		中国电影与南洋关系史研究(1921—1949)	徐文明	上海大学	一般项目
11	设计学	中国家庭环境设计与儿童心理健康	戴力农	上海交通大学	一般项目
12		智慧城市建设中的设计伦理研究	李晓溪	上海大学	一般项目

续表

序号	学科门类	项目名称	负责人	所在单位	项目类别
13	音乐与舞蹈学	舞剧艺术的本性研究	张　麟	上海戏剧学院	一般项目
14		南宋“双胜子急”音乐研究	于韵菲	上海音乐学院	一般项目
15		“跨界训练”——舞蹈身心开发研究	高娟敏	上海师范大学	一般项目

2017年上海学者中标国家社科基金艺术学项目总数为15项,占全部250项的6%。从学科门类看,艺术学理论占5项,音乐与舞蹈学、戏剧与影视学各占3项,美术学和设计学各占2项。从所属高校看,上海师范大学有4项,上海大学3项,获得项目数量居前。

非常值得一提的是,2017年度上海学者申报的艺术学的重大项目中标3项,分别是:复旦大学朱春阳教授的“中国文化走出去‘提质增效’研究;上海交通大学徐剑教授的“文化大数据的共享机制研究”;上海戏剧学院孙惠柱教授的“艺术人才培养模式研究”,而当年的全部重大项目立了9项,上海竟占到3成。

表2　2018年度国家社科基金艺术学项目公示名单

序号	学科门类	项目名称	负责人	所在单位	项目类别
1	艺术学理论	中国近现代绘画作品海外收藏研究	李　超	上海大学	重点项目
2		流散德国的乾隆时期紫光阁功臣像研究	胡　炜	同济大学	一般项目
3		道咸以降传统文人画的世界:空间、官制与学术	韩　进	华东师范大学	一般项目
4		“孤岛”时期艺术史研究	游　溪	上海戏剧学院	青年项目
5		政治文化视域下的两宋祥瑞图像研究	冯鸣阳	东华大学	青年项目
6	美术学	中国油画写意性研究	翟　勇	上海师范大学	一般项目
7	设计学	生态文明视角下公共艺术和城市未来发展研究	张苏卉	上海大学	一般项目
8		中国历代宫廷服装色彩的礼法制度与文化流变研究	邵　旻	上海戏剧学院	一般项目

续表

序号	学科门类	项目名称	负责人	所在单位	项目类别
9	戏剧与影视学	青年文化与中国电影新业态研究	齐　伟	上海大学	青年项目
10		纪录片讲述“中国故事”的叙事策略研究	王庆福	上海外国语大学	一般项目
11		清抄本昆曲身段谱研究	赵晓红	上海大学	一般项目
12		上海近现代剧场研究(1843—1999)	贤骥清	上海戏剧学院	一般项目
13		码头与民国戏曲发展关系研究	陈劲松	上海师范大学	一般项目
14	音乐与舞蹈学	《旧编南九宫谱》笺注与蒋孝生平研究	陈浩波	上海戏剧学院	一般项目
15		西方现当代音乐分析体系与方法研究	王中余	上海音乐学院	一般项目
16		仪式表演语境下中—缅—泰南传佛教诵经音乐比较研究	董　宸	复旦大学	青年项目
17		声音新媒介背景下的中国当代音乐研究	徐志博	上海师范大学	一般项目

2018年上海学者中标国家社科基金艺术学项目总数为17项,占全部220项的7.7%,比上一年有所提高。从学科门类看,艺术学理论、戏剧与影视学各占5项,音乐与舞蹈学占4项,设计学占2项,美术学占1项。从所属高校看,上海戏剧学院、上海大学各有4项,上海师范大学有3项,获得项目数量居前。

总之,从最近两年的国家社科艺术学项目获批情况看,上海大学一直稳定地居于高位,中标学者有来自上海大学上海美术学院的,也有来自数码艺术学院、影视艺术技术学院,还有来自上海大学上海电影学院的老师,体现了各学科发展全面开花的态势;而上海师范大学有逐步赶超的趋势,每年均有3—4项中标,项目数量增加显示了上师大的较强潜力。

二、上海艺术学学科走上了独立设置与发展之路

上海是中国现代美术的发源地,其美术文化资源的历史沉淀厚实。近年来,上海高校艺术学科注重内涵式发展,强调专业的独特性,学科设置走上了相对独立的发展

之路,继 2016 年上海美术学院成立之后,2017 年上海交通大学设计学院和 2018 年华东师范大学美术学院的成立最为闪亮。

上海交通大学的艺术学学科发展经历了一个从合到分的过程。在 2002 年 9 月成立了媒体与设计学院,设计学科与新闻传播学科放在一起发展,到 2017 年 12 月,设计学院终于走上独立之路,上海交大领导和相关教师在闵行校区新行政楼举行设计学院成立大会,原“媒体与设计学院”则更名为“媒体与传播学院”。

上海交大设计学院院长为阮昕教授,他有着澳大利亚多所高校的任职经历。副院长为胡洁(常务)、黄建云、韩挺、车生泉,党总支书记为方曦。设计学科已经被上海交大纳入“双一流”建设,在设计学院下形成“设计学”“建筑学”“风景园林学”三个主攻方向,可见其学科基础是工科、农科、人文艺术学科。之所以发展设计学科,与交大看准国家发展战略和上海建设“设计之都”的外部环境密不可分,最终旨在建设“具有交大特色的、不断创新的国际一流设计学院”。

上海交大艺术与设计学科在“QS 世界大学学科排名”上已是连续几年跨入全球 50 强,这个学科排名关注三个方面的指标:一是“全球学术声誉调查”,即在学科专业领域里,全球最顶尖专家学者对这个学科的专业评价和认可度;二是“全球雇主声誉”,即过去 5 年培养的毕业生的综合素质和竞争力在全球顶尖用人单位里的评价和认可度,以上两项调查是比较全面和深入的;三是大学教授的论文指标,即学科在世界最大论文引用数据库 SCOPUS 中的“篇均引用”,整个学科在 SCOPUS 中的“高被引指数”。上海交大在学术的国际化发展方面准备充分,充分关注教授们在国际期刊发表文章,注重对学生国际文化视野和格局的培养,因此才能在国际评价中获得较好排名,而设计学院与意大利米兰理工大学,美国的哈佛大学、斯坦福大学、奥本大学,英国的皇家艺术学院、新南威尔士大学,荷兰代尔夫特理工大学,日本千叶大学等有密切联系就是证明。

2018 年 1 月 2 日,华东师范大学美术学院正式成立。澎湃新闻(上海)寄予了较高期待:“华东师范大学美术学院的成立,标志着华东师范大学美术学科发展的新启程,也成为上海地区美术学科崛起的一个新的信号。”华师大创设艺术学科的基本历程是:1981 年建立艺术教育系,2004 年升格为艺术学院,下属有美术学系与音乐学系,2004 年 9 月成立设计学院,2009 年另创办独立建制的艺术研究所,2011 年美术学系独立运行,在抽象绘画、观念艺术、综合材料、新媒体艺术等艺术创作上形成明显特色。目前的美术学院是在美术学系与艺术研究所基础上综合而成。在美术学院成立大会上,华师大副校长孙真荣主持了成立仪式,华师大党委书记童世骏等致辞。美术学院院长为张晓凌教授,他曾长期在中国艺术研究院美术研究等著名学术机构任职,院党委书记江乃兵、常务副院长顾平、副院长郑文,美术学科包括一所三系,即:美术史论研究所,美术教育系、综合艺术系、中国画和书法系。美院有教职员工41人,其中教授12人(占比为29%)、副教授12人,其他为讲师和年轻教师,这一结构为年轻教师的晋升留下了空间。

成立大会上专家学者为“中国国家画院艺术教育基地”揭牌,倡议成立“中国美术教师教育联盟”,召开“综合性大学美术学科建设与定位”专题研讨会,来自中央美院、中国艺术研究院、中国美院等的负责人就“文化自信与美术学科的时代使命”、“双一流的美术学科如何做到国内国际一流”等话题进行了研讨。张晓凌院长指出,比起培养一两位艺术大师,中国当下更需要一批受过良好专业训练的教师从事美术教育,提升全民族的审美素养。中央美院副院长苏新认为由美术通识教育到文、史、哲介入的教学思想的可行性,如:油画与版画实验室合作教学,新建设艺术科技专业方向等。中国美术学院副院长杭间认为不要完全以学科的评估方式来要求美术学院的发展。南京艺术学院院长刘伟冬认为美术学科在综合性大学里面,不要全面出击,只有形成一种特色优势才行。上海美术学院执行院长汪大伟认为不要在统一尺度下衡量美术院校的办学,要构建上海美术教育特色。其他还有《美术》杂志社社长主编尚辉、中国人民大学艺术学院副院长牛宏宝、清华大学美术学院党委书记李功强等专家均提出了各自的见解。

三、 艺术学科在综合性大学的学术环境中寻求突破

上海的艺术学科离不开综合性大学和独立专业院校的双重背景。从硕士点、博士点设置上考察,上海高校的艺术学博士点设置体现了学科发展的不同方向与侧重点,学科在综合性大学的学术环境中寻求突破。例如,上海大学上海美术学院目前已形成了以本科教学为基础和主体、研究生教育为重点的格局,华东师范大学、同济大学、上海交大、华东理工大学都拥有了与艺术学相关的博士点,为学科未来发展的人才储备做了预设。

上海大学是艺术学升为门类以后第一批获得“艺术学理论”博士学位授予权的上海高校,上海大学上海美术学院拥有三个一级学科博士学位授予点(美术学、设计

学、艺术理论)，一个博士后流动站(美术学)，现有博士生专职导师9名，特聘与兼职导师10名。这些外聘博导包括:北京大学朱青生教授;北京大学翁剑青教授;中国汉画学会陈履生教授;中国美术学院曹意强教授;还有当代艺术领域的Yongwoo Lee(李龙雨)等，美院现有博士、硕士研究生580多人。美院的博士研究生招生实行"申请—考核"制，凡符合报考条件的申请人需提交相关材料，学院将对考生申请材料进行综合评价，依据综合评价结果和导师推荐意见，确定差额综合考核名单，经综合考核后择优推荐拟录取。

华东师范大学美术学院借力教育学与历史学的学科设置了博士点，有两个专业方向:课程与教学论专业、中国史。课程与教学论专业下又细分为美术教育和现当代艺术研究方向，中国史专业下有细分为美术考古和中国美术史研究方向。博士生招生导师有佛教艺术研究领域的张同标教授、阮荣春教授，美术考古研究与中国美术史研究领域的张晶教授，中国当代美术批评、展览与策划以及中国现代美术研究领域的张晓凌教授，中国美术史研究领域的胡光华教授，现当代艺术理论与实践领域的王远教授等。

华东师范大学美术学院的硕士点设置较为全面，有学术型硕士和艺术硕士(专业硕士)，学制上有全日制和非全日制。学术型硕士的专业包括美术教育、美术史论和美术考古;艺术硕士的专业包括西方艺术、现当代艺术、中国画、雕塑与公共艺术、书法篆刻、艺术品鉴定与艺术市场、中国书画、艺术市场与管理，其中中国书画、艺术市场与管理为非全日制教学。

同济大学设计创意学院招收设计历史与理论专业博士生，授予建筑学博士学位。同济大学以"面向产业转型和未来生活的智能可持续设计"为学科定位，学院提出了立体"T型"的本、硕、博创新设计人才培养框架，分别按"技""理""道"三层级有侧重、分类型地培养多种设计、研究、教育和管理人才。6个博士研究方向包括:设计历史及理论、环境设计及理论、工业设计及理论、传达与交互设计及理论、新媒体艺术及理论和可持续设计创新及理论(跨学科平台)。另外，还设有双博士学位项目，合作学校有香港理工大学、澳大利亚斯威本科技大学和意大利米兰理工大学。

上海交大设计学院拥有交叉学科博士点，专业名称为:管理科学与工程(设计科学与工程)。博士研究生招生实施办法也是"申请—考核制"，目前招生的博导为阮昕、陆邵明两位教授。设计学院硕士生招生每年的总规模(不含非全日制)65人，全日制学术型37人，全日制专业型28人，其中推免生约46人。硕士阶段包括建筑学、工业设计工程和设计学三个专业,建筑学专业下有建筑设计及其理论、建筑历史与理论及历史建筑保护、建筑技术科学、城市设计及其理论几个研究方向;工业设计工程专业下有设计策略与管理、视觉传达与数字媒体艺术、环境与景观设计、产品与交互设计等研究方向;设计学专业下有艺术设计等方向。

华东理工大学艺术设计与传媒学院博士点的专业名称为工业设计,研究方向为工业设计理论与方法和设计管理,招生博导为安琦、周美玉和张杰三位教授。艺术设计与传媒学院的硕士生招生包括学术学位硕士和专业学位硕士两种。学术学位硕士有设计学和景观规划设计两个专业,设计学专业招生 19 人,包括工业设计理论与方法、环境艺术与规划设计、视觉传达设计、品牌塑造与设计管理、社会文化与设计发展几个研究方向;景观规划设计专业招生 12 人,包括园林建筑文化与旅游规划研究、现代景观规划设计理论与方法研究、地域文化与遗产保护研究、生态资源与环境设计研究几个研究方向。专业学位硕士设有工业设计工程和艺术两个专业,工业设计工程专业招生 29 人,包括工业产品设计、环境艺术设计、视觉传达设计、传播设计,景观与城市形象设计几个研究方向;艺术专业招生 18 人,包括设计艺术研究、造型与景观艺术、文化产业策划、新媒体艺术研究几个研究方向。

四、 上海艺术学学科未来发展是软实力的较量

上海是我国最早开放的国际大都市之一,新理念层出不穷,外在环境非常有利于艺术学科的发展。时至 2019 年,如同上海的城市建设一样,上海高校的艺术教学与研究的硬件设施走上了新台阶,但笔者想提醒的是,上海应该在软件上学习国外一流大学的先进经验,加上各高校艺术学科的掌门人和教授们大都有着海外背景,相信在未来会产生由量到质的飞跃。下面笔者结合自己在美国大学的学术观察,尝试从学术视野与学术制度两个方面论述上海艺术学科软实力的构建。

(一)艺术学科的设置不能只是为了眼前的实用,应着眼于构建人的审美素养

在国际上,高校的艺术展览活动是非常丰富的,可以说是美术学院和设计学院为校园和社区增添了大量艺术氛围,如果你到美国的任何一所大学去参观,一般会先到游客中心咨询,然后拿了校园地图参观校园内的博物馆、美术馆、画廊,所以画廊又是一个人们接触艺术、校园文化所在,上海的高校在艺术的这个功能上应该有所担当,美术学院、设计学院、音乐学院等艺术机构应担当全校和社区的文化多样性建设。

按照美国学者艾伦(Bradley Allen)的观点,艺术教育的功能与作用在当前的大学体系中被低估了。艾伦撰文认为:我们不应该问:“你可以用艺术学位做什么?”而是要问:“你不能用艺术学位做什么?”他反对把高薪等同于成功,指出艺术能够给人带来健康和快乐。他呼吁人们创造艺术、购买艺术、支持各种形式的艺术教育。他这样呼吁:当你听到关于艺术教育的负面之词时,提醒所有人应该看到是艺术家设计了人们正在驾驶的汽车、穿的夹克、衣服上的标志,手机和里面的音乐、各种应用程序、耳塞、他们刚经过的公园、公园里的雕塑、长凳,他们将在那天晚上看到的电影,以及当他们到达那里时他们将坐的座椅。如果没有艺术的帮助,人们实际上无法在椅子上转动到想要的角度,那么谁会在这种情况下显得尴尬?

正是在艺术的社会文化功能上,笔者高度地认同华东师范大学美术学院的一些做法。华师大美术学院通过“大学美术”系列课程的设置,全面提升非美术专业大学生群体的视觉素养,激活他们的想象力、创造力与视觉认知力。课程设立了若干硬性指标:美术学科的基本知识、美术经典作品的释读、视觉认知的较高层级。具体做法是:(1)课堂教学——以经典作品释读为核心的教学;(2)课外(校内专用实践场所)、(校外美术馆、博物馆沙龙)——围绕特定主题展开的品鉴教学;(3)社团活动——纳入“课程”延展的一切社团活动;(4)校园互动——校园景观与公共空间艺术品置入的整体规划与互动。

美术教育与研究一直是华师大美术学科创办以来致力发展的方向,美术学院在佛教美术与美术考古、近现代美术与中西美术交流等研究领域处于国内领先的位置,著作论文成果丰硕,获得多项国家省部级学术奖励和同行的高度评价,形成独树一帜的特色和持续的影响。华师大美术学院主办的杂志《中国美术研究》入选2017—2018年度CSSCI集刊,为美院在学术发表上争取了重要阵地。

(二)建立严谨的学术制度是艺术学科发展的保障

以上海大学艺术学学科高级专业技术职务岗位基本条件来看,教授岗位还是偏向理论研究为主的,基本条件的第一项就是要求论文(著)和专利(以下3项至少具备其中之一):(1)在国内外重要学术刊物上发表论文16篇(含)以上,其中第一作者10篇(含)以上;或主编正式出版的教材或专著(15万字以上)一部(超过一部,后者论文减2篇),并在国内外重要期刊上以第一作者发表论文6篇(含)以上。(2)艺术类教师作为主创人员在重要学术刊物上发表论文3篇(第一作者)或主编正式出版的教材或专著一部(第一作者)。(3)艺术类教师作为主创人员在省部级以上电视台播放20

分钟以上专题片或剧情片一部,可相当于在国内外重要学术刊物上发表论文一篇,播放的电视片均不能超过2件(部)。

笔者认为,不同于艺术史与艺术理论的专业方向,对于从事艺术创作的教师而言,考核与评定职称的方法应该充分考虑其专业特点。参照美国大学对教师的考核,发现美国大学会根据其专业而要求不同,对于美术史专业的教师要求发表著作或论文,除了教学,史论专业教授的工作还涵盖了教师在校内外的学术演讲;但是,美国对从事创作的教师主要看他们的作品和展览,笔者所知的一位美国大学的陶艺教授,她除了教学之外,每年在国内外的作品展览就达到了4次,美院并不要求一个陶艺的教授一边创作一边去写论文。这与上海高校在职称认定体系上完全不是一个思路,一个长期从事写作的教师并不一定能在创作教学上游刃有余。

给教师们以更大的学术自主权。为什么美国的大学教师们有那么大的学术自主权?就拿给学生打分这件事来说,笔者亲历在美国大学,“油画”课程的评分是教师与助教观看与点评学生作品的方式给出,每一次的课程作业会集中起来讲评,所有学生的作品会被并置展示,流程是学生自己先简要介绍作品,然后是同学互评,最后教师与助教评价。每次作业举办一次平时的评价。到了课程结束的最后一天,每位学生有15分钟时间展示与讲述其个人所有的课程作品,教师再给每一位学生提出意见,最后的打分非常简单,教师决定好平时成绩与期末成绩的得分,在电脑系统中直接给出成绩等级即可,没有太多的教务工作要完成。

良好学术制度还体现在对于教学空间的管理。例如,美国大学的艺术工作室是24小时对学生开放的,这一点在国内的工作室管理中会觉得不可思议,会害怕出现教学管理问题。其实,美国在工作室运营的投入上是比较大的,如油画工作室对环保材料的使用极其严格,配备画室的及时通风系统、循环使用的抹布外包给第三方公司运营,提供医疗急救材料(如颜料不慎入眼需要立即使用专业冲洗液冲洗)等,国内往往建设好工作室之后就不太投入资金运营了,其实,运营与改善有时候比建设投入更大。值得一提的是,美国大学所有的学术活动都是提前一学期甚至更早规划,所有议程印刷出来,让所有人都清楚这个安排,最后是严格执行,这种做法的好处是,我们会将有限的精力放在“重要而不紧急”的事物上,以便达成某种系统性教学目标。还有,每隔七年一次的学术休假(Sabbatical)在美国大学是严格执行的。一般是三个月的带薪休假,教授在学术休假期间可以进行自身再学习与提高,上海高校目前还没有建立这样的学术制度。

18. 2017—2018 年上海电影学学科发展评议

张卫军
（淮北师范大学政法学院）

理论研究方面的全球性视野以及研究视角的激进性、前瞻性始终是上海电影学界的优秀传统。2017—2018 年，上海电影学界依然是国内电影理论研究的重镇，为学术界奉献了一系列较有分量的电影理论研究成果。此外，跨学科研究对电影学的拓展，特别是随着当代西方哲学思潮对电影研究的渗透，一批具有欧陆哲学和电影学研究功底的新生代上海电影学者的崛起，这些令人喜闻乐见的趋势，在近两年的上海电影学研究领域都得到了充分体现。针对当前中国电影发展现状的研究中，上海学者延续了对电影的文化自觉、"中国性"、民族性等宏大课题的理论热情，不同于 2015—2016 年对华语电影话题的热烈讨论，2017—2018 年，电影的"中国学派"建构成为上海电影学者的核心话语关切。电影史研究领域，早期电影研究随着新史料的发掘，新的研究场域的拓展，使这一时段的电影史研究不断深化；十七年电影研究由于研究角度的转换，文本细度的深入，也出现了一些颇富启发力的成果。这些电影史研究背后传递出的研究者的主导价值，读来令人寻味。电影批评方面，特别是在学院批评这一领地上海高校的电影研究者同样奉献了一些令人印象深刻的批评文本。此外，作为对电影的"中国学派"的呼应，电影理论批评的"中国学派"构建也由一些上海学者率先提出。

概括而言，2017—2018 年上海电影学研究保持着平稳中发展和上升的态势，特别是其中电影理论领域的研究，上海的电影研究者始终有着领先于国内学术同行的学术眼界，从而能够得风气之先，对国内的电影理论研究有着引领作用。无疑这也是近两年上海电影学最引人瞩目的亮点。同时，青年学者的成长崛起，代表了上海电影学界不断自我传承的活力，也昭示着电影学研究的美好未来；而学科领域的交叉，其他人文学科领域学者不断跨界到电影学研究，则展现出上海电影学不断打破门户之见和学科壁垒的开放心态，也为上海电影学创造出一个更具对话性的研究场域。

一、 电影理论研究

2017—2018 年，上海电影学研究在电影理论领域的表现集中于如下方面：首先，福柯、德勒兹、朗西埃、齐泽克等西方哲学家的电影理论介绍和阐释仍然是电影理论研究的重点,这也吸引了一大批哲学人文社科领域的上海学者进入电影理论领域。因此,电影理论研究领域的跨学科现象成为这两年引人注目的一大趋势,并出现了吴冠军、姜宇辉、安婕、蔡潇等一批横跨哲学和电影学研究领域的中青年学术新锐。其次,后人类主义、“后电影”理论等学术热点依然方兴未艾,吸引了众多上海电影学者的关注。

(一)欧陆电影理论研究

近两年刊发于国内文艺类重量级刊物《文艺研究》上的西方电影理论研究文章,多数来自上海学者。上海师范大学外国语学院安婕的《福柯如何看电影?》(《文艺研究》2018 年第 8 期)是从电影与可见性、电影与记忆装置、电影与身体快感三个方面对福柯电影思想进行的介绍。上海工程技术大学蔡潇的《间奏、日常或时空体美学——电影中的“沉寂时间”》(《文艺研究》2018 年第 2 期)则是对德勒兹电影哲学中的“沉寂时间”概念的深入挖掘。《后电影状态:一份哲学的报告》(《文艺研究》2017 年第 5 期)来自华东师大哲学系新生代教授姜宇辉,是他对德勒兹《电影 2:时间—影像》中提到的“电影之死”的批判性阐释。另一位同样来自华东师大的年轻学者吴冠军,2017—2018 年则在《文艺研究》推出两篇颇有分量的电影理论文章:《作为死亡驱力的爱——精神分析与电影艺术之亲缘性》(《文艺研究》2017 年第 5 期)、《电影院里的“非人”:重思“电影之死”与“人之死”》(《文艺研究》2018 年第 8 期),可谓风头一时无两。下文将就吴冠军近两年的电影理论文章做一粗浅分析。

吴冠军是国内学界少有的有着独特文风的研究者,他笔下即便是纯粹的理论文章也能给人带来酣畅淋漓的阅读体验。他的文章并不遵守一些约定俗成的学术文章书写常规——如通常在文本中会隐去书写者“我”以凸显客观性。吴的文章会让书写主体强势在场,这从他的文章不时出现的第一人称以及字里行间鼓荡的充沛情感可以看出。由于对欧陆哲学的熟稔,吴冠军的哲学/电影理论文本可以任意驱策德勒兹、齐泽克或拉康,使他们互相阐释,丰富的阅片量又可以使他援引各种电影与这些哲学理论相互印证。《电影院里的“非人”:重思“电影之死”与“人之死”》①中,诺兰(吴冠军称其为德勒兹主义导演)的《敦刻尔克》被视为“时间—影像”的实践,该片个

① 吴冠军:《电影院里的“非人”:重思“电影之死”与“人之死”》,《文艺研究》2018 年第 8 期。

人化的视角则被认为是“拆除电影神学内核”(在吴那里,这种神学内核应该指导演赋予观众的上帝般的全知视角),从而让“观影者在电影院中遭遇直接现实”。在之后的论证中,吴氏又回到他所青睐的拉康-齐泽克进路,将电影视为一个致力于将人变成“非人”(“异形”/“幽灵”)的装置,一个让人“死”的装置,这一装置使人暂时走出“理性—经济人”状态,吴氏辩证地论述道:“只有人之‘死’才能遭遇人自身的‘非人’内核,感受到真正富有生命力的‘活’”。相对于其他哲学研究者枯燥干涩的文风,吴氏的理论文章显然更有生命质感般的激情和活力。

(二)后人类主义电影理论研究

电影理论研究领域,除了上述几位欧陆哲学界的哲学家一直处于上海电影研究者的关注中心之外,另外一个研究路径是对西方电影理论思潮的总体性研究,以及西方电影新思潮、新理论、新研究热点的追踪。而在这些电影理论思潮中,后人类主义一直是近两年上海电影学界聚焦的学术热点。上海戏剧学院孙绍谊教授是后人类主义电影理论在国内的热诚推介者,在之前《当代西方后人类主义思潮与电影》等文章的基础上,2018 年他发表了《后人类主义:理论与实践》(《电影艺术》2018 年第 1 期)一文,继续介绍西方后人类主义研究的最新成果。借助于对《银翼杀手 2049》等科幻电影的阐释,孙绍谊认为“后人类主义”代表了一种对生物技术和人工智能高速发展下的人类未来的悲观论调。孙绍谊教授对其中包含的暗合于西方宗教末世论的一些论调未多加渲染,将重点放在介绍这一理论对西方文明的反思,对人类中心主义的反思上,保持了一个学者应有的理性和审慎态度。尽管在吴冠军看来,这些科幻电影中所谓的对人类中心主义反思不过是商业化逻辑的延续,在其“后人类主义”表象下依然遵循的是人类中心主义逻辑,其中出现的“非人”,被粗暴地埋葬于“人类价值观”之中,成为意识形态化的“非人”①。

与孙绍谊介绍的来自美国学术界的更具实证性的“后人类主义”研究路径不同,有着欧陆哲学理论背景的吴冠军,则致力于引介一种电影本体论层面的后人类主义,即从晚期拉康到齐泽克和从德勒兹、朗西埃到梅亚苏与哈曼等人的后人类主义,他们分别代表了重构电影哲学的两种后人类主义进路。在前者的理论中,电影使观影者遭遇主体性瓦解,成为“非人”,而在后者的影像唯物主义中,影像的物质性压倒了人类中心主义的语言叙事,从而使电影遭遇后人类主义。在吴冠军看来,后人类主义在

① 吴冠军:《“非人”的三个银幕形象——后人类主义遭遇电影》,《电影艺术》2018 年第 1 期。

哲学层面实现了对电影的“拯救”,使得电影结构性地摆脱“未老先衰”之困境。另外一位经由哲学进入电影理论的跨学科研究者姜宇辉,同样也是借助好莱坞科幻电影来阐释他对后人类主义的理解,但遗憾的是,姜在电影方面的举证存在着一定程度的疏失,在其《失真模拟与终极杀戮:晚近好莱坞战争电影中的后人类幽灵》①一文中,他认为《银翼杀手 2049》中的悲剧性主体代表了“濒临末日的人类的经典形象”,但显然这一论断与该片情节不符,因为该片主人公并非人类而是复制人。至于“面对人工智能的全面入侵乃至占领,《银翼杀手 2049》选择了放弃抵抗,随波逐流”之类的说法,更是与电影情节相距甚远,几乎让人怀疑他讲的是另外一部电影。过于以先验的理念去重新结构电影,以至于走向对电影内容的曲解,这可能也是许多跨界学者难以避免的问题。

值得一提的是,在西方学术话语的推介和引入方面,上海戏剧学院孙绍谊教授做了引人注目的工作。他所著《二十一世纪西方电影思潮》(复旦大学出版社 2018 年版)一书的出版,对当代西方电影理论研究的进展和最新趋势做了更为全面的介绍,如芝加哥大学的“现代性理论”、银幕中心理论、后人类主义思潮、生态电影观等,弥补了国内学术界在这一领域内的结构性欠缺。

(三)电影技术研究

在电影理论研究的另一板块即技术研究领域,虚拟现实理论成为当前上海学术界关注的热点。华东师大于东兴的文章《虚拟现实技术与电影发展的前景》(《文艺研究》2018 年第 2 期)认为,虚拟现实技术引入电影,将会进一步放大景观/奇观式的观影体验,为电影发展提供新的前景。他也预测虚拟现实技术将会取代电视、剧院乃至其他屏幕装置,成为下一个娱乐媒介。田丰及其上海大学团队从技术研究领域开拓了电影研究的可能性,他们在信息技术在电影中的运用,视觉分析,VR 技术开发应用方面的研究卓有成效,《电影的视觉装饰——内容制作、分析、评价中的可视化》(《现代电影技术》2018 年第 11 期)等文章展示了这一研究团队在视觉节奏和情感可视化作品方面的最新研发成果,同时也从电影节奏和观影情感角度提出电影视觉分析评价的新思路。田丰及其课题组的研究课题“本体与感知视角下的 VR 电影视觉表达研究”是 2017 年国家社科基金艺术学项目。

---

① 姜宇辉:《失真模拟与终极杀戮:晚近好莱坞战争电影中的后人类幽灵》,《电影艺术》2018 年第 1 期。

二、 中国电影的现状与未来研究

2017—2018年,“中国电影学派”的建构成为电影理论界关注的热点。这一议题的提出,其背景是提升文化自信,打造软实力的时代议题的浮现。当前中国正在成为全球重要的经济体,与之形成鲜明对照的,则是文化和话语权上的过分被动和弱势。因此,如何在文化上树立自信,走出之前文化上对西方邯郸学步式的认同,成为知识界思考的问题。而在这一议题之下,上海学者关注的重点还可以细化为“国家理论”“海派电影传统”“中国电影美学传统”等方面。此外,这两年也是中国电影发展史上具有重要历史意义的年份,国产电影的质量稳步上升,产业发展进一步成熟,电影类型也趋于完备。特别是2018年全国电影总票房突破600亿元,成为中国电影产业发展史上的重要节点。在此背景下,有关电影产业发展模式、增长方式转换的思考,也成为近两年上海电影研究的重要方面。

(一)“中国电影学派”的建构

在电影研究领域,伴随着中国日益成为电影大国,许多学者开始提出掌握电影的中国文化主导权的问题,即用电影讲述中国故事,构建中国电影学派。以陈犀禾、曲春景等为代表的一些上海电影学者,较早意识到这种迫切性,从各自学科领域对这一议题进行了阐述,率先发轫了与此相关的讨论,表现出极为敏锐的问题意识。

上海电影学者从自己的研究领域发声,持续表达对构建“中国电影学派”这一议题的关注。虽然有着一致的关切点,但这些学者们的研究路径则呈现出多元化的态势,如陈犀禾教授从其“国家理论”,曲春景教授从其“叙事伦理”理论视角切入讲好中国故事这一议题,周斌教授从海派电影传统入手发掘建构中国电影学派的理论资源。华东师大传媒学院吴明则从更为具体可感镜头语言的入手,从中国传统的艺术中为“中国电影学派”建构可以落实的根基。

陈犀禾教授依然孜孜不倦于其独树一帜的电影“国家理论”的建构,将这一理论进一步充实、完善,并整合进当前电影理论界关注的“中国电影学派”这一宏大叙述之中。在最近的研究中,陈犀禾教授明确地将电影国家理论的创立与20世纪中国的社会主义革命和文化实践关联起来,并援引列宁、毛泽东等人的论述,将这些社会主义革命的领导者视为电影国家理论的奠基者。并将其与一些西方电影理论相比较,指出“毛泽东的电影思想远早于第三电影理论,是一种具有原创性和生命力的电影思想"①。在国内电影学界,"去政治化"一度是更具普世性的追求,陈犀禾教授力倡"国家理论",似乎不够"普世",因此虽大声镗鞳而应者寥寥,并没有得到电影学术圈的足够回应。作为20世纪80年代最早一批留学国外、有深厚西学背景的电影学者,陈犀禾教授却有着强烈的国族文化身份的自觉,早在西化成风的20世纪80年代,就提出"影戏",发掘植根中国自己传统的电影理论,到今天再提"国家理论",其贯穿的"中国意识",为中国电影赓续道统的执念,显然是始终如一的。理论和学术观点或可有争议,但能够将这种国族情怀一以贯之,更见出一个学者的理论勇气和担当。

"海派电影"传统的地位近年不断被学者强调,它所代表的不仅仅是中国电影学派这一大传统之下的小传统,更被视为这一大传统得以生发的主要驱动力和重要建构资源。一些上海学者更是对"海派电影"当下的传承和拓展寄予厚望。除了前述周斌等人在此议题上的持续发声,2018年《上海艺术评论》刊发一组刘春、徐巍、崔辰等学者有关"海派电影"的讨论文章,集中体现出当前沪上学者在此一议题上的代表性观点。这其中上海财经大学教授徐巍的文章②对"海派电影"概念重新做了界定,将反映上海地域性和体现海派美学风格两个方面作为区分"海派电影"的必要条件,要求区分"上海电影"与"海派电影",认为二者一定程度的等同只是1949年之前的状况,而在今天,这一对概念有着不同的适用范围和语境,从而将相当一部分"上海电影"排除出"海派电影"之外,避免了"海派电影"概念的泛化。由此,对今天一些学者强调的"海派电影复兴"议题,徐巍也并不认同,指出这其实是混同了"上海电影"与"海派电影"。无疑,徐巍的观点值得关注"海派电影"的学者们重视,他其实倾向于将"海派电影"视为一个历史概念,并试图对其做出限定,同时也对一些上海学者过于强调地域性的研究倾向进行了委婉批评。

如果说上述有关"中国电影传统"研究多停留于坐而论道的宏大构想和抽象的蓝图设计,则华东师大吴明在这一议题上的研究因为落实到电影美学层面,而多了更具体和微观的论证,使我们得以切实体会"中国电影学派"建构的可行性。在《艺术史方法下的电影与中国画》(《文艺研究》2017年第8期)一文中,中国电影传统成为一种真实可感的存在。吴明参考了西方电影研究中媒介考古学理路,试图打通中国

---

① 陈犀禾:《国家理论:电影理论中的中国学派和中国话语》,《电影艺术》2018年第2期。

② 徐巍:《海派电影辨析》,《上海艺术评论》2018年第4期。

电影与中国美学传统的关联,将电影放置在更为广阔的中国人视觉经验史的坐标下进行考察,从而连缀起绘画—摄影术—电影这一整条视觉艺术演变史脉络,无疑这是一个极富挑战性的学术构想,她的研究表明,在观看经验与认知机制等方面,中国美术传统与当代中国电影之间存在着美学上的传承,即从中国画到电影存在着一条"中国视觉经验史",因此,中国画传统,同样也可以成为激发中国电影视觉形式创新,从美学风格上建构"中国电影学派"的深厚资源。

(二) 产业研究

对当下中国电影发展状况的关注,除了上述较为宏大的议题,还表现在更为切实具体的对电影产业发展的思考。上海政法学院徐红对中国电影可持续发展态势的探讨颇有见地,他提出中国电影正在经历产业发展模式、增长方式的范式转换,实现由资本驱动向"内容驱动"的产业转型,这无疑是对 2018 年以来中国电影产业发展趋势较为精准的概括。产业研究领域,通过对西方电影生产模式的研究观照当下中国的电影产业发展,为中国电影提供可供借鉴的产业发展路径,是一种颇有现实意义的研究方向。上海师范大学赵宜通过对漫威电影生产和扩张模式的深度解析,为我们呈现了好莱坞电影工业帝国在今天依然能够具有统治全球的影响力的部分根源。《"漫威模式":"电影宇宙"生态下的超工业化景观》(《电影艺术》2018 年第 4 期)将"漫威模式"视为一种"文化霸权"表现形态,该文分析了漫威作品通过文本之间的内部关联使其影片具有了不断扩张的属性,作者认为,每一部漫威影片都是一个超媒体的生产空间,这些影片都在提供指向其他漫威影片的"导航的功能与超链接的按钮",从而建构起一个不断扩张的"电影宇宙"。它借助最新的媒介技术,让观众实现对不同影片的叙事融合,捕获观众的注意力和欲望。其后果是,个体再也不会是乐观主义者所想象的自由穿梭于媒介森林的"游牧者",而成为被围捕、控制、圈养的"忠实农奴",作者不无忧虑地指出,这是一种"比消费主义意识形态更为严酷的剥削力量"。赵宜的漫威工业帝国研究,遵循的虽然是文化批评或意识形态批评的路径,但其意义绝不仅是学理层面的,对今天的中国电影而言,这一研究具有极强的现实针对性。对比美国的超级英雄电影在中国和世界的影响,特别是它能够在中国年轻一代中培养出狂热粉丝群体的这种跨文化推广力,中国电影在此方面尚有巨大差距需要追赶。①

① 《战狼 2》虽然在票房上获得成功,但在网络上招致一些人极端诋毁,以致于出现大批被称为"战狼 PTSD"(创伤后应激障碍)的群体心理症候。

三、 中国电影史研究

2017—2018年,上海电影学在中国电影史学研究方面也取得了令人瞩目的进展,特别是由于新的研究视角的引入、新史料的发现和新的史学研究场域的拓展,使得上海的电影史学研究出现了一些高水平的成果,有力推进了电影史研究的深入。

(一)早期电影史研究

在"重写电影史"方面,复旦大学周斌教授主编的《中国现代电影产业与电影创作研究丛书》于2017年出版,该丛书6卷本分别为明星、天一、联华、新华、艺华和电通6家电影公司做宣传,其中不乏对一些历史当事人的采访和第一手史料的采集,被认为是"近年来中国电影史研究领域的一项重要成果"①。早期电影研究中,新史料的出现,研究领域的拓展,新的研究方法的引入,都使这一领域的研究有不断深化的趋势。上海大学程波教授运用汤姆甘宁"吸引力电影"理论研究孙瑜,发掘其默片中的吸引力元素(《从形式探索到幻觉形成:电影本体变革中的孙瑜早期电影》,《上海大学学报》(社会科学版)2018年第6期),其研究视角颇具启发性。早期电影明星中,黎莉莉以其健康活泼的形象打破了传统的女性审美观,这一明星形象也成为诸多电影史家关注的热点。上海师大人文与传播学院何明敏的文章《健美视域中的女明星形象——黎莉莉在1930—1936年》(《文艺研究》2018年第11期),综合社会学、符号学、文献史料学深入阐释了这一时期的明星生产和接受机制,并指出黎莉莉明星形象的建构是意识形态话语和商业话语的双重合力作用下的产物。除了明星研究,早期电影史领域还出现了对早期电影刊物如《晨星》等的研究,默片中的女性性别书写研究②等,这些成果无疑都有效拓展了电影史研究的场域。

(二)十七年电影研究

有关这一时期电影史的研究中,社会主义意识形态建构在电影领域遭遇的困境仍然是许多学者关注的重点议题。比较有代表性的是两篇发表于《文艺研究》的文

① 徐巍:《见微知著,以史通今:评〈中国现代电影产业与电影创作研究丛书〉》,《文汇报》2018年4月19日。

② 参见陆佳佳的文章《〈晨星〉:商业美学的演进与民族话语的深耕》(《电影艺术》2018年第6期)及2017年上海戏剧学院、《当代电影》杂志社等举办的学术会议"默片后的女性:历史的性别化书写与方法论"对此一议题的关注。

章，华东师大文学院杜英《20 世纪 60 年代前期社会主义文艺的建构与问题——以〈早春二月〉的改编与接受为中心》和上海交大张英进教授的《作为本土软实力的歌颂性喜剧——〈今天我休息〉中生命政治的自我塑造》①都是围绕这一议题展开。

杜英通过对这一时期会议记录、档案报告和报刊相关批评文章的梳理，就影片《早春二月》上映后引发的接受上的巨大反差进行了分析，指出在主流报刊、官方的激烈批判和民众的“用脚投票”的观影热情对比之下，凸显的是社会主义文艺理想与现实难以化解的牴牾。作者列举了大量上海高教领域、文艺领域特别是当时青年学生的观点，以证明“十七年”时期社会主义文艺话语遭遇的困境。作者将这种困境归结于浪漫主义政治现代性的困境，即“现代个体与政党文化及民族主义”，“日常情感与集体叙述及乌托邦理想”之间难以化解的冲突。杜英的文章有着翔实的史料作为支撑，但不得不说的是，他选取的用来提炼观点的样本其实是有局限的，在地域上多局限于上海，样本采集对象上则主要集中于文艺工作者和青年大学生，这些作为样本观点的提出者与《早春二月》中的小资产阶级叙述有更高认同度是毫无疑问的。当然，这并不能否认杜英文章结论所提出的社会主义困境存在的真实性，但在作者所列的“现代个体与政党文化及民族主义”，“日常情感与集体叙述及乌托邦理想”这些二元对立的选项上，当作者在用前一选项否定后一选项的同时，却没有意识到：消除集体叙述和乌托邦理想后的“日常情感”和原子化碎片化的“现代个体”，未尝不是今天面临的更大的困境。毫无疑问，相当于用一种选项否定另一个，我们是否只能在非此即彼的两端轮回，才是我们今天更应该思考的问题。

不同于杜英文章选择的电影接受学的角度，张英进的文章则通过文本细度的方式来呈现其中隐含的意识形态。令人印象深刻的是，张英进将《今天我休息》中展现出的警民一家亲，还有那一时期特有的中国基层近似熟人社会的状态和完美的自组织性，解释为福柯式的“全景敞视监狱”，不可避免，警察马天明式的乐于助人的善良，也被张英进挪用福柯解释成“自我规训”的产物，以及阿尔都塞的被“意识形态国家机器”询唤的臣服主体。张的观点，代表了对十七年电影进行意识形态批评的一种惯常思路。其实真正被规训的是这些话语的操纵者，不得不说，张自己的观点流露出明显的被西方话语“规训”过后的痕迹。这里面的吊诡，不仅仅在于阿尔都塞福柯的资本主义批判被成功地调转方向，变成掷向社会主义的投枪，更重要的是，当人性中的

① 杜英、张英进的文章都刊发于《文艺研究》2018 年第 6 期。

美好闪光都被理解成国家机器的规训,这种悖离常理人情的观点表明这一理论早已脱离它的生产语境,在后来的使用者那里被加持了超级解释的能力,从而不再有任何理论的节制与自律,也丧失了任何边界的约束,似乎普适于任何语境和文本,这无疑是理论跨境旅行时遇到的更为致命的困境。

(三) 新的史学场域的拓展

近两年上海学者的中国电影史研究,除了上述早期电影和十七年电影史的研究成果,还表现在新的研究场域的逐渐拓展,如中国电影的传播史研究的兴起,包括地方电影放映,城市影院发展的社会学研究,海外传播史研究等。上海大学徐文明副教授从电影史的角度切入中国电影的海外传播研究,将史学研究与中国电影如何“走出去”的现实关怀紧密结合,体现出独特的研究眼光。在他近两年发表的《南洋对早期中国电影制片发展的介入与影响(1923—1949)》《中国故事与时代影像:早期中国影片在北美的传播发展》《市场与文化的交响:战后中国电影在新加坡的传播及影响》《20世纪50年代国家形象传播与海外电影市场开拓——以〈梁山伯与祝英台〉为例》①等文章中,细致梳理了20世纪20年代以来中国电影在南洋和北美的市场拓展,以及南洋华侨和片商对中国电影制片的介入,战后电影在新加坡和其他南洋国家的传播,新中国成立后《梁山伯与祝英台》等影片成功实现海外市场开拓等内容,通过扎实的史实分析,最终将视角投射到当下,落在文化自信力和国家形象塑造,电影的民族文化风格坚持和全球化推广等关切上,其实是打开了由历史到当下现实的通道,使这一研究不乏厚重的质感。他所主持的“中国电影与南洋关系史研究(1921—1949)”是2017年国家社科基金艺术学项目。

四、电影批评

与“中国电影学派”的提出遥相呼应,一些上海电影学研究者开始提出建构电影批评的中国学派的主张,以求打破当前电影批评和电影评价机制领域过分西方中心的处境。上海交大李建强教授是国内较早在此话题上发声的学者之一,近两年他的一系列研究成果:《电影批评中的六对关系》《论电影批评的自在性与对象性》《建构

① 以上文章分别发表于《电影新作》2018年第2期,《浙江传媒学院学报》2018年第6期,《当代电影》2017年第12期,《电影新作》2017年第1期。

中国电影理论批评学派的发生学研究》《中国电影理论批评学派的形态学研究论纲》①等都集中于对电影批评本身的研究,其中对电影批评内在本质和规律的探讨,特别是对中国电影理论批评学派构建的呼吁与论证,都颇值得相关电影研究者关注。西方批评理论在应用于中国电影文本时,经常存在水土不服的问题,由于批评话语口径不对而不得不进行“硬拗”式对接,此中之尴尬相信许多从事电影批评的人都体会过。鼓吹电影理论批评的中国学派,其实也是当下树立电影领域文化自信的一个重要步骤。一些学者所谓的可能会导致文化上的“闭关锁国”的担忧大可不必,这其实是争夺已经易手很久的电影审美主导权的一个必不可少的过程。

2017—2018 年,上海电影学值得关注的还有批评文本的跨学科现象,主要体现在一些学者运用其他人文社科研究方法进入电影批评,使这一领域出现了一些重要批评成果。上海大学文学院教授杨位俭的《伦理危机与代际关系的未来——以电影〈喜盈门〉为中心的思考》②即是此方面的代表。该文运用了大量社会学的研究资料和文化研究、意识形态批评方法,以老电影《喜盈门》为切入点,力图追溯新时期以来中国乡土社会家庭格局、权力分配、女性地位、老人赡养等关系的变化,分析了《喜盈门》式的家庭伦理危机产生的根源。作者认为,新时期以来的利益结构的分化,旧有的权威体系的崩溃,市场竞争法则对普遍伦理基础的消解等无疑是这一危机产生的重要推手。由此,作者也批评了该片试图用道德化方案来解决这些危机的不足,因为这些问题绝不仅仅是道德问题,而道德的处理只会遮掩和回避问题。作者指出,《喜盈门》所暴露出的乡土社会的问题,在今天不但没有消弭,反而有愈演愈烈之势,这其中经济功利主义对道德基础的损害,自由主义和非历史化、去政治化导致的公共价值缺位和社会离散,都起到了推波助澜的作用。抛开电影的乐观结局,作者担忧的是该片暴露和预见的中国整体性危机,即“总体性社会溃散”的危机,这或许有些危言耸听,因为作者似乎对中国乡土社会所具有的创造性转化的可能性乃至乡村共同体的重建都持有过于悲观的怀疑态度,但这并不影响该文作为近两年上海电影学领域重要学术研究文本的价值。

港台电影研究领域,上海财经大学徐巍从香港电影价值观流变入手,选取警匪片

---

① 以上文章分别发表于《民族艺术研究》2017 年第 4 期,《东岳论丛》2017 年第 12 期,《上海师范大学学报(哲学社会科学版)》2018 年第 6 期,《电影新作》2018 年第 5 期。

② 杨位俭:《伦理危机与代际关系的未来——以电影〈喜盈门〉为中心的思考》,《东岳论丛》2017 年第 7 期。

这一类型,为我们清晰呈现了40年来港片所指涉的各个时期香港社会及香港人的价值观念的变迁轨迹:即从20世纪80年代的"善恶分明的伦理价值判断"(作者将之概括为"前现代价值观念")到回归前后的"身份困惑""伦理价值判断隐匿",再到"一国两制"以来的现代社会价值观念的演变①。徐巍的研究,无疑为整体观照香港电影的发展提供了一种有价值的视角。但这篇发表于《电影艺术》上的文章也暴露出徐巍学术研究的一些不够严谨之处,比如试图用"前现代""现代"来概括20世纪80年代以来香港电影的价值观演变,既缺乏新意,也显得观念先行,以至于为了刻意求规整而剪裁现实,这样的划分其实并无必要。另外,作者从一些警匪片的简单抽样便得出20世纪80年代香港电影"对国家、民族等宏大叙事敬而远之"之类的结论,显然与常识不符。因为从20世纪80年代到90年代,毕竟有胡金铨、李翰祥、李小龙这些颇具家国情怀和中国文化认同的导演珠玉在前,流风所及,香港影视剧仍然保有一定程度的国族意识,从《霍元甲》到《黄飞鸿》系列都说明这一点,反而是21世纪之后,香港电影的去国族叙事倾向表现得比较明显。一批并不拒斥国族叙事的影人如林超贤、刘伟强、陈可辛、成龙等人选择北上拍片,另外一些香港导演则选择在影片中强化本埠意识,时至今日,香港电影中的国家民族宏大叙事则几近绝迹。

2018年,上海电影学领域出现的一种让人喜闻乐见的现象是:一度被一些中国研者奉为圭臬的西方的中国电影研究和批评,逐渐被作为质疑的对象。例如上海大学周文姬对毕克伟第六代电影研究的一些结论提出了不同看法。毕克伟批评中国的第六代导演过于自我沉溺、自我关注以至于使电影的国族意识欠缺,同时也丧失了承载更宏大的社会历史话语的能力。这一倾向被他认为是第五代自我东方化的延续,体现出中国第六代电影人依然没有走出迎合西方想象的怪圈。周文姬则认为毕克伟的观点局限于东西方的二元模式中,忽视了第六代电影所具有的丰富性与复杂性。电影研究逐渐脱离西方中心主义的框架,同时,对西方学术圈的成果不再非反思式的接受,而是采取一种平等对话立场,这本身即是中国电影学界具有文化自信力的表现。遗憾的是,周在质疑这些海外研究者的观点时,面对同样来自海外研究者的一些值得反思的概念,却未能将这种质疑贯彻到底。这使她的观点如同她的标题(《海外第六代电影研究的新西方主义——与毕克伟教授商榷》)一样指向不明。"西方主

① 徐巍:《江湖伦理、宿命轮回与现代法制:40年来香港警匪片价值观念的演变》,《电影艺术》2018年第5期。

义”这一概念(由华裔学者陈小眉提出)其实属于一种在创新性上乏善可陈的次生概念,它的出现,显然是在萨伊德“东方主义”提出且震动学界之后,作为一种鹦鹉学舌似的回应,这个概念缺乏建设性是显而易见的。萨伊德的“东方主义”有批判西方(欧洲)文化霸权的积极意义,而所谓的“西方主义”,则反过来批判被这种霸权压制的东方特别是中国将西方“本质化”,且认为这种本质化迎合了国内的民族主义。陈小眉进而认为这种西方主义其作用“是为了规训和治理国家内部的成员。我们可以将毛泽东三个世界的理论视为官方西方主义的一个绝好例子”①。固然,东西方都有将对方“本质化”的趋势,但近代以来占据主导地位的是哪一方,相信是不言自明的。“西方主义”概念鼓吹者刻意夸大东方对西方的“本质化”这一议题的价值,本身也让自己陷入萨伊德所批评的自我东方化的症候。

结　语

总体来看,2017—2018 年,上海电影学研究在电影理论、电影史、当下中国电影及电影批评领域都获得了程度不同的进展,为中国电影学术奉献了一批颇具分量的研究成果。同时,上海电影学在近两年也出现了若干令人鼓舞的新的学术气象,其中青年学者的成长崛起代表了上海电影学界不断自我传承的活力,也昭示着电影学研究的美好未来。更值得关注的变化是:一批哲学、文化研究、文学等人文社科领域的学者不断涉足电影研究领域,并贡献出一批颇有分量的研究成果,这无疑是更让人欣喜的新现象。学科藩篱的不断打破,跨学科研究的深入开展,既拓展了电影学研究的边界,也将这一研究带入更具对话性和创造性的研究场域,从而不断改变着电影研究的既定程式和传统,拓宽了电影研究的路径。

---

① [美]陈小眉著,冯雪峰译:《西方主义》,南京大学出版社 2014 年版,第 3 页。

六、2017—2018 年重要学术会议

六、2017—2018 年重要学术会议

第一部分:2017 年度

1. 首届全国“一带一路”跨文化沟通高峰论坛

主办单位:中国跨文化交际学会、上海大学上海合作组织公共外交研究院

协办单位:上海外语教育出版社协办

承办单位:上海大学外国语学院

主办时间:2017 年 4 月 23 日

时值 2017 年 5 月 14—15 日北京“一带一路”国际合作高峰论坛召开之际,在上海大学外国语学院、上海大学上合组织公共外交研究院研究员庄恩平教授的倡议和召集下,首届全国“一带一路”跨文化沟通高峰论坛在上海大学隆重召开,同时论坛宣告成立“一带一路”跨文化沟通研究共同体,这预示着中国跨文化沟通学科研究对接国家“一带一路”倡议、开展以国家需求和问题导向作为使命的转变。全面推进“一带一路”倡议和构建“人类命运共同体”是当前中国为 21 世纪世界和平发展提出的世界新秩序。此次论坛围绕两大主题展开,一是学科建设如何对接、服务国家战略;二是构建讲好中国故事跨文化沟通范式。

此次高峰论坛为有志于对接国家战略的教师和研究者们提供相互学习、相互交流、共同探讨、同步发展的研究交流的平台,吸引了上海大学、西安外国语大学、河南工业大学、安徽师范大学、西北师范大学、广西百色学院的专家学者参与,大家交流了教学和研究过程中的心得与困惑,不但收获了讨论成果,更是坚定了未来研究的方向。

2. “‘一带一路’倡议与中国对外开放新战略”研讨会

主办单位:上海社科院世界经济研究所、上海社科院世界中国学研究所

承办单位:《世界经济研究》编辑部、《世界经济文汇》编辑部、《中国学季刊》编辑部

主办时间:2017 年 5 月 9 日

举办地点:上海社会科学院

上海社科院院长王战出席会议并讲话,上海世界经济学会会长、世界经济研究所原所长张幼文研究员作主题发言。

上海社科院世界经济研究所所长权衡主持会议。他提出,"一带一路"建设有许多值得研究的重大现实问题和理论问题,要处理好政府和市场的关系,"一带一路"建设其实有很多重要的理论命题可以思考,例如内陆地区究竟有没有开放发展的可能,等等。

世界中国学研究所所长姚勤华、副所长周武,上海自由贸易试验区研究协调中心秘书长、世界经济研究所原副所长徐明棋,世界经济研究所副所长赵蓓文、副所长胡晓鹏,中国社会科学院世界经济与政治研究院研究员、《世界经济》编辑部副主任宋志刚,复旦大学经济学院世界经济研究所副所长罗长远,复旦大学经济学院教授章元,上海国际贸易中心战略研究院执行院长姚为群,武汉大学经济与管理学院教授余振,上海市美国问题研究所研究员倪建平等专家出席会议并发言。专家们围绕"一带一路"倡议的国际贸易与区域一体化新内涵,"一带一路"与沿线区域金融投资发展新趋势,经济全球化新变局与"一带一路"的新机遇、新挑战,"一带一路"倡议与完善全球经济治理等议题进行了交流。

世界经济研究所、世界中国学研究所科研人员,上海世界经济学会、上海经济学会会员等参见会议。《解放日报》、《文汇报》、新华社上海分社、《社会科学报》等媒体参会并进行报道。

3. 2017年中国世界经济学会国际金融论坛

主办单位:中国世界经济学会、上海社科院世界经济研究所

协办单位:《国际经济评论》编辑部、《世界经济研究》编辑部

主办时间:2017年5月19日

举办地点:上海社会科学院

上海社科院院长、上海市社联主席王战出席会议并讲话。他指出在中央稳中求进工作总基调当中,防范金融风险是一件很重要的事情,我们正是在这样的背景下研讨金融问题。上海"四个中心"建设不是自己关起门来建设,要为人所识。国际金融中心首先要在国际上产生辐射力,产生影响力。金融如何服务好"一带一路"建设是非常重要的,在做好服务的同时,还必须加强金融监管,防范可能出现的风险。必须站在理论和实践相结合的高度来研究问题,研究形势背后所反映的规律性。中国世界经济学会副会长、上海世界经济学会会长、世经所原所长张幼文出席会议并作会议总结,他谈道,“一带一路”建设是我国在对外开放新阶段和参与全球化与全球治理新阶段这一新时期所提出的长期战略,因此,这次论坛的一大特色在于“新”:在全新的环境下对新的问题做了新的判断,运用了新的研究方法,得出了新的结论。

上海社科院世界经济研究所副所长赵蓓文、胡晓鹏分别主持会议。中国社会科学院世界经济与政治研究所国际金融中心主任高海红、国际金融研究室主任刘东民、经济发展研究室主任徐奇渊,中国世界经济学会副秘书长等专家出席会议并发言。专家们围绕人民币国际化与“一带一路”倡议,中国对外金融发展与合作,货币政策、汇率政策及其影响,美联储加息、资本流动与中国的国际投资等议题进行了交流。

4. 第四届IET智慧与可持续发展城市国际会议

主办单位:上海大学

协办单位:英国IET上海分会、美国IEEE CIS上海分会、德国巴登符腾堡州、上海交通大学、复旦大学、同济大学、东华大学等

主办时间:2017年6月5日至6日

举办地点:上海

本次会议邀请了七位相关领域的国际知名嘉宾演讲,他们分别是德国智慧城市研究院院长、智慧城市新闻(全球智慧城市智库)创始人、德国联邦智慧城市协会首席执行官辛妮娜(Chirine Etezadzadeh)女士,德国弗劳恩霍夫协会工业工程研究所(Fraunhofer IAO)集团移动和城市系统工程部负责人苏珊娜·贝蒂娜·沙辛格(Susanne Bettina Schatzinger)女士,德国巴登-符腾堡州联合州立大学克里斯托弗·沃尔特斯图勒(Christopher Walter Stoller)教授,澳大利亚斯威本科技大学侯赛因·迪亚(Hussein Dia)教授,德国智能数据中心巴登-符腾堡州智能数据创新实验室主任特尔·利德尔(Till Riedel)博士,英国曼彻斯特城市大学曼彻斯特中国中心主任石昕教授,中国燕山大学信息科学与工程学院原院长、河北省特种光纤与光纤传感器重点实验室主任毕卫红教授。他们分别做了题目为“智能城市交通-城市交通新概念”“未来智能城市巴登-符腾堡和未来城市出租车”“智慧城市物流——欧洲视角”“未来城市和数字创新:解锁流动的潜力”“智慧数据创新”“商业与健康大数据——早期诊断、干预和预防”“传感器网络的海洋观测与监测开发与应用”的大会报告。大会报告精彩纷呈,受到与会者的好评,引起与会者的广泛兴趣。

6月5日至6月6日,会议主要围绕城市系统的以下五个主题开展交流和研讨:车联网与智慧城市、社交网络与大数据分析、大数据与城市计算、物联网与传感技术、智慧城市应用等。会场由特邀嘉宾及国内外知名教授担任会场主席,研讨内容涉及了相关领域的最新进展和动态,并就开展的科学研究及其取得的成果做了深入的交流,会场学术氛围浓厚,交流热烈。

第四届智慧与可持续发展城市国际会议(ICSSC2017),是目前国际上为数不多的专门针对智慧城市建设和研究的国际性会议,在日趋快速和严峻的城市化进程、城市发展问题日益突出的时代,会议的举办具有重要意义。会议邀请和聚集了众多国际学术界和企业界专家学者,体现了会议的宗旨,构建了良好的学术交流平台,会议成果可为推进上海智能城市建设提供借鉴和参考。

5. 第三届当代中国马克思主义研究创新论坛

主办单位:中国社会科学院哲学研究所、复旦大学马克思主义研究院、上海社会科学院中国马克思主义研究所

承办单位:上海社会科学院中国马克思主义研究所

主办时间:2017年6月10日至11日

举办地点:上海社会科学院

开幕式上,上海社科院党委副书记王玉梅、上海市社会科学界联合会专职副主席解超、中国社科院哲学研究所副所长崔唯航分别致辞,开幕式由上海社科院中国马克思主义研究所所长方松华研究员主持。论坛主题为“中国道路:政党、人民与法治”。

会议期间,与会学者围绕“中国共产党与中国政治道路”“人民当家作主与中国政治道路”“现代政治中的核心概念辨析与重大问题探讨”三大主题,以及“中国共产党执政方式的理论、历史与现实”“中国政治道路中的德治与法治问题”“人民民主的制度表达与话语建构”“‘人民’概念的历史考辨与现实应对”“马克思主义政治哲学研究中的重大问题”和“中国道路的历史方位和历史意蕴”等六大具体议题进行了充分的交流与讨论。

论坛闭幕式上，复旦大学马克思主义研究院院长吴晓明教授、上海社会科学院原党委书记、中国马克思主义研究所名誉所长潘世伟教授分别作了发言，闭幕式由中国社会科学院哲学研究所鉴传今研究员主持。

6. 汉语国际教育国际学术研讨会

主办单位：上海大学国际交流学院、上海大学上合组织公共外交研究院

主办时间：2017年6月24日至25日

举办地点：上海大学宝山校区乐乎新楼

“一带一路”背景下的汉语国际教育国际学术研讨会上，来自中国、美国、法国、芬兰、俄罗斯、阿塞拜疆、巴基斯坦、乌兹别克斯坦等国的90余位中外学者和嘉宾参加了研讨会。围绕国家的“一带一路”倡议，与会学者分别就“一带一路”沿线国家汉语教育战略研究、留学生教育与公共外交研究、汉语国际教育专业建设与发展研究、孔子学院汉语教育现状与对策研究等主题展开学术讨论与交流。会议还得到北京大学出版社和上海子墨国际文化传播有限公司的大力协助。

本次会议共有76位中外学者提交了69篇论文，他们分“对外汉语教学与研究”“一带一路政策与汉语教育”和“中华文化与传播”三个主题开展学术研讨。各小组报告主题凸显、角度有别、内容丰富，在互动交流环节专家学者及部分研究生讨论热烈、提问活跃，展现了良好的学术交流氛围。

7. “中国特色新型城镇化与全面建设小康社会”首席专家高端论坛

主办单位：上海市社会科学界联合会、上海市哲学社会科学规划办公室、华东师范大学

主办时间：2017年6月27日

举办地点：华东师范大学中山北路校区

上海市社会科学界联合会专职副主席解超、华东师范大学副校长汪荣明出席会议并致辞。华东师范大学国家社科基金重大项目和教育部重大攻关首席专家文军教授、宁越敏教授、高向东教授、林拓教授分别以“新型城镇化背景下的村落转型及其反思”“城市病的预防与治理”“提高户籍人口城镇化率突出问题及对策研究”“中国城市治理的空间基础及其变革”为主题进行了主题发言,并接受专家评议。

上海大学社会学院院长张文宏教授、复旦大学人口研究所任远教授、上海社会科学院孙常敏研究员、上海交通大学人文学院副院长李玉尚教授受邀担任点评专家。上海交通大学、上海财经大学等科研管理部门负责同志及校内外相关学科教师与研究生共80余人出席论坛。

8. 中国外国文学学会第十四届双年会暨“文学经典重估与当代国民教育”全国学术研讨会

主办单位:中国外国文学学会

承办单位:上海交通大学外国语学院多元文化与比较文学研究中心

主办时间:2017年7月7日至10日

举办地点:上海交通大学

面对全球化与逆全球化、多元文化主义和新民族主义思潮的对撞,面对网络时代以智能技术为代表的新浪潮的冲击,如何呵护人类优秀文化遗产,传播蕴含其中的思想智能,兼顾人类大同与家国情怀的统一,使文学经典真正成为慰藉心灵、愉悦精神和陶冶情操的正能量,是摆在我们面前的重要任务。在此背景下,中国外国文学学会领导、国务院学科评议组成员、长江学者特聘教授、国家社科基金重大项目首席专家等国内著名学者、《外国文学评论》等重要学术刊物主编及上海市外文学会、上海市外国文学学会、上海市比较文学学会的领导等270多名专家学者参加了研讨会。开幕式由上海交通大学外国语学院多元文化与比较研究中心主任彭青龙主持。

与会专家学者围绕外国文学经典阐释、国民教育、翻译与接受、多元文化等主题展开讨论。本次会议是一场聚焦学科前沿的重要学术盛宴,与会专家学者们认为,散发着“经典能量”的文化遗产,不仅在历史生成和时代向度不断勾连的阐释中播撒着新的意义,而且在跨学科和跨国界对话和交流中传递新的能量。

9. “融通与创新：马克思主义中国化成果国际传播”研讨会

主办单位：上海市中国特色社会主义理论体系研究中心、上海市社会科学界联合会

承办单位：华东师范大学马克思主义学院

协办单位：《毛泽东邓小平理论研究》编辑部、《思想理论研究》编辑部、《华东师范大学学报》（哲社版）编辑部、《思想政治课研究》编辑部

主办时间：2017年10月19日

举办地点：华东师范大学中山北路校区

中共中央对外联络部原副部长于洪君，上海市委宣传部副部长、社联党组书记燕爽，上海市社会科学联合会专职副主席解超，华东师大党委书记童世骏，华中科技大学原党委副书记、国务院学科评议组成员欧阳康，上海外国语大学党委书记姜锋，中共中央对外联络部研究室理论处处长李双伍，上海高校示范马克思主义学院院长、书记，华东师大人文社会科学学科的教授以及马克思主义学院师生等七十多人参加了本次论坛。开幕式由华东师大党委副书记方平主持。

在七场主题报告中，与会专家学者围绕马克思主义中国化成果国际传播的价值、内容、途径、方法、传播对象特点、所要达到的目的、需要处理好的若干关系等发表了许多具有较高学术价值的新观点。

童世骏在总结讲话中指出，中国马克思主义者从一开始就把中国问题和世界问题紧密联系起来考虑；传播马克思主义中国化成果，可以说也是中国马克思主义者“不忘初心”的一种表现。他提出，在马克思主义中国化成果的国际传播中，要处理好几个关系。第一是理论与实践的关系：理论对外传播既要遵守理论工作的规则，具有说服力；也要遵守实践工作的规则，具有感召力。第二是理论与学术的关系：理论对外传播过程既要体现理论界和学术界的互动合作和集体智慧，也要进一步推进对马克思主义者应该关心的重大问题的学术研究。第三是理论与叙事的关系：讲道理的最好方式往往是讲故事，只有把好的道理与好的故事有机结合起来，才能使受众真正听得到、听得懂、听得进。

10. “中国共产党百年研究的海外视角”国际学术研讨会

主办单位:上海社会科学院世界中国学研究所

主办时间:2017 年 10 月 20 日

举办地点:上海社科国际创新基地

此次研讨会上,来自美国加州理工州立大学、日本神户大学、复旦大学、华东师范大学、中国人民大学、南京大学、中山大学、武汉大学、北京联合大学,以及上海社科院的多位国内外专家学者交流、探讨了海内外学界对中国共产党的最新研究。世界中国学研究所所长姚勤华研究员致开幕词并主持主题演讲,周武副所长、乔兆红研究员分别主持相关议题并点评。

华东师范大学历史系教授杨奎松、日本神户大学大学院人文学研究科教授绪形康分别以“关于海外中共党史档案史料的发掘与利用问题”“世界史上的长征意义:1960—1970 年代日本人见解的启示”为题发表演讲。杨奎松教授谈到,当前海外中共党史研究领域的史料空前丰富,新发掘的大量史料对进一步深入研究国共关系、大革命时期的中国共产党等问题,有着不可替代的作用。绪形康教授认为,日本学界对长征的研究,早期是在马克思主义和韦伯理论指导下进行的;20 世纪 50 年代后半期中苏碰撞与交锋推进了日本人对长征的新认识,或将长征精神同基督教中的出埃及相比,或从世界史视角来寻找作为宗教伦理的“毛泽东思想”,进而发现长征包含了普遍意义与永久价值。

此外,与会专家还就“中国共产党的执政理念研究”“中国共产党的国际话语研究”“海外中国共产党研究的新发展”等议题进行了热烈的讨论。原上海社科院党委书记潘世伟教授认为,国内外对中国共产党的研究有四种基本叙事:一是从传统文化出发的民族主义叙事;二是现代化叙事;三是西方叙事;四是中国坚持的社会主义叙事。四种叙事各有长短,应该整合成一种以社会主义叙事为主线的多元结构、前后连贯的叙事。世界中国学研究所副所长周武认为,在中国共产党研究上,海内外学术界已经形成了良性互动。对本土学者来说,海外研究提供了很多被遮蔽的、忽视的视角;对外国学者而言,对资料以及某些问题的具体看法,也受到中国学者的影响。中共研究最理想的状态,应该是在中外学术界共同努力下,不断向前推进的过程。

11. 首届国家话语生态研究高峰论坛

主办单位：上海市社会科学界联合会、上海市语文学会、《华东师范大学学报》(哲社版)编辑部、华东师范大学国家话语生态研究中心、中国修辞学会、《社会科学报》

主办时间：2017 年 10 月 21 日

举办地点：华东师范大学

论坛主题为"话语生态与全球治理""话语生态与国家发展"。论坛开幕式由上海市语文学会会长、华东师范大学学报总编委会编委、国家话语生态研究中心主任胡范铸主持，华东师范大学副校长汪荣明，教育部国际司原副司长、上海外国语大学党委书记姜锋，上海社联学会处处长王克梅出席了开幕式并致辞。

汪荣明在致辞中指出，在经济全球化和信息网络化的今天，我们比以往任何时候都更需要相互理解、相互合作。习近平总书记在党的十九大报告中明确提出，要坚持推动构建人类命运共同体。命运共同体的构建不仅是一个政治问题、经济问题，同时也是话语问题。姜锋指出，国际话语体系非常重要，而一些关键词语的翻译尤其值得关注。

中国修辞学会会长陈光磊、《解放日报》理论部主任王多和浙江新媒体政务研究院院长王建华、复旦大学《当代修辞学》主编祝克懿主持了两场讨论。来自教育部语用所、澳大利亚中文教师协会、华东师大、上海社科院等 15 位专家分别从语言学、政治学、传播学等角度对话语生态进行了解读与探讨。

12. "面向未来与全球的中国金融发展"上海财大金融首席论坛

主办单位：上海财经大学

主办时间：2017 年 10 月 27 日

举办地点：上海五角场凯悦酒店

2017 年 10 月 27 日，"面向未来与全球的中国金融发展"上海财经大学金融首席论坛在上海举办。国内外一流金融机构的首席经济学家、投资官、首席分析师、策略师，以前瞻视野和探索精神进行思想碰撞，谋划推动中国金融业改革与发展之道。

目前,全球的金融体系正处在一个快速变革的时代,经济与金融发展的不确定性、复杂性在日益上升;与此同时,中国的金融体系也面临着进一步进行制度改革以及融入全球金融体系的压力与挑战。在此背景下,论坛汇聚了国内外一流金融机构的首席经济学家、投资官、首席分析师、策略师,以前瞻的视野和探索的精神,进行思想碰撞,以期推动中国金融业改革与发展,打造理论界与实务界相互融合的平台与学术品牌。

13. 第14届中国城市规划学科发展论坛

主办单位:同济大学

主办时间:2017年10月28日至29日

举办地点:同济大学建筑与城市规划学院钟庭报告厅

主题报告会上,分别有8位学者发表研究报告,关注的都是国家发展最新动态和学科前沿,如孙安军的《空间规划的"知与行"——我国空间规划改革的思考》、中国城市规划设计研究院杨保军院长的《城市创新与规划创新》、中山大学城市化研究院院长李郇的《社会治理与社区规划——美好环境与和谐社会共同缔造》、中国城市规划设计研究院原院长李晓江的《京津冀协同与新区发展的认识》、清华大学建筑学院边兰春的《社会—空间关系视角下的城市设计思考》、上海社会科学院城市与人口发展研究所副所长屠启宇的《中国的全球城市——关于21世纪全球城市理论的创新思考》、中国人民大学经济学院刘守英的《中国的二元土地所有制与双轨城市化》、同济大学建筑与城市规划学院赵民的报告《论我国规划创新实践与法制建设的互动演进》。

在"地区发展与规划实践"为主题的自由论坛上,6位来自不同行业的学者做主旨发言,随后,多位教授与场下嘉宾观众围绕城市总体规划改革、总体规划的战略引领与刚性控制等议题进行了深入交流。

14. 2017全球城市论坛

主办单位:上海交通大学

主办时间:2017年10月29日至30日

举办地点:上海交通大学徐汇校区

论坛以"全球城市 · 精准治理"为主题,重点围绕智慧城市与大数据运用、城市环境治理、城市应急管理、城市群交通治理、城市治理与社会参与、城市群规划发展与治理等方面，讨论城市精细化治理相关的议题。通过征稿和约稿相结合的方式，共有近140篇论文入选本届论坛并在会上交流发言。

联合国副秘书长、人居署执行主任周·克鲁斯(Joan Clos)，世界银行中国局可持续发展国别业务主任贝可尔·德贝勒(Bekele Debele)，国务院发展研究中心发展战略和区域经济研究部部长侯永志，上海市人民政府发展研究中心副主任严军，上海市住房和城乡建设管理委员会副主任江小龙等出席。上海市人大常委会副主任、上海交大党委书记、中国城市治理研究院院长姜斯宪出席论坛闭幕式并讲话，上海交大党委副书记顾锋在论坛开幕式上致辞并主持主旨演讲。来自全球近二十个国家和地区的著名高校和学术研究机构的专家学者、媒体代表、高校师生参加论坛。论坛开幕式由上海交大中国城市治理研究院副院长、徐汇区人大常委会原主任陈高宏主持。

论坛中，来自纽约、巴黎、新加坡、首尔、香港、北京、上海七个全球城市的智库研究机构作为发起人共同成立"全球城市治理智库联盟"，该联盟旨在成为全面推动城市治理学术和政策研究的平台、全球层面城市治理最佳实践的交流平台和促进城市之间各主体沟通合作的平台，通过凝聚各方力量，围绕城市治理开展理论性、政策性、前瞻性研究，促进世界各国在城市治理案例、经验、做法等方面的交流共享，推动所在城市政府、企业、社会组织、学者、居民等多主体的交流合作。

15. "十九大"后中国教育体制机制改革专题研讨会

主办单位：华东师范大学、教育部教育发展研究中心

承办单位：华东师大国家教育宏观政策研究院

协办单位：上海市领导科学学会

主办时间：2017年10月31日

举办地点：华东师范大学

研讨会邀请多位教育研究和实践领域的专家学者和教育行政管理者，与广大教育研究者、高校师生齐聚，在全党全国深入学习贯彻党的十九大精神之际，围绕新时代教育改革发展的新特征和新趋势，特别是教育体制机制改革的重点、难点、热点问题深入进行讨论，为教育深化改革贡献智慧，为国家教育决策提供支持。

华东师范大学党委书记、国家教育宏观政策研究院院长童世骏出席研讨会并致辞。童世骏向与会专家学者致以热烈的欢迎,介绍了举办研讨会的目的是学习贯彻党的十九大精神,破解教育体制机制难题,助力我国新时代教育改革与发展。期待各位专家学者以此次研讨会为契机,探讨和回应党的十九大报告对教育工作的战略部署。

教育部教育发展研究中心主任陈子季、华东师大教育学部主任袁振国对研讨会进行了总结。陈子季表达了教育部教育发展研究中心与华东师大建立合作研究机构及机制的意愿与信心。袁振国指出,中国特色社会主义新时代提出的新特点、新矛盾、新措施对教育发展提出了新要求,未来,教育国际化的竞争会加快,现代信息技术的助推教育快速发展,面对新时代的教育发展趋势,必须认识到体制背后是不同层级的权利义务关系,机制是处理好这些关系的制度化办法,在此基础上寻找改革的举措。

本次研讨会由华东师大社科处处长吴瑞君,教育部教育发展研究中心国际比较研究部主任王晓燕,教育部教育发展研究中心专题研究部主任王建,华东师大国家教育宏观政策研究院副院长朱益明、郅庭瑾担任不同环节的主持人。研讨会就党的十九大教育体制机制改革的相关问题进行广泛的交流讨论,发现、探索与回应了教育发展的新时代命题,为教育体制机制改革出谋划策,具有非常重要的学术价值和实践意义。

16. 首届“全球经济治理新需求”国际研讨会

主办单位:上海社会科学院国际问题研究所、德国弗里德里希·艾伯特基金会上海代表处

主办时间:2017 年 11 月 4 日

举办地点:上海社会科学院

全球化不仅推动了国家间资本和货物的跨境流动,还改变了国际经济力量的传播渠道和各经济体之间的互动关系,并从根本上改变了国际经济交往的本质。这些变化对全球经济治理的机制、制度和政策提出了新的要求,如何改革和完善现有的全球经济治理架构,成为解决当前世界经济所面临一系列问题的关键。在此背景下,上海社科院国际问题研究所、德国弗里德里希·艾伯特基金会上海代表处共同发起了

"全球经济治理新需求"系列国际研讨会,会议主题为"国际金融体系、发展与基础设施融资"。

上海社科院党委书记于信汇、艾伯特基金会项目经理亚尼克·兰戈(Yannick Ringot)出席会议并致辞。英国皇家国际事务研究所全球经济与金融项目资深研究员宝娜·苏巴奇(Paola Subacchi)、金砖国家新开发银行战略局局长塞尔吉奥·苏霍多尔斯基(Sergio G. Suchodolski)、上海交通大学安泰经济管理学院潘英丽教授、牛津大学政治和国际关系系亚历山大·肯提克勒尼斯(Alexander Kentikelenis)研究员、法国巴黎政治学院欧洲研究中心马提亚·蒂曼(Matthias Thiemann)博士、复旦大学美国研究中心宋国友教授、上海社科院世界经济研究所周宇教授、欧洲债务与发展网络政策与倡议官玛丽亚·罗梅罗(Maria José Romero)和德国发展研究所世界经济与发展融资部资深研究员凯瑟琳·贝伦斯曼(Kathrin Berensmann)等来自国内外著名高校和研究机构的专家学者作了精彩发言。最后,上海社科院国际问题研究所常务副所长刘鸣研究员对此次会议作总结发言。

17. "'一带一路'倡议建设与中国海外产业园区的发展研究"研讨会

主办单位:华东师范大学、上海市民营经济研究会、上海市开发区协会
主办时间:2017年11月8日
举办地点:华东师范大学

该研讨会属于上海市社会科学界第十五届(2017年)学术年会的学科专场会议,也是在党的十九大精神的指导下,研究机构和协会共同参与对接服务国家"一带一路"建设的专题会议。

上海民营经济研究会执行会长季晓东,普陀区统战部原部长、区政协原副主席夏斯德,上海交通大学安泰经济与管理学院副院长田新民,上海市开发区协会秘书长赵海,上海社联科研处主管、《学术月刊》行政主管胡赟,华东师大城市发展研究院副理事长张永岳、副院长林拓,经济与管理学部党委副书记高向东和统战部部长方奇华等出席,参加研讨会的还有来自上海各区党工委、各区业余大学的代表,以及福建商会、安徽商会、台州商会等代表。会议由华东师大党委原副书记、城市发展研究院副理事长罗国振主持。

会上,林拓和张永岳先后作了以“人类命运共同体:全球投资贡献的中国逻辑——‘一带一路’建设与中国海外产业园的发展前景”和“海外产业园区——中国企业走出去的‘升级版’”为主题的报告。他们以党的十九大报告中关于“一带一路”的论述引出,一方面解释了“一带一路”从战略到倡议的新提法,明确了“一带一路”作为“命运共同体”的核心含义,另一方面详细介绍了中国海外园区20年间的重要转变、发生了四种重要的转型,并从地方、国家和全球尺度讨论了“一带一路”背景下中国海外园区的转型和发展模式。他们也指出,在海外园区的发展过程中,政府、企业和中介机构应该合作,尤其是中介机构作为一种纽带,必须要发挥它的中坚力量,而高校等科研机构就可以成为这样一种纽带,为海外园区的发展进行顶层设计。

在会议的点评和讨论阶段,与会专家和学者讨论热烈。上海市开发区协会秘书长赵海认为,“一带一路”的提出反映了全球经济产业梯度转移的态势,而海外华人想要将企业做大,一是需要国家提供政治支持,让海外华人在当地能够安心地发展;二是要抓住华人商业领袖,并遴选响应的企业给予支持。高向东结合数据从跨界跨学科研究、商会的作用、海外投资和引进海外优秀成果及人才并重、政策的双向建设这四个方面做了阐述。

季晓东在总结讲话中首先肯定了两个主报告具有战略决策的参考价值。他指出,中国民营经济参与“一带一路”建设受到国家的高度重视,全国工商联建立了高端的智库专门对此进行研究。他还从产业和企业的角度分析了中国“一带一路”建设的大思路、大背景、大战略,介绍了中国海外投资的主要形式,提出了中国企业海外投资中面临的问题,包括在国际规则,国际法规,以及中介服务、金融服务、人才和商会组织等各方面的矛盾和欠缺等。他希望与会学者和机构能大量投入研究,也希望企业代表能够发动身边的企业组织加强人才培养和中介机构培育,为“一带一路”建设贡献出自己的力量。

18. 上海交通大学—国际传播协会(ICA)2017新媒体国际论坛

主办单位:上海交通大学媒体、设计学院和国际传播学会(ICA)

主办时间:2017年11月11日

举办地点:上海交通大学

本次论坛以“智媒时代:交流与协商”为主题,设立12个分论坛,以智能媒体为核心议题，讨论内容涉及智能媒体研究的理论与方法、智媒行业的前景展望、智媒时代的内容生产与媒介使用、智能营销以及智媒时代的政治传播、智能媒体的发展对公共生活的影响等，既有理论探讨，也有实证研究。

上海交通大学原党委常委李建强教授致欢迎辞，媒体与设计学院院长李本干教授主持论坛。来自宾夕法尼亚州立大学、普渡大学、德国曼海姆大学、新加坡南洋理工大学等的国内外高校、研究机构的专家学者、业界代表等300余位嘉宾和师生参加此次论坛。

19. “中国环境法和中国环境治理问题的完善”国际研讨会

主办单位：上海财经大学法学院

协办单位：上海财经大学法学院环境法研究中心承办、金诚同达律师事务所

主办时间：2017年11月11至12日

举办地点：上海

研讨会开幕式由上海财经大学法学院副院长胡凌副教授主持。他对来自国内外从事环境法研究的各位教授表示欢迎和感谢。上海财经大学法学院副院长宋晓燕教授、金诚同达律师事务所高级合伙人章晓科律师和上海财经大学法学院教授、环境法研究中心外方主任马克·珀斯蒂在会上先后致辞。

本次研讨会共分为四个单元，与会嘉宾展开充分和热烈的讨论。第一单元围绕着“环境法规和环境政策”展开，由上海财经大学法学院副院长胡凌副教授主持。第二单元以“中国环境监管的新机制发展”为主题展开，由上海财经大学法学院教授、环境法研究中心外方主任马克·珀斯蒂主持。第三单元围绕着“完善环境监管机制和运行”问题展开，由金诚同达律师事务所高级合伙人章晓科律师主持。第四单元的主题是“公共参与和公益诉讼”，由中国人民大学法学院竺效教授主持。

最后，上海财经大学法学副院长（主持工作）宋晓燕教授作闭幕致辞。她从本次研讨会的主题、议程的具体设计、会嘉宾的发言和自由讨论部分做出高度的肯定，对各位专家学者表示衷心的感谢，期待今后以上海财经大学环境法研究中心为平台，就中国环境法和环境治理问题展开进一步的合作和研讨。

20. 中国政区、社区改革实践和理论开拓研讨会

主办单位:华东师范大学、中国地理学会、中国区域科学协会

承办单位:华东师范大学城市发展研究院、城市与区域科学学院

主办时间:2017 年 11 月 12 日

举办地点:华东师范大学

本次研讨会旨在深入研讨中国政区、社区的改革实践与理论开拓相关议题,深入交流研讨学校终身教授刘君德关于中国政区社区改革实践的学术思想,以期为推动我国人文地理学的发展作出新的贡献。

华东师范大学党委书记童世骏、中国地理学会副秘书长何书金、中国区域科学协会副理事长薛领及中国行政区划与区域发展促进会副秘书长陈田出席并致辞。开幕式由华东师范大写党委原副书记罗国振主持。来自全国高校、科研院所、相关政府单位和其他企事业单位的 100 余位专家学者出席此次研讨会。

21. “一个不能少:全球贫困和不平等”国际研讨会

主办单位:上海社会科学院世界经济研究所、德国艾伯特基金会上海办公室

主办时间:2017 年 11 月 16 日至 17 日

上海社科院党委书记于信汇出席开幕式并讲话,艾伯特基金会上海办事处主任潘启泰(Stefan Pantekoek)致开幕词。于信汇书记在讲话中对与会的各国专家学者表示热烈欢迎。于信汇指出,中国扶贫开发的经验对其他中等收入国家来说非常有借鉴意义。目前世界范围内民粹主义盛行,在本质上反映了对收入分配不公、社会贫富差距扩大的不满。不平等问题、贫困问题等制约了全球化发展的趋势,各国学者济济一堂充分交流观点,相信本次会议为共同推动全球的反贫困事业发展做出智力贡献。

潘启泰在致辞中谈道,全球在消除极端贫困领域所取得的成绩主要归功于中国。中国扶贫工作的成功,为全球减贫事业提供了宝贵经验。潘启泰代表艾伯特基金会感谢上海社科院多年来的成功合作,并表示愿与世界经济所继续保持良好的合作关系,共同推动双边的学术交流与合作。

当前全球经济发展不平衡,全球范围内不平等问题与贫困正在加剧,全球化发展趋

势正在遭遇重大挫败,全球不平等问题、贫困与发展问题成为制约世界经济增长的重要原因。本次会议以精准扶贫为主线,对世界范围内的反贫困和2030年发展议程等问题进行了深入探讨。来自北京师范大学、复旦大学,以及美国、德国、西班牙、匈牙利、捷克、巴西、印度、哥伦比亚、墨西哥、泰国、乌拉圭等国的教授围绕“全球减贫与经济不平等”“收入分配差距与政策协调:国内与国际视角”“不平等对于贫困与发展的影响:政策选项及经验教训”以及全球各个地区的扶贫政策与收入差距问题展开了为期一天半的讨论。

上海社科院世界经济研究所所长权衡研究员主持开幕式,世界经济研究所原所长张幼文研究员出席会议并作总结发言,副所长赵蓓文研究员,金芳研究员、周琢博士等先后主持有关分会场。

22. 卓越的全球城市与公共服务创新国际研讨会

主办单位:上海社会科学院政治与公共管理研究所

主办时间:2017年11月16日至18日

举办地点:上海社会科学院

上海社科院党委书记于信汇,国际行政科学学会(IIAS)总干事索菲尼亚·萨拉维(Sofiane Sahraoui),上海社科院副院长王振出席研讨会。来自美国、瑞士、比利时、新加坡及我国香港、内地的专家、学者就智慧城市、公共服务供给、城市发展、创新街区、公共文化服务、人才培养及相关公共政策、公共服务等进行了主题发言和深入探讨。全球城市与公共服务议题进行了深入研讨。会上,上海社科院政治所还就“一带一路”治理研究与亚洲公共行政网络(AGPA)达成了合作意向。

政治与公共管理研究所所长刘杰主持开幕式,国际行政科学研究会总干事索菲尼亚·萨拉维、上海社科院副院长王振作了总结发言,并就“一带一路”背景下城市治理研究进行了展望。

23. 第十届可持续发展城市交通系统论坛

主办单位:同济大学

主办时间:2017年11月18日

举办地点:同济大学

可持续发展城市交通系统论坛(原名“中法可持续发展城市交通系统论坛”),是由同济大学担任核心主办方的,基于中国住房和城乡建设部(原建设部)与法国生态、能源、可持续发展和海洋部关于城市可持续发展的合作协议而设立的项目(2015 年,中国交通部,法国生态能源和可持续发展部续签了该协议)。参会者主要为城市规划和管理、交通运输、公共交通、轨道交通、能源和环境等方面的专家学者、政府职能部门决策者以及相关企业界的代表。

本次会议由中、外会议主席,同济大学建筑与城市规划学院教授潘海啸、法国生态、环境和可持续发展部前智能交通组组长让·弗朗索瓦·贾宁(Jean-François JANIN)联合支持。会议主题为"新交通技术与城市治理转型"(Mobility and Governance for New Urbanization)。中车株洲电力机车有限公司代表技术中心总监李希宁、法国生态可持续发展和能源部代表交通事务负责人罗天诺(Michel Rostagnat)发表主题演讲。大会就城市与社区、新型公共交通、交通创新和大数据三个分主题,展开了报告和圆桌讨论。

24. 第二届"中国教育法治与教育发展高峰论坛"

发起单位:教育部政策法规司

主办单位:中国教育发展战略学会法制专业委员会、上海市教育委员会、华东师范大学

承办单位:华东师范大学法学院、青少年法治教育协同创新中心(华东师范大学)、华东师范大学学报(教育科学版)

主办时间:2017 年 11 月 18 日

举办地点:华东师范大学

此次论坛聚焦"教育新业态的发展与教育法治"这一主题,围绕"激发新动能:教育的发展走向与政策取向""探索新业态:'互联网+教育'的治理改革""聚焦新常态:教育法治化治理体系的构建与创新"等前沿问题,吸引了来自教育、法学、公共管理等相关领域的专家学者和科大讯飞、万海龙图、小荧星、精锐教育等教育机构高管进行跨学科、跨领域的对话研讨。

第一专题的圆桌对话主题是"激发新动能:教育的发展走向与政策取向"。北京外国语大学教育学院院长、特聘教授秦惠民、上海市教委副主任郭为禄教授、华东师范大学教育学部范国睿教授、武汉大学教育科学研究院副院长蒲蕊教授、万海龙图投资控股集团公司总裁杜洪波等专家，围绕着“分享经济”与教育模式创新、营利性教育产业发展与市场规制、“双一流”建设与大学发展的新形态等话题进行了热烈的讨论。

第二专题圆桌对话主题是“探索新业态：‘互联网+教育’的治理变革”。全国人大教科文卫委员会教育室主任叶齐炼、上海开放大学校长袁雯教授、国家教育发展研究中心体制改革研究室主任王烽教授、清华大学公共管理学院于安教授、科大讯飞高级副总裁、高级工程师吴晓如先生等专家，围绕“互联网+”时代教育治理的新形势与新特征及其政策响应等话题进行了热烈的讨论。

第三专题圆桌对话主题是：“聚焦新常态：教育法治化治理体系的构建与创新”。华东师范大学法学院院长、长江学者张志铭教授，华东师范大学教育学部主任、中国教育发展战略学会副会长袁振国教授，复旦大学法学院长江学者孙笑侠教授，沈阳师范大学特聘教授孙绵涛，华东师范大学教育学部吴遵民教授，上海小荧星教育培训有限公司总裁沈莹女士等专家围绕推进教育综合改革中的法治问题、校外教育培训机构的综合治理、学习型社会构建的法律需求、学前教育相关立法问题等社会关注的热点话题进行了热烈讨论。

在闭幕总结中，本次论坛的承办单位、华东师范大学法学院院长张志铭教授表示，法学研究要坚持问题导向、实现实践转向，及时把握法学前沿问题，特别是要关注交叉学科和新兴学科。教育新业态发展的法律规制问题，是个实践性很强的前沿问题，也是需要多个学科协同攻关的综合问题，需要进一步树立法治信仰，加深法治理解，健全法治体系，完善治理技术。希望未来法学界能更多关注这些问题，为推动教育治理现代化提出更多有针对性的对策建议。

教育部政法司副司长王大泉在总结中指出，在“全面深化依法治国实践”的新时代背景下，教育治理要主动适应新技术、新产业、新业态、新模式的新发展，构建网络化、数字化、个性化、终身化的教育体系，推进教育体系的整体性创新，就必须更多关注空白，关注前沿，关注技术，关注主体，关注执行，推动建立教育学、法学、管理学、社会学等多学科协同，理论界和实务界跨领域合作的协同创新机制，携手深入研究分析教育领域新业态的现状、特点、趋势，提出新对策，把教育新业态发展纳入法治的轨道，加快新旧动能接续转换，全面推进教育治理体系和治理能力的现代化。

25. 2017年中外传媒比较研究国际学术会议

主办单位:同济大学、英国全球中国研究院

主办时间:2017年11月19日

举办地点:同济大学

本次会议议题涉及传媒体制、国际传播、学术演化、教育改革等方面。下午的中外传媒比较研究论坛分为传媒体制、国际传媒比较、传媒学术比较及传媒教育比较等,25位学者发言议题涉及当今世界热点、自媒体、领袖自媒体、媒体融合、眼球媒体时代的内容问题,等等。

本次会议是英国全球中国研究院主办"全球中国传媒比较研究"双年会的首次会议。与会代表们认为,随着中国的世界影响力逐渐增强,海内外学界日益关注包括中国传媒在内的各项中国议题,同时新媒体、全球化背景下中国传媒研究也需要站在世界和比较的视角加以审视,会议搭建了一个很好的交流平台,极大方便了海内外传媒学学者的研讨,也为中国传媒学术和教育逐步走向世界开了一扇新窗户。

26. 2017上海全球智库论坛:全球视野与中国方案

主办单位:上海社会科学院、新华社国家高端智库、复旦发展研究院、全球化智库、上海社科院智库建设基金会

承办单位:上海社会科学院智库研究中心

主办时间:2017年12月1日

举办地点:上海新锦江大酒店

论坛主题是"智库建设:全球视野与中国方案——新起点、新阶段、新未来"。本次论坛邀请了中国、美国、加拿大、法国、日本、意大利、捷克、乌兹别克斯坦等10余家国外著名智库和30余家国内重要智库的80多位代表参会。在为期一天的论坛中,与会专家就新时代承担的新任务与新作用,以及新型大国关系、全球治理、地区发展、科技进步(大数据和人工智能)与能源环境等因素的变化对智库发展提出的新挑战等议题进行了充分的探讨交流。

上午论坛举行了开幕式和主旨演讲。上海市第十届政协副主席、上海社会科学院智库研究中心名誉理事长王荣华主持开幕式，上海社会科学院党委书记于信汇、上海社会科学院副院长周伟先后主持主旨演讲。下午，原上海社会科学院副院长、上海社会科学院高端智库学术委员会主席、智库研究中心理事长兼主任黄仁伟等20多位国内外主要智库负责人和智库专家，分别围绕“地方智库建设与区域发展战略”“全球视野中的新型智库建设”“专业化智库的核心能力建设”等三个主题开展专题研讨。

闭幕致辞中，上海社会科学院副院长王振指出，从全球发展趋势来看，智库在世界主要国家公共政策形成过程中正发挥着越来越重要的作用，不仅为政策的制定者提供专业的决策咨询服务，而且还将新的理念和愿景带入公共政策，形成智力红利，增强国家治理的大智慧。

27. 第三届“世界考古论坛·上海”

主办单位：中国社会科学院、上海市政府

承办单位：中国社会科学院考古研究所、上海市文物局、中国社会科学院—上海市人民政府上海研究院、上海大学

主办时间：2017年12月8日至11日

举办地点：上海大学

上海滨江临海、水网密集，城市因水而生、因水而居、因水而兴。水孕育了上海底蕴深厚的历史文化，塑造了“海纳百川、追求卓越、开明睿智、大气谦和”的城市精神。市长应勇强调，当前上海正在加快建设国际经济、金融、贸易、航运中心和具有全球影响力的科技创新中心，努力迈向卓越的全球城市，令人向往的创新之城、人文之城、生态之城。我们要树立和践行绿水青山就是金山银山的理念，以水资源的可持续利用保障城市的可持续发展。各位专家学者的真知灼见，一定能帮助我们更好地汲取前人智慧，为解决当前发展中的各种水资源问题提供新的启迪。

会上，世界考古论坛奖获奖名单揭晓，世界考古论坛终身成就奖、世界考古论坛奖杰出贡献奖、世界考古论坛奖重大田野考古发现奖、世界考古论坛奖重大考古研究成果奖的获得者收获奖章和证书。

就“水与古代文明”的论坛主题进行跨文化与比较研究的主题论坛演讲，探讨水资源、水管理与古代文明发展之间纵横交错的关系，推进各国学者间的学术交流和研究合作。同时,论坛在上海大学和上海博物馆举办九场公众考古讲座,为公众提供一个了解和欣赏古代文化遗产、考古知识的平台。

28. “区域合作法”国际研讨会

主办单位:上海社会科学院法学研究所、上海交通大学凯原法学院

协办单位:上海德禾翰通律师事务所

主办时间:2017 年 12 月 9 日

举办地点:上海社会科学院

会议邀请了来自日本东京大学、法国波尔多大学、美国埃默里大学、中国社会科学院、北京大学、武汉大学、吉林大学、南京大学、东南大学、厦门大学、河海大学、广东外语外贸大学、广州大学、上海交通大学、同济大学等国内外一流高校与研究机构的知名学者,以及国家发改委、上海市政府合作办、河北省法制办等实务界的 40 余位代表参会。在为期一天的会议中,与会专家学者分别围绕“地方政府间区域合作”“区域合作与地方自治”“区域合作的组织机制”“区域合作与司法”四个主题单元,进行了专题发言。

本次研讨会是中宣部“文化名家暨‘四个一批’”人才项目、上海社科院创新工程人才项目“区域法治协调文献整理及研究”的重要成果,极大地促进了我国区域合作法研究领域的国际交流与合作,为中国区域合作问题的解决及完善贡献了来自世界的经验与中国本土的智识。

29. 中国非物质文化遗产保护智库高峰论坛

主办单位:民进上海市委、华东师范大学

承办单位:民进华东师范大学委员会、华东师范大学社科处以及华东师大社会发展学院民俗学研究所、中华优秀传统文化传承创新研究院、社会学一级学科博士后流动站

主办时间:2017 年 12 月 10 日

举办地点:华东师范大学

作为智库性质的学术盛会,本次高峰论坛围绕着非遗保护的能力建设、非遗保护走向公共生活实践等新时代重大文化战略议题展开,以期进一步推动非物质文化遗产融入现代生活,实现中华优秀传统文化的创造性转化和创新性发展,持续增强中华民族的文化自信。来自全国的50余名领导、专家、学者和来自民进上海市委各专委会、联谊会以及闵行区委的60余名会员济济一堂,建言献策,卓有成效地探讨非遗保护与智库建设。

论坛开幕式由华东师大社会发展学院民俗学研究所副教授徐赣丽主持,中国民俗学会前会长、中国社会科学院研究员、荣誉学部委员、文化部非物质文化遗产专家委员会副主任刘魁立,民进上海市委专职副主委、上海中华职教社专职副主任胡卫,上海市文化广播影视管理局公共文化处(非物质文化遗产处)处长杨庆红分别致辞。

随后,北京师范大学跨文化研究院院长、文化部非物质文化遗产专家委员会委员董晓萍,上海大学上海美术学院副院长、民进会员金江波,国家一级演员、上海市戏剧家协会副主席史依弘,山东大学文化遗产研究院副院长、"中国乡土文化研究中心"智库主任、《民俗研究》主编张士闪,上海理工大学非物质文化遗产数字化传播研究中心常务主任薛雯,华东师大社会发展学院副院长、中华优秀传统文化传承创新研究院执行院长暨非遗传承与应用研究中心智库主任田兆元依次进行了主旨发言,由社会发展学院民俗学研究所所长王晓葵主持。

田兆元指出,在中国非遗保护运动发动十余年以后,现已进入新时代:全社会的非遗保护意识进入情绪情感时代;城市在弘扬自我传统的同时,开始了接纳乡村遗产的新时代;非遗保护进入能力建设的实质性阶段和创业创新时代。面对新时代、新挑战,非遗保护也亟须进入智库时代,尤其是各高校要充分发挥自身的学科优势,开展与各界的合作,成为智库新军以及非遗保护的一支重要力量。

当日下午的论坛研讨分别在三个分会场同时进行,来自全国各高校的专家学者就非物质文化遗产的保护、传承、智库建设等话题进行深入了讨论。

30. "新时代的中国"——第七届世界中国学论坛在沪开幕

主办单位:国务院新闻办公室、上海市人民政府

承办单位:上海社会科学院、上海市政府新闻办公室

主办时间:2017年12月10—11日

举办地点:上海国际会议中心

在此次论坛中,来自海内外的150位中国问题研究知名学者和上海各学术单位各领域、各学科的学者共400人汇聚浦江,畅所欲言,思辨争鸣,求其友声。

本届世界中国学论坛,是在党的十九大召开后,国际学术界围绕党的十九大精神进行深入讨论的一次重大的学术外宣活动。其核心词是“新时代”,它是党的十九大文献中的核心概念,是习近平中国特色社会主义思想体系的前提,也是向世界说明中国未来发展方向的内涵,以“新时代的中国”作为大会主题反映了国际学术界高度关注十九大,高度关注中国未来的发展和目标,以及新时代的中国对世界的意义。

开幕式上,中共上海市委副书记、上海市市长应勇致开幕辞,他首先对来自国内外的高端学者汇聚上海讨论党的十九大的重大意义表示热烈欢迎。应勇表示,在党的十九大精神的指引下,上海将大力建设国际化大都市、世界级创新城市和一带一路桥头堡,在实现新目标的新征程中,发挥上海的独特作用。他希望,中国学论坛要将上海作为观察中国的窗口、研究中国的范本、宣传中国的平台,为中国声音传出去、中国形象树起来,作出积极贡献。

论坛为期两天,11日下午的闭幕式上除闭幕式演讲之外,本届论坛还特设了各圆桌会议的总结发言,以及与会机构和学者成果展等。

世界中国学论坛是一个高层次、全方位、开放性的高端学术论坛,每两年在上海举办一届主论坛。论坛的成功举办,预示着世界中国学研究将聚焦中国的新时代,与中国发展的新征程同步,为中国发展的新成就喝彩,世界中国学论坛也已经成为中国走出去、讲好中国故事的一个大平台。

第二部分:2018 年度

1. “‘一带一路’倡议与中国—东盟关系新格局”国际研讨会

主办单位:上海社会科学院和马来西亚策略分析与政策研究所(INSAP)联合主办

承办单位:上海社会科学院世界经济研究所、东南亚研究中心

主办时间:2018 年 1 月 18 日

举办地点:上海社会科学院总部

上海社科院党委书记于信汇教授、马来西亚策略分析与政策研究所主席何国忠博士分别致辞,副院长王振研究员主持此次会议开幕式,世界经济研究所所长权衡研究员做会议总结。

于信汇书记和何国忠主席在致辞中都表示,中国与马来西亚是近邻,中国提出的“一带一路”倡议得到了马来西亚各界的积极响应和广泛参与。通过此次双方学者之间的交流和研讨,对双方政府和业界提出新的观察和建议,将有助于促进中马之间在“一带一路”倡议中寻找到新的合作机遇,更有助于促进中马关系取得新发展。

上海社科院世界经济研究所前所长、上海世界经济学会会长张幼文研究员、社会学研究所所长杨雄研究员、上海社科院世界经济研究所副所长赵蓓文研究员、马来西亚策略分析与政策研究所主任叶汉伦博士、马来西亚拉曼大学学院副校长黄雪菁分别以“新时代与中国对外开放新形式”“中国传统文化对家庭教育与青少年成长的影响”“双向投资布局下中国企业到东南亚国家投资的产业重点”“厦门大学马来西亚分校建设与‘一带一路’倡议”“‘一带一路’系南洋:教帆远航一线牵”为题发表主旨演讲。

上海社科院国际合作处吴雪明处长、马来西亚策略分析与政策研究所主任叶汉伦分别主持专题研讨环节。马来西亚拉曼大学学院建筑学院副院长詹中佑博士、马来西亚“新山‘一带一路’中心”代表陈再藩、马来西亚拉曼大学敦陈祯禄社会与政策研究中心主任陈亿文、马来西亚拉曼大学会计与管理学院助理教授黄嘉瑜、马来西亚拉曼大学工程科技学院讲师潘融南,以及上海社科院世界经济研究所国际贸易室主任沈玉良研究员、上海社科院东南亚研究中心主任刘阿明研究员、上海社科院世界经济研究所盛垒副研究员、张天桂博士等院内外专家学者,围绕“‘一带一路’倡议与中国—东盟经贸、投资合作新动能”“‘一带一路’倡议与中国—东盟政治、人文合作新平台”两个专题进行了深入研讨和交流。

上海社科院世界经济研究所所长权衡研究员在会议总结中指出,中国的开放经济转型以及“一带一路”国际合作的外溢效应对推动沿线国家和世界经济发展具有重要促进作用。随着“一带一路”建设的不断深化,世界上越来越多的国家和地区对“一带一路”倡议的认可进一步提高。

2. “2018:国际形势前瞻”学术研讨会

主办单位:上海社会科学院国际问题研究所、中国现代国际关系研究院、《现代国际关系》编辑部、上海社会科学院智库研究中心和上海市世界史学会

承办单位:新闻研究所

主办时间:2018年1月31日

举办地点:上海社科国际创新基地

2017年见证了国际形势的历史性变化:全球经济缓慢复苏,国际社会对经济增长的预期上升;特朗普的上台对美国外交和国际秩序带来更多的不确定性;欧洲内部分歧加大,一体化进程艰难前行;朝鲜半岛局势更加扑朔迷离;中东面临新老热点交织、地区秩序重构态势,等等,这些均给新时代中国特色大国外交带来新问题和新挑战。因此,有必要对当前国际形势的发展进行评估,对可能出现的新问题和新挑战予以展望,并思考一些建设性的措施。为此,上海社会科学院国际问题研究所、中国现代国际关系研究院、《现代国际关系》编辑部、上海社会科学院智库研究中心和上海市世界史学会于2018年1月31日联合召开“2018:国际形势前瞻”学术研讨会,会议主要议题包括:特朗普政府外交与印太战略走向、“再冷战化”与美俄欧三边互动、新形势下朝核问题趋势与挑战、中东南亚热点问题与地缘政治新趋势、全球化与世界贸易体制发展新态势、新时代中国特色大国外交新挑战与新使命等。上海社科院国际问题研究所常务副所长刘鸣、上海市世界史学会会长潘光、上海社科院国际问题研究所副所长余建华,智库研究中心杨亚琴等分别主持研讨会。

中国现代国际关系研究院副院长傅梦孜研究员在会议上作主旨发言。他认为,当今世界不确定性和复杂变化的根源,首先在于东西方力量对比发生深刻变化。其次,全球化不再高歌猛进,有退潮之势。很多国家在全球化浪潮中获益,但也有一些国家没有享受到全球化红利。再次,民粹主义上升,国家主义先于国际主义,地区主义先于多边主义,一些国家的角色更多反映民粹主义立场。

在总结发言中,上海社会科学院原副院长黄仁伟研究员指出,2018年是新一轮大国战略竞争的起点年,是重新塑造地缘政治的开始,是重新构建全球治理规则的开始。2018年,中美关系的不确定性将显著增加;美欧俄和美中俄三角关系继续深刻复杂博弈;世界经济的结构性改变很大程度上与规则改变联系在一起;中国"一带一路"建设将面临更多的风险与挑战,需做好风险评估工作,为此我们要有相应的化解预案与举措。

3. 中日刑事法交流三十年学术研讨会

主办单位:上海社会科学院、华东政法大学

承办单位:上海社会科学院法学研究所、华东政法大学《法学》杂志社

主办时间:2018年3月3日

举办地点:上海

本次研讨会邀请了来自日本的东京大学、早稻田大学、成蹊大学、冈山大学、国学院大学,以及中国的北京大学、清华大学、中国人民大学、复旦大学、上海交通大学、武汉大学、吉林大学等多所著名高校的知名刑法学者,以及日本法务省检察厅、日本最高裁判所、上海市人民代表大会法制委员会、上海市高级人民法院、上海市人民检察院等实务界共100余位代表。研讨会的开幕式由上海社会科学院法学研究所所长叶必丰教授主持。

本次研讨会共分为四个单元,分别为"刑民关系的实体考察""中日刑事立法的新动向""中日刑事立法的环境犯罪""中日刑法中的受贿罪"。东京大学法学部教授、日本刑法学会会长佐伯仁志教授、华东政法大学教授、《法学》副主编于改之教授;早稻田大学法学部高桥则夫教授、北京大学法学院梁根林教授;早稻田大学法学部北川佳世子教授、中国人民大学法学院付立庆教授;国学院大学法学部关哲夫教授与上海社会科学院法学研究所魏昌东教授分享了各自的研究成果,并表达了独到的学术见解。

4. 教育部哲社研究重大课题攻关项目开题暨中东热点问题研讨会

主办单位:上海大学全球问题研究院、上海大学文学院

主办时间:2018 年 3 月 24 日

举办地点:上海大学

教育部哲学社会科学研究重大课题攻关项目"土耳其内政外交政策与'一带一路'战略研究"开题暨中东热点问题研讨会在上海大学召开。上海大学党委书记、校长金东寒院士,中国社科院西亚非洲研究所前所长、中国中东学会会长杨光研究员以及来自中国社科院、上海社科院、北京外国语大学、上海外国语大学、中国海洋大学、复旦大学、兰州大学、宁夏大学、辽宁大学、上海国际问题研究院、新华社、人民日报、解放日报、文汇报、新民晚报、《历史研究》编辑部等单位的专家、学者及媒体代表等四十余人参加了会议。会议由上海大学土耳其研究中心主任、研究生院常务副院长郭长刚教授主持。

会上,上海大学人文社科处处长曾军教授在致辞中介绍了上海大学近年来在人文社会科学研究领域取得的一系列重要成果,尤其是在国家和教育部重大项目上取得了长足进步。上海大学文学院副院长杨位俭教授在致辞中回顾了文学院伴着改革开放进程而走过的发展道路,希望在建院 40 周年到来之际获得更多专家的支持。杨光研究员在致辞中指出,中东地区格局正处于"新""旧"转变的关口,地区大国趁势崛起,地区秩序向和平发展的方向迈进仍然会有漫长的道路要走,这也将为中国带来极大挑战,对此中国中东学界应紧跟时代步伐,为中国的中东外交服务。

教育部重大课题"土耳其内政外交政策与'一带一路'战略研究"开题报告会由专家组组长刘中民教授主持,专家组成员有马晓霖教授、王林聪研究员、金忠杰教授、吴毅宏研究员、王南研究员、庞中英教授、李伟建教授。项目首席专家郭长刚教授、子课题负责人及代表魏敏研究员、王健教授、王三义教授、刘义教授、马丽蓉教授参加了课题报告会。

随后,与会专家还就"中土关系""土耳其与当前中东局势"举行了两场研讨会,第一场聚焦于中国与土耳其关系发展的历史、现状、成就、挑战与展望,第二场聚焦于土耳其与周边邻国、地区强国、世界大国的关系,并对叙利亚战争、沙特与伊朗对立、美俄在中东地区博弈等问题进行了热烈讨论。与会专家各抒己见,为课题的研究提供了新的视角、方向和路径，课题组将会积极吸收和采纳与会专家的意见和建议，力争不断推出更多高水平的研究成果，助力上海大学土耳其研究中心与全球问题研究院的发展。

5. “新时代与我国社会主要矛盾新变化”学术研讨会

主办单位：上海市中国特色社会主义理论体系研究中心

承办单位：上海交通大学中国特色社会主义理论体系研究与教育中心、上海交通大学马克思主义学院

主办时间：2018 年 3 月 29 日

举办地点：上海交通大学徐汇校区

来此次研讨会由上海交通大学党委副书记顾锋、上海市中国特色社会主义理论体系研究中心副秘书长李明灿出席并致辞。上海交通大学党委宣传部部长胡昊主持开幕式。

在第一阶段的主题发言中，上海交通大学马克思主义学院特聘教授陈锡喜、上海社会科学院中国马克思主义研究所所长方松华、华东师范大学马克思主义学院教授丁晓强、上海交通大学马克思主义学院特聘教授安维复、上海财经大学马克思主义学院党总支书记范宝舟、《毛泽东邓小平理论研究》常务副主编曹泳鑫、上海师范大学马克思主义学院教授张允熠等就主要矛盾的变化和初级阶段国情的不变、新时代社会主要矛盾研究需要重点关注的几对再平衡、社会主义初级阶段需要辩证处理好的先富与共富之间关系等问题进行了阐述。

在第二阶段的主题发言中，上海大学马克思主义学院副院长邱仁富、上海交通大学马克思主义学院教授黄伟力、郑州大学马克思主义学院院长于向东、上海社会科学院中国马克思主义研究所副所长姜佑福、上海理工大学马克思主义学院院长金瑶梅、上海交通大学马克思主义学院教授全林、上海市委党校科社教研部主任程竹汝等就新时代的中国价值、新时代社会主要矛盾和原有社会主要矛盾的关系、新时代社会主要矛盾双方的关系、新时代社会主要矛盾转化和基本国情不变的关系等问题进行探讨。

最后，上海交通大学马克思主义学院院长王岩作总结发言，指出学者能够以学术化的方式探讨重大政治论断，这是中国当代学者承担时代责任的重要体现，是发挥学术影响力的重要方式。我国社会主要矛盾的转化既是社会发展规律的体现，更是历史进步的必然，社会发展的现实情况决定了我国现阶段发展生产力的任务依然艰巨，要更加重视解决发展的不平衡不充分的问题。我们唯有正视矛盾、面对矛盾、解决矛盾，才能奋发进取、有所作为，才能在社会主义建设的道路上不断夺取新的伟大胜利。

本次学术研讨会达成了许多共识，学者们认为，中国共产党之所以能够一次又一次从把握时代到引领时代，就在于能够把对基本国情的认识和对社会主要矛盾的分析，科学辩证地联系起来。正如习近平总书记说，新时代属于每一个人，每一个人都是新时代的见证者、开创者、建设者。我们每一个人都应该在新时代的伟大使命中找到自己的定位，做新时代的建设者、奉献者。

6. 2018 亚洲高等教育规划论坛

主办单位：同济大学

主办时间：2018 年 4 月 12 日至 13 日

举办地点：同济大学

亚洲高等教育规划论坛创办于 2012 年，由亚洲高等教育规划协会的规划共同体参与发起，旨在通过加强高校规划工作者之间的交流与合作来提升高校规划的品质。此前已经分别在香港科技大学、韩国庆熙大学、北京大学、新加坡管理大学、澳大利亚纽卡斯尔大学和日本东京工业大学举办了六届。

此次论坛主题是“通过院校规划促进高等教育变革”。同济大学校长钟志华院士和来自中国、日本、韩国、新加坡、菲律宾、马来西亚、澳大利亚、美国等 42 所院校或相关机构的 100 余名专家、学者和规划专业人员出席会议。同济大学副校长雷星晖主持了论坛开幕式。

4 月 12 日上午，来自加州大学、西澳大利亚大学、新加坡理工大学的专家分别介绍了加州大学伯克利分校(2012—2018 年)学术规划的编制和执行情况，探讨了面对一个不确定性的环境、高校应当如何做好战略规划以及如何让大学教师适应数字革命等议题。下午，会议就大学排名与大学评价问题开展了专题研讨，还就院校规划部门的组织与发展、大学的数字革命和院校数据治理开展了分组讨论。

4 月 13 日，会议就社会中的大学角色、高等教育如何面对各种挑战开展了专题研讨,还就数据驱动的院校决策、招生与学生维持、大学评价与大学排名等问题开展了自由讨论。

会议就亚洲高等教育的未来发展形成了五点共识:一是发达的高等教育是若干亚洲发达经济体跨越中等收入陷阱的关键因素,高等教育对更多发展中的亚洲经济体而言至关重要;二是亚洲高等教育已经成为全球高等教育新的增长极,具有成长为下一个高等教育超级力量的潜力;三是尽管绝大多数亚洲高校在世界大学排行榜上进步显著,但院校发展仍然应当避免唯指标论,聚焦亚洲各国的发展问题应当成为亚洲高等教育的核心关切;四是数据驱动的院校规划和院校决策对于实现院校的跨越式发展意义重大,高质量的院校规划编制和有效管理是引领新兴大学快速发展的关键因素;五是亚洲高等教育应当着眼长远,携手共进,共建共享,致力于建设亚洲高等教育区。

7. 网络舆情大数据案例库建设与研究学术研讨会

主办单位:上海社会科学院研究生院

承办单位:新闻研究所

主办时间:2018年4月14日至15日

举办地点:上海社科国际创新基地

本次会议聚焦"重大主题宣传活动和重大网络舆情事件的网络传播现象、传播效应和传播规律""国内外网络舆情传播研究的理论前沿和方法创新""网络舆情大数据案例库建设的思路和方案"三个议题,邀请新闻传播学、社会学、心理学、经济学、政治学、计算传播学、互联网、大数据等相关领域专家学者开展跨学科、跨领域对话和研讨。上海市互联网信息办公室主任姜迅、上海社会科学院党委书记于信汇出席会议并致辞。上海社会科学院新闻研究所所长强荧主持会议,上海社会科学院新闻所副所长张雪魁介绍项目研究设想。来自上海、重庆等地方党委宣传部、网信办,光明网、中国外文局、中国日报社等中央宣传文化单位,清华大学、复旦大学、上海交通大学、同济大学、中山大学、暨南大学、上海外国语大学、上海财经大学、天津财经大学、江南大学等高校,新华智云科技有限公司、腾讯公司、新浪和微博公司、中国海洋石油集团等企业,以及上海社会科学院的专家学者参加会议。

清华大学新闻与传播学院新媒体研究中心主任彭兰教授、复旦大学新闻学院副院长周葆华教授、上海外国语大学新闻传播学院院长郭可教授、同济大学大数据与网络安全研究中心主任许维胜教授、复旦大学新闻学院孙少晶教授、上海财经大学实验中心刘建国教授、上海交通大学媒体与传播学院传播系主任薛可教授、暨南大学新闻与传播学院院长助理汤景泰教授、中山大学传播与设计学院陶建杰教授、江南大学法学院副院长王芳副教授、上海社会科学院新闻研究所副所长戴丽娜副研究员,以及重庆市委宣传部舆情应急处处长雷志宇、中国日报社国际传播研究室与新媒体实验室主任沈斌、光明网总编辑助理兼舆情中心主任高雅、中国外文局当代中国与世界研究院国际舆情研究室主任孙明、腾讯公司舆情中心总监徐滔、新华智云科技有限公司首席数据官李金波、新浪微博舆情首席分析师高威、中国海洋石油集团新闻办公室处长刘小彪等围绕相关议题发表了精彩演讲。

会议期间,还邀请与会中央宣传文化单位、互联网企业等部门负责人召开了“网络舆情案例大数据挖掘”专题座谈会,谋划开展课题研究的协同创新相关事宜。

8. 第四届长江经济带发展论坛

主办单位:上海社会科学院、光明日报社、南通大学联合主办

协办单位:湖北省社会科学院、重庆社会科学院、四川省社会科学院

主办时间:2018 年 4 月 18 日

举办地点:上海社会科学院

本届论坛以“改革开放四十周年与长江经济带发展”为主题,围绕长江经济带的发展与机遇、区域大合作和共抓大保护 3 个热点议题展开深入研讨。洪银兴、成长春、秦尊文、曾刚、王振、陈全、孔凡斌等 14 位长期从事长江经济带经济发展、生态保护和区域合作的专家学者发表了最新研究成果和观点。来自全国各地的 200 多名专家学者、企业人士、政府干部、媒体记者出席论坛。

长江经济带以全国 1/5 的土地面积和 2/5 的常住人口,创造了近一半的国内生产总值;区域内长三角城市群、长江中游城市群、成渝城市群三大国家级城市群沿江分布,并拥有 124 个地级市,占全国总量的 2/5。

改革开放 40 年,长江经济带发生了翻天覆地的变化。在国家经济地理版图上,在上海及长三角城市群的引领下,长江经济带的经济发展、对外开放和社会建设,都走在了国家改革开放的前列。这些年特别值得关注的是,长江上中游的各个省市,无论是基础设施建设，还是对外开放、经济增长，都交出了非常亮丽的成绩表，地区差距大大缩小，为下一步的共建共荣，建设高质量经济体系和率先现代化打下了很好的基础。

与会专家认为，在建设社会主义现代化国家的新时代，长江经济带既肩负着率先建设、率先实现的重任，也肩负着消除地区间不平衡性的重任。强化协同机制建设，促进区域协调发展，是更好实施长江经济带战略的基础和关键。党的十九大报告提出，“以共抓大保护、不搞大开发为导向推动长江经济带发展”，为长江经济带发展明确了方向，指明了路径。长江经济带要在构建共抓生态大保护的体制机制上探索实践，在走出协同创新、绿色发展的有效路径上探索实践。

光明日报社总编辑张政、中共上海市委宣传部副部长燕爽、上海社会科学院院长张道根、南通大学党委书记浦玉忠在论坛开幕式上致辞。论坛通过了长江经济带发展论坛章程，组建了首届学术委员会，这标志着运转四年的长江经济带发展论坛正式建立长效运行机制。论坛还发布了由上海人民出版社出版的八卷本《长江经济带重大战略研究丛书》。

9. 第十四届东方女儿节暨第二届中国—西班牙文化经济与政策国际学术研讨会

主办单位：上海师范大学

主办时间：2018年4月20日至21日

举办地点：上海师范大学

本届女儿节发挥高校在学术研究上的优势，以“性别、城市与文化”为主题，旨在探讨推进性别视角下文化经济与政策研究领域的国际交流与合作。

上海师范大学副校长陈恒教授、上海妇女联合会副主席黎荣、西班牙上海领事馆商务参赞方少龙（Alfonso Noriega）先生等出席了本次活动开幕式并相继致辞，中华妇女学会副会长、原中华女子学院党委书记兼校长张李玺教授、上海交通大学二级教授胡惠林教授、西班牙巴利亚多利德大学的亚洲研究中心主任路易斯·奥斯卡·拉莫斯·阿隆索（Luis Oscar Ramos Alonso）和上海师范大学女子文化学院前院长、女性研究中心主任朱易安教授等出席会议。

“东方女儿节”传承自我国具有2000多年历史的农历三月三日“上巳节”。自

2005年起,上海师范大学女子文化学院重拾这一节日传统,每年一度举办"东方女儿节",在继承和发扬优秀传统文化的基础上,为"上巳"这一古老节日赋予了新的时代意义和使命。今年的"东方女儿节"融合了国际学术论坛的形式,是一次立足传统、接轨国际的有益尝试,将学术对话与文化交流的触角进一步延伸到了海外,使得这项活动在传承历史、展望未来的意义之余,更增添了推动国际间文化与学术交流的全新内涵。

本届活动主要由专家研讨会与青年学者论坛两大板块构成,来自中国、西班牙、哥伦比亚、智利和荷兰各高校的十数名专家学者围绕大会主题,各抒己见,从多元的角度开展了有关文化经济与政策的国际性对话和交流。

最后,国务院政府特殊津贴专家胡惠林教授、上海师范大学广告系主任郑欢教授、西班牙巴利亚多利德大学的亚洲研究中心主任路易斯·恺撒·埃雷罗·普列托(Luis César Herrero Prieto)教授分别在闭幕式上发言,总结了在本次活动中所取得的成就和共识,也对未来双方展开更加深入的学术合作与交流进行了展望,他们的发言为闭幕式画上了一个圆满的句号。

10. "中国与乌兹别克斯坦合作现状与前景"研讨会

主办单位:上海社科院研究生院、数量经济中心、台港澳交流办公室

主办时间:2018年4月24日

举办地点:上海社会科学院

值"乌兹别克斯坦总统国家行政学院MPA领导力开发高级研修班"在沪举办之际,作为此次研修计划的主办单位之一,上海社科院在院部小礼堂举办"中国与乌兹别克斯坦合作现状与前景"研讨会,邀请乌兹别克斯坦全体学员以及院内外的俄罗斯中亚专家与会交流。院党委书记于信汇教授出席研讨会并讲话。会议由上海社科院俄罗斯中亚研究中心主任潘大渭研究员主持。

"乌兹别克斯坦总统国家行政学院MPA领导力开发高级研修班"于4月16日在上海大学正式开班,为期一个月。该研修班是受乌兹别克斯坦总统人才基金会委托,经中国驻乌兹别克斯坦大使馆和上海市外办推荐,由我院和上海大学联合承办。学员由乌兹别克斯坦总统国家行政学院精心挑选,主要是来自外交部、财政部、总统办公厅、国家海关、中央银行、国家银行、工业建设银行、国家音乐学院等重要机构和部门的中青年精英。

上海社科院本次举办的研讨会上，乌兹别克斯坦外交部美洲司第一秘书长、总统办公厅信息分析部负责人、国家银行人事部门负责人、工业建设银行内控部门负责人等学员，结合在沪一周多时间的课程学习与实地调研，就乌兹别克斯坦国内的营商环境、数字经济、中小企业发展、金融信贷、经济特区等做了发言。

中国人民大学—圣彼得堡国立大学俄罗斯研究中心副主任王宪举教授、上海财经大学马克思主义学院院长助理刘晓音教授、上海外国语大学俄罗斯研究中心主任汪宁教授、副主任杨波教授、华东师范大学国际关系与地区发展研究院王海燕副教授以及我院俄罗斯中亚研究中心副主任张健荣副研究员与会发言并对学员们提出的问题做了积极回应。

此次研修班的班主任、上海大学经济学院的何树全教授，以及我院智库建设基金会秘书长李轶海、国际合作处处长吴雪明等也参加了本次研讨会。

11. 首届"一带一路"上海论坛

主办单位：上海社会科学院、中联部当代世界研究中心、香港贸易发展局主办

主办时间：2018年5月14日至15日

举办地点：上海社科国际创新基地

此次研讨由来自国内外的专家学者、企业界人士、外国驻沪总领事馆官员、媒体记者等近300名代表出席，日本、韩国、菲律宾、泰国、孟加拉国国、哈萨克斯坦、意大利、肯尼亚等20多个"一带一路"沿线国家的专家应邀参加。

论坛开幕式和大会演讲分别由上海社科院副院长张兆安研究员、副院长王振研究员主持，国际问题研究所、世界经济研究所、智库建设处、国际合作处、智库研究中心、丝路信息网、联合国项目办公室分别承办了相关分论坛，智库建设基金会资助了本届论坛。由上海社科院智库建设处与"一带一路"信息研究中心联合主办的《"一带一路"智库报告》中英文内刊也在本届论坛上发布，受到与会专家的好评。

在论坛召开同时，由上海社科院作为主办方之一的"中国与乌兹别克斯坦：'一带一路'倡议的合作前景"国际研讨会正在乌兹别克斯坦首都塔什干举行。在塔什干参会的上海社科院党委书记于信汇教授和乌兹别克总统战略与区域研究所所长弗拉基米尔·诺罗夫先生通过视频连线对论坛的召开表示热烈祝贺,上海社科院副院长王振研究员介绍了论坛的情况,双方一致强调中乌合作推动“一带一路”建设的重要性,互祝论坛圆满成功。

2018 年是我国改革开放四十周年,也是“一带一路”倡议提出的五周年,“一带一路”建设进入关键阶段。“一带一路”上海论坛旨在以上海为平台,聚合政府、企业、智库力量,融汇国内国外、沿带沿路国家以及相关国家的声音,推动“一带一路”建设在新的时代背景下更好地发展。首届论坛以“新合作新机遇”为主题,旨在回顾过去五年里“一带一路”建设所取得的成果与经验,探讨在世界经济全球化遭遇重大挑战的背景下开展新合作,创造新机遇的可能性。

12. “东方主义,新东方主义,后东方主义”国际研讨会

主办单位:上海大学全球问题研究院、上海大学文学院

主办时间:2018 年 5 月 17 日至 18 日

举办地点:上海大学

此次会议旨在以纪念爱德华·赛义德逝世 15 周年和《东方学》出版 40 周年为契机,为国际学界反思殖民主义和建构自身话语搭建平台。来自中国、美国、加拿大、土耳其、新加坡、以色列、卡塔尔、巴西、马来西亚、英国、韩国、丹麦、埃及、巴基斯坦、巴勒斯坦等 19 个国家和地区的专家学者围绕相关问题进行了热烈讨论。

爱德华·赛义德是世界上最具影响力的文学与文化批评家之一,也是巴勒斯坦立国运动的活跃人士,因其提出的“东方主义”而蜚声国际学术界。此次国际研讨会为不同国家和地区的学者纪念赛义德、分享研究成果和打破学科藩篱提供了一个的思想平台,有利于学术界对赛义德的学术遗产“东方主义”进行深入挖掘与反思,也有利于厘清“东方主义”“新东方主义”和“后东方主义”在概念上造成的混乱。作为反思现代性的重要理论成果,赛义德提出的“东方主义”理论揭示了东西方文化关系和权力结构的不对等性,因为传统的军事—领土型殖民主义退潮后,西方对东方的文化霸权依然存在,而第三世界国家追随西方和建构自身话语的过程中,也容易掉入“自我殖民”的陷阱。因此,解构“东方主义”乃是为了建构第三世界国家的自身话语体系。

本次会议是上海大学全球问题研究院成立后召开的第一次国际会议,而“以中国

经验作为一种‘方法’,探索全球化时代发展中国家的发展道路,为人类社会发展提供更多的可选择性路径”正是全球问题研究院的主旨所在。

13. 第五届东亚“城市研究”青年学者(研究生)学术论坛

主办单位:上海大学、韩国首尔大学、日本中央大学

主办时间:2018年5月17日

举办地点:上海大学

本届论坛聚焦全球化背景下的东亚城市社会变迁,共三个分论坛分别围绕不同学术议题进行为期两天的研讨。主办方负责人上海大学教授张海东、日本中央大学教授小宫大一郎(Daishiro Nomiya)、韩国首尔大学教授金锡浩(Seokho Kim)以及中日韩三国多名研究生代表参与本次论坛。

论坛上,各国研究生代表以环境问题、难民、社会网络、社区治理等问题为主题撰写了学术论文。日本中央大学的小宫大一郎教授主持了第一个分论坛,来自中日韩三国的研究生代表们就日本环境问题、韩国政治参与和性别问题等多个主题进行发言,上海大学社会学院教授张敦福和副教授马磊对研究生的论文进行了精彩的点评,并提出了建设性的意见。上海大学的张海东教授主持了第二个分论坛,来自韩国首尔大学的权铉志(Hyunji Kwon)教授和日本长崎大学的藤田太介(Taisuke Fujita)教授就研究生代表们以社会网络、环境问题、移民和社区治理等为主题撰写的学术论文进行了专业的点评,并给出有益的意见。随后由韩国首尔大学的金锡浩教授主持第三个分论坛,日本中央大学的小宫大一郎教授、上海大学博士后内永和(Nayoung Heo)对三国研究生代表们在难民、移民、社区治理和职业流动等主题上的发言进行了精彩的点评,并给出专业的意见。

上海大学社会学院副院长刘玉照与张海东教授、小宫大一郎教授和金锡浩教授对本次论坛进行了总结,他们表示,迄今为止已有超过100名学生参加过东亚论坛,它已经成为中日韩三国研究生学术交流和友谊延续的桥梁。同时,他们也都表示,希望这个论坛能够继续延续下去,让中日韩三国的研究生能够得到更多的锻炼和交流的机会。最后,本次论坛决定,第六届东亚“城市研究”青年学者(研究生)学术论坛将于2019年在韩国首尔大学召开。

14. 东学西渐与法国汉学暨纪念沙畹逝世一百周年学术研讨会

主办单位:上海师范大学光启国际学者中心、都市文化研究中心及人文与传播学院

协办单位:北京外国语大学《国际汉学》杂志及北京外国语大学比较文明与人文交流高等研究院

主办时间:2018 年 5 月 19 日至 20 日

举办地点:上海师范大学

在全面推进“一带一路”倡议的全新时代背景下,为探讨如何进一步推动中法文化交流,加快中国文化在全世界的传播,同时也为纪念伟大的法国汉学家沙畹逝世一百周年,上海师范大学举办了国内学界首次以法国汉学为主题举办的大型学术会议——“东学西渐与法国汉学暨纪念沙畹逝世一百周年学术研讨会”。

来自清华大学、北京师范大学、中国人民大学、北京外国语大学、北京航空航天大学、北京行政学院、黑龙江大学、南开大学、兰州大学、西北师范大学、山东大学、安徽大学、复旦大学、上海交通大学、华东师范大学、上海师范大学、浙江大学、中山大学、四川大学、法国巴黎高等研究实践学院、比利时根特大学、荷兰莱顿大学、美国加州大学尔湾分校、中国社会科学院、上海社会科学院、山东社会科学院、学林出版社以及《利氏汉法词典》推展委员会的近 70 余名学者参会。

会议共有 38 个学术报告,分别涉及哲学、文学、史学、考古学以及敦煌学,共由沙畹专题研究、汉学家群体研究、西学东渐与东学西渐、汉学家与中国西北边疆考古以及国外所藏汉学典籍与资源等板块组成。国内重要的汉学和中国学研究专家张西平、王冀青、葛夫平、刘昶、马军、车琳、董少新、马骥、陈喆等参加会议。上海师范大学副校长陈恒及人文与传播学院苏智良教授、张剑光教授出席会议并发表讲话。来自法国巴黎高等研究实践学院的贺梦莹博士不仅在报告中详细梳理了沙畹家族在沙畹逝世之后的状况,而且还带来了沙畹后人亲笔书写的感谢信件。

通过两天的交流,学术界对如何推进中国文化向西方传播,如何加强中法两国在文化上的紧密合作,纷纷献计献策。上海师范大学光启国际学者中心和人文与传播学院有一批教师从事法国汉学和法国历史、文学、文化以及中法文化交流的研究。会议期间,他们与全国各地学者共同交流了最新研究成果,推进了法国汉学和中西文化交流的研究。

15. 第二届"中国—东盟学术共同体"国际研讨会

主办单位:复旦大学中国与周边国家关系研究中心、"中国—东盟学术共同体"

主办时间:2018年5月27日

举办地点:复旦大学

本次研讨会是上海论坛2018子论坛之一,也是第二届"中国—东盟学术共同体"国际研讨会,复旦大学副校长陈志敏在研讨会开幕式上致辞。中国外交部边海司副司长肖建国、菲律宾大学迪利曼分校亚洲中心院长乔夫·桑塔利塔(Joefe B. Santarita)分别作主旨演讲。复旦大学国际问题研究院院长吴心伯主持国际研讨会开幕式。

本次研讨会上,与会学者围绕"中国—东盟能源互联互通""澜湄水资源合作""南海油气共同开发"三个议题进行深入探讨与良好互动,从学理和实证角度分析了中国和东盟各国在能源与资源合作中面临的困境与挑战,对未来中国与东盟国家开展能源与资源合作提出具有建设性的构想。

研讨结束后,复旦大学中国与周边国家关系研究中心主任石源华主持2018年度"中国—东盟学术共同体成员会议",并宣布2019年的第三届"中国—东盟学术共同体"国际研讨会将由马来亚大学中国研究所承办。

16. 全球化时代的城市发展与合作治理学术研讨会暨同济大学全球城市与合作治理研究中心成立仪式

主办单位:同济大学可持续发展与新型城镇化智库、全球城市与合作治理研究中心、国际文化交流学院

主办时间:2018年6月3日

举办地点:同济大学

会上,全国首个由高校主办的全球城市与合作治理研究中心揭牌成立。同济大学原副校长、交通运输工程学院杨东援,同济大学学术委员会副主任、经济与管理学院诸大建共同为同济大学全球城市与合作治理研究中心揭牌。杨东援在致辞中指出,在同济大学可持续发展与新型城镇化智库平台下成立的全球城市与合作治理研究中心,能够更聚焦于城市问题的多学科研究,搭建起联合研究的国际合作以及展示平台,促进不同学科的交流与互动,形成卓越的跨学科合作机制。

同济大学全球城市与合作治理研究中心主任、国际文化交流学院院长刘淑妍表示,中心依托同济大学可持续发展与新型城镇化智库,将就如何确立建设卓越全球城市的大目标,如何提升以科创为驱动的城市竞争力,如何提升上海的绿色化发展,如何强化公私合作的城市治理四个主题展开研究。中心积极响应上海 2035 全球城市建设目标,聚焦建设全球城市升级版,促进跨界合作治理。同时整合同济大学最为突出的城市研究优势资源,建立开放性研究与咨询平台,有效促进产学研一体化政策咨询与科技创新,增强社会服务能力。作为高校建设的研究机构,中心还将努力树立全球城市治理品牌,培养高端国际品质人才,支持全球城市治理与公共政策研究方向,开展面向政府和企业的高端培训与国际人才支持项目。目前,中心已与牛津大学领导力与公共政策研究院取得了战略共识,达成了初步合作框架,今后将陆续开展合作研究活动,举办系列城市主题论坛。

开幕式后,杨东援教授、诸大建教授、复旦大学经济学院袁志刚教授、中国人民大学社会与人口学院常务副院长冯仕政教授、上海交通大学公共管理学院城市治理研究院执行院长吴建南教授、英国卡迪夫大学中英生态城市与可持续发展研究中心主任于立教授分别发表了主旨演讲。同济大学全球城市与合作治理研究中心名誉主任诸大建教授以"上海 2035 与全球城市升级版"为题展开主旨发言。

与会专家学者们分别就城市治理、空间治理、交通治理、社区治理等问题进行了热烈讨论。

17. 2018 建成遗产保护技术国际研讨会

主办单位:同济大学、既有建筑维护与历史建筑保护国际科技联合会(WTA)、中国建筑学会城乡建成遗产学术委员会、德国希尔德斯海姆应用科学与艺术大学、联合国教科文组织亚太地区世界遗产培训与研究中心(上海)

承办单位:同济大学建筑与城市规划学院

协办单位:《建筑遗产》和 Built Heritage 两刊编辑部、香港大学、湖州市世界文化遗产管理中心

主办时间:2018 年 6 月 7 日至 8 日

举办地点:同济大学建筑与城市规划学院

"面向空间再生的保护技术——2018 建成遗产保护技术国际研讨会"在同济大

学建筑与城市规划学院举办。同济大学建筑与城市规划学院院长李振宇、上海市历史文化风貌区和优秀历史建筑保护委员会办公室秘书长曾浙一、德累斯顿工业大学约翰·格伦沃尔德(John Grunewald)教授,本次大会学术委员会主席、东南大学建筑学院朱光亚教授出席开幕式并致辞。

在为期两天的会议中,来自海内外的 80 余位嘉宾围绕当代保护修复技术、建筑史与传统工艺、保护修复案例等议题参加了研讨,14 位专家学者就建成遗产保护技术领域的核心、前沿问题作了主旨发言。

会议同期还举办了保护技术成果展,同济大学和联合国教科文组织亚太地区世界遗产培训与研究中心(苏州)、故宫博物院、清华大学、东南大学、天津大学、北京建筑大学、贵州省文物保护中心、上海交通大学等单位参加了展览。同济大学建筑系主任蔡永洁、副系主任张鹏在展览开幕式上致辞,吴葱教授代表天津大学向同济大学赠送了遗产丛书。

在大会闭幕式上,戴仕炳教授回顾了该会议的发展历程并对本次会议进行了总结。WTA 主席、斯图加特大学哈拉尔德·加雷希特(Harald Garrecht)教授表达了对保护技术发展前沿和应用前景的持续关注。中国科学院院士、同济大学建筑与城市规划学院常青教授紧扣大会主题,强调了遗产保护的根本目的是使之延续和再生,这也是保护技术这一遗产核心议题的最重要的意义。

18. “一带一路”与跨区域合作研讨会

主办单位:上海社会科学院研究生院、团委和智库建设处

承办单位:上海社会科学院研究生学术社团

主办时间:2018 年 6 月 7 日

举办地点:上海社科国际创新基地

上海社科院世界经济研究所前副所长徐明棋研究员,华东师范大学国际问题研究所所长陆钢教授、上海社科院软实力研究中心主任胡键研究员,以及上海交通大学安泰经济与管理学院朱保华教授应邀参加此次研讨会并发表主题演讲。

徐明棋研究员在题为“世界经济格局变化与一带一路建设”的演讲中分析了 2008 年金融危机世界经济发生重大转型和格局调整的特征,认为在推进“一带一路”倡议的过程中,应当积极落实“五通”理念,不能虚化这一目标,更要警惕对“一带一路”目标的扭曲和误解。

在研讨会“展示与对话”环节,复旦大学国际关系与公共事务学院博士生张家铭、厦门大学南海研究院博士生王丹维、华东师范大学政治学系硕士生邓轫、同济大学经济与管理学院博士生张旭、上海社会科学院经济研究所博士生张伯超、清华大学公共管理学院台籍博士生林士清分别交流了各自的论文观点。

陆钢教授、胡键研究员和朱保华教授分别对上述发言者进行点评后,分享了自己关于“一带一路”倡议的近期研究和观点。会上,上海社科院团委书记、研究生院副院长答浩对与会专家和同学的到来表示欢迎,希望通过研讨会为青年学子和资深学者搭建学术交流平台,促进院内外学术交流,进一步为国家发展、为我院国家高端智库建设贡献智慧。

智库建设处副处长李开盛在研讨会总结发言中肯定了年轻学子的思维活力和学术热情,并分享了如何加强学术能力的宝贵经验。他鼓励同学们多开展实地调研以掌握一手材料,运用理论知识对相关资料进行学理性梳理,写出更有学术深度的论文。

在上海社科院60周年院庆、国家高端智库建设试点三周年之际,本次研讨会作为国家高端智库研讨会系列之一,得到了广泛的关注和青年学子热情参与,80余篇应征论文的作者涵盖华东、华北、东北、西南、西北、华南、香港等近40所高校和科研院所,来自京、宁、杭、鹭等地的新老学者相互交流,碰撞出学术思维的火花。

19. “思想者论坛·2018”

主办单位:复旦大学中国研究院、上海春秋发展战略研究院、观察者网

主办时间:2018年6月9日至10日

举办地点:复旦大学

本届论坛是中国研究院推动原创性中国话语研究工作的一部分,也是中国研究院在新时代进行学术外交的一次尝试。

论坛为期两天,以“新时代道路探索”为主题,邀请到复旦大学国际关系与公共事务学院执行院长苏长和,中国人民大学国际关系学院院长、教授杨光斌,清华大学公共管理学院特聘教授王绍光,北京大学新结构经济学研究院高级访问教授文一,华东师范大学周边研究中心与俄罗斯研究中心主任、瓦尔代国际论坛学术委员会委员冯绍雷,中国社会科学院欧洲研究所所长、研究员黄平,北京大学教授、纽约大学中国中心主任张旭东,新加坡国立大学李光耀公共政策学院前院长马凯硕,俄罗斯政治学者、影响普京的哲学家亚历山大·杜金(Alexander Dugin),荷兰奈克萨斯研究院院长罗布·里曼(Rob Rieman),法国巴黎第十大学国际经济学教授米歇尔·阿格理埃塔(Michel Aglietta)等在内的70多位国内外嘉宾,围绕“中国政治道路”“中国经济模式”“一带一路与新世界秩序”“全球治理,何去何从”“中国道路的世界意义”五个分议题展开讨论。

论坛期间,与会嘉宾回顾了改革开放走过的40年历程,分析了中国政治、经济模式中的优势与劣势,结合“一带一路”倡议,对中国未来在全球治理中扮演的角色进行了思考。中外学者通过真诚交流,在推动原创性中国话语走出去的同时,为学术外交做出了具有示范意义的尝试。

20. 中英“支持中国可持续发展的金融管理研究”研讨会

主办单位:上海财经大学

资助单位:国家自然科学基金委员会、英国经济与社会研究理事会

主办时间:2018年6月16日至17日

举办地点:上海

国家自然科学基金委欧洲处处长范英杰、管理科学部三处处长杨列勋、欧洲处项目官员徐进,英国经济与社会研究理事会国际战略部副主任艾里克斯·米希(Alexa Mills)、经济学部副主任保罗·桑德桑(Paul Sanderson)、国际政策官员伊莎贝拉·比(Isabelle Bi)等出席本次会议。会议由英国研究理事会中国办公室副主任诺格岚主持,上海财经大学蒋传海副校长出席会议并为开幕式致辞。来自英国及全国各地相关领域专家齐聚于此,上海财经大学相关学科科研骨干也积极交流分享,共同碰撞思想火花。

开幕式上,蒋传海副校长代表学校对本次会议的召开表示热烈祝贺,并向国家自然科学基金委领导、英方和中方专家表示诚挚欢迎。此次会议以“支持中国可持续发展的金融管理研究”为主题,与会专家围绕新形势下金融与发展关系问题展开广泛而深入地研讨,必定会对金融管理研究和实务工作产生有力推动作用。本次研讨会安排了主题报告、小组讨论等环节,分两天进行。中国人民大学的汪昌云教授作了题为

“中国高校的金融研究”的主题报告,对我国大学金融学研究以及教育质量评估等作了详细阐述。英国经济与社会研究理事会经济学部副主任 Paul Sanderson 在会上也对英国相关研究基金的资助范围及其重点、一般研究领域作了介绍。

会议分为五个研究主题开展小组讨论,并进行现场问答。与会专家围绕“中国金融体系在维持经济增长中的作用”“改革开放的替代战略”“跨国并购、外商直接投资和人民币国际化”“监管问题、风险管理与治理”“技术为基础的金融创新和相关新业务的潜力”五个主题进行学术前沿交流,现场讨论热烈。

17 日,国家自然科学基金委管理科学部三处处长杨列勋、英国经济与社会研究理事会国际战略部副主任 Alexa Mills 分别代表资助者发言。杨列勋处长在讲话中介绍了国家自然科学基金委资助的金融学研究及同英国经济与社会研究理事会的合作,并详细介绍了申请基金时的注意事项。Alexa Mills 副主任也就双方的合作及申请流程作了进一步阐述。下午,与会学者赴上海证券交易所参观。

此次研讨会促进了中英双方在“支持中国可持续发展的金融管理研究”领域的合作与交流,通过头脑风暴和小组讨论等方式为中英双方科学家提供一个合作交流与借鉴的平台。

21. “新业态、新金融、新机遇”中美经济学家论坛

主办单位:复旦大学泛海国际金融学院、复旦大学经济学院

承办单位:复旦-斯坦福中国金融科技与安全研究院、复旦大学金融研究院

主办时间:2018 年 6 月 18 日

举办地点:复旦大学

来自中美两国的专家学者和业界精英齐聚一堂,共同分享中美两国在金融大数据、区块链、量化投资、人工智能及其他新金融方面的业态、挑战和未来。复旦大学泛海国际金融学院执行院长钱军教授致欢迎辞。复旦-斯坦福中国金融科技与安全研究院执行院长刘庆富教授和南京大学-牛津大学金融创新研究院院长李心丹教授联合主持。美国艺术和科学院院士、斯坦福大学商学院金融学教授达雷尔·达菲(Darrell Duffie),中国科学院院士、山东大学教授彭实戈,台湾大学咨询工程系副教授、区块链资深专家廖世伟(Steve Liao),人工智能专家、清华大学讲席教授邹昊等作主旨报告,对当前互联网、大数据、云计算、人工智能、区块链等方法或技术兴起和进

步进行了良好的阐释。耶鲁大学金融学教授何华，复旦大学经济学院教授张金清、管理学院教授张新生、数学科学学院教授汤善健，华盛顿大学圣刘易斯分校金融学讲席教授刘蕻，麻省理工学院斯隆管理学院特聘教授潘军，以及来自美国硅谷、华尔街和陆家嘴等金融业界的首席经济学家出席论坛。

论坛对我国金融业的发展基础、运营模式和监管手段等给出了很多颇有具有参考价值的建议，是对新时代下新金融未来挑战和发展进行把脉的一次盛宴。

22. 全球视角下的“一带一路”——第十二届中国走向全球化会议

主办单位：华东师范大学、法国里昂商学院、中国全球化协会（CGA）

主办时间：2018 年 6 月 18 日至 20 日

举办地点：华东师范大学

在第十二届中国走向全球化会议开幕式上，华东师大校党委常务副书记、副校长、“一带一路”与全球发展研究院院长任友群致辞，简要介绍了华东师范大学概况，并指出学校一直高度重视国际合作交流，已与全球 200 多所学校建立合作伙伴关系，其中与法国里昂商学院深度合作创立的亚欧商学院是重要成果之一。亚欧商学院以培养“具有深厚人文底蕴和社会责任的跨界商才和企业家”为标杆，一开始就明确了高质量发展、服务于社会需要的导向和高端精品商学院的定位，已经取得了显著的进展。在现有的工商管理专业（中法创新实验班）双学位本科项目以及市场营销专业（精品品牌管理方向）双学位硕士项目基础上，今年亚欧商学院以“塑商界精英，扬中华文明”的价值理念作为基本指导思想，以培养共建“一带一路”经济管理外籍专业人才和传播弘扬中国文化为使命，专门开设面向留学生的国际商务专业（全球管理与中国研究方向）双学位专业硕士项目，为共建“一带一路”提供亟需人才支撑。

6 月 19 日下午及 20 日，会议就“一带一路”倡议、地缘政治、创新、外商直接投资和企业并购、城市和区域动态、产业动态、企业战略和创业等议题举行了五大平行分论坛，深入讨论本届会议收到的 50 余篇论文和著作，力求集政、商、学界之大成，多角度、全方位共话“一带一路”。

23. 2018 金砖国家智库国际研讨会第二十二届万寿论坛

主办单位:由金砖国家智库合作中方理事会

承办单位:复旦发展研究院金砖国家研究中心

主办时间:2018 年 6 月 23 日

举办地点:复旦大学

在逆全球化浪潮不断涌现、经济全球化日渐遭遇贸易保护主义挑战的背景下,探索应对贸易保护主义的务实路径与有效策略是各方关注的焦点。作为新兴经济体的合作平台,金砖国家为此提供了一种答案。6 月 23 日于复旦大学举行的“2018 金砖国家智库国际研讨会第二十二届万寿论坛”上,围绕金砖国家贸易合作与金融合作的路径与前景,来自国内外的专家学者展开了深入的探讨与交流。

本次万寿论坛的中方主办单位“金砖国家智库合作中方理事会”成立于 2017 年,是金砖国家智库合作机制化运作平台“金砖国家智库理事会”的正式成员,在金砖国家智库合作事务中扮演着中方牵头人角色,为推动金砖国家智库交流合作、促进中国学界对金砖合作的研究起到重要作用。中方理事会现有 69 家理事单位,研究方向基本覆盖了金砖国家各合作领域。

作为此次研讨会的组织方,复旦发展研究院金砖国家研究中心是国内从事金砖合作研究、推进金砖合作学术交流的重要智库力量。自 2012 年成立以来,复旦发展研究院金砖国家研究中心多次举办以金砖合作为主题的国际研讨会,出版多份金砖合作研究著作,并在多所国内外高校和研究机构之间建立起金砖合作学术交流的网络。

24. 第二届“全球经济治理新需求”国际研讨会

主办单位:上海社会科学院

主办时间:2018 年 6 月 23 日

举办地点:上海社会科学院

上海社科院副院长王振在致辞中谈到,美国单边主义升温对国际贸易投资体系形成重大挑战。中国将进一步推进改革开放,为维护多边贸易体系作出中国贡献。上海社科院作为 25 家国家高端智库之一,将发挥自身优势,与各界广泛合作,为完善当前全球经济治理提供思路。史蒂芬·潘德科(Stefan Pantekoek)主任在致辞中表示,中国作为全球第二大经济大国,世界期待中国能够为维护多边贸易体系和世界经济平衡发挥更大作用。艾伯特基金会希望通过加强国际交流合作,为促进全球经济可持续发展作出贡献。

"全球经济治理新需求"系列国际研讨会由上海社科院国际问题研究所、德国艾伯特基金会上海代表处共同发起,本届研讨会主题为"国际贸易和投资体系的未来"。世贸组织秘书处、悉尼罗伊研究所、美中经济与安全评估委员会、香港中文大学、新加坡管理大学、北京大学、中国社科院、中国国际贸易学会、武汉大学、上海国际贸易中心战略研究院、复旦大学美国研究中心、上海对外经贸大学等单位的专家学者应邀与会,共同围绕国际贸易投资体系和主要大国关系的挑战和前景进行深入探讨。

上海社科院国际问题研究所副所长刘鸣研究员主持开幕式,并与史蒂芬·潘德科分别作会议总结发言。刘鸣谈到,中美国内经济平衡存在结构性问题,双方应从国内层面进行结构性调整,诉诸保护主义并不能解决当前困境。中国会继续改革开放,支持多边贸易体系,逐步扩大内需,实现经济驱动因素多元化。史蒂芬·潘德科认为,研讨会从战略、经济、国际政治等角度探讨了当前国际贸易投资体系面临的挑战,关注最新进展特别是抵制全球化的情绪。

研讨会以当前热点问题为导向,与会专家学者从不同视角对中美欧大国互动关系与国际贸易投资体系前景进行了深入探讨,对未来世界秩序和全球经济发展趋势作出判断,对全球经济治理新需求提出具有针对性和可操作性的政策建议。

25. 海外汉字文化研究中心东亚文化圈古辞书研究国际学术研讨会

主办单位:上海交通大学

主办时间:2018年6月30日至7月1日

举办地点:上海交通大学

此次研讨会由来自东亚文化圈诸国汉字遗产整理国家级项目的首席专家们出席会议。上海交通大学人文学院党委书记齐红在开幕式上致辞,代表学院欢迎与会嘉宾远道而来,并向中外嘉宾介绍人文学院基本情况和发展现状,肯定了王平教授领衔的域外汉字文化研究团队所取得的成绩。

作为世界范围内首个"域外汉字传播与应用"平台的创设者,王平团队通过国内协作、国际接轨,收藏了大批海外珍稀汉字文献资源,创建和丰富了域外汉字学的基本理论和应用研究。海外汉字文化研究中心业已成为传承和保护海外汉字传世与出土文献的重要机构,并为促进世界汉字文化遗产研究及中外文化交流,架起了重要桥梁。

会上,海外汉字文化研究中心主任王平教授汇报了国家社科基金重大项目的研究进展。上海交通大学出版社古籍部主任冯勤编审主持了《日本明治时期汉语辞书汇刊玉篇卷》(66卷册)新书发布会。社会科学文献出版社李建廷编审主持了国家出版基金《中韩传统字书汇纂》21卷成果发布会。

本次大会实质是"跨文化汉字研究国际联盟"首次国际学术研讨会,也是跨文化汉字研究高峰论坛,共有十五位专家在大会上作报告,主要有韩国汉字研究所所长、世界汉字学会秘书长河永三,韩国延世大学资深教授、韩国汉字学会会长、中语中文学会会长李圭甲,韩国汉字研究所研究员罗度垣、金玲敬,日本汉字学会发起人、北海道大学资深教授池田证寿,越南太原大学外国语学院教授郭氏娥、杜氏秋贤,厦门大学国家语言资源监测与研究教育教材中心主任、厦门大学嘉庚学院人文与传播学院院长苏新春,中国人民大学吴玉章语言文字研究所所长、人大复印资料《语言文字学》主编王贵元,郑州大学特聘教授、浙江财经大学人文与传播学院院长何华珍等。著名音韵学家、上海师范大学教授潘悟云也来到现场。

与会专家还在数据库开发和建设方面进行深入交流,分享了东亚古辞书研究的最新成果。河永三主持"中日韩越汉字词汇比较数据库"、池田证寿主持"平安时代汉字字书综合数据库"、王贵元主持"日本藏汉文古辞书集成",王平主持"韩国传世汉字字典文献集成",何华珍主持的"越南汉喃古辞书的整理"等都是世界级工程,工程研究所涉及的具体问题如汉喃古辞书研究、异体字构件互用图谱编制、部首研究、古辞书文献学研究、古辞书疑难字考释、金石文献研究等,站在跨文化汉字研究的学术前沿,秉承传统考据的学术研究路径,做出了令人欣喜的突破和创新。

大会达成了一项重要共识,由王平倡议发起东亚文化圈汉字无码位字整合协议,由郑州大学汉字文明研究中心牵头进行跨文化汉字资源库枢纽工程建设。

26. 传承与构建——中国古典美学高端论坛

主办单位:复旦大学中国语言文学系、复旦大学文艺学美学研究中心、复旦大学中国学研究中心

协办单位：中华美学学会中国美学学术委员会、社会科学报社

主办时间：2018年7月1日

举办地点：复旦大学

在纪念建党97周年之际，为更好地传承中华美学精神，构建中国审美理论，助力新时代背景下美学新观念的传播与弘扬，更进一步满足人民群众对美好生活的向往和追求，“传承与构建——中国古典美学高端论坛”于2018年7月1日上午在复旦大学举行。来自复旦大学、中国人民大学、北京师范大学、浙江大学、南京大学、武汉大学、浙江师范大学、华东师范大学、同济大学等国内各大高校与科研院所的60余名专家学者出席。

复旦大学党委副书记刘承功、复旦大学中国语言文学系主任陈引驰、复旦大学中国学研究中心主任吴兆路、浙江师范大学教授张法出席论坛并致辞。复旦大学教授朱立元主持开幕式，北京师范大学教授刘成纪主持闭幕式，复旦大学教授王振复、谢金良代表主办方致闭幕词。

本次论坛以“中国古典美学的理论创新和学术路径的反思”为主题，共有九个分论题，共收到33篇论文，近40万字，大多篇幅较长，具有一定原创性和前沿性。论坛共有六场主题发言，并围绕“古典美学理论与生活实践”展开自由座谈。在主题发言阶段，学者们分别围绕“改革开放四十年来中国美学史的书写问题”“五千年中华审美文化中对‘意象’的理解问题”“中国古典美学研究的对象、风格、方法论问题”“中国古典美学中与巫学、子学、诗学、经学、易学、理学、玄学、心学、佛学、文化学、生活美学相关的问题”等展开对话与交流。

27. 中法圆桌研讨会2018：可持续发展与能源转型

主办单位：国务院发展研究中心和法国国家战略和预测总署

承办单位：中国国际发展知识中心

主办时间：2018年7月2日至3日

举办地点：上海

本届研讨会的主题是“可持续发展与能源转型”。来自中法两国政府、智库和企业家代表围绕“绿色金融与碳市场”和“新能源汽车与自动驾驶”两个主要议题展开深入研讨。国务院发展研究中心主任、中国国际发展知识中心主任李伟发表主旨演讲,国务院发展研究中心党组成员、办公厅主任余斌主持开幕式并作总结发言,资源与环境政策研究所所长高世楫、发展战略和区域经济研究部副部长张永生、企业研究所副所长张永伟分别作专题发言,国际合作局副局长余军、中国国际发展知识中心常务副主任贡森分别主持会议的两个环节。法国国家战略和预测总署署长马哲睿及相关专家出席研讨会并发言。法中委员会、法国驻上海总领事馆、北京环境交易所、上海新能源汽车检测工程技术研究中心、上海蔚来汽车有限公司、北汽集团、米其林(中国)投资有限公司、空客(中国)公司、施耐德电气、安永会计师事务所等机构代表出席会议。

李伟主任在会议中强调,气候变化已成为人类可持续发展面临的最严峻的挑战之一,在《巴黎协定》框架下,绿色低碳已成为全球经济发展的大趋势。实现绿色发展需要合理的市场引导机制,以确保节能减排与经济效率共同提升;汽车产业节能减排的潜力较大,应充分利用技术创新推动汽车产业向绿色低碳化转型;中法两国在绿色发展领域有巨大合作空间,双方应加强在能源、汽车、金融等领域务实合作,实现互利共赢。法国国家战略和预测总署署长马哲睿和有关专家表示,中法两国有很多共同点,特别是在推动及践行《巴黎协定》承诺方面两国都做出了重要贡献。在绿色发展中,各国政府应发挥引领作用,有效利用多元化的政策工具推动技术创新并建立合理的市场引导机制,确保实现减排目标。

双方一致认为,绿色低碳是未来经济发展的必然趋势,尤其是在交通领域。共享汽车、新能源汽车和智能汽车的协同发展将成为引领交通变革的核心方向。双方表示愿意进一步加强机构间的交流合作,相互借鉴,相互支持。双方就第五届中法圆桌研讨会主题达成初步共识,拟就“人口老龄化及其影响”展开研讨。

28. “城市与区域科学:理论、数据与方法”国际研讨会

主办单位:中国城市与区域实验室(CCRL)、上海市大数据社会应用研究会、上海财经大学区域经济研究中心

主办时间:2018年7月6日

举办地点:上海财经大学行政大楼

本次研讨会主体部分由九个主题报告组成。首先由上海财经大学区域经济研究中心主任、上海市大数据社会应用研究会副会长张学良教授介绍了年会背

景，并作了“城市、城市群、都市区（圈）、全球城市区域的科学性与总体识别”的主题报告，回答了如何识别城市，如何识别城市群以及如何识别都市区、都市圈等问题。

会议上半场的报告由中国科学院科技战略咨询研究院研究员，《全国国土规划纲要》专家咨询委员会委员赵作权教授主持。英国研究院院士、社会科学院院士、伦敦大学学院规划学专业迈克尔·巴蒂（Michael Batty）教授作了《大数据，高频率和低频率城市》（Big Data, High Frequency and Low Frequency Cities）的主题报告，并以伦敦的地铁大数据为案例，展示了城市形态的转变。伦敦大学地理系、消费者研究中心主任保罗·朗利（Paul Longley）教授作了主题为《消费数据与时空动力学》（Consumer Data and Geotemporal Dynamics）的报告，并以消费者大数据为例分析了城市系统、社会系统的整个流动过程。美国东密歇根大学，地理空间研究和教育研究所所长谢一春教授作了主题为《遥感和地理信息系统调研及其实际应用方面：个案研究》（Direction of RS and GIS Big Data Research and Application：A Few Case Studies）的报告，介绍了大数据场景之下的地理研究问题和最前沿的数据挖掘方法。华东师范大学地理科学学院李响教授指出大数据时代下空间优化的两个关键要素，即算法和数据。

下半场的报告由美国东密歇根大学教授、地理空间研究和教育研究所所长及创始人谢一春教授主持。北京城市象限科技有限公司创始人茅明睿总裁针对中国城市规划中传统公共设施配置思维的几点不足，提出了一套基于互联网地图路径规划的可达性计划和公共服务评价的方法。城市数据团联合发起人、脉策数据科技有限公司联合创始人汤舸作了题为“从数据研究到数据行动的城市实践”的主题报告，为大家介绍了多个城市大数据的分析案例。中国联通智慧足迹数据科技有限公司刘毅咨询总监作了题为“运营商大数据：洞察城市发展新抓手”的报告，为大家展示电信运营商大数据、信令数据在城市洞察和管理中的应用场景。中国科学院科技战略咨询研究院研究员、《全国国土规划纲要》专家咨询委员会委员赵作权教授作了主题为《中国经济空间演变：超越“一带一路”》（Spatial evolution of the Chinese Economy：Beyond the Belt & Road Initiative）的报告，基于中国经济的空间的扩张问题提出了多点建议。

本次年会在会议组织方面，仍然秉持了2017年年会倡导的“众包、众筹、众研”思路，“让学术回归学术”的全新会议组织形式，吸引了社会各界人士和学者们的广泛参与。这不仅仅是一次跨学科的学术盛宴,更为上海与全国推进全球城市建设提供了有效的智力支持。

29. “上发中心——复旦论坛：文化发展专题”第八期研讨会

主办单位:复旦大学

主办时间:2018 年 7 月 6 日

举办地点:复旦大学光华楼

7 月 6 日,“上发中心——复旦论坛:文化发展专题”第八期研讨会在复旦大学光华楼举行。本次论坛的议题是:“以世博会为新起点,开创上海‘海纳百川’文化的新空间”。会议由复旦大学中文系梁永安副教授主持。

上海市历史博物馆研究员薛理勇、华东师范大学教授罗岗、复旦大学民俗学教授郑土有、复旦大学博物馆学教授陆建松分别作主题演讲,同济大学黄昌勇教授、华东理工大学曹锦清教授、复旦大学社会学系沈奕斐副教授参与了互动讨论。上海市人民政府发展研究中心副主任周国平、科研处处长吴苏贵、信息处处长钱智、复旦大学文科科研处处长杨志刚、副处长任远等参加了会议。

与会专家对上海“文化空间”如何形成和演变问题进行了深入讨论,特别讨论了世博会后对城市文化物质形态和文化发展理念上所具有的积极意义。薛理勇研究员对上海连接“东西南北”的独特文化地理位置、租界与上海街区形成两个问题进行了历史概括。郑土有教授分析了“石库门”建筑的形成。陆建松教授从“博物馆与城市”的角度,提出讲“世博后”的场馆转型、场馆开发和上海文化空间建设相结合的建议。罗岗教授则从世界城市近代发展的视角,指出当前上海文化空间的诸种不足,提出了将世博会资源转化为上海城市空间新元素的思路。曹锦清教授批评了现在城市建设中“大而空”的弊端,倡导“市民意识”在城市空间建设中的主体地位。沈奕斐副教授从女性文化的视角,突出了“家庭”价值在城市文化空间设计中的重要意义,并指出当下上海城市空间各种场域“儿童文化”的缺失。黄昌勇教授从比较的眼光,指出杭州等城市在文化空间建设上的大思路、大投入,分析了上海这方面的不足。会议采取主题发言与自由讨论相结合的方式,与会学者对其中的焦点问题各抒己见,研讨气氛热烈。

30. 宋明理学国际论坛暨上海儒学院第二届年会

主办单位：复旦大学哲学学院、上海儒学院

协办单位：上海市儒学研究会

主办时间：2018 年 8 月 22 日至 23 日

举办地点：复旦大学

来自北京大学、清华大学、中国社会科学院、美国哈佛大学、日本早稻田大学、韩国成均馆大学、新加坡国立大学以及香港中文大学和台湾大学等海内外著名高校约 90 位学者提交了高质量的学术论文。大会开幕式由复旦大学教授、上海儒学院执行副院长吴震主持，复旦大学哲学学院院长孙向晨教授、日本儒教学会会长土田健次郎教授、韩国成均馆大学校儒学大学学长辛正根教授等嘉宾在开幕仪式上致辞。在主题报告和大会报告上，清华大学陈来教授、美国亚利桑那州立大学田浩教授、哈佛大学包弼德教授、日本早稻田大学土田健次郎教授、韩国成均馆大学崔英辰教授、中国社会科学院李存山教授、华东师范大学杨国荣教授、香港中文大学郑宗义教授等分别作了精彩的学术报告。在两天会议期间，分别有三组和六场的小组发言及讨论。日本早稻田大学永富青地、韩国国立忠南大学金世贞、中国人民大学向世陵、北京大学张学智和干春松、清华大学唐文明、北京师范大学倪培民、陕西师范大学林乐昌、湖南大学朱汉民和肖永明、中山大学张永义、台湾东海大学蔡家和、香港中文大学黄勇、华东师范大学方旭东和陈赟、同济大学曾亦、上海师范大学郭美华、上海大学朱承以及复旦大学杨泽波、何俊和郭晓东等教授分别发表了新近的学术研究成果。

大会总结及闭幕式上，中国哲学史学会会长、上海儒学院院长陈来教授指出：在复旦大学哲学学院以及复旦中哲同仁的共同努力下，以国家社科基金重大项目“多卷本《宋明理学史新编》”为依托，成功举办了此次规模空前的宋明理学会议，展现出复旦大学已有国际性宋明理学研究中心的气象；而就参会学者的代表性以及参会论文的高水平等方面来看，本次会议或是 1981 年“杭州宋明理学会议”以来最能总体性展现当下宋明理学之水准的一场学术大会，充分表明经过近四十年的研究积累以及几代人的学术传承，宋明理学研究已进入了一个新时代。

闭幕式由吴震教授主持，他表示在努力弘扬中国优秀传统文化的新时代，加强宋明理学的研究具有重要的学术意义和当代意义；并表示会议论文将以论文集的形式于明年出版,为推动宋明理学以及中国哲学的研究作出贡献。

31. “中国与欧亚：迈向合作与发展新高度”国际学术研讨会

举办单位:上海社会科学院俄罗斯中亚研究中心、智库建设基金会和国际合作处
举办时间:2018 年 9 月 17 日至 18 日
举办地点:上海社会科学院

上海社会科学院党委书记于信汇会见应邀与会的上海合作组织秘书长拉希德·阿利莫夫、副秘书长王开文和外交部欧亚司参赞常旭红等重要嘉宾,并在开幕式上致欢迎词。上海社科院副院长王振出席开幕式。阿利莫夫秘书长和常旭红参赞在会上发表主旨演讲。大会开幕式由俄罗斯中亚研究中心主任潘大渭主持。

中国与欧亚国际学术研讨会是上海社会科学院与中亚各国总统战略研究所和俄罗斯重要学术机构之间多年合作所形成的会议机制,2018 年是第六次举办。来自中国外交部、地区国际组织、俄罗斯、中亚国家智库机构以及京沪科研单位和高校院所等 40 余位代表出席了本次高层研讨会。

32. 2018 上海年鉴国际学术论坛

主办单位:上海市地方志办公室、上海市法学会、黄浦区人民政府
承办单位:上海市年鉴学会
举办时间:2018 年 10 月 12 日
举办地点:上海锦江饭店礼堂

2018 上海年鉴国际学术论坛,是国内首次专以年鉴为主题的国际学术交流活动。上海市人大常委会副主任、党组副书记沙海林会见境外专家,并在开幕式上致辞,肯定本次论坛旨在共同探讨记录和承载历史资料的科学方式,对于拓宽年鉴工作者的视野,推进中外文化交流,具有特别的意义。

本次论坛盛邀了来自美国、法国、澳大利亚等国以及国内各省、自治区、直辖市的地方志系统、高校、研究机构的年鉴专家,上海市各区地方志机构负责人、专门年鉴编辑部负责人,上海市法学会和上海市年鉴学会理事等 100 余人参加论坛。他山之石,可以攻玉,本次论坛以学术演讲、分组交流等形式,通过历史回顾、现实考察,围绕“中外年鉴编纂与利用比较研究”主题，在“中外年鉴比较研究”“年鉴体例内容和资料利用”“人工智能与司法现代化”等问题方面取得丰硕研讨成果，更为上海年鉴事业的创新发展提供了良好契机。

33. “人工智能——重塑国家安全”国际学术研讨会

举办单位：上海国际问题研究院、联合国区域间犯罪与司法研究所（UNICRI）

举办时间：2018年12月17日至18日

举办地点：上海

上海国际问题研究院院长陈东晓、联合国区域间犯罪与司法研究所人工智能和机器人中心主任伊拉克利·贝里泽（Irakli Beridze）为会议致开幕辞。会议邀请三十余位中外学者与会。外方学者来自联合国区域间犯罪与司法研究所人工智能和机器人中心、国际刑警组织全球综合创新中心、牛津大学、安永等学术及咨询机构，中方学者来自上海国际问题研究院、上海社会科学院、复旦大学、暨南大学、中国现代国际关系研究院、北京大学等机构。

与会代表就人工智能重塑国家安全展开研讨，在“机遇与挑战”主题环节，发言嘉宾就国家安全与人工智能的关系，面临的机遇与挑战分别是什么，以及如何发挥包括联合国在内的国际组织的作用展开深入的讨论。

在“武器与执法”环节，围绕着人工智能武器的发展，如何开展军控，以及反扩散等问题，各位嘉宾分享了国际上最新的思考和研究进展。

在“地缘政治与军备竞赛”环节，嘉宾的发言聚焦在是否存在人工智能的军备竞赛？以及其潜在的影响，如何通过国际交流来促进合作减少冲突等进行了深入探讨。

在“对未来政策的影响及合作建立”环节，发言议题主要集中在政府如何建立监管体系，大国之间如何就全球监管问题开展合作等内容进行了分享和讨论。

最后，全体专家就自动化对社会和经济的影响进行了全方位的分析和探讨。各位学者从经济发展、社会进步、国家安全等全方位的视角对人工智能技术发展进行了分析，并在此基础之上为未来人类社会应对新技术、新应用的发展提出了对策建议。

七、2017—2018 年重要学术演讲

七、2017—2018 年重要学术演讲

1. 一带一路 2.0:开创新型全球化

主讲人:王义桅(中国人民大学国际关系学院教授、国际事务研究所所长)

时　间:2017 年 4 月 8 日

地　点:上海报业大厦 2 楼报告厅

近年,我常参与各种"一带一路"的海外调研并做各类宣讲,西方人认为就是一条带、一条路。我告诉他们,"一"是中国文化,"带"是中国发展模式,"一带一路"并非历史意义上的丝绸之路。一方面,我感受到倡议激发了世界领域内的强大需求;另一方面,也不断遭遇各种不理解和质疑,有现实,有理论。因此,促使我萌生了 2.0 版的构想。这个想法很不成熟,但是我迫切感受到前瞻性思维和战略设计的必要性,希望我的思考能抛砖引玉。

前年底,国务院参事室和美国人对话"一带一路",谈到铁路、公路之外的油气管道,由此论及中东、中亚的重要。但是,美国人说我们都实现页岩气革命了,你们修那么多油路和管路有什么用? 我在调研中经常会遇到类似的相异思维,因此,2.0 版的提出首先来源于现实的困惑和理论的困惑。

3 月底,我再次随团去南亚调研。在巴基斯坦,"中巴经济走廊"负责人和我们座谈,我感觉他谈到的"中巴经济走廊"和我们理解的并不是一回事;而在当地连小贩都知道"中巴经济走廊",但并不知道"一带一路",还问我前者是否比后者大?

在国内,大家都知道"一带一路"倡议,但在海外概括起来有这么几类错误的认知。美国在亚投行成功之后开始认真对待。但美国一些战略家们会说,让"倡议"把中国引入到像阿富汗等这些帝国的坟墓、泥潭地区中去吧。这些言论极易导致中国和各国关系趋向紧张。这是被战略利用了。

最近,欧盟要调查中国参与建造的匈塞铁路,说它并未在欧盟范围内公开竞标等,这无疑会加剧中国高铁在当地竞争的不公正氛围了。这是被挟持。

牛津大学教授弗兰科潘写了《丝绸之路:一部新的世界史》,中国的书评称其为研究"一带一路"最权威的专家,"丝绸之路"在我们看来就是东西方之间的贸易、和

平、文化交流之路,但是1877年德国人费迪南·冯·李希霍芬提出这个概念时,是因为海上已经扩张没有空间了,需要在陆上找合法性,由此找到东西方之间的这条路统称“丝绸之路”,实际是为了地缘政治扩张的需要。这是被异化了。

以上这些问题,我总结为三重风险:

第一重风险,时间上的风险,我称之为风雨与彩虹。英国国防部报告《2010—2040全球战略趋势》认为,2040年之前的世界都处于转型期,未来数十年要面对的挑战包括气候变化、人口的快速增长、资源短缺、意识形态复苏等,以及权力从西方向东方的转移。而特朗普当选总统、英国脱欧等“黑天鹅乱飞”现象只是一个表现形式。这是我们建设“一带一路”的时代背景,与2001年加入世贸组织正是全球化的繁荣时代不同。未来将迎来长时段的世界不确定性。

第二重风险,空间上的风险。“一带一路”沿线的65个国家与战略上的“不稳定之弧”所涉国家非常接近,“不稳定弧”即文明交接地带和板块交接地带,是军事冲突高发区、恐怖袭击频发地。

第三重风险,自身的风险。“一带一路”建设周期很长,项目铺得很开,要建设不容易,要守住运行也不容易,这也是风险。

另一个困惑来自理论上。西方人在听完我的演讲后,常提出你能不能用通俗的理论说清楚?“道”他们听不懂,例如用经济发展理论、地缘政治理论、国际关系理论等。但是,中国任何一种现成理论都没有办法表达“一带一路”。

“一带一路”的时间维度是基于两千多年的丝绸之路的复兴,带来了合理性。空间维度强调共商共建共享并非推翻原有的国际架构、国际安排和国际秩序,具有了合法性;那么,能否有西方人注重的康德所说的合目的性呢?

我是学理工科的,跨学科思维对我很有帮助。例如,牛顿的万有引力定律,爱因斯坦并没有否定它,只是说万有引力定律是有边界的,在宏观世界是成立的,但是在微观世界就是谬论。这对我有巨大的启发。到了印度,才知道佛法无边的佛并非最大,只是一个变形而已;习近平主席访英,曾引用莎士比亚说的“凡是过去,皆为序章”,我们总是和西方争辩,彼此的民主谁更好。只有包容性的理论才符合大时代、大格局、大智慧。

中国要打造什么理论?首先要超越近代的科学概念。近代科学是分科之学,越分越细,制约了人们对世界的通盘认识。常说亚里士多德是所有学问的开拓者,中国人民大学出版社的《亚里士多德全集》有300万字。后来发现,亚氏时代以羊皮书写,所有羊皮产量都不够写300万字的书，只是因为欧洲人在世界各地殖民，自诩与生俱来便拥有希腊文明而夸大。如今东西方彻底打通之后，我们生活在一个地球村里面，细分化的西方理论很难解释多学科、跨学科的“一带一路”。

再从历史上来看，葡萄牙和西班牙，第一个和第二个崛起的大国，它们把地球分为东半球和西半球。16世纪轮到荷兰人崛起时，思想家格劳秀斯认为西葡分的是陆地，而海洋是公共的，所以提出《国际海洋法》，促成荷兰成为17世纪的“海上马车夫”。他没有直接挑战陆上理论，而是提出更新的理论。“一带一路”是在挑战西方的秩序吗？我们的理论依据是：这个世界本来是通的，这个“通”就是命运相通，即人类命运共同体。用“人类命运共同体”可以解释一些困惑。

阿富汗处在丝绸之路必经点，虽然各类战事此起彼伏，听了“一带一路”倡议后非常兴奋，提出要修新疆到阿富汗的直通电缆，帮助它实现弯道超车；我们去的尼泊尔，外界认为它很穷，但它希望自己能成为“亚洲的瑞士”，这些理想只有“人类命运共同体”才能涵盖，而不是民主国家或民族国家来区分。

麦肯锡前年发布了世界经济中心转移图。1735年雍正驾崩后乾隆继位，中心从东方转向西方，继而是从欧洲又转移到美国，而2001年到2025年，西方人预测，中心要回移到东方，2001年中国加入世贸组织，全面拥抱全球化，而2025年被预测经济总量将超过美国。按赶超理论，今天中国的GDP是美国的70%，人均GDP是其七分之一，以此速度赶超，怎么不让美国人害怕？但如全球化面临“逆全球化”，世界本身在显示不确定性，简单的“线性赶超”逻辑是否要遭遇混沌的不确定考验了？

同样，基于过去的经验，世界的发展必须经过工业化和全球化，制度安排都是基于这个逻辑。2010年中国工业产值首次超过美国，如今是美国的150%。我在伦敦和马丁·雅克对话，他说伦敦150年内所修地铁，远不及中国10年内在960万平方公里上修的2万公里高铁。前几年，西方发达国家纷纷开始搞再工业化。但随着联合国可持续发展的评判角度，工业化会变成并非人类进步必要的阶段？

这需要我们用一种前瞻式的思维方式看待“一带一路”，理论上我们必须提出一种更大的包容性的理论，在实践上必须有清晰的路线图，否则“一带一路”会遇到很大挑战。

当今世界三种能力，一种是中国的应用能力，一种是美国的创新力，一种是欧洲的精神力。

中国改革开放最大的成就，主要是技术市场化的应用能力。2.0版就是解决创新和精神问题。怎么创造？我提出三步走。第一步复兴,第二步包容,第三步创新。各种文明都需要自我复兴;接着是对其他文明的包容;最关键是怎么创新世界经济文明,经济世界是几十亿人在搞工业化,原来可以解释上千万级人口的普适价值,上亿级人口的制度安排,远远跟不上时代发展的形势,我们必须要理论创新。

2.0 与 1.0 有何区别？我从时间、空间和自身三个维度来比较。

从时间上来说,我们最早是基于历史,现在是“走出历史”。2.0 将从原来的复兴丝路精神到引领未来,从赶超逻辑到弯道超车,从工业化的梯度产业转移的规模化追求转为新工业革命的创新。

从空间上来看,原来沿线有 65 个国家,加上延伸国家和辐射国家;现在,目光可扩展到北极,向南可延伸到大帆船时代所达的智利、墨西哥,可以“智联全球”。

从自身维度而言,第一个阶段欧亚(非)大陆的立体交通网络,是要建立基建效应;追求有聚集效应和辐射效应的产业群;追求联动效应的经济走廊;这三项主要体现互联互通的概念,看中的是欧亚(非)大市场。但是推进中,出现了市场失灵现象,很多国家市场经济不发达,中国就通过开放性金融来创造市场经济条件,比如乌兹别克斯坦双重内陆国家,由中国国开行开放贷款;印度尼西亚的雅万高铁,同样,国开行担保替代了其政府提供担保。

2.0 版本中资金发展的模式设计上要占据更多的战略制高点。比如进入四大未知疆域,即信息、深海、太空、极地这些被认为的全球公域,越早进入越早拥有话语权。

“欧亚大舞台”,就是海洋时代 2.0 版。欧洲人发现新大陆时,海洋是作为交通运输通道,而今该是探索深海的时代了,中国的蛟龙号已能深潜到近万米处。但总体上,我们对深海知之甚少。比如,藻类植物无根、茎、叶,却已在地球上生活了 9 亿年,它们制造了大气中 80%的氧气;又如,海洋动物用声、光、化学、电等发出信号,用触觉和嗅觉接收。深海时代,超过原来意义上的修路概念,利用大数据开发利用海洋资源、保护海洋生态、积累海洋信息。

在信息领域,2016 年颁布的《国家信息化发展战略纲要》就明确,要推进“一带一路”建设信息化发展,统筹规划海底光缆和跨境陆地光缆建设,提高国际互联互通水平,打造网上丝绸之路。

所以,在 2.0 版中,信息是数字化,深海是人海合一,太空是天地一体,极地是全球治理。以此逻辑,我们可以从复兴跨越到引领,从一般意义上的互联互通到“万物互联”。互是与国际接轨到全方位开放;联是万物互联、人机交互、天地一体人工智能；互是成为西方的市场到打造欧亚非我的市场；通是从五通到以资金、技术优势制订标准。比如华为对5G技术制定产业标准；对能源管道等大宗产品拥有定价权。我去哈萨克斯坦调研，驻哈大使就说土库曼斯坦、伊朗等都是产油国，是否有里海指数，除美元之外再用人民币定价天然气？在互联网领域，马云就有制定e-WTO/e-WTP的方案，中国正在给信息世界不断提供公共产品，同时也提升了中国在全球治理中的制度性话语权。

不同于中国从前拾遗补阙的历史研究方式，如今要用前瞻式的思维方式看中巴经济走廊，它是旗舰走廊，是中巴两国友谊的象征，也是升华。它有“四个支柱”——基础设施、能源、港口和开发区，主要为了补工业化的短板。现在中巴经济走廊将要进入2.0版本，意义已经不再是中巴关系，而是南亚大陆甚至整个区域合作大的示范工程。

中巴经济走廊有“五大效应”：第一是中巴合作示范效应，如果引进中国开发区的模式，引进中国资金搞经济走廊和能源，让巴基斯坦成为一个中等强国，可以激励更多国家学习中国模式；第二是产业转移效应，通过中巴经济走廊将产业链转移到整个非洲实现工业化，这将极大改变西方在非洲殖民几百年，从来没有修铁路，建设基础设施等局面；第三是南北平衡效应，中巴经济走廊连接“世界岛”欧亚大陆和“世界洋”印度洋，能在很大程度上改变南北之间发展失衡的问题，实现地缘政治、地缘经济、地缘文明的逻辑转移；第四是大南亚区域合作效应，通过中巴阿、中巴斯、中巴印等三方面合作，实现中巴经济走廊溢出效应，服务于发展、安全、治理“三位一体”的大南亚区域合作——英国的加入更超越了地域，具有全球溢出效应；第五是全球治理效应，尤其中阿巴务实合作，有助于解决阿富汗、巴基斯坦长期贫困部落暴力，恐怖恶性循环的局面，这也反衬出为什么联合国两次在阿富汗问题决议中写到“一带一路”。

非洲至今没有实现互联互通，阿富汗、巴基斯坦这两个邻国之间甚至没有直航，所以这些国家很欢迎“一带一路”，中国有“四个自信”，希望通过互联互通让巴基斯坦等国也能增强“四个自信”。

“一带一路”倡议提出后，它变成一种实践，变成一种组织和理论，本身具有生命力。2.0版尤其要思考三个问题：一是和美国的关系；二是如何应对世界的不确定性；三是如何以前瞻式的方式思考更长远的规划。

美国一度担心，“一带一路”倡议使得美国在世界上的影响力不断下降。后来发现不尽然，也给美国带来机会。美国虽然没有参与“一带一路”，但在实际合作中，美国有基础建设的需求,中美两国可否成立"全球基础设施联盟",以此促进全球的互联互通等以实现共赢? 在这个联盟中,可以为全球治理的难题提供帮助,比如解决了阿富汗的恐怖、毒品等顽疾,对美国的国家安全和战略也有帮助。中美看起来冲突的地方,恰恰是合作的领域。

具体怎么合作? 有海上秩序、全球气候、海上运输、海上物流、海上环境保护、海上科学等。美国靠海洋立国,而中国建设现代海洋体系才开始,需要向美国学习。美国虽是世界上最大海域面积的国家,但如今航空母舰、军事基地已经不是最先进的秩序安排了,需要中国东方的智慧,中国可以在G20或某些区域组织内统筹协调。

"一带一路"如何克服全球化悖论? 首先要改变单向度全球化,信息高速公路就是改变原来的部分全球化或者单向度全球化的模式;同时要改变"中心—边缘"模型分工体系、改变文明等级秩序、改变区域化和全球化矛盾。英国脱欧证明区域化并非达到全球化的途径,可能和全球化有矛盾,英国在脱欧之后才可以更好地和中国签署自由贸易协定(FTA),更好地拥抱全球化。

"一带一路"着眼于欧亚地区的互联互通,是对传统新自由主义主导的全球化的扬弃。开创新型全球化要着眼于实体经济和基础设施,如民生工程,让老百姓更加有获得感、参与感和幸福感。美战略家康纳在《超级版图》一书中提出,未来40年的基础设施投入将超过人类过去4000年! 传统全球化中的关税减让,最多能推动世界经济增长5%,而新型全球化中的互联互通,将推动世界经济增长10%—15%。因此,"一带一路"给全球化提供更强劲动力,并将改革传统的全球化,朝向开放、均衡、包容、普惠方向发展。

新型全球化也是包容性的,它让全球化"无死角"。西方人开创了全球化,但世界夜晚的灯光主要集中在北美、日本和欧洲的沿海地区,还有13亿人没有电:非洲5亿人、印度3亿人;世界上90%的贸易通过海洋进行,而世界海上物流主要集中在大西洋中间;互联网更是如此,12个根服务器中有9个在美国,1个在挪威,1个在日本,1个在英国,中国现在正在参与互联网制定权。因此,我们要让全球化更加均衡,以解决内陆地区落后、国家社会治安和发展等一系列问题;"一带一路"会凸显出南方型的全球化,让南方国家更多参与,让非洲国家和其他发展中国家从要外援到要投资,而美国和西方也会从中受益。

打造"新型全球化"的路径和前景具体有如下四个方面:

第一,实现文明的共同复兴。这是一种人类整体的振兴和复兴,是以文明共同复兴的逻辑超越了现代化的竞争逻辑。“一带一路”将人类四大文明——埃及文明、巴比伦文明、印度文明、中华文明，串在一起，通过由铁路、公路、航空、航海、油气管道、输电线路和通信网络组成的综合性立体互联互通，推动内陆文明、大河文明的复兴，推动发展中国家脱贫致富，推动新兴国家持续成功崛起。

第二，开创文明秩序。“一带一路”开创以文明国为基本单元的文明秩序，超越近代以民族国家为基本单元的国际秩序，实现了国际政治从地缘政治、地缘经济到地缘文明的跨越，从以文明交流超越文明隔阂、以文明互鉴超越文明冲突、以文明进步超越文明优越感三个方面创新了文明的逻辑。要改变原来西方的思维方式，让这个世界真正回到它应有的多元化时代，激发出每个人的创造性和每个国家的自豪感，我认为这是中国梦和世界梦对接的地方。“一带一路”应该对世界负责任，这个世界多大程度上需要公共产品，中国崛起就需要多少空间，而中国的崛起是为世界服务的。

第三，要陆海联通。全球有54个内陆国，欧洲之外有哪个内陆国家实现工业化，进而实现民主化？很难找到。

第四，全球化要本土化。今天要开创一种各个文明“各美其美、美人之美、美美与共、天下大同”的境界，文明之间没有优劣之分，农业文明一定比工业文明落后吗？农业文明更可持续，所以一定要改变这个观念，让全球化更加本土化地落地生根。

“一带一路”要实现这样的理论，即将举办的“一带一路”国际合作高峰论坛就是要让全球经济复苏，全球再平衡，全球创新和全球互联互通，彻底摆脱对西方的依附和一元化的时代。今后可能要淡化“一带一路”是中国提出的概念，因为“一带一路”是人类的公共产品，也是人类的创意和学问，它依循的是再造中国和再造世界的双重逻辑。

2. “一带一路”,推动文明断裂带交汇融合

演讲人:潘光(上海社会科学院国家高端智库资深研究员,上海合作组织研究中心主任,上海政法学院特聘教授,上海犹太研究中心主任,国家社科基金重大课题首席专家)

时　间:2017 年 4 月 18 日

举办方:太湖世界文化论坛第四届年会

“一带一路”已经成为当今世界的一个热点,但一些人容易将其仅仅视为经济议题,而忽视了与其密切相关的文明因素。

自古至今,“一带一路”特别是陆上丝绸之路沿线存在着各种文明之间的连接地带,也被称为断裂带。一些纷争由此而起,同时文明也在此交汇、融合。居住在“一带一路”沿线的不同文明、宗教、民族之间,既有碰撞,又有着对话、交流和友好交往。经过千百年的漫长岁月,它们在“一带一路”沿线和谐相处,形成了多民族、多宗教的国家和利益共同体。

这些利益共同体的交流与合作,推动着人类命运共同体的逐步形成。下面,我想以陆上丝绸之路的中亚、高加索、巴尔干三个地区为例,来阐述文明交汇融合带的形成和演进。它们的经验表明,不同文明、民族、宗教通过对话、包容、互鉴可以求得共同发展;同时,唯有如此才能为“一带一路”奠定坚实的基础。

人类文明的多样性决定了不同文明涵盖区域之间存在连接地带或断裂带,丝绸之路穿越的中亚、高加索、巴尔干三地区均存在这样的情形。各种文明在断裂带接触、碰撞,引发一些摩擦和纷争,有可能对丝绸之路上的经济、文化交流与合作形成干扰。这对“一带一路”倡议的实施是一个现实挑战,不应当回避或无视。应当看到,当前欧亚大陆出现的极端主义和恐怖主义,并不能代表真实的民意。因此,努力推动去极端化、打击恐怖主义,具有重要的战略意义。

从历史进程的长时段来看,丝绸之路沿线各种文明、民族、宗教之间的融合始终是主流,是大的发展方向。当前,中亚各国、各民族人民正团结起来反对极端主义和恐怖主义。同时,上海合作组织倡导的“互信、互利、平等、协商、尊重多样文明、谋求共同发展”的“上海精神”日益深入人心。“一带一路”倡议努力促进政策沟通、道路联通、贸易畅通、货币流通、民心相通,进一步推动各民族、宗教、文明的交流互鉴,将使文明断裂带的负面作用得到有力遏制。

中亚地区包括今天的哈萨克斯坦、乌兹别克斯坦、吉尔吉斯斯坦、塔吉克斯坦、土库曼斯坦等国,有学者也将其称为“欧亚大陆腹地”组成部分。在古代,这片地区大体是游牧民族的栖居地,主要的族群有匈奴、突厥、蒙古等。它们不时南下,与属于农业文化区的民族发生冲突又展开交融。随着历史的演进,中亚地区的突厥语系、波斯语系诸民族逐渐皈依伊斯兰教。这一伊斯兰文化圈与周围的东正教文化区、儒家文化区、佛教文化区、印度文化区之间形成了断层。

在高加索文化断层中,居住着许多山地民族:车臣人、印古什人、达吉斯坦人、卡尔梅克人和鞑靼人等。这些民族信奉伊斯兰教逊尼派,是古代游牧民族的后代。北侧平原地带是俄罗斯人的居住地,盛行东正教;在南侧外高加索西部,格鲁吉亚人大多信奉东正教,亚美尼亚人多信仰罗马天主教和基督教新教;但外高加索东部的阿塞拜疆人又信奉伊斯兰教什叶派,属突厥语族。

巴尔干半岛处于欧洲文化断层上。这一断层的界线由北向南纵贯欧洲大陆,北端起于芬兰和俄罗斯的边界线,左边一侧依次是芬兰、波罗的海三国(爱沙尼亚、拉脱维亚、立陶宛)、波兰、西乌克兰一小片领土、匈牙利以及更往西的捷克和斯洛伐克;右边一侧顺次为俄罗斯、白俄罗斯、乌克兰的大部分区域、罗马尼亚以及更东面的摩尔多瓦。简而言之,断层西边的居民大部分信仰罗马天主教或基督教新教,东边的人大多数信奉东正教。除了宗教因素之外,斯拉夫、日耳曼、拉丁三大民族文化也在这条断层两侧碰撞和交融。

这条断层的南段进入南斯拉夫境内,沿着斯洛文尼亚、克罗地亚与塞尔维亚的边界向前,把信奉罗马天主教的斯洛文尼亚和克罗地亚留在一侧,把笃信东正教的塞尔维亚留在另一侧。接着向南深入波黑后,这条线的走向变得不那么明确,呈犬牙交错状,伊斯兰教徒、东正教徒和罗马天主教徒混处杂居。更后面的断裂层则分成东、西两线前进。西线沿阿尔巴尼亚与希腊边界向前,直至地中海。东线循希腊与马其顿、保加利亚的边界推进,再折向南穿过希腊和土耳其边界直至爱琴海。在这断层的两侧,一边是单一种族的希腊人,另一边是马其顿和保加利亚的斯拉夫人。两边都信奉东正教,但民族差异明显,文化渊源并不相同。

多个世纪以来,上述三个丝绸之路沿线地区的冲突均有内因和外因。总的来看,政治、经济权益之争往往是主要原因,文明断裂则是导致纷争的文化根源。19 世纪末 20 世纪初,欧亚大陆出现了一股泛突厥主义浪潮,企图“统一”所谓突厥语系国家和民族。冷战结束后,泛突厥主义暗潮再次汹涌。与泛突厥主义相呼应的是泛伊斯兰主义,其中的一部分极端势力更是走向了恐怖主义,远远超出不同民族、宗教、文明的差异,挑战着人类文明的底线。

在高加索文化断层和巴尔干地区,也曾出现较长时期的冲突。以巴尔干地区为例,自中世纪以来,巴尔干地区一直是基督教文化和伊斯兰文化碰撞、融合的地区。奥斯曼帝国曾一度控制整个巴尔干半岛,并向中欧腹地推进,但最终为欧洲各基督教强国的合力抗击所挫败。19 世纪奥斯曼帝国由盛转衰之时,欧洲列强又展开了瓜分奥斯曼帝国的角逐,导致马克思所称的“东方问题”的形成,使巴尔干成为民族宗教冲突集中的“火药桶”。正是这个“火药桶”的爆炸,引发了第一次世界大战。

第二次世界大战爆发后,纳粹德国和法西斯意大利占领巴尔干地区,残酷镇压各国的抵抗运动,挑动各民族、教派之间的仇杀。在此危难时刻,巴尔干各族人民联合起来,与侵略者进行了艰苦卓绝的斗争,并在西方盟国和苏联红军的援助下,取得了反法西斯斗争的胜利。二战后,欧洲陷入东西方两大阵营的对抗之中,巴尔干地区也难以幸免。在冷战两极格局下,由于意识形态冲突空前激烈,民族宗教矛盾相对弱化或被掩盖。但随着苏联解体和东欧剧变,在外部势力的挑动下,巴尔干地区的民族宗教矛盾再次爆发,导致南斯拉夫解体。此后,波黑内战、科索沃战争、马其顿动乱等接连爆发,酿成一系列悲剧。

回顾这些历史,是为了说明文明断裂带的确存在冲突和纷争,但这只是硬币的一面。从历史进程的长时段来看,丝绸之路沿线各种文明、民族、宗教之间的融合始终是主流,是大的发展方向。

先来看中亚,经过多个世纪的文明交汇和融合,在丝绸之路沿线逐步形成了今日中亚地区的各个多民族国家,而文明断层导致的差异也在交流互鉴中逐渐淡化。据统计,哈萨克斯坦国内有 140 余个民族,乌兹别克斯坦有 130 多个民族,吉尔吉斯斯坦有 80 个民族。苏联时期,中亚各民族、各宗教的民众之间的通婚非常普遍。在哈萨克斯坦,俄哈通婚的家庭比比皆是。

我曾经访问过俄哈通婚的家庭,并向家长提了一个问题:你们的子女去哪个教堂? 听到的回答令人惊讶:既可去东正教堂,也可去清真寺,并无宗教禁忌。这种多元、包容的精神,使我十分感动。

当前,中亚各国、各民族人民正团结起来反对极端主义和恐怖主义。同时,上海合作组织倡导的“互信、互利、平等、协商、尊重多样文明、谋求共同发展”的“上海精神”日益深入人心。“一带一路”倡议努力促进政策沟通、道路联通、贸易畅通、货币流通、民心相通,进一步推动各民族、宗教、文明的交流互鉴,将使文明断裂带的负面作用得到有力遏制。

再来看高加索地区,影响其稳定的因素主要有三个:历史积怨,外部染指与宗教、民族极端主义。其中,不同民族、宗教的差异固然发挥了一定的作用,但高加索问题绝非“文明的冲突”。

例如,俄罗斯和格鲁吉亚同属一个宗教文明圈,但它们之间的冲突显然与美国、北约极力向高加索地区渗透、扩张,挤压俄罗斯生存空间密切相关。

又如,尽管车臣战争和中东剧变的交错导致宗教、民族极端主义和恐怖主义在该地区泛滥,但一小撮极端分子并不能代表不同文明背景的人民和族群。

事实上,到过高加索的人们可以看到,民众之间超越边界的交往仍然十分密切,具体有几个显著的表现:一是几个国家都是多民族国家,如阿塞拜疆国内有43个民族;二是不同民族、宗教的民众之间的通婚非常普遍,与中亚的情况相似;三是不同国家之间的人员往来频繁,主要是从事贸易、旅游和探亲访友;四是虽然各国官方语言不同,但大家都能用俄语进行沟通;五是人们依然维持着苏联时期形成的友谊和亲情,如2008年北京奥运会期间俄格战争爆发,但俄罗斯运动员和格鲁吉亚运动员在赛场和领奖台上仍然热情拥抱。所有这些都表明,高加索地区是丝绸之路上的一个重要文明融合带。

最后来看巴尔干地区。南斯拉夫解体后虽然分成了多个国家,但数百年和谐相处的亲情纽带、在反法西斯斗争中并肩战斗结下的鲜血友谊、近半个世纪建设多民族共同家园的难忘历程,不是一朝一夕就可切断或忘却的。

近年来,在国际社会的帮助下,巴尔干地区逐步实现了和平与发展,不同民族和宗教信仰的人再次走到一起,携手应对共同挑战。

值得一提的是,巴尔干各国目前都积极参与中国—中东欧国家“16+1”合作机制,并支持中国倡导的“一带一路”。可以相信,巴尔干各族人民将为当代丝绸之路的繁荣发展作出新的贡献。

综上所述,可以得出以下几点结论:

第一,必须承认,人类文明的多样性决定了不同文明涵盖区域之间存在连接地带或断裂带,丝绸之路穿越的中亚、高加索、巴尔干三地区均存在这样的情形。各种文明在断裂带接触、碰撞,引发一些摩擦和纷争,有可能对丝绸之路上的经济、文化交流与合作形成干扰。这对“一带一路”倡议的实施是一个现实挑战,不应当回避或无视。

第二,从千百年历史发展的角度来看,断裂带更是文明交汇带,各种文明、民族、宗教之间通过丝绸之路进行融合始终是主流、是大趋势,而冲突和纷争只是插曲和支流。“文明冲突论”者的错误就在于没有认识到这一点,而把支流看成了主流。“一带一路”的构建,将是对所谓“文明冲突论”的有力反驳,也是中国为人类命运共同体建设作出的一大贡献。从这个意义上说,经过千百年的漫长岁月,通过对话、交流和友好交往,不同文明、民族、宗教在丝绸之路沿线和谐相处并逐渐融合,形成了当今欧亚大陆上一系列多民族、多宗教的国家和利益共同体,这为“一带一路”倡议的实施提供了有利条件。

第三,面对逆全球化、保护主义和民粹主义,“一带一路”努力推动区域合作与全球化,倡导政策沟通、道路联通、贸易畅通、货币流通、民心相通。其中,民心相通是“五通”的重要基础。只有通过不同文明的对话、交流,才能实现互鉴。这也是“一带一路”为什么受到越来越多国家认可和欢迎的主要原因。

第四,应当看到,当前欧亚大陆特别是丝绸之路沿线的中亚、高加索、巴尔干等地区出现的极端主义和恐怖主义,并不能代表真实的民意。因此,努力推动去极端化、打击恐怖主义,具有重要的战略意义。不同文明、民族、宗教谋求共同发展,才能为“一带一路”倡议的实施奠定坚实的基础。

习近平曾经有过一段精辟的论述:“千百年来,在这条古老的丝绸之路上,各国人民共同谱写出千古传诵的友好篇章。两千多年的交往历史证明,只要坚持团结互信、平等互利、包容互鉴、合作共赢,不同种族、不同信仰、不同文化背景的国家完全可以共享和平,共同发展。”这是古丝绸之路留给我们的宝贵启示,也是本人此次讲演的结束语。

3. "深蓝"20 年后，人工智能冒出冰山几何？

演讲人：危辉（复旦大学计算机科学技术学院教授）

时　间：2017 年 7 月 10 日

20 年前，国际象棋世界冠军卡斯珀罗夫迎战改造过的计算机"深蓝"而败北，成为人工智能领域的标志性事件，计算智能的概念被普及开来。

今年是 2017 年，人工智能又在世界范围掀起热潮：

2016 年 3 月，"阿尔法狗"打败了围棋世界冠军李世石；

2017 年 1 月，"阿尔法狗"网络版 Master 打败了 60 位中国和韩国的棋手；

2017 年 5 月，在乌镇柯洁又被"阿尔法狗"打败了；

在刚刚过去的 6 月，成都计算机 AI-MATH（人工智能数学）参加了数学的高考，取得了 105 分的成绩。

最近几年，人工智能在各个领域都取得了很多进展。电影《终结者》中描绘了判决日，提到人工智能发展到极致，控制了核按钮，毁灭地球。那么，随着现实中人工智能技术如媒体宣传的那样不断突破，"判决日"是否临近了？

毫无疑问，不论是简单的方程组求解或复杂的函数问题，对于计算机来讲都没有任何困难。但是，当把该问题以鸡兔同笼问题的原始叙述呈现给计算机："在笼子里有鸡兔两种动物，数了一下总共有 10 个头、30 条腿。问笼子里分别由几只鸡和几只兔子？"我们的计算机一定会崩溃。为什么 AI-MATH 只考了 105 分而不是满分呢？因为很多题目不是数学化的形式，而是文字陈述。这反映了计算机一个非常重要的缺陷——只能解模式化的问题。一旦呈现的不是固定模式，对求解就是大挑战。

再看一个日常生活的案例，对于一种新形式包装的鸡蛋，我会思考用三种方式取出，并考虑失败的概率而选一种最稳妥的。试想一下，如果这里面不是鸡蛋而是螺栓，我完全可以毫不顾忌费力地取出，因为既不用担心抠破，也不用担心摔碎。人会借助这些日常的经验性去自然解决问题，通过自身丰富背景知识的引导，从而做出正确的行为和决定。人脑不同于计算机，它往往没有事先预编好的程序，只需凭借临机决断。所以生物的智慧其实远远复杂于机器。

人工智能发展到今天已有将近 70 年的历史。早在 20 世纪 50 年代，美国科学家 Alan Turing（图灵）曾预测到 2000 年人工智能程序能通过图灵测试，现在 2017 年了，很多的程序依然很难通过它的测试，所以这个目标没有实现。

19世纪60年代,我们展望会出现机器人秘书和心理医生,计算机能够打败国际象棋大师。目前,只完成了一个打败象棋大师的目标(2008年,西洋跳棋程序技术才彻底成熟),还晚了30年的时间。19世纪80年代,日本提出要研究第五代计算机,即“人工智能计算机”,希望人能通过自然语言和计算机进行交互流,但是很快计划破灭,科学家们严重低估了实现这个目标的难度。

当时还期望再过20年,能够建立human-scale的知识库,现在我们已经承认知识系统的极端复杂性和这一目标的不现实性。此后,人工智能又预估到2020年,集成电路的芯片的集成度可以达到人脑的水平。现在已经2017年了,我们很快就可以验证这是不是能成功,毕竟芯片的集成度不能等同于大脑细胞及其集群的运转方式。

从人工智能历史发展和整体水平来看,我们过往提出的目标大多没有实现或者严重滞后,所以,要想实现人工智能并非容易,它是一项非常困难的工作。

人工智能究竟研究什么?这涉及两个方面:

第一,智能的本质是什么?推理、决策、问题求解、理解和学习。人通过书本和别人的交流可以学习很多知识,获得更强的解决问题的能力。这是人类智能包含的五个最核心的方面。

第二,如何制造有智能的机器?人工智能里包含一些很具体的研究分支,比如搜索技术、计算机下棋、自动推理、辅助决策、专家系统、机器翻译、模式识别、计算机视觉、机器学习。

前三种的形式化,人工智能在20世纪60年代就已经解决了;辅助决策,例如计算机辅助医生在手术中做出决定;专家系统,模仿人类专家做某专业领域的事情,需要有限的知识去解决,比如计算机维修;机器翻译,在日常生活中非常实用,且已经取得实质性进展;模式识别,试图理解图像背后的意义;计算机视觉,比如自动驾驶车上,安上识别车辆行人的摄像头;机器学习,要求机器从有限的样例中获取解决类似新例子的能力。人工智能对智能的五大核心方面,分方向、分小类来做精致模拟。

以上两点相对照,也许会认为机器智能和人的智能差不多,都做类似的事情,但实际上两者之间有着本质的区别。人在通过五项认知技能求解问题时,是互相协同、以一个统一的整体来面对问题。不同认知技能间的协作调和得天衣无缝,所以我们感觉不到自己运用了这些技能。而人工智能则像车辆在立交桥上通行,各行其道,各自为政,互不干扰,所用的技术路线可能完全不同,没法相互借鉴、相互协同。所以,人工智能的各研究方向,几乎都是分类进行的,很难归拢,这在工程应用上其实是有欠缺的。

那么,人工智能取得了这么多进展,其表面繁荣的背后又隐藏着哪些隐患呢?我想通过几个例子来告诉大家。

假设有两列输入参数和输出参数,表面上,看不出参数之间有什么必然联系,但把这组参数给计算机,它会用现在最流行的技术做一次“深度学习”,以这些数据为训练样本,设计出类“神经网络”,从输入和输出中比较实际输出和理想输出之间的误差,调整网络连接的参数,将误差降至最低。

这时,再给计算机一组新的参数,得出与实际应用场景相符的新的输出值,构建成一个可预测新输出的复杂网络。到此为止,至于这些数究竟有何种数学关系,人工智能基本不再关心,我只要得到这样的网络,它的任务就到此为止。但实质上,这是一个勾股定理,人工智能只能停留在表面,一般不再向这个本质做进一步的延伸。这就是停留在经验主义层面,而不上升到理性主义阶段,这是人工智能的第一个缺陷。

再说最近大火的“阿尔法狗”事件。众所周知,下围棋是一个不断搜索的过程,你来我往,最后形成一个庞大的树形招数汇总结构,庞大到现在的计算机存储不了、算不了。“阿尔法狗”下棋不是这样,它是根据历史经验“算”下法,历史经验来源于过去大量的棋谱,以及它自己跟自己下所获得的一些训练数据。好的招数被存起来以便将来使用,导致大片吃子的证明不好,则被否决。通过这些训练出一个网络,“阿尔法狗”用深度学习针对黑白布局下形成模式分类映像,也就是记住布局与走步之间的映射关系。

下围棋这件事有其特殊性,黑白布局非常规范,棋盘物理空间整齐、有限;下棋规则非常明确;有大量格式化规范的历史数据。以上三个条件特别适合用计算机求解,并适合深度学习的使用。但这未必在其他场合也能取得成功,你的应用是否可以满足这几个条件?是否像“拿鸡蛋”问题,根本就没有第二个样本。这反映了当下人工智能的另一个问题:就事论事,即一种方法解决一个问题,因此很可能不具备推广性。

计算机做图像检索,比如百度图片上搜索“东方明珠”,机器可以把所有的“东方明珠”的图片找到,这在多媒体里被称作“图片检索”,是目前做得相对比较好的方向。如何达成的呢?过程大致经历了三个步骤:训练样本的特征向量表示→带标注的机器学习→分类器。但如果图片是素描,非类似于样例那样的彩图,那就很难办。同样可以描绘东方明珠最本质的特征,但我们再用上述方法却无法让机器获得关于这张图涉及东方明珠特征的同样认知。其实,现在的人工智能算法无法生成关于几何构造的高端的描述。在这里,图像检索技术反映了人工智能另一个很重要的问题,实用主义驱动,致力于解决有限数据集范围内的问题,其他本质性特征则难以深达。

综上所述,人工智能不似我们想象的那么容易,它还存在很多问题。与物理、化学、数学等建立在若干核心概念基础上的传统科学相比,人工智能不同分支间互相严重割裂,有欠系统性和整体性。所以,人工智能现状有如盲人摸象,有待成长成熟。

1986 年,钱学森在《关于思维科学》一书中,把人工智能归成工程技术,他说人工智能的发展要找一个学科作为人工智能的学科基础。

人工智能必然要向前发展,但它究竟走向何方?是大数据吗?可为何 Facebook 反其道行之,扎克伯格为了过滤不良视频信息,在 4500 人基础上加雇佣 3000 人工排查?是云计算是吗?但它解决了算法加速问题,却解决不了本身算法机制的笨拙复杂。人类的智慧又岂是凭借数字计算就可以穷尽?

25W,这个数字的含义是什么?大脑的工作功率是 25W。人类用如此小的代价实现了诸如此类那么多复杂的功能,这是否意味着也许有更精妙的办法来实现人工智能,只是还没发现而已。

我个人认为,人工智能在类脑研究方向是最有前景和价值的。我们以“大鼠走迷宫”的实验为例,大鼠在进行行为决策时,可用多电极在体细胞外同步记录方式,并把数据传给计算机。这有助于我们理解大脑在完成决策任务时,它的神经活动的基本机制是怎样的。大脑的皮层 6 层,6 层有两类不同的锥体细胞,它们的分布非常有规律,这些细胞构成很复杂的回路,实现“走迷宫”的决策过程,也许可以实现看起来复杂的逻辑计算,来决定往左还是往右。

如果了解了大脑的神经加工和编码方式,哪怕是一点点,我们也能够把这样的工作机制搬到计算机上,来促进了人工智能的研究。

再举一例,人的视觉系统如何工作?人的两眼从视网膜提取信号之后,上传到视皮层,以辨别轮廓等信息。我们以前做过这样的工作——模拟人的视觉系统里的一种叫作动态感受野的机制。两张不同的猎豹和它们的背景图片在人眼来看差别明显,但由计算机看来却极具相似度,怎样让计算机把物体和背景分开,猎豹细小的斑纹和大面积连续的背景就是区分点,所以从生物上真的可以学到很多的东西辅助设计新的人工智能算法,这很有可能引导我们在未来设计出替代和补偿人类视觉障碍的芯片,提高人的生活质量和水平。所以,从类脑计算的方向发展人工智能,有极大的促进作用。

发展可见，风险尚存。人工智能同样是具有社会学风险的。

1. 技术占有不平等。有人会独占人工智能技术先机，有人没有可能会有损失，这是人与人技术占有失衡。技术占有者凭借技术从无技术者身上获取暴利。

2. 失业风险。霍金说，人类750种职业，再过20年，一半职业将会被机器代替，秘书、出租车司机、客服、导游等工作将不存在。虽然个人认为这些工作的复杂性被严重低估了，短期内被完全替代的可能性值得商榷，但现在很多流水线工作以技术替代人工已是既成事实，可以想见，未来的智能技术革新带来的更多职业消亡风险的确存在。

3. 隐私泄露。人工智能通过关联分析方法可以暴露很多隐私。

4. 技术失控。还有无人机、无人驾驶这样的技术面临失控，也可能被人用以非法途径进行黑客攻击。

“深蓝”20年之后的人工智能的技术，在机器学习和概率推理的技术发展层面，以及多媒体应用、机器翻译、问答系统、综合集成的应用拓展层面，都取得了很多进展。但是尚有不足：全局性、共性、本质性问题进展不大，知识获取与表示方法缺失，灵活性不够；多学科交叉层次不足，“形似而非神似”，“远水解不了近渴”；研究处于“捡了芝麻丢了西瓜”的状态，目前原创性探索性的工作真的不多。这些是我们所面临的严重挑战。

我个人定义一个“冰山法则”：智能犹如冰山一样，9/10留在水面下，只有1/10在水上被我们看见，我们不能因为只见到这1/10，就主观认为模拟这部分就可以了，还有绝大部分是我们当前目力不及的，这才是我们真正要突破的。我觉得描绘现在人工智能现状，苏轼的一首《题西林壁》很是应景：“横看成岭侧成峰，远近高低各不同。不识庐山真面目，只缘身在此山中。”在将1/10的智能运用纯熟之时，不要忘记那另外的9/10。

4. 世界伦理构建与儒家天下关怀

演讲人:杜维明(北京大学高等人文研究院院长、美国人文与科学院院士)

时　间:2017 年 9 月 22 日

地　点:复旦大学光华楼 1 楼学生广场

儒家传统作为一个历史源远流长且有全球意义的地方知识,对于当下人类遭遇的困境,究竟有无可应对的方案?我研究儒家文化始于孟子心性之学,如何由孟子心性之学开展出精神人文主义,使之能与目前人类棘手的伦理学危难相关联?这是个集体课题。在此,想与大家分享交流一下我并不很乐观的思考并以此抛砖引玉。

我第一次接触儒家传统是在高一,那时学校里研究民族精神教育的周文杰老师为我们讲授四书,讲到《大学》,心中有些感触,但并不强烈。可当他讲到"身修而后家齐,家齐而后国治,国治而后天下平"之时,我突然感觉开窍了:修齐治平的思想如此宽宏、伟大,是其他课程中未曾接触过的。因为喜欢,所以就跟着这位周老师去台湾师范大学旁听牟宗三先生讲授中国哲学课。听后有很大触动,所以就决定改报台湾大学为东海大学中文系,跟随牟宗三先生学习中国哲学。

1962 年我来到美国学习,同时开始交流、传播中国传统文化。这里有两个误区,首先,许多朋友问我,为什么在美国才发现中华传统文化的价值?并非如此,事实上,我是在中国台湾地区开始接触、学习儒家思想,在大学里就感受到传统文化的重要价值。其次,我并非是去美国宣传儒家价值,让别人来认同这个学说。当时我做了一个对自己影响巨大的决定——以一种开放的心态与其他文化交流。如果在哈佛,发现了一些与儒家文化存在较大冲突的价值、理念或学术思想,且事实上它们更具说服力,我也会改变主张。

在美国念书期间,我最想修哲学,但当时由奎因(Quine)主持的哈佛哲学系只关注五大方向:逻辑学、认识论、分析哲学、语言哲学和本体论,并不开设我最关心最想学的伦理学、美学与宗教哲学,所以我经常在其他院系学习神学、社会学、人类学、比较文化、世界宗教等课程。

但我的学习过程是一种真正的文化间的交流,这种交流其实始于东海大学大四时期。那时,一批毕业于美国普林斯顿、耶鲁、哈佛等精英高校的助教来东海大学,我们跟随其中一位学习英文,越来越多的学术交流随之不断展开。赴美留学,我感到自己与五四时代前往美国留学的中国学者不同。我并非完全拜师,自认为还带有一些使命——同他们交流儒家学说。出乎我意料的是，美国的信息相当开放，很多学者愿意认真聆听我的观点。这使得我能在文明对话的基础上，重新理解、重新肯定、重新发掘儒家心性之学。

来到美国，我发现一个普遍观点：学术界多半都怀疑儒家是否能成为世界学术的一个侧面，或者成为世界学术主流中的一部分。伯克利大学列文森教授（Joseph R. Levenson, 1920—1969）的著作《儒教中国及其现代命运》（*Confucian China and the Modern Fate*）影响颇大，该书直截了当地说，“儒家的传统已经逐渐地成为历史现象、历史事实，不可能还会进一步发展。”他还举例说“像梁启超这样的知识分子，在感情上还是回忆着中国的过去，但在理智上已经决定认同西方文化”，在西方的主流学者确实都抛弃了儒家学说。

从1962年开始，我认为我应该做的事就是证明列文森教授误判了儒家传统。他代表了很多海外学者的认知，而在当时的中国大陆，批评儒家的人更多。这些误判背后隐藏着一个非常重要的逻辑就是现代化。西化被认为就是现代化，而中国当时尚处在前现代化社会，一旦进入由科学、工业革命代表的现代化社会，儒家等传统的力量就会被逐渐消除。许多人认为，列文森是隔岸观火，对儒家的没落显示出一种西方中心主义的傲慢。他去世后，我和他的不少学生和同事交流，他们为其辩护：“杜维明，你不要忘记，列文森是在为儒家命运哭泣，他的内心满怀悲痛之情，在他看来，儒家的命运和他自己坚信不疑的犹太教的命运，以及基督教的命运，抑或印度教的命运，所有精神文明的命运都是一样的，现代化、科学化的发展会将它们消除，儒家只是其中一个。”

当时我就在思考一个问题，假如我们在研究儒家传统时，不能让人了解它的源头活水，让它与我们的身心性命有所关联，就无法证明儒家这一精神文明还可以在21世纪复活；也无法证明人类文明发展历程中，一些传统的价值可以对现代化、现代性进行批判、反省甚至有所反思。因此，我认为，从事儒家研究或者认同儒家不仅仅是一个现代中国人或是中国知识分子的责任，而是一个人类文明遇到的大困境。最大的追问在于人类应当走向何处？人类应当依靠何种力量和平共处？应当如何了解我们的人生价值和意义？曾经提出的天下观念、万物一体的观念是否已慢慢成为一种空想？或者说，那些价值、观念如何体现出更深层次的要求？

当时，西方一些学者已经开始重新反思，儒家传统的现代命运是否真如列文森所预言的那样已经消亡。20世纪60年代末，列文森还未去世，他突然发现孔子及他的

“克己复礼”成为中国思想界批判的主要对象,这让他十分震惊——一个学说真正的消亡在于它被遗忘,尚在被批判足以证明其生命力和现实的关怀与意义。

1978年,我跟随美国科学院的学术代表团短暂回国一个月,我意识到应该更加了解中国大陆的儒家文化,虽然我曾在中国台湾地区学习儒家,也接触到越南、韩国、日本以及欧美儒家。我深深感到,如果中国大陆的情况并未变化,或者大多是反对儒家传统的声音,那么儒家的命运就会像列文森所说的那样。所以,1980年我受邀回到北京师范大学讲课8个月,边讲课边问自己两个问题:一是儒家这个学术传统在中国大陆的发展前景如何,是否存在光辉灿烂的一面?二是在中国大陆是否出现了相对独立的学者群体?相对独立的意思是,能独立判断学术标准、学术发展方向的意义和价值。

孟子所代表的心性之学,在不同时代中具有不同的特殊价值,都是一种对人的重新认识。强调孟子是一个“性善论”者,其实他说的是做人的道理。人在整个人类生物转化中的出现存在何种意义与何种价值?我们如何去认识它们?个人是否可以通过自身努力发展这种资源,还是必须受外在影响才能发挥自己的力量?同时,作为一个人,我是否能通过自觉与反省,堂堂正正地做人?我之所以能够发挥更大价值的原因是什么?是因为社会环境还是其他原因?

孟子“性善”的观念是指每个人都可以通过自己内心的恻隐之情,即内心对外部环境的健康反映,发挥自己做人的基本价值。这让我想起公元前800年至500年的轴心时代,印度文明、希伯来文明、犹太文明与中国文明四大文明同时出现。当时只有中国文明未曾出现在被学术界中称作“超越”的突破,即人的最终极的价值关怀必须超越到现实世界之外,在上帝或在另一个理想世界里,孔子选择的人生意义在凡俗世界中俯拾皆是。因此,儒家传统是面对当时的存在对人类进行的反思,与亘古时代相比,是一个质的飞跃,那就是人类开始探索抽象且永恒的大问题。

由于这种外在超越的“缺失”,因此许多西方学者认为,中国人过于关注现实,没有更高的意识与价值,没有到达“超越”这一层面。但孟子认为,一个人有很多向度,应当同时开展。其中最重要的一个向度就是个人的主体性,它和人的四端密切相关。

四端是儒家称人应有的四种德行,包括仁、义、礼、智。其中,仁的这一端发自人的恻隐之情,包含着同情的意思,这种恻隐之情就是人之所以成为人、能够充分发展人性最重要的资源。情的感受虽是个人且每人有所不同,但孟子认为情是普遍存在的,如果能够将情推己及人,就逐渐可以将个人、家庭、邻里、社会甚至国家、天下都联系起来,成为一种向外推的精神世界。这种推己及人的情,发展到陆象山、王阳明时期,他们提出必须要优先树立我们作为人的大体,即道德理想的最高价值。换句话说,作为一个人就要做一个能够体现人性光辉的人,做一个像样的人。陆象山曾说,“若某则不识一个字,亦须还我堂堂地做个人”。做人,就应做一个对得起自己的人;立志是立自己的大志,可以推到家庭、他人即为大志。这也是孟子所说的“先立乎其大”。

对于四端之一的“仁”,目前许多中国学者的研究已做出较大贡献。在马王堆出土的资料中,“仁”字是上“身”下“心”,身心为仁,这与一般意义上说的“仁”字有所不同,具有非常深刻的哲学意义。所以,人的价值既是内在的、自我的,也是涵摄在关系网络中的。

通过对孟子的了解,我认为,仁爱的“仁”是指个人的主体性,这类似于康德说的“自由意志”。每个人都要有自由意志,没有理性就不会成为真正独立自主的道德人。而儒家仁爱的仁里包含的情,是为他人而生,生发到一个人可以通过自己的主体与其他所有人进行对话,而这种相互对话所形成的社群以仁爱为主。仁爱不仅仅是爱人,而且还要爱物、爱己,三者不能分离。这就是孟子说的:“万物皆备于我矣。反身而诚,乐莫大焉。强恕而行,求仁莫近焉。”

由于儒家传统中存在一种强烈的自由度,即我要发挥我的仁,是我自己的选择。因此,“三军可夺帅也,匹夫不可夺志也”,就是孔子主动自觉的选择。这一观念发展到陆象山就是“心即理”,到王阳明是“致良知”,将良知推广扩充到事事物物。每个人内在都有仁心,所以说“仁者以天地万物为一体”,这是科学无法反证的。也就是说,我们的心对外在世界有着无限反映的可能,它开放、多元、包容,从最遥远的行星到眼前的草木瓦石,对我们的心量来说,都可以到达。

那么,如何到达以天地万物为一体的精神世界呢?这是一个人成为独立自觉的人必须要走的路。首先,仁一定是在人的成长、发展的过程中进一步丰富的。王阳明说,每一天都相当于春夏秋冬的过度,都是新的一天,都有一种新的意念,这就是生生不息;其次也是一种觉悟,他的力量与所有人都能够成为一体,所以他有公心;第三,仁能通达,一定要往外通。人的主体性的本体意义在于,能与天打通,因为以天地为性,因此心灵从天而来。所以孟子说,“尽其心者,知其性也。知其性,则知天矣。”

西方世界里,人是因为上帝的意志而诞生却永远无法知悉上帝在做什么。而儒家如充分体现仁,不仅可知他人,也可以知天。这个观念建立在个人的主体性之上,这势必要破除自私自利的个人主义,破除家庭的局限,否则个人就没有渗透力,参悟到社会、国家、天下甚至是宇宙。“中国就是天下,中原就是天下”的观念与孔子、孟子的思想大相径庭。天下不仅是普天之下,它还包括宇宙论,但同时也包含本体论所提出的相关问题。所以,我在 20 世纪 80 年代提出过“存有的连续性”话题。

另一方面,仁可以与其他德性相通,例如礼、义、勇、智、孝等所有价值都与仁以及佛家说的慈悲有着内在的密切关系。这是个非常简单的思路,但要证明它、发展它,使之成为制度、成为行为习惯,这是人类发展过程中了不起的大事。仁在中国的不同时代乃至不同文化中都能显现这种价值的光辉。

从仁的价值往前看,如何面对现在人类遭遇的存活困境,严格来说,就是人还能在地球上生存多久的问题。自然世界有其内在的价值而非仅仅具有外在价值。从科学发展中,我们了解到,人曾是地球演化过程中的累赘,而现在却成为演化过程中的积极因素,影响了包括化学、生物各过程在内的整个演化过程。由于人的投入不断繁衍,促使演化过程向后拓宽,从这个意义上看,人在地球能否生存,能否发展,仅是人从私利角度在考虑问题,按照中国“天生人成”的观念中,人就应该思考如何与地球相辅相成地存在。

钱穆先生在 96 岁高龄时口授完成其最后一篇论文,阐述了中华民族对世界文明的贡献,其中重要的一点就是人性与天道合一,即天人合一。这样就意味着人不仅对这个世界的持续发展负有责任,还应对存活环境的大自然负有责任。

由此看,我们应该把握四种关系。

第一种是自我本身的内在关系,就是身心灵神的统一。个人的身体、心灵和自己最高的理想进行融合,这种融合形成的作用力来自内部的反思。除反思外还需有一个内在的意识,即良知。

第二种是将心比心的个人与他者的关系。他人可以是个人或社会,正是我们自我了解的另一种情况。个人与社会如何进行健康互动?这才是最早的修身、齐家、治国、平天下理念。修身是基本,齐家和治国是同步关系。比如当下,我们应当通过互联网发挥正能量,这源于每一个人的力量,但同时也对社会有贡献。

第三种是与自然的关系。人类与社会、人类与自然需要一种持久的和谐,这样不仅对人有价值,对天地也有价值。

第四种是人性与天道能够相辅相成。

以上是我提出的精神人文主义(Spiritual Humanism)的四个向度(Four Dimensions),是我同基督教、佛教、伊斯兰教以及许多其他宗教对话后,逐渐摸索到的人文价值,而这一人文价值是否具有持续性需要经受考验。

例如,一个基督徒能否认同这一说法,并且不放弃自己作为一个虔诚的基督徒的信仰?一个佛教徒、马克思主义者是否在面对人类当下困难时,都能不脱离这四个向度?我认为是。因此,现在出现许多非常有趣的现象,有"波士顿的儒家";伊斯兰教徒也有"回儒"或"儒回"。也就是说,各个不同的宗教领域出现了一种新的人文精神。例如,某人是基督徒,他原本不太注重生态环保,因为这是属于上帝治理之事。但具有精神人文主义就应该重视;以前的佛教徒追求四大皆空,只完成个人自己的修行,但现在要将人间作为一个道场,这就是"人间佛教"的由来。

最后分享两种实践。

第一个是"己所不欲,勿施于人"。2001年是世界和平年,联合国邀请18位世界各界思想家讨论用何种价值重建文明的对话。当时德国思想家孔汉斯(Hans Kueng)提出用基督教的金科玉律,即"己所欲,施于人",我则提出了儒家的"己所不欲、勿施于人"的恕道:你认为不好的东西,不要强加于人。这说明基督教的金科玉律与儒家恕道文化中有相通之处,这中间引申出的就是仁道,自己发展的同时也要帮助他人发展。这次讨论的结果是大家达成共识:我们应当开发各种文明资源,发展世界文明对话,促使世界逐渐形成一个对话的环境。

第二个比较现实,明年8月将在北京召开世界哲学大会。我提议的"学做人"被西方哲学界的主力接受为官方的大会主题,"Learning to Be Human"被翻成多国语言,中文表达是"学以成人"。会议委员会经过考虑认为,在"学以成人"的主题之下,自我、社群、自然(地)和精神性(天)四个向度缺一不可。

我认为,这四个向度的理解要兼顾各种视角。第一,我们不能自傲地认为这只是中国的传统与价值,而应将其推广至世界。第二,孔子提出"学做人"就是"为己之学",旨在发挥自己的潜能并推己及人。如孔子对颜回所说,"为仁由己,而由人乎哉?"依靠自己而非他人达到仁。"己"就是我说的主体性,这在儒家传统里非常关键,不可忽略。

最后,我想强调的是,"仁"与"礼"的关系是中国哲学界很重要的一个话域,假设突出"仁",那么,西方哲学界特别重视的"礼"就会受到限制。"礼"就是发展制度,进而推进制度形成的一种文明意识,具有许多丰富的内涵。只强调"仁"而忽略"礼"必然走不远。反之亦然。非洲有句话,我的存在是因为你的存在。这和儒家思想之"仁与礼的创造性的张力”其实是一致的。做哲学研究就是要有王阳明说的“为学须得个头脑工夫,方有着落”,也就是说如果没有自己深厚的文化根源意识,就会成为抽象的包容主义。在儒家思想上“接着讲”的“精神人文主义”就是以仁为“头脑”,但又开放包容,涵摄天地群己,注重交流对话。

5. 保护地域文化,不应完全“顺其自然”

演讲人:葛剑雄(上海市历史学会副会长,国际地圈生物圈中国委员会委员,国际历史人口委员会委员,HISTORICAL GEOGRAPHY 编委,上海市政府参事,全国政协常委等)

时　间:2017 年 10 月 10 日

举办方:“2017 青年汉学家研修计划”上海班

中国历史源远流长,文化丰富多彩,地域范围也很广。一般情况下,很难做整个中国的研究。因此,需要一个切入口。现实中,我们能够研究或者能够较快得到成果的研究,一般是研究中国文化的某一个阶段,或者某一个地方。后者就是我要讲的地域文化。

地域文化是某一个特定阶段、某一个特定空间范围的文化,是最能体现一个空间范围内本身特点的文化类型。中国现在有 56 个民族,不管是占人口 90%多的汉族,还是只有几千人的少数民族,都有自己的文化。即便是汉族文化,上海的地域文化跟北京的地域文化,跟山东、河南的地域文化,也是有差别的。

司马迁曾经引用一个谚语,即“百里不同风,千里不同俗”。意思大致是说,如果走出去 100 里路,就会发现“风”变了;如果走出 1000 里路,连“俗”也变了。

所谓“风”,指一种流行、一种风尚,是多变的。在古代没有汽车、火车等便捷交通工具的情况下,到 100 里距离左右,风尚就变了。所谓“俗”,就是习惯,比较稳定,时间长了就成为一种传统。

为什么“风”多变? 这是因为,“风”是简单的、表面的、较浅层次的。如果“风”能够适应当地人的需要,它的延续时间就会延长,慢慢就会形成一种习惯,成为所谓的“俗”。“俗”是比较稳定的,所以影响的范围就不只是 100 里,而且可以延续成为一种传统。

2000 多年前的中国古人就已经注意到了这样的规律,即风尚也好、习俗也好,都有它影响的范围。这是文化区的初步概念。那么,怎样划分文化区域呢? 大的文化区,比如汉族人聚集的地方就是一个大的文化区。但在大的文化区里,还可以划出小的文化区,我们习惯用古代的国名、地名来称呼。例如,上海附近、江苏一带被称为吴文化区,浙江一带被称为越文化区。又如,广东、广西大致在南岭的南面,于是人们一般把相关区域的文化称作岭南文化。还如,四川、云南、贵州被称为西南,那里就是西南文化区。

还有一个特殊情况,叫文化岛。它是指在某种文化中间存在一种特殊的、不同的文化。它跟周围都不一样,像大海里的一座岛屿。为什么会出现这种文化现象?可以举一个例子:明朝时期皇帝在全国多地建立了军事基地。这些军事基地里的士兵、军官以及他们的家属,都是从遥远的地方派过去的。比如,从今天的安徽派一批军人带着他们的家属到贵州,并规定凡是缺少了人,无论死了还是逃跑了,都必须到原来出发的地方找人来替补。所以,在明朝,这一批人跟周围的人没什么交流,也没有婚姻,更谈不上融合。而且,因为是军事基地,往往会用围墙围起来。这样,他们就把从故乡带过去的文化长期地保存着。

一讲到文化,大家可能会想到思想、学术、科学。但其实,文化的根本是物质的,是衣食住行。日常生活中反映出来的,才是文化最根本的部分。在中国地域文化中,有几个比较重要的、基本的因素:

一是方言。

在古代,不是每个人都有书写能力的,也没有今天这样发达的资讯和媒体。所以,方言就成为人际交流圈中最重要的人情交往媒介。中国南方的方言特别多。有时,同一个县城东面和西面的人都互相听不懂,山上和山下的人之间也听不懂。南方方言多,是因为地形复杂,多山多水。方言还随着人口的流动而传播。比如,中国有一片很大的方言区,叫西南官话区。湖北、四川、贵州、云南等地都被列入西南官话区。

中国有很多戏曲是以方言为基础的。比如,沪剧主要以上海话为基础的,越剧以浙江嵊县方言为基础,绍剧主要讲绍兴话,甬剧主要讲宁波话。又如,列入人类口头和非物质遗产名录的昆曲有两种,一个是南昆,一个是北昆。南昆是苏州口音,北昆则是北方口音。这些戏剧一到自己的发源地、在同一个方言区里演出,男女老少都听得津津有味,都能够欣赏。

二是饮食。

地方文化意义上的饮食,指的是民间日常的饮食,而非官方、富人或者特殊场合的饮食。古代交通不方便,食品也难以冷藏和运输,所以只能就地消费。这就造成不同地方有不同的饮食文化。比如,南方要吃米,北方主要吃面;农业地区依靠农产品,牧业地区主要消费奶类、肉类。同时,具体的饮食方法也有所不同。所以,今天到各地去,最能体现地方特色的饮食,必然是地方上的小吃,是民间百姓日常吃的东西。

中国的地方食品有很多风味，包括辛、辣、酸、甜、咸、腌、腊、干等。同样是猪肉，有的是腌的，有的是腊的。同样是喝茶，但不同地方喝的茶是不一样的。南方很多地方喝绿茶，绿茶是不发酵的，是清茶。但再往南面一点，福建、广东喝功夫茶、铁观音，这些茶是半发酵的，适合比较炎热潮湿的气候。有些地方喝红茶，红茶是全发酵的，主要是因为更适合当地的地理条件。但在北京等一些北方地区，人们更喜欢喝花茶。原来，这些地方的原生态水质矿化物比较多，如果直接拿绿茶、清茶泡，会有水的味道，放上花茶味道就掩盖了。到了牧业地区，如新疆、西藏、内蒙古，加上奶的茶正好适合他们的生活方式。

三是民居。

官方建筑、公共建筑或者祭祀性建筑，有的不一定受限于地域，有的则有统一规范。但是，老百姓的普通建筑就一定要适应当地的环境，所以体现了较强的地方特色。中国有许多不同风格的建筑。比如，今天湖南西部有一种吊脚楼。所谓吊脚楼，就是用木材支撑，把建筑建在山边上。这是因为，它下面是河流，洪水来时水位涨得很高，如果不把木材撑起来搭建筑物，很可能会被洪水淹了。又如，广东、广西一带，特别是城市里有一种建筑叫骑楼。所谓骑楼，就是靠街、靠路的地方有一个走廊。这有什么好处呢？因为那些地方夏天很热，而且经常下雨。如果没有骑楼，人家走在商店门口的时候不愿意停留。有了骑楼，人们就可以在里面慢慢散步，既晒不到太阳，也可以躲雨，这样就容易产生商机。

这些民间建筑主要以物质生活为主，但也兼顾精神生活。比如，中国建筑大厅里传统上供有祖宗的牌位，有的还要配上小的园林建筑。

四是婚丧节庆。

小时候过春节，大年三十晚上开始，家里的垃圾不能倒，而要到年初五请了财神后，才可以倒出去。人们认为，如果提前倒出去了，就会把家里的财运倒掉了。在一些北方地区，大年初一吃的饺子要前一天晚上包好，表示新一年有吃不完的东西。

在上海，过年一般要做两个菜，一个是一种面粉制品，上海人叫做“烤麸”，谐音是“靠夫”——可以依靠丈夫。做这个菜的寓意是，希望新的一年里家里的顶梁柱靠得住。还有一种青菜，上海人叫“塔苦菜”，发音和“脱苦”相似，寄托着脱离贫苦的期待。还有些风俗习惯，如婚礼、丧礼照片中的每一个环节和每一个用具，都反映了一种信仰、一种追求、一种愿望。

地域文化是怎样产生的？

一个是自然环境。中国有一句古话,叫做"一方水土养一方人"。用今天的话来说就是,一个地方的自然环境可以产生有特色的人文。在古代,因为交通不方便、生产力不发达,自然的条件、自然的环境在很多时候会起到决定性作用。"橘生淮南则为橘、生于淮北则为枳"的故事说明,2000 多年前,古人就已经接受了这样一个观念。

另一个是移民。这里的移民,不是指一个人,而是一批人、一群人。比如,上海很多移民是从浙江北部、江苏南部来的,所以这些文化就构成了上海的基本地方文化。再加上其他的因素,上海原来本地人的文化就被改变了。现在讲的上海方言,就不完全是原来上海旧城里的方言,也不是浦东的方言,而是加上了浙江的宁波话、江苏的苏州话,还有少量的苏北话,甚至还要加上英文,而最终形成的。

就地域文化的变化而言,如果移民为主、本地人为辅,或者移民强、本地人弱,这个地方的文化就会以移民为主。如果倒过来,本地人为主,移民来的人少,且没有社会地位,移民就不得不学习本地的文化。如果移民跟本地人相当,就会形成一种融合两种文化来源的新文化。最理想的是多元共存,像上海就是这样大家互相吸收优点。

上海由一个普通的县城发展成一个大都市,原因有很多。一个重要的原因在于移民。早期来上海的人大多数来自浙江、江苏,而这两个地方是中国近千年来经济、文化比较发达的区域。所以,从这些地方来的人文化程度较高,而且能较好地适应商品经济和市场。

接下来,再看看地域文化有什么价值?一般而言,以前研究多的是精英文化、上层文化、主流文化、儒家文化。但近年来,大家开始重视起地域文化来了。这是很有价值的。

第一,地域文化构成丰富多彩的中国文化,体现中国文化的伟大生命力。我们常讲中国文化博大精深,可到底博在什么地方、大在什么地方、深在什么地方呢?其中一个就体现在地域文化上。中国的地域文化显示了中国文化的丰富多彩性,有些地域文化延续几千年,有的继续存在于农村、边疆和家庭之中,体现了中国文化旺盛的生命力。

第二,地域文化真实反映中国文化的实质,特别是民间的底层设计。儒家文化有一个缺点,就是它的要求太高,都是高尚的内容,但人和社会并不都是这样的,而是很复杂的。比较反映实际的是民间的文化。所以说,要了解中国,只有总体是不行的,还要深入地域。

第三,地域文化更适合各地的自然条件、人文条件,有利于因地制宜地发展生产、改善生活。各地长期形成的地域文化,无论是衣食住行,还是信仰追求,都直接联系自己的生活、联系到本地环境。更通俗地说,是可以用比较低的成本达到目的的。比如,当地的饮食一般成本较低。如果非要从外面引进一种,不仅不一定合适,而且成本往往偏高。

第四,地域文化有利于保存和延续传统文化。中国好多传统文化在一些城市或比较发达的地方已经没有了,所以孔子说"礼失求诸野"。我们现在也碰到这种现象。有的珍稀的文化传统在比较偏僻的地方还存在,甚至有的在国内已经找不到了,还得到国外去找。

比如,清王朝入主中原后,就很难找到明朝或明朝以前的服装、发式,但朝鲜还保存着。近些年,我国一些地方恢复祭孔,但祭孔时还是用清朝的服饰。有人就提意见说,这不是传统的,应该恢复到明朝的比较好。之后,人们在韩国找到了启发,包括舞蹈、音乐、服饰等。

通常来讲,人类的物质财富必定是越积累越多,越来越发达,但人类的精神财富、精神境界并不一定是今人比古人高。比如,中国的24个节气,就是严格根据地球和太阳位置而形成的。地球跟太阳转15度就是一个节气,很精确。中国农民生产不是看月,而是主要看节气,这是比较科学的。因为地球收到的能量多少,主要影响因素就是跟太阳的位置。2000多年前,古人就有这样的智慧,是相当高明的。类似的例子还有不少。

因此,我们应当尽可能把地域文化保存下来。这不仅是因为我们要保存历史、保存记忆,而且是因为这有利于子孙后代的繁衍、发展。但是,现在碰到的问题是保存不下去了。

地域文化的形成,很大程度上是因为人们之间的来往较少。而现在生产力发展了、交通条件改善了、人口流动加快了,特别是信息传播非常迅速,在这样的时代背景下,一部分地域文化会消失,不同地域文化会趋同,这恐怕是不可避免的。比如,饮食。原来运输不方便,普通人只能消费本地的出产。现在运输发展了,海南岛生产的西瓜可以供应全国,甚至北方人冬天都可以吃上西瓜。比如,方言,中国以前有很多种方言,现在大家都会讲普通话,这当然有利于人际交流,但也会不同程度影响方言的使用。由于大家不怎么讲方言了,一些地方性戏曲听的人就少了。

对地域文化,完全持以"顺其自然"的态度是不行的。以前我们对地域文化的保护是不自觉的,今后则需更主动地保护。比如,有的老房子人们住在里面不舒服,但它具有历史价值,我们要想办法去保护好它,有的要加固,有的甚至要把旁边一起围起来。再如,有些方言人们不会讲了,怎么办呢?不能要求老百姓不许改变,但语言学家可以及时记录,今后供人了解和研究。这也是一种保护。

值得注意的是,地域文化不是都有优势的,有时也有消极作用。比如,地域文化会导致地方主义,造成地域歧视。再如,过分强调地域文化,可能会导致封闭、闭塞;有些人一定要保留原来的东西,导致不善于衔接。从研究的角度,从保留历史、保留记忆的角度来看,我们要千方百计地保存地域文化,但这不等于不容许改变。对于地域文化中落后、消极的部分,甚至今天属于非法的内容,就不是要保护了,而是要改变了。

总体上,随着人类交往越来越密切,传统意义上纯粹只集中在一个小地方的文化,的确会越来越少,因为有优胜劣汰。比如,某种饮食方式是好的,人家很快就会学习,而相比不好的,则会慢慢遭到淘汰。从未来发展来看,新的地域文化还会形成,但如果要有强大的生命力,就不能长期只是一种地域文化。如果仅停留在某个区域,说明有局限性。我们的专家学者要站在人类共同的立场上,而不要站在自私的立场。有些人到非洲去找特殊的习俗,去找能不能看到脖子拉得很长的人,有没有耳朵拉到下面的人?看不到,就感到失望。为什么要找这些呢?就像如果外国人到中国找“小脚女人”,找不到会感到失望一样,都是很自私的。人类需要进步和改变,谁也不能剥夺他人或其他文化进步和改变的权利。

6. 个人主义与儒学伦理学的互融与挑战

演讲人:安乐哲(北京大学人文讲席教授、博古睿学者)

时　间:2017 年 11 月 30 日

地　点:复旦大学光华楼吴文政报告厅

为什么要套用狄更斯有关最好时代最差时代的名言呢?因为,人类从动物进化至今,已变得如此高贵、宏伟和崇高,科学和科技能解决那么多的问题,我们有足够的知识也有整全的智慧,因此,我们身处最好的时代;但是,我们遭遇了一些困境:全球变暖、恐怖主义、食品和水资源短缺、环境生态恶化、人口爆炸等等,所以这是最坏的时代。

这些不是问题,如果是问题就可以解决,它们是人类的困境,困境就需要人类改变价值观和行为方式。据我观察,这些困境有四个特点:一是需要我们肇事的人类自己去解决;二是困境本身是无边界的,不因为种族不同而幸免;三是困境间有有机性,彼此关联,解决了一个才能解决另一个;四是目前的人类文化无法单独去应对。

20 世纪 80 年代著名的美国哲学家、纽约大学宗教历史系教授詹姆斯·卡斯,提出了"有限游戏"与"无限游戏"。游戏是指我们人类的行为,例如生意、贸易、活动、教育、外交关系。"有限游戏"的模式具有固定的时间,从开始到结束,有赢有输,目的在于赢,这一模式在人类的行为中非常普遍。"无限游戏"不存在开始,也没有结束,它没有边界,目的是让更多的人加入游戏,它追求的是繁荣的生活。例如全球变暖的问题,中国或美国无法单独解决,需要国家之间的合作。

在我的理解中,"有限游戏"关乎个人主义范畴,目标是分出胜负;而"无限游戏"则关乎关系,它涉及如何加强这样的关系,为此大家应当成为一个整体,彼此促进繁荣昌盛。所以在我们这个时代,应当从"有限游戏"转移到"无限游戏",这与从利己主义转入利他主义相仿。

这也引出今天的主题,个人主义与儒家伦理学的互融与挑战。儒学究竟是什么?很多西方人认为,儒学就是一种意识形态,是一系列的价值观,它们属于中国、日本、韩国、越南在内的东亚。我认为,儒不是一个学派,也不是教条性的价值,而是一个社会阶层。始于青铜器创造出来的商朝,青铜器提高了人类的生活水平,使人类脱离动物性,随后的西周,孔子教育人类礼化,在孔子生存的年代前后出现了"儒",以后每个朝代都接受了儒的文化传统,并不断了解、分析、扩大、运用,代代相传。因此,儒就是我们说的士绅阶层,正是他们在代代传承文化传统。

Confucianism(儒家思想)是19世纪创造的一个新词,香港第二任港督约翰·弗朗西斯·戴维斯(John Francis Davis)在1836年撰写了*The Chinese*一书,提出Confucianism一词。Confucianism有一点像马克思主义、黑格尔主义,重点是前面的人,翻出来是"孔子主义"。但不同的时代存在不同的儒,比如中国社会在近代引入科学之后,儒的内涵也就转化了,所以,儒学不是孔子主义,儒是一个社会阶层。

从《论语》中的一些表述,可以看出儒的一些特点。如"述而不作",如"温故知新"。前一句是谦虚之词,意在指出我们的责任是要传承前人的文化传统,并且很严肃地继承整个传统,而不是发明一个新的传统;欣赏是主要的姿态,同时要承认其价值的复杂性。"温故而知新",说明这个传统具有发展性和进步性,每一个时代,不是继承已成形和完整的道路,而是参照前人而后自己修路的过程。可以说,儒就是一代一代之间的一种传承,它所体现的是一个非常复杂的文化遗产,而这个文化遗产是基于家谱、家族传承,与最重要的道德、义务联系在一起。通常认为儒学具有世俗宗教性,"孝"和"礼"是基石,当然还有仁、道、德、义。

除士绅阶层具有使命外,普通百姓也有同样的责任传承儒学这一文化传统。从中国汉字的角度看,在甲骨文中的"老"字,就像爱因斯坦的头发一样混乱,这就说明"老"了,可"孝"字的"子"不是一个长者,而是一个年轻人,这说明每一个时代都要依赖、依靠年轻人,由第二代将传统传承下去。

《孝经》第一章,孔子说:"夫孝,德之本也,教之所由生也。"这让我想到爱默生在1836年时的一张图片,一个木匠站在梯子上用板斧砍横梁上的木屑与碎片,非常费力,但是,他站在地上用力往下砍时,地球的引力在帮助他。爱默生以此来说明,文明需要依赖道德,人类文化依靠着传统,传统是一个可以帮助我们取得文明的好力量。

有一种观点认为,个人主义其实是一种幻觉。每个个体其实并不是居住在自己的身体之中,我们生活在世界上,无论做什么,都是合作性的、教育性的、关系性的。我们能走路是因为脚下踩着大地,我们能呼吸是因为有空气的存在,我们能看见是因为有阳光的作用,所以人类所做的一切,包括心理、社会、宗教、政治都与我们和他人的关系密不可分。因此,完全独立的个体是不存在的,是虚构的。在我们的时代里,"有限游戏"就是个人主义,有赢家与输家,但是"无限游戏"是一个一体的模式,我们要么共赢,要么共输。因此,我们必须要抛弃个人主义,朝向"己欲立而立人"的更好模式,以此理解在社会中生活,我们为何既是个体,也是集体、民族和国家。

我不是个天真或者过于浪漫的人,我不认为儒家可以解决世界上所有的问题,但我认为在我们生活的时代,个人主义无法应对目前的困境,我们需要所有的人类文化来应对时代问题,而儒学有它自己的贡献。

西方的传教士最早将儒学介绍到西方文化之中,他们的本意是想拯救中国人的灵魂,他们把“天”翻译成“Heaven”,这代表完整完美独立的上帝概念。“天堂”这个词可以联想到“Way”,源于耶稣的一句话:“我就是道路、真理、生命。”

中国传统的“义”被翻译成 righteousness,很明显,英文语境中,只有去教堂谈论上帝的意志,才会提到 righteousness,本意是按照上帝的要求做出的行为。由于中国传统没有西方上帝这一概念,“义”翻译成英文最恰当的是“appropriate”,是一个人与人之间关系的概念,每一个人不同,义与礼应当考虑到每一个人的需要,而不是人与抽象的上帝的概念。在西方,哲学不是一个中性的词。一个研究社会学的成功学者,他会说我是社会学家、历史学家;但研究哲学,不说自己是哲学家,只会说自己是研究哲学者或教哲学的。如果说自己是一个哲学家,就有点以孔子、康德自况,显得有些自大。但实际上,我们并未给予中国哲学应有的尊重,在西方书店想要购买一本《易经》《论语》或者《庄子》,要经过哲学书架,找到“东方宗教”的牌子才可能有。而在中国的图书馆,哲学是第一,中国哲学是第二;如果到斯坦福大学、哈佛大学学习中国哲学,不去哲学系,而要选择宗教系。西方人把中国哲学作为一个第二流的基督教,中西文化之间存在旷日持久而且贻害颇深的不对称关系。

索绪尔提出了语言和言语的区别,他指出,每一个文化传统都有它自己独特的概念性的结构。比如,日本文化中有一个词,意思是因为你是我最好的朋友,我可以从你的钱包拿钱。英文里没有类似的概念。所以每个民族具有不同的词汇,索绪尔说自然语言的能力非常厉害。如果用西方上帝的概念来谈中国的“天”,来谈中国的“礼”,就不是运用每个民族的自然语言。维特根斯坦说“我们语言的局限就是我们世界的局限”,因此,要了解另一个传统中关于“天”的意思,就要学习它的特别名词,了解中国哲学中“义”、“礼”是什么意思。

20世纪法国著名的汉学家、翻译家葛兰言认为:“中国的智慧与传统不需要上帝这一概念。”他说中国人天与人、天与地是分不开的,所以西方的超越性的、自足的上帝,并不属于这个传统之中。我的老师、伦敦大学亚非系的汉学家葛瑞汉也有同样的观点。他说,当我们谈论到天的时候,这并不是西方的概念,像某一种超越性的遥远的形而上学的原则。“在我们走路的时候,道正在呈现出来,它是活的,当正确植根时,道它就生发了。”李约瑟也说,中国的“志存高远”与上帝丝毫无关。这些都不是我所说,是最优秀的西方汉学家们的研究。

从甲骨文中看到,“道”这个字有人的眼睛和脚,并不是个人的道,而是我们所有人一起的道,是一种往前走的概念,它还需要我们要汇聚到它里面,共同去生发它。而“德”也有人的眼睛和人的心,并不是我们从某一个超绝性的存在那里获得的,需要我们在人类的关系中创造,而我们生活在自然界、人类社会、宇宙之中,就会使“德”不断地生发。

儒学具有非常重要的资源。但西方的书店并没有孔孟书籍,不同于中国书店密布着西方文化中各类书籍,西方所了解的儒家只不过是第二流的基督教。19 世纪中期,西方的教育体制传到了亚洲,在一个世纪以内,中国的白话文、日文、中文、韩文、越南文都被改变了。当我们现在谈论一个中文词组时,其实这个概念结构在某种程度上是属于西方的,因此,我们现在就是按照西方的文化结构、价值来观念化、理论化中国,这也是东亚普遍的问题。

哥伦比亚大学的刘禾教授针对这个问题撰写了许多书籍,她提出了“现代主义的词汇”这样的概念。我们在生产这种重要的知识,亚洲的语言随之都被改变了,似乎只有这样才能传递西方的概念和思想。以“文化”为例,“文化”在英文中原意是耕作、放牧,这是西方目的论的思考方式:原本已经具有某一种事物的本质了,只是在协助它们,让它们成为这种事物的更完备形态。在 18 世纪,“文化”一词成为了民族的一种生活方式,而在 19 世纪,西方开始使用这个词,用以区分高等和低等的文化。而“文化”的隐喻在英文中就是耕种,代表农艺、园艺或者是畜牧业。但当亚洲开始创造对等词时,中国、韩国、日本等本是农业文明的国家,就引申成“培养”一词,来翻译英语中的“文化”。

中国的“文化”并不是说帮助某一种事物成为它应该成为的样子,之间的区别就像土地里的矿石和最终制造成的青铜器。英语中的“文化”更多的是装点人的生活,改变人的经验,它并没有一个始和终;而中文中的“文化”关乎于终点与人类的经验。因此,这样的翻译也是比较耐人寻味的,这也体现出西方价值是在向东方、亚洲传递一种概念结构时才被创造出来的。

我们现在要面对的是什么?看现代化这个词,现在已经等同于西方化了。西方化并不是完全的坏事,从西方可以学到很多东西。但是在东方,其实也有很多值得学习的东西。

谈到伦理学,西方哲学家或学习西方伦理者就会说这是不是一种康德哲学、功利主义的穆勒哲学、亚里士多德的、休谟的美德伦理学?而这些哲学家、伦理学被介绍到中国之前,中国就已经有儒学,因此我们需要理解儒学角色伦理学,必须使用“仁、义、礼、信”等儒学自己的术语。我的观点是,儒学具有自己独特的观点,那就是人类并不是孤立的个体,人类是基于关系构建的。如果用英文表达,我会说“每一个人都请站起来”,而“每个人”是独特性的;如果我用中文表达,则说“大家请站起来”,“大家”就是大的家庭。在中国人的世界中,这个家是统管一切的隐喻,从家庭到国家。在儒家传统之中,它极具有策略性的:家庭就是一种人类的建构,而你所有的一切都要奉献给家庭。

“和”这个概念不是 harmony,西方的 harmony 是一个科学性的词,指具有一定比例。但是中国人说“和”指的是一种差异协调的最高级、最大化。举个例子,德国餐馆的菜单上有牛肉、鸡肉、猪肉、鱼肉,而在中餐馆,菜单有很多页。因为中国会把所有食材调和到最大化,而家庭就是这种差异最大化的代表。所以“和”就是差异协调所能发挥的最大潜能。因此,从儒家伦理学来看,要想做好老师,就需要有好学生,两者相辅相成,彼此造就,缺一不可。

我在北大时曾问一个研究生,中国人有宗教信仰吗?他连续说了几个答案,最终的结论是没有。其实,中国人在新春回老家吃团圆饭,从初一到十五走访亲朋好友,拜访师友同学,这些事情虽然不是一个制度性的宗教,但具有一种宗教般的责任、宗教的仪式感。当西方谈论儒家伦理学时,第一步要把“天”变成西方的上帝概念,但我认为,在中国最重要的一个概念就是“礼”,而它的基础是“孝”。在中国传统中,这两个概念具有深度的宗教性,但不是以神为中心的宗教感,而是一种以人为中心的神圣感,它让你能够成为最好的关系中的角色。因此,像犹太教、基督教、伊斯兰教那样的纯粹性宗教只存在一种教义,彼此间就会有冲突。而在中国,我的观察是,我要做一个学者时显示的是儒,喝茶养生时显示的是道,孩子生病时体现的是佛,无法截然区分。

在西方,谈到社会秩序总会想到政府的组织。而在中国,清朝的严复曾说,中国两千年历史,30%是帝国史,70%是家族史。所以,社会、政治秩序在中国人的世界中,始于家庭,这就是秩序的来源。当谈到民主时,很多人觉得中国人对政治似乎没有兴趣。我的观察是,很多时候,中国的政治都与家庭、社群等密切相关,因此这是一种思考“礼”的不同的思维方式。

当谈到文化的时候,有一个比较重要的观点是,应当考虑罗马人和意大利人之间存在何种关系,古代与现代希腊人又有何种关系,中国的传统和现在的中国又有何种关系。在中国有一种延续性、复合性,且不断演化、吸收外来因素的社会传统。我认为,值得重新思索的是中国作为"国"的提法。中国人口比非洲多三亿,其人口的数量级,是阿根廷、加拿大、德国都无法相比的。具有不同的秩序与规模,这种民族国家的概念是否适用于中国和印度呢?印度人口与中国人口的总和约是全世界的35%。

所以,当谈论文化传统的时候,它是一个鲜活的不断演化、不断吸收外来因素的传统,政治传统也是如此。孙中山早年长期在夏威夷,他想创造一种新的中国的理念。他提出国会除了行政、司法还要加考试院,让有道德感、聪明的人来掌控国家,另外就是评价体系。当中国人谈到政治秩序的时候,这些文本里都可以看得到成己成物、修齐治平的思想,因为并不是孤立、分离的个体,不论我们做什么,都会回到我们自己身上。

最近我与赵汀阳合作做一些工作,涉及"一带一路"的概念、"天下观"的概念、国际政治秩序的格局。当我重新思考这些概念的时候,想起了费孝通。费孝通从清华大学毕业后,去英国伦敦政治经济学院学习。他发现,西方对于个人、个体的概念可以追溯到古代希腊的毕达哥拉斯。毕氏提出,一个人"类"的存在是一个永恒的依然造就的自我灵魂。从那时至今,个人主义在西方哲学传统中已深深扎根。费孝通认为,这并不是中国传统中关于人的理解。他回到中国后写了《乡土中国》,他说我们需要新的词汇去谈论社会的结构、中国的宗教以及中国的哲学。他提出的"团体格局"中,人就是在上帝之下,这和个人主义相关;而"差序格局"概念,描述的就是网状的人际关系结构,与儒家角色伦理相近。费孝通的这种重新思考给我很大启发和鼓励,某种程度上,我所做的也是这种重新思考的工作。

另外,还可以从"心"的概念来看"人"。"心"是什么?如果它没有堵塞,身体就可以正常运转,如果没有阳光、空气、食物,那么身体就不能运转,因此身体是一个中心,处于各种关系网状结构中。所以,归根结底,儒学的"人"的概念是一个较强的关系网,而某一个体是基于关系而构建的一种联系。但这不是说关系是不好的东西,关系是事实,它就是事物本来存在的样子。如果这种关系是事实,那么师生、夫妻、朋友,这些关系都是已经被规定好的角色关系。伦理学的伦,就是人伦,就是一种角色、一种传统。

在这种传统之中,伦理并不是指"义",并不是上帝,道德也不是某一种用来服从某种比较高的律法的任务,也不是用来计算各种好处的方式,而是我们不断增长的关系,我们行事的方式。如果缩减这种关系,那就是粗鲁无礼的,是不友善、非道德的。因此,道德是我们如何基于最基础的关系来行事,在日常之中,把这些普遍的关系最大化。就像奶奶爱孙子,它最普通,但可以变成最不普通的。这就是儒家角色伦理学。

如果我们用这个“心”的概念作为一种图像来解释什么是人,这就是《周易》中所说的全息性、整体性的思维。我们不是复数的人类,而是成为人类的“存在”(being),我们并不是人类(human being),而是我们做人而成为“人”。今年夏天北大召开了第24届世界哲学大会启动仪式,题目是“学以成人”(Learing to be Human),这是一个中国式的题目。在20世纪80年代,我们都回到亚里士多德关于本质的想法,本质就原子,有永远存在的灵魂,是不同的东西所构成的一个世界。可是中国的传统是“生生不息的”。我认为中国传统应该是个动名词,是两个东西结合在一起,不是一个东西,而是一个事件。怀特海谈论“简单的位置是一种谬误”,意思是不能把一个东西孤立起来进行分析。要了解一个事件,要知晓它从哪来,到哪去,知道其作为人类之一的家人、邻居、老家。这就是我们认识世界的方式——一种叙述性的理解。

儒学是什么?它是一种关系性;而个人主义是孤立的,这个虚构的概念是简单定位的谬误。儒学中人的概念是由关系构成的,通过“礼”我们发现了自己的身份。如果看甲骨文、金文,有时“人”字有“身”字旁,有时有“肉”字旁。因为我们有充满生机、有活力的身体,有耳朵可以听音乐,有味觉可以去享受美食、美酒,有眼睛可以成为艺术家来看待这个世界。所以我们会关联化、理论化我们的经验,给我们的经验赋予结构,“礼”就是通过我们所扮演的角色,整合最基础、最基本的人类经验的因素,使我们成为道德的人,而我们的想象使我们有能力为他人考虑。

最后,我想说,如果想从最糟糕的时代进入最好的时代,儒学可以有非常重要的贡献,它让我们要从有限游戏转到无限游戏,从个人主义转到“己立而立人”。

7. 人类命运共同体,化解无形的文明隔阂

演讲人:乔兆红(上海社会科学院世界中国学研究所研究员、当代中国研究室主任,上海社会科学院创新工程“世界中国学论坛成果智库转化平台”首席专家)

时　间:2017年12月12日

举办方:“东方讲坛”演讲

人类的文明,源于共同的人性。人类文明是有共通性的。绝对陌生且不兼容的话语符号系统,是不可能跨文化传播的,更不可能被认同。有了共性认识基础,即有了比较、鉴别标准。由此,不同文化的先进性可以被“读”出来,进而得到认同、传播。

把人类作为一个整体来研究,学界早有探索。英国历史学家汤因比曾经说过,历史研究的可以自行说明问题的单位既不是一个民族国家,也不是另一极端上的人类全体,而是我们称之为社会的某一群人。在《历史研究》中,汤因比把这些社会统称为文明,并以21个文明作为研究和说明整个人类文明历史的单元基础,力图以人类历史的整体作为研究对象。

之后,还有学者把170多个人类社会归纳为7种模式,然后努力把人类作为一个整体,研究并说明世界现代化进程的全局。由于社会情况的变化以及政治文化观念的差别、作者自身认识的局限,其中的某些判断还有一些不够确切乃至错误之处,但毕竟为我们第一次勾画出整个人类走向现代化进程的壮阔全景。

相较于上述理论阐述,中国提出的人类命运共同体理念带有更强的现实性和针对性。我们的理由何在?我们的目标又如何得以实现?下面,就这些相关话题,我和大家做一些分享与交流。

中国的古老文明为世界和谐思想的发展作出了卓越的贡献。习近平总书记指出,中华民族拥有悠久历史和灿烂文明,但近代以后历经血与火的磨难。中国人民没有向命运屈服,而是奋起抗争、自强不息,经过长期奋斗,而今走上了实现中华民族伟大复兴的康庄大道。回顾历史,支撑我们这个古老民族走到今天的,支撑5000多年中华文明延绵至今的,是植根于中华民族血脉深处的文化基因。中华民族历来讲求“天下一家”,主张民胞物与、协和万邦、天下大同,憧憬“大道之行,天下为公”的美好世界。“世界各国人民都生活在同一片蓝天下、拥有同一个家园,应该是一家人。世界各国人民应该秉持‘天下一家’理念,张开怀抱,彼此理解,求同存异,共同为构建人类命运共同体而努力。”

千百年来,人类一直期盼永久和平,但战争和冲突从未远离。面对人类文明发展的共同主题,中国倡导的人类命运共同体理念,就是在汲取优秀传统文化和哲学智慧的基础上,发育出基于中国经验的文化哲学,对当今世界文明发展进程中的基本矛盾和困惑作出了富有启示性、创建性的回答。儒家主张以和平、公正、文明的手段来解决争端,推崇的是差异和兼容,协调的是“相似”与“相近”,以此实现一种“和而不同”“兼容并包”且富有弹性的人文旨趣。这才是真正健康的世界主义。只有解决好共生问题,实现多元统一、兼容共生、协调有序、充满活力和大众共享,才能构筑出一个和谐有序的世界。

二战后,汤因比对现代科技引发的人类现代文明缺失,表达过深深的忧虑。一方面,精神文化建设相对于经济建设显得有所滞后;另一方面,传统文化遇到现代化时,面临一个继承与转化的问题。从这个意义上说,“文化危机”是任何一个民族、任何一个国家在现代化过程中必然经历的过程。不过,危机并不可怕。因为事物的发展都是辩证的,伴随文化对立冲突的是融合再生。其中的关键是,在文化的冲突和危机中建构一个适应现代化和未来社会发展的新的文化价值系统。

习近平总书记强调,文明的繁盛、人类的进步,离不开求同存异、开放包容,离不开文明交流、互学互鉴。历史呼唤着人类文明同放异彩,不同文明应该和谐共生、相得益彰,共同为人类发展提供精神力量。我们应该坚持世界是丰富多彩的、文明是多样的理念,让人类创造的各种文明交相辉映,编织出斑斓绚丽的图画,共同消除现实生活中的文化壁垒,共同抵制妨碍人类心灵互动的观念纰缪,共同打破阻碍人类交往的精神隔阂,让各种文明和谐共存,让人人享有文化滋养。确实,相比有形的物理分隔,无形的精神隔阂对于共同体的构建影响更大。就此而言,文化交流、文明对话显得十分重要。

在推进现代化的过程中,中国当代知识分子应当真正树立文化自信,自觉承担弘扬中华文化的使命。一方面,必须摆脱急功近利的实用主义态度,树立科学态度和求真精神,以冷静而深沉的理性来思考和研究、反省中西文化。另一方面,要加强不同文化之间的平等对话,寻求相互沟通和相互理解,在人类文化总的宝库中发掘一切健康有益的精神资源,共同纠正现今人类文明的缺失。

人类自从有能力认识世界和自己,就开始思考人类共同的命运。大量东西方先哲圣贤一直在探寻、筑构人类的核心价值体系。冷战后,西方文明似乎“独领风骚”,一时呈现出主导世界文明发展方向的趋势,“西方文明优越论”一度大行其道。抛开国情和历史传统的差异,用一个标准去衡量文明的好坏,注定是无效的,也是缺乏说服力的,其结果只能导致猜忌和冲突。

先进文化乃人类的文明,是人类共同的文明成果。先进性的相融与整合,是人类社会文化发展的基本法则。但凡创始者可以赖以发展、强大,并能跨文化系统传播且被非创始者广泛接受、采用的文明成果,均乃人类共同的文明。即便首创者确是一个民族、一个阶级,但其得以传承、积淀于人类历史,成为人类文明中的"熠熠生辉者",就是因其已超越了民族和阶级,构成对人类文化的积极贡献。

自古以来,中国就以"和而不同"的理念来对待人类文明发展。不同的文明只有在彼此信任的基础上对话,才能自我更新。2014 年 3 月 27 日,习近平主席在联合国教科文组织总部演讲时说:"让收藏在博物馆里的文物、陈列在广阔大地上的遗产、书写在古籍里的文字都活起来,让中华文明同世界各国人民创造的丰富多彩的文明一道,为人类提供正确的精神指引和强大的精神动力。"中国传统文化唯有"活"起来,才能"火"起来。

孙中山先生早就指出,从经济上来分析,中国的觉醒以及开明的政府的建立,不仅对中国人,而且对全世界都有好处。一旦中国经济得到发展,人民生活水准逐步提高,对外国货物的需求即可增多,而国际商务即可增加。种种迹象表明,中国问题的解决具有世界意义,中国的复兴将是全人类的福音。"世界和平、维持人道"必须确保中国自主和发展。在此基础上,孙中山先生提倡用一种和平、开放的民族主义思想来处理中国与世界各国之间的关系。孙中山说:"我们今日在没有发达之前,立定扶倾济弱的志愿,将来到了强盛时候,想到今日身受过了列强政治经济压迫的痛苦,将来弱小民族如果受这种痛苦,我们便要把那些帝国主义灭消,那才算是治国平天下。"

孙中山先生把《大学》所标榜的"格物、致知、诚意、正心、修身、齐家、治国、平天下",看作传统的"最有系统的政治哲学"。他的最高理想是,用固有的道德和平做基础,去统一世界,成一个大同之治。当然,这条走向世界大同之路,过分强调了以中国固有的道德和平做基础,而难免忽略了不同文明之间的对话和互鉴。

汤因比则进一步提出,未来的人类只有走向一个"世界国家",才能避免民族国家的狭隘以及为追求狭隘国家利益而带来的冲突和灭亡。在他看来,人类社会要过渡到一个"世界国家",只有具有"天下主义"传统的中国才能担当此任。他对中国文明在未来的作用给予了很高期望,认为中国不仅是 2000 多年来一直影响"半个世界"的中心,而且正是它将给整个世界"带来政治统一与和平的命运"。

与此相呼应,李约瑟还在自然科学领域充分阐释了中国文化的价值和意义。他宣称，就像本来是异教徒的保罗转而信仰基督教并成为“圣徒”一样，他自己也发生了信仰上的皈依，“命运使我以一种特殊的方式皈依到中国文化价值和中国文明这方面来”。1975年，李约瑟指出：“我曾极力主张的是，今天保留下来的各个时代的中国文化、中国传统、中国社会的精神气质和中国人的事事物物，将对日后指引人类世界作出十分重要的贡献……我再一次说：要按东方见解行事。”1988年，在法国巴黎召开的一次世界性会议上，数十位诺贝尔奖获得者在达成共识的基础上，发出了与李约瑟相类似的呼吁：“如果人类要在21世纪生存下去，必须回头2540年，去吸收孔子的智慧。”

中国共产党历来强调树立世界眼光，积极学习借鉴世界各国人民创造的文明成果，并结合本国实际加以运用。中国5000年的文明蕴藏着丰厚的文化财富，只要我们不断从传统中汲取养分，借鉴其他文明的成功经验，充分发挥中国文明的内在价值，就能够克服前进中的障碍，突破现代社会文明发展的困境，实现中华民族的伟大复兴。正是在此意义上，“构建人类命运共同体”顺应了历史和时代发展潮流，就是要呼吁世界各国人民携手开创人类更加光明的未来；“一带一路”则是实践人类命运共同体理念的重大倡议。

二战后，世界上的一个重要变化就是“地球越变越小”，全世界的人都息息相通、休戚相关。关心人类前途的人已经意识到，一个全球性的社会不能只有利害的层次，而没有道义的层次。人类社会需要一个有道义的新秩序。而道义这个要件，正蕴藏在中国世代累积的经验宝库里。所谓构建人类命运共同体，就是强调每个民族、每个国家的前途命运都紧紧联系在一起。只有风雨同舟、荣辱与共，才能把世界各国人民对美好生活的向往真正变为现实。

民族精神是中华民族拥有不竭生命力的重要源头。在当代中国，以自强不息、厚德载物和与时俱进等为内核的民族精神，为我们不断克服艰难险阻、焕发新的生机活力，提供了强劲的动力。立足于中国文化崇尚和谐的价值取向，在处理“自我”与“他者”关系的基本价值取向上，我们把谋求合作放在了首位。这显然与追求“制衡”的传统西方模式大相径庭。

当下我们所处的世界，相互之间的关联前所未有，所面临的全球性问题也是前所未有。面对这种局势，习近平总书记指出，人类有两种选择：一种是，人们为了争权夺利恶性竞争甚至兵戎相见，这很可能带来灾难性危机；另一种是，人们顺应时代发展潮流，齐心协力应对挑战，开展全球性协作，这就将为构建人类命运共同体创造有利条件。

构建人类命运共同体是应对时代之变的正确选择。它具有实现的理论和政治基础以及物质基础,但作为一个历史过程,并不会一蹴而就,也不会一帆风顺,而需要付出长期艰苦的努力。近年来,中国陆续提出包括"一带一路"倡议在内的各种方案,旨在超越西方中心霸权观,重建和平、对等及互利的世界新秩序。这是符合中国传统"和衷共济"的世界观,是构建人类命运共同体的基础。当前,全球秩序可能进入一个较长的崩解与重组时期,又可能迎来一个无论在经济、文化、宗教、族群等方面皆更能符合对等、互惠、多元、尊重及公正、发展等原则的新世界。由此,我们更有可能建构一个体现"休戚与共"与"和而不同"理念的全球新秩序。

事实上,全球治理体制变革正处在历史转折点上。新兴市场国家和一大批发展中国家快速发展,国际影响力不断增强,是近代以来国际力量对比中最具革命性的变化。现在,世界上的事情越来越需要各国共同商量着办,建立国际机制、遵守国际规则、追求国际正义成为多数国家的共识。很多问题不再局限于一国内部,很多挑战也不再是一国之力所能应对,全球性挑战需要各国通力合作来应对。

有鉴于此,习近平总书记强调,全球治理体制变革离不开理念的引领,全球治理规则体现更加公正合理的要求离不开对人类各种优秀文明成果的吸收。要推动全球治理理念创新发展,积极发掘中华文化中积极的处世之道和治理理念同当今时代的共鸣点,继续丰富打造人类命运共同体等主张,弘扬共商共建共享的全球治理理念。我们提出"一带一路"倡议、建立以合作共赢为核心的新型国际关系、坚持正确义利观、构建人类命运共同体等理念和举措,顺应时代潮流,符合各国利益,增加了我国同各国利益汇合点。2017 年 3 月 17 日,联合国安理会一致通过第 2344 号决议,首次载入"构建人类命运共同体"理念。可见,中国日益将治国理政思想和全球治理实践结合起来,赢得了国际认可与尊重。

构建人类命运共同体反映了一个开放进取的中国,把自身命运和前途同世界命运和前途紧密联系在一起的自我定位。构建人类命运共同体必须解决文化差异、文化误读以及文化霸权问题,要对人类共同关心的问题,如环境问题、气候问题、反恐问题以及现代化问题,展开交流、研讨与合作。其中,重要的是考虑中国文化能对世界文化的进步与人类幸福作出什么贡献,而不是生搬硬套西方的思想来解释甚至规制中国的发展。知名学者汤一介曾呼吁,要利用我们传统哲学的资源来对当前人类社会面临的重大问题"创造出新的哲学理论"。今天,构建人类命运共同体比以往任何时候都需要理论上的创新和实践中的推进,要更自信地用中国智慧、中国方案为人类文明作出更大贡献。

8. 群众路线、和而不同、协商民主等国家治理方式源自中华传统

演讲人:谢遐龄(复旦大学社会发展与公共政策学院教授)

时　间:2017 年 12 月 16 日

地　点:上海报业大厦二楼报告厅

"国家治理"是个非常大的概念,主要涉及制度、体制设置(包括各机构成员资质、人数等)、治理的理念、思路、理论及由之演绎出来的路线、方针、政策、策略,还有具体操作的规则体系,包括各级管理人员的培养和选拔,以及对实际运作的管理,等等。

我国古代对国家治理有着十分丰富的思想和经验,例如科举制度、科层制管理制度等制度化的内容。先秦诸子讨论的问题除了天地鬼神、人性、阴阳五行等基础理论外,几乎全部属于国家治理的思想、思路、理论和方案。秦建立大一统帝国之后的国家治理,无论理论还是实践都在中国思想史中留下了浩如烟海的资料。在当代的革命、建设、改革过程中,中国以马列主义为旗帜和指导思想,同时自发地或自觉地运用本土传统和古代遗产,也积累了大量正反历史经验。

今天就我的理解,和大家就这些经验做一些分享。

一般认为,群众路线来源于马列主义。无疑,马列主义起着指导作用。按照我的看法,群众路线恰恰体现了马列主义的中国化,或者说是吸收了中国古代的思想。1949 年,毛泽东在《论人民民主专政》一文中回顾百年的中国革命史,说,"十月革命一声炮响给我们送来了马列主义。"中国人向俄国学习如何开展革命,十月革命是从中心城市暴动开始,中国照搬就吃了亏,基于国情发展成"农村包围城市",才取得胜利。群众路线,来源于土地革命。第一个、第二个土地法都是实行土地国有,"一切权力归苏维埃"。当时,农民对革命战争的支持力度不强,无法完成征兵、征粮任务。而中国共产党毅然发展马列主义,修改土地纲领,把土地国有改为私有,从而大大提高了农民对革命战争的支持。

毛泽东于 1934 年发表的讲话《关心群众生活,注意工作方法》,是群众路线第一次完整阐述。在提到战争问题时,他说,如果不关心老百姓,又怎么能指望老百姓支持我们呢? 马克思与列宁都讲群体路线。马克思说的是理论掌握群众,毛泽东说的是群众掌握理论,这两种说法主体不同。马克思说的是:"理论一旦闪入无产阶级群众的土壤里就会化为巨大的物质力量。"列宁也是类似观点:"先进的知识分子发现先

进理论之后,要将先进理论灌输到无产阶级革命群众中去。”他们讲的是“到群众中去”。毛泽东强调了“从群众中来”,是对马列主义群众路线的创造性发展。马列主义群众路线经过毛泽东概括成“从群众中来,到群众中去”才完整。

毛泽东的智慧与中国古代智慧相互呼应,源头可以追溯到《周易·咸卦》。咸就是感。彖辞中说“圣人感人心而天下和平”。宋朝的大儒张载、程颐认为讲的是圣人教化民众,我觉得不准确。细参《周易·咸卦》的卦义可知,它其实说的是,圣人要先放下身段去感受老百姓的想法。咸卦的卦辞说“取女吉”,意思是卜得此卦,娶妻的事吉利。其中《彖》曰:“柔上而刚下,二气感应……男下女,是以取女吉”也。这是说,男子要放下身段以礼下求女子,才能亨通顺利,所以谈婚论嫁的礼仪是由男家先向女家提出要求。象辞又进一步解释道,“山上有泽,君子以虚受人”,君子要放下身段接受别人的想法。所以我的体会是,圣人感人心首先是圣人要感受老百姓的想法,这正是毛泽东1934年重要讲话的主要思想。实践中遇到的困难激活了传统智慧。

在1938年延安整风期间,刘少奇发表了《论共产党员的修养》。针对在“翻身求解放”的信念下,怀揣着各种动机入党的新党员,刘少奇指出:入党之后应该以党员标准要求自己。所以刘少奇提出党员修养问题具有非常重要的历史意义和文化意义。文化意义在于,苏共关于党内同志斗争的思路,与中国传统的君子修养是两种完全不同的文明或者说是文化。共产党员要以君子的要求来要求自己,具有深刻的文化意义,可以说是马列主义中国化的一个重要内容。

按照《大学》“自天子以至于庶人,壹是皆以修身为本”的说法,修身是一个全民性的要求,并非专属于君子。相当于现代社会每一个人都必须遵纪守法、恪守道德规范。君子的要求更高。君子慎独,即君子要有高度的道德自觉性与自我监督能力。庶民遵守礼法是出于害怕惩罚,属于他律。君子遵守礼法则是出于原则,属于自律。当然,还有更高的境界——“性之”,出自本性地、自然而然地遵循礼法,那是圣人。

最近对于共产党员的君子要求是2015年开始开展的“三严三实”专题教育。其根据是2014年习近平总书记于全国“两会”期间在安徽代表团参加审议时的讲话中说的:“各级领导干部‘既严以修身、严以用权、严以律已,又谋事要实、创业要实、做人要实。’”开始只要求县处级以上领导干部贯彻,后来扩大到全体党员。“三严三实”几乎完整包含了《大学》中有关君子的要求。

拨乱反正、纠正思想政治路线的大是大非,目标是什么?邓小平指出,要解决的最重要的问题是搞清楚什么是社会主义、怎样建设社会主义。他的思路就是孔子说的“正名”。也就是说,国家治理首先要抓住时代的核心概念。每个时代都有自己的核心概念,马克思撰写的《资本论》书名就是一个词,资本。他抓住的是他所在的时代以及发展到新时代的核心概念。引领时代发展最重要的是要抓住核心概念,古人云:“失之毫厘,谬之千里”,指的就是这样的核心概念。所以,正名这个“名”就是核心概念。拨乱反正就是把核心概念讲清楚、讲准确。

“一切向前看”也来源于传统思想。《论语》中记载:“哀公问社于宰我。宰我对曰:‘夏后氏以松,殷人以柏,周人以栗,曰使民战栗。’子闻之曰:‘成事不说,遂事不谏,既往不咎。’”这段话解释纷纭。一般认为,这段话是说孔子批评宰我说错了话,告诫其今后需谨言,之前就不追究了。我认为这样解释不通顺。换个思路,假设宰我的理解是正确的,但孔子不让他说。因为宰我犯错是小事,似乎不值得收进《论语》这本教科书。恰恰是宰我说对了,而所说的事情恰恰是需要淡化处理的,孔子批评他、让他不要再说,就相当于提出了处事的重要原则,值得收进教材。《论语》中提到孔子对周武王的不满有两处。一处是《论语·八佾》,子谓《韶》:“尽美矣,又尽善也。”谓《武》:“尽美矣,未尽善也。”通过评点乐舞委婉地指出周武王有缺点。但不明说缺点在哪里。另一处是子贡论商纣的一段话。他说:“纣之不善,不如是之甚也。是以君子恶居下流,天下之恶皆归焉。”这句话是说,商纣王没有那么坏,但是因为他居于下流之地,所以一切脏水都泼到他身上了。因此,带给学员们的教训是要避免落到下流之地。

从中也可以看到,子贡对周武王委婉的批评。这两处足见孔门对商周之间的历史非常清楚。孔子对宰我讲的情况心知肚明,但不认可他挂在嘴边说。他提点“成事不说,遂事不谏,既往不咎”,为处理历史经验确立了基本原则。邓小平讲“一切向前看”,可以理解为孔子说法的简化版、浓缩版。邓小平将用“小康”一词标志改革开放的阶段目标,不仅是通俗易懂的需要,更有其深意。按《礼记》所说,小康时期,国民思想境界不高,不得不注重礼制。邓小平给时代特征下的判断是“和平与发展”。江泽民在2002年访美时在布什图书馆演讲,就各国如何相处时引用了“和而不同”理论:当代世界各国政治制度、发展道路不同,是各国人民根据本国国情作的选择,各国应互相尊重、互相学习、取长补短。这在马克思主义发展史上具有重要的转折意义。

文明多元论是由英国历史学家汤因比在20世纪40年代提出的。他认为,全人类有史以来存在过的文明共约二十几个。当代世界还存活的文明共五个——西方基督教文明、伊斯兰文明、东正教文明、远东文明(主体是中国)、印度文明。这一理论对当时盛行的西方文明中心论是很大发展。美国哈佛大学教授亨廷顿,依据汤因比的文明划分提出了“文明冲突论”。中国领导人对亨廷顿的文明冲突论提出批评,主张各个文明之间和谐共存,在对当时的美国总统小布什、英国首相布莱尔谈话时,引用孔子说的“和而不同”,提出:“世界各种文明和社会制度应该而且可以长期共存,在竞争比较中取长补短,在求同存异中共同发展。在当今世界上,我们提倡‘和’,也就是说,各国应当在政治上互相尊重,经济上互相促进,文化上互相借鉴。”

西方的基督教文明自认为掌握了真理,倾向于强迫其他文明接受其理念为最高价值,这是文明冲突的思想根源。而中国传统主张“万物并育而不相害、道并行而不相悖”,不把自己的价值观念强加于他国。中国要对人类有贡献,首先要做的就是把自己的优秀政治思想贡献给全球各族共享。“和而不同”是中华民族贡献给人类作为全球政治哲学的最高原理,也是治国理政的基本原理。中国不仅要在思想上影响其他国家,也要以治国理政为其他国家提供榜样。

党的十六大提出的“和谐社会”理论意义与改革开放前的“以阶级斗争为纲”截然不同。“以阶级斗争为纲”源自苏俄,是外来文明中的要素。其基础思路是以“无产阶级—资产阶级”对立为社会的基本矛盾。这种思维模式追根溯源是基督教文明中的基督徒—异教徒模型。中国传统是“普天之下,莫非王土;率土之滨,莫非王臣”,全体老百姓都是子民,没有特别划个别为敌人的类别。提出和谐社会理论是向中国本土传统的回归,而且和谐的概念已经列入了共同理想。共同理想最初只有“富强”“民主”两个词,后来增加了“文明”,随后又增加了“和谐”,党的十九大又增加了“美丽”,因此,现在的共同理想包含五个词,它是共产党的奋斗纲领,一步一步深入地消除外来文明造成的社会紧张。

协商民主起初对应的是选举民主,或称票决民主。起初的议论集中于西方民主是投票与协商两种方式并存的模式。协商民主的意涵经过学者、从政者以及领导多年的讨论与思考逐渐确定。协商民主最为清晰的表述,在 2014 年习近平总书记纪念政协成立 65 周年发表的讲话中,他说:“协商民主是中国社会主义民主政治中独特的、独有的、独到的民主形式,它源自中华民族长期形成的天下为公、兼容并蓄、求同存异等优秀政治文化,源自近代以后中国政治发展的现实进程,源自中国共产党领导人民进行革命、建设、改革的长期实践,源自新中国成立后各党派、各团体、各民族、各阶层、各界人士在政治制度上共同实现的伟大创造,源自改革开放以来中国在政治体制上的不断创新,具有深厚的文化基础、理论基础、实践基础、制度基础。”其把来龙去脉表述得极其全面。我理解“源自中华民族长期形成的天下为公、兼容并蓄、求同存异等优秀政治文化”，就是明确地宣布承接古代智慧。

协商民主的源头可以追溯到《尚书·尧典》，尧确定舜为候选的接班人的廷议。孟子与齐宣王一次对话论及进贤，也属于协商民主的理论建设。齐宣王问孟子，怎样才能鉴别一个人是否有才能？孟子回答，要进贤的话，首先论资排辈。如不能论资排辈则必须要谨慎，“国君进贤，如不得已，将使卑逾尊，疏逾戚，可不慎与？左右皆曰贤，未可也。诸大夫皆曰贤，未可也。国人皆曰贤，然后察之；见贤焉，然后用之。左右皆曰不可，勿听。诸大夫皆曰不可，勿听。国人皆曰不可，然后察之：见不可焉，然后去之。左右皆曰可杀，勿听。诸大夫皆曰可杀，勿听。国人皆曰可杀，然后察之；见可杀焉，然后杀之。故曰国人杀之也。如此，然后可以为民父母。”（《孟子·公孙丑上》）。孟子表述了荐贤、杀罪人都要层层听取意见，再行研究，而后作出决断。孟子说的既是群众路线，也是协商民主。协商民主就是广泛听取意见，最后作出决断。

“要拓宽中国共产党、人民代表大会、人民政府、人民政协、民主党派、人民团体、基层组织、企事业单位、社会组织、各类智库等的协商渠道。”意在“广纳群言、广集民智，增进共识、增强合力”。协商主体十分清楚，明显地作了时代创新。

中华优秀传统文化是中华民族的“根”和“魂”。优秀传统文化是一个国家、一个民族传承和发展的根本，如果丢掉了，就等于割断了精神命脉。这是在提醒共产党员，别忘了自己归根到底是中国人。中国共产党确立了自己的根之所在。另外，还提出中华优秀传统文化讲仁爱、重民本、守诚信、崇正义、尚和合、求大同的时代价值。宋明理学把天理“仁义礼智信”作为中华民族的核心价值。这六点就是“仁义礼智信”在当代创造性转化。大同经由康有为阐发、孙中山承接，是西方文明挑战下中华文明的回应和发展，意义重大。当代领导把“求大同”列为时代价值，把共产主义理想、中华民族对美好大同的向往和中华民族伟大复兴期望融和为人类命运共同体的国际战略，清楚地表现了传承关系。

在国家治理方面的最大难题，是吸收优秀传统文化的同时开展法治建设。众所周知，我国传统的治理皆属人治，而我国面临的重要使命是法治国家、法治政府、法治社会一体的法治建设，在实践中磨合探索创新是要走的艰巨道路。这是一条充满希望的光明道路，也是充满挑战的道路。

9. 过去5年的中国经济:“如无近忧,必有远虑”

演讲者:张军(复旦大学经济学院院长)

时　间:2017年9月23日

地　点:复旦大学光华东辅楼202吴文政报告厅

很高兴跟各位做个分享。看宏观经济当然是需要站在宏观角度。在看中国宏观经济状况时,我经常会想到三个基本的关系表述,它们是我们在宏观经济学里面念到的东西。

第一个是所谓的菲利普斯曲线。它主要展示失业率跟通货膨胀率之间的负向关系。我认为这个关系应该成为我们理解中国宏观经济的一个基本参照。

第二个关系是阿瑟·奥肯1962年提出的,被称为奥肯定律。它陈述了GDP增长跟失业率之间的负向关系。

第三个关系我认为应该是关于潜在增长率跟实际增长率之间的关系。这个里面,我们读宏观经济学,通常不太注意。潜在增长率是不能准确知道的,但事实上通常可以通过观测名义GDP的增长率跟实际GDP增长率的关系来判断实际GDP增长率是否接近于或高于潜在增长。

有了对这些关系的认识,现在我们来观察中国宏观经济的状况。统计上很容易看到,我们实际GDP的增长率在2012年出现了一个明显的下降。换句话说,2012年看上去是一个转折点。2012年之前的10年,实际GDP的增长率是两位数,达到平均10.2%的年增长率,但是2012年以后,就突然降了下来,而且下来得非常快。

这个现象有些费解,因为没有什么理由可以回答GDP增长率为什么在2012年突然减速并持续下降。虽然事后很多经济学家试图用五花八门的理由对这个突如其来的下降给出说辞,但我一直觉得,没有特别令人信服的证据来证明这一定是个必然事件。那些给出的理由要么说明减速可以发生在这些年的任何一年,要么似是而非,但好像很少有人捅破一个事实:政府自那以后改变了主意,放弃了之前的增长目标,就这么简单。因为放弃了之前的增长目标,2013年新一届政府便公开声明不再实施增加总需求的政策,那个时候尽管需求已在收缩。因为不再用增加需求的政策来对冲需求的收缩,这势必导致GDP增速2012年之后不仅突然降到8%以下,而且持续下降到去年的6.7%。

有意思的是,尽管GDP持续减速,但我们的就业创造依然强劲,失业率也保持了稳定。这提醒我这跟奥肯定律明显不符合。2013 年以来,我们城镇的新增就业连续保持在每年 1300 万人左右。GDP 下降了这么多,你还可以创造这么多的就业?我觉得这肯定是个奇迹。我不怀疑 1300 万城镇新增就业的数字是真的,但我好奇的是我们如何做得到。

如果没有政府在 2013 年以来推出的强就业促进政策,我实在无法解释这个 1300 万的城镇新增就业人数是怎么创造出来的。换句话说,在城镇地区,每年 1300 万新增就业是靠了政府强有力的就业促进政策的。早在 2014 年,政府第一次把新增城镇就业作为了宏观经济最优先的目标。而且把这个目标值提高到了 1000 万人以上,为此出台了大量的就业创造政策。如果大家在网络上有兴趣找一下,你就会发现,从中央到地方各级政府,为了要实现新增城镇就业 1000 万人的目标,出台了五花八门的政策,而且也包括鼓励农民工回乡创业的政策。所以,在我看来,这个 1300 万新增就业的创造在很大程度上其实是个政策效应,不是经济更快增长带来的,所以它与奥肯定律不符。

在经济增长大幅度下滑的情况下,政府是如何做得到创造那么多的就业岗位的呢?为了回答这个问题,先让我做个简单的演示。如果我把 GDP 的增长率作为分母,把就业增长率作为分子,那么这个比率就是所谓的经济增长的就业弹性系数。如果我再把制造业跟服务业分开来,那么我马上就看到,服务业 GDP 的就业弹性系数在 2012 年以后出现了不可思议的上升,而制造业的就业弹性系数则大幅度下降。

为什么服务业的就业弹性系数魔法似的突然跳上去了?如果不是短期的强就业促进政策的推动,我看不出还有什么原因可以解释它。国家统计局给出的就业增长率在制造业和服务业两个部门的变化趋势也能说明一些问题。过去这几年,服务业的就业增长率已经远远领先于制造业了,而在 6 年前,制造业的就业增长率还远远高于服务业。但是这几年,特别是 2012 年以后,政府的就业促进政策发力,服务业的就业才开始加速增长。

那么在政策上这一点如何做得到?经济增速持续下行,制造业总体在不断释放失业人口,在短短几年的时间要能解决这么多人的就业和再出路,唯一的办法就是让劳动力要么回乡,要么进入低端的服务业。考虑到大多数现代服务业是制造业派生的,因此,消费性服务业更可能成为就业促进政策的重点。

尽管我们现在没有很微观的数据,但如果我们把金融、银行、保险、教育、通信产业、信息产业等现代服务业拿掉,大概可以把剩余的看作中低端的服务业。按照这个口径来计算就业的增长,我们就会看到,2012 年以后,中低端服务业吸纳的就业不可思议地在扩张。

虽说在经济增速持续下行的时候就业没有出太大的问题,但这在很大程度上是政策的结果,并不是因为服务业为了自身劳动生产率的扩张需要而产生了对大规模就业的快速需求。事实上,如果是后者,我们应该可以计算得到服务业的劳动生产率在这几年就业扩张期间应该表现出持续的改善和提升的趋势。不幸的是,情况并非如此。我们用国家统计局的数据计算得到的结果恰恰相反。我们整体服务业的劳动生产率增速根本没有上升,反而是在持续的恶化。

这些年来,由于经济下行,投资回落,制造业的劳动生产率增速在恶化,因此制造业释放出来了更多的失业人员。但是服务业的就业在持续扩大,为什么劳动生产率的增速也在大幅度下降? 如果不是 2013 年以来政府采取的强就业促进政策,我想这个结果应该不会出现,至少不会如此显著。强就业促进政策看上去在短期似乎大大缓解了经济下行时的就业压力,但中长期的后果值得担忧。

强就业促进政策其实不利于我们经济下行压力的缓解和经济复苏。对政府而言,短期保住了就业,就倾向于中立的宏观政策了。而且就像政府公开声明的那样,只要经济没有下滑到我们的底线,就可以不急于改善总需求。由于需求改善缓慢,尽管看上去我们的就业增长强劲,但我们经济的物价总水平却处于历史地位(这跟菲利普斯曲线有悖),生产者价格指数 50 几个月下降,市场对我们经济增长的前景缺乏信心。

任何的经济,复苏在短期主要是靠改善需求实现的。如果需求改善,经济复苏,就能为推进结构改革创造条件。前几年,国家统计局局长在一个会上也说,7%—8%的增长有利于我们的结构调整和改革。但我们这几年一方面需求改善的不够,另一方面又推进了供给侧的结构调整,所谓的“三去一降”。这个做法在很大程度上并不能改善宏观经济的状况,债务率和杠杆率并不能显著下降,因为“三去一降”也降低了名义 GDP 的增速。

这似乎不是一个好办法。在经济下行的压力之下,我们已经看到,这么做并不能缓解下行的压力,经济下行压力的缓解靠的是需求的改善和总体价格水平的回升。但过去这 5 年,我们看到,生产者价格指数(PPI)四年半的时间处于负增长的状态,直到一年前才慢慢复苏到零增长和现在的正的增长。但一年来这个价格水平的复苏其实并不是因为国内需求已经有了大幅度改善,而可能主要是因为出口的需求改善了,这个信号被放大，让企业开始增加库存。为什么这一年来生产者价格指数回升的快，而消费者价格指数毫无变化？原因就是只有上游行业的价格涨得非常快，就跟这几年实行三去一降低的供给侧政策导致的上游产能的紧张有关。因为终端的需求并没有显著改善，上游行业的去产能反而给市场造成了经济复苏和再通胀的假象。

这一阵子，业界和学界就有没有新周期展开了热烈的讨论，也是由这个假象引起的。这两天，国际评级机构标普又下降了中国的信用评级。看上去不可思议，因为中国政府这几年一直在推进结构调整，去年开始已经在收缩资产负债表了，但是标普为什么还会给我们降级？我想主要原因还是我们经济下行的压力没有真正得到缓解。在这种情况下，即使你的信贷增长放慢了，但因为你的名义 GDP 下降得更快，你的信贷密度并没有真正下降。

今天论坛的主题涉及未来 5 年中国经济怎么看。我讲了过去 5 年的政策和我们宏观经济的局面。我的分析结论是，过去 5 年尽管就业保住了，但并非高枕无忧，并非应该在宏观政策上过于中立。未来几年，我们希望看到我们的名义 GDP 增速可以加快一些，从而实际 GDP 增长率也能回升一些，这不应该是很可怕的事，我们应该有这个条件阻止经济进一步的下行，保持经济增长的稳定和复苏。现在看起来 GDP 增长率回到 7%以上也是可能的，并不会迅速引起通货膨胀。其实，在增长持续复苏的这个前提下，我们有适度的通货膨胀也并非那么可怕。这几年，我们的通货膨胀目标定在 3%，但哪一年达到过？都没达到，说明我们的需求还没有实质性改善，名义 GDP 增长率这些年一直是低于实际 GDP 增长率，需求不振，造成了企业的困难，对我们处理债务和降低杠杆不利，当然也不利于推进结构性改革。

10. 15至19世纪中国社会转型真相:乡土中国率先走向市场经济?

演讲者:赵思渊(上海交通大学人文学院历史系副教授)

时　间:2017年5月27日

地　点:同济大厦A楼301报告厅

清时代的乡村生活与我们当下的日常有什么关系呢?明、清两个王朝涵盖了从15世纪到19世纪的中国历史。这段时间中,尤其是十七八世纪,中国社会经历了显著的社会秩序上的转型。今天我们对中国乡村社会,尤其是何谓"传统"的印象,常常是来自18世纪之后的历史经验。

当下的社会经验中,城市是各种资源与人流的聚集地,乡村的吸引力显得没有那么大。但在一百多年前,情形可能并非如此。19世纪80年代,苏州著名的文人俞樾曾说过一段话:"为子孙耕读计,则居乡自胜于居城。"也就是说,直到19世纪末,在中国的士绅看来,乡村,才是家族繁衍、耕种也就是维持生计,以及读书也就是获得名望、考取功名的最理想的地方。在漫长的,直到离我们还不是很远的时代的历史过程中,中国社会与文化的主干力量,这些士绅们,都将乡村作为自己的安身立命之处。不论是在外做官,还是远游江湖,最终都要回到乡村。所以,我们有必要回到乡村的生活场景,从这里出发,我们才能理解由士绅所创造的,对于中国传统来说最具代表性的一个文化传统与社会秩序,也由此,可以提出我们的反思。

作为乡村生计基础的"耕"其实并非简单的"面朝黄土背朝天"。"耕"的技艺中包含了对自然环境的理解,也包含了对市场与社会的敏感。

> 谭晓,邑东里人也,与兄照俱精心计。居湖乡,田多洼芜,乡之民皆逃农而渔,于是田之弃弗治者为池,余则周以高塍,辟而耕之,岁入视平壤三倍。池以百计,皆蓄鱼,池之上架以梁为茇舍,蓄鸡豕其中,鱼食其粪又易肥,塍之上植梅桃诸果属,其污泽则种菰茈而售之。室中置数十匭,日以其入分投之,若某匭鱼入,某匭果入,盈乃发之,月发者数焉,视田之入又三倍。晓、照俱纤啬惮费,无纨绮服,非大故不宰割,于是资日益饶。(光绪《重修常昭合志稿》卷四十)

谭晓生活于明代中叶的常熟。谭晓兄弟所从事的"耕"已经是一组复杂的劳动组合。如何改造低洼地,如何整合渔业、牲畜与桑林,这其实需要对环境与农业的深刻理解。事实上,这样的农户并非个案,明清之际的江南乡村,这样的例子还有不少。比如常熟还有个人叫归椿,在白茆河边整修水利,利用水利设施改良盐碱地,不仅获得高产，而且吸引周围的农民迁徙过来，形成新的聚落，甚至“庐舍市肆如邑居”，也就说住在这里和住在城市里一样繁华。这就不仅是深刻理解自然环境与农业条件，而且也洞察社会的需求，并且懂得利用市场的力量了。

明末清初，也就是 17 世纪上半叶，我们在江南可以看到很多这样的农业经营家，明清乡村的面貌是经过他们之手，努力经营、改造而形成的。所以当时也有士绅总结农业与乡村生活的经验。比如明末生活于桐乡的张履祥，后世称他“杨园先生”，他把自己对农业与乡村生计的理解写成一本《沈氏农书》。这本书中列举了各种维持乡村生计、提高农业产出的方法。例如，他说“当得穷，六月里骂长工。”也就是要善待雇佣工人，“供给之法，亦宜优厚。炎天日长，午后必饥罢；冬日严寒，空腹难早出。”要给予长工充足的饮食，并且善待之，才能保证农业生产。张履祥还强调家庭中妇女纺织的重要性，从中我们可以看到，女性一直是江南乡村生计中的支柱，妇女纺织可获得大约 30%的净利，远高于男性从事耕种。而纺织中收集桑叶、养蚕、抽丝、纺织的各个环节，又将农户紧密地连入广阔的市场。

明清时代江南的乡村农户都具有经营的智慧，将自己的农田经营成一个综合经营的生产单位。他们不仅生产粮食，还有一些特色的产出，比如茶叶、漆树、木材等等，只有这样才能获利。即使是种粮食，也要注意工人的价格和商品的价格。这意味着，一定要有市场，乡村的生计才能维持并且获得内在更新的力量。这个时候，乡村的生计就开始超越“耕”的内涵了。

明清江南的乡村市场中，最有名的是徽州商人，当时有“无徽不成镇”的说法。明代，由于当时的盐专卖制度，使得大量的徽州商人拥有了巨额财富，直到清代，徽州商人仍然控制着东南地区的商业。明代著名的戏剧家汤显祖有一首诗：“欲识金银气，多从黄白游。一生痴绝处，无梦到徽州。”

除了商人集团，徽州也保留了数量庞大的契约文书。从这些契约文书中，我们可以看到明清时代的乡村社会中存在着高度发达的市场机制与商业信用。事实上，契约文书曾经广泛存在于全国各地的乡村中，只是由于历史的原因，徽州保留数量最大，迄今已发现的数量可能超过一百万件。

常见的明清契约中，会写立交易双方的姓名，见证交易的“中人”以及书写契约的“代笔”也会署名。契约中还会写明交易标的与交易价格。契约中还会普遍地注明“报官受税，永远管业”，或者“其税候造册之年从买人过割”，或者“其四至照依清册为规”。也就是说，这些乡村中的土地交易，其背后有一整套的国家土地制度作为支撑。具体地说,主要是明初确立的黄册与鱼鳞册等土地制度,土地制度在17世纪之后经过一条鞭法的推行,经历了巨大的变化。就乡村来说,依靠官方认可的一整套土地信息登记,土地自由流转的交易信用得以有效保障,乡村土地市场也得以蓬勃发展。

17世纪以来的乡村社会中,也形成了对市场机制与交易信用的高度认可。我们在乡村契约中常常能见到这样的话:“倘若内外人争论,自有卖人之当,不该买人之事。”这话读来平常,其实反映了乡村中对于交易中的权利分割与责任的深刻理解。如果我们对照明清时代的法律,在对应的“户婚田宅”律例中,其实对交易的规定是非常简单的。这意味着,更多、更复杂的市场机制,是在乡村社会的实际运作中,以及地方政府的司法实践中,逐渐形成的。如果从我们今天的生活经验来看待,这可以说是一种有中国特色的“契约精神”。甚至,这个时代的绝大多数土地交易都是不曾在政府登记的。同时,乡村社会中也存在着将各种经济权利以股份化的形式分割、处置的方法,也即学界经常称之为“一田两主”的惯习。以上的种种现象都意味着乡村社会中更多地依靠内在的秩序与信用维持所有的交易活动正常运转。

18世纪之后的乡村社会也已经链接入广阔的国际市场。南方乡村的生计中,丝、棉、茶叶等曾经是最大宗的经济作物。至少到18世纪之后,依托这些作物的乡村生计已经与国际市场发生密切关系。在徽州,19世纪曾经出产数种国际知名的茶叶品种,如“婺绿”“祁红”“屯溪”……这些茶叶畅销欧洲,在19世纪初,每年有以十万磅计的徽州茶叶,通过广州源源不断地运往英国。今日人们所熟知的所谓英国红茶,最早正是以“祁红”为主要材料。乡村中,“茶市”成为村民们一年生活中一个重要的时间节点。我们常常从契约中看到“茶市”成为徽州乡村中金融借贷的计息起点或还贷结点。

如果对比同时代的欧洲,东西方的商业文化与市场秩序表现出微妙的差异。17、18世纪的欧洲具有丰富的教会档案,以及企业、行会档案。但欧洲较少中国这样乡村农户的以一个个家庭为单位形成的契约、账簿……这显示出两个社会中乡村与市场的关系相当不同。

我们可能不禁要问,是哪些因素支撑了传统中国乡村中如此发达的市场运作呢?其中最关键的三个要素,可能是发达的文字传统,高度尊重民间习惯的司法实践,以及具有股份制特征的礼仪秩序。

纵观19世纪之前的人类文明中,中国是公认识字率较高的一个社会。不仅如此,17世纪以降,中国社会中的出版业还大量出版被称为“万宝全书”及“日用类书”的各种出版物,这些书籍专门传授人们日常生活,尤其是商业往来中的必要知识,如计算、书信格式、契约格式,乃至于全国各地的物产及商路。这些知识的广泛传统,使得相距遥远的人们也能够使用相同的商业规则进行生意往来,也使得乡村中的人们更容易进入广阔的商业网络。更重要的是,格式高度类似的各类商业文书,更容易维持交易中的信用,而较少发生因规则不同引起的经济纠纷。

高度发达的文字传统也意味着人们更容易共享相同的价值观。在科举制度的约束下,儒家思想是中国社会中知识精英、社会精英们共享的基本价值观。这些价值观也自然地向乡村中的不同社会群体渗透。尤其是,明清时代的不少士绅都致力于建设“义学”“族学”,这些基于儒家思想建立的学校进一步整合了乡村社会中的价值观与社会秩序。

另一方面,进入清代之后,地方政府在司法实践中特别强调遵循民间的惯习。在明代末年,江南士大夫陈确已曾经说过:“惟田与宅转相买卖,虽仁人君子不能以自止也。而忠恕之论亦可得而采述焉。其交从之,则太和之世也。”也就是说,士绅们已经承认民间的交易习惯不能拘泥于儒家伦理或者法律条文来看待。到了清代,地方政府就更加支持并依据民间订立的各种契约、账簿,进行司法裁判。这些“书证”虽然并无明确的法律条文规定其效力,在民间社会中却具有非常高的效力。

清军刚刚占领徽州时,就已经有当地人到政府中申诉,因为战乱,所有契约、账簿等文书全都遗失,希望政府能为其开具“执照”作为凭证,因为“切念契文约账,事关产业无凭”,乡村中如此看重这些文字凭证,又是与中国社会具有发达的文字传统相关的。

最后一个层面是社会秩序。明清时代中国南方的乡村中,给人印象最深的可能是随处可见的宗祠、牌坊、寺庙、义学……这背后则是发达的宗族组织与民间信仰团体。宗族与民间信仰,常常不仅是为了血缘继承与神灵崇拜,他们更重要的是以特定的秩序将乡村中的人们联系起来,从而使乡村中的经济活动获得伦理上的合理性及更高的社会信用,甚至有时成为一种融资平台。

20世纪50年代,英国人类学家弗里德曼(Maurice Freedman)通过观察广东的宗族组织,总结认为,中国乡村社会中的宗族组织,实际充当着“控产机构”(corporation)的功能,后来,科大卫进一步推进:“弗里德曼正确指出了这些宗族集团控产机构的特点,特别是它们掌控着共同的产业。但这并非是说共同产业由所有宗族成员均沾,而是宗族之内包含了以祖先名义控产的集团,因此宗族中的男子便成为不同控产集团中的一员。产业登记在祖先名下,里甲制继之而起,为宗族开了方便之门,让产权归在单一姓氏之下,使继承规例成为分产规例。”也就是说,宗族以其祭祀活动,为乡村社会提供了以股份制的办法处置经济权利的平台。

从今日回望明清时代的乡村,当时的乡村生活嵌入于市场之中。市场的力量,保障乡民可以通过努力获得富足的生活。财富在乡村中转化为宗祠、学校、庙宇,构成了乡村社会与文化的历史图景。今人所熟悉的乡绅及其文化,正是从这样的历史图景中出现的。但是,乡绅与国家力量,同时也构成了乡村社会中的身份与等级制度,约束了人们有关个人发展与社会福祉的想象力。

11.“科学为王”的时代,哲学有什么价值

演讲者:韩东晖(中国人民大学哲学院常务副院长、教授)

时　间:2018年4月17日

举办方:复旦人文智慧课堂

据说,哲学系的学生最怕人问两个问题:第一,哲学是什么?第二,哲学有什么用?

对于“哲学有什么用”这个问题,正确的提法应该是:什么样的哲学在什么社会中、在什么条件下,对怎样的人有怎样的用处?这样一来,我们就会发现其实根本无法笼统回答这个问题。同样,“哲学是什么”这个问题也是如此。我们很难指望能够得到一个贯通古今、超越时空的总体理解。所以,有必要按照维特根斯坦的观点,对“哲学”这个概念采取家族相似性的理解。

仅就西方哲学而言,就不是由单一传统构成的。其中,既有我们熟悉的古希腊哲学,也有基督教思想,以及来自东方的流风余韵等。所以,哲学这个概念貌似无远弗届,实则依靠多种多样的相似性而得以识别出来。对我们来说,与其关注哲学的本质是什么,倒不如关注被称为哲学的各种理论和思想具有哪些相互交叉的重要方式。

人们曾经无数次想为哲学这个家族寻找统一的血脉、统一的DNA,甚至不惜武断地把某种观念、某种理论作为哲学的基本问题。这种构造统一家族的理想,实际上是难以实现的。所以,千百年来我们追寻“哲学是什么”的答案,最终不得不回到这个词的词源,那就是“爱智慧”。基于此,当我们思考哲学的时候,不应尝试去回答哲学是什么,而要把哲学理解为特定的理智生活。这种理智生活根植于我们的语言、文化、传统、制度、认识之中,立足于我们的生活和社会交往之上。

在西方哲学这个“大家族”中,“嫡亲成员”多数已经分化出去,有的远走他乡杳无音信,有的弃暗投明脱胎换骨;更有甚者,有些似是而非的“家族成员”拿着新的谱牒、新的方法要求“老迈无能”的家族领袖退位。但是,我们就能由此得出“哲学已死”吗?

先来看最初的阶段,哲学、科学、神话尚处于未分化的状态。在哲学的童年,人们好奇地注视着这个世界、这个宇宙,力图通过获得知识来解释一切现象,所以才会去追问某种东西是什么。柏拉图曾反复求索:什么是勇敢?什么是美?什么是善?但是,他最终没能给出普遍性答案。

把哲学从天上召唤下来的是苏格拉底。他让哲学进入千家万户,让哲学从自然这个幽暗的背景当中解脱出来。在中国,也经历了相似的过程。《系辞》里面就讲,当年伏羲"王天下"的时候,仰则观象于天,俯则取法于地,观鸟兽之文与地之宜,近取诸身,远取诸物,于是始作八卦,以通神明之德,以类万物之情。这也就是说,八卦既是对事物的认识,又是对人神之间关系的考察,同时也讲出了若干普遍的朴素道理。这是第一个阶段。

第二个阶段,我将其称之为哲学和科学结盟、与神学及神话相分离的阶段。在欧洲,经过中世纪的理性精神和宗教哲学的长足发展与重大变化,近代人文主义得以诞生。人文主义的哲学运动迫切要求获得关于世界的精确认识、获取崭新的普遍知识。这种科学的追求,以上帝的超越视角和人的经验方式,建立起新的自然科学。对此,德国哲学史家文德尔班的解读是,近代自然科学是人文主义的"女儿"。这一时期,很多思想家身兼科学家和哲学家于一身。他们放弃对自然源于宗教或天启的认识,而把自然作为理性和经验的对象来把握。同时,当时的科学则建立在两个基本的哲学范式上:一个是新柏拉图主义,另一个是机械论。新柏拉图主义强调数学在一切知识中的基础地位,甚至认为整个世界都是用数学语言写成的;机械论则把世界理解为巨大的机器,通过对现象的挖掘,就可以把握世界背后所蕴藏的奥秘。20 世纪德国哲学家海德格尔对这个问题还有另外一个重要看法。他提出,近代科学甚至整个西方文明、西方科学传统都建立在一个概念之上,即数学因素。这里的数学不是现在的高等数学、初等数学,而是数学化的世界观,即万物均可计算。用当下的流行语来说,就是数字化生存。人们眼下津津乐道的大数据、"互联网+",一定意义上说都与西方传统中的数学因素有着密切关联。

第三个阶段是哲学和科学的分离,它导致了社会科学的诞生。这个分离主要发生在 19 世纪。近代科学革命以来,当哲学仍然在讨论无解的传统问题之时,科学却以飞速的发展摆脱了对哲学的依赖。哪些领域能够有望实现突破,科学家就奔向那些领域。哲学被科学远远地甩在了后面。到 19 世纪,人类的知识可以说呈扇形展开,一端是自然科学,另一端是文学、哲学、历史这样的人文科学;社会科学居于其间,主题上接近于人文科学,但在方法、宗旨上与自然科学如出一辙。这一变化导致了哲学的人文化,使哲学成为人文科学的一部分。康德在讲学科之争的时候认为,哲学是更基础的,在学术机构中应该具有更高的位置,所有学生都应该有哲学的训练。但实际上,哲学在学科分类当中已被归入人文学科。这是对哲学的误解,还是哲学的宿命?

当我们观察与哲学有关的各种理论、问题、思路的时候,所寻求的不是同一个本质,而是它们之间的相似性。这种家族相似性的描述方法,事实上不仅仅针对哲学。所有一般性概念,如科学、宗教、生活、幸福等,都是具有家族相似性的概念。它们由一系列相似的特征联系起来,形成了丰富多彩的庞大“家族”。这个“家族”既不是无时间性的、非历史性的,也不是僵化的,而是在不断演变的。

哲学的河床是人类的生活形式,但生活形式不是一成不变的。哲学是思想史的一部分,思想史是文化史的一部分,而文化史又是人类的自然史。人们之所以不断地重写哲学史,不断地去分析哲学理念,正是因为我们追问的方式、文化的形成和解决的方案在不断地变化、翻新和拓展。因此,对于哲学的理解要有开放的心态。由此,诸如中国哲学的“合法性”问题,如果我们破除了对于哲学的本质主义观,其实是不成问题的。

进一步来看,在谈论哲学的特点时,有这样几个关键词:真理、力量、控制、秩序和设计。这些关键词构成一个重要主题。对这个主题的思考,恰恰是当代哲学的历史性责任。人们通常说,哲学或者科学在追求真理,宗教则是旨在获得信仰。这种说法可能过于界限分明了。一定程度上说,近代西方宗教和近代科学本身都是在追求“真理”,只是追求的方式有差别。科学追求真理,同时旨在获得力量。由此,培根提出了“知识就是力量”这一响亮的口号。

把真理和力量结合在一起让我们认识到,科学并不仅仅在追求真理,还力图驾驭自然。对自然的驾驭即是对人类自身的驾驭,进而是对人类思想、意识、记忆、心智的驾驭。这个问题的重要性,在人工智能时代愈发显现。

接下来的关键词是“控制”。力量和秩序的目的都是为了有所控制。各种社会形态都有相应的管理、治理方法,都是控制。但到了21世纪,光有控制不够,还要注重设计。按照基督教的说法,设计最早是由上帝来做的,人是不能对世界万物进行设计的。但进入新的历史时期,人类具有了巨大的设计能力,最明显的体现在对自然的改造上。当然,这不是说之前就没有改造,只是今天的改造无论就力度还是创新程度而言都远胜以往,甚至有人试图以人工智能为基础来设计全新物种。

以色列历史学家尤瓦尔·赫拉利的两部著作《人类简史》和《未来简史》就谈到了这个问题。特别是《未来简史》,着重谈论的就是在人工智能时代,人会不会把自己造就为“神人”? 书中有很多设想和预言,如人类寿命的普遍延长。如果人类普遍年龄在150岁,会对现行社会结构产生怎样的颠覆性影响?这还只是比较近期的、可以预期的寿命,赫拉利甚至设想人可以追求永生。

有一部英国电视系列剧《黑镜》,其中的黑镜类似于一个黑洞式隐喻、一个深不可测的深渊。这部电视剧特别关注人类的意识、记忆以及机器对人的控制等主题。在某一集中,编剧设想我们能够提取某个人在某一时刻的记忆、心智乃至自我,并将其完整地备份到闹钟大小的微型设备里,然后把"它"放在现实个体的案头,来处理日常生活中的琐碎事务。这个"它"以为自己过着跟真实的个体同样的生活。一旦意识到自己只是一个被封锁在密闭容器里的自我,"它"就会发疯。

这个电视剧其实是在拷问现代技术与人类的自我意识、人格之间的关系,在拷问人性和机器操控之间的关系。所以,一旦开始设计人类生命、设计人类本身,无论是道德观念、法律维度还是自我认知,都会发生根本性的颠覆。

"哲学已死",出自英国物理学家霍金之口。在他看来,诸如我们为什么在这里、我们从哪里来等,过去是哲学要回答的问题,现在哲学却无力回答。相反,它们开始交由自然科学来回答。更有甚者,哲学家在不断回顾这些问题时,又无力进一步结合自然科学的发展来予以解答。这就是霍金讲"哲学已死"的原因所在。我觉得,霍金对哲学的理解比较传统,没有达到更为完整、全面和深入的理解,但他的批评值得哲学家群体警醒。

事实上,当我们思考人类信念系统时,应当注意到它是多层面的、多维度的。这里,我们要关注的主要是两个层面:描述性的维度和规范性的维度。在描述性维度上,科学具有优先性。但除了自然领域之外,人类的生活更多居于规范性层面上。对于规范性来说,最直接的理解就是道德和法律。道德告诉我们应该做什么,法律告诉我们禁止做什么。这是规范性最突出的表现。

实际上,规范性无处不在。我们无时无刻不在参与对事物的评价,使用概念的时候也是在遵循特定的规则。哲学恰恰活跃在规范性的领地。这也就能理解,为什么哲学的活动会遍布在人类知识的所有领域,如道德哲学、法哲学、经济哲学、社会哲学、数学哲学、科学哲学等。因为所有自然科学都包含描述性所无法处理的规范性层面,表达这些科学原理的部分需要哲学来参与。而没有哲学来澄清特定学科的基本概念和进行语义整编,就容易导致严重误解。

基于这些认识,我们来探讨在"科学为王"的时代,哲学到底有什么价值?

首先,哲学具有彻底反思和适度怀疑的精神。其他学科可能也会有反思,但哲学的反思是具有彻底性的。适度怀疑不同于怀疑主义,不同于极端的相对主义。适度怀疑能够让我们的心智保持活力。

其次,哲学具有思想划界和批判的作用。哪些领域是可以认识的,哪些是不可以认识的,可以言说的和不可以言说的领域如何划界,人类思想和表达可以区分为哪些空间或区域……都是留给哲学来做的工作。其目的在于让人们充分理解人类理性的限度及其遵循的法则,以避免人类陷入过度自负。

最后,哲学具有促进自身认识和人性理解的作用。这里要强调的是,最好把人的特点理解为规范性的动物。有观点认为,人的一半是天使,另一半是野兽。“野兽”即强调人的本能特征,即实然方面;“天使”强调人的道德,即应然方面。但是,现实中并不是如此简单。

在实际生活中,我们常常会思考:这样做对不对?应不应该这样做?行动的理由在哪里?这些问题都引向了关于规范性问题的回答。就规范性来讲,我们不是在寻求真假,甚至也不是在追求对人类的操控和设计,而是最终要回答我们的文化模式、社会秩序是怎么形成的,我们所遵循的抽象规则是怎么形成的,“我”和“我们”是谁。这就是自身认知和人性理解方面的复杂问题。我个人认为,对于科学世界观下的哲学未来发展而言,在规范性领域中的划界与批判是哲学最有前景的一面。就此而言,哲学的一个重要价值,就是让我们每一个个体去深入、自主、谦逊地理性思考。

12. “三大发明”是怎样变成“四大发明”的?

演讲者:方旭东(华东师范大学哲学系教授、九三学社上海市委理论与社史研究中心副主任)

时　间:2018 年 4 月 24 日

举办方:东方讲坛·思想点亮未来(第三季)系列讲座

中国古代四大发明,相信大家都耳熟能详。但“四大发明”这个说法是怎么来的,可能很多人还不是特别清楚。

这里,就要提到一个英国人。他叫李约瑟,英国近代生物化学家、科学技术史专家。1943 年,李约瑟应邀到中国重庆访问。在当地发表的讲话中,李约瑟提到了“三大发明”。他说:“中国人最伟大的三项发明无疑是造纸印刷术、磁罗盘和黑火药。”请注意,李约瑟提到了造纸,但并没有说是“四大发明”,而是将造纸和印刷术连在一起讲。

李约瑟还说:“如果没有火药、印刷术和指南针,欧洲封建主义的消失就是一件难以想象的事。”把这段话跟马克思的话做一个对照,我们会发现一个有趣的现象:马克思认为,火药、指南针、印刷术,预告了资产阶级社会的到来;而李约瑟说没有火药、印刷术、指南针,封建主义的消失难以想象,二者之间存在惊人的神似。

熟悉人类社会五阶段论的人知道,封建主义的消失和资产阶级社会的到来,说的是一回事。如果考虑到李约瑟本人的社会主义倾向,那显然这里是未加注明地引用了马克思的观点。那么,到底什么时候“四大发明”才正式登场呢? 那要到李约瑟赖以成名的大作——《中国科学文明史》(有时也翻译成《中国科学技术史》)出现的时候了。该书出版于 1954 年,明确把造纸术和指南针、火药、印刷术相提并论,从而实现了“三大发明”到“四大发明”的飞跃。

应当看到,“四大发明”这个说法不是从来就有的,而是慢慢出现的,并且最初也不是我们中国人自己讲出来的。英国哲学家弗兰西斯·培根有一句名言,叫“知识就是力量”。1620 年,培根在《新工具》一书里提到了三种发明,即印刷术、火药和磁石:没有任何其他发明能与这三种发明——印刷术、火药和磁石——媲美,古人并不知晓它们,直到最近,它们的起源也是糊涂不清。这三种发明已经在世界范围内把事物的全部面貌和情况都改变了:第一种是在学术方面,第二种是在战事方面,第三种是在航行方面;并由此又引起难以计数的变化来……任何教派、任何帝国、任何星辰对人类事务的影响都无过于这些机械性的发现了。培根提到的是“三大发明”,跟现在我们熟知的"四大发明"相比，少了一个造纸术。这个"三大发明"对后面的"四大发明"是有一定影响的。

培根之后，还要讲一个英国人。他叫麦都思，是英国的汉学家。什么叫汉学家？在中国古代，汉朝非常强大，西方人通常把中国人称为汉人，研究中国的学问就称为汉学。麦都思就是这样一个研究中国古代学问的人。他在 1838 年出版的一本书里，也讲到了"三大发明"：中国人的发明天才很早就表现在多方面。中国人的三大发明（指南针、印刷术、火药）对欧洲文明的发展，提供异乎寻常的推动力。这一次，麦都思明确说到"中国人的三大发明"，内容就是指南针、印刷术、火药。如果要追溯中国古代"四大发明"的语源，麦都思的"三大发明"可以说是它的前身，或者说是雏形。

关于中国人的"三大发明"，其实不少历史名人都曾经提到过。今年是马克思 200 周年诞辰。马克思写于 19 世纪 60 年代的经济学手稿，其中就提到了"三大发明"。马克思是这样说的：火药、指南针、印刷术——这是预告资产阶级社会到来的"三大发明"。火药把骑士阶层炸得粉碎，指南针打开了世界市场并建立了殖民地，而印刷术则变成新教的工具，总的来说变成科学复兴的手段，变成对精神发展创造必要前提的最强大的杠杆。

可以看到，马克思没有特别提到"三大发明"的归属，也没有特别提到"三大发明"的起源问题。但马克思对"三大发明"之说有一个重要贡献，那就是他对"三大发明"的社会意义、社会影响有一个高度肯定，这个评价后来在广为流传的"四大发明"之说中被反复引用。

到了李约瑟这里，他在《中国科学文明史》中明确总结：在中国完成的发明和技术发现，改变了西方文明的发展进程，并因而也确定改变了整个世界的发展进程。"指南针使地理大发现成为可能，造纸术有助于人文精神的传播，火药推动了欧洲社会历史的变革，印刷术为文艺复兴准备了条件"，这就是"四大发明"最初的一个经典表述。

以上简单介绍了"四大发明"说法的由来。接下来，想围绕"四大发明"逐一展开分析，看看"四大发明"在什么意义上可以说是中国人的巨大贡献。

先来看造纸术。注意，这里说的不是造纸。为什么不是造纸呢？因为西方人也会造纸，如埃及人很早就造出了莎草纸。东汉蔡伦只是改进了造纸术，他最大的贡献是用一些新的材料来造纸。他用什么东西造纸呢？史书记载，蔡伦"用树肤、麻头及敝布、渔网以为纸"。树肤就是树皮，麻头就是麻纤维，敝布就是破布。所以，我们现在说蔡伦发明了造纸术，是比较笼统的讲法。准确的提法是，蔡伦发明了一种非常方便的造纸方法,这对于书写材料是一次革命。

前面提到,一些西方人不接受中国人发明了造纸的这个说法。原因就在于古代埃及很早的时候就有了莎草纸,欧洲人中世纪使用的则是羊皮纸。先来看莎草纸。莎草是尼罗河畔生长的一种天然植物,古埃及人把莎草的筋压平压扁,把它们缝在一起,在上面用书写工具写符号。再来看羊皮纸。欧洲很早就有羊皮纸,现今牛津大学图书馆还有一个“镇馆之宝”,就是中世纪的羊皮纸写本。可羊皮纸的问题在于,羊皮的来源有限,制作和保存相对麻烦,太笨重不好收藏,一潮湿又会泛各种各样的怪味。所以,当中国的纸传到西方后,西方人非常喜欢,很快就用它来印《圣经》。

此外,古代印度人使用一种贝叶纸。贝叶是一种植物的叶子,但由于这个纸是天然的树叶,无论是搬运、阅读还是保存都很不方便。跟这些纸相比,我们中国人可以自豪地说:蔡伦发明的纸又好用、又便宜。好用,就是大家愿意用;便宜,就是大家用得起。

纸在中国同样也经历了一个发展的过程。在蔡伦纸之前,中国早就有了书写的文化,但书写材料不一样,包括金属、石头、龟壳、动物骨头、竹子、木头、丝绸等。竹子也好,木头也好,最大的问题是笨重。古代形容一个人学问高叫学富五车,什么叫学富五车,意思就是他读的书要用五辆车才能拉走。放到现在,可能一个U盘就搞定了。竹简是用牛皮绳编连起来的,很容易散乱。有一个成语叫韦编三绝,说的是孔子晚年非常喜欢读《周易》,但由于翻阅次数太多,以致编连竹简的牛皮绳断了三回。“韦”特指小牛皮,联结竹简的绳子通常是用小牛皮做的。丝绸写的书即所谓帛书,也存在一个保存的问题,而且丝绸非常昂贵,一般人用不起。

再来看印刷术。关于印刷术这个发明,准确的说法是北宋毕昇发明了活字印刷术,而不是说发明了印刷术。印刷是由“印”和“刷”两个字构成的。关于“印”,人类很早就发明和使用了。毕昇印刷术的重点是泥活字印刷术。这种印刷术相对于以前所用的印刷术,有很大的优点。在中国,以前主要是雕版印刷,简单说就是类似于一种版画。雕版印刷要用很多块木头,才能把一本书的内容刻下来。这当然是很费功夫的,而且刻出来之后也是一次性的。活字就比较简单,不用每次都来刻。

需要指出的是,关于活字印刷术,也存在一些争议。最初,西方人对中国人把印刷术视为自己的一种发明很不以为然。一些西方人认为,印刷术理所当然是指铅活字印刷术,而不是中国人发明的泥活字。今天来看,毕昇的泥活字印刷术,也的确有很大的局限。

我们先看一组时间：1048年，毕昇发明泥活字印刷术；1314年，山东人王祯创造出木活字印刷术；1488年，无锡人华燧用铜活字印刷。可以看出，从1048年到1314年，再到1488年，中国在活字印刷的进化方面非常缓慢。为什么这么缓慢？因为泥活字有它自身难以克服的困难。

其一，汉字本身的特点决定了活字印刷在中国古代不能全面流行开来。大家知道，汉字是方块字，汉字的字量非常大，常用汉字有六七千字，还有很多生僻字。它们平时的使用率不是很高，但要排一本书，可能就要专门去造这个字了。其二，古代排字工文化程度较低，很多人甚至不认字，而这个工作又要求他的认字能力很高。于是，很多字他知道读音，却不知道该到哪里去找。所以，尽管1048年就发明了活字印刷术，可在相当长一段时间里，人们还是习惯于用雕版印刷。中国尚且如此，更不用说西方了。因此，就传播影响来说，中国的活字印刷术并没有像前面一些人说的对世界的贡献那么大。

关于火药，我们要明确，中国人发明的火药是黑火药。也许有人会问，强调这一点有必要吗？火药还有什么特别的区分？事实上，现代意义上的火药是所谓的黄火药，俗称TNT。这不是我们老祖宗发明的那种火药。中国人发明的火药本来就不是用于战争的。火药，顾名思义，是一种药，本来的意思是一种能够着火的药。

火药在中国历史上，其实是一个无意间的发明。我们知道，中国古代的道士很多想成仙，于是就去炼丹。可是，在炼丹过程中，无意间发生了爆炸。因为他们在炉子里炼丹的时候加了硫黄、硝石，用今天的话来说，这些都是易燃品。

火药发明后，曾长期被当作药来使用。《本草纲目》提到，火药能治疮癣、杀虫，辟湿气、瘟疫。中国古代的这种黑火药，在医疗之外的运用主要是助燃。后来传到欧洲，主要也是用于烟火和放火。即便用在枪炮上，也主要是发射助燃，并不是真正用来爆破的。

至于指南针，其实是磁石的一种。因此严格来说，磁石是发现，而不是发明。如果一定要说发明，那就只能是指南针了，因为指南针是造出来的。战国时期，中国人就已经制作出指示方向的仪器——司南；北宋时期，指南针运用于航海；13世纪，进一步传入阿拉伯和欧洲。

这里有一个问题，先秦的时候中国人就已经发明带有指南针功能的仪器，这当然很了不起，但迄今为止考古尚未发现任何古代司南的实物。根据古书上所讲的方法，司南就是在一个光滑的铜面上，放一个带有磁性的勺，铜的水平面上有刻度，有东南西北的方位。但今人按照古书上所讲的做法复原了一个司南,却发现使用效果很差。

上述问题还有待进一步研究,但我们不能因此否认指南针的意义。准确地说,中国人主要是发明了罗盘。罗盘是一个圆形的带方位的东西,中间部分是指南针。这个罗盘对西方的确是有非常大的贡献。但话要说回来,中国人发明罗盘主要用来干什么呢?用来看风水。在古代中国,风水非常重要,造房子要看风水,甚至选坟地也要看风水。

不同的是,罗盘传到欧洲后,欧洲人则借用来航海。在没有指南针之前,海上辨别方向是一件非常困难的事。在古代地中海地区,每年 10 月至次年 3 月,因为海上气候不好,无法观天知方向,所以往往只能停航。那时候,真叫找不到北。中国的指南针传到西方后,帮了他们大忙。毫不夸张地讲,没有指南针就没有地理大发现。

但充满讽刺意味的是,西方后来靠着指南针、火药对中国进行殖民侵略。为什么我们老祖宗发明的东西,在我们这边是为了成仙、看风水,而西方人全部用在不一样的地方?而且,这个"不一样"还让我们倒了霉,让我们挨了打,这是需要深刻反思的。

讲到这个地方,可能大家已经看出来了,我是在对四大发明做一种反思。这是为了什么呢?第一,我们要"求真";第二,只有在"真"的基础上了解历史,才知道我们真正能够引以为荣的是什么。怕就怕在,对自己的文化、对自己的民族、对自己的国家了解很少,甚至是错误的了解,然后将情感建立在这样的一个基础之上,那将是不牢固的、不可靠的。

最后,想讲讲"新四大发明"。严格说来,"新四大发明"只是借用了"四大发明"的说法,并不是真正的发明。所谓"新四大发明",一般认为是指高铁、网络支付、共享单车和网络购物。大家有没有发现,"新四大发明"有某种共性?那就是便捷,它们都帮人节省了时间,让我们的生活变得更为方便。

但是,在这里想提一个看法:所有的便捷都是有代价的。举一个例子,我们在手机上下一个单,外卖就送来了。生活是便捷了许多,可外卖造成的垃圾,其严重程度也已超出了人们的想象。不仅是外卖,网购也一样。怎么回收处置快递包装,也是一个亟待解决的问题。

总之,从中国古代"四大发明"到"新四大发明",我们在回顾历史、叙述事实的同时,不要只是讨论某个具体观点,而希望能够从分析中获得警醒:对于习以为常或流传甚广的一些概念、观念要保持批判性思考。正所谓"尽信书,则不如无书",只有在这个基础上,我们才能更好地创新。

13.“一带一路”:消除贫穷与偏见的大道

演讲者:王健(上海社会科学院历史研究所所长、研究员,上海社会科学院西亚北非研究中心主任、上海犹太研究中心常务副主任,上海大学兼职教授)

时　间:2018年6月26日

举办方:上海外国语大学第二届“丝路学·国际论坛”

作为东西方交流沟通的大通道,古丝绸之路是连接欧亚大陆的经济、文化、民族、宗教纽带。它的内涵和外延,随着历史变迁而得到丰富拓展。在大航海时代和近代民族国家出现前,古丝绸之路在全球化历程中扮演着不可或缺的角色。此后,世界上出现了更大范围的交流与融合。但这一轮资本主义国家主导的全球化,最突出的问题表现在全球性的发展不平衡:一是国家和地区发展不平衡;二是文化交往的不对等、不平衡。

对此,有观点将问题的出现一味归咎于经济全球化。历史地看,经济全球化是社会生产力发展的客观要求、科技进步的必然结果。它为世界经济增长提供了强劲动力,促进了商品和资本流动、科技和文明进步以及各国人民交往。但它也是一把“双刃剑”,尤其是在世界经济处于下行期的时候,需要被更好地适应和引导,以此来消解因“蛋糕”变小而引发的增长和分配、资本和劳动、效率和公平等矛盾。

在此大背景下,中国的战略选择是“在游泳中学会游泳”,积极利用一切机遇,发展更高层次的开放型经济,深入推进“一带一路”建设,推动形成全面开放新格局,以合作应对种种挑战,进而引导经济全球化稳步前行。这里面,“一带一路”倡议无疑为解决全球性的发展不平衡难题提供了一条可行路径。

古丝绸之路不仅是商贸大道,而且是文化走廊,更是文明之路、开放之路。它既促进世界各国的经济合作与共同发展,又促进各国、各民族之间的文化交流,积淀了以和平合作、开放包容、互学互鉴、互利共赢为核心的丝路精神。广义的古丝绸之路涉及空间、时间、内涵三大方面,即空间上交通线路的多元性和延续性、时间上兴衰沉浮的连续性和间断性、内涵上公共产品的多门类和复杂性。

面对需要新动力的世界经济、需要普惠平衡的发展和有待弥合的贫富差距,中国适时提出了“一带一路”倡议。它本质上是建立在互联互通基础上的全球化,致力于通过政策沟通、民心相通等来解决文明冲突问题。与过去少数国家受益的模式不同,始终重视相关国家的战略对接、优势互补以及共同受益;与过去的沿海开放发达、内陆封闭落后不同,始终注重通过陆海联通赋予内陆地区更多的发展机遇。

1877年,德国地理学家李希霍芬在《中国亲历旅行记》一书中,把中国与中亚、中国与印度之间以丝绸贸易为媒介的西域交通道路命名为"丝绸之路"。1910年,德国史学家赫尔曼从文献角度出发重新考虑"丝绸之路"的概念,并在《中国和叙利亚之间的丝绸古道》一书中提出,"应该把这个名称的含义延伸到通往遥远的叙利亚的道路上"。向西延伸至叙利亚,是丝绸之路空间的进一步扩大,是人们认知进步的体现。

事实上,张骞凿空西域后,中国的丝绸还运到了罗马帝国境内。后来的外国探险家,如俄国的普尔热瓦尔斯基和科兹洛夫、瑞典的斯文·赫定、英国的斯坦因、德国的勒柯克、法国的伯希和、日本的大谷光瑞等,相继在古丝绸之路上探险,不断发现新的文物古迹,进一步证明、丰富和发展着李希霍芬、赫尔曼等人关于"丝绸之路"的概念。

具体来看,广义的古丝绸之路涉及空间、时间、内涵三大方面,即空间上交通线路的多元性和延续性、时间上兴衰沉浮的连续性和间断性、内涵上公共产品的多门类和复杂性。广义的古丝绸之路空间上涵盖陆地、海洋两个地缘空间。除了发挥主导性作用的中部绿洲之路,还有北方草原之路和南方海上之路。草原丝绸之路是由中原地区向北越长城至塞外,穿越蒙古高原、南俄草原通向欧洲的陆路主干线。古代北方少数民族向西亚、欧洲运输的货物,除了丝绸之外,皮毛占大宗,故这条路线又称为"皮毛之路"。海上丝绸之路由东海航线和南海航线两大干线组成,前者通向朝鲜半岛和日本列岛,后者通往东南亚及印度洋地区。在连接陆路和海路之间,还有一条重要的西南丝绸之路。这是中印两个文明古国最早的联系纽带,深藏于高山密林之间。这条贸易、文化通衢,包括茶马古道、"蜀身毒道"等。

广义的古丝绸之路时间上可上溯至先秦时期,自西汉形成,经东汉发展和魏晋曲折,到唐朝兴盛,再及宋元,直到明代初期衰落,下延至清代、近代,构成了一个漫长的时间阔度与延续。由此,也就产生了当代"一带一路"的传承、衔接。

广义的古丝绸之路还远远超出了丝绸交易的范围,成为东西方文明交汇的桥梁。它沟通了古代异质文化之间的往来,包括开展商品贸易、共享技术发明、包容多元宗教、传播文明理念、营销国家形象与提供公共产品等。特别是,中国的丝绸、茶叶、瓷器、金银、文学、技艺以及"四大发明"(造纸术、印刷术、指南针和火药),经中亚、西亚辗转传往欧洲;而东罗马、阿拉伯、波斯、中亚诸国、印度的传统风俗、天文、历法、医药、音乐、舞蹈、绘画、雕塑等各种技术、艺术也逐渐为东方国家所了解。这有力地促进了东西方的经济、文化交流,对相关国家的发展繁荣和各民族的认识交流产生了巨大的作用。

因此，古丝绸之路不仅是商贸大道，而且是文化走廊，更是文明之路、开放之路。它既促进世界各国的经济合作与共同发展，又促进各国、各民族之间的文化交流，积淀了以和平合作、开放包容、互学互鉴、互利共赢为核心的丝路精神，对当下的“一带一路”建设仍有着鲜活的借鉴意义。

陆上丝绸之路受战争的影响时断时续，直到 15 世纪末中亚被奥斯曼帝国控制，陆路贸易日渐没落，步入低潮期。1453 年，是人类历史上具有重大意义的一年。这一年，君士坦丁堡被奥斯曼土耳其帝国攻陷，东罗马帝国灭亡。之后，土耳其人逐渐控制了中亚地区，并试图独占商路利润，史称“奥斯曼之墙”。陆路受阻成为推动葡萄牙等西欧国家开辟新的海上贸易航道的动因。由此，大航海时代逐渐来临，世界开始真正连为一体。

地理大发现拓展了人类的时空视野。殖民掠夺、商业革命和价格革命促使资本原始积累，新型资本主义生产方式催生世界市场与全球交往，加之欧美工业革命的完成，齐力把人类社会推进了“世界历史”时代，开启了海洋型的全球化。

在此过程中，移民浪潮、疾病传播、异质文化扩散与碰撞、世俗与宗教帝国权力变迁、军事战争，从不同角度、不同领域诠释着全球化；世界交往也在西方列强的主导下呈现出整体性、联系性、流动性、网络化的特征。但是，这一轮的全球化发展也存在不少问题。除了跨地区、跨国界的环境、资源、人口、粮食、金融危机、毒品、走私、疾病等全球性问题，还存在地区发展和文化交往的不平衡问题。

网络上流传的地球入夜灯火分布图显示，北美、西欧、日本等发达国家的沿海地区灯火辉煌，这是已经实现现代化的地方；而内陆地区的广大范围仍然是暗淡一片，那里是尚未实现现代化的地方，有些甚至还生活在“贫困的黑暗”中。从全球化的总体收益来看，沿海国家大于内陆国家，一个国家内部的沿海地区大于内陆地区，沿海重要港口城市大于沿海一般城市。这种发展的不平衡导致全球不公正、不平等加剧。

随着全球化进程中矛盾的累积和弊端的显露，反全球化力量日渐汇聚，且愈演愈烈。不仅是在全球化过程中受冲击或被边缘化的发展中国家反对呼声较高，而且发达国家内部利益受损的阶层、民众及“中左翼”政治精英也逐渐加入抗议的行列。从区域分布来看，国家或地区反全球化力量主要来自内陆地区。这从英国脱离欧洲和美国总统特朗普的支持者主要来自内陆地区，是互为印证的。

再以 2016 年美国大选为例，特朗普的支持者主要分布在中西部和南部的广大区域,反移民、反全球化、反“政治正确”、要求“美国第一”是他们的主要标签。有意思的是,五大湖周边的宾夕法尼亚州、威斯康星州和俄亥俄州过去都是蓝州(偏向民主党),这次却同时“翻红”。这些地方的传统工业部门属于劳动密集型产业,相关员工的就业、福利等在这一轮生产要素全球流动中受到了冲击。

在此大背景下,美国的中产人群近半个世纪以来在持续萎缩,近20年来收入亦有降无增。蓝领阶层的衰落更为严重,目前美国陷入贫困阶层的人口达到4700万。特朗普以“恐怖的时代”“愤怒的时代”“糟糕透了的时代”来形容过去几十年的全球化,并用让美国再度“富裕、安全、强大”的口号成功地吸引到了这些“沉默的大多数”。

这一轮全球化经济发展空间不平衡的背后,还潜藏着文化交往的不平等、不对等。大航海时代的全球化是一种帝国殖民化的全球化,带来了全球范围内的几次移民浪潮。移民本身也是一种文化的交流。但是,由于缺乏对文化的平等理解和深入对话,文化冲突正在加剧甚至出现对抗。因此,移民比较集中且没有处理好文化融合问题的地区,亦是反对全球化的大本营。

面对需要新动力的世界经济、需要普惠平衡的发展和有待弥合的贫富差距,中国适时提出了“一带一路”倡议。它本质上是建立在互联互通基础上的全球化,包括基础设施、交通工具、信息手段的互联互通。同时,致力于通过政策沟通、民心相通等来解决文明冲突问题,从而使新一轮全球化更加具有开放性、包容性和互鉴性,进而推动构建人类命运共同体。

在传统的全球化中,贸易和投资是经济增长的重要引擎,而有效的政策沟通和全球性公共产品相对紧缺。“一带一路”倡议不仅支持在贸易和投资领域采取更多的相向行动,而且积极推进贸易畅通、资金融通等制度性改革。这些领域的探索创新,有助于创造就业、鼓励创新、增进福利并促进包容性增长。

除此之外,“一带一路”倡议还前瞻性地鼓励全球互联互通,包括设施、政策、文化等多个抓手。这个中国版全球化方案与以往金融自由化、泡沫化的导向模式不同的是,它始终着眼于基础设施建设,引导资金投向实体经济;与过去少数国家受益的模式不同,它始终重视“一带一路”相关国家的战略对接、优势互补以及共同受益;与过去的沿海开放发达、内陆封闭落后不同,它始终注重通过陆海联通赋予内陆地区更多的发展机遇。进一步来看,“一带一路”致力于分享中国的发展理念、发展经验,以推动新一轮全球化的深入开展。

一是设施的互联互通,将“要想富,先修路”的理念全球化。硬件上的互联互通包括建立和加强相关国家伙伴关系,构建全方位、多层次、复合型的互联互通网络,促进全球新价值链的生成。其中,高铁等先进陆上交通设施,有助于解决内陆交通问题;海上港口建设的进一步加强,有助于提升广大发展中国家在全球开放型经济体系中的竞争力;信息技术设施的完善,有助于相关国家实现“弯道超车”,由封闭落后走向开放前沿。相关举措使得新一轮全球化更加开放包容,既促进内陆和不发达地区的开放,又让更多地区和人口纳入全球化进程。

二是政策的互联互通,将“有事好商量,好事一起办”的理念全球化。“一带一路”建设不是要替代现有地区合作机制和倡议,而是要在已有基础上推动相关国家实现发展战略的相互对接、优势互补。政策互联互通既是开展务实合作的基础,也是实现互利共赢的重要保障。“一带一路”倡导健全长效化政策沟通机制和全方位政策沟通平台。各国政策的有效对接有助于提高全球整体资源的有效利用,全球化短板的补齐则有助于提高公共产品的效用。同时,政策相通还可以加强全球化的协调,及时应对相关问题。相关举措使得新一轮全球化合作更加高效,既促进各国的政策协调,而且能有效克服全球化短板、提高整体效率。

三是文化的互联互通,将“人心齐,泰山移”的理念全球化。国际红十字会创始人杜楠有言:“真正的敌人不是我们的邻国,而是饥饿、贫穷、无知、迷信和偏见。”“一带一路”倡导包容与普惠、和平与发展,旨在用和平合作、开放包容、互学互鉴、互利共赢为核心的丝路精神激活相关国家的历史记忆;通过互学互鉴、沟通对话,处理好文化冲突和融合问题;通过民间交往,努力培养人类命运共同体意识,从而使得新一轮全球化更加和谐、更为趋同。

当前,“一带一路”逐渐从理念转化为行动,从愿景转变为现实。它是世界梦和中国梦的有效联结,必将引领新一轮全球化走向和平之路、繁荣之路、开放之路、创新之路、文明之路。

14. 读懂中国文学,还得从汉字入手

演讲者:许建平(上海交通大学教授)

时　间:2018 年 6 月 26 日

举办方:“东方讲坛 · 思想点亮未来”系列讲座

在当今的学科划分中,汉字研究属于语言学,抒情叙事属于文学,它们处于不同的一级学科下面。但在古时候,文字学和文学并没有分得这么清楚:四言诗、五言诗、七言诗都是从文字说的;“古文经学”“今文经学”也是以文字相区分。

到了 20 世纪,由于模仿西方的学科体系划分,我们将语文分成语言学与文学两大学科,且越分越远、越分越细。分的结果是二者相互边缘化。事实上,汉人的思维凝聚于汉字的结构里,汉文学特有的魅力来自神秘的汉字。若不将文字学和文学撮合在一起,很多问题无法从根本上得到解决。由此,不少有识之士主张,应该把两个学科的东西重新撮合在一起。不仅要凑到一起,而且要通过撮合,探讨一些难解问题的奥秘。

关键字往往是文学作品的文眼、诗眼。因读不懂而离题万里的例子,古往今来还是比较多的。杜甫《春望》中的名句“感时花溅泪,恨别鸟惊心”,通常解释为杜甫因国家破败而悲伤,他眼中的自然之物也相应“惊心”和“溅泪”。其实,这种解释是不准确的。这样的解读和前两句挂不上钩,尤其是第一句“国破山河在”。它说的是,国家破败了,但山河依旧(壮丽),不因人世间政治的变动而改变本来面貌,意指“天地无情”。若理解为花和鸟因国破而“溅泪”和“惊心”,岂不是与第一句的意思恰恰相反?

再来看第二句“城春草木深”,通常的解释是因江山易主,长安城的春天荒草萋萋,一派破败荒凉景象,即所谓“草木深,明无人矣”。草深是说草长得很高,很旺盛;木深是说树叶茂盛如盖。草长得高可理解为荒凉,但与下面两句连起来,就存在语意不通的问题了。下面两句中,又是花又是鸟,而且是“草”中花、“木”中鸟,俨然一幅花开鸟鸣的春天画面,何来荒凉? 所以,这一句的意思应该是,长安城的春天依然树木花草繁盛,不因城池易主而改变春天鲜活的生机。

往深层次看,对“花”“鸟”二字或者说两个意象的把握,是理解《春望》的重中之重。“花”在古诗中经常出现,通常比喻美丽的女性。李白《清平调三章》中有“云想衣裳花想容”,是说看到牡丹花,就想起杨贵妃的美丽容颜。而形容风流的男性,常说

“眠花卧柳”“拈花惹草”。

就“感时花溅泪”而言，说的其实是杜甫看到春天的花，不由想起了自己的妻子、女儿。她们现在安好否？有无饥渴病痛？想之念之，不由得潸然泪下。当时，长安城被叛军攻破，杜甫为到灵武寻肃宗谋一官半职，不得不抛妻弃女，将她们安置在他处。在这个烽烟四起、兵荒马乱的年代，妻女的生死安危怎不令人牵肠挂肚呢？

此时的杜甫是多么想得到她们的消息，遂有下句“恨别鸟惊心”。“鸟”的意象中，有传递家书信息之意。今闻鸟鸣，抬头一看“似曾相识”，不禁惊叹莫不是有妻女消息？若得家书，比什么都珍贵呀，遂故“烽火连三月，家书抵万金”之感慨。接下来的念想很自然的就是，何时才能与妻女团聚？何时得见肃宗？何时谋得官职？何时战火平息？可这些哪是杜甫能预料到的，念之愁肠欲断、百无聊赖，惟搔首而已！于是，诗人以“白首搔更短，浑欲不胜簪”来收尾。

总之，“花”“鸟”二字是《春望》之诗眼，思念妻女是《春望》之情窟。惟解此二字，方知此诗之真情、真价值。

从《诗经》的“比兴”到王国维的“无我之境”，几乎历朝历代都以含蓄、耐人品味为好诗、为上品。这是什么原因造成的呢？

学界有多种说法：一种观点认为受老庄思想影响。老庄认为，道生万物，万物生于无。《逍遥游》讲逍遥，怎样才能逍遥呢？要“无所待”，要“无我”“无功”和“无名”。所以，要以“有”表现“无”，要将“言外之意”“弦外之音”作为艺术追求。另一种观点认为受佛教影响。佛教讲“假有真空”“万色皆空”，“空”乃天地万物的本性。受其影响，诗词的创作也应追求空灵之美。还有一种观点认为是，历史上的封建统治比较严密，导致文人不敢表达真性情，如阮籍、李贺、李商隐、苏轼之类。

这些说法都有一些道理，但并不一定说到根子上。究其本源，还得寻到汉字身上。汉字不同于许多拼音文字的地方，就在于它是表意的，而且是借象表意。借象和表意是汉字的两大基本属性。现在见到的早期汉字是刻在龟甲、兽骨上的文字——甲骨文，就是用图像和图像化符号组合而成的。更早的文字当数陶文和岩文，精确点说是陶画文和岩画文。可见，汉字最早起源于图画。

一般认为，图画表意有几个独特处：

一是可视性、可感性强。汉字书写的文学意象，更易引发人的想象。如“孔”字，英文表示在某固定物上凿的一个洞。而汉字是上面一个硕大的乳头，下面一个仰头吸吮奶汁的婴儿，“孔”即指母亲出奶的乳孔，有哺乳婴儿使人类延续之美意。

二是善于表达可见之有形物。进一步来说,善于表现空间,却不善于表达时间。于是,不得不以有形表现无形,以空间表现时间。如表现时间的“年”字,在金文中是一个人被一株沉甸甸的谷穗压弯了腰的图像符号。这就是用空间图像表示谷子熟一次为一年时间,又表示丰收的劳苦和喜悦。

三是表意更丰富、选择性强,也更具不确定性,更显空灵和模糊。如表示西方的“西”字,金文为一只鸟落在鸟巢上。这里,方向的表示不是直接的,而是借助鸟飞回鸟巢这一现象来间接暗示此时太阳在西方落山。

由此可见,诗歌中用“有”表现“无”以及委婉、迂回、空灵、含蓄的特征,根子上是由汉字借象表意的特殊属性而造成的。

中国传统文学中,抒情与叙事、诗意与故事常常形影不离。

第一,以借景抒情为主、以叙事造势为辅,是诗词曲之韵文文体。其中,可分为三种情况:一种是以故事为主线的叙事诗,如《七月》《长恨歌》《圆圆曲》等;另一种以抒情为主,情中带事;还有一种是事隐藏于诗情画意之后,明其事方可体会诗境和真情。前两种常见,无须举例;第三种较少见,最知名的应算陈子昂《登幽州台歌》。古人已逝,来者不生,现在的人怎么能见?“前不见古人,后不见来者”,似乎是在说没用的话。至于“念天地之悠悠,独怆然而涕下”,简单来看就是想天地如此之大而长久,自己如此渺小而短暂,不竟悲从中来。若这样解读,这首诗便不漂亮,或者说没什么太大意思了。

事实上,此诗的关键词是“古人”和“来者”。这两个词隐含着一段诗人以乐毅自居、欲在军中施展抱负却反遭贬罚的悲伤故事,以及古代燕昭王筑黄金台招揽天下贤士的佳话。由此,“古人”和“来者”都是比喻伯乐。自信有乐毅之才的陈子昂,却找不到可识其才的伯乐,不由得怆然涕下。这样一来,叙事与抒情依然相从相生,只是事隐于情之后。

第二,以叙事为主,以造境写意为辅,是散文、小说的非韵文文体。其中,小说虽然主要是叙事的,却常伴有诗词曲赋和诗情画意的场景;唐传则奇倏忽奇变,给人诗情画意的美感,实为以诗思、诗笔叙写小说。

仅就长篇小说来看,我们就不时能看到其中夹杂着诗情画意的场面。在《三国演义》中,“三顾茅庐”“山寺夜读”“刘备招亲”一类的场景画面屡见不鲜。在《西游记》《水浒传》中,也常见给人带来闲情逸致之乐趣画面。到了《金瓶梅》,不仅辞赋、小曲、戏曲皆成叙事写人表意的常见手段,就连笑话、酒令乃至人名、楼名、地名也别有意趣。写到精细处,言内意外对照回应,处处藏有深意。而《红楼梦》叙事如画,愈读愈感诗情画意充盈其内。且不要说黛玉葬花、宝钗扑蝶,单小说第一回写甄士隐的故事,便可谓一部《红楼梦》的缩影和解读之文眼。一僧一道之《好了歌》,贾雨村中秋吟月之诗,“贾雨村”“甄士隐”的谐音寓意,处处暗藏玄机。

再来看戏曲叙事,更是精心创造诗情画意的场景和心境。有人觉得,中国文学不善于写心理活动。其实,传统戏曲之唱词,似乎专为唱心理活动和写矛盾情感而设,如《窦娥冤》之“刑场”、《拜月亭》之“拜月”、《西厢记》之“惊艳”、《牡丹亭》之“游园”等。

抒情与叙事、诗意与故事形影不离现象的根源,依旧是在汉字里。甲骨文字里的象形符号至少有两大类:一类是表意的物象符号,如山、水、日、月、鱼、马、牛、羊,一般表现静止的意义,多用来造境写意。另一类是事象符号,是一种有目的性、具有一定空间和时间长度的符号。比如“奠”字,上面是一个盛酒的容器,下面是一个有腿的长台子,将一大容器的酒搬放到一个大台子上,为的是祭祀神明或祖先。又如“盥”字,下面一个盛水的器物,上面两只手捧着水洗脸。

一般来说,物象符号多由单一的符号构成,事象符号则由多个物象符号构成。这种事实表明,事象符号是物象符号发展到一定阶段的、更为复杂的产物。物象符号一旦进入事象符号群里,原来静止的属性就会被激活起来,从而具有动态性。由此,物象符号和事象符号是谁也离不开谁的共存关系。这种相互依赖性和同生性,正是中国文学中抒情与叙事、写意与故事同生共长的根源。

还有个疑问:为何中国叙事不善走线性之逻辑,而常乐于块状跳跃或随意穿插?

中国传统神话,就存在这个明显的特征。记载神话较多的《山海经》,说东山一个神,西山一个神,南山、北山各有一个神,他们或六只眼、两个头,或人首虎身、狮首人身、鸟首人身,却没有系列故事,都是片断式的。

小说同样如此,或以人物为单位组合在一起,或以空间场景为单位组合而成。前者如《水浒传》《儒林外史》,后者如《西游记》《镜花缘》等。空间场景时常跳跃,一会儿山东,一会儿广州,一会儿济南,一会儿四川,看似没啥逻辑。时间叙述大多也是跳跃的,转眼就10年过去了……有学者据此曾讽刺中国小说无结构,前后无主干,组合起来就是长篇,拆开来就是短制。

诗歌也有这种特点,常表现为由若干名词堆砌的句子。如“枯藤老树昏鸦,小桥流水人家”“惨惨凄凄戚戚”之类,曲词意象浓密,却结构松散,调换其顺序也不大影响情景的表达。

这种块状跳跃、随意穿插的叙事方式,与汉字有啥关系?关系大了。汉字意与象的一体性,使得汉字具有表意和组词造句的独立性、灵活性。早期汉字,一字一义、一字一词甚至一字一句,有较强的独立性,这是其一。其二,汉字某一字的词性可随语境的变化而变化。其三,汉字无词性变化、前缀、后缀、单复数等,受前后词的牵挂少,在句子中的位置具有较大的独立性和自由度,甚至词与词的位置自由调换也不会影响意义的表达。举个例子,“他淋了一身水——他一身淋了水——水淋了他一身”,传递的信息是不是没啥不同?所以说,中国小说叙事的块状跳跃和穿插,源于汉字语词表意和组词的独立、灵活与自由。

最后,大家回头再想一想,我们几乎将西方的理论流派从头到尾学了一遍。所谓的理论认知能力确实提高了不少,但也不免时常有隔靴搔痒的感觉。诸如中国文论中的“气”“风”“神”“韵”“味”等概念,很难用西方理论说透。这种可意会而不可言达的东西,越细分似乎越不得要领。反思的结果,最终还是要回归到文字上来、思维上来,回到表音与表意文字基本属性的差异上来。

15. “黑石号”:海上丝绸之路的辉煌记忆

演讲者:李仲谋(上海博物馆副馆长)

时　间:2018 年 6 月 29 日

举办方:TELL 公众演讲会

今天我给大家讲一个关于一艘沉船的故事。

这艘沉船现在被称为“黑石号”,它是唐代晚期沉没在印度尼西亚海域的一艘船。它在 17 米深的海底静静地躺了 1100 多年。这艘船是 1998 年在印度尼西亚勿里洞岛海域一块黑色大礁石附近被发现的,因此被命名为“黑石号”。

当地的渔民在打捞海参时发现了一些古代瓷器,这个消息很快就传开了。后来这些渔民把这艘沉船的位置卖给了一家德国的水下打捞公司,这家公司名字叫海底探险公司,他们持有印度尼西亚国家颁发的打捞许可证,于是就进行了两次打捞,一次是在 1998 年的 9 月到 10 月,另一次是在 1999 年的 4 月到 6 月。

从沉船中一共打捞出 6 万多件物品,主要是以中国的文物和货物为主的古代遗物。其中有大量的瓷器、金银器,还有各种其他材料的物品。“黑石号”沉船打捞的文物,最终于 2005 年被新加坡旅游发展局购得。目前其中的文物在新加坡亚洲文明博物馆保存和展出,大家如果去新加坡,可以去这个博物馆参观一下。

在这艘沉船中打捞出了哪些东西? 我来具体介绍一下。

一类是长沙窑的瓷器。长沙窑在什么地方? 湖南长沙附近有一个铜官镇,那里有一个著名的唐代烧瓷器的窑址,其产品当时大量用于外销。在沉船中打捞出来的 5 万多件长沙窑瓷器中,有大量的碗。这些碗都是釉下彩,也就是说釉下施彩绘,彩绘图案多种多样,有文字、植物、花卉、动物、人物等等。

这些长沙窑的碗,不像我们现在家里的日用陶瓷基本都是机制品,图案一模一样。古代都是手工绘制,所以每一个碗的图案都不一样。比较特别的是,其中有个图案画的是带鬈发的人脸,不是中国人,可能是当时中亚的胡人。值得一提的是,在唐代长沙窑的瓷器上绘有大量的唐诗,尽管《全唐诗》有几万首,但是很多长沙窑瓷器上的唐诗,不在《全唐诗》的范围之中。

第二类是越窑的瓷器。浙江越窑是在慈溪、余姚这一带生产的,在这艘沉船上有 200 多件越窑的碗、碟、壶、罐子等等。在打捞出水的越窑青瓷中,有三件完好无损的唐代青花瓷盘尤为引人注目,因为在国内没有一件完整器,只有扬州出土的标本。这些唐代青花瓷器,上面都有菱形装饰,非常珍贵,全世界仅此三件。

第三类是中国唐代北方的白瓷,有河北生产的,有河南生产的,也有各种各样的造型。在唐代,瓷器生产的大致布局叫“南青北白”,就是说南方生产青瓷,北方生产白瓷。南方生产的青瓷,以越窑为代表;北方生产的白瓷,以邢窑和定窑为代表。还有白釉绿彩的陶瓷,也是非常罕见。其中有一个吸杯,喝里面的水或者酒,是靠旁边的吸管来吸的。这一品种的瓷器,全世界只在法国吉美博物馆有一件存世。

第四类是广东陶瓷,在这个沉船中有1600多件之巨。主要是装水用的大罐,以及装其他东西用的盛储器。长沙窑的一摞一摞的碗就是放在这些大罐里,以防止长途运输中被损坏。

此外,沉船中还有精美的金银器。其中有个八角的杯子,上面有胡人奏乐跳舞的图案,这类杯子过去我们通常认为是盛唐时候才有。还有金盘,在我们的传世品中都没有看到过,这是唯一的一件。还有一些不同年代的铜镜。据唐代文献记载,唐代有一种扬子江的百炼镜,富有传奇色彩,沉船中就有这种百炼镜,镜子周围第一圈是汉字,第二圈是八卦,第三圈里有青龙、白虎、朱雀、玄武。所以在这个沉船中,打捞出了很多我们以前不曾见过的东西。

一艘触礁沉没的商船,满载着货物,它是要去哪里?在海上丝绸之路的历史背景下,它承载着怎样的历史意义?其中有很多谜团至今仍未解决,我今天只是把主要的几个问题罗列一下,并且作个大致猜测。

首先,沉船发生在什么时候?

在沉船的长沙窑瓷器中,有一只碗的背后刻了这样几个字:“宝历二年七月二十日”。宝历二年,是处于晚唐的公元826年,这说明这条船可能是在宝历二年沉没的,因为这些东西都是出口用的日用品,可能当年生产之后就装船了,这个可能性很大。当然也有另一种可能,这些货物生产出来以后放置了一段时间,再装船出海。那么这艘船到底是什么时候沉没的呢?专家们进行了研究,包括用碳14方法进行测定,最后认定,这艘船于公元9世纪的30年代到40年代沉没。

第二个问题,这艘船是什么船?

在这艘船的发现物中,有疑点能说明这艘船不是中国制造的船。我们现在没有唐代远洋船的实物,不知道它是怎么建造的,但是我们有宋代船的遗迹,宋代船都是根据中国古代传统的建造方法制造的,它最主要的特点是用榫卯结构以及用铁钉。而在这艘船的遗物当中,没有一只铁钉,没有榫卯结构。发现了什么呢?发现船板上都打有孔,这些孔和孔之间靠一种绳子编扎起来,或者说是缝合起来。这是印度洋西海域传统的造船技术,包括波斯湾地区、印度,都用这种方法造船,它是一种缝合木船。

这条船上有一些木材,比如花梨木、柏木、柚木、缅茄木。这些木材印度有,非洲也有。非洲的木材在那时运到印度是不大可能的,印度的木材运到阿拉伯却是可能的,因为实物证据很多。所以最后得出一条结论:这艘船的建造者要么是阿拉伯人,要么是印度人,目前研究者更倾向于这是阿拉伯人建造的。

在这艘船上发现了3件波斯陶器,不是我们中国的东西,是低温烧制的孔雀蓝釉的陶器,这种陶器只有3件,可见它们是生活用品。在那个时期,从西亚到东亚这个区域,有两大帝国——唐朝和阿巴斯王朝,阿巴斯王朝是阿拉伯帝国的第二个世袭王朝。当时印度洋地区的贸易,从7世纪开始一直到15世纪葡萄牙人进来之前,所有的海上贸易都是由阿拉伯人控制的,他们把东南亚作为中转站,同中国、东亚进行商贸往来。

所以说,这艘由阿拉伯人造的船,就是海上丝绸之路最确切的一个证据,证明那个时候中国已经和阿拉伯地区进行直接贸易。如果说陆上的丝绸之路产生于汉代,那么海上丝绸之路呢?目前这艘沉船就是最早的实物证据,说明晚唐时代海上丝绸之路已经开通。

第三个问题,这艘船的航线是怎么走的?从哪里来?到哪里去?

通过对船上文物的研究,我们发现刚才所说的那些瓷器、金银器、铜镜等,都和两个地方紧密地联系在一起,那就是江苏的扬州和广东的广州。这两个地方可能是这艘船的起点。那么终点在哪里?研究发现,可能有两个地方,一个是现在伊拉克的巴士拉,另一个是伊朗的希拉夫,都是在波斯湾沿岸。

伊拉克首都巴格达有个萨马拉遗址,是阿巴斯王朝的王宫遗迹,在王宫里发现了大量的中国古代遗物,包括长沙窑、越窑、白瓷以及白釉绿彩,等等。所以,这样我们就慢慢清楚了,这艘船的航线可能是从中东经过印度洋,在苏门答腊岛爪哇附近进行中转,然后到达中国,载了货后准备返航。苏门答腊岛当时有个国家叫室利佛逝国,它有一个港口叫巨港,这艘船可能快到巨港时,遭遇了不好的天气,因撞上礁石而沉没。船的航行与季风有密切的关系。这艘船从中东到中国,根据季风气候,应该是在夏季从中东到中国来,在9月至10月从中国返回中东。

第四个问题,这船上有些什么人?

船上有三类人。有中国人,为什么?因为这艘船上发现有砚台,而且只有一个,这一定是中国人用的。船上有中东人,因为有中东的玻璃瓶和波斯陶。这个船上还有爪哇人,可能是水手。因为在船上发现了爪哇的铜镜,还有当地的渔网、渔钩、琥珀、安息香等。

在这条沉船上,仍有很多谜团没有解开。比如,船上的货物,除了那些大宗的长沙窑瓷器是作为出口贸易的外销瓷之外,其他的货物是做什么用的?那些金银器是不是货物?那三件唐代的青花瓷器是不是货物?它们是定制的吗?是给谁用的?这些还都没有答案。

三件唐代的青花瓷器,和9世纪阿拉伯地区典型的白釉蓝彩的陶器有显而易见的相似性,但后者的烧制温度更低。而且有一点是肯定的,就是画青花的颜料是波斯进口的青料,不是我们中国的。到底是中国人照着那个时候的阿拉伯人做的,还是他们仿照我们做的?到现在仍有争议。

最后我想总结一下,这艘被称为“黑石号”的沉船必须引起我们的关注。因为,它是目前世界上最早的证明中国和阿拉伯地区进行直接贸易的证据。考古要靠实物来说话。在中国对外的物质文化交流史中,在海上丝绸之路中,它毫无疑问具有极其重要的里程碑式的意义。1000多年过去了,这艘沉船的人间悲剧,人们已经渐渐淡忘,它今天留给我们的珍贵记忆,成了人类永久的文化财富。我想,历史往往就是这样。

16. 中国40年改革开放有什么“窍门”

演讲者：王战（上海市社联主席、教授，曾任上海社会科学院院长、上海市委副秘书长、上海市委研究室主任、上海市政府发展研究中心主任）

时　间：2018年7月24日

举办方：2018青年汉学家研修计划（上海班）

在中国改革之前，苏联改革了，匈牙利改革了，波兰改革了。为什么这些国家的改革最终都没有成功？因为它们是封闭的改革，不是开放的改革，没有真正引进市场机制今年是中国改革开放40周年。40年来，中国经济是怎么发展起来的？外界对此很关注。下面，我想围绕中国改革开放和“一带一路”倡议作一些梳理，并谈谈个人的理解和体会。

习近平主席提出“一带一路”倡议5年来，我跑了将近30个国家。在这些国家，常被问到两个问题：第一，为什么有着13亿人口的中国，可以保持40年的经济高速增长？第二，为什么中国要提“一带一路”倡议？

我想先回答第二个问题。有人问我，中国提出“一带一路”的政治动机是什么？我给出的答案是，中国的改革开放就是从自己的“一带一路”开始做起的。1978年，邓小平提出建立深圳经济特区。此后花了10年时间，我们建立沿海经济带，包括14个港口城市的开放和5个经济特区的建立。沿海经济带的延伸，就是今天讲的海上丝绸之路。

到了1990年，邓小平又提出上海浦东开发开放。从浦东开发开放以来，差不多也是10年时间，长江经济带进一步发展起来。长江经济带是中国经济最发达的地方之一，长江也是世界上唯一一条有着2000多公里内河航运的大河。长江经济带往西延伸，就是现在讲的丝绸之路经济带，即从中国新疆一直到欧洲这条线。

因为这样的“历史巧合”，所以我们可以把中国的改革开放与“一带一路”倡议结合起来。接下来，就可以进一步梳理和分析关于中国改革开放的十个“窍门”。其中，有六个“窍门”对相关国家的发展有参考价值，另外四个可以直接为“一带一路”建设提供借鉴。

我从经济发展角度介绍的这十个“窍门”，可视为中国改革开放为什么会成功的十条经验。现在，国际形势发生了很大变化，世界经济处于相对衰退期。这一过程中的发展，特别是“一带一路”相关国家怎样发展，需要结合各自的情况作具体分析和研究。

第一个“窍门”是理论创新。

“贫穷不是社会主义”,现在大家对这句话可能习以为常了。但当年讲出这句话可不简单,因为关系搞社会主义还是搞资本主义的问题。作为中国改革开放的总设计师,邓小平说:你们不要争论,因为中国现在还不是马克思讲的那个社会主义,而是处于社会主义初级阶段。既然是初级阶段,那市场经济中的很多东西就可以用,同时我们也坚持了社会主义原则。

有人提出,中国现在搞的是国家资本主义。这其实是一个错误理解,没有考虑到中国最基本的土地制度。中国的土地是属于国家和集体所有的:在农村,我们的土地不是私人的,而为集体所有;在城市,我们的土地是国家所有的。这一点,40 年来没有变过。所以,从基本的生产要素角度来看,中国现在坚持的还是社会主义,依然处在社会主义初级阶段,而不是马克思所说的充分发展了的社会主义。类似的理论创新还有很多。它解放了人们的思想,为中国的改革开放乃至今天的继续发展开辟了一条大路。

第二个“窍门”是人口红利。

1949 年以来,中国人口生育率是很高的。到 20 世纪 70 年代后期,这些人的年纪差不多是二十几岁,所以中国当时享有很大的人口红利。现在,在“一带一路”相关国家,如印度、印度尼西亚,年轻劳动力也很多,但它们还少了一条,那就是中国后面开始实行计划生育政策,在一段时间内带来老人扶养系数的减少。于是,计划生育政策和年轻劳动力多叠加在一起,使中国的人口红利效应倍增。

现在,人口红利在中国有逐步减少的迹象,用什么来替代呢?那就是,要把我们的产业升级成知识密集型、技术密集型。此外,中国还有一个优势,那就是我们的东部、中部和西部发展处于不同阶段。当东部劳动力成本偏高的时候,中西部还有很大发展机会。

第三个“窍门”是中国农村特有的家庭联产承包责任制。

家庭联产承包责任制使中国农民有了劳动的积极性、生产的积极性。此前,中国搞的是人民公社制度。在这一制度下,很多农民不愿意干活,因为看不到劳动成果怎么归自己。实施家庭联产承包责任制以后,土地是集体的,但 30 年的使用权交给农户;生产的东西上缴集体之外,多出来的那部分是自己的。一些外国学者不明白,这对中国的改革开放有什么意义?意义很大。实施家庭联产承包责任制以后,5 年间中国农民的收入就有了显著增长。中国有10亿农民，如果每个农民一年增加几百元收入，市场购买力就随之增强。有了市场购买力，工厂就会加紧生产并开始盈利；工厂盈利了，就要对设备进行更新，重化工业发展也就有了基础。

所以，中国的改革开放是从农村改革起步的，农村改革使中国人有了货币购买力。这给今天带来的启示是，"一带一路"相关国家要发展，就必须让本国老百姓富起来。

第四个"窍门"是开放和改革。

大家一直讲改革开放，这里为什么要倒过来讲开放改革？实际上，我们是通过开放来促进改革的。比如深圳，它首先是因为开放才带来了改革。深圳离香港很近，它的开放很容易把市场机制引进来，由此来推动改革原来的体制。

进一步引申，中国改革为什么会成功？在中国改革之前，苏联改革了，匈牙利改革了，波兰改革了。为什么这些国家的改革最终都没有成功？因为它们的改革是封闭的改革，不是开放的改革，没有真正引进市场机制。进一步来看，中国的改革没有在全国一下子推开，而是从沿海港口城市试点开始，从开放开始促进改革。这样一来，就容易找到市场参数。也就是说，可以用市场绩效来衡量改革成功与否。实践反复证明，改革涉及利益关系的调整，必须借助市场机制的力量。

从大环境来说，我们也成功地赶上了世界经济发展较好的时代，即世界经济长周期的一个繁荣期。怎么解释繁荣期？战后新一轮科技革命带来的很多产业，最早是在发达国家做起的，到成本竞争阶段而不得不外移，这个时期正好是20世纪七八十年代，中国的改革开放正好赶上了这个重要节点。

这里想提一点，今天美国说中国经济侵略它。其实，搞研究的人心里很清楚，我们曾经有20多年对外资企业实行"超国民待遇"，如"两免三减半"，即两年免税、三年减半征税。我们对外资企业的税从来就没有超过20%。正是因为这样的优惠待遇，很多外资企业在中国形成了产业链。

对中国来说，对外开放创造了很多的就业机会。2.7亿人口从农村来到城市，农村的规模经营也有所扩大，城市里的消费同样快速增长。但是，如果和跨国公司来比较利润，我们得到的其实并不多。可见，中国的对外开放是让大家共赢。所以，我不知道美国国家安全战略报告怎么得出"中国侵略了美国"这样的结论。

第五个"窍门"是园区模式。

40年间，中国形成了各种各样的园区。从最早的经济特区到经济技术开发区，再到后来的工业园区、出口加工区、保税区、高新技术园区……可以说,中国城市的发展、制造业的发展是依托园区在发展的。

在近年来的考察中,我发现"一带一路"相关国家也有很多园区。为什么发展中国家最初引进外资的时候都要搞园区?这是值得研究的。当然,它并不意味着所有地方搞园区都会成功。从经济学的定义来说,园区是一种简易的城市化模式。中国在1978年的时候,城市化系数是18.6%,即100个人中只有18.6个人住在城市。上海当时的城市建成区大约居住1100万人口,但中心城区只有150平方公里。大量外资要来设厂,需要道路、水电等基础设施配套。不可能凭空造一个城,最可行的办法就是建造园区。园区里面规划好道路、水电,以此来满足外资企业的需要。

第六个"窍门"是允许国有土地、集体土地转让使用权。

大家如果对中国的发展有所了解,就会发现有一个现象比较奇怪:1978年,中国的人均收入只有200美元,为什么有钱去投资、去建设?这是因为我们有一个非常重要的政策,就是允许国有土地、集体土地可以有偿使用。这不是每个国家都能学习的。

前几年有个估算,从土地有偿转让中,中国一共得到了30万亿元的建设资金。最好的案例是浦东开发开放。当时,中央没有给上海多少钱,而上海每年还要交出去120亿元,所以上海本身也没有多少钱可以投到浦东新区的建设中。浦东新区的建设和深圳经济特区的建设有一个很大的区别:深圳一开始是小渔镇,人口只有20万,不需要向中央交出部分财政收入。那么,浦东开发开放的第一笔钱从哪里来?广东是财政优惠政策,而上海用的是金融政策,其中第一笔本金的来源就是土地批租。此后,上海逐步成立证券交易所、期货交易所、外汇交易市场、黄金交易所、钻石交易所、石油交易所等,金融要素都集聚在上海,就把金融逐步发展起来了。所以,上海现在成了金融中心。

第七个"窍门"是非均衡发展模式。

通俗地讲,就是让一部分地区、一部分人先富起来,再带动其他地区、其他人的发展。中国最早的发展是从东部沿海开始的,因为相关区域的开放条件最好、运输成本最低;东部发展了,再带动中部地区、西部地区的发展。这对今天"一带一路"建设具有重要的借鉴意义。我们可以从最有条件、安全性好、经济成长性好、经济位置比较重要的国家和城市先做起来,形成好的案例和示范,继而推动整个"一带一路"的建设。这也符合"一带一路"倡议的初衷。

当今世界，不能靠打贸易战乃至战争来解决问题。这只会让人民的生活越来越艰难。中国的发展不只解决了 13 亿人的温饱问题，同时也带来了世界经济的繁荣。我们真诚地希望通过"一带一路"带动亚欧腹地乃至整个区域的发展，进而为世界经济带来新一轮繁荣。

第八个"窍门"是财政政策。

中国的改革之所以能够充满活力，一个很重要的因素在于中国采取了财政包干制。由此，除了交给中央政府的固定部分之外，剩下的更多收入都归地方。这赋予了地方政府更大的积极性。

但问题很快也来了，包干制容易导致分散，中央政府对各地的统筹协调能力遭受影响。如果不能很好地协调地方，就会出现问题。于是，到了 1994 年，中国开始搞分税制。分税制和财政包干的区别在哪里？简单来说，分税制就是地方收入增长、中央收入也在增长，因为是按照比例的。这样一来，既保证了地方的积极性，又能让中央财政随着地方收入的增长而获得增长。

现在来看，中国制造业的发展主要取决于三大因素：第一个因素是开放，特别是外资企业的大量进入。第二个因素就是实行分税制，企业交税可以进项抵扣。随着税负下降，企业发展变得更快。第三个因素是 2000 年后加入世界贸易组织，这个放到后面讲。

在这个过程中，中国本土企业开始迅速成长起来。最重要的标志就是，原来我们讲跨国公司，一直认为只有发达国家的公司才有，但 20 世纪 90 年代后，中国冒出来了一大批本土的跨国公司。

不只是制造业，中国还在 2012 年开始对第三产业实行分税制。2008 年国际金融危机以后，中国经济保持了中高速增长。背后一个很重要的因素就是，当制造业的增长速度下降之时，第三产业的增速上来了。实行分税制以来，中国第三产业的增长速度始终保持在 10%左右。这就为制造业进行产业结构调整提供了时间。

对此，可以用一个形象的说法来解释：骑自行车不能骑得太慢。只有保持一定速度，才能真正驾驭自行车。在结构调整当中，由于第三产业得到发展，中国国内的消费力得以提升。最低的时候，中国百姓的消费率只占总消费的 38%，现在已增长至 70%。从这个角度来看，出口对中国 GDP 的贡献率已降得很低，中国经济增长的主要动力来自国内消费。

第九个"窍门"是加入世界贸易组织。

当初中国没有加入关贸总协定,因为各个国家和中国谈判的要价都很高。1995年,关贸总协定转化为世界贸易组织后,又进行了一轮谈判。中国政府判断:如果再不进去,以后的开价可能会更高,所以还是克服种种困难顺利加入了。当时,不少做研究的人感到比较悲观,认为加入世界贸易组织后,中国的农业会垮掉。其理由是,中国的一个农民只种几亩地,跟美国的农场主不能相比;还有人提出,中国的汽车产业会垮掉。现在看来,这些担忧是杞人忧天。

加入世界贸易组织以来,中国的经济增长速度是最快的。如果说沿海港口城市开放搞特区是第一步开放,那么加入世界贸易组织就是第二轮开放,有力地推动了中国深化改革。我相信,中国提出“一带一路”倡议后,会迎来第三轮更为全面、更高质量的开放。

第十个“窍门”是渐进式改革,而不是激进的改革。

这里,可以把中国的改革和波兰的改革作一下比较。当年,波兰的改革是请美国的一个教授来作顾问的。这个美国人给波兰设计的方案是价格改革一步到位。中国的改革却不一样,我们不讲求“一步到位”,而坚持渐进式改革。用邓小平的话来说,不知道这条河的深浅,就摸着石头过河,把石头踩准了就跨一步,踩不准就回来。“摸着石头过河”是中国改革的重要方法论。

改革开放最初为什么不搞广州经济特区,而要在深圳那个小地方设立经济特区?就是因为考虑安全性问题,试验成功固然好,即便不成功,损失也不会太大。为什么建浦东新区而不是搞上海新区,也是同样的道理。这些都是中国渐进式改革的具体彰显。

在实践过程中,我们还会不断总结经验。比如,中国人原先不怎么懂得市场经济。如果迈得太快,难免会犯大错误。通过40年的探索和比较,我们逐步积累了搞市场经济的丰富经验,进而得以从方法论上解决这个问题。这是中国改革成功的一条重要经验。

17. 明代江南文人画家笔下的日常生活与精神世界

演讲者:陈江(华东师范大学历史系教授)

时　间:2018 年 9 月 19 日

主办方:上海市社会科学界联合会

明代江南是人文荟萃之地,是人才辈出的地方。

我们可以作一个统计。比如,以《明儒学案》所记载的儒家学者为例,有 2/3 以上出生或主要活动在江南。还有著名的书法家和绘画家,也有 2/3 以上出生或活动在江南地区。

这里有必要介绍一下时代背景。尽管众多文化人集中在江南,但在元明清时期,江南的文化人受到的打压是空前的,这是历史上的一个悲剧。

元朝统治时期,把人分为四等,依次是蒙古人、色目人、汉人(指辽人、金人和北方的汉人)、南人(原南宋统治区的汉人和其他各族人),南人的社会地位最低。到了明朝,江南文人的境遇也不好。朱元璋和朱棣曾经多次把江南地区的大族和富户,包括诸多文化人,大量地北迁,对江南的经济和文化造成了很大的打击和摧残。

不过,明代中后期,江南的经济还是有了很大发展,成为中国最富裕的地方。随着经济的高度发达,中国传统的社会观念也发生了变化。传统的社会地位排序是"士农工商",工商业者地位最低下,但由于江南地区经济发达,工商业者的地位有了一定提升。

于是,江南文人的生存状态面临两方面的压力:一是政治上的压力,二是社会地位受到工商业者的挑战。原先文化人处于社会的顶层,如今发生了动摇,他们的内心感到一种深深的失落。

在这种状况下,江南文人创造了一种新的生存方式,也就是以一种特殊的生活方式,来维持内心的自尊、自信和自傲。在他们看来,唯一能够让自己感到自豪的东西,既不是金钱,也不是政治权力,而是他们所拥有的文化。他们试图以一种悠闲、隐逸的生活态度消解心中的块垒,暂时地或者仅仅在精神上摆脱尘世的喧嚣,躲避官场的凶险,并且把自己所拥有的文化素养转化成为日常生活的组成部分。于是,他们的整个生活方式不断趋向艺术化、精致化、高雅化,其中一个重要目的就是与被他们视为"粗俗"的富商巨贾相区别。可以说,这是江南文人在失落和彷徨的状态下,对文化生活的一种再创造。

所谓的文人画家,与宫廷画家、民间画家是有一定区别的。他们不是专业的画家,他们是文人阶层的一个组成部分,所以他们在绘画中所表达的,更多的是一种内心的情趣和追求。

明代文人画家留下来的绘画作品,我将它们分为三大类。

一、 实景为主的生活描绘

在目前留存的作品中,这一类的作品颇为常见,文人们把自己实际生活中的一些真实场景描绘出来,是想告诉大家,他们所追求的、所希望的生活就是这样。例如,当时江南地区的文人阶层,他们最理想的居所是什么样的呢? 明代中后期,“城居”现象颇为盛行。江南文人士大夫们都流行到城中居住。城居可以享受城市生活的便利,但一些文人却又向往清幽隐逸的乡居氛围,为此,不少人在郊外依山傍水的风景名胜处购置别墅,或修建草堂、小筑,用以弥补城居的缺憾。

文征明的《浒溪草堂图》就反映了这种情状。文征明是吴门画派的代表人物。他有一位朋友,祖上世代居于浒溪,这位好友城居以后非常怀念自己原来的祖屋,于是就在浒溪建了“草堂”。画面上层峦叠翠,小桥流水,高木浓荫之间,掩映草堂数间,主宾二人于案前对坐,似在高谈阔论。乡居生活的静谧和自由,正是文人心中的向往。

当时文人最重要的社交活动是雅集。什么是雅集? 就是以诗酒、书画等高雅娱乐为主要内容的文人聚会,大家在聚会中一起进行诗词书画或者其他文化创作活动。这类活动在明代江南文人画家笔下,也有较多表现。

沈周也是吴门画派的代表画家,他的名作《魏园雅集图》就是描绘雅集的名作。画中众人在茅亭中席地而坐,赋诗作文,抚琴高歌,欢声笑语,一醉方休。沈周为之作画,将当时的情景真切地描写了下来。其中,特别突出了文人所崇尚的那种“野趣”。

宴饮也是明代文人画家作品中经常表现的内容。陆治的名作《元夜燕集图》,画的是一个元宵节的夜晚,陆治应文征明之邀至文家宴饮,参与者还有一些文友。当晚,众人饮酒赋诗,欢度佳节,尽兴而散。事后,陆治的朋友陆师道因为那天没有参加聚会,于是就让陆治把当天的情形画了下来。通过这幅画可以看到,文人的宴饮活动并非一味地大鱼大肉,他们还是更加注重文化、精神上的享受。

除此之外,江南文人日常生活中主要的消遣活动还有所谓的“清赏”。明代中后期,江南文人鉴藏各类文物的风气极为兴盛,文物鉴赏集学术研究与文化消遣于一身,故被文人视为“清赏”之举,与同道好友一同品鉴古董成为江南文人精神生活的重要组成部分。尤求的《品古图》就是以白描画法描绘了文士鉴赏文物的情景。

除了鉴赏古董之外,还可以欣赏植物。在各类观赏性植物中,梅、竹、兰、菊不仅是文人“四君子画”的题材,也是他们日常清赏的重要对象。沈周的《盆菊幽赏图》描绘了江南文人赏菊的情景。画中一草亭构建于岩崖之上,下临江渚沙洲,周围树木繁盛,亭边排列众多盆菊,亭中有三位文士,正在饮酒赏菊。赏菊、赏竹、赏兰、赏梅,这正是文人特有的情趣。

二、 虚实相间的情趣表现

在这类画作中,可能表现的并不是完全真实的现实生活,未必是作者亲身经历过的实景,但却是作者非常向往的、理想中的生活状态。这些绘画作品的主题主要包括渔隐和幽居。

中国古代早在先秦时期就形成了“隐逸文化”,在古人心目中,渔夫、樵夫自由自在,最适合理想中的隐居生活。渔隐、樵隐的绘画自宋元以来逐渐多见,明代中后期的江南文人盛行“市隐”之思,渔隐之类的画作更趋流行。

沈周的《江村渔乐图》可谓此中名作。他在画上有一首题诗,说的是渔民的生活太逍遥了,不像我们现在要种地、要交租,受到很多的束缚。沈周代表了一部分文人的想法,反映出他对自由自在的生活的向往。他画中的景致宛如世外桃源,让人感觉无拘无束。

幽居,也就是独居。与渔隐相似,即避开喧嚣的尘世,不受俗事的羁绊,独自一人享受清幽高雅的生活情趣,悠然闲适,自由自在。但显然,这种生活理想在现实世界中是难以实现的,大多数文人都在城市里有家庭生活,有一家老小,但他又希望能摆脱社会、摆脱家庭,因此江南文人只能通过绘画虚拟出一个理想的生活环境,将自己的思想情感寄寓于幻境之中。

幽居的首选自然是深山老林,但仿照自然景观构筑的园林也不失为一个好去处,文征明的《高人名园图》表现的就是在“城市山林”中幽居的情景。陆治的《幽居乐事图册》也是一件名作。画家选取乡村幽居生活中赏心怡神的十件乐事绘图成册,每页都有小篆书写的图名,分别为《梦蝶》《笼鹤》《观梅》《采药》《晚雅》《停琴》《渔夫》

《放鸭》《听雨》《踏雪》。所绘的十件乐事可能不是陆治本人所亲身经历的,但想必都是他心目中的理想生活。

品茗也是江南文人画作中的常见题材。明代中后期,江南文人在追求日常生活艺术化、高雅化的过程中,品茗是一个重要组成部分。江南文人不仅将饮茶作为物质享受,更作为独具特色的精神休闲和文化消遣。为了寻觅一种清幽高雅的品茗意境,文人雅士对饮茶的场所、环境、气氛都极为讲究,包括同饮的"茶侣"也有所选择,绝不苟且。文征明的《品茶图》就表现了这种品茗意境,画中的喝茶环境部分是虚构的,是一种艺术化的表达。仇英的《松溪论画图》更有意思,山间湖泊边的一块野地上,主客两人,打开了一张古画,一面观赏,一面饮茶,旁边有童子为他们煮着茶。这就是江南文人追求的理想生活,也是他们心目中喝茶的最高境界。

三、 借景抒情的内心世界

明代江南文人画家还有一类作品,其物象、景观只是一种道具或象征物,作者或托物言志,或寄情于景,或借景抒情,通过对外在的客观物象的描绘,以表现其内在的主观情感与志趣。此类作品的表现方式往往比较隐晦和曲折,所以大多通过诗文、书法、印章等予以提示,使观赏者尤其是同道之人得以窥见作者的心迹。

明代有一位著名的文化人名叫徐渭,他在各方面的成就都很高,但是他一生遭遇非常坎坷,曾一度发狂,又下狱多年,故绘画作品多借景抒情,宣泄心中愤懑。他的一幅泼墨写意画《墨葡萄图》,以水墨大写意的画法画出葡萄的枝叶和果实,非常奔放,水墨淋漓,并以纵横奇崛的笔势题诗一首:"半生落魄已成翁,独立书斋啸晚风。笔底明珠无处卖,闲抛闲掷野藤中。"整个画面,配以诗文、书法,其怀才不遇之悲愤、晚景孤寂之凄凉,跃然纸上。

梅、兰、竹、菊"四君子"以及水仙等,自宋元以来往往被文人拟人化,用作文人"墨戏"的主题,以表现坚贞、高洁的节操和志趣。此类题材的作品在明代江南文人中更有长足发展,极为流行。很多擅长水墨写意的文人画家常借此抒发自己的内心情感。

除借景寄寓个人情怀之外,也有心系国计民生者,借景抒发自己经国济民的理想与抱负。沈周的弟子孙艾所作的《蚕桑图》和《木棉图》就是此类作品的代表。《蚕桑图》上有沈周题诗:"啮蚕惊雨过,残叶怪云空。足食方足用,当知饲养功。"《木棉图》

也有沈周题诗:“当含黄蕊嫩,棉韫碧铃深。小草存衣被,长民谁此心。”诗后还有题跋:“世节(孙艾字世节)生纸写生,前人亦少为之……且非泛泛草木所比,盖寓意用世。世节读书负用,于是乎亦可见矣。”沈周给予孙艾的高度评价,显示出沈周内心其实也具有经世致用的理想。

在专制皇权趋于极端、拜金主义日益盛行的状况下,不少江南文人学士正是凭借标榜清高和孤芳自赏,保留了几分自尊、自信,持守了知识阶层的道德节操,没有完全屈从于权力和金钱的淫威。

18. 迈向高质量发展阶段的中国经济

演讲者:张道根(上海社会科学院院长,国家高端智库理事会理事长、首席专家)
时　间:2018 年 9 月 11 日
主办方:上海社会科学院

判断一个国家的经济发展大势和变化,要把握这个国家经济发展最重要的阶段性特征。这是分析、研究、把握一个国家经济运行发展的钥匙。中国经济已从高速增长阶段迈向高质量发展阶段,这是理解中国经济的一把钥匙,也是分析中国经济的理论视角。从这个方面来看会看出中国经济发展特征、发展规律、发展趋向,有利于认清中国经济。

一、 如何把握我国经济进入高质量发展阶段,要把握其主要特征

(一) 经济增速换挡:经济增长速度从高速向较高速度转变

每一个国家在经济起飞和现代化的进程中,都有经济突然加速并且持续保持相当长一段高速增长时期,从而使这个国家从落后的农业经济转向工业经济,快捷提升经济结构、增长水平,做大经济规模,从而跨越低水平发展阶段、跨越贫困的发展时期、跨越资源要素生产率低的增长时期。没有较高时间高速度增长,一个国家只能停留在低水平上。世界上很多国家都脱不开经济发展规律,不管是美国、欧洲的国家还是亚洲先行发达国家,在现代化起步和发展进程中都有持续快速地高速增长阶段,比如亚洲的日本、韩国都有过高速增长阶段。

中国经济进入持续高速增长阶段,是从再次打开国门、走向经济全球化,拥抱世界经济开始。自从中国转向以经济建设为中心,发动改革开放以来,从 1979 年到 2017 年,中国经济 40 年保持了年均 9.5%的增长速度。在亚洲金融危机以后,全球经济都下滑了,中国经济仍然保持了 10%的增长速度,最近几年仍保持 7%左右的增长速度,在世界发展史上特别是二战以后,没有一个国家能保持 40 年近 10%的增长速度。中国现代化的发展,就得益于 40 年持续快速高速的增长,没有高速增长是没有经济发展的,所以不管哪个国家经济发展还是要保持经济比较高的增长率,这是根本的道理。

高速增长很重要,但是高速增长是有尽头的,不可能一直高速增长下去,中国经

济40年的高速增长,已创造了世界经济发展史的奇迹。不要再指望中国经济继续有两位数高增长的奇迹,中国不会有,全世界也不会有,这是经济发展的规律。所以中国经济经过了高增长以后,必然要回归到常态增长,经济增长速度要换挡,从接近两位数降到更合适的增长速度。这就是中国从高速增长转向高质量发展阶段的一个特点,增长速度换挡,从两位数变一位数,到6%左右速度。

2020年中国会建成小康社会,老百姓生活得更好,从高速转向比较高的速度,未来五年甚至10年时间,中国继续可以保持6%左右的经济增长,即使保持5%以上的增长,也不容易。有了这样的速度,到2020年中国人均GDP要达到1万美元,但略高于全球平均水平。这是第一个特征,就是进入高质量发展阶段是中国经济增长速度,从两位数转到一位数、转到6%左右的增长速度。

(二)发展方式转变:投资、出口拉动和资源粗放的发展方式转向内需为主共同拉动和集约节约发展方式

从高速增长转向高质量发展阶段第二个特点,就是经济发展方式出现了重大变化。任何一个国家要发展,要选择用什么方式发展经济?采取符合而有效的方式发展,这是任何一个国家必须做出的选择。

一个国家选择什么样发展方式取决于诸多因素。一个国家有什么资源和生产要素禀赋。资源优势、劳动力总量、素质,原有的经济基础、结构状态、科技水平、文化传承以及体制机制。同时,外部环境发生变化,发展方式也要适时调整。英国发生工业革命时,亚洲国家包括中国还是农业社会。工业革命改变了人类的发展方式,到了近代以后,中国开始融入现代化的工业发展进程。外部环境变化了,国家也要变,这时需要选择,选择很重要。历史虽然有规律,但偶然性特别是抓住转瞬即逝的历史机遇,非常重要。

改革开放后,我们对发展方式做了选择。在改革开放前,国家虽然有了一定的工业体系,总体上还是农业国。1978年,中国有9.1亿人口,80%的人口在农村。当时是80%的人养活20%的人,所以总体上中国的收入很低。在那个条件下选择什么样的发展方式?当时选择的发展方式很好,是有历史必然性的。以农业为基础,加快工业化。我们选择工业化是优先发展重工业,因为重工业提供重要原材料、装备制造,是国民经济关键支撑。中国没有这个不行,还有当时的国际环境,新中国成立以后,冷战对峙,以美国为首的西方资本主义形成一个体系,以苏联为主的社会主义形成一个阵营,在独立冲突、冷战和竞争的时候,中国只能自力更生,建立自己的经济体系,建立重工业体系。

但我们发现一个问题,就是老百姓生活水平长期不能提高。选择了重工业,没有把老百姓的生活水平改善好。因此改革开放以后,选择了以消费品工业或轻纺工业发展来推动工业化。中国很快成为工业消费品制造大国,许多年前在美国超市里,日用消费品都是中国制造。我们选择了轻纺工业发展推动中国工业化,极大促进了劳动力就业,发挥中国劳动力资源丰富的优势,解决了长期存在的日用消费品短缺问题。

1978 年以后中国发展方式的另一个变化是外向型经济发展,打破封闭自我循环。过去为自己生产、自己消费,后来发现自己资源、自我生产,国内资本不够用,开始全方位利用外部资源。中国又发展了一种经济即外向型经济,从东部沿海开放开始,不断扩大沿江、沿边和全面开放,中国融入了世界,经济持续快速发展。

中国经济为什么可以发展这么快? 就是跟选择的发展方式有关,外向型经济发展方式,弥补了国内需求不足、资本不足、技术供给不足、资源不足,让中国经济走上快车道。但是今天发展环境、条件变了,不能继续一味靠外部拉动。到了现在这一阶段,发展方式要转变。

一是从出口拉动要转向内需拉动。光靠出口不行,现在要降低贸易顺差,承诺更多的采购和购买他国的商品和贸易,扩大内需。一个国家从长远讲特别是大国,经济增长更多靠自身力量、国内需求、科技进步,而不能主要靠外需带动。

二是现代经济发展,不能长期靠大规模生产要素、资源投入来推动经济发展。经济起飞时期需要这样的发展方式,但是不可能一直走下去。到了一定阶段,要转到追求质量、效益的集约型发展方式,更多靠科技、靠人才、靠提高全要素生产率促进经济发展,提升发展质量,而不是靠大规模粗放的资源投入、劳动力投入和资本投入。中国经济正在走上这个阶段,经济增长速度会下来一点,投资拉动、出口拉动和资源粗放的发展,也迅速转向内需为主的投资、消费共同拉动和集约、节约的发展方式。

(三)优化经济结构:从传统的产业体系转向建设现代化的新兴产业体系

国家发展到比较高的阶段,就不能简单看总量、看速度、看规模,关键要提升产业结构的能级。世界上国与国不同,很多中小国家往往选择自己最精通、最熟悉、最有优势的产业融入全球合作和分工。中国因为地方大,人口多,发展不平衡比较明显,加上我们已经有了比较健全的产业体系。所以,我们不能靠某一种某几类产业支撑国民经济发展,要不断完善健全提升我们的经济体系。我们要看到我国产业体系的弱项、短板和瓶颈,坚持问题导向,构建现代化产业体系。一是第三产业占国内生产总值比重仅为51.6%,远低于世界上人均GDP相近的国家或地区水平。二是关键零部件和核心基础材料、发动机等工作母机、重要装备等水平质量不高,制约制造业升级和价值链提升。三是实体经济基础不够牢、质量效益不够好,经济脱实向虚的危险日益凸显。解决问题就是发展,看不到问题,或者不解决问题,这个国家长期就不能发展,所以要高度关注产业结构升级。

(四)增长动力变化:从要素驱动的传统动力转向创新驱动的新动能

中国高质量发展阶段的动力是什么?任何国家的经济增长、经济起飞都要有动力。初期的发展阶段投入一点自然资源、劳动力,投入一点矿产资源,经济就增长了。第二个阶段大规模资本投入,大规模基础建设、大规模工业设备更新就发展了。但是到一定程度以后,简单追加资本、简单追加要素、简单追加资源投入,边际效益是递减的,越往上越难。现在需要有新的增长动力。动力有几方面,首先就是科技,经济发展一定要靠科技,中国是一个大国,我们现在从大国来说研发投入也不少,但是科技力量还不足够强,要真正把经济发展从依靠劳动力廉价丰富,转向依靠人力资源开发和利用,提升全国人民的劳动技能、提升教育水平、提升文化知识,从而为中国提高劳动力素质提升经济发展,这方面我们还在努力。

其次就是科技研究。要培养更多高科技人才,让科学家、技术人才在经济发展中发挥核心作用。现在中国出台了很多吸引人才政策,也鼓励创新,支持科技人员,各企业对科研人员加大薪酬激励。下一步的发展就是把科技推上去,更多把中国经济增长动力放在科技创新、放在人才支撑。

还有就是制度创新。众所周知经济发展一靠科技、二靠人才、三靠制度,制度是最重要的。经济制度的好坏、优劣决定国家经济增长,政治制度决定国家政治清明,社会制度决定国家和谐安定。制度变迁是永恒的过程,一定要让制度更好地激活每个人的活力动力,让一切生产要素和资源可以充分发挥能量。让经济发展更有活力、更强的动力,让人们有更多的选择、更多的利益激励。

(五)转向高质量发展阶段,发展目的要清楚

任何经济发展不是为经济而经济,目的是要让人民生活得更美好,中国的经济发展就是为了老百姓好。经济发展要从满足人民一般生活需要向满足人民日益增长的美好生活需要转变。客观地来说"好"是一个愿望,但是能不能找到经济发展为老百姓好的路径、途径、办法和制度,又是一回事。长期以来中国一直努力按照这个目标,摸索前行,有过经验、教训。改革开放40年来找到了一条路,就是让经济发展、国家强大、老百姓生活更好的路。改革开放以来,是中国老百姓生活水平普遍提高最快、改善最多的时期。虽然中国老百姓生活水平提高了,但还有好多人很穷,还有好多人需要保障,甚至少部分人最低保障还没有。中国社会的主要矛盾就是人民对美好生活的需要和自身发展不平衡不充分的矛盾,中国要走向高质量发展阶段,最重要的是要让人民群众有更高的生活水平、更高的生活质量。不能简单承诺,不能喊口号,不能打保票但必须坚持以人民为中心的发展思想,高质量发展就是要努力创造人民群众更好生活,把这个放在重中之重,创造美好生活、创造高品质生活,让每个人都尽可能能安居乐业有保障,让贫困可以消除,我们下决心做的就是这件事。

二、 如何推动中国经济高质量发展?

构筑现代化经济体系是更艰巨更复杂的重大战略任务。必须以习近平新时代中国特色社会主义思想为指导,坚持质量第一、效益优先,推动经济发展质量变革、效率变革、动力变革,不断增强我国经济创新力和竞争力。

(一) 推进高水平改革,建立健全市场经济体制

一个国家的经济发展到什么阶段、什么水平?关键要改革经济体制、创新经济制度,所以推进经济制度的创新是经济发展最重要的一点。解决制度性的问题,推动经济制度的创新。如何进一步提升中国经济的质量?如何激发中国经济创新的动力?如何调动所有经济主体和市场主体的积极性、创造性?如何让资源和要素更好地流动起来?如何让这个国家产业结构可以升级?如何解决科技创新能力的水平问题?关键还要看经济体制。经济制度能不能提供强大的动力和激励?能不能提供社会可持续发展一系列制度保证?能不能促进科技发展和资源要素的分配流向更有效率、更高水平、更有活力的产业?

要真正让市场在资源配置中起决定性作用。第一,就是政府的改革,特别是政府管理经济体制的改革。虽然改革开放了,但中国经济以前的集中计划、命令经济的作用影响还有。中国现在政府管理体制、管理机制、管理办法还有很多跟市场经济不相适应,这就是要改革的地方。国务院总理李克强一直讲政府改革,政府改革首先要解决既得利益问题,要解决政府敢于自我革新、自我革命的问题。中央部门和国务院系统机构改革力度很大,精简了部门,又重组了部门。现在轮到地方,对中国精简机构

进一步抓宏观、抓整合，让市场更好起作用有帮助。改革是不断深化的过程，精简政府机构很必要。下一步地方精简机构、撤并机构比中央更灵活，省级以下政府根据情况来做，省级以上政府跟中央对口。

第二，机构合并了，职能要转变，要提高政府效率。机构合并以后职能方式要变，政府审批的事项要有清单，把需要审批、报备、批准的东西通过互联网公开，企业、居民根据这个单子准备好就可以了。

第三，管理方式要转变，用“一门式”管理。所有东西通过网上，到政府机关只要交一份材料，在信息系统里面操作就可以了。以前要一个个跑，下一步各部门把事项列出来，一门式办理，各部门在后台协同办公，效率会大大提高。现在还没有完全做到，这是理想状态，现在他们正在往这个方向走，有的地方走得快，有的地方走得慢一点。

第四，政府提高监管水平。政府总要监管，因为有安全问题，有市场垄断问题。建立更加公平、更加开放、更加公正的市场，资源要素、资本流动快，经济效率提高了。创新者、新进入者的权利得到了保障，动力有了，经济增长不断要有新的东西进来，老东西容易控制市场，容易垄断，所以新东西进来了以后才能发挥新作用。机构改革、精简机构、撤并规范职能、放活市场、保护公平竞争是下一步做的事情。

第五，政府改革在减税、降税、放宽市场准入方面下更大功夫。现在中国做一个企业不容易，很多成本是高的。在成本高里面要研究一下，按照市场规则，哪些成本可以降下来？哪些税费可以减少？哪些价格可以通过竞争大幅度下降？这是要深入研究的。所以下一步中国政府会在减税、清费、降成本上花更大功夫。

（二）促进高能级创新，强化创新驱动发展

如何推动中国经济高质量发展？中国经济关键要创新，要有高能级的创新，真正做到创新驱动发展，要做到这个，有两件事是必须要做的。第一，要提高基础科研的能力和水平。中国下一步要进一步强化基础研究，基础研究不行，后面的技术研究是不能上去的，所以很多重大技术问题没有解决，根源在于基础研究不够。重大战略性技术前瞻性研发不够，如果做好了，很多关键技术攻破了，中国经济就能转型升级再上新台阶。

第二，要以企业为主体推动技术创新。企业有生生不息创新动力，企业家有开拓创新精神，高科技人才有很多聪明才智，关键要激励他们开拓创新。企业是市场主体，也是技术创新主体，要让企业家组织谋划创新，让科技人才汇聚企业从事创新，让产学研结合协同创新。技术创新不仅仅是技术的问题,更多是发现需求、发现机会、开拓市场的问题。

(三)推动高水平的协调发展,解决中国城乡区域发展不平衡问题

发展不平衡是中国的一个重要特征。城乡之间、区域之间发展不平衡是一个问题,但不平衡也是个机遇。可以通过平衡的方法激活经济发展活力,让落后的地方发展起来,让强的地方升级,这是我们的机遇。

(四)扩大高标准开放,构建开放型经济体系

要对标世界先进水平,以国际最高标准来开放中国经济。要更大限度扩大对外开放,要进一步完善与国际惯例、国际标准接轨的制度体系,注意有效防范外部冲击。人无远虑必有近忧,防范风险还是需要的。

(五)创造高品质生活,促进公平正义和人的全面发展

我们一切的发展就是要改善人民生活、提升生活品质,促进社会的公平正义和每一个中国人的全面发展。这是根本目的,是始终不变的目标。所以,高质量发展要做到这些,第一要满足高品质生活的需求,推动优质公共服务的均等化,现在优质公共服务还没有均等化,很多地方有差距。第二,还是要确保老百姓基本民生保障要全覆盖,覆盖到每个人,逐渐提水平,水平不能一下子提了太高,变成了福利国家,我们搞不起。但是水平慢慢提起来,要可持续。社会保障、基本民生要可持续,今天说的好明天做不到,明天没钱麻烦了,所以一定要可持续。如果我们中国经济会按照这样的想法思路走下去,各位朋友以后到中国来,还会看到更加开放、更加繁荣、更加包容、更加友好的中国。

图书在版编目(CIP)数据

上海学术报告.2017—2018/许明主编.—上海:
上海人民出版社,2019
ISBN 978-7-208-16139-9

Ⅰ.①上… Ⅱ.①许… Ⅲ.①社会科学-科学进展-
上海-2017—2018 Ⅳ.①C125.1

中国版本图书馆 CIP 数据核字(2019)第 223862 号

责任编辑 秦 堃 史尚华
封面设计 小阳工作室

上海学术报告(2017—2018)
许 明 主编

出 版 上海人民出版社
(200001 上海福建中路 193 号)
发 行 上海人民出版社发行中心
印 刷 常熟市新骅印刷有限公司
开 本 720×1000 1/16
印 张 41
插 页 6
字 数 700,000
版 次 2019 年 11 月第 1 版
印 次 2019 年 11 月第 1 次印刷
ISBN 978-7-208-16139-9/C·600
定 价 158.00 元